ANTOLOGÍA DE JUAN CALVINO

Legado y transcendencia.
Una visión antológica

Leopoldo Cervantes-Ortiz, ed.

Editorial CLIE
www.clie.es

EDITORIAL CLIE
C/ Ferrocarril, 8
08232 VILADECAVALLS
(Barcelona) ESPAÑA
E-mail: clie@clie.es
http://www.clie.es

ANTOLOGÍA DE JUAN CALVINO
ISBN: 978-84-17131-56-2
Depósito Legal: B 13794-2019
Cristianismo
CALVINISTA
Referencia: 225081

SOBRE EL AUTOR

Leopoldo Cervantes-Ortiz (Oaxaca, México) es escritor y profesor. Maestro en Teología por la Universidad Bíblica Latinoamericana (Costa Rica) y pasante de la maestría en letras latinoamericanas (Universidad Nacional Autónoma de México). Director del Centro Basilea de Investigación y Apoyo, A.C. Ex miembro de la Comisión de Formación Ecuménica del Consejo Mundial de Iglesias y del comité editorial del Consejo Latinoamericano de Iglesias. Coordinador de la página permanente en español sobre Juan Calvino y miembro del consejo editorial de Casa Unida de Publicaciones. Ha publicado, entre otros, los siguientes libros: *Lo sagrado y lo divino. Grandes poemas religiosos del siglo XX* (2002), *Series de sueños. La teología ludo-erótico-poética de Rubem Alves* (2003, portugués: 2005), *El salmo fugitivo. Antología de poesía religiosa latinoamericana* (2004; CLIE, 2009), *Juan Calvino. Su vida y obra a 500 años de su nacimiento* (CLIE, 2009), *Un Calvino latinoamericano para el siglo XXI. Notas personales* (2010), *Juan Amador, pionero del protestantismo mexicano* (2015) y *100 Personajes de la Reforma Protestante* (2017). Colabora en diversos medios impresos y virtuales.

CONTENIDO GENERAL

Nota introductoria

El 500º aniversario del natalicio del reformador francés Juan Calvino marcó una fecha importantísima en el devenir de la cristiandad mundial. El impacto del pensamiento calviniano sigue apreciándose en muchas áreas del quehacer humano, con todo y que la tradición reformada presenta muchas y muy variadas manifestaciones por todas partes. No obstante esta influencia tan reconocida, en el mundo de habla hispana es muy escaso el número de obras sobre Calvino y las que hay no encuentran suficiente difusión en las instituciones de educación teológica. Asimismo, resulta lamentable el abismo existente entre éstas y las comunidades, motivo por el cual, en buena parte de las iglesias que reivindican su legado se desconocen los alcances sociales y culturales de su obra. La actividad que desarrolló en Ginebra, la ciudad que lo acogió y en donde pudo desarrollar sus ideas sobre la Iglesia y la sociedad, no se conoce suficientemente, lo que ocasiona que se acepten, en general, muchas de las caricaturas y deformaciones de que es objeto.

En algunos sectores protestantes latinoamericanos todavía se asocia la figura de Calvino a una serie de ideologías ligadas al conservadurismo eclesiástico y teológico. La imagen transmitida por ciertas tendencias misioneras de antaño hicieron que se perdiera de vista su perfil ecuménico y de diálogo con las demás tradiciones cristianas. De ese modo, tienen mucha difusión los debates acerca de la muerte de Miguel Servet y la influencia de Calvino en el surgimiento del llamado "espíritu capitalista", entre otros aspectos, lo que contribuye a que, al interior mismo de las iglesias se le vea como una persona intolerante, fanática y autoritaria. Esto no excluye que, en efecto, se analicen también con objetividad histórica sus errores y excesos. Algunos investigadores ajenos a la experiencia eclesial han demostrado la validez y trascendencia de Calvino y la tradición reformada en la conformación de instituciones y mentalidades vigentes hasta la actualidad. En el terreno político, por ejemplo, es muy relevante enfatizar la relación entre esta tradición teológica y el surgimiento del concepto moderno de democracia.

La presente antología de textos sobre la vida y obra de Juan Calvino es el resultado de varios años de investigación personal y colectiva. Procede, en lo fundamental, de los cursos de Teología Reformada ofrecidos entre 1989 y 1997 en una institución presbiteriana de la Ciudad de México. Ante cada nueva oportunidad de exponer frente a un grupo las bases históricas, culturales y religiosas del pensamiento calviniano, aparecían textos críticos en los lugares más inesperados. El criterio general de selección de estos capítulos de libros, artículos, ensayos, reseñas y notas sueltas es la seriedad en el análisis y su pertinencia para el debate actual en nuestro continente. Se incluyen varios textos escritos originalmente en castellano, pero no se ignoran las aportaciones procedentes de otros idiomas que se han establecido sólidamente con el paso del tiempo, especialmente las que representan horizontes críticos amplios.

Debo expresar mi más profunda gratitud a quienes me iniciaron en la pasión por la Reforma y Calvino y a quienes contribuyeron después con nuevos insumos y perspectivas. Sus nombres son: Ángel Reynoso, Mariano Ávila, Salatiel Palomino, Samuel Trujillo (†), Abel Clemente, José Luis Velazco y Eliseo Pérez-Álvarez. Su amistad y simpatía incondicionales han acompañado el fervor y la dedicación a este tema. En años recientes, los amigos Odair Pedroso Mateus, Germán Zijlstra, Eduardo Galasso Faria, Zwinglio M. Dias, Gonzalo Balderas, Alicia Mayer y Rubén Arjona, además de una nueva generación de estudiantes entusiastas, han expresado su interés en el trabajo llevado a cabo. Odair, en particular, desde la Alianza Reformada Mundial, y Germán desde la Alianza de Iglesias Presbiterianas y Reformadas de América Latina (AIPRAL). Desde España, Ignacio Simal (*Lupa Protestante* y Ateneo Teológico) ha sido el cómplice ideal para estas y otras aventuras teológicas y editoriales, y Pedro Tarquis, quien abrió su espacio periodístico (*Protestante Digital*) para promover todo lo relacionado con Calvino. Este recuento de gratitudes estaría incompleto si no se mencionara a Lukas Vischer (†) y Serge Fornerod, de la Federación de Iglesias Protestantes Suizas, quienes estimularon la participación en las actividades internacionales de celebración del Jubileo de Calvino.

Leopoldo Cervantes-Ortiz

ASPECTOS INTRODUCTORIOS

¿Quién es y quién fue Calvino?
Interpretaciones recientes
Eberhard Busch

I. Interpretaciones anteriores

Cuando miramos atrás en cuanto a las interpretaciones de Calvino de 100 años para acá, encontramos una amplia variedad de puntos de vista, si bien han definido durante décadas la apreciación de este reformador. Según Albrecht Ritschl, Calvino confundió y combinó la diferenciación luterana entre la Iglesia como agente de gracia y el Estado como agente de la "ley y el orden". Así, Calvino pudo haber dicho algo impensable para los luteranos alemanes, esto es, que cada persona es igual ante la ley y que el derrocamiento de los tiranos por parte del pueblo es legítimo.[1] Más recientemente, en 1940, Dietrich Bonhoeffer repitió esta afirmación en su *Ética*.[2] En contraste, Jacob Burckhardt, el historiador de la cultura, en Basilea, señaló: "La tiranía de un solo hombre nunca fue promovida mejor que por Calvino, quien no sólo hizo de sus convicciones privadas una ley general y oprimió o confinó las demás opiniones sino que también insultó a todos constantemente considerando los asuntos más inocentes de prueba *(taste)*".[3] Siguiendo esta línea, el poeta Stefan Zweig utilizó, en 1937, esta caracterización de Calvino para acusar a Adolfo Hitler de ser un hombre satánico.[4] Incluso Karl Barth escribió que, al considerar a Calvino vienen a la mente palabras como tiranía y fariseísmo. "A ninguno de nosotros... le gustaría haber vivido en esta santa ciudad [Ginebra]".[5]

Las tesis ampliamente difundidas de Max Weber acerca de que Calvino fue uno de los pilares del capitalismo fue repudiada por Ernst Troeltsch antes de que lo hiciera André Biéler.[6] Según Troeltsch, fue más bien el caso del "socialismo religioso", a comienzos del siglo XX, que surgió dentro de la tradición reformada, siguiendo los pasos de Calvino, muy diferente del luteranismo

1. A. Ritschl, *Geschichte des Pietismus*. Vol. I, Bonn, 1880, pp. 61-80.
2. D. Bonhoeffer, *Ethik*. Munich, 1958, p. 43.
3. Cit. por Kaegi, Jacob Burckhardt. Bd. 5, 1973, p. 90.
4. S. Zweig, *Castellio gegen Calvin oder ein Gewissen gegen die Gewalt*, 1936.
5. K. Barth, *Die Theologie Calvins*, 1922. Zúrich, 1993, p. 163.
6. E. Troeltsch, *Gesammelte Schriften*. Tübingen, 1912, vol. I, p. 713. Sobre Biéler, véase la nota 63.

conservador y antidemocrático.[7] En contraste con Troeltsch, Charles Hodge en Princeton, vio a Calvino como un representante de la doctrina luterana de "los dos reinos". Pensaba que la Iglesia como tal no tenía nada que ver con asuntos seculares. Esto fue verdad incluso si, continúa Hodge, los políticos no silencian a los representantes de la Iglesia, cuando ellos dan testimonio de la verdad y la ley de Dios.[8] De la misma manera, el holandés Abraham Kuyper declaró que por un lado el calvinismo distinguió fuertemente entre la Iglesia y el Estado, incluso en la cultura, pero por otro lado afirmó que ambos están directamente sujetos al gobierno divino.[9] Lo que es verdad en la mayoría de estas interpretaciones es que todas hablan más generalmente del llamado calvinismo que de Calvino como tal o, como señaló Stanford Reid en 1991, hablan frecuentemente de Calvino, "sin tomarse la molestia de observar qué dijo él realmente".[10]

II. El núcleo de su teología

Probablemente sea cierto que cada época influye en los resultados de la investigación a la hora de formular preguntas. Pero uno debe decir, también, que los estudiosos de décadas anteriores "han hecho grandes esfuerzos" para escuchar cuidadosamente "lo que realmente dijo Calvino" dentro del horizonte de la Reforma, inicialmente en Francia y Ginebra. Esto ha tenido como resultado una mayor comprensión del hecho de que la Reforma de la Iglesia no debe medirse solamente por la figura de Lutero, como se hacía antes, sobre todo en Alemania. Ha quedado cada vez más claro que la formulación de la doctrina de la justificación no es la única diferencia decisiva entre la Reforma Protestante y el catolicismo romano. Esto debe afirmarse aun cuando Calvino ciertamente enseñó la justificación por la gracia sola, mientras, para estar seguro, insistió más que el luteranismo de su época en que la justificación y la santificación son inseparables. Al hacer eso, enfatizaba lo escrito en I Corintios 1.30: "Cristo Jesús nos es hecho sabiduría, justicia, santificación y redención". Demostró, además, qué tan pura era su exposición de la doctrina de la justificación en 1547 en que fue la primera, en el ámbito protestante, que se diferenció de la doctrina propuesta por el Concilio de

7. *Ibíd.*, p. 721.
8. C. Hodge, *Discussions in Church Policy.* Nueva York, 1878, pp. 104-106.
9. A. Kuyper, *Calvinism. Six Stone Lectures* (1898). Grand Rapids, 1931.
10. W. Stanford Reid, "Early critic of capitalism" (II), en R. Gamble, ed., *Articles on Calvin and Calvinism.* Vol. 11. Nueva York-Londres, 1992, p. 169.

¿Quién es y quién fue Calvino? Interpretaciones recientes

15

Trento, la cual era en sí misma una declaración sustantiva. Sus comentarios no se publicaron en el momento, aunque él estaba bien informado no sólo sobre el texto del Concilio sino también acerca de la discusiones conciliares. Este material no apareció en traducción alemana hasta la edición de estudio de Calvino en 1999. Como ha mostrado Anthony Lane, Calvino participó en la preparación del Concilio de Trento, especialmente en la reunión de Regensburg entre teólogos protestantes y católicos, cuya primera sesión estuvo dedicada al tema de la justificación.[11] Y las discusiones van más allá entre los intérpretes de Calvino acerca de los alcances de esta participación en términos del entendimiento común posible entre ambas confesiones en cuanto a la afirmación paulina de Gálatas 2.6, según la cual la fe justifica sin las obras y Gálatas 5.6, sobre las obras de la fe mediante el amor.

En cualquier caso, Calvino establece su doctrina de la justificación sobre la base de la Reforma Protestante. No obstante, la diferencia decisiva con Roma se encontraba, para él, en otro aspecto. Bernard Cottret escribe en su biografía de Calvino, publicada en 1995 en París, que el llamado episodio de los panfletos *(placards)* a fines de 1534 en París representó para Calvino el punto de ruptura. Estos panfletos, colocados en varios lugares, dirigían una fuerte crítica a la misa católica basándose en la carta a los Hebreos: Cristo es el único mediador y el único sacerdote; mediante su sacrificio único transforma en ilusoria la dignidad sacerdotal de los oficiales eclesiásticos humanos, algo central para el pensamiento católico.[12] Este contraste fundamental fue grabado en la mente de Calvino cuando el rey Francisco I preparó una procesión a lo largo de París, y al mismo tiempo eran "sacrificados" algunos "herejes", es decir, fueron asesinados por oponerse a la doctrina del sacrificio.[13] Al procesar todo esto, Calvino no optó por el servicio de predicación medieval como hizo Zwinglio, ni la liturgia dejó de tener importancia para él. Asimismo, como ha mostrado recientemente Christian Grosse, comenzó a desarrollar una liturgia siguiendo el modelo de la iglesia antigua.[14] Como su centro es el Espíritu Santo "nos" comunica en la Cena del Señor la reconciliación con Dios mediada por

11. *Calvinus Praeceptor Ecclesiae. Papers of the International Congress on Calvin Research*, Princeton, 20-24 de agosto de 2002, ed. Por H. Selderhuis, Ginebra, 2004, pp. 233-264.
12. B. Cottret, *Calvin. Biographie*. París, 1995. En alemán: Stuttgart, 1995, p. 109. Español: Madrid, 2000.
13. B. Cottret, *op. cit.*, p. 114.
14. *Calvin-Studienausgabe*. Ed. E. Busch, C. Linke. Vol. 2. Neukirchen-Vluyn, 1997, pp. 137-225.

Cristo, y en gratitud por ello, "nosotros" testificamos en el mismo evento que somos su comunidad. Calvino, el cuestionado soberano todopoderoso de Ginebra, no fue capaz, sin embargo, de persuadir al gobierno de la ciudad para que, según su profunda convicción, la Cena del Señor se realizase en cada servicio divino, acompañada por oraciones públicas (esto es, el Salterio) y la interpretación de la Sagrada Escritura (no como varias perícopas seleccionadas de la Biblia, sino como *lectio continua*, exposición de todos los libros de la Biblia).[15]

El volumen de discusión dedicada a la correcta comprensión de la eucaristía en la primera edición de la *Institutio Christianae Religionis* de 1536 muestra que este fue, en ese momento, el punto más importante de controversia con la iglesia católica. En la última edición de la *Institutio* en 1559, la cual creció bastante, la crítica se amplía a la disputa sobre la comprensión de la Iglesia, y de ella se ocupa en una tercera parte de toda la obra. Uno podría decir que este es el tema de la segunda generación de reformadores. Incluso si Wilhelm Neuser está en lo cierto cuando afirma que la composición y estructura de las cuatro partes en la edición de 1559 es confusa en el detalle,[16] es muy claro, en mi opinión, que Calvino en las tres primeras partes desea hablar de Dios el Padre, el Hijo y el Espíritu Santo y que en la extensa cuarta parte se ocupa de la Iglesia, la cual es parte de los medios externos mediante los cuales Dios nos introduce a la fraternidad con él y con los demás. En esta parte de su libro Calvino discute ampliamente la doctrina católico-romana de la Iglesia. Resulta excitante que él trabaje el mismo material usado por su contraparte, aunque interpreta el material de manera distinta en los aspectos formales y sustantivos. Aborda aquí la sustancia de la doctrina católica sobre la Iglesia, para demostrar que esta doctrina ya no puede justificar el sistema papal de organización.[17] No me parece que podamos encontrar una contribución sustantiva a este problema en el luteranismo de esa época. Para Calvino, éste *era* un asunto fundamental.

Según el punto de vista común católico y calvinista, Cristo es el mediador entre Dios y la humanidad mediante un triple oficio, esto es, sacerdote, rey y profeta. Pero, a diferencia del punto de vista católico, Calvino subraya que Cristo

15. C. Grosse, "Dogma und Doctrina bei Calvin", en *Calvinus Praeceptor,* nota 11, pp. 189ss.
16. W.H. Neuser, "Einige Bemerkungen zum Stand del Calvinforschung", en *Calvinus Praeceptor,* nota 11, p. 189.
17. Cf. Tim George, ed., *Calvin and the Church. A Prism of Reform.* Louis Ville, 1990; y St. Scheld, *Media Salutis. Zur Heilsvermittlung bei Calvin.* Wiesbaden, 1989 (Veröff d. Institut für Europe Geschichte. Mainz, vol. 125).

¿Quién es y quién fue Calvino? Interpretaciones recientes

17

está vivo y, por ende, él no ha cedido ninguno de sus oficios a las instituciones eclesiales ni intenta hacerlo. Su relación con la Iglesia es como la de la cabeza con el cuerpo y no existen cabezas sustitutas. Sólo él gobierna la Iglesia y ésta es una comunidad de hermanos y hermanas, conectados todos con él y entre sí con un mutuo intercambio, tal como lo expresa el *Catecismo de Ginebra* de 1545.[18] Cada miembro participa de la cabeza, pero como un miembro más de su cuerpo. Todos los cristianos participan sin la mediacón de sacerdotes humanos, directamente por la fe en Cristo, como declara la *Segunda Confesión Helvética* (1566).[19] De esta manera, todos los creyentes participan en los tres oficios de Cristo por la fe,[20] y muestran esto en su actividad confesante, como dice Zwinglio en su Declaración de Fe de 1530.[21] Los líderes humanos de la comunidad eclesiástica son solamente miembros del cuerpo de Cristo, también, y no cabezas de la Iglesia. Muestran esto, además, en que los tres oficios bajo su liderazgo son distribuidos en diferentes personas que dirigen colectivamente a la Iglesia. Así, esos oficios, que son ejercidos por el gobierno de la Iglesia, reciben un nuevo sentido en contraste con la iglesia católico-romana. Los pastores corresponden a la enseñanza profética de Cristo y ellos no son todos sacerdotes, en lo que quizá es la divergencia más profunda con la perspectiva católica. Los ancianos corresponden al oficio real de Cristo, pues tienen la tarea de dirigir la comunión y llevar a cabo la cura de almas, pero no son los soberanos de la Iglesia. Y el servicio de los diáconos hacia los pobres corresponde al oficio sacerdotal, el cual Cristo cumplió de una vez por todas en la cruz.

Pero la investigación actual sobre Calvino escasamente trabaja la cuestión en la que el reformador encontró la principal diferencia con el catolicismo de su época, aunque pienso que su punto de vista es todavía muy importante hoy, cuando los pastores reformados parecen desempeñar el papel de sacerdotes, mientras que los luteranos están un poco en aprietos debido a que su concepto de justificación ya no se encuentra separado del católico. No estoy diciendo con ello que la doctrina sobre la Iglesia fue el centro de la teología de Calvino. Preferiría describir el centro de su teología con la tesis que expone en su comentario a Jeremías: *Ubi cognoscitur Deus, etiam colitur humanitas,* es decir, "Adonde Dios es tomado en serio, allí hay una preocupación por la humanidad".[22] Esta afirmación muestra

18. J. Calvino, *Catechism of Geneva*, preguntas 34-45.
19. H. Bullinger, *The Second Helvetic Confession.* Zúrich, 1966, cap. 5.
20. *Catecismo de Heidelberg*, pregunta 31.
21. E.F.K. Müller, *Die Bekenntnisschriften der reformierten Kirche.* Leipzig, 1903, pp. 85, 11f.
22. *CO*, 38, p. 388.

puntualmente la preocupación de Calvino contra la tendencia de la teología luterana de olvidar la diferenciación entre la deidad de Dios y nuestra humanidad, a causa de la deidad y humanidad de Cristo, en vez de colocar esta diferencia en preeminencia.

III. Ediciones

Pese a todas las apariencias, la investigación actual sobre Calvino no está trabajando tales cuestiones fundamentales. Para decirlo positivamente: la investigación está comprometida fuertemente con la intención de descubrir un Calvino nuevo, y uno podría decir que lo está haciendo en múltiples pasos pequeños. Lo primero y fundamental, e incluso estrechamente relacionado con esto, es publicar todos los textos de Calvino, incluso los inéditos, y hacerlos accesibles a todos. Es verdad que textos no muy importantes no han sido impresos desde el siglo XVI, o que los divulgados desde Leiden en el siglo XVII no han sido reeditados, o nunca se imprimieron del todo. Aparte de la *Institutio*, disponible en diversas ediciones, existen muchos textos que fueron publicados en los siglos XIX y XX en el idioma original o en traducciones: comentarios bíblicos, cartas y también docmentos polémicos. La publicación más importante y voluminosa es la *Calvini Opera*, iniciada en 1887, en 59 volúmenes, en su idioma original. Después apareció la edicion pequeña, *Calvini Opera Selecta*, editada por Peter Barth y Wilhelm Niesel, entre 1929 y 1936. Pero en las ediciones más viejas había a veces lagunas, mientras que algunas ediciones tenían deficiencias científicas, como la de comentarios bíblicos en latín de August Tholuck, de mediados del siglo XIX. Están apareciendo nuevas ediciones que intentan, por un lado, ofrecer textos científicamente bien hechos y, por otro lado, llenar lagunas. Para el seguimiento de las nuevas ediciones es indispensable el libro de Michael Bihary, *Bibliographia Calviniana. Calvins Werke und ihre Übersetzungen*. Praga, 2000.

Una ausencia notable ha sido cubierta desde 1961 por la colección titulada *Supplementa Calviniana. Sermons inédits*. Dicha colección planea presentar 600 sermones inéditos, pues, de hecho, Calvino predicó alrededor de 2400 sermones.[23] Esta edición comprenderá aproximadamente 15 volúmenes. Cada sermón ocupa 10 páginas escritas en francés antiguo, y demuestra cómo trabajó Calvino la interpretación de las Escrituras en la Cristiandad antigua,

---

23. J. Calvino, *Predigten über das 2. Buch Samuelis.* H. Rückert, ed., Neukirchen, 1936-1961 *(Supplementa Calviniana. Sermons inédits.* Vol. I) p. XIII.

¿Quién es y quién fue Calvino? Interpretaciones recientes

19

en la iglesia medieval y en la exégesis judía.[24] En cuanto a sus comentarios bíblicos en el idioma original, aún dependemos de la *Calvini Opera*, con más de un siglo de antigüedad, la cual está siendo reeditada: los textos básicos son la última edición de cada obra impresa en vida de Calvino o la última vesión examinada por él. La *Ioannis Calvini Opera Omnia*, publicada en la Librarie Droz de Ginebra, editada por ocho prestigiados calvinólogos, fue enriquecida con referencias literarias y notas. Hasta ahora han aparecido ocho volúmenes. Contiene también la edición del *Comentario a los Romanos* del investigador inglés Thomas C.H. Parker. Se trata del comentario que elaboró Calvino con sumo cuidado en Estrasburgo en 1539, que revisó en 1551 en Ginebra: es decir, su primer comentario bíblico.

En vista de la dificultad que tiene mucha gente para comprender los idiomas clásicos, no sólo el francés antiguo, pero más aún el latín en que Calvino escribió tan brillantemente, la accesibilidad de sus textos en sus idiomas originales es muy reducida, incluso para estudiosos bien entrenados. El resultado es que esos textos son accesibles sólo para un limitado círculo de expertos. Sería necesario estar muy familiarizados con los idiomas que Calvino dominó para entender su "rico estilo y su refinada argumentación teológica". Pero esto significa que "quienquiera que desee dejar hablar a Calvino tiene que traducirlo", como afirma Christian Link en el prefacio a *Calvin-Studienausgabe,* el cual ha editado junto con otros desde 1994. En esta edición, algunas piezas diferentes y representativas de la teología de Calvino, que no habían sido traducidas antes, aparecen en dos idiomas, el original y en alemán. Han aparecido cuatro volúmenes y se espera pronto el *Comentario a los Romanos*. Parece que en el futuro tales traducciones serán más y más necesarias debido al escaso conocmiento de las lenguas clásicas. Las traducciones al inglés están surgiendo también.

IV. Nuevas interpretaciones

Aparte de la gran tarea de publicación de los textos de la que se ocupará la nueva investigación, por otro lado está la producción de una amplia gama de estudios individuales. Peter de Klerk ha hecho una lista de lo publicado desde 1971 en la bibliografía calviniana del *Calvin Theological Journal*. Es sorprendente que mucho de la investigación reciente la mitad de los textos sean notas a pie de página, las cuales con frecuencia se refieren a un gran número de trabajos que no están al alcance del lector. Además, no faltan estudios

---

24. *Op. cit.,* XXXII.

con tesis específicas que no pueden sostenerse más que como hipótesis. Tres eruditos han presentado un trabajo en el que reclaman que, debido a la falta de documentos su esfuerzo no es más que "un experimento que no responde muchas preguntas".[25] Existen también muchos textos que prueban con dificultad lo ya conocido. Como sucede en otras ciencias, parece que también aquí, más allá del mencionado problema lingüístico, están aumentando los tópicos especializados reservados sólo a grupos muy reducidos de expertos, mientras que el número de quienes ignoran estas materias aumenta incluso en círculos teológicos medios. No tengo solución para estos problemas, sólo una pregunta que los expertos deben responderse a sí mismos: ¿a quién sirven con su duro esfuerzo? En mi opinión, esto puede ser respondido de manera relevante cuando en su celo por entender a Calvino, ellos se dejan "contaminar" por él, al grado de que piensan, con Calvino, esto es, que comprenden a este falible mensajero que Dios ha colocado ante él y nosotros. *Calvinus Praeceptor Ecclesiae* (Calvino, preceptor de la Iglesia) es el título de la reunión de ponencias de uno de los últimos simposios de calvinólogos. Pero, ¿Calvino fue realmente reconocido y tomado en serio como maestro de la Iglesia?

Pero no resulta agradable interrogar críticamente a la nueva generación de investigadores. Por otro lado, uno tiene que reconocer, respetuosamente, que de este modo, en muchas direcciones y formas, incluso escondidas, Calvino y su mundo son iluminados con una especie de luz distintiva y brillante. Y así es como ese mundo llega hasta nosotros. Vemos a Calvino en sus relaciones con Martín Bucero,[26] Bernardo de Clairvaux,[27] Melanchthon,[28] Lasco[29] y sus colegas de Ginebra,[30] Agustín,[31] Pighius,[32] o el rey Segismundo Augusto von

25. *Calvinus Praeceptor,* p.142.

26. Marijn de Kroon, *Martin Bucer und Johannes Calvin. Reformatorische Perspektiven. Einleitung und Texte, aus dem Niederl.* H. Rudolph, Göttingen, 1991.

27. Anthony N.S. Lane, *Calvin and Bernard of Clairvaux.* Princeton, 1996 (Studies in Reformed Theology and History, N.S. 1).

28. Barbara Pitkin, "Redifining Repentance: Calvin and Melanchthon", en *Calvinus Praeceptor,* pp. 275-285

29. W. Janse, "Calvin, à Lasco und Beza. Eine gemeinsame Abendmahlserklärung (mai 1556)?", en: *ib.*, pp. 209-231.

30. Elsie McKee, "Calvin and his Collegues as Pastors: Some insights into the Collegial Ministry of Word and Sacraments", en: *ib.* cit., pp. 9-42; E.A. de Boer, "Calvin and Collegues. Propositions and Disputations in the Context of the Congrégations in Geneva", en: *ib.*, pp. 331-342.

31. J. Marius J. Lange van Ravenswaay, *Augustinus totus noster. Das Augustinverständnis bei Johannes Calvin.* Göttingen, 1990 (Forschungen zur Kirchen- und Dogmengesch. 45).

32. Harald Rimbach, *Gnade und Erkenntnis in Calvins Prädestinationslehre. Calvin im Vergleich mit Pighius, Beza und Melanchthon.* Frankfurt u.a., 1996 (Kontexte. Neue Beitr. z. Hist. u. Syst. Theol., Bd. 19).

Polen,[33] y muchos más. Lo vemos también como un joven,[34] en sus relaciones con las mujeres,[35] los niños y los jóvenes,[36] los bautistas[37] o con la filosofía griega.[38] Obviamente, nos es presentado especialmente como un teólogo y como alguien ocupado con asuntos teológicos tales como la hermenéutica,[39] la antropología,[40] la doctrina de la predestinación,[41] la mediación de la salvación,[42] la escatología,[43] la doctrina[44] y la oración.[45]

No tenemos que completar la enorme lista de contribuciones. De hecho, todos estos estudios no están completamente de acuerdo con los demás y tampoco se refieren el uno al otro. Sin embargo, podríamos ponerlos juntos como un rompecabezas y así no tendríamos un poco del reformador ginebrino y su trabajo ante nosotros.

Más iluminador que resaltar la literatura sobre Calvino es ahora el hecho de que su imagen y su teología han comenzado a cambiar con la reciente disponibilidad de sus sermones y comentarios bíblicos. Para decirlo de otra manera: mientras que en otras épocas Calvino era visto a la luz de la *Institutio* y en el contexto de estos escritos polémicos, hoy los investigadores comienzan a leerlo principalmente en sus sermones e interpretaciones bíblicas. No tanto el maestro de dogmática, sino el exegeta es quien se está acercando a

33. Mihály Márkus, "Calvin und Polen. Gedankenfragmente in Verbindung mit einer Empfehlung", en *Calvinus Praeceptor*, pp. 323-330.

34. Jung-Uck Hwang, *Der junge Calvin und seine Psychopannychia*. Frankfurt u.a. 1990 (Europ. Hochschulschriften, R XXIII, Bd. 407).

35. Jane Dempsey Douglass, *Women, Freedom, and Calvin*. Filadelfia, 1985.

36. Jeffrey R. Watt, "Childhood and Youth in the Geneva Consistory Minuts", in *Calvinus Praeceptor*, pp. 43-64.

37. Willem Balke, *Calvin und die Täufer. Evangelium oder religiöser Humanismus*. Trad. de H. Quistorp, Minden, 1985.

38. Irena Backus, "Calvin's Knowledge of Greek Language and Philosophy", en *Calvinus Praeceptor*, pp. 343-350.

39. Alexandre Ganoczy y Stefan Scheld, *Die Hermeneutik Calvins. Geistesgeschichtliche Voraussetzungen und Grundzüge*. Wiesbaden, 1983; Peter Opitz, Calvins theologische Hermeneutik. Neukirchen-Vluyn, 1994.

40. Mary Potter Engel, *John Calvin's Perspectival Anthropology*. Atlanta, 1988 (American Acad. of Religion Academy Series 52); C. Link, "Die Finalität des Menschen. Zur Perspektive der Anthropologie Calvins", en *Calvinus Praeceptor*, pp. 159-178.

41. Cf. nota 31.

42. Stefan Scheld, "Media salutis".

43. Raimund Lülsdorff, *Die Zukunft Jesu Christi. Calvins Eschatologie und ihre katholische Sicht*. Paderborn, 1996 (Konfessionskundl. u. Kontroverstheol. Studien, Bd. LXIII, J.A. Möhler-Inst.).

44. V.E. d'Assonville jr., "Dogma und Doctrina bei Calvin in einer begrifflichen Wechselwirkung: Ein Seminarbericht", en *Calvinus Praeceptor*, pp. 189-208.

45. Jae Sung Kim, "Prayer in Calvin's Soteriology", en *op. cit.*, pp. 265-274.

nosotros. Con todo, no es la *Institutio* sino las interpretaciones bíblicas las que fueron el sujeto de sus conferencias teológicas, rescatadas por amanuenses oficiales, que se publicaron después. La instrucción teológica significaba, para él, exposición de la Sagrada Escritura. Pero lo mismo sucedía con los sermones. Él la presenta como doctrina, la cual, según Victor d'Assonville, significa comunicación encargada por Dios, para distinguirla del dogma como enseñanza humana.[46] El sermón y la conferencia no son lo mismo, aunque para Calvino no eran diferentes en principio. Las conferencias eran breves preparaciones para los sermones, en los cuales se expresaba lo mismo pero con más detalle, más ilustraciones, mayormente dirigido todo a los oyentes. Ambos, el sermón y la conferencia se correspondían, según la doctrina de Calvino acerca del oficio profético en la iglesia. Y son justamente estos textos los que recientemente apelan más fuertemente que antes para la comprensión de la teología calviniana. Debido a ello, su enseñanza se presenta a sí misma quizá no de una manera diferente sino de una nueva luz, en una hábil interacción, por un lado, de observaciones que se enfocan precisamente sobre el texto en cuestión y, por otra, en afirmaciones que hablan concretamente a sus oyentes o lectores concretos.

Max Engammare, por ejemplo, se ocupa de trabajar la interpretación que Calvino hizo del Génesis.[47] Según él, la figura de Abraham es ejemplar y reconfortante para el reformador de Ginebra. Muestra que Calvino se veía a sí mismo y en su vida entera como un refugiado y de esa manera se dirigió al resto de la gente: a los oprimidos en Francia que esperaban el establecimiento del señorío de Cristo en su país; a quienes tenían que dejar sus países de origen a causa de la persecución y a algunos de los que llegaron a Ginebra; y a aquellos que debían aprender los desafíos de la fe a través de estos hermanos y hermanas en la fe. Wilhelmus H. Th. Moehn, en el contexto de su edición de los sermones calvinianos sobre Hechos 1-7, se refirió especialmente a Abraham como "el padre de la iglesia de Dios".[48] Moehn, mientras trabajaba este asunto, tuvo en mente la figura de Abraham tal como la entendió Calvino en el Génesis. Según Calvino, Abraham es el modelo para el camino en el cual la fe verdadera y el discipulado obediente se corresponden de manera inseparable. Y junto con Abraham, Calvino

46. Cf. nota 44.
47. M. Engammare, "Commentaires et sermons de Calvin zur la Genèse", en *Calvinus Praeceptor*, pp. 107-137.
48. W. Moehn, "Abraham– 'Père de l'église der Dieu'. A Comparison of Calvin's Commentary and sermons on Acts 7:1-6", en *Calvinus Praeceptor*, pp. 287-301.

¿Quién es y quién fue Calvino? Interpretaciones recientes

23

también tuvo en mente el problema del *nicodemismo*, es decir, la actitud de quienes teniendo una fe evangélica niegan su fe para adaptarse externamente a la mayoría con otra orientación. Basado en el hecho de que Abraham vivió entre paganos en Canaán, advierte la tarea de los ginebrinos nativos para "salir", no de la ciudad o sus vecinos, sino de ellos mismos. Al mismo tiempo, al referirse al cuidado de Abraham sobre su descendencia, Calvino enfatiza que el amor cercano debe expandirse hasta abarcar las generaciones subsecuentes. Veo esta clase de obras como una indicación prometedora de todo lo que vendrá a la luz cuando los sermones y las exégesis de Calvino sean más accesibles.

Versión de Leopoldo Cervantes-Ortiz

Herencia reformada y búsqueda de raíces
Salatiel Palomino López

Nuestra iglesia, como parte del concierto universal de los creyentes en Jesucristo, suele trazar su origen denominacional hasta el movimiento reformador del siglo XVI. Más específicamente se identifica con la rama calvinista de dicho movimiento. De acuerdo con este hecho, la Iglesia Presbiteriana en México pertenece a una gran familia (de más de 60 millones de miembros) esparcida por todo el mundo, la que por más de cuatrocientos cincuenta años ha logrado un impactante testimonio cristiano de características singulares.

La tradición calvinista significó, desde su origen, una transformación profunda de valores, ideales, acciones y formas de vida religiosa, social y cultural que intentaron moldear la existencia comunitaria de acuerdo con la enseñanza del Evangelio. Hubo en los inicios de la Iglesia Reformada una eficacia transformadora que marcó profunda huella en el mundo de la época y contribuyó al surgimiento de un nuevo tipo de sociedad, la sociedad moderna. Por esta razón, ahora que celebramos 450 años de la Reforma en Ginebra y recordamos la obra del gran reformador Juan Calvino, es muy conveniente preguntarnos hasta qué punto, nuestra iglesia en México representa genuinamente los rasgos de la tradición calvinista. Lo más básico y lo más general.

Sin embargo, una de las primeras cuestiones que es necesario considerar es ésta: ¿vale la pena hurgar en el pasado del calvinismo, como si aquel tuviera algún valor para el presente? Después de todo, ¿para qué insistir en "la tradición presbiteriana" como si no fuera esto contra el espíritu cristiano que encuentra solamente en Cristo la totalidad de su ser y de su identidad? o, ¿no es verdad que Cristo no vino a inventar religiones tales como el presbiterianismo, el catolicismo o el pentecostalismo, etcétera?

Por principio de cuentas es necesario afirmar que si hay algo que caracteriza a la tradición calvinista es su cristocentrismo, es decir, su acentuado amor al Señor y su total dependencia a Él por encima de cualquiera otra autoridad, institución o tradición. La soberanía de Jesucristo, su absoluta finalidad y significación para la vida de la iglesia es el eje central de la identidad calvinista. Tanto en lo doctrinal como en lo práctico, la tradición reformada no conoce otro centro que el que representa su verdadero Señor y Redentor. Él es la fuente y origen de su ser, la fuerza y motivación de todos sus empeños y tareas, el horizonte y estrella que sigue como meta y fin de su peregrinaje. Así que su esencial identidad cristiana está fuera de toda discusión. Todo presbiteriano, antes que nada, aspira, como los discípulos de Antioquía (Hch. 11.26), a ser primeramente reconocido y llamado "cristiano".

De ahí mismo surge el hecho importante de que el calvinismo no pretende agotar la riqueza del cristianismo en sí solo. Se reconoce simplemente como un miembro de la gran familia de los que confiesan a Jesucristo como Señor y están unidos a Él como su Cabeza y Salvador. En otras palabras, la Iglesia Presbiteriana (así llamada por su forma de gobierno a base de presbíteros o ancianos), también conocida como Iglesia Reformada (por haberse originado en la reforma religiosa del siglo XVI) o Iglesia Calvinista (en atención a su más destacado e influyente fundador), se siente unificada y relacionada con la única, sola Iglesia Universal de Jesucristo; y por encima de su singularidad como fenómeno histórico peculiar conocido como "calvinismo", proclama la prioridad de la Iglesia Universal sobre las distintas y diversas formas de agrupación cristiana, ramas o denominaciones que han venido dando expresión a la fe cristiana a través del tiempo.

I. Tradición e identidad

Pero una vez que hemos armado los nexos de nuestra forma de vida eclesiástica con la totalidad del cristianismo universal y, por ende, la identidad fundamental de nuestra iglesia, es necesario también decir otra cosa. Esta otra cosa es el hecho de que el cristianismo es y ha sido siempre un fenómeno histórico que se ha dado naturalmente a través de mediaciones históricas, esto es, a través de grupos y formas concretas que obedecen a situaciones, factores y condicionamientos históricos específicos que influyen en sus formas de vida y culto, en sus ideas y principios doctrinales, en su percepción e interpretación de la vida cristiana, y en los demás elementos de su militancia religiosa en calidad de denominaciones, movimientos o sectas. Dicho en otras palabras, no existe un "cristianismo puro" en la práctica. Ni siquiera sucedió esto en la Iglesia primitiva. Desde entonces podemos observar diferentes formas de expresar el cristianismo. Por ejemplo, el cristianismo de Jerusalén era distinto al de Antioquía. Hubo un cristianismo judaizante, otro internacionalista; un cristianismo al estilo de Pedro y otro al estilo de Pablo; las formas de culto en Siria eran diferentes a las de Corinto. Ciertas costumbres, ideas o formas de vida eclesiástica obedecieron a distintos factores circunstanciales y a la personalidad y estilo de trabajo de los líderes más prominentes. Por supuesto, hay una íntima vena que corre a lo largo de todo el cuerpo de la Iglesia en sus distintas manifestaciones y estilos; a través de ese conducto fluye la gracia divina que alimenta e informa a todo el pueblo de Dios y ello constituye lo esencial, eterno, divino e inmutable del Evangelio; pero esta gracia imperecedera siempre se da en las formas humanas determinadas por factores históricos y circunstancias concretas.

Es precisamente debido a este hecho que se han generado formas muy prominentes de expresión cristiana cuyo impacto en el mundo es sustancial y permanente. Son formas de vida eclesiástica cuya vitalidad y cuyos efectos perduran a través del tiempo con gran influencia, generando así toda una tradición de cultura religiosa y espiritual. A este tipo de notables formas de vida cristiana pertenece la iglesia presbiteriana; a sus formas de desarrollo a través del tiempo se les conoce como la "Tradición Reformada". Ahora bien, por cuanto los momentos creadores y las épocas originadoras proporcionan todo su perfil y una identidad a los movimientos religiosos, es conveniente recurrir a esos momentos de tiempo en tiempo para recuperar su visión original, sus propósitos y sus metas primitivas, su dinámica interna, su peculiar interpretación de la fe y la vida cristianas a la luz de los desafíos de la época. Esta visitación al pasado donde se gestó toda una tradición suele ser una experiencia vitalizadora y refrescante que puede ayudar a recuperar el ánimo para la lucha y la orientación para el camino. Pero sobre todo, la vuelta a los orígenes es indispensable para el descubrimiento y vigorización de la propia identidad, elemento sin el cual los individuos y los grupos pierden el sentido de su pertinencia y vocación histórica, su actuación se torna ineficaz y su existencia estéril.

Por esta razón es muy necesario hablar y reflexionar acerca de la tradición reformada, corriente de la cual somos parte, subsuelo en el que se hallan nuestras raíces, fuente de nuestra identidad y de nuestra riqueza espiritual, y no se trata de un nuevo afán de orgullo denominacional, infructuoso y anticristiano, sino de una seria experiencia de orden espiritual de la misma naturaleza de lo que el Apocalipsis llama "el primer amor", vivencia que suele inspirar formidables transformaciones y necesarias conversiones.

Cuando con buenas intenciones y mucha ingenuidad oímos protestas de algunos hermanos que rechazan lo "presbiteriano", o lo "calvinista", o lo "reformado", como excrecencias inútiles y abogan por un "simplemente cristiano" o un "cristianismo a secas" o muestran un "antidenominacionalismo a ultranza" estamos ante un fenómeno de buena voluntad pero de innegable ignorancia acerca de lo que realmente es la expresión histórica del cristianismo.

Tal abstracción ("cristianismo puro") no existe como fenómeno religioso, sólo como ideal espiritual; porque los cristianos somos seres concretos de carne y hueso, por lo que nuestra vivencia de la fe también resulta ligada a una tradición, es generada por ella o es creadora de otra nueva. Quienes insisten en la línea del rechazo a las expresiones tradicionales del Evangelio, con mucha frecuencia solamente representan la lucha de otras tradiciones en vías de formación que bregan contra el orden religioso existente para poder establecer el suyo, cosa que a veces parece suceder inconscientemente. Detrás de esto existe un fenómeno de falta de identidad y, al mismo tiempo, una búsqueda de identidad a través de una tradición distinta; o sea, se trata de un fenómeno de inmadurez religiosa.

No obstante, al explorar las raíces de nuestra herencia, es conveniente tener en mente lo que decía don Juan A. Mackay: "No se puede ser un buen presbiteriano, si se es un mero presbiteriano"; lo cual implica que la propia identidad es al mismo tiempo afirmación de individualidad y relación de unidad con otros semejantes. Y esto nos llevaría a consolidar la identidad de lo presbiteriano con el propósito de contribuir a la universalidad de lo cristiano de esta tensión entre la identidad propia y la identidad de los demás resulta una dinámica muy fructífera que el cristianismo moderno necesita urgentemente para cumplir cabalmente su misión histórica para con el mundo.

II. Tres rasgos para reflexionar

Ante la imposibilidad de explorar ampliamente la herencia calvinista, en este espacio nos limitaremos a tres rasgos prominentes en ella. No son los únicos, por supuesto, ni son, tal vez, los más sobresalientes, pero forman parte importante de lo que ha integrado la personalidad reformada a través del tiempo. Aquí los mencionamos para compararlos con nuestra realidad eclesiástica inmediata, es decir, con la Iglesia presbiteriana en México.

Primeramente hay que hacer referencia a una expresión que describe de manera muy general a la Iglesia presbiteriana. La expresión proviene de *El sentido presbiteriano de la vida*, importante e inspirador libro de Juan A. Mackay, a quien ya hemos mencionado. Él llama a la Iglesia presbiteriana: "Un pueblo con mentalidad teológica". Yo quiero comentar dos cosas contenidas en esta expresión. Por un lado se hace referencia a un profundo sentido de espiritualidad del presbiteriano que encuentra la existencia toda sometida bajo la providencial dirección divina, razón por la cual toda experiencia encuentra su sentido y razón de ser en Dios. Para Calvino, como para el calvinista, Dios es la fuente última de la vida y de la historia y, por tanto, en Él reside la explicación única y profunda de todo cuanto acontece. Por encima, por detrás y por debajo de la experiencia humana, el calvinista encuentra una sabia, bondadosa y soberana voluntad divina que le mueve a confiar y a referir todo a Dios. Por otro lado, esa mentalidad teológica tiene una referencia intelectual. El presbiteriano ha aprendido a "amar a Dios con la cabeza", en un ejercicio disciplinado de sus facultades intelectuales puestas al servicio del conocimiento de Dios mediante el estudio serio, sistemático y profundo de las Escrituras, las ciencias humanas y la realidad circundante.

Calvino fue un hombre que pensaba en grande. Erasmo de Rotterdam lo consideró el hombre más ilustrado de su época. Por indicaciones familiares, Calvino estudió teología. Posteriormente, también en obediencia a su padre, estudió derecho. Éstas eran las dos grandes profesiones de la época. Pero luego de que murió su padre, Calvino se dedicó a lo que más le atraía realmente, las letras. Se unió al movimiento humanista y pronto destacó como notable literato y erudito humanista. Siendo el humanismo el movimiento intelectual más importante de la época, puso a Calvino en contacto con la más sobresaliente educación. Todo esto influyó en su posterior ministerio en la Reforma tanto en Francia como en Ginebra.

El humanismo lo puso en contacto directo con las letras clásicas; entre éstas se contaban las Escrituras judías y las cristianas. Esto fue suficiente. En la Biblia aprendió a conocer realmente a Dios. Agregado esto a sus estudios formales de teología y a los constantes juicios y ejecuciones públicas de hugonotes (protestantes franceses) que seguramente Calvino presenciaba en las plazas de París viéndolos morir valerosa y cristianamente en la hoguera, llevó finalmente a Calvino a abrazar plenamente la Reforma y a convertirse en indiscutible teólogo del movimiento.

Todo ese rico instrumental cultural, científico, literario y teológico se advirtió de inmediato en los escritos, las conferencias y las iniciativas pastorales de Calvino. Con reciedumbre y solidez imprimió a la Reforma en Ginebra el sello de su grandeza teológica. Desde entonces, la herencia reformada se precia de ser seria, disciplinada y profundamente teológica. A esto hay que agregar que Calvino se dedicó desde el principio a la enseñanza y fundó la Academia de Ginebra, origen de la famosa Universidad del lugar. Ahí, junto con la exégesis bíblica y la teología, se enseñaban las ciencias, las matemáticas o el arte, pues el estudio de todas estas esferas es parte de la verdad que fluye de Dios el Creador. Habla que conocer seriamente el mundo, que no es otra cosa que el "escenario de la gloria de Dios". Así, el estudio científico en general iba de la mano del estudio teológico y en nada se diferenciaba de él, ambos nos encaminan en el conocimiento de Dios y de sus obras, ambos, entonces, son parte de la educación teológica y del entrenamiento para el ministerio cristiano.

Necesitamos, empero, preguntarnos si toda esta rica herencia teológica de la tradición calvinista es parte de nuestro actual acontecer eclesiástico. ¿Representamos nosotros también a un pueblo con mentalidad teológica?

Aunque encontramos abundantes evidencias de esta mentalidad teológica entre nuestro pueblo, no podemos dar una contestación afirmativa categórica a la pregunta sin antes valorar algunos hechos comunes entre nosotros. Que un buen número de nuestros hermanos manifiesta un sólido conocimiento de las Escrituras y de la doctrina reformada es un hecho evidente. En casi todas nuestras congregaciones encontramos hermanos que encaran este rasgo peculiarmente reformado. Sin embargo, también advertimos un amplio sector de nuestra feligresía, tal vez mayoritario, que no estudia a fondo la Palabra de Dios y mucho menos se preocupa por ampliar sus lecturas y estudios en la vertiente calvinista. En ocasiones parece haber congregaciones enteras más bien orientadas e influidas por el espíritu de la superficialidad de nuestra época, preocupadas más por fomentar valores de clase media (búsqueda de la prosperidad material y del prestigio social) que por estudiar seriamente la Escritura y explorar la fe cristiana. Este tipo de "aburguesamiento" es contrario al espíritu del calvinismo y deteriora la seria estirpe de su mentalidad dirigida e iluminada por el escrutinio continuo de la revelación y de la historia contemporánea.

En ocasiones hemos visto aun ministros impidiendo el estudio serio de la teología o de otras ramas del saber humano por temor de enfrentar la verdad, o tal vez, por temor a perder su influencia o su poder. Semejante glorificación de la ignorancia es definitivamente ajena a la herencia reformada y razón de muchos temores y atrasos en la tarea teológica de nuestra iglesia. Esto incluye la pobre preparación que algunas veces se da a los ministros y las improvisaciones religiosas que en ocasiones se pueden observar en la vida de las iglesias, en la predicación, en la educación y en otras esferas de nuestra vida eclesiástica en general.

Dentro de este mismo ámbito se debe señalar el hecho de la popularidad de ciertas corrientes religiosas de muy escaso valor teológico y que, sin embargo, han arraigado mucho en nuestras congregaciones. El "dispensacionalismo" se ha vuelto popular a través de las notas preparadas por el señor Scofield, que se han agregado a una versión de la Biblia que se cuenta entre las que más ventas logran entre hermanos evangélicos. La interpretación que el dispensacionalismo hace de la Sagrada Escritura no solamente difiere radicalmente de la enseñanza calvinista sino que, además, ejerce extrema violencia sobre el texto bíblico y distorsiona la revelación. No obstante, para muchos hermanos, las descarriadas nociones dispensacionalistas son tenidas casi en tanta estima como la misma Palabra de Dios y constituyen la doctrina oficial de algunos presbiterianos. Eso es lamentable. En parte se debe al excesivo sensacionalismo de sus interpretaciones escatológicas. La escatoficción es mucho más apelante al espíritu superficial de muchos de nosotros, que al estudio sereno, menos espectacular y especulativo, pero más sólido del presbiterianismo.

De modo que en estas áreas, la iglesia presbiteriana aún debe aprender mucho y aprovecharse mejor de su herencia reformada.

Pasemos al segundo rasgo seleccionado para nuestro comentario de esta ocasión. Se trata de la amplitud de la visión teológica del calvinismo. Fuertemente impactado por el mensaje escritural que abarca la totalidad de la experiencia humana y que se refiere a cada esfera de la vida no sólo la espiritual y religiosa, sino también la material, ya sea económica, política, moral, artística, social, laboral, vocacional, etcétera, el calvinismo, fiel al Dios revelado en las Escrituras y a su voluntad soberana, ha dado cabida dentro de su sistema teológico también a la totalidad de la experiencia humana.

El calvinismo nunca desdeñó la reflexión y el estudio y la discusión de todo tipo de temas relacionados con la experiencia humana. A pesar de que la Reforma surgió en relación con la discusión de un tema específicamente religioso y se concentró en la noción protestante por excelencia: la justificación por la fe, Calvino fue mucho más allá y desarrolló la doctrina de las vocaciones diarias de la vida, según la cual toda esfera de actividad humana es santificada y traída a la obediencia de Cristo, quien es el Soberano Señor de toda área del vivir y del transcurrir humano y social. Igualmente la doctrina de la creación tanto en las implicaciones de la idea de la imagen de Dios en el hombre, como en la noción del mandato cultural según el cual el hombre debe gobernar sobre la baja creación administrando la totalidad de la vida humana para la gloria de Dios, proveyó el espacio y la orientación para reconocer que la teología y la vida cristiana deben estar interesadas e involucradas en toda suerte de actividades y problemas humanos.

Es bien conocido cómo Calvino llevó a la vida práctica de Ginebra su comprensión teológica de la vida. La organización social de Ginebra, la educación, la salud pública, la vida política, la actividad económica, todo fue estructurado de acuerdo con un modelo bíblico para la vida humana. Para él no sólo la Iglesia estaba destinada a expresar la realidad teológica, sino que la totalidad del ser y la totalidad de la composición social humana debían también expresar el designio divino. De alguna manera el ideal del Reino de Dios era la visión que determinó la Reforma en Ginebra y desde ahí floreció para el bien de muchos otros pueblos.

Frente a la amplitud y vastedad del proyecto teológico de Calvino, seguido posteriormente y en diversos grados de imitación en distintas partes de Europa, y frente a la incorporación de sus ideales y modelos en muchos otros proyectos eclesiásticos a través del tiempo, nosotros debemos admitir honradamente que nuestra iglesia no representa de manera apropiada la gran herencia reformada.

Por principio de cuentas hay que reconocer la desviación teológica que ha alimentado nuestra doctrina y nuestro espíritu como iglesia. Somos herederos no del espíritu calvinista sino de un problema doctrinal surgido en los Estados Unidos. Me refiero a la controversia denominada "fundamentalista". Dicha controversia, originalmente intento de ortodoxia, llegó en versiones posteriores a degenerar en verdadera herejía. Fue en esta etapa que se moldeó mucho de la mentalidad eclesiástica y doctrinal de nuestra Iglesia en México. Todavía hoy muchos ministros identifican la tradición reformada con el fundamentalismo. Nada hay más erróneo que esto. Porque si bien la doctrina reformada es bíblica y ortodoxa, no es, ni con nada, fundamentalista. El error del fundamentalismo consiste en haber deformado el Evangelio y la doctrina reformada hasta reducirlos a un simple ejercicio religioso sin conexión con la realidad. Primero se volvió a la dicotomía griega que se perpetuó en la herejía maniquea. Luego de disociar lo "espiritual" y lo "material", el fundamentalismo se engañó creyendo que lo único que importaba al Evangelio era lo espiritual y abandonó la realidad material como algo inaccesible y sin importancia para los efectos de la doctrina "supuestamente cristiana", convirtiéndose así en un fanatismo oscurantista que cedió la mitad del Evangelio y exaltó su propia mitad como si fuera el todo. No contento con ello, y en aras de una triste ilusión que lo llevó a sentirse campeón de la ortodoxia y la sana doctrina, se inventó enemigos a cada paso para justificar su existencia. Destruyó así el verdadero espíritu calvinista y se volvió hermano espiritual del Santo Oficio o Santa Inquisición asumiendo características anticristianas.

En nuestro caso, dicha deformación reduccionista es responsable del gradual abandono de la tradición reformada y de su visión teológica global. Por ello aún creemos que el Evangelio es algo simplemente para los templos, cuestión del alma, pero sin eficacia ni relación con la vida diaria. Por eso nuestra Iglesia rehúsa cumplir su función de orientación teológica en los aspectos diarios de la vida. Una prenda de ello es su pretendida apoliticidad y su negación a estudiar, reflexionar y expresarse sobre asuntos de trascendencia ética, social o económica. Para algunos hermanos hasta la caridad cristiana y el servicio social a la comunidad resultan sospechosos por lo menos, si no totalmente fuera del ámbito de la "verdadera" misión cristiana de la iglesia, que se entiende en esta versión reduccionista como simplemente "salvar almas" como si éstas no fueran también seres históricos.

Tal situación, me parece, delata una franca retirada de la mejor tradición calvinista y presbiteriana. Amerita de parte nuestra una verdadera conversión al Evangelio y al calvinismo, una conversión teológica.

Vengamos, finalmente, a nuestro último comentario; esto es, sobre el tercer rasgo de la herencia reformada que amerita reflexión. Lo haremos brevemente. Se trata del concepto reformado de la Iglesia y de las relaciones eclesiásticas.

Los reformadores nunca pretendieron "fundar" otra Iglesia. Su seriedad teológica les impedía ser sectarios. Ellos amaban a la "única", "sola", "una" iglesia del Señor Jesucristo. Siempre confesaron esa sola Iglesia. Su propósito y su anhelo fue solamente la reforma de dicha única iglesia. Si las presiones que se ejercieron sobre los reformadores los colocaron fuera del ámbito eclesiástico tradicional oficial, no fue por causa de sí mismos, sino de quienes los "expulsaron". No obstante, Calvino y Lutero buscaron la unificación no sólo de todos los grupos reformados, sino aun la unidad de la Iglesia universal. Se afirma que Calvino dijo haber estado dispuesto a "atravesar diez mares" si con ello hubiera podido lograr la unidad de la iglesia. En esto se muestra una característica muy propia de la herencia reformada. Es una combinación de firmes convicciones en la defensa de la verdad y caridad cristianas abierta al diálogo con los que piensan de manera distinta, con el propósito de buscar la profunda unidad que liga a todos los creyentes en un mismo Cuerpo.

Por esta razón, como lo expresamos al principio, el calvinismo nunca se ufanó de su singularidad ni se exaltó a sí mismo como denominación o movimiento confesional a costa de la Iglesia universal. Antes bien, reconoció que la totalidad de la verdad evangélica no reside con exclusividad en grupo alguno, sino sólo en la plenitud del Cuerpo de Cristo, al cual se debe nuestra lealtad esencial y prioritaria. Si la reforma es evidentemente una lucha honrada y absoluta por preservar la verdadera enseñanza del Evangelio y, por tanto, es fuertemente polémica y controversial, también es verdad aunque en esto no se haya hecho tanto énfasis en tiempos recientes en nuestra iglesia que la Reforma consideró la unidad de la iglesia como parte de esa verdad que con tanto celo defendió.

De ahí que resulte extraño el aislamiento que caracteriza a nuestra iglesia. No es acorde con la mejor expresión presbiteriana. En nuestra manera de ser como denominación se hace notorio nuestro celo y nuestro separatismo. No mantenemos relaciones fraternales ni con los otros grupos más próximos a nuestra tradición. Desde 1971 decidimos aislarnos aun de la gran familia reformada representada por la Alianza Mundial de Iglesias Reformadas.* Es verdad que diferimos con algunas tendencias del Consejo Mundial de Iglesias y que no apoyamos un ecumenismo que sacrifica la integridad del Evangelio o desvía la actividad misionera cristiana, pero no podemos por ello negarnos al afecto fraternal y a la relación cristiana que es esencial al testimonio del Evangelio y a las demandas de Jesucristo. Nuestra voz debe participar en el concierto de los cristianos; aun si no para otra cosa, para manifestar desde las plataformas del diálogo nuestra inconformidad o nuestros puntos de vista. Nuestro aislamiento no sólo hace evidente nuestra inmadurez social, es también una infidelidad al evangelio, un apartamiento de la tradición reformada y un escándalo para el mundo incrédulo.

III. El llamado permanente

Volver a escuchar los acentos de la gloriosa voz reformada es experiencia de gran valor y muy saludable. Se nos recuerda nuestro pasado. Se pone al descubierto nuestra estirpe. Se nos aviva la fe. Se reencuentran las raíces. Se afirma la identidad. Se abren nuevos mundos, amplios horizontes, renovadas posibilidades para la actividad, para el cambio, para la transformación y renovación de nuestra iglesia.

Queda bien claro que no podemos caer en el error de vivir solazándonos en las glorias del pasado. No se trata, por otro lado, de repeticiones estériles o imitaciones grotescas de experiencias ya superadas. No. Se trata de revalorar lo que somos, de un reencuentro con el espíritu dinámico de nuestra identidad histórica para realizar los necesarios movimientos y reajustes pertinentes a nuestra situación y a nuestro contexto. Si podemos resumir la naturaleza de lo que aquí se demanda en términos de la Reforma misma, seleccionaríamos la frase que corre desde el siglo XVI y que se originó en Holanda: *Ecclesia Reformata et semper reformanda*, esto es, "la Iglesia reformada siempre reformándose". O sea que estamos ante la demanda de dar cumplimiento a esta esencial cuestión del espíritu del calvinismo: la reforma permanente de la

---

*Actualmente, la Iglesia Nacional Presbiteriana de México es miembro nuevamente de dicha alianza de iglesias.

iglesia por medio de la obediencia a la Palabra de Dios y al Espíritu Santo. Lo cual, en nuestro caso, exige muchas reivindicaciones, muchas correcciones en la orientación de nuestra vida eclesiástica, muchos arrepentimientos, muchas conversiones, mucha reflexión sobre el sentido de nuestra vida denominacional y de los necesarios cambios de actitud y de actividad.

Dicho esto en otras palabras, anotaremos que el mirar al pasado mediato e inmediato de nuestra tradición reformada nos lleva al reencuentro de nuestra identidad y de nuestras raíces y engendra en nosotros de nuevo y en renovados matices el permanente llamado de Dios a no conformarnos a este siglo, sino a transformarnos por medio de la renovación de nuestro entendimiento para experimentar la voluntad de Dios, buena, agradable y perfecta.

Vigencia de la cosmovisión calvinista para la Iglesia y el mundo de hoy

Mariano Ávila Arteaga

Permítaseme a manera de introducción hacer una breve definición del tema que se me ha asignado. Su término central es *cosmovisión*. Por esta palabra me refiero a la manera de ver e interpretar el mundo, la realidad; es decir, con qué ojos vemos al mundo y lo interpretamos; cómo entendemos la compleja realidad que enfrentamos a diario. Otra manera de definirlo sería refiriéndonos a la cosmovisión, como la filosofía de una persona. Aquel conjunto de pensamientos, criterios y valores que, en un todo unificado armónicamente, compone la mentalidad de una persona. En otras palabras más simples se puede decir que la cosmovisión se refiere a los lentes con que vemos la realidad.

Luego calificamos esta cosmovisión como calvinista, ¿Qué queremos decir con este término?, nos referimos con él a ese sistema doctrinal que Calvino enseñó pero que no inventó o creó. Es la enseñanza que Agustín predicó, que Pablo, los apóstoles, nuestro Señor y los profetas enseñaron. En otras palabras, la enseñanza bíblica. ¿Por qué no la llamamos bíblica o cristiana simplemente?, porque hoy día estos términos son tan ambiguos y tan mal entendidos y usados, que se han desgastado y han perdido su sentido real. De ahí que tengamos que usar un pobre apelativo, calvinismo, para referirnos a la gloriosa enseñanza que encontramos desde el principio hasta el fin de las páginas de las Sagradas Escrituras. De ahí que al leer repetidamente en este artículo el término calvinismo no nos sintamos incómodos, como si estuviésemos cayendo en alguna herejía sectaria, no, más bien demos gracias a Dios que en este concepto encerramos la genuina enseñanza bíblica. No estamos glorificando a un hombre sino al Señor Dios quien despertó ese movimiento reformador que trajo nueva vida y luz a la Iglesia y al mundo. A esa gran obra de Dios en la historia se le ha llamado calvinismo.

La palabra clave de este tema es vigencia. Cuando hablamos de vigencia hablamos de actualidad, de valor y uso presentes, de relevancia contemporánea, de aplicabilidad presente, de una cosmovisión que está en vigor; que viene a propósito para la Iglesia y el mundo de hoy.

Habiendo definido nuestro tema lo haremos proposición diciendo que la cosmovisión calvinista tiene vigencia para la iglesia y el mundo de hoy, aún más, es urgente que nosotros que nos llamamos calvinistas, presbiterianos o reformados la redescubramos y en muchos casos, me temo apenas la conozcamos. Es mi convicción que las serias demandas y desafíos que nos ha tocado vivir en esta generación sólo podrán ser enfrentados responsablemente si estamos armados de esta cosmovisión y la aplicamos firmemente a nuestro diario vivir. Que Dios nos conceda la gracia de asimilarla y de llevarla también a sus últimas consecuencias prácticas; que estemos dispuestos a pagar el costo del discipulado cristiano que surge de tal cosmovisión.

Podemos resumir la cosmovisión calvinista en tres aspectos fundamentales. Nuestra relación con Dios, con el hombre y con el mundo. La forma en que el calvinista, enseñado por la Palabra de Dios, concibe su relación con estas tres realidades.

I

En la cosmovisión calvinista, Dios está en el centro de todo. "Porque de él, por él y para él son a todas las cosas. A Él sea la gloria por los siglos de los siglos. Amén" (Rom. 11.36). Por ello nuestro fin principal es glorificar a Dios y gozar de Él para siempre (*Catecismo Menor de Westminster*, Preg. 1).

El Señor Dios es reconocido como Creador del Universo. Él es el principio, origen y fuente de la vida y la existencia. A Él le pertenecemos, de El dependemos. "En Él vivimos, nos movemos y somos" (Hch. 17.28).

También es Él el sustentador supremo de todo. Es el Dios de la providencia quien sostiene, preserva y gobierna a todas sus criaturas. Como tal es Señor del mundo y de la historia. Todo lo dirige para su gloria.

Es, además, nuestro Redentor, quien en Jesucristo nos ha dado vida. El Padre nos eligió desde la eternidad; el Hijo pagó nuestro rescate en la cruz y el Espíritu Santo nos comunica esa redención transformándonos de gloria a gloria en la imagen del Señor. En el centro de nuestra confesión está el hecho de que hemos sido salvados por la sola gracia de Dios.

Las implicaciones de todo esto se hallan resumidas en las bellas palabras del *Catecismo de Heidelberg* que en respuesta a su primera pregunta: ¿Cuál es tu único consuelo tanto en la vida como en la muerte?, responde:

> Que yo, con cuerpo y alma, tanto en la vida como en la muerte, no me pertenezco a mí mismo, sino a mi fiel Salvador Jesucristo, que me liberó de todo el poder del diablo satisfaciendo enteramente con su preciosa sangre por todos mis pecados, y me preserva de tal manera que sin la voluntad de mi Padre celestial ni un solo

cabello de mi cabeza puede caer, antes es necesario que todas las cosas sirvan para mi salvación. Por eso también me asegura, por su Espíritu Santo, la vida eterna y me hace pronto y aparejado para vivir en adelante según su santa voluntad.

De ahí, que el calvinista se sabe deudor y vive su vida ante los ojos y presencia de Dios. Conoce su miseria, conoce a su Redentor y vive para la gloria de Dios. Si come o bebe o hace cualquier cosa, lo hace para la gloria de Dios. Sabiéndose salvado por la gracia de Dios le ama mucho, por que "al que mucho se le perdona, mucho arma". Se une de corazón al salmista que decía: "¿A quién tengo yo en los cielos, sino a ti? Fuera de ti nada deseo en la tierra. Mi carne y mi corazón desfallecen, más la roca de mi corazón y mi porción de Dios para siempre" (Sal. 73.25-26). La *Sola Gratia* engendra el estilo de vida resumido en las palabras: *Soli Deo gloria*.

La vida del verdadero calvinista está profundamente arraigada en la fidelidad, misericordia y gracia de Dios y por ello se caracteriza por una profunda seguridad de la salvación que, lejos de inducirle a la indolencia y negligencia, lo hace diligente y consagrado a su Señor.

El cántico jubiloso de Pablo en Rom. 8.28-39 resume nuestra fe reformada, revelada por Dios en su Palabra y confirmada en nuestra experiencia cotidiana por su santa providencia.

Esta profunda certeza se manifiesta en una entrega total y continua a Dios. No existe, para el calvinista, aspecto alguno de su vida que no consagre a su Señor. En este contexto, la esquizofrenia religiosa, tan común en nuestras iglesias, que divide la vida en departamentos, unos religiosos y otros "seculares", resulta una horrible aberración. Aquella que encierra a Dios en el templo y limita su adoración al culto dominical, y por el otro lado, excluye a Dios de su práctica profesional, estudiantil, comercial, doméstica, etcétera, durante el resto de la semana, puesto que considera tales actividades "seculares", no ha comprendido la fe cristiana y es una contradicción viviente de la misma. El cultivo y servicio del creyente son un estilo de vida que se manifiesta en todos los lugares y en todas las áreas de la vida y no sólo en actos esporádicos de culto en un templo unas horas el domingo.

"Si, pues, coméis o bebéis, o hacéis otra cosa, hacedlo todo para la gloria de Dios" (I Cor. 10.31).

II

¿Cómo ve el calvinista al hombre? El calvinista aprende su concepción del hombre en la Palabra de Dios, se conoce en la Palabra y a la luz de ella reconoce su dignidad, valor y honra como Imagen de Dios.

En virtud de su creación a la imagen de Dios, y de su exaltada y singular posición de señorío sobre la creación, el hombre es causa de admiración, asombro y reverencia al calvinista, como lo fue al salmista que pregunta, no por su ignorancia sino por el conocimiento que tiene: "¿Qué es el hombre para que tengas de él memoria, y el hijo del hombre para que lo visites? Pues lo has hecho poco menor que los ángeles, lo coronaste de gloria y de honra, todo lo pusiste debajo de sus pues" (Sal. 8.4-6).

Esto se ve afectado por el pecado. El hombre no dejó de ser hombre, más bien se constituyó en rebelde, y al hacerlo se deshumanizó. Pecando contra Dios, pecó contra sí mismo. Se sumió en una existencia infrahumana. La imagen de Dios se distorsionó pero no se perdió (Veánse Gén. 6 y Santiago 3.9).

La redención en Cristo nos humaniza y restaura. Nos reconcilia con Dios, con nuestro prójimo y con nosotros mismos. El valor, honra y dignidad humanos se ven ensalzados en su máxima expresión por el altísimo costo pagado para nuestra salvación, la sangre de Cristo.

El calvinismo ha derivado de su relación fundamental con Dios una peculiar interpretación de la relación del hombre con el hombre, y es esta única y verdadera relación, la que desde el siglo XVI ha ennoblecido la vida social. Si el calvinismo coloca la totalidad de nuestra vida humana inmediatamente delante de Dios, entonces se sigue que todos los hombres o mujeres, ricos o pobres, débiles o fuertes, tontos o talentosos, como criaturas de Dios, y como pecadores perdidos, no tienen ningún derecho de dominar unos sobre otros, ya que ante Dios estamos como iguales, y consecuentemente en igualdad los unos con los otros, de ahí que no podamos reconocer ninguna distinción entre los hombres, salvo aquellas que han sido impuestas por Dios mismo, al dar autoridad al uno sobre otro, o al enriquecer con más talento a uno que a otro, a fin de que el hombre que tenga más talentos sirva el hombre que tiene menos, y en él sirva a su Dios. Por ello el calvinismo no condena meramente toda esclavitud abierta y los sistemas de castas, sino toda esclavitud encubierta de la mujer y del pobre; se opone a toda jerarquía entre hombres; no tolera la aristocracia, salvo aquella que es capaz, sea personalmente o como familia, por la gracia de Dios, de exhibir una superioridad no para su auto-engrandecimiento u orgullo ambicioso, sino para usarla en el servicio de Dios.

Así, el calvinismo estaba obligado a encontrar su expresión en una interpretación democrática de la vida; a proclamar la libertad de las naciones; y a no descansar hasta que política y socialmente cada hombre, simplemente por ser hombre, sea reconocido y tratado como una criatura hecha a la imagen divina. (Abraham Kuyper, *Calvinism. Six-Stone Lectures*. Höveker an Wormser KTD, Ámsterdam-Pretoria, pp. 26-27).

¡Cuánta actualidad y urgencia tiene este principio hoy día! Cuando las relaciones internacionales e interpersonales se ven controladas por criterios y valores que han clasificado y etiquetado al hombre, valuándolo según su raza, color, olor, inteligencia, títulos, posesiones, estatus social, ocupación, lugar de residencia, belleza o incluso religión. Así hablamos de "tercer-mundistas", de "indios", "negros", "profesionistas", "pobres", "clase media", "burgueses", "católicos", "paganos", etcétera. Y de esta infravaloración del hombre, hermanos, no seamos ilusos, ni la Iglesia, nuestra Iglesia, ha escapado. Al contrario, la hemos afirmado dándole nuestra bendición.

¿No es cierto que seguimos pecando al hacer distinción, acepción de personas, dándole la preferencia al rico antes que al pobre en nuestras congregaciones? (Véase Stg. 2.1-13). Cuántas veces, por ejemplo, las elecciones de oficiales de nuestras iglesias están determinadas por los títulos profesionales o posesiones materiales de los candidatos y no por sus dones espirituales y su servicio al Señor. Como pastores muchos pecamos en este renglón. Muchas de nuestras "iglesias" son clubes exclusivos en los que la pertenencia al grupo está determinada por la clase social y afinidad cultural. El fenómeno de formar grupos en las iglesias es bien conocido. La discriminación al indio es un pecado nacional del que todos participamos.

¡Cómo necesitamos releer los evangelios y aprender de Jesús nuestro Señor! El vivió en una sociedad como la nuestra que había denigrado al hombre clasificándolo y etiquetándolo como "judío", "samaritano", "publicano", "pecador", "fariseo", "perros", "elegidos", etcétera, distinciones con base en la nacionalidad, raza, religión, moralidad, clase social, que ultrajaban la dignidad del hombre. Jesús rompió con todo esto. Fue, en este sentido, un radical. No catalogaba a los hombres según sus etiquetas sino que supo ser amigo de publicanos y pecadores porque reconocía, respetaba y trataba a cada ser humano como criaturas hechas a imagen de Dios y por lo tanto revestidos de una enorme dignidad y… con una profunda necesidad de liberación y redención. Escandalizó a sus contemporáneos, pero glorificó a Dios y le devolvió sus dignidad a mujeres, niños y "pecadores". ¿Lo haremos nosotros con nuestra generación?, ¿pagaremos el costo?

III

La tercera relación fundamental, componente imprescindible de la cosmovisión calvinista, tiene que ver con el mundo. En este punto el calvinismo ha traído también un cambio radical al mundo del pensamiento evangélico.

Poniendo al hombre ante la presencia de Dios, no sólo ha honrado al hombre a causa de llevar este la imagen de Dios, sino que también ha honrado al mundo como creación divina.

Un gran principio teológico calvinista en este contexto es el de la gracia común. Esto significa que Dios no sólo actúa para la salvación del hombre sino que también opera en el mundo, manteniendo su vida y existencia, aliviando la maldición que pesa sobre él, frenando su proceso de corrupción y facilitando así el desarrollo de nuestra vida a fin de glorificarle y gozar de Él para siempre. "Dios hace que su sol salga para buenos y malos y que llueva sobre justos e injustos" (Mt. 5.45). "El mundo es de mi Dios".

En íntima relación con este principio de la gracia común, surge el gran principio del así llamado "mandato cultural". Calvino entendió que la Iglesia se hallaba bajo el imperativo divino no sólo de llevar el Evangelio a toda criatura, sino también de "sojuzgar la tierra y dominarla" en el nombre y para la gloria de Dios (Gén. 1.26-28). Al rescatar este mandato, el calvinismo ensancha su visión misionera y entiende que ha de cultivar ese enorme huerto de Dios que es el mundo, para que éste, una vez desatado de todo su potencial, también se le une en perfecta armonía en un cántico de gratitud y alabanza al Creador.

Hombre y mundo (creación) se hallan íntimamente relacionados desde el principio. Es entonces cuando ambos cuentan la gloria, sabiduría y bondad de Dios; en la caída en el pecado, la tierra es maldita por causa del hombre, y junto con el hombre, pero también en la redención de la naturaleza, el cosmos, la creación toda "será libertada de la esclavitud de corrupción, a la libertad gloriosa de los hijos de Dios" (Rom. 8.21).

Sin embargo, ésta no solo es una bendita esperanza. La redención ya es una realidad presente. Ya tenemos las primicias; el Reino se ha acercado, vivimos en los últimos días inaugurados con la muerte y resurrección de Cristo.

El Reino, como la semilla de mostaza, va creciendo y extendiéndose lenta, silenciosa, pero firmemente en este mundo. Y de ese proceso de regeneración es que participamos como primicias los creyentes, también participa la creación; y en este proceso somos colaboradores de Dios.

Esto es lo que también se expresa con las palabras "la santidad de lo secular" o bien, el carácter de toda vocación humana. Como dice Kuyper, gracias a este principio,

> la vida doméstica recuperó su independencia y dignidad, el comercio realizó su fortaleza con libertad, el arte y la ciencia fueron liberados de cualquier lazo que les había impuesto la Iglesia (católico-romana) y fueron restaurados a su propia

inspiración y el hombre empezó a entender la sujeción de toda la naturaleza con sus poderes y tesoros latentes como un deber santo impuesto sobre él por el mandato original en el Paraíso: "dominad sobre ella". De ahí que la maldición ya no reposa sobre el mundo como tal, sino sobre lo que es pecaminoso en él, y en lugar de una huida monástica del mundo, el deber es ahora enfatizado en el sentido de servir a dios en el mundo, en cada área y departamento de la vida. Adorar a Dios en la Iglesia y servirle en el mundo llegó a ser el impulso inspirador; la Iglesia vino a ser el lugar donde se adquiría el poder para resistir la tentación y el pecado en el mundo. Así, la sobriedad puritana fue mano a mano con la reconquista de toda la vida del mundo, y el calvinismo dio impulso a ese nuevo desarrollo que se atrevió a enfrentar al mundo con el pensamiento romano: Nada de lo humano es ajeno, aunque nunca se permitió intoxicarse con su capa venenosa. (*Ibíd.*, p. 31).

En este sentido, el calvinismo adopta una posición diametralmente opuesta a los anabaptistas de su época que confirmaron el modelo monástico y lo hicieron regla para todos los creyentes. El calvinismo rompe las distinciones entre clero y laicos, afirmando con la Biblia el sacerdocio universal de los creyentes, y destruye la falsa distinción entre lo santo y secular haciendo a la luz de la Biblia, de cada ocupación, oficio y profesión un servicio santo, un ministerio sagrado para Dios. Ésta es la santidad de lo secular:

La vida del mundo ha de ser honrada en su independencia, y debemos, en cada esfera, descubrir los tesoros y desarrollar la potencialidad escondida por Dios en la naturaleza y en la vida humana" (*Ibíd.*, p. 33).

"No sirviendo al ojo, como los que quieren agrandar a los hombres, sino con corazón sincero, temiendo a Dios. Y todo lo que hagáis, hacedlo de corazón, como para el Señor y no para los hombres; sabiendo que del Señor recibiréis la recompensa de la herencia, porque a Cristo el Señor servís" (Col. 3.22-24).

Es en este punto que quiero mostrar que esta dimensión básica del calvinismo nos provee las bases bíblico-teológicas de una labor misionera integral. No sólo debemos buscar anhelosamente ganar *a todos los hombres* para Cristo, sino que debemos ganar al hombre entero; no sólo debemos "salvar almas", debemos rescatar a hombres enteros, alma y cuerpo.

De un ministerio integral, J. Gresham Machen nos recuerda nuestro compromiso con estas palabras:

En lugar de destruir las artes y las ciencia o de ser indiferentes a las mismas, cultivémoslas con todo el entusiasmo del auténtico humanista, mas al mismo tiempo consagrémoslas al servicio de nuestro Dios. En lugar de sofocar los placeres que ofrece la adquisición del saber o la apreciación de lo bello, aceptemos estos placeres como dones de un Padre celestial. En lugar de eliminar la distinción entre el Reino y el mundo, o por otro lado retirarnos del mundo en una especie de monasticismo intelectual modernizado, avancemos gozosamente, con todo entusiasmo, para someter el mundo a Dios...

...El cristiano no puede sentirse satisfecho en tanto que alguna actividad humana se encuentre en oposición al cristianismo o desconectada totalmente del mismo.

El cristianismo tiene que saturar, no tan sólo todas las naciones sino también todo el pensamiento humano. El cristianismo, por tanto, no puede sentirse indiferente ante ninguna rama del esfuerzo humano que sea de importancia. Es preciso que sea puesta en contacto, de alguna forma, con el evangelio. Es preciso estudiarla, sea para demostrar que es falsa, sea para utilizarla en activar el Reino de Dios. El Reino debe ser promovido; no solo en ganar a todo hombre para Cristo, sino en ganar al hombre entero" (J. Gresham Machen, *Cristianismo y cultura.* Países Bajos, ACELR, 1974, pp. 10-11).

No empobrezcamos el concepto de ministerio limitándolo a las actividades religiosas realizadas por pastores, evangelistas o misioneros; ni tampoco diseminemos herejías enseñando que para ser ministros debemos abandonar nuestras actividades "seculares" y meternos a un seminario. Renunciemos a esta mentalidad católico-romana, y, fieles a nuestros principios reformados y bíblicos, démosle a cada ocupación humana la dignidad y carácter ministerial que Dios mismo les ha conferido; seamos sacerdotes no sólo en el templo, sino también en el mercado, en el aula, en la oficina, en el hogar, en la calle, en el mundo. Por supuesto, hemos de alentar a aquellos que Dios llama al ministerio de la Palabra, pero también debemos estimular y capacitar a los santos para la obra del ministerio en los campos científico, artístico, cultural, económico, social y político. Allí también necesitamos misioneros cristianos que militen para el Señor, conscientes de que "...las armas de nuestra milicia no son carnales, sino poderosas en Dios para destrucción de fortaleza, derribando argumentos y toda altivez que se levanta contra el conocimiento de Dios, y llevando cautivo todo pensamiento a la obediencia a Cristo" (II Cor. 10.4-5).

El Señor nos está llamando en este momento crítico de nuestra historia a una conversión radical. A la luz de Romanos 12.1-2 somos exhortados a presentar nuestros cuerpos en sacrificio vivo, santo y agradable a Dios, lo cual constituye nuestro culto racional. El estímulo poderoso son "las misericordias de Dios", las muestras concretas de su gracia en la salvación que en nosotros efectúa en Cristo Jesús; somos llamados a no conformarnos a este mundo, sino a ser transformados en el espíritu de nuestra mente —aquí entra la cosmovisión, una mentalidad nueva, transformada y reformada por la Palabra. Entonces podemos experimentar la buena voluntad de Dios, agradable y perfecta.

Termino con las siguientes reflexiones que siguen siendo un desafío para nosotros: Abraham Kuyper nos reta diciendo:

Recordad que este giro de la historia del mundo no podría haberse realizado excepto por la implantación de otro principio en el corazón humano, y por la revelación de otro mundo de pensamiento a la mente humana; que sólo por el calvinismo el salmo de libertad pudo encontrar su camino desde un corazón atribulado hasta los labios, que el calvinismo ha capturado y garantizado para nosotros derechos civiles constitucionales; y que simultáneamente con esto surgió de la Europa occidental este poderoso movimiento que promovió el avivamiento de la ciencia y del arte, abrió nuevas avenidas al comercio, embelleció la vida social y doméstica, exhaltó a la clase media a posiciones de honor, hizo que abundara la filantropía, y más que todo esto, elevó, purificó y ennobleció la vida moral con su seriedad puritana; y entonces juzgad por vosotros mismos si es adecuado arrojar el calvinismo que Dios nos ha dado a los archivos de la historia, o si es un sueño concebir que el calvinismo todavía tiene una bendición que darnos y una brillante esperanza que revelar para el futuro.

El calvinismo no está muerto —todavía lleva en sí el germen de energía vital de los días de su gloria pasada. Si, así como el grano de trigo del sarcófago de los faraones, cuando es puesto en la tierra, lleva fruto a ciento por uno, así el calvinismo lleva en sí un poder maravilloso para el futuro de las naciones. Y si de nosotros los cristianos, en nuestra batalla santa, se esperan hechos heroicos, marchando bajo bandera de la Cruz, contra el espíritu de los tiempos, el calvinismo solamente nos armará con un principio inflexible, y por el poder de ese principio nos garantiza una segura, aunque nada fácil victoria" (*Ibíd.*, pp. 45-45).

Calvino y la opinión de los católicos de hoy
Alexandre Ganoczy

¿Qué piensan de Calvino los católicos de hoy? La respuesta no es nada fácil. Por "católicos de hoy" podríamos designar a los pocos historiadores y teólogos católicos que se han propuesto la tarea de comprender verdaderamente a Calvino y su pensamiento religioso. Ahora bien, sería iluso creer que estos investigadores ejercen una influencia determinante sobre la opinión del conjunto a los católicos. La amplitud de su auditorio varía, por otra parte, según el interés que manifiestan por la Reforma en general y por Calvino en particular las diferentes comunidades católicas. Ésta es completamente nula o insignificante en los países donde los protestantes y, más especialmente, los calvinistas no representan una realidad concreta, ya sea por su número o por su papel histórico, o por su dinamismo conquistador. En cambio, es bastante considerable en las regiones donde subsiste la lucha interconfesional, bajo cualquier forma que sea (matrimonios mixtos), y en aquellas otras donde la serenidad general de los espíritus y una mentalidad más desarrollada permiten afrontar con ecuanimidad los problemas ecuménicos.

Aun así había que reconocer, además, que el interés por los contactos con el protestantismo no siempre va unido a su interés por la persona y la obra del reformador francés. Hasta en los católicos más "abiertos", Juan Calvino despierta, en la mayor parte de los casos, menos simpatía que, por ejemplo, Martín Lutero. Su figura triste, severa e intolerante, su doctrina sobre la predestinación, han sido tan profundamente inculcadas en la conciencia católica que hasta las mentes más formadas tienen cierta tendencia a "ponerle entre paréntesis" en sus diálogos ecuménicos. Y lo hacen tanto más fácilmente cuanto que numerosos protestantes, incluso de tradición calvinista, parecen a veces sonrojarse de uno de sus más grandes reformadores. Este estado de cosas han podido ser comprobado el año pasado, con ocasión del cuarto centenario de la muerte de Calvino. La mayor parte de las conmemoraciones de que hemos tenido conocimiento han sido obra de historiadores, teólogos o periodistas; ha habido exposiciones bien organizadas, pero nada de eso daba la impresión de que el nombre de Calvino evocase en la generalidad de los protestantes, incluso en Ginebra, una presencia realmente viva y amada.

¿Es todavía actual Calvino?

A este propósito es necesario plantear toda una serie de preguntas. ¿No es normal la situación que hemos evocado? ¿No es verdad que la historia y la doctrina de Calvino no poseen ya actualidad? ¿No es la herencia del reformador de Ginebra un obstáculo, más que una ayuda en el diálogo ecuménico? ¿No vale más ponerle entre paréntesis para concentrar todos nuestros esfuerzos en el estudio de los teólogos protestantes modernos?

En la medida en que personalidades notables e influyentes del protestantismo contemporáneo se creen obligados a descuidar a los reformadores en provecho de sus pensadores modernos; en la medida en que, por ejemplo, los partidarios de un "barthanismo" unilateral se desentienden de Calvino, a menos de interpretarlo enteramente a la luz de Barth, en esa medida responden afirmativamente a estas preguntas. Sin sostener que sea esa la actitud general entre nuestros reformados, hay que reconocer que es una actitud generar entre nuestros reformados, hay que reconocer que es una actitud bastante extendida. La consecuencia de esta actividad entre los católicos es simple. Los que siguen con atención "la actualidad protestante" se dejan con frecuencia impresionar por lo que encuentran en ella de más "moderno". Algunos de estos estudios católicos llegan incluso a contentarse con los conocimientos de segunda mano que esa actitud supone y no sienten la menor necesidad de estudiar a los reformadores del siglo XVI y menos aún a Calvino.

Aquí aparece una de las lagunas del ecumenismo católico; con demasiada frecuencia no se va al fondo de las cosas ni en el plano histórico, ni en el plano teológico, ni, sobre todo, en el terreno tan importante de la historia de los dogmas. Esto explica, a nuestro entender, que en la inmensa literatura ecuménica católica haya tan pocos escritos de valor sobre Calvino y su doctrina.

Por nuestra parte estamos persuadidos de la actualidad de los estudios calvinianos y de la necesidad de que los católicos se remonten directamente a las fuentes de la Reforma, sin lo cual no comprenderán nunca el protestantismo de hoy.

Cuando se han estudiado seriamente las obras teológicas de Calvino, cuando se han descubierto sus fuentes y destacado sus ideas maestras, cuando se ha medido su solidez bíblica y patrística y se ha constatado su estructura, kerigmática y sistemática a la vez, es imposible no reconocer en ellas una obra capital sin la que serían imposibles la mayor parte de los teólogos protestantes modernos, no sólo reformados, sino también evangélicos. El pensamiento de K. Barth tiene, como él mismo reconoce, sus raíces más profundas en el de Calvino. Rudolf Bultmann, por todo el carácter escriturísticamente dialéctico de su teología "existencial", esta tan cerca de Calvino como de Lutero. Existe, sin duda alguna, una continuidad esencial entre los grandes iniciadores de la Reforma del siglo XVI y los pensadores del protestantismo moderno, continuidad que sólo una visión superficial de las cosas permite ignorar. Ahora bien, donde se da continuidad viva no es posible considerar una sola etapa aislada, aunque sea la más actual.

Para los católicos preocupados por la unidad de la Iglesia de Cristo, el estudio directo de Calvino tiene tanto interés al menos como el de Lutero, Zwinglio, Melanchton y Bucero. El pensamiento eminente y sistemáticamente "eclesial" del reformador de Ginebra es ciertamente afín a la eclesiología católica actual. Varios puntos esenciales de la colegialidad promulgada en el Concilio Vaticano II, por ejemplo, parecen estar contenidos en la doctrina calvinista de la Iglesia.[1]

Otro factor de convergencia está constituido por el hecho de que Calvino ha dado más importancia que cualquier otro teólogo de la Reforma al estudio de los Padres de la Iglesia.[2] De una manera general, puede decirse que Calvino ocupa una de las posiciones centrales en toda la historia de los dogmas; él es, en efecto, quien ha logrado, gracias desde luego a sus predecesores Melanchton y Bucero, dar una expresión clara y sistemática del pensamiento teológico de Lutero, salvaguardando, gracias a su formación de jurista y humanista, un número considerable de elementos doctrinales e institucionales de la tradición católica.

Pero, si nos limitásemos a ver en Calvino lo que le acerca al catolicismo romano, mostraríamos un interés puramente egocéntrico y nos haríamos sospechosos de intenciones "integracionistas". Es preciso ir más lejos y, sin dejar de señalar con franqueza el límite de las convergencias y las divergencias, atreverse a escuchar sus enseñanzas. Es muy posible que su teología del Espíritu Santo, lo que podría llamarse su "cristo-pneumatocentrismo", su concepción dinámica del ministerio y de los sacramentos —para no citar más que algunos ejemplos— puedan ejercer una influencia felizmente estimulante sobre la reflexión teológica católica. En cuanto a la *historia* de Calvino, podría

---

1. Cf. A. Ganoczy, *La structure collégiale de l'Eglise chez Calvin et au IIe Concile du Vatican*, Irenikon, 39, (1965), pp. 6-32; *Calvin und Vatikanum II. Das Problem der Kollegialität*, Wiesbaden 1965.
2. La edición definitiva de *L'Institution* (1559) presenta una documentación patrística enormemente rica. Los Padres más frecuentemente citados son Agustín, Crisóstomo, Gregorio Magno, Jerónimo, Tertuliano, Cipriano Ambrosio e Ireneo. Cf. L. Smits, *Saint Augustin dans l'oeuvre de Calvin*, Assen, 1957.

muy bien servir de ejemplo que mostrase a la autoridad eclesiástica de todos los tiempos por qué medios se lleva a espíritus generosos a la rebeldía y qué métodos pueden evitar hacer "herejes"… Si lo que afirmamos aquí es exacto, ¿cabe dudar aún de la actualidad de Calvino y de la utilidad de su estudio?

Calvino desfigurado

Supongamos ahora que unos católicos, y especialmente estudiantes de teología, sensibles a argumentos de este tipo quieran entrar en contacto con el reformador francés. ¿Qué otras católicas tienen a su disposición?

Los límites necesariamente estrechos de este artículo nos obligan a contentarnos con indicar a modo de respuesta los resultados de un "test" practicado en algunas bibliotecas de seminarios y escolasticados de Francia, país de origen de Calvino y centro activo de ecumenismo. (Probablemente la situación será al menos análoga en los demás países. Como única excepción citemos a los Países Bajos, donde autores como Smits, Lescrauwaet y Alting von Geusau han contribuido considerablemente a formar un juicio objeto sobre Calvino).

Una primera constatación se ha impuesto a nosotros; ningún manual de teología dogmática de los conservadores en nuestras bibliotecas puede ser considerado objetivo en su exposición de la doctrina calviniana. La doctrina de Calvino, como la de los demás reformadores, llamados *adversarii*, es presentada en ella por "piezas sueltas" y casi exclusivamente a través de las condenaciones del Concilio de Trento.

¿Qué hemos encontrado en la sección de historia religiosa? Nada que se pueda considerar equivalente a las monografías dedicadas a Lutero de Denifle, Grisar ni, sobre todo, Lortz. Sólo los cuatro volúmenes de *Les origines de la Réforme* del ponderado Imbart de la Tour, que datan de antes de la primera guerra mundial, dan testimonio del gran esfuerzo solitario llevado a cabo por un historiador católico laico para salir de los cauces trillados de la historiografía polémica. Actualmente, esta obra, a pesar de sus muchos méritos, está ampliamente superada tanto en su tendencia general como en cuanto a muchas de sus afirmaciones de detalle. Entre los manuales propiamente dichos de historia de la Iglesia de los más importantes son con mucho los del sulpiciano F. Mourret y el benedictino Ch. Poulet. El primero, de 1921, presenta a Calvino como "el hijo amargado del jurista excomulgado de Noyon";[3] da a entender que rompió con la Iglesia por haber sido privado de una

---

3. T. V. *La Reinaissance et la Réforme*, p. 413.

canonjía,[4] hace suya la acusación de racionalismo que F. Brunetière[5] lanzo contra Calvino; indica abusivamente la predestinación como el corazón de la teología calvinista y atribuye al reformador "un horror instintivo a toda Iglesia organizada y a todo dogma tradicional".[6] En cuanto a Dom Poulet —cuya historia de la Iglesia conoció en 1953 su vigésimoctava edición corregida y aumentada—, después de desarrollar, complaciéndose en ello con gran número de citas separadas de su contexto, el predestinacionismo de Calvino, concluye con énfasis: "No hay término medio: dilatar la esperanza hasta la certeza y oír la voz del Espíritu o derrumbarse al borde del abismo terrible de la predestinación fatal".[7] Subrayando la "bibliocracia", el "despotismo" y la "irritabilidad enfermiza" del reformador[8] lo estigmatiza de esta forma: "Calvino es un fanático: el orgullo teológico encarnado, tan persuadido de su investidura que cree que su palabra es siempre, en las cosas grandes y en las pequeñas, divina".[9]

En las bibliotecas hemos encontrado, en el mismo plano que los manuales de historia, *L'Eglise de la Renaissance et de la Réforme de Daniel-Rops*, de Daniel Rops (1955). Su juicio (somero) sobre el reformador es éste: "Pero Calvino fue sobre todo el hombre de la ruptura decisiva, y esto más que ninguna otra cosa hace que un católico no pueda sentir más que horror de él". Con "una especie de rigor luciferino" levantó un muro entre la Iglesia de su infancia y la que él mismo quiso "construir".[10] El libro *Calvin tel qu'il fut* (1955), de L. Cristiani, prologado además por Daniel-Rops, comenta sus textos elegidos de Calvino en la misma perspectiva, como no podía menos de suceder en un autor cuyas opiniones sobre los grandes testigos del siglo XVI —Erasmo, por ejemplo— están, en la mayor parte de los casos, sometidas a revisión. Señalemos, por fin, el *Calvin et Loyola*, de A. Favre-Dorsaz, obra de dura polémica, que todavía en 1951 encontraba un editor universitario.

Como única tentativa de presentar objetivamente la historia de Calvino a los católicos de lengua francesa puede señalarse el trabajo de P. Jourda en *Histoire de l'Eglise*, de Fliche y Martin.[11] Aunque demasiado breve para estar

4. *Ibidem*, p. 414.
5. *Ibidem*, p. 413.
6. *Ibidem* p. 416.
7. T. II, *Temps modernes*, p. 61.
8. *Ibidem*, pp. 62, 65, 67.
9. *Ibidem*, p. 66.
10. *Op. cit.*, 489.
11. T. XVI, *La crise religieuse du XVIe siècle, Calvin et le calvinisme*, cc. 1-5.

más ampliamente documentado y ser preciso en los detalles y demasiado de segunda mano para evitar algunos lugares comunes (Calvino "funda una Iglesia nueva", es de un "pesimismo agrio y total que nada puede mitigar", etcétera)[12], tiene, sin embargo, el gran mérito de tomar partido contra la polémica y las "leyes calumniosas".[13]

En la sección de las enciclopedias hallamos triste parcialidad en las antiguas, feliz apertura en las recientes. La *Encyclopedie théologique,* de Migne (1858) se complace todavía en referir como probable "crimen de sodomía" de que algunos adversarios católicos de Calvino le han acusado calumniosamente.[14] En el *Dictionnaire de théologie catholique* (1923), A. Baudrillart comienza su artículo con esas palabras: "Calvino, Juan, jefe de la secta religiosa llamada calvinista";[15] se apoya expresamente en fuentes tan poco históricas como Bossuet, Renan y Brunetière, subraya unilateralmente el "régimen inquisitorial" de Ginebra y la predestinación (a la que consagra cinco columnas); ve en la grandiosa tentativa calvinista de retorno a las fuentes de actitud de un hombre reaccionario, para terminar concluyendo: "sustituir la Iglesia del Papa por la de Calvino fue su único objetivo".[16]

El excelente artículo de Y.M.J. Congar en *Catholicisme* (1949),[17] de carácter eminentemente doctrinal —que completará felizmente la nota más bien histórica de E. W. Zeeden en el *Lexikon für Theologie und Kirche* (1958)[18]— y el de J. Witte en el *Dictionnaire de Spiritualité* (1961)[19] son ciertamente los pocos escritos católicos (junto a algunos trabajos escritos en holandés y, por desgracia, no traducidos) que tienden a una entera objetividad sobre Calvino. (Observemos que en las bibliografías de estos trabajos se remite casi exclusivamente a obras protestantes). De estos artículos hemos recibido nosotros un valioso impulso para nuestros trabajos teológicos e históricos sobre el reformador francés.[20]

---

12. *Ibidem,* pp. 214 y 241.
13. *Ibidem,* p. 171.
14. *Dictionnaire du protestantisme,* p. 411.
15. *Dict. Théol. Cath.,* II/2, p. 1377.
16. *Ibidem,* p. 1395; sobre la predestinación: pp. 1406-1412.
17. T. II, *Calvin,* 405-412; *Calvinisme,* 421-424.
18. T. II. *Calvin,* 887-891; *Calvinismus,* I *Geschichte,* 891-894.
19. T. IV/2, *Le Saint-Esprit dans les Eglises séparées, Doctrine et spiritualité de Calvin,* 1323-1327.
20. Cf. Supra, nota 1. Además: *Calvin, théologien de l'Eglise et du ministère* (Unam Sanctam 48), París 1964; *Le jeune Calvin, gérèse et évolution de sa vocation réformatrice* (Veröffentlichungen des Instituts für Europäische Geschinchte Mainz, Abteil. Abendländ. Religionsgesch. 40), Wiesbaden 1965.

Jalones de un juicio objetivo

Si se pudiese ver en estas últimas obras y artículos la expresión de la opinión general de los "católicos de hoy" sobre Calvino —lo cual actualmente no es posible, a menos de apelar a una osada anticipación—, se podría afirmar que su juicio se resume como sigue: reconocimiento de los "valores católicos" en el reformador: cristocentrismo, sentido de la Iglesia visible y de su universalidad, afirmación de la autoridad eclesiástica y del ministerio de institución divina, conciencia de los deberes misioneros y sociales del pueblo de Dios, ética evangélica claramente formulada para todos los estados de la comunidad cristiana.

Crítica persistente, pero matizada, de la doctrina —secundaria, en definitiva— de la predestinación a la condenación y de la insuficiencia teándrica del pensamiento cristológico, eclesiológico y sacramental de Calvino.

Apertura a algunos valores propios de su teología, como su sentido agudo de la trascendencia y de la Palabra de Dios, su carácter esencialmente dinámico por ser pneumático y kerigmático, el lugar que concede a los carismas y al laico, reconocido enteramente como "de la Iglesia".

La "opinión católica" sobre Calvino, podríamos decir, está aún en gestación. La multitud de obras, tan venerables como superadas, que han acumulado cuatro siglos de Contrarreforma, obstaculiza considerablemente su formación de acuerdo con las exigencias de la verdad. Actualmente, un juicio como el que hemos descrito no es pronunciado más que por algunos especialistas "avanzados". Para que cede esta anomalía, será preciso que los artículos 4, 5, 9 y 10 del Derecho conciliar *De Oecumenismo* sean aplicados sin la menor dilatación y en todas partes; con otras palabras, será preciso que las páginas polémicas y falsas de nuestros manuales sean suprimidas y luego remplazadas y que surja una nueva generación de investigadores dotados del valor y de la libertad necesaria para estudiar las fuentes mismas del pensamiento religioso de la Reforma.

BIOGRAFÍA

Ausencias
Denis Crouzet

Parece como si Juan Calvino hubiera hecho todo lo posible porque se contemple su figura provista de un escudo situado entre su persona interior y la imperiosa experiencia de fe, que una llamada divina le exigía llevar a cabo por medio de un trabajo entregado, de un discurso siempre activo y potente, para conocimiento de los hombres que vivían en su entorno. Esta voluntad de anonimato podría participar de la profunda lógica teocéntrica de su creencia, y, por tanto, no sería necesario romper, desde una perspectiva anacrónica, la malla en que se guardan sus secretos más recónditos. Por sí misma, una biografía de Calvino sería algo casi absurdo o imposible de realizar en el seno de un imaginario dominado por la soberanía absoluta de Dios, por el reencuentro de la persona creyente con la grandeza incomensurable de un Dios insondable en los secretos de su bondad. Siguiendo al pie de la letra la literalidad del discurso calviniano, ser a todos los efectos de Dios significa estar ausente de uno mismo, separado del hombre viejo que ha reinado en uno, como si se estuviera deseando aceptar la muerte de manera definitiva. Y estar ausente de uno mismo no quiere decir en absoluto dejar de mostrarse o evitar la filtración de su historia personal, como tampoco significa dejar pasar por alto aquello que pueda ofender a la majestad divina. Por tanto, ser a todos los efectos de Dios no es otra cosa que ser el actor de una puesta en escena del apartamiento de uno mismo, como un centinela de Dios situado en algún lugar del gran teatro del mundo. Se trata de un juicio que alcanza incluso al campo figurativo: el grado de fiabilidad de los diferentes retratos pintados o grabados de Calvino no deja de ser, en ocasiones, muy cuestionable, lo que contribuye a hacer aún más densa la zona de sombra del hombre que se consagró con todas sus fuerzas a la obra de la reforma.

Sería incluso posible llegar a afirmar, como han indicado algunos analistas, que los apuntes biográficos dejados por el reformador en su borrosa cronología, en lugar de servir de guía, acaban consiguiendo desorientar al historiador por su constante escasez. Las referencias sueltas a su vida, que Calvino ha ido relatando en los márgenes de textos evocadores, como en los *Comentarios al Libro de los Salmos* o en la *Carta a Sadoleto*, o aquellas otras que sus allegados (como Teodoro de Beza y Nicolas Colladon), se dedicaron a recoger minuciosamente poco después de su muerte, deberían interpretarse no tanto como los momentos fundamentales de una existencia real, sino como expresiones de una retórica dirigida a mostrar la posible y necesaria universalidad de la relación de unión que mantienen el hombre de fe y Dios.

Y nada de sorprendente tiene el hecho de que sea precisamente Nicolas Colladon quien se haya interesado durante tanto tiempo por refutar las acusaciones arrojadas por los adversarios de la reforma ginebrina y que atacaban a Calvino tildándole de comportarse como un ser henchido de deseos mundanos, replegado egocéntricamente sobre sí mismo, consagrado por entero a la satisfacción de sus apetitos carnales. En el marco restrictivo que suponía el uso de la denegación de un discurso renaciente, que gustaba de utilizar el registro negativo de las pasiones para descalificar al adversario, su objetivo consistió en mantener a la persona del reformador dentro de los límites de una muerte de sí mismo que este último consideraba como inherente a él. Desde esa perspectiva justificadora, se representa a Calvino como un hombre humilde que nunca deseó "gobernar". Ni ambicioso ni tampoco avaro, nunca vivió para sí mismo; el dinero no contaba para él. En contra de lo avanzado por sus detractores que hablan de manera desconsiderada de su condición de "mujeriego", vivió siempre castamente, tanto durante el matrimonio como en los dieciséis años que siguieron a la muerte de su esposa. En suma, era casi un ser desprovisto de pasiones, que cultivaba la moderación en todas las cosas y en todo momento; se caracterizaba por una "mediocridad digna de alabanza": comía poco, dormía aún menos, pero vivía "olvidándose de sí mismo para servir a Dios y al prójimo en su cargo y por su vocación".

Desde esta óptica, su propia persona no estaba interesada en Calvino, pues le era como alguien indiferente y ausente. Y si (según las propias afirmaciones de este historiador biógrafo), Nicolas Colladon se decidió a trazar los jalones de su historia, al margen de la pena que le embargaba por la muerte de un hombre cuya vida se había dedicado por entero a acrecentar la gloria de Dios, fue, a un tiempo, para oponerse a los falsos rumores y a otras calumnias que se hallaban en circulación, para dotar de respuestas a los fieles frente a esas habladurías y, por encima de todo, para evocar indirectamente "la memoria de su doctrina", para que se le comprendiera mejor en función de ese desprecio de sí mismo. De hecho (y Nicolas Colladon lo decía abiertamente), la biografía sucinta que proponía constituía la narración de una vida ofrecida a Dios, una narración erigida en testimonio y certificación de la infinita misericordia de

Dios que, en momentos providenciales, había llamado a Calvino para que edificase al pueblo de Ginebra.

La cronología de la historia calviniana, desarrollada también poco después de la muerte del reformador, poseía un actor único tras el cual quedaba eclipsado el "personaje" de Calvino: Dios. De esa manera, fueron estableciéndose o haciéndose más densas las bases de una representación mítica del reformador como personalidad glacial e insensible, fría y lejana, enigmática y mecánica.

El "yo", en los momentos en los que la retórica calviniana lo hace surgir de la vida del propio Calvino, no se referirá por tanto al sujeto parlante, sino que participará de un procedimiento que exalta una lógica enteramente aceptada y asumida con el único fin de servir a Dios: una "unión sagrada mediante la que nosotros gozamos de Él". Aun cuando el "yo" intervenga de manera puntual, toda la fuerza, toda la potencia de la enunciación calviniana, estará orientada a expresar la negación de sí mismo, negación de sí en beneficio de la afirmación exclusivista de la grandeza de la voluntad divina. El "yo" no será más que un instrumento de la majestad divina. No existiría ni se debilitaría si no es para quedar ensombrecido o para vaciarse en el verbo imperativo de Dios.

Es en el prefacio que redactará tardíamente para los *Comentarios al Libro de los Salmos* donde Calvino recuerda su conversión.

Pero este acontecimiento debe contemplarse más en un sentido "teologal" que introspectivo. Alexandre Ganoczy ha distinguido ante todo un discurso obligado que, a la manera de los profetas de Antiguo Testamento, se dedicaría a exaltar la gracia de Dios, una gracia que se alcanzaría por encima de la mezcla de flaqueza, resistencia y ceguera, características del hombre antes de verse llamado a convertirse en testimonio del Señor sobre la tierra. Incluso en lo referente a sus acontecimientos más decisivos, el relato biográfico habría sido concebido desde el ángulo de una autosubversión de su objeto aparente, es decir, de lo ocurrido a la persona creyente que era Calvino. En efecto, habría tenido la función primera de edificar al lector basándose en un despliegue cronológico de anécdotas personales que parafraseaban las Escrituras, "en particular los libros proféticos, donde el pasado, el presente y el futuro se condensan y se compenetran, hasta alcanzar en ocasiones su extremo, con la finalidad de proporcionarle al correspondiente acontecimiento una reafirmación teológica".

Desde esta perspectiva diseñada por su propio discurso y por los relatos biográficos de sus allegados, Calvino debería entonces dejarse aprehender como el ser aparentemente casi ausente del pensamiento calviniano. La historia individual, fragmentada en breves instantáneas, en el centro de las cuales se encuentra la conversión, no tendría otro estatuto que el de la ilustración o la enseñanza de la incapacidad demostrada por Calvino para continuar insensible ante lo que acabó por considerar como una llamada magistral de Dios. Esta llamada la enuncia, en efecto, como la justicia soberana de un Dios que no ama la iniquidad de una humanidad henchida de "odio" hacia sí mismo, pero que no desea perder y abandonar aquello que "es Suyo": un hombre del que es Creador, al que ha dado vida. En este universo de representaciones, el pasado se identifica con el cenagal, con la suciedad, con un "lodazal" inmundo e infecto, con una "manera de vivir" que Calvino considera necesario condenar con "lágrimas y gemidos".

En el imaginario de distanciación que parece ser el de Calvino, da la impresión de que la vida no está ya orientada por la finalidad que le proporcionaba la doctrina tradicional de la salvación. Deja de funcionar en el marco de la imagen de un barco pilotado por el alma del hombre en medio de las tempestades, y que se esfuerza por ganar la calma del puerto de la salvación. En consecuencia, no puede articular una autobiografía, es decir, el relato de una historia que el hombre habría construido deliberadamente con el fin de inscribirse en el proyecto divino, desde el momento en que ese hombre no existe como tal, puesto que no debe pensarse, saberse, ni realizarse por el ejercicio de su propia voluntad. Incluso aunque se compare la vida a un "peregrinaje", a un movimiento dirigido hacia un tan difícil de alcanzar en medio de una terrible tempestad, esa vida ve modificada su dirección cuando ya no tiene otro sentido que la gloria de Dios, cuando no puede ser más que el hecho de Dios, quien toma precisamente su vida como una sustitución del ser. No le corresponde al hombre decirla o escribirla puesto que no le pertenece. El movimiento de la historia individual, lejos de representarse ya en adelante como un desplazamiento horizontal hacia la salvación, de la criatura formada por Dios a su imagen, se la figura como un movimiento vertical con el que Dios derrama su santidad sobre el hombre, convertido así en receptáculo de su justicia en una "unión sagrada".

De hecho, Calvino utiliza a menudo el recurso a la imprenta o al grabado para describir el itinerario de la persona creyente que él mismo es y en la que cualquier cristiano puede ser llevado a convertirse. Por tanto, su memoria es un olvido dispuesto a propósito de sí mismo, es una memoria sin memoria. No debe ser más que "impresa" o "grabada" por la bondad y por la gracia de Dios. Calvino utiliza también la imagen del "encierro" del hombre, replegado o encerrado en su historia, una situación que sólo Cristo, en tanto que mediador, posee el poder de deshacer. El reformador compara este encierro a "un sepulcro", del que la palabra de Dios saca al hombre en lo que es una vivificación "en plena muerte". De ahí la imagen de la apariencia que habría querido dar Calvino de sí mismo, llena de frialdad, de insensibilidad, de impenetrabilidad, un Calvino enunciando imperturbable la verdad de la doctrina, repitiéndola de manera incesante, un Calvino de lo inconciliable y de lo irreconciliable, en tensión por la fuerza misma de su vocación, dedicado de forma inexorable a su combate puesto que creía participar en el teatro de la voluntad divina.

Bajar hasta el Calvino anterior a la conversión para tratar, a continuación, de comprender al reformador trabajando en Ginebra y dedicando todas sus fuerzas a al edificación de "la Iglesia de Dios", sería como volver a examinar, retrospectivamente, el periodo de un aborrecimiento, siempre consciente de sí mismo, siempre centro y fin del discurso, pero nunca verdaderamente narrado: "Si yo quisiera ahora relatar los diversos combates para los que el Señor me ha ejercitado desde hace ya tanto tiempo, y de las pruebas con las que me ha examinado, todo ello constituiría una larga historia".

Precisamente, Calvino no ha relatado esta historia de forma directa. Parece como si no pudiera o no debiera contarse, ni siquiera en el instante o los instantes del vuelco decisivo que supone la conversión. Como tampoco parece que se pueda o de deba relatar su vida en los años ginebrinos, cuando el combate por la vida se convierte en una lucha del día a día y exige una dedicación exclusiva al "trabajo" de glorificación de Dios. Efectivamente, Calvino se esfuerza en no hablar por sí mismo. Cuando se expresa desde el púlpito es el portavoz de Dios. Cuando se dirige al magistrado, lo hace en nombre de la congregación de pastores y de la doctrina del Evangelio. Cuando escribe a los corresponsales en el extranjero, es en tanto que testigo del evangelio. Cuando redacta libelos o tratados, es como enseñante de la verdad que Dios le ha enseñado. En todas las decisiones que se ve obligado a adoptar, no se contempla como Calvino, como un individuo que tiene una historia personal, sino como una simple herramienta de la gloria de Dios, como un instrumento de Dios que exhorta a los hombres a la obediencia y a la fe, como una "boca" de Dios.

Sin embargo, no hay que detenerse ahí. ¿No es posible deducir también de esta instrumentalización plenamente asumida, la existencia de un Calvino que se ha apropiado de la conciencia de ser un actor de Dios, de un Calvino impregnado por una conciencia trágica sin duda sublimada, pero inclinándose a convertirse en el director de escena de una vida que no pertenece a sí misma? Es un libro excelente, William J. Bouwsma ha demostrado que el reformador utilizaba el vocabulario del mundo del teatro para describir escenas de su propia vida o de la de sus contemporáneos, tanto de amigos como de enemigos. Para él, la vida era como un papel que se debía interpretar auténticamente, con sinceridad y espontaneísmo, en el teatro que ofrecía la conciencia; y en esas condiciones, al hombre hipócrita se le aborrecía como al actor que no interpretaba bien su papel, que simulaba amar a Dios. En consecuencia, es preciso buscar la historia de Calvino allí donde parecería que no debiera encontrarse.

Desde esta perspectiva desnuda de todo, la biografía del Calvino se revela como lo contrario de lo que da a entender. Se muestra atravesada por una exuberancia subjetiva; no se trata ya de algo sombrío o umbrío, sino coloreado e iluminado. De manera paralela o sucesiva, ha vivido multiplicidad de vidas que cristalizan en la conciencia humilde de ser y de poder ser (según escribe el propio reformador a la duquesa Renata de Ferrara en una larga misiva de 1541), un "fuerte inútil servidor de la Iglesia". Por añadidura, sus figuras bíblicas, como Moisés, Job, David, Josué, Pablo…, quienes le proporcionaron un registro de palabras y de hechos, de penitencias y de admoniciones adaptable a cualquier circunstancia. Según propia confesión del reformador, ajustarse al papel de David se convirtió así, por una parte, en fuente de gran consuelo y, por otra, en un medio de legitimar su trabajo profético de reforma. Es necesario entender que de esa teatralidad se desprende un mecanismo de constante puesta en escena del que Calvino pensaba encubrir el "sentido ingenuo", y que buscaba reforzar la propia eficacia el mensaje, la doctrina del Evangelio. Contaba en una teatralidad de reformador que se comprende como un ser que actúa por el Verbo, como un actor que no tiene otra función que la de declamar un texto cuyo autor no es otro que Dios, y con una "vocación" que le permitirá comentar, interpretar y comprender a aquél mediante la apropiación de las palabras, las posturas, los usos y la propia práctica de quienes, en tiempos bíblicos, habían servido fielmente a Yavé.

En consecuencia, es preciso contemplar la biografía calvinista como un juego pragmático de historias paralelas, como una intriga que, sabiamente y en todo momento, se interpreta escriturariamente y en la cual la técnica de ocultación del yo disimula una potentísima presencia de ese yo. Es necesario imaginar que una parte de esa escenificación fue una puesta en escena engañosa, respondiendo a imperativos tácticos y racionales con los que Calvino trató de reforzar, para sí mismo y para los demás, el impacto de la misión que, como un fantasma liberador, sabía que había recibido de

Dios. La insensibilidad y la frialdad calvinista participan de este arte de la composición. No son otra cosa que medios; los medios para el avance de la reforma deseada por Dios.

A partir de ahí, la historia de la propia vida de Calvino resurgió, de manera subrepticia y con toda fuerza, como la historia de un hombre que se siente profeta de Dios y que instrumentaliza todos los instantes de su vida para representar un papel de actor que trata de atraer a la humanidad hacia aquello que ha sido y es su propia experiencia. Un hombre de fe, pero un hombre de fe ilusionista, atento siempre a no salirse de una teatralidad que tiene por objetivo el cumplimiento de los designios divinos.

De ahí se sigue que Calvino, consciente o inconscientemente, hable en todo momento de su propia historia. Se revive sin cesar este recorrido mediante una dicción de lo que debe ser el amor y de lo que debe ser el odio, como si el suceso de la conversión hubiera autorizado por fin el discernimiento de una fractura esencial. El reformador se encuentra siempre en el centro de su propio discurso, en el que se adivina una sensibilidad exacerbada, seguro de que Dios se halla actuando en sus actos y sus palabras había estado en otro tiempo al lado de Moisés, seguro de que su fuerza actúa en la seguridad de que la sostiene la mano de Dios, seguro de que todo lo que acaece en el mundo lo hace porque Dios, "obrero", "superintendente", lo ha querido, seguro además de que su combate repite el de los profetas bíblicos en que exige que la principal "actividad de los hijos de Dios" sea la de "pisotear sus pasiones" y humillarse. Pasar a formar parte de lo que Calvino denomina la "herencia de Dios" significa entrar en un juego extraordinariamente voluntario de nombramientos de lo que debe amarse y de lo que debe rechazarse u odiarse, desplegar una inmensa energía encarada de manera obsesiva hacia una única finalidad: el "avance" del Evangelio.

Puede suponerse que la cuestión fundamental que dio sentido a la vida de Calvino y que actuó como hilo conductor de ella fue la que expuso a su audiencia ginebrina en un sermón sobre el cuarto capítulo del Deuteronomio. Era la cuestión que él mismo debía plantearse humildemente sin cesar y que deseaba que los habitantes de una ciudad elegida por la "pura bondad" de Dios se planteasen en todo momento. Dios "nos" ha señalado cuando "nos" ha "injertado" en el cuerpo de Jesucristo, en un amor gratuito que implica una comparación "de nosotros con los demás" y que debe suscitar una constante interrogación: "¿Por qué me cuento entre los elegidos? ¿Por qué Dios me ha elegido para sí?". Esta pregunta, precisaba Calvino, no debía quedar sin respuesta. Si Dios ha extendido sobre "nosotros" su "brazo poderoso" es por bondad, y esta conciencia de la bondad divina debe determinar una glorificación de Dios, un verdadero compromiso militante, un entregarse de uno mismo a Dios, a su servicio, mediante una palabra destinada a contar a los demás precisamente lo que a uno mismo le ha sucedido.

El hombre que ignora a Dios y su poderosa soberanía (y al que Calvino dedica de manera repetida en sus escritos o en sus sermones la acusación de corrupto e infiel), debe ser comprendido a la manera de la propia persona de Calvino de tiempos pasados. Lo mismo que también en Lutero, hay en él una necesidad interior de hacerse entrega de sí mismo a los demás, que se abre camino por la conciencia de que los demás son los mismos que el ser con el que se ha podido romper gracias a la conversión. Esta necesidad, creada por el espíritu de Cristo depositado en un mismo, constituye un ejercicio de caridad. Por la intermediación de un modo de expresión teatral, la experiencia única debe convertirse entonces en experiencia colectiva. Se enseña, debe darse a conocer. Cuando utiliza el "yo" o el "nosotros", Calvino se refiere de manera obsesiva y didáctica a sí mismo, vuelve a trazar los contornos de su pasado, precisamente cuando estigmatiza el vagabundeo errante de quienes creen en su propia justicia; se está representando a sí mismo cuando se consagra a proponer una vida cristiana nueva o cuando anuncia que el mal habita siempre en el hombre. En sus propias palabras, que se caracterizan por el rechazo de un discurso que se refiera a sí mismo, corre paradójicamente una extraordinaria fascinación por su propia persona, por la experiencia vivida personalmente, remitiéndola al imaginario de una infinita misericordia de Dios de la que cualquier hombre puede devenir objeto.

Bajo las palabras se puede todavía contar con la suerte de distinguir a menudo los perfiles de subjetividad oculta, invasora, preñante, de discernir las piezas del rompecabezas de la interioridad. Toda la obra escrita y hablada de Calvino puede, así, dejarse descifrar, como si constituyera un inmenso palimpsesto de sí mismo, el texto perdido de un largo conflicto después de un reparto resuelto y equilibrado, pero dispuesto siempre a profundizarse y hacerse más denso. Entrelazadas en esta vida oculta, que es una búsqueda de la verdad del amor y del odio, hay varias historias.

Y, evidentemente, el meollo de esa obra colosal pero inmensamente subjetiva, la *Institución de la Religión Cristiana*, debe leerse tanto como una confesión de fe cuanto como un autorretrato, una autobiografía, sencillamente como una confesión. Pero lo mismo puede decirse de casi todas las frases de los innumerables sermones o comentarios pronunciados. Por ejemplo, una que se puede aislar en el séptimo sermón sobre el capítulo primero del libro de Job: "Yo digo que por mucho que el cielo y la tierra se confundan, que el sol se oscurezca, que la luna gotee sangre, que las estrellas pierdan su brillo, que la tierra se mueva, todo aquel que invoque el Nombre de Dios será salvado: Dios protegerá a todos aquellos a los que ha elegido para invocarle". Pero Calvino añade que todos quienes buscan así a Dios de todo corazón y con toda el alma habrán condenado sus propios pecados, habrán pedido a Dios que les "vuelva a crear para sí", que les "vuelva a crear para su justicia". En algunas frases hacía aparición un fragmento biográfico, a la luz del cual se adivina el desplazamiento desde un pasado trágico, triste, a un presente relativamente sereno; a un presente simbolizado teatralmente por su corazón que una mano ofrece a Dios, un corazón tendido hacia Dios.

La cuestión que, antes que nada, es preciso plantear ya desde el comienzo de este libro deberá sostenerse, en consecuencia, sobre los arcanos de una primera historia de Calvino: ¿cuáles fueron las ideas elementales del imaginario que pudo conducirle a desenredar o a cortar los enmarañados hechos negativos del "laberinto" de su pasado y a tratar de fabricar, mediante una fe alternativa, otra imagen de sí mismo aparentemente desprovista de historia? Existiría una tristeza calviniana. Según ha escrito Roland Barthes, "la división es la estructura fundamental del universo trágico" y, al comienzo de la historia calviniana, habría un universo trágico que, hasta el mismo instante de la muerte del reformador, permanecerá siempre subyacente en sus palabras y sus escritos. En un principio, se valorará y repondrá una primera división, que conduce al constante debate consigo mismo, convirtiendo el espacio interior en un espacio perpetuamente desgraciado e insatisfecho, inexorablemente depresivo y fluctuante. No es necesario dejarse coger en la trampa del anonimato calviniano, pues ese anonimato disimula lo que ha constituido un método liberador frente a un malvivir, un malvivir en el que descansa el riesgo de cualquier instante, puesto que atrae hacia sí o retiene a los hombres a los que Calvino se dirige; puesto que domina además todo el mundo terrenal.

Calvino no fue el reformador glacial y mecánico, encerrado en sí mismo y sin brillo, si se nos permite hablar de esta manera, que los estereotipos de las tradiciones historiográfico-teológicas muestran llenos de complacencia. Fue un hombre atormentado y agitado constantemente por el recuerdo del pasado desgraciado del que se había liberado con su conversión a Dios, pero al que no dejaba de referirse de forma agresiva cuando se esforzaba por dar a conocer la voluntad divina a los hombres de su tiempo, cuando se presentaba a los incrédulos y a los malvados engullidos por un "abismo" sin fondo, olvidados del propio Dios, buscando a Dios en "desamparo y con disgusto", en la "duda" y el "fingimiento" y no en la seguridad. Fue un hombre vehemente y colmado de violencia, de fuerza y de seguridad, imantado por un odio poderoso hacia todo lo que creía que trataba de alejar al mundo humano de su único fin, el amor y la glorificación de un Dios todopoderoso.

Antes de recibir la iluminación divina, antes de inventarse la "vocación" de ser la "boca de Dios", fue un creyente cogido en medio de una tormenta de deseos contradictorios. Su ser le parecía como flotante e inexistente, inmerso siempre en un estado de conflicto que no le permitía reconocer la vía a seguir para encontrar a Dios. Después de la conversión, cuando dirigía Ginebra en tiempos de la reforma de la Iglesia, trasladó esta desorientación, interiormente sublimada, hacia un mundo exterior, al que siempre quería amar y corregir, al que deseaba purgar de un mal tenaz y ofensivo, dispuesto siempre a reaparecer, siempre presente, siempre aborrecible.

Después de haber padecido una dura prueba de lucha en sí mismo, se convirtió en un inmenso luchador de Dios, cuya mejor arma fue la palabra, de hecho, la palabra biográfica. La mutación religiosa que aporta el calvinismo fue, por tanto, y ante todo como reacción, un arte de saber hablar de lo opuesto, de saber cómo amar y cómo odiar, un arte del discernimiento entre el bien y el mal, entre la vida y la muerte, un arte de decirse sin decirse. Un arte que, como articulación principal, contaba con una reconstrucción de las relaciones del individuo con el mundo, puesto que el individuo debía pertenecer a una Iglesia que realizaba la unión entre los fieles, miembros de Cristo, y que excluía cualquier relación con los "perversos", asimilados a "bestias salvajes".

Es cierto que, durante la vida, el pecado continuó marcando al hombre de fe que era Calvino, tentándolo a salirse del camino del que sabía muy bien que era el indicado y que estaba balizado para él mismo por la palabra de Dios. Pero la propia conciencia de esta dualidad apartó a Calvino de la angustia. Desde esa óptica, la conversión debe entenderse como una salida de lo trágico y de la tristeza, el fin de una situación subjetiva de la existencia de opuestos destructores: confianza y sospecha, seguridad y duda, fuerza y terror. Los años que la siguen sólo tienen sentido en función de este trabajo liberador que procedió, mediante la proyección del odio hacia sí mismo, en un odio implacable hacia Satanás y hacia el poder de seducción que se creía que éste ejercía sobre la humanidad cerca y lejana.

En Ginebra, y también desde Ginebra, Calvino encontró una relativa serenidad al entablar un combate inexorable y fraternal contra una impureza que sabía activa entre los hombres y las mujeres de la ciudad, una mácula siempre amenazadora y dispuesta a reaparecer. Por encima de los padecimientos que hacían mella en él al contemplar los vicios de los ginebrinos, descubrió esa serenidad situándose él mismo en una postura didáctica de "campeón de Dios", convirtiéndose en el profeta de un Dios que no tolera ninguna deserción, que no transige, que ama a quienes le honran y que aborrece a quienes perturban su gloria. Y sabía además que la "vocación" a la que Dios le había llamado le consagraba a un enfrentamiento teatral, le destinaba a luchar siempre por el triunfo del Evangelio, a tratar en todo momento de comunicar e imponer a los demás su experiencia imperativa. Adoptando párrafos retóricos escogidos del apóstol Pablo, consideró su predicación como un testimonio y una enseñanza del amor de Dios que exigía la amenaza y la exhortación, que requería una actividad "ácida". Servir a Dios consistía también en contar la violencia de los juicios de dios. Amar a Dios y hacer amar a Dios era también proferir la maldición divina, expresar lo que podía percibirse como odio. Su serenidad fue la de una prueba que siempre se vuelve a comenzar, en un movimiento del que él mismo había sido objeto por efecto de la "pura bondad" divina y que deseaba sacar al pueblo de Dios del Egipto de los abuelos y los errores introducidos por Satanás.

Calvino fue, por tanto, el autor de una gran obra de teatro imaginario, del que, en su interior, en lo más profundo de sí mismo, poseía la certeza de que el autor era Dios y de que comprendía la intriga. Estaba seguro de que Dios distribuía su enseñanza eterna a través de su propio papel y de las reglas inherentes a ese papel de puesta en escena y en palabras.

En la historia de Calvino hubo, por tanto, varias historias. Pero, al comienzo de esta larga búsqueda de identidad, hubo un Calvino que hay que considerar insatisfecho, desgraciado, perdido y solitario, que no encontraba a Dios y que, al no encontrarse tampoco a sí mismo, erraba por un mundo imaginario que, a la larga, debió revelársele como infinitamente triste, quizás incluso insoportable, inhabitable.

La vida de Calvino
Alexandre Ganoczy

Los biógrafos de Calvino usualmente dividen su vida en tres periodos bien determinados: una juventud privilegiada y estudiosa; una existencia proscrita cuando buscaba hospitalidad en cualquier parte; y, finalmente, un cuarto de siglo como cabeza de la jerarquía eclesiástica de Ginebra. Estas útiles divisiones se justifican en la medida que no oscurezcan la notable unidad en la vida de este luchador y pensador. De París a Basilea, de Estrasburgo a Ginebra, Calvino, a partir de sus enseñanzas, se ganó un lugar importantísimo, que no ha disminuido con los años.

I. La formación de un intelecto

Poco se sabe acerca de los primeros años del futuro reformador de Ginebra. Fue nieto de artesanos e hijo de un servidor de los intereses eclesiásticos en Noyon, Francia. Existen datos acerca del carácter autoritario de su padre y de la personalidad devota y retraída de su madre, a quien perdió muy pronto, así como de su cercanía con la aristocrática familia Hangest, quienes fueron influidos por la cultura humanística. Un detalle importante lo constituye el hecho de que, de los cuatro sobrinos de Charles de Hangest, obispo de Noyon, dos de los que fueron condiscípulos de Calvino tomaron los hábitos religiosos, mientras que los otros dos, menos cercanos a él, abrazaron la Reforma. Su padre lo destinó originalmente para la carrera eclesiástica, y para ello lo envió primero a estudiar al Colegio de la Marche de París, en 1523, a la edad de 14 años. Allí tuvo como profesor de gramática a Mathurin Cordier, sacerdote de una fe radiante y pionero de los modernos métodos de enseñanza.

Entre 1523 y 1527, Calvino estudió en el famoso Colegio Montaigu, en la sección exclusiva de la clase acomodada, antes de estudiar leyes en Orléans y en Bourges. En Montaigu estudió, probablemente, lógica, metafísica, ética, retórica y ciencias, todo lo cual se enseñaba dentro de los moldes del pensamiento aristotélico con profesores inspirados por autoridades como Occam, Buridan, Escoto y Tomás de Aquino. Dichos estudios le sirvieron como prolegómenos para la teología y Calvino los concluyó a los 18 años sin estar listo para comenzar su preparación religiosa, que consistía en un comentario sobre la Biblia y las *Sentencias* de Pedro Lombardo. De ese modo escapó del modelo escolástico y conservó su pureza intelectual para una rápida y humanista interpretación luterana de la tradición católica. Los maestros eclesiásticos de Montaigu no tuvieron la oportunidad de inculcarle el arte de las especulaciones abstractas, separadas tanto de la vida como del lenguaje concreto, y completamente extrañas a los Evangelios, en las cuales los maestros teológicos nominalistas, como Gregorio de Rimini, Tomás Bradwardine o Juan Major (su intérprete en Montaigu) eran expertos. No creo que la influencia de Major en el pensamiento de Calvino sea tan evidente, a pesar de los esfuerzos de algunos estudiosos tan importantes como F. Wendel y K. Reuter por demostrar lo contrario.

Calvino adquirió su teología al abrevar en las fuentes más espirituales y accesibles de los nuevos métodos históricos. No sólo en los austeros clérigos del colegio, sino también de un buen número de seguidores de Erasmo y de Lefèvre, quienes estaban abiertos a las nuevas ideas, le transmitieron la *devotio moderna* (devoción moderna) —el misticismo para cada persona con su ideal de la "imitación" de Cristo y sus meditaciones ardientes. En todos los campos teológicos había quienes practicaban esta concentración en la persona de Cristo como Señor y Salvador. Pero solamente los humanistas devotos de esta época, como el celebrado círculo que se reunía alrededor de Briçonnet, obispo de Meaux, o los más platonizados de la corte de Margarita de Navarra, experimentaron la afinidad entre esta piedad y el cristocentrismo apasionado de Lutero. Fue en compañía de tales creyentes que el joven Calvino encontró su hogar espiritual. Allí aprendió también cómo aplicar la fuerza de su fe personal a la Iglesia y a la Cristiandad necesitada de reformas. Al hacerlo, fue mucho más lejos que las tendencias reformistas de Erasmo o de Lefèvre d'Etaples, y llegó a ser un agente de cambio social superior a Lutero, su maestro sajón.

Junto a esta devoción, con su desarrollo en el criticismo, Calvino se enriqueció a sí mismo al adquirir los métodos de estudio de los textos tradicionales con una perspectiva histórica. Estos textos, además de la Biblia, fueron los Padres y los filósofos de la antigüedad, así como las colecciones jurídicas romanas y medievales, a causa de sus estudios de jurisprudencia. Para llevar a cabo dichos estudios era fundamental conocer los idiomas originales. A pesar de los esfuerzos de La Sorbona por imponer a la *Vulgata* como el único texto para los estudios teológicos, la crítica textual se había desarrollado remitiéndose a los originales en hebreo y en griego, lo cual mostraba, inevitablemente, los errores de la traducción latina de la Biblia. Calvino aprendió las dos lenguas bíblicas en Orléans y en el Colegio Real que Francisco I había fundado como un contrapeso a la conservadora e inquisitorial Sorbona. Además, compartió la pasión por la *hebraica et graeca veritas* (verdad hebrea y griega) de hombres de letras como Wolmar, su amigo de los días de Orléans, Vatable y Danès, sus maestros en París, así como de los ya citados Erasmo y Lefèvre d'Etaples. Esto no fue sólo una pasión académica, sino el ardor creyente de alguien que buscaba comprender mejor su fe: él podía no estar satisfecho del todo con los meros estudios históricos, sino que además deseaba conocer a Dios y a sí mismo a la luz de la Palabra liberada de toda deformación. Y tal piedad y aprendizaje, unidos, determinaron el camino que emprendería.

II. Hacia el Evangelio

La búsqueda de la salvación personal emprendida por Calvino nunca estuvo separada de su interés por los asuntos públicos. Después de todo, él se había mezclado lo suficiente con las clases sociales altas, en las que la riqueza y la influencia política y cultural alimentaron las ambiciones para reformar la Iglesia y el Estado. Los filósofos antiguos como Platón y Aristóteles, y especialmente los estoicos como Cicerón y Séneca, de quienes el joven abogado humanista había adquirido rápidamente un buen conocimiento, le hicieron recordar lo que cuesta el mantenimiento del bien común, de un modo similar a Agustín con *La ciudad de Dios*, que citó frecuentemente en su primer trabajo, un comentario a *De clementia* (Sobre la clemencia), de Séneca, que sirvió para recordarle a Nerón la necesidad de una ética política. Este primer libro de Calvino muestra lo que sentía acerca de la sociedad en todas sus formas, ya que allí coloca el orden social en la escala de valores de la misericordia y la equidad, apoyado por la fuerza, lo cual los estoicos enseñaban respecto del soberano. Pero el orden en cuestión se convierte en desorden si es impuesto por medio de la tiranía. El sentido cívico del futuro reformador, quien tenía en ese entonces 23 años, es admirable porque lleva a cabo su crítica a partir de todos los regímenes intolerantes; hizo lo mismo tres años más tarde en su epístola a Francisco I, como prefacio de la primera edición de la *Institución de la Religión Cristiana*, y que adquiere la forma de una apología de los protestantes franceses luego del lamentable caso de los Panfletos. No, aquéllos no eran enemigos del orden establecido, sino más bien los anabaptistas, cuya doctrina del sueño de las almas después de la muerte es duramente criticada por Calvino en su libro *Psychopannychia*, redactado en 1534, aproximadamente. Estos sectarios no solamente estaban rompiendo la unidad de la Iglesia con su doctrina fantástica en un punto esencial del dogma, sino que además se presentaban como transgresores de la ley cívil. Calvino trata de demostrar esto con el auxilio de argumentos escriturales y patrísticos. Más aún, este pequeño tratado no alude polémicamente a las deformaciones de "la Iglesia bajo el Papado", como se estilaba en los inicios de la Reforma.

Un asunto digno de notarse es el hecho de que el acento anti-romanista no aparece tampoco en el sermón académico de Nicolás Cop, en cuya elaboración probablemente participó Calvino, y que desató las iras inquisitoriales de La Sorbona en noviembre de 1533. En ese sermón, el tema erasmiano de la "filosofía cristiana" es enunciado junto con varios temas luteranos: *solus Christus, sola gratia,* la oposición Ley-Evangelio, el amor incondicional de Dios y la justificación por la fe. Fuera de este contexto teológico, con la bienaventuranza para los pacificadores, se expresó una vibrante apelación a los que se hallaban en preeminencia política para argumentar contra el partido del Evangelio con la palabra y no con la espada. Mientras se esperaba ese diálogo de paz, se recordó también la bienaventuranza de los perseguidos por causa de la justicia.

¿Fue esto el principio de la ruptura decisiva? O al reunir el Evangelio, la justificación por la fe y la defensa de los perseguidos (luteranos, obviamente), ¿se estaba tomando partido por Lutero en su lucha contra Roma, aun cuando se estuviera expresando de una manera indirecta? La hipótesis no debe ser desechada tan fácilmente; algunos investigadores la han considerado seriamente. Pero una comprensión profunda de la situación aclara un poco más las cosas: quien predicó fue Cop, uno de los seguidores de Erasmo que leían a Lutero a pesar de la prohibición papal a través de la bula *Exsurge Domine* de 1520 y de la Sorbona, en 1521, pero que no sentían la necesidad de romper los lazos con la Iglesia establecida. Estas vacilaciones se explicaban por su propósito: ellos deseaban reformar la Iglesia, no fundar una nueva. Cop, elegido recientemente rector de la Universidad de París, estaba defendiendo a la reina de Navarra del ataque de La Sorbona contra su reformismo y no al monje de Wittenberg procesado por su radicalidad teológica. Ciertamente las tesis de dicho sermón habían sido tomadas probablemente de las *Kirchen-postillen* de Lutero en la versión latina de Bucero, pero el contexto y el tono de las palabras de Cop se hallaban más cercanos al reformismo humanista. El apoyo de Calvino a una persona como Cop en el otoño de 1533 no implicaba que estuviera considerando romper con la Iglesia. Pero no obstante eso, los inquisidores de París sospecharon que pertenecía a "la maldita secta luterana", y tuvo que huir de la capital. El defensor de los perseguidos experimentaba la persecución por primera vez.

Al dejar París le fue otorgada una parroquia por su amigo Louis du Tillet, párroco de Claix in Saintonge, miembro del cabildo de Angulema. Por algunos meses proveyó a Calvino con un ambiente de tranquilidad, favorable para el estudio teológico, además de que pudo utilizar su biblioteca, rica en obras bíblicas y patrísticas. Gracias a su prodigiosa memoria, el futuro reformador asimiló rápidamente los textos de la tradición católica. Este bagaje de conocimientos requería un principio de interpretación y Calvino lo encontró en los escritos de Lutero, que pudo leer en Basilea, adonde llegó con Du Tillet en enero de 1535, con lo que inició su exilio.

III. La *Institución de la Religión Cristiana*

Basilea era un centro humanista que había sido ganado para la Reforma y allí Calvino dio rienda suelta a la expresión escrita de sus ideas, luego de sus vastas lecturas. Estudiante y escritor, se empapó en la obra de Lutero, en lo que podría considerarse su primera instrucción teológica formal. La *Institutio Religionis Christianae*, publicada en 1536, le debe muchísimo al *Parvus catechismus* (Pequeño catecismo), a *De captivitate Babylonica* (La cautividad babilónica de la Iglesia) y a *De libertate Christiana* (Sobre la libertad cristiana). El material se encuentra distribuido en el mismo orden que el breve catecismo de Wittenberg: ley, fe, oración, sacramentos, esto es, un comentario sobre el Decálogo, el Credo Apostólico, el Padrenuestro, el bautismo y la Santa Cena. Como en los mencionados escritos de Lutero, Calvino coloca sus ideas llevándolas hacia una conclusión: *De falsis sacramentis* (Sobre los sacramentos falsos) y *De libertate Christiana* (Sobre la libertad cristiana).

¿Se trató únicamente de una reproducción sin ninguna originalidad? ¿Se contentó el discípulo con formular el pensamiento del maestro en un mejor latín? No, ciertamente. La *Institución,* para empezar, amplía el material bíblico, apoyándolo con una buena exégesis y una argumentación más sólida, cargada de matices. Esta relectura tan personal de la teología de Lutero le debe también mucho a otras fuentes y a otros teólogos: a los *Loci communes* (Puntos de común acuerdo) de Melanchton (1521), a los *Commentarius de vera et falsa religione* (Comentarios sobre la verdadera y falsa religión), de Zwinglio (1525) y a las *Enarrationes* sobre los cuatro evangelios, segunda edición, de Martín Bucero (1520). Con esto se puede concluir que Calvino siguió a estos teólogos influidos por el humanismo, con el fin de reformular las ideas de Lutero.

¿Y la teología escolástica? Las altas especulaciones técnicas sobre Dios y el hombre en las que los maestros de La Sorbona eran tan duchos, como era el caso del famoso Escoto, o el de Juan Major, no dejaron huella en la primera edición de la *summa* calviniana, y únicamente se van a percibir en la eclesiología de la edición definitiva, de 1559. Lo cierto es que el joven estudioso de Noyon sólo había tomado cursos de filosofía en Montaigu. Resultaba sorprendente que Calvino se hubiera familiarizado al mismo tiempo con la dogmática escolástica, delineada básicamente en las *Sentencias* de Pedro Lombardo. De hecho, la primera edición de la *Institución* refleja un conocimiento muy incompleto de dicho manual, especialmente en el libro cuarto. Además, Calvino no tenía ningún respeto por esa clase de teología. Su método consistía en tomar textos y manejarlos con el fin de hacer más fáciles las refutaciones. Su reacción es comprensible: la abstracción y aridez escolásticas no sobrevivirían al descubrimiento de la teología bíblica, profética, vital, de Lutero, especialmente para alguien que ya era capaz de moverse con facilidad a partir de las fuentes bíblicas y patrísticas.

Esta experiencia intelectual y espiritual se vio reforzada por la persecución sufrida por los simpatizantes de la nueva teología a manos de los defensores de la teología obsoleta. Debe tomarse en cuenta la suma de todos estos factores a la hora de explicar el cambio de orientación o "conversión" que experimentó Calvino mientras producía su manual de dogmática para lectores educados. La ortodoxia —intolerante, represiva, reacia a cualquier discusión— estaba comprometiendo la credibilidad de sus fórmulas y tesis. Esto se aplicaba especialmente a una mente tan aguda, crítica y atenta, la cual, con un trasfondo jurídico y humanístico, se había abierto ampliamente a la teología. Las dimensiones política y eclesiástica de esta tensión —ambos aspectos eran inseparables en este periodo— provocaron simultáneamente a Calvino, el jurista. La *Institución*, el primer fruto importante de sus investigaciones, lo puso inmediatamente del lado de la Reforma, en oposición al papado.

Pero, curiosamente, el tono abiertamente anti-romanista de sus escritos lo colocó lado a lado con las manifestaciones de lealtad al rey de Francia, quien desde antes del caso de los Edictos, no objetó a su parlamento por la quema de "herejes". Su carta prefacio dirigida a Francisco I es un alegato en defensa de los evangélicos, para mostrar que ellos son buenos cristianos y que de ninguna manera se oponen al orden político, no teniendo nada en común con la "secta fantástica" de los anabaptistas. ¿Cuál es el significado de esta fidelidad a un monarca que después de haber simpatizado con el reformismo, se volvió un fuerte aliado de la Inquisición, un pernicioso gendarme a quien Roma había levantado después de la crisis de los cátaros con el fin de evitar cualquier desviación dogmática o disciplinaria? ¿Una posible respuesta sería darle un alto valor a las esperanzas de Calvino de ganar al rey mismo, y con él a toda Francia, para el Evangelio? ¿Pero eso no significaría darle más valor al poder de la espada que al de la palabra persuasiva? El trágico fin de Servet en Ginebra mostraría más tarde la contradicción con la cual Calvino pareció estar confrontado desde un principio.

IV. Ginebra, Basilea, Estrasburgo

El éxito de la *Institución* estimuló a Calvino a continuar sus estudios, y trató de reunirse con Martín Bucero en su ciudad-iglesia de Estrasburgo. Pero Guillaume Farel, quien no había podido consolidar la Reforma en Ginebra, le solicitó su ayuda con el fin de construir la Iglesia Reformada en esa ciudad, "de acuerdo con la Palabra de Dios", y Calvino aceptó. Llegó a ser lector de Sagrada Escritura, expositor de la Epístola a los Romanos, así como participante en la Disputa de Lausana, donde su conocimiento de los Padres y su habilidad para argumentar —¡esa herencia de Montaigu fue verdaderamente útil!— obligó a sus adversarios romanistas a capitular. Este nuevo éxito le permitió apreciar la necesidad de tener pastores bien entrenados, así que se dio a la tarea de producir las *Ordenanzas* para la comunidad de Ginebra, que darían a los pastores una fuerte influencia incluso en los asuntos civiles. Al presidir frecuentemente la Santa Comunión, ejercitarían también una función judicial al admitir únicamente a personas dignas, excluyendo y excomulgando a las indignas. Esta "dignidad" era juzgada inicialmente por la aceptación de la *Confesión de fe* que Calvino produjo y que los magistrados impusieran a todos los ciudadanos bajo pena de exilio. También escribió un catecismo para iniciar a todos en la fe.

Pero a los magistrados no les gustó la tutela de los pastores, cuya influencia política creció debido a la indefinición de sus facultades. Es significativo que por un problema relacionado con la eucaristía de resurrección se desatara el conflicto que culminó con la expulsión de Calvino y Farel en 1538.

Una vez más el autor de la *Institución* se refugió en el estudio y se estableció en Basilea. Pero ahora tenía muchas dudas respecto de su vocación: él era un jurista que no había recibido ninguna ordenación, ni por la Iglesia en que se educó, ni por ninguna comunidad reformada. ¿Estaba Dios llamándolo realmente a algún ministerio? ¿A una responsabilidad que fuera a la vez pastoral, educativa, gubernamental y profética? ¿Debería contentarse con servir a Dios con el pensamiento y la pluma? Su fiel amigo, Du Tillet, lo urgió a renunciar a su ministerio y a regresar al seno de la Iglesia establecida. Bucero, por el contrario, lo invitó a Estrasburgo y lo confirmó en su vocación, encontrando el trabajo ideal para este refugiado francés: la responsabilidad pastoral en la parroquia de habla francesa. Esto le dio suficiente espacio para estudiar y participar en pláticas entre las iglesias evangélicas de orientaciones variadas en Frankfurt, Haguenau, Worms y Ratisbona. Por la insistencia de Bucero, como antes por la de Farel en Ginebra, Calvino reconoció de nuevo "la mano de Dios", lo que le permitió abandonar las dudas acerca de su vocación. Fortalecido por esta nueva certidumbre, desarrolló sus talentos como defensor y polemista como nunca antes. Su réplica al Cardenal Sadoleto lo demuestra.

Sadoleto, obispo de Carpentras, fue uno de los prelados cuya fidelidad a Roma y a las tradiciones católicas era igualada sólo por un espíritu evangélico y reformista. Su apertura de pensamiento estaba acompañada por una actitud tolerante. En marzo de 1539, al percibir el caos reinante en Ginebra luego de la expulsión de Calvino y Farel, escribió una carta con la intención de traer de regreso a los ginebrinos al seno de la iglesia papal, la "Iglesia verdadera", la única que tenía en su favor el consenso universal de todos los maestros y de todas las épocas. Calvino, alertado por sus seguidores de Ginebra, aceptó contestar a Sadoleto. El resultado fue una pequeña *summa* de eclesiología, que evidenciaba su gran perspicacia. La Iglesia verdadera no era primariamente la que reconocían los maestros y las tradiciones seculares, sino aquella donde la Palabra de Dios se manifestase sin restricciones. Solamente la Palabra funda a la Iglesia, pero su condición humana era tal que se necesitaba una reforma. Su reclamo de ser una, santa, católica y apostólica, se aceptaría por el único criterio del *verbum Dei*. La Iglesia seguía existiendo y los evangélicos nunca la habían abandonado. Ellos no eran desertores, sino más bien, soldados de Cristo, que habían abrazado su pendón para devolver el orden a un ejército confundido. No buscaban un cisma: anhelaban la comunión eclesial sobre todas las cosas. Y esta verdad estaba de su lado, aun cuando ellos fueran una minoría. ¿No habían tenido razón los profetas y el propio Jesús a pesar de haber sido rechazados por una mayoría de sacerdotes y eruditos? La carta abierta a Sadoleto tuvo el efecto deseado: Ginebra no sólo no regresó a Roma, sino que volvió a llamar a Calvino en septiembre de 1541.

V. El regreso a Ginebra

La segunda estancia de Calvino en Ginebra fue como una cosecha laboriosa de la semilla sembrada por la primera edición de la *Institución*. La teoría y la práctica se reunieron, y la primera fue puesta a prueba para su verificación en las prosaicas realidades de la vida cotidiana en una ciudad que el reformador deseaba convertir en Iglesia. Calvino escribió nuevas *Ordenanzas*, en las que se estableció el ministerio de pastores, maestros, ancianos y diáconos, y también reformuló su catecismo. Las *Ordenanzas* de 1541 marcaron de una manera más precisa los deberes y derechos de los pastores como ministros encargados esencialmente de predicar y administrar los sacramentos. Se les agrupó en una "compañía" y se les reunía semanalmente con el fin de estudiar los textos bíblicos y los asuntos pastorales prácticos. Cuatro veces al año, la "compañía de pastores" era convocada para autoanalizarse, llegando incluso a manejar un concepto casi monástico de la culpa. Al mismo tiempo, el colegio clerical examinaba a nuevos candidatos para el pastorado, sancionando quiénes podían o no ser ordenados.

El ministerio de los maestros no estaba tan claro. En principio estaban dedicados al servicio de la Palabra; de hecho, la enseñanza teológica recayó sobre ellos aunque compartían esta responsabilidad con algunos pastores. Los ancianos, por otra parte, tenían un campo de acción más amplio: su servicio presbiteral consistía en una a veces muy puntillosa vigilancia de la moralidad pública y aun de la privada. ¡En una ciudad-iglesia uno no debería tener nada que esconder! El Consistorio, donde los pastores y ancianos ocupaban un rango similar, y cuya presidencia estaba encomendada a un síndico del consejo de la ciudad, era un verdadero tribunal para cuestiones de fe, costumbres y disciplina. Los métodos que empleaba se acercaban bastante a los de la Inquisición.

Desde una perspectiva actual, parece que el énfasis puesto por el colegio presbiteral calvinista en la participación de los laicos, fue una revitalización del estilo de gobierno establecido por Pablo en las comunidades de Corinto, Éfeso y Roma. En el caso del diaconado, Calvino quiso devolverle su antiguo propósito de acción social: los diáconos de Ginebra estaban encargados de cuidar a los pobres y a los enfermos. Como "manos de Dios", extendidas hacia aquellos que sufren, no se contentaron solamente con brindarles ayuda material, "distribuyendo sopa", sino que también debían manifestar la Palabra de Dios en sus acciones. Esto recordaba el dinamismo del concepto *dabar Yahvé* (palabra del Señor), procedente del Antiguo Testamento, que hacía de la Palabra un evento y algo palpable, encontrando así su correcta expresión. De acuerdo con este enfoque teológico, el diácono calvinista se encuentra entregado a la tarea simbólica de distribuir el pan y el vino en la Cena del Señor.

Para comprender el contexto en el que fue concebido el nuevo catecismo de Ginebra, es necesario notar que el pensamiento dogmático de Calvino, durante su estancia en Estrasburgo y la elaboración de la segunda edición de la *Institución*, ganó mucho en originalidad, a tal grado que llegó a convertirse en una teología autónoma. Veamos un ejemplo: Calvino ya no sigue el modelo luterano que se ocupa de la Ley antes de la fe, con la intención de mostrar las contradicciones entre ambas; en realidad rechaza que la ley del Antiguo Testamento sea la fuente de un legalismo que insistía en las observancias y en las obras para concluir por ello que ha perdido todo su significado con la venida de Cristo y su Evangelio. En lugar de eso, se esforzó por integrar la Ley dentro de la esfera de la fe evangélica como una ordenanza transfigurada por el nuevo pacto y como el estímulo necesario de todo progreso ético. De modo que también la obediencia a la Ley de Cristo representaba, ante sus ojos, un notable acto de fe. La continuidad de los dos pactos y de su "sustancia", que no identidad "económica" (u orgánica), es una idea que ilustra claramente la libertad teológica que logró el reformador francés respecto de Lutero.

VI. Los riesgos de la intolerancia

Las certezas doctrinales de Calvino fueron en aumento a raíz de sus controversias, y esto propició algunas actitudes intolerantes de su parte, al menos hacia aquellos adversarios que lo pusieron en aprietos y a quienes no consideraba como miembros de la gran familia evangélica. Tres casos ilustran este hecho. Primero, en 1543, enfrentó la oposición de Sebastián Castelio, quien cuestionaba la canonicidad del Cantar de los Cantares y lo criticaba por su interpretación del descenso de Cristo a los infiernos. Calvino consideró peligrosas estas opiniones en relación con la autoridad de las Escrituras e hizo todo lo que estuvo a su alcance para evitar su propagación: evitó la ordenación pastoral de Castelio y finalmente logró su expulsión de Ginebra. Por una ironía del destino, el autor del comentario sobre *De clementia* había tratado de silenciar a un hombre que había sido, en su momento, un defensor de la tolerancia y la libertad de conciencia con su obra *De haereticis, an sint persequendi* (Disposiciones para perseguir a las herejías) publicada en Basilea, territorio protestante.

El caso de Jerome Bolsec, en 1551, fue un episodio similar, causado por la severa e incluso injuriosa crítica que este carmelita había hecho acerca de un aspecto particularmente sensible y propio de la teología calvinista: la doctrina de la doble predestinación. Melanchton y la iglesia de Berna trataron en vano de intervenir: el reformador de Ginebra no toleraría dentro de esa ciudad, bajo ningún concepto, a un hombre que lo contradijera. La explicación se encuentra probablemente en la conciencia profética de Calvino, en su certeza de que él simplemente se hallaba desarrollando convenientemente las palabras de Dios. Esto varias veces le dio a sus decisiones un aire de juicio divino.

La intolerancia de Calvino alcanzó su mayor altura en la forma implacable en que persiguió a Miguel Servet, a quien consideraba un destructor del dogma trinitario. Suponer que el Padre, el Hijo y el Espíritu Santo eran simplemente tres modos de acción de un Dios unitario, parecía una falsificación de todo lo que Pablo, Juan y los Padres, desde Nicea hasta Calcedonia, habían enseñado en la creación de un credo universal. Esto se oponía a la majestad divina y a su verdad: la pena de muerte era lo más apropiado para un crimen de esa naturaleza. La Inquisición establecida por Inocencio III había equiparado la herejía con un atentado contra el soberano. Calvino tuvo largas discusiones con Servet en prisión con el fin de convencerlo, pero finalmente exigió su muerte. Basilea, Berna, Schaffhausen y Zúrich estuvieron de acuerdo (eventualmente también Melanchton), y el "hereje" fue quemado vivo el 27 de octubre de 1553.

VII. El abanderado de una nueva civilización

Un espíritu bastante distinto guió al reformador en las controversias que se dieron entre las iglesias de la Reforma acerca de la doctrina de la Cena del Señor. En este campo de batalla se mostró menos defensivo y más creativo, así como más deseoso de alcanzar la paz. Hay dos casos en que esto se puede percibir con claridad: el Sínodo de Berna en 1537, antes de que Calvino se estableciera en Ginebra y el *Consensus Tigurinus,* firmado en 1549.

La reunión de Berna tenía como propósito revisar la doctrina de la Santa Cena desarrollada por Bucero, con el fin de establecer si no había ido demasiado lejos, en la opinión de las iglesias suizas, en las concesiones hechas a Lutero. La discusión alcanzó una conclusión satisfactoria después de la *Confesión de Fe,* la cual Calvino redactó especialmente para esa ocasión. Desde esa época dio muestras de una consumada habilidad para encontrar el término medio que fuera más allá del simple compromiso. Esto se apreciaba

más por su inteligencia creativa que por su diplomacia teológica, cosa que lo
llevó a desarrollar la tesis de la presencia espiritual de Cristo en la Santa Cena.
Entre las dos posiciones extremas —la luterana, que caía en una confusión
similar a la de los escolásticos; y la zwingliana, que cedía a las exigencias
del pensamiento racionalista hasta llegar a un mero simbolismo— Calvino
propuso una interpretación orientada completamente hacia la operación del
Espíritu Santo, la cual era descrita como el vehículo del Señor celestial en su
deseo de comunicarse plenamente a los creyentes. Los teólogos actuales, si
son objetivos, deben reconocer que Calvino tuvo el talento suficiente para
rastrear una doctrina fuertemente atestiguada por los Padres occidentales y de
conformidad con las tradiciones paulina y juanina. Este resultado es mucho
más significativo que la simple defensa de Bucero.

El papel que jugó la pneumatología de Calvino en el Acuerdo de Zúrich
de 1549 nos encamina a cuestiones más específicas de la *Institución*. Pero antes
de llegar a eso, debemos señalar brevemente los episodios más significativos
al final de la vida del reformador. El *Consenso* de 1549 no trajo la paz entre
las iglesias que habían surgido de la Reforma. Todo lo contrario: reforzó las
divisiones entre luteranos ortodoxos como Joachim Westphal o Tilemann
Hesshusen y los suizos que habían aprendido a incorporar parte del legado
de Zwinglio en su doctrina sacramental —una doctrina a la cual Bucero,
Bullinger y Calvino habían enriquecido sin llegar a desaparecerla. Como
resultado, Calvino se convirtió en el vocero de los reformados a largo plazo.
Al mismo tiempo, continuó en tareas de consolidación y construcción. Se
relacionó epistolarmente con personas notables, entre las que destaca el rey
de Polonia y el Duque de Somerset, protector del joven rey de Inglaterra.
Calvino anhelaba ganar a estos países para la causa de la Reforma. Además,
a través de cartas genuinamente pastorales, apoyó a los reformados franceses cuyas pequeñas congregaciones frecuentemente crecían a costa de un
gran heroísmo.

La apertura de la Academia de Ginebra en 1559 fue un acontecimiento
decisivo en el fortalecimiento e internacionalización del movimiento reformado. Calvino consultó a Johannes Sturm, el eminente educador de Estrasburgo,
y obtuvo inspiración de las *Leges Scolae Lausannensis*. Luego llevó consigo
a los mejores maestros: Antoine Chevalier, François Bérauld, Jean Tagaur,
Jean Randon y Teodoro de Beza. Esta *alma mater*, que era una *schola privata*
que ofrecía educación elemental a los niños y una *schola publica* de artes
liberales, lenguas bíblicas y teología, aseguró la continuidad en la formación
de sus estudiantes. Su biblioteca demostraba un deseo de hacer accesible,

tanto el pensamiento antiguo, como a los escritores modernos sobre filosofía y teología, incluyendo católicos y protestantes: Tomás de Aquino, Cayetano, Catharinus, Pighi, Erasmo, Lefèvre d'Etaples, Vatable, Bude, Bembo, Sadoleto. La influencia de esta escuela fue amplísima. Muchos futuros pastores franceses egresaron de ella, igual que otros abanderados de la Reforma, como el alemán Gaspar Oleviano (co-autor del *Catecismo de Heidelberg*) y el escocés John Knox, e incluso organizadores de la Reforma en Holanda, como es el caso de Philip Marnix de St. Aldegonde. La Academia contribuyó notablemente en la consolidación del prestigio de Ginebra como "ciudad madre" de las iglesias reformadas de Europa, y también, indirectamente, del Nuevo Mundo. De este modo, la Iglesia Reformada se hizo internacional en su carácter, en mayor medida que la luterana. Fue ayudada en esto por la actividad de famosos editores e impresores: Henri y Robert Estienne, Jean Crespin, Conrad Badius, Jean Rivery.

Calvino, un eclesiástico que nunca recibió la ordenación, permaneció como un gran predicador y teólogo, marchando a la cabeza de una nueva civilización, y como un intelectual poseído por una fe a la vez cristocéntrica y eclesial. Infatigable, a pesar de su salud quebrantada, se exigió demasiado para cumplir con la enorme tarea que se había impuesto. Murió el 27 de mayo de 1564, a la edad de 55 años. Por su propia voluntad fue sepultado en una tumba sin nombre: el profeta de la gloria de Dios no deseaba ser glorificado en la tierra.

VIII. El sistema calviniano

Un aspecto importante de la herencia calviniana y un factor decisivo en su efectividad dentro y fuera de la Iglesia, radica en la naturaleza sistemática de su teología. Lo esencial de ella puede hallarse en la estructura de la *Institución*. Sus contradicciones son más bien raras y en su mayor parte, secundarias. La última edición de esta obra (1559), a la cual su autor concebía como un compendio de doctrina, está presentada sintéticamente. Es el fruto de una larga evolución durante la cual Calvino aprendió a integrar todo lo que había adquirido a través de numerosas controversias. Lutero, el profeta, nunca fue capaz, aunque lo deseaba, de darle a su pensamiento una formulación escolástica. Melanchton también se lo propuso, pero a costa de dejarse dominar por las categorías aristotélicas. En contraste, Calvino ideó su sistema de una manera mucho más concreta: con la Biblia y los Padres por un lado, y los problemas prácticos de la vida de fe por el otro, reflejó, comparó, confrontó, argumentó y propuso soluciones. Actuó como un mediador entre sus contemporáneos y una tradición cuya norma estaba dada por la Biblia, la cual había sido interpretada por una juiciosa lectura de los "antiguos": Tertuliano, Cipriano, Agustín, Juan Crisóstomo, los Capadocios. Los argumentos de los Padres tienen un lugar más importante para Calvino que para Lutero, porque se esforzó grandemente en apuntalar sus conclusiones. Ciertamente aquí como en otras áreas de la argumentación Calvino efectúa una clara opción hermenéutica la cual determina la elección de sus testigos, y ninguno de ellos, incluso el "más profundo", Agustín, o el mejor exegeta, Crisóstomo, es considerado sin pasar por el filtro de la crítica. Todos son sometidos al juicio de la Palabra, encarnada en Jesucristo, tal como Calvino la entendía. Los testigos son probados y legitimados a la luz de este criterio de criterios, y luego de ello pueden contribuir a la doctrina, la cual debe ser fiel a las normas originales, y también pertinente para las necesidades de los tiempos.

Lo fascinante de este sistema es el encuentro entre el pasado recordado y el presente vivido. Esto último se condensa, después de la primera edición, en tres postulados: *pietas*, *vera religio* y *spiritualis cultus* (piedad, religión verdadera y culto espiritual). *Pietas* es el termino humanista para la fe que conduce a la confianza. Los piadosos son aquellos creyentes que adoptan la única disposición interior hacia Dios que corresponda a su divinidad. Esta disposición es filial, no servil como la de los que están "bajo el papado", y que se dan a sí mismos una religiosidad calculadora y supersticiosa. Regresar a la *pietas* era un proyecto de la Reforma. Esta "reverencia hacia Dios nos une con su amor en vista de los beneficios puntualmente recibidos de su mano", y debe ser solicitada y fomentada por todos los medios disponibles, escribía Calvino en 1559.

El conocimiento de Dios, la reverencia y el amor hacia él, son los tres elementos que necesariamente llevan a cabo la *vera religio*, la realización ética de la *pietas*. Una vez que alguien ha conocido a Dios como realmente es —es decir, no con la búsqueda de buenas obras para su satisfacción, sino como un Padre misericordioso— el impulso de amor que lo lleva hacia él es controlado por la seriedad de la reverencia. El hombre y la mujer piadosos, que creen en Dios por su amor, asumen la obligación para observar, al mismo tiempo, los mandamientos divinos y para conducirse dentro de los límites que aquellos determinan. Así que la *religio* no tiene nada en común con el delirio o el entusiasmo de los que han "visto la luz", ni con el aislamiento del alma individual, porque los *pii* (piadosos) se adhieren espontáneamente a la comunidad de la Iglesia. El término *pii* aparece primero en la epístola dirigida a Francisco I, donde se aplica a los evangélicos. Ellos están unidos por el Padre único en la comunión con la Iglesia, y son llamados a exteriorizar su fe a través de un "culto espiritual", una serie de actos litúrgicos depurada ya de toda ceremonia superflua. El culto es ahora un acto de adoración y de acción de gracias significativo e iluminador, inspirado por el Espíritu Santo, la suprema garantía de autenticidad. Calvino no se refiere aquí al espíritu de la conducta carismática más agresiva, sino al Espíritu que crea un orden que sustituye al caos en el alma individual, en la Iglesia o en la sociedad.

Debido a lo anterior la *pietas,* la *vera religio* y el *cultus in Spiritu* no deben ser confinados a una dimensión estrictamente existencial, sino que deben ser vistos como un llamado a la enseñanza sana, sólida, sencilla y clara, purificada por la crítica a fin de evitar cualquier error. Hacia esto se dirige el sistema teológico propuesto en la *Institución.*

¿Cuáles son sus principales componentes? El estrecho espacio del presente trabajo impide una descripción completa, pero es posible esbozar brevemente cómo su dogma y su doctrina se diferencian totalmente de la herencia luterana. Al igual que Lutero, Calvino insiste en la condición radicalmente pecaminosa de la humanidad; en Cristo como el único salvador y revelador del verdadero Dios; en la gracia que acerca la salvación sin necesidad de obras; en la fe como el único medio para recibir este don y en la Palabra de Dios que debe ser oída, atendida, estudiada y obedecida siempre. Pero el sistema calviniano se distingue en que integra todo este conjunto en un contexto determinado por una doctrina más desarrollada del Espíritu Santo, la Iglesia visible, la santificación de los justificados y la dimensión política de la existencia cristiana.

La pneumatología está presente por todas partes. Desde la interpretación eucarística que Calvino desarrolló para el *Consensus Tigurinus,* el Espíritu Santo aparece como el que "une al cielo con la tierra" para hacer posible el contacto con el Cristo elevado a su gloria eterna. La humanidad del Cristo glorificado, su cuerpo y su sangre, y la totalidad de su ser encarnado, no condescienden en la Eucaristía a una nueva "humillación" como en el momento de su concepción virginal. No está "encerrado" en los elementos del pan y del vino ni atado a ellos de una manera ontológica, ya sea por "transubstanciación" como lo imaginó Tomás de Aquino o por "consubstanciación" como proponía Lutero. Es el Espíritu Santo quien propicia el encuentro entre el Cristo celestial y los participantes terrenales. Por medio de su "virtud", Cristo se presenta a sí mismo a los fieles en su totalidad y en toda su realidad. La diferencia entre Cristo y los elementos permanece, sin ninguna confusión, en el corazón mismo de la Comunión; sin embargo, esta Comunión otorga una unión real, y no meramente simbólica, entre el Señor y aquellos que creen en él. Gracias a la misteriosa pero eficaz operación del Espíritu, hay un verdadero encuentro entre ellos.

La pneumatología también realiza una acción determinada en el encuentro verbal, no sacramental con Cristo. Calvino insiste en que el Espíritu no es solamente el inspirador de los libros canónicos sino que también es su intérprete interior. Nadie capta el verdadero significado de un texto bíblico si no es por medio del "testimonio interior" del Espíritu divino. Ni el texto mismo ni la fe del lector son suficientes: debe haber una correlación entre el texto, la fe y el Espíritu mediador.

Pero, ¿es esto suficiente para asegurarse de que la Biblia será bien interpretada? Y si es así, ¿los anabaptistas y espiritualistas lo practicaron incorrectamente y por eso llegaron a conclusiones contradictorias y fantásticas? El sistema calviniano responde negativamente: la Biblia debe ser leída e interpretada en la Iglesia, en la comunidad de creyentes reunidos en el nombre de Cristo y bajo la dirección del Espíritu. El individualismo es inconcebible. Compartir los carismas es un elemento esencial del ser cristiano. Los creyentes son cristianos verdaderos solamente si operan en un espíritu de apoyo mutuo y cooperación a través de una cadena de asambleas, colegios y concilios. El cristianismo es esencialmente sinódico. De modo que esta naturaleza se pierde si la jerarquía se dispersa entre los cristianos o si se cae en la anarquía. Por otra parte, una comunidad se edifica únicamente cuando escucha la Palabra de Dios y se deja guiar por el Espíritu Santo; así descubre en su voz el llamado del Señor. Tal congregación buscará con certidumbre no tanto la visibilidad de la Iglesia al estilo del papado, sino que más bien preferirá la existencia "invisible", tal como Dios ve a sus elegidos, a quienes llama "en secreto".

Pero la Iglesia verdadera debe tener otra forma de verificar su visibilidad; Calvino insistió especialmente en eso luego de su estancia en Estrasburgo. La Iglesia deberá brillar con la antorcha del testimonio evangélico, cuyos primeros portadores serán los ministros, "órganos" del Espíritu, apartados para servir en la predicación, los sacramentos y en la administración de la disciplina, todo lo cual responderá a las necesidades del momento. Las instituciones del pueblo de Dios tendrán el valor de *media salutis* (medios de salvación). Aunque a ellas la Iglesia las manifiesta en su papel de madre (una idea que Calvino tomó de Cipriano), cuidando y estimulando a los hijos de Dios, actuando como un maestro iluminado, para convertirlos en "sobrios discípulos" de la Palabra. El modelo de esa eclesiología, con su balance implícito entre clero y laicos, se halla en la Iglesia de los Padres de los primeros cinco siglos; pero su fundamento más profundo lo encuentra en la existencia de la gran fraternidad de los elegidos, que procede, según Calvino, de la predestinación eterna de Dios.

Mucha gente en la actualidad asocia la doctrina calvinista de la predestinación con el Dios arbitrario y terrorífico, que de antemano ha salvado a unos y condenado a otros. Ésta no fue la intención de Calvino. Más bien me parece que su intención fue conectar el origen temporal de la Iglesia con el designio soberano de Dios. La Iglesia no se veía, entonces, como producto de alguna evolución en la historia religiosa de la humanidad, sino como creación del Todopoderoso. Mientras sólo Dios puede transformar a los pecadores corruptos en sus hijos, sólo quien recibe gratuitamente este don de la libre adopción es hijo de Dios. Esta filiación es de carácter sobrenatural y descansa exclusivamente sobre la elección: no puede ser medida ni comprada. Tal creencia en una elección eterna, providente, constitutiva de la Iglesia de Dios en un mundo que frecuentemente la rechaza, es un concepto que implica la existencia de un conjunto de no-elegidos. De lo contrario, la elección no sería una acción real ni un acto soberano, libre de coacción o necesidad. Pero ésa es apenas la base teórica; en la práctica, Calvino rechazó considerar como reprobados a personas o grupos. A quienes preguntaban si eran elegidos les contestaba indicándoles las señales precisas que podrían asegurarles la salvación. Con todo, él no ofreció criterios universales para juzgar acerca de la reprobación divina. Aun los excomulgados tenían el derecho de un *indicium caritatis* (reglas para practicar la caridad) para ser considerados capaces de convertirse si Dios les otorgaba la gracia. Desde el punto de vista pastoral, la predestinación calvinista pierde mucho de su carácter puramente negativo, terrorífico, inhumano o determinista y llega a ser susceptible de una interpretación en el marco de la comprensión de la Iglesia.

Todo esto es posible porque el sistema dogmático de Calvino le da un lugar muy importante a la santificación de los justificados. El acto por el cual Dios justifica, realizado una sola vez, no es suficiente. Es comprensible sólo si, como señala Pablo, se reconoce como principio de un proceso por medio del cual el pecador justificado es conducido por el Espíritu Santo, y es éste quien le ayuda a seguir el camino, a crecer, a buscar las cosas de arriba, y a mostrar los frutos de la *metanoia* (arrepentimiento), y a ser renovado continuamente. La meta de este proceso es la restauración de la imagen de

Dios en cada persona justificada. Esto sugiere que el principio de "progreso" puede ser establecido teológicamente. Los hombres y las mujeres existen históricamente y sólo se realizan a sí mismos poco a poco. Vivir con la ayuda de la gracia que elige y llama, en la ocupación que se tenga, sagrada o profana, es lo que hace posible y agradable sintonizar con el juicio divino. La fe que justifica sin obras produce buenas obras y se expresa por medio de ellas. Es en la santidad de la persona santificada que sus obras alcanzan valor.

El sistema dogmático calviniano no se detuvo en la Iglesia. Calvino se ocupó también del gobierno civil. Mientras la humanidad se encuentre en el mundo terrenal, necesita organizarse en comunidades políticas. Es voluntad de Dios, dado que eso hace posible la realización de su proyecto de preparar a los hombres y mujeres en una cultura y una justicia que los reúna y los capacite para el Reino eterno. Las diferentes formas de la sociedad son los sitios donde se lleva a cabo esa gran tarea espiritual. Así que la institución temporal corresponde a un ministerio real deseado por Dios. Se halla establecida para "organizar nuestra conducta dentro de una justicia civil, para ponernos de acuerdo unos con otros, para mantener la paz". Los príncipes y gobiernos tienen la responsabilidad de liberar a los oprimidos y de castigar a los culpables, cumpliendo con ello un "servicio externo a Dios", el cual no tolera la sujeción de los hombres ni el dominio de la injusticia o la violencia.

Combinando su teología política con su eclesiología pneumática, Calvino ayudó a la Reforma a sobrevivir y a proyectarse. El movimiento evangélico encontró en él a un organizador y sistematizador, que le permitió resistir a la Contrarreforma y, posteriormente, a la Reforma Católica. Paradójicamente, esta misma herencia calvinista es actualmente una fuente de posibilidades ecuménicas, dadas las significativas coincidencias que se han observado entre Calvino y el Concilio Vaticano II.

Una puntualización.
Esbozo de un retrato de Juan Calvino[1]
Lucien Febvre

Soy un historiador y vengo a hablarles de historia. Soy un hombre del siglo
XX y vengo a hablarles de un hombre del XVI. ¿Es preciso decirlo? Temo que
algunos de ustedes se pregunten: "¿A santo de qué? Calvino, el calvinismo, eso
es agua pasada. Que, a lo sumo, interese a europeos de Europa, a franceses, a
ginebrinos, bueno; pero a nosotros, en São Paulo, en Brasil, trasplantados a
este otro continente? Puede resultar agradable hojear una tarde de invierno un
viejo álbum de fotografías familiares amarillentas. En cambio, hojear el álbum
del vecino es aburrido. Incluso cuando, como ustedes, señores, se cuenta con
una Reforma —pero hecha para ustedes, a su medida, de acuerdo con sus
necesidades y su clima...".[2]

"¿A santo de qué?". Responderé brevemente. En todos nuestros pasos,
en todas nuestras empresas, en todas nuestras conductas, ¿acaso no sentimos,
acompañándonos, la presencia de cuantos hombres y cuantas mujeres nos
han precedido? ¿Seremos por ventura como aquellos hongos de que habla
Saint-Simon, que nacen de pronto una noche sobre una capa de estiércol, o
bien los herederos de un esfuerzo infinito? No hijos de nuestras obras: hijos
de las generaciones que pacientemente han ido acumulando las reservas de
que gracias a ellas disponemos. ¿Nosotros, descendientes directos? Desde
luego. ¿Nosotros, todos los hombres que pertenecemos a una misma cultura? También, sin duda alguna. No existen sólo los legados materiales. Hay
bienes comunes a los que se da el nombre de moral: me refiero a la actitud
ante la vida y ante la muerte. Y os pertenecen a los brasileños tanto como a
nosotros los franceses.

---

1. Esta conferencia fue pronunciada en São Paulo, Brasil, en la Universidad Mackenzie, bajo los
auspicios del Instituto de Cultura Religiosa (septiembre de 1949). No se escribió. Se publicó,
tomada taquigráficamente y traducida al portugués en la *Revista de Historia de São Paulo*, vol.
5, no. 12, octubre-diciembre de 1952, pp. 254-267. La he reconstruido.
2. Sobre el protestantismo brasileño, ver los notables estudios de E. G. Léonard: *L'Illuminisme
dans un protestantisme de constitution récente*, París, P.U.F., 1953, in-8.°, y, anteriormente,
"L'Eglise presbytérienne du Brasil et ses expériences ecclésiastiques", (en *Études évangéliques*,
publicados por la Faculté libre de théologie protestante, Aix-en-Provence, 1949, in-8.°).

Sigo respondiendo. Cuando uno se cansa de vivir, de malvivir, en las grandes ciudades superpobladas, opresivas, despiadadas, uno sube a las cumbres. Va a buscar el aire puro de las montañas —el aire sano de las almas grandes que lo han sacrificado todo, lo han dado todo, por ser hombres y por hacer más hombres. Va a vivificarse, a regenerarse en la proximidad de un héroe. Nosotros vamos a pasar unos instantes en compañía de Juan Calvino…

Y termino de responder. Estamos en São Paulo. Ustedes son brasileños. Y yo, un francés, vengo a hablarles de Calvino. De un francés. Pero también podría hablarles de Lutero, un alemán. Y de Zwinglio, el de Zúrich. Y de aquel alsaciano, Martín Bucero, que al final de su vida fue a predicar la Reforma a la Gran Bretaña y transmitió su legado a John Knox. Todos estos hombres, alineados, figuran en el "Muro de la Reforma" de Ginebra —el muro de los fundadores, el muro de los héroes. La diversidad misma de sus orígenes nos recuerda que la Reforma no ha sido, no es una obra pequeña, reducida a la escala de las naciones; que ha sido y es algo que sobrepasa las fronteras, cierta forma nueva de sentir y practicar el cristianismo, nacida poco a poco, en el Viejo Mundo, de una misma inquietud, de una misma insatisfacción básica; de tal modo que es ahí donde reside su grandeza: en la propia universalidad de su acción religiosa y moral.

I

Calvino, ese Calvino cuya repercusión fue universal, no por ello dejó de ser —lo decía hace un momento— un francés en toda la extensión de la palabra, un verdadero, un auténtico francés de pura sangre; tan francés como Lutero fue alemán o, por decirlo así, como Erasmo fue "hombre de todas partes".

Es francés Calvino por sus orígenes. Nació picardo, hijo de esa provincia fronteriza, la Picardía, de esa marca tantas veces hollada por cascos de caballos invasores y que siempre vuelven a enderezarse como la hierba que, pisoteada, renace con nuevo vigor.[3] Una raza de hombres difíciles de manejar, dispuestos siempre a la rebelión, a menudo herejes, hasta tal punto que, en la Edad Media, decir su nombre era decir "de la cáscara amarga", en lo religioso y en lo social. Añado: en Picardía, Calvino, cuyo verdadero apellido era *Cauvin* (pues Calvin no es sino la retranscripción francesa del latín *Calvinus* que traducía

---

3. Michelet, en su *Tableau de la France*, destaca el carácter peculiar y el papel de las provincias periféricas. "Las extremidades son opulentas, fuertes, heroicas, pero a menudo tienen intereses diferentes del interés nacional." Mezclan al francés algo de lo extranjero, de modo que tenemos, frente a Alemania, una Francia alemana; frente a España, una Francia española; frente a Italia, una Francia italiana… Opiniones rápidas, discutibles, pero que no hay que olvidar.

Cauvin), era hijo de Noyon, típica ciudad pequeña del norte de Francia, de casas bajas, un poco tristes, dominadas por una catedral como tantas otras de nuestro país —o, más bien, como tantas que había antes: ¡han padecido tanto por las violencias y la incuria! Todavía durante la última guerra Noyon participó sobradamente de las desgracias que, una vez más, se abatieron sobre Francia —y la propia casa de Calvino desapareció en la tormenta.

Calvino nació a la sombra de esta catedral.[4] No es que los Cauvin fueran sedentarios, pequeños burgueses replegados sobre sí mismos. El abuelo era marinero fluvial: duro oficio de hombres fuertes, bien curtidos, acostumbrados a desplegar iniciativas y a cargar con responsabilidades —viajeros perpetuos que iban sobre el agua de ciudad en ciudad, cambiando de horizonte y palpando muchas costumbres ajenas. Los hijos salieron despiertos. Dos de ellos se fueron a París, donde abrieron talleres de cerrajería; cuando Calvino marchó a estudiar a la gran ciudad pudo visitar a sus tíos. El tercero, Gérard, siguió una profesión que, desde nuestros prejuicios, llamaríamos más noble. Se instaló en Noyon mismo como escribano. Un matrimonio bastante afortunado con una Lefranc, hija de un mesonero de Cambrai, le ayudó en sus primeros pasos. Comenzó a trabajar para los canónigos de la catedral y a ganarse una clientela de eclesiásticos considerables. Pero la dote de su esposa no incluía la suavidad de carácter. No pasó mucho tiempo antes de que Gérard se peleara con el capítulo, y con el tal éxito que murió excomulgado, no por motivos de orden religioso, sino por cuestiones de interés, de gestión y de relaciones cotidianas.

En una palabra, estos Cauvin eran gente de carácter entero, inflexible y que nunca daba su brazo a torcer cuando creía tener razón.

Heredero de una de esas familias populares que, entre los franceses, parecen haber ido ahorrando, acumulando las dotes, constituyendo en cierto modo moneda a moneda un fuerte capital humano para colocarlo entero, en su día, a cargo de uno de sus miembros, Calvino tenía todas las características esenciales de la idiosincrasia francesa. La sobriedad. La medida. Una lógica imperiosa y soberana. Un sentido crítico alerta y temible. Sobre todo, el don de saber elegir.

Cuando hablaba, cuando escribía, su problema no era el de decirlo todo, atropelladamente, sin dejarse nada de lo que se le ocurría. Su problema era

---

4. Sobre todos estos comienzos de Calvino, cf. el libro ya antiguo, pero clásico, de Abel Lefranc, *Le jeunesse de Calvin*, 1888. Cf. también las "Recherches sur la formation intellectuelle de Calvin" de Jacques Renouard, en *Cahiers de la revue d'histoire et de philosophie religieuse*, núm. 24, Estrasburgo, 1931.

expresar lo esencial, y sólo lo esencial, y expresarlo con precisión, con claridad, buen orden y buena lógica.[5]

Idiosincrasia alemana: amontonamiento, acumulación, minucia; Alberto Durero y la liebre del Albertina. Todos los pelos del animal descritos minuciosamente, uno por uno (se podrían contar), con una especie de candor y de ingenuidad en su aplicación que es imposible ponerse frente a esta asombrosa obra maestra sin conmoverse profundamente. Y digo Durero. Pero aun artistas menores: un Hans Baldung, pongamos, un Schongauer antes que éste. Y, digámoslo también, en nuestro terreno de hoy, un Lutero.

Idiosincrasia francesa: eliminación, esclarecimiento, elección. No busquemos más, repitámoslo: Juan Calvino.

Sabe Dios si un hombre que supiera elegir, alrededor de 1530, era verdaderamente providencial para la Reforma…

Europa parecía un inmenso barrio en demolición, cubierta toda de ruinas, mostrando sólo, aquí y allá, pobres casuchas provisionales y cuarteadas.

En Alemania, indecisión. Recientes aún la batalla de Pavía (1525) y el saco de Roma (1527), es tanto el poder del Emperador… La prudencia se impone a los príncipes. Sólo en 1527, en la Dieta de Spira, obtendrán una especia de libertad provisional para organizar sus iglesias, en sus Estados, de acuerdo con sus ideas propias y sin temor a conflictos eternos con la Cámara imperial.

¿En Inglaterra? En 1532 —el año de Pantagruel— es cuando el Gargantúa de Enrique VIII preludia su ruptura con Roma y comienza a sopesar las decisiones del clero anglicano. Pero nadie sabe aún dónde va a detenerse, en materia de fe, este hombre gordo e impulsivo que pretende ser, a la vez, antirromano y antiluterano…

Estas incertidumbres afectan a las doctrinas. Son raros los Estados donde éstas se encuentran definidas rigurosamente por teólogos oficiales, accesibles gracias a Confesiones de Fe impresas y, añado yo, aceptadas sin reticencias o críticas por el conjunto de los fieles. En el ducado electoral de Sajonia, donde se ejerce el influjo directo de Lutero, sólo en 1528, en vista de los resultados de la visita de las iglesias, se emprende un esfuerzo importante por poner orden en las prácticas y las creencias. En mayo de 1529, Lutero producirá sucesivamente el Gran y el Pequeño catecismo. Pero desde hace años viene manteniéndose

---

5. En lo cual se contrapone a otros y, por ejemplo, él, Calvino el Conciso, a Bucero el Prolijo, que no acababa nunca. Contraposición muy conciente; ver los textos calvinianos reunidos por Lefranc en la introducción a su edición de la *Institution* de 1541, pp. 32-33.

en la tierra una áspera controversia, dramática, violenta, cómica a veces, entre Lutero, Zwinglio, Ecolampadio, Bucero y otros muchos. Abiertamente y en presencia de todos. Incluso los Estados regidos por príncipes adeptos de la Reforma contienen entre sí opiniones prodigiosamente variadas. Y, entre los dóciles que se aplegan sin más a la voluntad del soberano —pasan de luteranos a calvinistas o zwinglianos *ad nutum*— ¿qué queda aún de apego profundo, consciente o no, a las viejas ideas?

Se está a la expectativa. ¿De qué? Nadie lo sabe. En el fondo, muchos piensan que todo acabará por arreglarse. De boca en boca se repite una palabra mágica: "el Concilio"… En todo caso, hay teólogos que se insultan, católicos que se regocijan, príncipes que cambian de campo; fieles oscilantes que profesan sucesivamente las más contradictorias opiniones, que se les imponen, pero que no consiguen ponerse de acuerdo; masas rurales apegadas a la superstición, sublevadas por la miseria, en busca de apoyos que no encuentran: un cuadro sin orden, sin claridad.

En Francia la incertidumbre es aún mayor. El rey Francisco no ha roto con Roma. Pero negocia con los príncipes luteranos. Alta política… En casa, da tumbos. Un día hace que los arqueros de su guardia arranquen a Berquin de las zarpas de los magistrados y, poco después, con un gran cirio en la mano, descalzo, sigue por calles emporcadas todo el trayecto de la procesión expiatoria de junio de 1528 (se había encontrado una estatua de la Virgen mutilada) y deja que quemen al mismo Berquin, al que acababa de salvar a bombo y platillo. Abreviemos. En octubre de 1534 estalla el asunto de los pasquines. El rey pierde la cabeza. El espectro de la guerra social se agita ante sus ojos. Vienen entonces violencias y actos demenciales. El mismo rey que, a principios de 1530, instauraba los "lectores reales" frente a la vieja Sorbona, suprime la imprenta con un edicto increíble y trata como enemiga a la cultura clásica…

¿Y en cuanto a las doctrinas? El viejo Lefèvre, por valeroso que sea, no desempeña ni mucho menos el papel del monje opresivo, batallador, lleno de vida y de savia populachera. De los que entonces son llamados "luteranos" ¿cuántos son de hecho partidarios de las doctrinas de Lutero? ¿Y cuántos se proclamaban cismáticos sin reservas? ¡El cisma es algo tan grave, tan temible! Pero es tan tentador el equívoco, tan cómoda la perezosa fórmula: ya hablará el Concilio, ya volverá a coser la túnica desgarrada…

Equívoco, confusión, desamparo. Fue entonces cuando se alzó un hombre. Y apareció un libro. El hombre: Juan Calvino. El libro: la *Institución de la Religión Cristiana.*

Ese hombre ¿se alzó por sí mismo? ¿Actuó sólo bajo las órdenes de su voluntad? No. Rehusemos las simplificaciones de una historia llena de ilustraciones toscas. Calvino no llegó a ser el Calvino de la Historia por haber querido ser el Calvino de la Historia. Llegó a serlo porque otros, desde fuera, lo obligaron a ello.

Pese a tanta experiencia, seguimos imaginándonos a los grandes hombres abocados, desde la eternidad, por quién sabe qué Providencia admirablemente informada, a representar su personaje con toda naturalidad (o, más exactamente, con toda sobrenaturalidad). Tanto por lo que hace a su papel histórico como a su apariencia física. Antes del Calvino de los retratos clásicos, el predicador cargante de toda nuestra imaginería, hubo en el mundo un picardo pequeño, vivo, despierto, de ojos brillantes y chispeantes —un picardo atrayente, con algo de franco, de abierto, de resuelto.[6] Y este joven, estudiante de letras, aficionado a Séneca, no evocaba en absoluto al "demoníaco Calvino, el impostor de Ginebra" al que Rabelais no apreciaba, al igual que Calvino no le apreciaba a él: pero al principio no se odiaban lo más mínimo.[7] Calvino, el austero Calvino, el rígido, el predestinado, no nació un buen día en 1509, en Noyon, diciéndose en las profundidades de un subconsciente opaco: "Yo he de ser el Reformador de Francia". Para que lo fuera, para que se convirtiera en el cabecilla, el maestro autoritario y firme que reveló ser, fue precisa una prodigiosa sucesión de azares. Y de experiencias. Veamos, pues vale la pena, cómo se forja, a través de qué serie de sorpresas y de encuentros se crea un conductor de hombres. Un jefe.

A la Reforma llegó lentamente y, por así decirlo, paso a paso. Ni rastro en él de vocación religiosa. Ningún gusto precoz por el apostolado ni por la especulación teológica. Su padre, como todos los pequeños burgueses de entonces, soñaba con hacer de él un jurista. Lo cual hubiera permitido a los Cauvin salvar, en la persona de Juan, hecho doctor en derecho y, quién sabe, consejero en algún parlamento, una etapa más en la ruta de los éxitos sociales. Calvino, por consiguiente, estudió derecho, al parecer sin entusiasmo. En Bourges, por influjo de Wolmar, empieza a estudiar las humanidades. Durante cierto tiempo soñó con ser un humanista según las nuevas modas. Y el primer escrito que publicó fue un comentario al *De clementia* de Séneca, texto que tal vez hizo mal en no releer más a menudo cuando regentaba la buena ciudad de Ginebra…

6. Sobre los retratos de Calvino, véase E. Doumergue, *Iconographie calvinienne*. No pensamos en el retrato de Hanau: se trata de un falso Calvino.
7. Cf. Lucien Febvre, *Le problème de l'incroyance au XVIe siecle. La Religion de Rabelais*, Albin Michel, col. "Evolution de I´humanité" París, 1942, p. 105, in-8.°

En París comienza a vivir con compañeros que quería y los cuales parecen haberle correspondido. Entre ellos, algunos picardos que discutían los problemas que en aquella época apasionaban a todos: me refiero a los religiosos. Por entonces Margarita, hermana del rey, hacía predicar el Evangelio en el Louvre, ante miles de personas, al abate de Clarac, Gérard Roussel, el discípulo predilecto de Lefévre de Étaples.[8] Y, ante la reacción brutal de la Sorbona, el rey, con una decisión repentina, exilaba a Beda, su cabecilla, a treinta leguas de París. Crecía la efervescencia, alcanzando al mundo de los negocios, como diríamos hoy. Calvino visitaba con frecuencia a un importante mercader de la calle de Saint-Martin. Un picardo, que iría a la hoguera en 1535.[9] Allí se encontraba con Gérard Roussel. De mejor o peor gana, se iba dejando ganar por las pasiones de todos estos hombres. Y cuando, el 1 de noviembre de 1533, por Todos los Santos, el rector Guillermo Cop, al pronunciar el acostumbrado discurso, hizo en los Mathurins, en presencia de cuatro facultades (con los teólogos a la cabeza), un elogio entusiasta de la filosofía cristiana, se sospechó que la mano de Calvino andaba tras el discurso de este médico de Basilea, que la pluma y la lógica de aquél habían colaborado con éste. Sospecha y por tanto investigación. Calvino huyó. Comenzó su vida de exiliado.

De exiliado, de propagandista y de reformador. Bien es verdad que el humanista de 1532 se ha convertido paulatinamente, en 1533, no digamos en un reformador, en un luterano, pero sí al menos en persona poco segura en materia de fe, como dirían los tribunales de la época. No se ha convertido en un jefe. Es, en el fondo, un tímido. Un hombre que ha de pensárselo mucho antes de avanzar un paso. Un hombre que hay que forzar, agarrar por los hombros y empujar, echar al agua a pesar de su resistencia. Entonces, nada. Y tanto mejor cuanto que ha ido acumulando un tesoro de energía. Pero, si dependiera de él, se hubiera quedado en la orilla.

El hombre que lo arrojó al agua y, en este sentido, hizo a Calvino, fue Guillaume Farel.[10]

Farel, ese hombrecillo delgado, todo nervio, ese montañés de Gap dotado de una resistencia física portentosa y cuya vida constituye una novela de aventuras portentosa: una vida que se mueve de Gap a París y a Meaux, de Meaux á Gap, a Basilea, a Estrasburgo, a Metz, de donde huye disfrazado de leproso

---

8. Sobre todo esto, y sobre la gran popularidad del paulinismo en Francia en esta época, cf. Lucien Febvre, *Autour de l'Heptaméron, amour sacré, amour profane,* París, Gallimard, 1944.
9. Se llamaba Etienne de la Forge.
10. Sobre Farel, véase la *Biographie collective* de 1930: "Guillaume Farel, 1489-1565", por un grupo de historiadores, pastores y profesores; Neuchâtel y París, 1930, in-4.°.

en una carreta llena de leprosos auténticos, para reanudar su propaganda en Montbéliard, en Neuchâtel, en Lausana, en Ginebra, allí donde hubiera golpes que recibir y golpes que dar, allí donde se enfrentarán defensores de la vieja Iglesia e innovadores… Ese hombrecillo pelirrojo de ojos llameantes, de obstinada frente montañesa, de nariz seca y cortante, de boca hendida como por un sablazo, de barba estrecha y larga, curva como hierro de alabarda: también él, en verdad, es un hermoso tipo de francés. De cazador alpino, si se prefiere: en su cabeza echamos de menos la boina grande, en el lugar del bonete pastoral. Farel: sobre "el protestante francés" anterior a Calvino, es decir, anterior al protestantismo, el más curioso documento humano.

Pues bien, a fines de 1536, Calvino, tras haber viajado por Francia durante un semestre, renunciado a sus beneficios de Noyon, atravesado primero París y después Estrasburgo, concluido en Basilea un grueso volumen latino, la *Institutio christiana*, había marchado a Ferrara para ver a Renata de Francia. A su regreso, decidió establecerse en Basilea. Se hallaba entonces en París. Podía escoger entre dos caminos: uno por Ginebra, otro por Estrasburgo. Este último le tentaba, pero era poco seguro; ciertas partidas a caballo lo hacían peligroso para los viajeros aislados. Decidió por tanto pasar por Ginebra. Casualidad, pura casualidad. Y así lo tenemos en la ciudad de Lemán…

Allí estaba Farel. El 21 de mayo de 1536 había hecho que el pueblo prestara juramento de fidelidad al Evangelio. Fue un éxito. Pero se le imponía una tarea enorme: la de organizar la nueva vida religiosa de la ciudad y, por intrépido que fuera, Farel conocía sus limitaciones. No era un gran teólogo. Ni un gran organizador. Titubeaba, se encontraba solo —y él, el audaz, no se atrevía… De pronto se enteró de la llegada de Calvino. Un desconocido, o poco menos. Farel, sin embargo, sabía quién era. Quizá hubiera leído el libro en latín del que hablábamos hace poco, el libro que el picardo errante llevaba en la mente por los caminos del exilio y que finalmente había publicado en Estrasburgo en 1535: se llamaba *Institutio Christiana*.[11] En todo caso,

---

11. Todos los intentos de hacer verosímil la existencia de una primera *Institution* en francés anterior a la *Institutio* latina de Estrasburgo quedan contradichos por la afirmación de Calvino en el "Argument du présent livre" que encabeza su *Institution* en francés de 1541: "J´ay composé ce présent livre. Et premièrement I´ay mis en latin, à ce qu´il peust servir à toutes gens d´estude, de vuelque nation qu´ilz feussent; puis aprés, songeant au bien de la Nation française, I´ay aussi translatéen nostre langue (He compuesto el presente libro. Y primeramente lo he puesto en latín, a fin de que pudiera servir a todos los estudiosos, de cualquier nación que fueren; después, mirando al bien de la nación francesa, también lo he traducido a nuestra lengua)" (ed. Lefranc, p. III). También es sabido que el título de la *Institution* de 1541 lleva estas palabras: "Composée en latin par Jean Calvin et translatée en françois par luy mesme" (facsímil en el frontispicio de la ed. Lefranc).

Biografía

Farel había leído los dos prefacios que Calvino había escrito para el Nuevo Testamento traducido al francés, en Neuchâtel, por su primo Olivetan.[12] Por tanto, no lo duda. Corre a la posada y conmina a Calvino. "Quédate. Ayúdame. Debes hacerlo. La obra de Dios te requiere, necesita obreros". Calvino vacila, rehúsa, invoca su flaqueza, su inexperiencia. Farel truena, trae a colación la cólera divina, atemoriza a su interlocutor. Finalmente, le arranca el consentimiento. Calvino se queda.

Primera y prodigiosa casualidad. Durante dos años, el de Noyon se agota, al lado de Farel, luchando contra la alegre indiferencia de los que no quieren soportar el yugo de los ministros. Durante dos años resiste a los disidentes, a los anarquistas, que intentan levantar la ciudad contra unos amos duros, torpes, extranjeros, cuya legitimidad no reconocen. Durante dos años, hace frente a tránsfugas del catolicismo como Carol, doctor de la Sorbona, que pujan, denigran, atacan y buscan apoyos en el exterior, que tratan de obtener contra Calvino y contra las libertades ginebrinas el socorro de las pesadas patas y de las uñas afiladas del oso de Berna. Finalmente, el 23 de abril de 1538, los dos estorbos, Farel y su Calvino, son expulsados. Calvino se instala a orillas del Rhin, en la ciudad donde acaba de morir Erasmo. Será un humanista, pero militante… Se consagrará, según su deseo de siempre, a la filosofía cristiana.[13]

No. De nuevo se alza el destino. Se llama esta vez Martín Bucero. Reside en Estrasburgo.

Estrasburgo, ciudad poderosa y rica. Su política pesaba entonces en el mundo de Occidente. Ciudad de tolerancia y de refugio, acogía con generosidad a los perseguidos y a los inconformistas. Aun cuando se llamaran Miguel Servet. Y, aunque sus burgueses no hablasen francés, no por eso dejaba de ser, si no la ciudad santa de la Reforma francesa, al menos una de ellas. Hubo alguien que no se equivocó al respecto —un enemigo de la Reforma

---

12. La Biblia llamada de Olivetan también recibió durante largo tiempo el nombre de Biblia de Serrières, acumulando así los errores de denominación: no existió Olivetan alguno, sino un tal Louis Oliver, primo de Calvino, cuyo impresor fue, en Neuchâtel (y no en Serrières), Pedro de Wingle, llamado Pirot Picard, burgués de Neuchâtel. El pie de imprenta es de 4 de junio de 1535, Título: "La Bible, qui est toute la Saincte Escripture, en laquelle sont contenus le Vieil Testament et le Nouveau traslatez en Françoys". El Antiguo Testamento va precedido de un prefacio de Calvino en latín, y el Nuevo de otro en francés, también obra suya. Al f. III, tabla de las voces hebreas, caldeas, griegas y latinas, por Despériers.
13. La expresión es del propio Calvino (cf. *Institution* de 1914, argumento: Calvino se propone tratar "les matières principales et de conséquence, lesquelles sont comprises en la philosophie chrestienne (las materias principales y más importantes que comprende la filosofía cristiana)") (ed. Lefranc, p. 11).

Una puntualización. Esbozo de un retrato de Juan Calvino

91

tanto más vehemente cuanto que había empezado siendo reformado: me refiero a aquel Florimond de Raemond que fue sucesor de Montaigne en el parlamento de Burdeos y que nos ha dejado, bajo el título de *Histoire de la naissance et progrès de l'hérésie de ce siécle*, un libro pintoresco, vivo, deformado por la pasión pero todavía hoy curioso. Allí se encuentra el famoso pasaje donde apostrofa al Rhin.

De manera que en Estrasburgo mismo había innumerables refugiados. Franceses sobre todo, que se sentían muy aislados: ignoraban el dialecto que se hablaba en la ciudad. Convenía organizarlos, encuadrarlos, tenerlos sujetos con fuerza. Un pastor alsaciano o renano no lo hubiera logrado. Bucero, sabiendo que Calvino está disponible, lo aborda: él es quien puede, y por consiguiente debe, ser el pastor de este rebaño sin guía. Adivinamos la respuesta de Calvino: "He fracasado en Ginebra, ya lo sabes. No estoy hecho para estos menesteres de autoridad. Déjame dedicarme a mis estudios y serviré a Dios con la pluma"... Bucero no era de los que sueltan la presa. Volvió a la carga. Él, Capitón y sin duda también otros. Y, por segunda vez, Calvino cede.

Podemos imaginarlo, una tarde de principios de septiembre, desembarcando vacilante e indeciso de uno de aquellos grandes barcos improvisados que descendían a toda velocidad el curso impetuoso del Rhin y que iban a amarrarse al Quai des Bateliers. Bucero le asignó por templo la pequeña capilla de Saint-Nicolas-des-Ondes.[14] Allí se fundó en realidad, de septiembre de 1538 a septiembre de 1541, la Reforma calviniana.

Pues sin duda no hay que forzar las cosas, pero hay mucho de cierto en la tesis de Pannier[15] según la cual el auténtico calvinismo no vio la luz en Ginebra en 1536, junto a Farel, ni en Ginebra en 1542, sino en Estrasburgo, entre 1538 y 1541.

No se trata, desde luego, de quitar importancia a las tentativas de 1536 ni a las realizaciones de 1542. Pero ¿no es acaso en Estrasburgo donde comienza el trabajo, el largo y paciente trabajo de Calvino empeñado en organizar una iglesia suya, una iglesia que llevara su sello? En cuanto a la doctrina, partió de la Confesión oficial de Estrasburgo, la Tetrapolitana: poco a poco, la irá precisando, ampliando, irá desarrollando sus formulaciones.

14. Éste fue el primer local, al que siguió la capilla de las Penitentes y, más tarde, ya en el centro de la ciudad, el coro de los dominicos que los obuses alemanes destruirían en 1870, junto al colegio y la biblioteca instalados por Juan Sturm en la misma época.

15. Cf. Jacques Pannier, "Calvin à Strasbourg", en *Cahiers de la revue d'histoire et de philosophie religieuses*, publicado por la Facultad de Teología Protestante de Estrasburgo, n.° 12, París, 1926, in-8.°

Sin embargo, al principio no se aparta de ella en nada... Eso sí, quiere que su iglesia cante. Claro que en Estrasburgo se cantaba, pero los franceses no comprendían la letra de la pequeña recopilación de los *Psalmen* de 1530. Entonces Calvino se muestra poeta improvisado y, para empezar, traduce en verso el salmo 46, ese mismo salmo del que ya en 1529 había sacado Lutero su cántico:

> Nostre Dieu est ferme appuy
>
> Auquel aurons en nostre ennuy
>
> Vertu, forteresse et seur confort,
>
> Présent refuge et très bon port.

Adapta a sus versos las melodías de la recopilación de los *Psalmen*; con seguro gusto, no se limita a mantener la correspondencia entre textos y música que su autor había establecido; por ejemplo, adapta el salmo 46 a la melodía estrasburguense del salmo 25. Y como en Ferrara, en 1536, había conocido a Marot, que, ya en 1539, había presentado al rey un manuscrito con treinta salmos, toma ocho salmos de éste y los añade a los siete que tenía traducidos él mismo; añade dos o tres cánticos, y así completa ese librillo de *Aulcuns Pseaumes et Cantiques mis en chant* que aparece en Estrasburgo en 1539: un libro in-16.° de sesenta y cuatro páginas del cual no se conserva sino un único ejemplar en la Biblioteca de Múnich. Todo el espíritu heroico de la Reforma francesa está en estos cánticos, que fueron el viático de sus mártires cuanto éstos subían, impávidos, a la hoguera.[16]

No vamos a seguir con mayor detenimiento el paciente quehacer de Calvino en Estrasburgo. No vamos a entrar en la liturgia: también la toma de la local, simplificando ésta con amplio y firme eclecticismo. Dejemos sólo constancia de un hecho decisivo. Para las iglesias de Francia, la Iglesia no es la de Ginebra sino la de Estrasburgo, tal y como se hizo en el periodo 1540-1542. En 1546, los fieles de Meaux tratan de organizarse en "alguna forma de Iglesia". Hace cuatro años que Calvino ha regresado triunfalmente a Ginebra. Pero aquellos donde van a buscar modelo es en Estrasburgo...[17] Ya en 1544 los fieles de Tournai se proponen "levantar una iglesia": mandan una embajada a Estrasburgo para pedir un ministro y vuelven con Pierre

16. Acerca de todo esto, cf. Th. Gerold, "Les mélodies des premiers chants des protestants à Strasbourg", en *Bull. de l'Union protestante libérale*, Estrasburgo, marzo de 1924. Cf. también Riggenbach, *Des Kirchengesang in Basel*.

17. *Histoire des martyrs*, ed. De Toulouse, 1887, I, p. 494.

Brully, que habrá de morir quemado.[18] Más aún: cuando los fieles de París, en 1557, deciden a su vez organizarse, el tipo de organización que imitan es el de Estrasburgo. Y cabría pensar que en Ginebra, en esa ciudad inquieta en el fondo de su lago, en ese callejón sin salida entre Sàleve y Jura, donde vivía una burguesía local irritada por los extranjeros, los emigrados procedentes de todas partes, también ellos agitados, turbulentos, indóciles, en Ginebra el verdadero calvinismo más se aguó que se transformó, se encogió y replegó en vez de expandirse y desarrollarse.

No seguiremos a Calvino hasta las orillas del Lemán. La historia es harto conocida, y precisamente no estamos contando "la historia de Calvino". Tiene que bastarnos con haber mostrado cuántas casualidades tuvieron que colaborar con los deseos y las dotes naturales —con las reservas de fuerza heredadas de pacientes generaciones sin número— para formar un Calvino. Lo que importa es que, en la hora decisiva, se alzó un hombre. La batalla del evangelismo estaba perdida en Francia; fue Calvino quien vino entonces y dijo a su manera: "Aún tengo tiempo de ganar otra".

II

Se alzó un hombre, se creó una obra. No nos toca examinarla en detalle. "Esbozo de un retrato de Juan Calvino": no perdamos de vista lo que implican estas palabras. La obra de Calvino es un océano. Y todavía no lo recorremos con bastante seguridad. ¿Qué aportaba? Una doctrina clara, lógica, coherente, perfectamente ordenada por un maestro al cual, de vez en cuando, resulta tentador aplicar las palabras destinadas a Ario: "una lucidez autoritaria"… Desde luego, y ello no supone disminuir su valor. Lo esencial, sin embargo, es otra cosa —si es verdad que la gran obra histórica de Calvino no fue componer libros, pronunciar sermones, formular y defender dogmas. Fue "educar hombres". Calvino ha creado, ha formado, ha moldeado un tipo humano que puede o no gustar, con el que pueden o no sentirse afinidades: tal y como es, constituye uno de los fermentos de nuestro mundo, y no sólo de nuestra Francia. Calvino ha creado el tipo humano del calvinista.[19]

---

18. Hacen lo que hacía por su parte aquel español llamado Juan Díaz cuya dramática historia narra la *Histoire des Martyrs* (ed. De Ginebra, 1562, f., libro III, 161; ed. De Toulouse, 1887, t. I, 468). En busca de iglesias bien regidas y de gentes sabias, marcha a Ginebra con Mateo Budé y Juan Crespin, y luego a Basilea, pero poco después se retira a Estrasburgo y decide permanecer allí algún tiempo, porque, en su opinión, "il y abatí plus grand nombre de gens sçavants (allí había más sabios)".

19. Para saber lo que es hoy en día este tipo humano resulta infinitamente provechosa la lectura del notable estudio reciente de Léonard: *Le protestant français*.

Lo veíamos hace poco. La época en que surgió Calvino era turbulenta. Los hombres, indecisos, inquietos, buscaban el camino. Muchos de ellos, en el fondo, se sentían satisfechos de no tener que tomar partido. ¿Seguir las vías de la Reforma? Sí, pero al final del camino se alzaba una hoguera; ahora bien, según se presentaba en aquellos años oscuros, ¿valía la Reforma un sacrificio total? Se le veía vacilante, desgarrada, irresoluta y, en lugar de caminar hacia una sólida unidad, desmigajándose. Se oían también las risas de los católicos: "¡Bonito trabajo! Todo lo han rasgado, todo lo han roto y derruido... y ahora son incapaces de poner nada en su lugar".

Para salvar la Reforma, había que hablar claro. Colocar frente a los fieles un deber imperioso. Apelar a un sentimiento tan claro, tan fuerte, tan categórico, que hiciera imposible toda vacilación. Que desencadenara un poderoso movimiento reflejo frente a todos los secretos llamamientos a la prudencia. Que hiciera aceptar antes la muerte que un retroceso... ¿Qué sentimiento podía ser ése?

La época era una época de reyes. Era caballeresca. Era guerrera.

¿Guerrera? Piénsese en las guerras de Italia. En los periódicos descensos, al otro lado de las montañas, de las bandas suizas, de los lansquenetes alemanes, de los gascones. ¿En cuántas familias no había un hombre, o a veces varios, que, de grado o por fuerza, habían marchado allá, para regresar con una disciplina anclada en sus hábitos, rudos, feroces, y amigos de repetir la palabra irrevocable: "muerte"?

¿Caballeresca? Los comienzos del siglo XVI no habían olvidado ni mucho menos aquel renacimiento de las tradiciones caballerescas del cual los Valois de Borgoña habían hecho un medio de acción y un vehículo de prestigio. ¿Puede negarse el papel que desempeñaron en las conquistas ultramarinas, en las asombrosas aventuras cuyo teatro fueron, sobre todo, Sudamérica y México, aquellos libritos de fácil transporte, impresos y reimpresos por millares, que cruzaban el océano en el fondo del equipaje de los aventureros, aquella literatura que Cervantes ridiculizaría al acabar el siglo, la de los Amadises que acuden en ayuda de los "cuatro hijos de Aymon", más grata, más completa humanamente, en cierto modo, que esta última, pues al juego de las armas unía el de los amores?[20]

20. Acaba de ilustrar estos hechos un libro muy rico en contenido, el de Irving A. Leonard: *Books of the Brave*, Cambridge, Mass., Universidad de Harvard, 1949. (Traducido al castellano en 1953 por el Fondo de Cultura Económica de México, bajo el título de *Los libros del conquistador*.) Véase en los *Annales* (Economies, Sociétes, Civilisations), 1955, un buen artículo de Chaunu sobre este libro y sus conclusiones.

Una puntualización. Esbozo de un retrato de Juan Calvino

95

El espíritu belicoso. El espíritu caballeresco. En una palabra: el espíritu de Bayardo. Pero era sobre todo una época de reyes este principio de siglo abundante en monarcas tan prestigiosos que en la Iglesia no se vacilaba en calificarlos de semidioses. En Alemania, el Emperador Carlos V, dueño de media Europa y que obsesionaba a la otra media con su presencia; además, como decía él mismo, "dominador en Asia y en África". En Francia, el rey Francisco, todavía sólido y brillante, con su porte magnífico, su elevada estatura, su aire caballeroso. Luego Enrique VIII y todo un pueblo de soberanos tan pronto vestidos de resplandecientes armaduras como de terciopelos suntuosos, de sedas únicas, cubiertos de pedrería, ensalzados como seres divinos y que movían a tal punto la imaginación que la literatura se apoderaba de ellos —que los protagonistas, en los libros de Rabelais, eran reyes gigantes. Primero esos reyes de leyenda popular, unos reyes de piñonate bonachones y bromistas: los Gargantúa. Luego, auténticos reyes, reyes de corazón y porte reales, réplicas literarias de los soberanos de entonces: los Pantagruel. Pero, tanto unos como otros, gigantes.

Movilizar todos estos prestigios, los de una monarquía más aún que semisagrada,[21] los de una caballería que todavía dominaban las imaginaciones, los de las proezas militares cuyos actores o espectadores no podían olvidar, y ponerlos al servicio del Rey de Reyes, de Dios: tal fue finalmente, desde el punto de vista moral y psicológico, la obra de Juan Calvino. Tanto si él era consciente de ello como si obedecía a poderosas fuerzas que habitaban en él —y que revestían sus pensamientos y sus acciones con un estilo muy personal—, pero que sus contemporáneos adoptaban sin esfuerzo alguno.

El cristiano tiene un rey al que debe servir ciegamente. Su rey es el Rey supremo y hay que seguirlo a donde sea, ciegamente, hasta la muerte. ¿Transportados por el fervor sentimental? Más bien transportados por la obediencia ciega y la fidelidad llevada hasta la pasión. Y el cristiano está vinculado a su rey por el más poderoso, por el más elocuente de los sentimientos de entonces: el honor. Lucha por el honor de su rey. Y su honor estriba en su lucha por este rey.

También Lutero proclamaba que Dios era su Rey. Pero el Dios de Lutero era un Dios celoso; al cristiano que se entregaba a él lo tomaba, lo separaba del mundo, le procuraba las dulzuras inefables de la paz, de la contemplación y de la adoración. *Credo, ergo sum*: ésta era, en cierto modo, resumida, simplificada

---

21. Sobre el valor del término "rey" en el siglo XVI, consultar el admirable libro de Marc Bloch, *Les Rois thaumaturges*. Estrasburgo, 1924, in-8.°, reimpreso en 1957.

y ampliada a la vez, una postura de luterano. En cambio, para el historiador atento, no a las formulaciones o a las distinciones teológicas, sino al eco que despiertan en los corazones de quienes, al fin y al cabo, prestan su voz a tantos seres humanos, *ago, ergo credo* es un lema que podía atribuirse a todo calvinista, en la medida en que resumía un largo esfuerzo aplicado a sí mismo y una concepción de la vida convertida en instintiva. El Dios de Calvino era un jefe. Un jefe militar. El calvinista, un soldado enrolado para la acción y para el combate santo bajo la bandera de este jefe. El calvinismo es una doctrina de energía, por la que cruza el fuerte soplo guerrero y trágico del Antiguo Testamento.

Hacer lo que Dios quiere... Recordemos que Calvino, toda su vida, ha obedecido las llamadas de Dios. Cuando se lo mostraron fue cuando obedeció primero a Farel y luego a Bucero, en los dos momentos más decisivos de su vida, haciendo lo que, por su propia decisión, nunca hubiera hecho. Y ahora añado: el soldado permanece en su puesto. Calvino se mantuvo en Ginebra. Obstinadamente, contra viento y marea. ¿Por su interés, por su gloria y su prestigio personales? No. Por Dios, de quien era soldado,[22] y que se perfilaba en cada instante de su vida y tras cada uno de sus actos, dictando a su hombre las acciones y las palabras. Peligrosa actitud, pues así el hombre queda, en cierto modo, divinizado, se confunde con Dios, acaba por sentirse Dios. Una actitud que implica y absuelve la violencia. Una actitud viril, en cambio, y de inexorable claridad.

Lo que tal actitud comporta es el odio al equívoco. ¿Es buen soldado el que confraterniza, el que simpatiza con el enemigo? Es preciso elegir el campo. Y defenderlo hasta la muerte. Elegir, sí, pero no se trata de una elección intelectual. Calvino plantea la cuestión en un terreno muy distinto: el del honor. Del honor militar. Y también en esto responde bien a su época. La época que zahiere a los "traidores", incluso a los que se resguardan con su mentalidad, hasta entonces admitida sin dificultad como válida, de "feudales": el condestable de Borbón, pongamos por caso. Pero que exalta a los fieles, a los que mueren sin compromiso y quedan como dormidos plácidamente en servicio de su honor, como Bayardo.

Así es como, de los escrúpulos, de las inquietudes, de las vacilaciones de tantos hombres que no eran forzosamente unos timoratos, pero sí a menudo intelectuales discutidores y sentimentales vacilantes, de su aversión al

---

22. Habría que evocar aquí la doctrina calviniana del honor de Dios. ¿Cumple con su deber el cristiano? Carente de toda gloria propia, sólo puede glorificarse en Dios, "s´ôter toute de gloire (despojarse de todo motivo de glorificación)", a fin de que sólo Dios sea glorificado... (Epístola a Francisco I, incluida en la *Institution* de 1541, ed. Lefranc, p. XIII).

compromiso, hace Calvino una cobardía.[23] Lleva la discusión al plano del honor. Y, al salir de una predicación de aquel picardo hostil a todo pacto con el enemigo, el más mediocre de los que han formado su público siente y reconoce la voz interior a la que alude Stendhal: "Teniente Loutil, ¿acaso es usted un cobarde?"... Después de pasar cinco siglos, esta voz habla todavía en la conciencia de sus remotos descendientes.

"Dios pone en nuestros cuerpos los blasones de su Hijo. No debemos deshonrarlos". Fórmula de Calvino. ¿Algo complicada, tal vez para gentes sencillas que no tenían blasones? Sin embargo, en Meaux, mientras el verdugo marcaba con un signo de infamia a un pobre cardador de lana, Jean Leclerc, que poco después había de expiar en Metz sus creencias con la hoguera, la madre de éste, una pobre vieja a la que habían arrastrado por la fuerza a la primera fila para que no se perdiera nada de la horrible muerte de su hijo, su madre, digo, gritaba, al ver quemarse la carne de su hijo: "¡Viva Dios y sus enseñanzas!". No son textos inventados. Allá los teólogos si tuercen la boca ante estas palabras, y estas interpretaciones. Convengo de buena gana en que la teología no tiene mucho que ve con la psicología de masas. Pero, si no hubiera masas de adeptos a unas creencias, tampoco habría, sin duda, teólogos.

Es cierto que quien adopta esta actitud sabe que camina a la muerte. Se trata de una actitud de mártir. ¿Y acaso se sabe el número de mártires que engendró el siglo XVI? Mártires sin angustia y que iban valientemente, casi alegremente al suplicio. ¿Cuestiones de honor? Desde luego. Pero hay también algo más.

Calvino no ha ignorado la condición misma de esta aceptación viril de la muerte, contemplada sin temor, cara a cara. "He pecado tanto... ¿No estaré maldito?". No. No te inquietes. Tu salvación no la haces tú. Tú, "desnudo de toda virtud pero revestido de Dios, vacío de todo bien pero lleno por obra suya": admirables expresiones de la Epístola a Francisco I, escrito de tanta fuerza y relieve.[24] Tu salvación la obra Dios sólo en su criatura, gratuitamente, por un don de gracia al que nada le fuerza. Y que le deja libre de elegir como quiere y a quien quiere para la salvación. ¿Qué es esto si no la Predestinación? Doctrina de rara y profunda psicología, siempre desde nuestro ángulo que nada tiene de

23. Y no sólo en teoría y para los demás. Nos lo explica muy bien en su *Commentaire sur les psaumes de 1558 (Corpus Reformatorum*, XXXI, 24), donde cuenta cómo las mentiras de los católicos lo movieron a escribir la *Institution*. "Il me sembla que, sion que je m'y opposasse vertueusement, je ne pouvois m'excuser qu'en me taisant, je ne fusse trouvé lasche et desloyal (Me pareció que, si no me oponía virtuosamente, no podía evitar que, al callarme, se me encontrara cobarde y desleal)". Aquí el motivo intelectual habría sido la aversión a la mentira, la necesidad de establecer nuevamente los hechos, el amor y el culto de la verdad.
24. Epístola a Francisco I, ed. Lefranc, p. XII.

dogmático, que es de historiador y no de teólogo. La Predestinación, la pieza final del edificio, la coronación. El último toque del alma de un caballero que no traiciona. Que no teme. Que se muestra fiel, sin miedo, hasta la muerte.

Calvino pudo muy bien hacerse enterrar en tal anonimato que nadie ha podido jamás reconocer el lugar de su tumba. Seguía en ello la ley de Ginebra. Nada de tumbas individuales. Nada de epitafios, ni siquiera cruces. Ni ministros rezando ante la fosa, ni liturgia en el templo, ni tañido de campanas, ni discurso fúnebre. Nada.[25] Fiel a la ley general, Calvino no se hizo construir un sepulcro de piedras muertas. Lo construyó él mismo con piedras vivas, que, como dice nuestro viejo Rabelais, "son hombres".

Transcripción: José Luis Pérez Sántiz

25. Véase la indignación que expresa ante tan completa desnudez Brackenhoffer, personaje natural de Estrasburgo que pasó por su ciudad a principios del siglo XVII y asistió a un entierro. Brackenhoffer no era católico, seguía la religión de su ciudad natal, pero no por ello se escandaliza menos de la práctica calvinista: "Cuando muere un hombre, se ha muerto. Ni tan siquiera se le otorga la limosna de un padrenuestro. Los deudos vuelven a su casa sin consuelo, conmemoración ni exhortación" (*Voyages d'Elie Brackenhoffer en Suisse*, 1643 y 1646; 1930, p. 83).

Calvino, fundador de una civilización
Émile Leonard

Después de la liberación de las almas, la fundación de una civilización. Con Lutero, sus émulos y sus rivales, la Reforma había dado todo su mensaje propiamente religioso y teológico y las épocas siguientes no podían hacer otra cosa que repetirlo y completarlo. Mas Lutero se había interesado poco por la encarnación de este mensaje en el mundo secular, al cual aceptaba tal y como era, y las experiencias de Zwinglio, de Muntzer y de los anabaptistas de Münster habían sido o de un contenido excesivamente reducido o demasiado revolucionarias para hacer salir a la Reforma del pietismo individualista donde corría el riesgo de desmesurarse y disolverse. Estaba reservado al francés y al jurista Calvino el crear más que una nueva teología un mundo nuevo y un hombre nuevo. El hombre "reformado" y el mundo moderno. En él ésta es la obra que predomina y la que nos da razón de su autor. Y es ella también, no ya sólo en Ginebra si no en la totalidad de su extensión a través del mundo y de los siglos, la que permite dar una respuesta a la pregunta de un Juan Powell, equilibrando el entusiasmo de los apologistas, desde Doumergue hasta Pfisterer —por no hablar más que de los más recientes— y las requisitorias de los detractores, como Galiffe, Kampschulte, Pierson, Pfister:

> El reformador Juan Calvino, ¿ha sido uno de los más grandes teólogos y jefes de la Iglesia cristiana de todos los tiempos? ¿O fue, más bien, un profeta de las tinieblas que se engañó gravemente sobre la naturaleza y las implicaciones del Evangelio?[1]

I. El hombre, la vida, el pensamiento religioso

El hombre y la vida

Calvino es humanamente lo más opuesto a Lutero, con quien normalmente suele ser comparado. Nacido el 10 de julio de 1509, tiene veinticinco

---

1. Artículo del *Scottish Journal of theology*, 1955, citado por D. Nauta, *Calvin, Leader and Example*, p. 241. Powell llega a una conclusión favorable al reformador.

años menos que el reformador alemán y forma parte —ello se suele olvidar demasiado a menudo— de la segunda generación de la Reforma, la cual no tenía que crear el protestantismo, sino consolidarlo y organizarlo. Originario de Noyon, es un picardo de la raza sutil, crítica e inquieta que había dado al evangelismo francés un Jean Vitrier, Lefevre d'Etaples y Gérard Rousel, raza de tan mala fama en el orden religioso que el nombre de "picardo" se atribuía en ciertos países a los herejes, a modo de apodo injurioso (Calvino se molestó por ello ante su joven visitante checo). Es un burgués, hijo de un hombre de negocios: el padre, Gérard Calvino, legista y financiero, está encargado de los intereses del obispo, sus discusiones con la curia le hicieron caer en el anticlericalismo, desde siempre muy extendido en el país. La madre era piadosa: acompañaba a su hijo, que no lo olvidará nunca, a rezar ante las estatuas de los santos. El hijo recibe muy pronto un beneficio eclesiástico, cebo de una brillante carrera clerical. A los catorce años va acompletar en París la enseñanza recibida en el colegio de los "capitas", de Noyon. En el colegio de la Marche tiene un profesor notable, el normando Mathurin Cordier,[2] que será su colaborador en Ginebra; los canónigos de Noyon lo envían luego al colegio de espíritu menos "laico" (un verdadero seminario, en realidad), de Montaigu: allí tuvo durante algunas semanas como condiscípulo a Ignacio de Loyola.[3] Fue entonces cuando su padre decidió, como lo había hecho el de Lutero, dedicarle al derecho, "mejor medio para llegar a los bienes y a la fama". Esto no le privó, por lo demás, de obtener un segundo beneficio: el de Pont-l'Eveque, cerca de Noyon, donde habitaba su abuelo, un antiguo marinero. Con un año en la universidad de Orléans (1528-1529)[4] se licencia en ambos derechos; prosigue sus estudios (1529-1531) en la Universidad de Bourgues, reorganizada poco antes por Margarita de Angulema, duquesa de Berry, y donde reinaba, por este hecho, un espíritu favorable a la Reforma:

2. Profesor hasta cerca de 1534 en diversos colegios parisienses, entre ellos el de la Marca (1524-1528), se vio arrastrado, por su conversión a las ideas nuevas, a Nevers, después a Burdeos, desde donde fue llamado a Ginebra. E.A. Berthauld, *Mathurin Cordier et l'enseignement chez les prmiers calvinistes* (París, 1875); J. Lecoultre, *Mathurin Cordier et les origenes de la pédagogie protestante dans les pays de langue francaice* (Neuchatel, 1926); P. Mesnard, *Mathurin Cordier (1479-1564)* ("Foi, Education", abril-junio 1559, pp76-94).

3. Acerca de su fundador: A. Renaudet, *Jean Standonck. Un refomateur catolique avant la Reforme* (*Bul. Soc. Hist. Prot. fr.*, 1908, pp. 1-81, refundido en su recopilación *Humanisme et Renaissance*). Véase también: M. Godet, *Le collège de Montaigu* (Revue des Études rabelaissienes, 1909); *id.,La congregation de Montaigu* (París, 1912); I. Rodríguez –Grabit, *Ignace de Loyola et le collège Montaigu* (Bibl. Hum. rem.", 1958, pp. 388-401).

4. J. Boussard, *L'Université d'Orleáns et l'humanisme au début du XVIᵉ siècle* (revista *Humanisme et Reinaissance*, 1938).

un gran jurista alemán, Melchior Wolman[5] acrecienta los primeros cono-cimientos que el estudiante Calvino había podido recibir de Cordier. La muerte de Gérard Cauvin, que había discutido con su propia Iglesia y que había sido excomulgado, permite a nuestro joven un nuevo cambio de frente: irá a estudiar letras y teología en el colegio parisino de Fortet, y asistirá a los cursos, de reciente creación, de los "los lectores reales".[6] Publica enton-ces su primera obra, comentario humanista, en latín, del *De clementia* de Séneca (1532).[7] Parece que data de este momento su dedicación plena a las nuevas ideas, puede —como se ha dicho— bajo la influencia de su primo Olivetán, cuya traducción de la Biblia revisa y prologa. Por otra parte, poco había de hablar de este cambio espiritual, siendo poco dado hablar de sí, al revés de Lutero. La locución *conversio subita* que un día emplearía ha sido interpretada en el sentido de "conversión sufrida" (y nos hallaríamos en los inicios de una experiencia de la predestinación) o en el de una "conversión súbita". No, ciertamente, a al manera de un Wesley, que olvida y casi niega el encaminamiento interior de la gracia para no acordarse más que del día preciso, y de la hora, de la "decisión" voluntarista. También Lutero había hablado de una iluminación repentina, la cual, sin embargo, no había dejado de ir precedida de una larga búsqueda de la salvación. Caso parecido al de Calvino. La insignia que éste adoptó más tarde (un corazón sobre una mano tendida hacia Dios) y la divisa *Prompte et sincere*, expresan bien no sólo su propio comportamiento en ésta época capital sino también el que exigió a sus fieles: una vez reconocida la verdad seguirla sin titubear *(prompte)* y sin compromisos *(sincere)*. Actitud activista que caracterizará a la Iglesia y civi-lización que de él procederán.

Si hemos de creer ciertas tradiciones locales, sus viejas le habían ya per-mitido predicar el Evangelio en algunos sitios. Después de una breve ausencia de París, ocasionada por el discurso provocador de su condiscípulo y amigo, el joven rector Cop,[8] regresa gracias a la reina de Navarra e incluso aparece en la corte, donde es acogido con favor. Pero vuelve a sus viajes, predica y (según el polemista católico Florimond de Raemond) distribuye la Santa

5. E. J. de Groot, *Melchior Wolmar. Ses raports avec les protestans francais et suises* (*Bull. Soc. Hist. Prot. fr.*, 1934).
6. R. Lebegue y otros, *El humanismo europeo y las civilizaciones de Extremo Oriente. La uni-versidad de París en tiempo de Calvino y de San Francisco Javier* (*Bol. Asoc. Hist. Prot. fr.*, 1934).
7. A.M. Hugo, *Calvino y Séneca. Un profundo estudio de Calvino comentando por el "De clementia" de Séneca, año 1532* (Groninge, 1957).
8. *Supra*, p. 215.

Cena en Poitiers, reside en Angulema en casa de su amigo Louis du Tillet (que ha llegado a canónigo), se dirige a Nerac, donde Lefèvre d'Étaples —si hemos de dar crédito a Teodoro de Beza— habría saludado en él al "futuro restaurador del Reino de Dios en Francia". Rehusará en Noyon los beneficios eclesiásticos, cuyas obligaciones no podía cumplir en modo alguno, regresa a París, donde la salida de los demás "bíblicos" dejaba a su cuidado el medio evangélico, pero nuevamente se ve expulsado a causa del asunto de los Pasquines;[9] estamos en los inicios del año 1535 y Calvino abandona Francia con Du Tillet.

Entonces comienza lo que podríamos llamar su historia clásica, historia fácil de resumir en pocas líneas y a base de unas pocas fechas. Una estancia en Basilea le permite lista y hacer imprimir la primera edición de la *Institution Chrétienne*, que se publica allí mismo en latín el año 1536. Un viaje a Italia le conduce el mismo año a la corte de Ferrara, donde se hallaba Renata de Francia. La intolerancia del duque le impidió prolongar su estancia.[10] Cuando regresa, a pesar de su intención de volver a Estrasburgo a proseguir su vida de estudio, el primer reformador de Ginebra, Farel, le pilla en esta ciudad y le retiene en ella (julio de 1536) para que le ayude a organizar su Iglesia evangélica. No siendo al principio más que un simple "lector" de la Escritura, pronto logró imponerse gracias al importante papel que desempeña en las grandes asambleas religiosas reunidas en Suiza, y redacta para Ginebra, desde 1537, una Disciplina, un Catecismo y una Confesión de fe. Pero, siendo pastor, rechaza toda autoridad y niega a sus protectores de Berna el derecho a dictar leyes para la Iglesia, particularmente en lo que concierne a la liturgia y a la admisión de fieles a la Cena. Es expulsado de Ginebra (abril de 1538), al igual que Farel. Mientras éste último va a establecerse en Neuchatel, organizando aquella Iglesia, Calvino es llamado por los reformadores de Estrasburgo, Capitón y Bucero, para ser pastor entre los refugiados franceses y profesor de teología. Desde septiembre de 1538 hasta septiembre de 1541 lleva una vida apacible y activa y se casa; desarrolla su obra teológica, organiza su Iglesia y defiende los intereses generales de la Reforma, contra las concesiones de Melanchthon, en las asambleas de Francfort, Worms y Ratisbona.[11] Reclamado urgentemente en Ginebra por las disputas de la ciudad con la Iglesia (13 de septiembre de 1541), logra en seguida que se

9. *Supra*, pp. 215-216.

10. Marot, que también estaba allí fue encarcelado y tuvo que partir: A. Mayer, *La salida de Marot de Ferrara* (en *Biblio., Hum. Ren.*, 1956, pp. 197-221). Véase también p. 216.

11. *Supra*, p. 225.

adopten las *Ordenanzas eclesiásticas* que constituyen la comunidad ginebrina casi según sus deseos. Allí murió el 27 de mayo de 1564, después de la lucha y la obra que vamos a explicar.

Experiencia y pensamiento religioso[12]

Esto constituye para el historiador y para el lector no teólogo lo más esencial de su inagotable actividad. La doctrina, que no puede naturalmente ser despreciada, no es más que un conjunto de experiencias organizadas en sistema. El último en el tiempo de los grandes reformadores, Calvino, hubiera llegado tarde para una obra teológica perfectamente original: la *Institución Cristiana*, en su primera edición, es profundamente luterana. Pero el humanista que había sido y que seguirá siendo en sus realizaciones prácticas no hacía en teología obra de pura especulación: "La Palabra de Dios, enseña, no es para enseñarnos a balbucear ni para convertirnos en elocuentes y sutiles; sino reformar nuestra vida para que se conozca que deseamos servir a Dios y darnos enteramente a Él y conformarnos a su buena voluntad".[13]

Para Calvino se trataba de experiencia y de acción. Tal como lo decía la Epístola dedicatoria a Francisco I, Calvino había escrito la *Institución* para justificar a los protestantes acusados de doctrinas perversas y lo que en ella exponía, más que un sistema, era vida vivida por un alma profunda y ardiente.

La primera experiencia de Lutero había sido la experiencia del pecado y de la angustia del pecador. Calvino habla de ello en unos términos menos personales pero igualmente enérgicos:

> Cuando la Escritura nos muestra quiénes somos es para aniquilarnos totalmente. Es verdad que los hombres se aprecian a sí mismos en grado sumo haciendo valer que existe una gran dignidad. Ya pueden apreciarse a sí mismos: sea como sea, Dios no ve en ellos más que basura y asco; les rechaza incluso hasta tenerles

---

12. Repetimos aquí, en gran parte, textualmente, las pp. 70-74 de nuestra *Historia del protestantismo*, completándolas.

13. Por otra parte, reivindicaba igualmente el derecho de explicar, y muy "sutilmente", los textos sagrados para mejor "servir a Dios": bien es verdad que nos conviene tomar de la Escritura la regla así de nuestros pensamientos como de nuestras palabras; en ella debemos apoyar todos los pensamientos de nuestro espíritu y toda las palabras de nuestra boca. Mas, ¿quién podrá impedirnos que expresemos con palabras más claras las cosas que son oscuras en la Escritura, y que esto se haga sin demasiada libertad y en algunas ocasiones? A este principio tan peligroso, aun cuando se apoye en el "testimonio del Espíritu Santo" (por cuanto se encuentra tan cerca del iluminismo o de la arbitrariedad), Calvino añadía una exégesis muy personal, a menudo tocando la solicitación de textos.

por detestables. Y así, ¿cómo tenemos esta locura y exageración en glorificarnos a nosotros mismos por lo que de virtud y sabiduría imaginamos poseer, cuando Dios, para aniquilarnos y confundirnos, usa solamente esta palabra: ¿y tú, hombre, quien eres? Cuando esto ha sido pronunciado ha sido para despojarnos plenamente de cualquier ocasión de gloria. Porque sabemos que no hay en nosotros una sola partícula de bien y que no podemos hacernos valer a nosotros mismos en cosa alguna.

Pero, admitido esto, el hombre, sus pecados, sus necesidades, sus angustias, diríamos incluso que su salvación, cuentan mucho menos para Calvino de lo que contaba para Lutero. Promotor de aquella clara y fuerte "escuela francesa" de espiritualidad que, con Francisco de Sales, enemigo de las "almas femeninas", apartará al fiel de la obsesión del inconsciente para interesarle, ante todo, por la "cima" del alma, que, con Bérulle, le propondrá la adoración como objetivo de la vida y que, con Vicente de Paul, le empujará hacia la vida activa, el francés Calvino lleva la mirada del fiel hacia Dios para detenerla en Él y le propone dos objetivos: honrar a Dios y servirle. A la teología de la salvación a través de la desesperación y que acababa por convertirse en antropocéntrica, le sustituye otra, teocéntrica y social, del honor de Dios y del servicio. Era ya la de Farel, de los nobles y del pueblo.

El Dios de Calvino es el Dios que los místicos del fin del medioevo definían por las expresiones de horror, de espanto, de temor: "Cuando viene a nuestro pensamiento la horrible majestad de Dios, es imposible que no estemos espantados"; "Su infinitud debe aterrorizarnos"; "El temor es el fundamento de la religión". Henos, pues, de nuevo ante el Sinaí, ante un Dios demasiado grande y demasiado santo para ser visto. Por ello el conocimiento que el hombre pueda tener de Él por vías naturales, bien lejos de ser una preparación, como creen los católicos, humanistas y zwinglianos, es una fuente de perdición:

> Durante la tempestad, si un hombre se encuentra en el campo, de noche, un rayo le permitirá dilatar su mirada hasta muy lejos, pero sólo durante un minuto; por ello de nada le servirá para llevarle al camino recto porque esta claridad se desvanece tan pronto que antes de haber echar un vistazo sobre el camino, desaparece en seguida y nuestro hombre se encuentra envuelto en la tiniebla ya hasta este punto debe ser guiado.
>
> No niego, en modo alguno, que aparezcan en los libros de los filósofos algunas sentencias bien alumbradas tocantes a Dios… Es cierto que Dios les da algunos pequeños gustos de su divinidad, con el fin de que no apelen a la

ignorancia para excusar su propia impiedad, y les ha llevado así a pronunciar algunas sentencias por las cuales pueden ser convenidos.

Únicamente la Revelación proporciona el conocimiento verdadero de Dios,[14] que no es puro conocimiento, sino honor, obediencia y servicio.

¿Cuál es el objetivo fundamental de la existencia humana?, pregunta el *Catecismo* de 1541. El conocimiento de Dios. ¿Por qué decís eso? Porque Dios nos ha creado y nos ha puesto en el mundo para ser glorificado en nosotros. Es pues plenamente razonable orientar nuestra vida a su gloria, puesto que Él es creador de tal vida. ¿Cuál es el bien soberano del hombre? La respuesta es la misma. ¿Pero en que consiste el verdadero conocimiento de Dios? En conocerle a fin de prestarle todo honor que le es debido. ¿Cuál es, pues, la manera de honrar rectamente a Dios? Para honrarle debidamente es preciso poner en Él toda nuestra confianza, servirle obedeciendo su voluntad.

Por lo que toca a la manera cómo el hombre es capaz de servir a Dios y de obedecerle, Calvino, de modo contrario a Lutero, sostiene que se produce en el pecador convertido una cierta santificación de hecho como consecuencia de la justificación por la aceptación y la imputación de la "sabiduría" de Cristo:

> El Señor corrige, o más bien deroga, nuestra naturaleza perversa y luego nos da de sí mismo una naturaleza buena.
>
> Cristo no purifica a nadie sin justificarle en seguida. Porque estos beneficios están unidos y marchan juntos, como un lazo perpetuo, que, al iluminarnos con sabiduría, también nos rescata, y cuando nos rescata nos justifica; y cuando nos justifica nos santifica.

Esta expresión de "sabiduría" de Cristo recuerda el vocabulario humanista y zwingliano. Pero Calvino iba mucho más a fondo. Por el hecho mismo de que Dios, a causa del pecado, se halla sin relaciones con el hombre y mortalmente irritado contra él, es indispensable un verdadero Mediador. Calvino es tan cristocéntrico, o cristológico, como Lutero. Si para éste la respuesta a la angustia del pecado es la cruz de Cristo, Calvino —podríamos decir— va más lejos:

> Cristo, muriendo, se ofreció al padre en satisfacción… Su cuerpo no ha sido entregado simplemente como precio de nuestra redención, sino que ha habido otro precio más digno y más excelente: el de haber sufrido los espantosos tormentos que deben sentir los condenados y los perdidos.

---

14. Véase también en el tomo siguiente, el preámbulo puesto por Calvino a la confesión de fe enviada al sínodo parisino de 1559.

Cristo, como contrapartida de la encarnación, por la que se revistió el cuerpo y los sufrimientos de los hombres, ha querido dar a éste, en la Cena, su propio cuerpo y su propia sangre. Y en esta segunda manifestación de la unión salvífica existente entre el hombre y Cristo radica una exigencia de la piedad de Calvino. No le basta a éste, como no bastaba tampoco a Lutero, que las palabras de la institución de la Cena fueran unos puros símbolos. "He leído en Lutero —escribió— que Ecolampadio y Zwinglio no habían dejado en los sacramentos más que unas formas desnudas y vacías; y así me sentí alejado de sus libros, que me abstuve durante mucho tiempo de leerlos". A él también este simbolismo le arrebataba "su Cristo". A este respecto escribió las palabras más claras:

> Del hecho de habernos dado el signo, podemos inferir que también nos ha sido dada la sustancia en su verdad. Porque si no queremos llamar engañoso a Dios no nos atrevemos a decir que nos ha propuesto Él mismo un signo vano y vacío de su verdad. Por lo cual, si el Señor nos representa de manera verdadera la participación de su Cuerpo bajo la fracción del pan, no cabe duda alguna de que nos la entrega también… Si es verdad que se nos entrega el signo visible, como selle de la donación de la realidad invisible, es preciso que tengamos también esta confianza indubitable: la de que, tomando el signo del cuerpo, tomamos también el cuerpo.[15]

Y este pasaje que resume toda la cristología de Calvino en función de su concepción objetiva de la Cena:

> Participamos en los bienes de Cristo cuando le poseemos a él mismo. Pues bien, yo afirmo que nosotros le poseemos no únicamente cuando creemos que ha sido ofrecido en sacrificio por nosotros, sino también cuando habita en nosotros, cuando es uno con nosotros, cuando nosotros somos los miembros de su carne, dicho brevemente, cuando, por así decirlo, somos incorporados a él en una misma vida y misma sustancia. Además considero y peso el significado de estas palabras. Porque Jesucristo no se limita a ofrecernos simplemente el beneficio de su muerte y resurrección, sino que nos ofrece, además, su propio cuerpo, el que ha sufrido y ha resucitado. Concluyo que el cuerpo de Cristo nos es dado realmente en la Cena, tal como solemos expresar, es decir, de manera verdadera y para ser alimento salutífero de nuestras almas.[16]

---

15. *Institución*, IV, XVII, 10. Véanse en el artículo de F. Blanke los juicios de Calvino acerca de Zwinglio (*Zwingliana*, 1959).
16. *Comentario a I de Cor.* 11:24. Sacamos este texto del *Calvino* de F. Wendel, que ha sabido revalorizar notablemente el cristocentrismo del reformador.

En estas palabras sentimos toda la experiencia espiritual de Calvino que le situaba muy cerca de Lutero; por ello no tuvo dificultad en suscribir la confesión de Augsburgo y la concordia de Wittenberg. Pero era teólogo e intervenía en un debate en el cual todos los teólogos de la Reforma habían dado pruebas de su esencia y habilidad. Y no podía ser menos de admitir, pura y simplemente, la consubstanciación, aproximación grosera al no-teólogo Lutero, ni aceptar (con mayor razón) la ubicuidad, que los luteranos integristas de la segunda generación habían convertido en consigna. Le reprochaba, como Zwinglio, el no distinguir las dos naturalezas de Cristo prestando a la humanidad un atributo de la divina. Pero, sobre todo, adherido firmemente a la resurrección de la carne, empezando por la del cuerpo humano de Cristo, confinada la ubicuidad "espiritual" de este cuerpo en las especies para salvaguardar su "materialismo" en el cielo, "sentado a la diestra de Dios":

> Si entre las cualidades de un cuerpo glorificado incluimos también el que sea infinito y que lo llene todo, notorio es que su sustancia será evacuada de él y que no quedará ninguna distinción entre la divinidad y la naturaleza humana. Además, si el Cuerpo de Jesucristo es cuerpo variable y de características diversas, visible y realmente aparente en un lugar (en el cielo) e invisible en otro, ¿qué quedará entonces de la naturaleza corporal, la cual debe, necesariamente, tener medidas? ¿Y en que se habrá convertido, además, la unidad? (*Institución*, IV, XVII, 29).

El luterano Westphal le hacía el reproche de idealizar el cuerpo de Cristo en la comunión: y si lo hacía, era para conservar lo materializado en el cielo, en este lugar bien determinado, situado encima de la esfera visible, donde lo situaba la cosmogonía medieval de Calvino, sentado en su majestad. También en este punto la teología se hallaba dirigida por las representaciones tradicionales de una piedad que había permanecido muy próxima a la piedad de su infancia.

En cuanto a reunir el cuerpo fijado así en el espacio sobrenatural con los fieles, que lo consumen "realmente, es decir, verdaderamente", en la tierra, en las especies, Calvino llegó a ello gracias a su teología del Espíritu Santo. Marcadamente trinitario —a pesar de las acusaciones de Bolse; el mismo Server bien lo supo—, da al Espíritu Santo (al Espíritu Santo que es "como el vinculo mediante el cual el Hijo de Dios nos une eficazmente a sí"), una importancia que, prácticamente, no todos los teólogos le conceden.

> Para que la unidad del Hijo con el Padre no sea vana e inútil, es preciso que su virtud se extienda a la totalidad del cuerpo de los fieles. De este modo admitimos que somos uno con el Hijo de Dios, no para significar que el nos transmite

su sustancia *(esto iba contra Osiander)*, sino porque, gracias a la virtud de su Espíritu, nos comunica su vida y todos los bienes que ha recibido de su Padre. (*Comentario a Juan*, XVII, 21).

Pues bien, no se trata aquí de una unión espiritual, o más bien: "La unión espiritual que nosotros tenemos con Cristo no pertenece solamente al alma, sino también al cuerpo, de modo que nosotros somos carne de su carne y hueso de sus huesos (Efesios, V, 30). Por otra parte, débil sería la esperanza de la resurrección, si tal no fuera nuestra conjunción, es decir, plena y completa" (*Comentarios a la I Corintios*, VI, 15).

Una vez más nos hallamos próximos a Lutero, al Lutero que en Marburgo explicaba a Zwinglio que la comunión sembraba de incorruptibilidad al cuerpo corruptible para la resurrección. Pero, ¿cómo puede tener lugar esta inseminación, y cómo pueden los fieles ingerir "realmente, es decir, verdaderamente" el Cuerpo y la Sangre de Cristo, si el cuerpo y la sangre no abandonan el cielo, donde se hallan en una maternidad justamente "glorificada"? La respuesta a tal pregunta se encuentra formulada con especial claridad en una carta dirigida a Bullinger (1562):

> A pesar de que la carne de Cristo esté en el cielo, nosotros nos alimentamos de ella, no menos verdaderamente en la tierra, puesto que Cristo se hace nuestro gracias a la virtud insondable de su Espíritu, de tal manera que habita en nosotros sin necesidad de cambiar de lugar... No encuentro ningún absurdo en afirmar que recibimos verdadera y realmente la sangre y la carne de Cristo, como alimento sustancial, siempre que aceptemos que Cristo desciende hasta nosotros no simplemente mediante unos símbolos externos, sino también mediante la operación secreta de su Espíritu, a fin de que nosotros ascendamos a Él por la fe.

Gracias a la virtud del Espíritu Santo, que eleva al fiel hasta el cielo, en el momento en que éste recibe las especies en la tierra se opera allí la comunión con el cuerpo de Cristo.

Sea cual sea —comenta Wendel (p. 721)— el valor de los argumentos que aduce Calvino para justificar de peculiar interpretación de la Cena, no debemos ocultar que su doctrina deja numerosos puntos oscuros, puntos que una exégesis, a menudo apartada del texto, no hace más que disimular, apelando frecuentemente al misterio. A pesar de la función que confiere al Espíritu Santo en el establecimiento de un contacto entre Cristo y el fiel, no acaba de entenderse cómo ha podido sostener que el fiel recibe "realmente" en la comunión el cuerpo y la sangre de Cristo. Es posible que la razón decisiva de ello no debamos buscarla en sus preocupaciones doctrinales, sino en su piedad, que exigía unas afiremaciones muy positivas en lo que tocaba a la presencia de Cristo en la Cena.

La teología no está obligada a precisar y explicar todos los misterios. Cuando lo hace de manera inadecuada, encuentra su castigo en los contrasentidos de los no-teólogos. Por no haber querido aceptar tal cual, la representación, sin duda ingenua, de la Cena dada por Lutero y hacia la cual tendían todas la tradiciones y las necesidades se su propia espiritualidad, Calvino, con el transcurso del tiempo, ha empujado a sus fieles hacia la concepción simbolista de Zwinglio, que él mismo había denunciado como "falsa y perniciosa".

La predestinación nos muestra el mismo influjo de la piedad y de la experiencia y la misma responsabilidad de una teología demasiado explicativa, ha sido considerada, sin razón, como la doctrina central de Calvino, aunque ha llegado a serlo en las épocas posteriores. Para Calvino, igual que para Lutero, era un objeto de simple constatación: "Cien hombres escucharán un mismo sermón: veinte de ellos lo recibirán en la obediencia de la fe, los demás no lo tendrán en cuenta o se burlarán de él o lo rehusarán y condenarán (*Institución*, III, XXIII, 12)".

Efectivamente, es cosa de experiencia común que un gran número de almas parecen vivir al margen de cualquier preocupación por la salvación, llegando hasta rehusarla cuando se les predica. Si hay que negar toda suerte de participación del hombre en la salvación, como hacían la mayor parte de los reformados, no queda otra explicación que la voluntad de Dios:

> Si fuera de su simple beneplácito, no podemos aportar otra razón por la que Dios acepte a sus elegidos, no tendremos tampoco otra razón que nos explique por qué rechaza a los demás, fuera de su voluntad (*Ibíd.*, III, XXII, 11).
>
> La voluntad de Dios es la regla suprema y soberana de justicia hasta el punto que nos es preciso tener como verdadero y justo todo cuanto él quiere por el simple hecho de que lo quiere. Así, pues, cuando nos formulamos esta pregunta: "¿Por qué ha obrado Dios de esta manera?", debemos responder: "Porque ha querido". Y si se persiste más, preguntando: "¿Por qué lo ha querido?", se pregunta por una cosa más grande y más alta que la voluntad de Dios, lo cual no se puede encontrar (III, XXIII, 2).

Calvino era el primero en sentir el escándalo de la elección inexplicable de los salvados y de los condenados: "Confieso que este decreto debe espantarnos". Pero lo exigía su concepción de la omnipotencia de Dios —su piedad, diríamos mejor. Ramón Llull, el gran místico de la Edad Media, había escrito:

"Tu poder, oh Amado, puede salvarme por benevolencia, piedad o perdón, o puede condenarme por tu justicia y por tu justicia y por mis pecados. Cumple, pues, en mí tu poder y tu querer, puesto que será siempre perfecto tu cumplimiento, sea salvación o condenación lo que me des".

Calvino, moribundo, diría igualmente: "Señor, tú me trituras *(me aplastas)*, pero bástame que ello venga de tu mano". Sentimos hasta qué pinto esta ardiente aceptación de las consecuencias de la omnipotencia de Dios explica y facilita la teoría de la predestinación. Pues bien, esta seguridad entusiasta de la sublimidad, omnipotencia y libertad arbitraria de Dios fue y sigue siendo uno de los más poderosos atractivos del calvinismo y uno de los más sinceros sentimientos de los calvinistas, puesto que en ella se exaltan los dos principales agentes de la piedad: la necesidad de entrega y la necesidad de adoración. Fue, además ella quien inspiró a Calvino un himno admirable, justamente puesto de relieve por Imbart de la Tour:[17]

> No somos nuestros, sino que pertenecemos al Señor...
> No somos nuestros si: no nos conduzcamos pues buscando como fin lo que nos interesa con arreglo a la carne...
> No somos nuestros: olvidémonos pues a nosotros mismos, en la medida de lo posible, y olvidemos también todo cuanto se halle en torno nuestro.
> Somos del Señor: vivamos y muramos en él.
> Somos del Señor: que su voluntad y su sabiduría presidan todas nuestras acciones.
> Somos del Señor: que todas las partes de nuestra vida sean referidas a Él como a su único fin.
> Cuánto se ha aprovechado aquel hombre que, sabiendo que no era suyo, ha hurtado a su propia razón el señorío y el dominio de sí mismo para dejarlo en manos de Dios (*Institución*, III, VI, 1).

Desafortunadamente —declarando como declara: "Esta filosofía secreta *(de la elección)* no puede entenderse a fuerza de silogismos" —Calvino no cesará de endurecerla, empleando en ello todos los recursos de su lógica y de su aventurada exégesis. La preocupación por la plena libertad de Dios, no le permite explicar la predestinación mediante la presencia divina de la actitud que han de tomar los hombres. Su seguridad —que le viene de los escotistas— de que el tiempo no existe para Dios "le obligaba a admitir como preexistente en el pensamiento de Dios todo cuanto acontece en el tiempo" (Strohl), empezando por la caía de Adán. Las objeciones contribuían a encerrarle en su propio

---

17. *Los orígenes de la Reforma*, t. IV, pp. 88-89.

sistema, como que venían de gente, "murmuran descaradamente acerca de este misterio santo", de "perros que vomitan blasfemias", de "puercos que gruñen ante Dios". Se preguntaba: la predestinación ¿hace inútil la redención? De ninguna manera; al contrario: la redención es uno de los elementos de la predestinación. "Aquellos que Dios ha predestinado los ha llamado; y a quienes ha llamado, a éstos ha justificado" (mediante la muerte y los méritos de Cristo) (*Institución*, III, XXI, 7). ¿La predestinación suprimía la responsabilidad humana? No, ciertamente como tampoco lo suprime en la vida práctica: "Si alguno de nuestros parientes y amigos, de quien debemos ocuparnos, muere sin haber sido bien cuidado, a pesar de que sepamos que había llegado a un punto del que no podía pasar, no por ello disminuye nuestro pecado; sino que, por el hecho de no haber cumplido con nuestro deber, consideraremos que su muerte se ha producido por culpa nuestra" (*Institución*, I, XXVII, 9).

Creer en la predestinación, ¿no traerá como consecuencia la disminución del celo del pastor? Pero si "contemplamos a san Pablo, pregonero incansable de la elección divina: ¿es que por ello se enfrió su ardor hasta el punto de no poder amonestar o exhortar?"(III, XXIII, 13). Al contrario,

> precisamente porque no sabemos quiénes pertenecen al número de los predestinados o de los no predestinados, hemos de estar preocupados por la salvación de todos. Siendo así, miraremos de conseguir que todos aquellos con quienes nos encontramos vengan a participar de nuestra paz; por lo demás, esta paz no reposará más que sobre aquellos que son hijos de paz (III, XXIII, 13).

Por lo que toca aprovechar la seguridad de nuestra salvación para violar la ley moral, Calvino declara que para proceder de esta manera deberíamos ser unos "puercos" ya desde la edición de 1539. Más seria es la inquietud que podemos experimentar con nuestra propia salvación: pero ello mismo es ya un principio de prueba de tal salvación. Por lo demás, y por regla general "tenemos un testimonio suficientemente claro de pertenecer a los escogidos de Dios, y de que somos por ende, de la Iglesia, si nos hallamos en comunión con Dios". Finalmente, esta doctrina de la predestinación proporcionaba a sus adeptos una fuerza preciosa en los tiempos de persecución:

> Para un protestante de París perseguido debió ser una consolación inefable pensar que Dios lo había destinado a la salvación, individualmente y desde toda la eternidad, de manera que nada de cuanto pudieran hacerle podía privarle de este destino divino... Debió ser *(también)* una amarga satisfacción... pensar

que estos sus perseguidores y aquellos que se les parecían "han sido suscitados por el juicio justo, aunque incomprensible, de Dios para enaltecer la gloria del perseguido en la misma condenación de los perseguidores".[18]

Estas afirmaciones y estos sentimientos contrarios llevaban a Calvino a insistir cada día más en la predestinación. Habiendo sido negada ésta por su contradictor Bolsec (1551), hizo de ella un artículo de fe para el corpus pastoral de Ginebra.[19] Los teólogos que habían de sucederle sólo debían avanzar por el mismo camino para hacer de la predestinación la piedra de toque de la ortodoxia.

II. Obra eclesiástica, política y civil de Calvino

> Yo os pido que no cambiéis nada: a menudo os pedirán novedades. No es porque yo pida por mí, por ambición, que lo mío permanezca y que lo retengáis sin buscar lo mejor, sino porque todos los cambios son peligrosos y muchas veces perjudican.

Esta recomendación del adiós dirigido por Calvino a sus colegas los pastores de Ginebra, antes de su muerte, no se refiere a su doctrina, de la que se limitaba a decir: "He enseñado con fidelidad y Dios me ha concedido la gracia de escribir", sino a su obra eclesiástica, política y social. De donde se deduce que la consideraba como la parte más importante de su actividad y de su herencia. Su doctrina, su teología, no son extrañas a ello, pero queda toda influencia por las circunstancias y las experiencias de su ministerio práctico en la Iglesia y en el Estado. Al menos, esto es cierto en cuanto a su eclesiología y política.[20]

La influencia del temperamento y de la formación intelectual

El hombre queda marcado naturalmente por su manera de ser y por su primera juventud. El protestantismo ha tenido siempre (como las demás

18. W. Walker, *Juan Calvino* (trad. Weiss, 1909), pp. 452-453.
19. "Congregación celebrada en la Iglesia de Ginebra por M. Juan Calvino, en la cual la materia de la elección eterna de Dios fue sumaria y claramente expuesta por él, deducida y ratificada por el común acuerdo de sus hermanos ministros rechazando el error de un sembrador de doctrina falsa que descaradamente había vomitado su veneno" (*Calvino, hombre de Iglesia*, 1936, pp. 58-130).
20. "El pensamiento político de Calvino no podría ser comprendido si sólo se quiere ver en él una metafísica del Estado, basada únicamente en una doctrina teológica" (J. Bohatec, *Doctrina de Calvino sobre el Estado y la Iglesia*).

religiones) pastores-gobernantes: Zwinglio lo fue Zúrich; Ecolampadio en Basilea, Bucero en Estrasburgo, desearon serlo algunas veces (ya hablaremos del *Reino de Cristo* de este último, obra de un hombre de Estado, al menos en el deseo, tanto como de un teólogo). Nadie duda que a Calvino le hubiera gustado dedicarse a las tareas de la vida pública y de la administración: sus *Ordenanzas eclesiásticas* llevan numerosos detalles que revelan la figura de un burócrata, tenía en la nueva Academia de Ginebra muchos colaboradores de valor a quienes confiar el reglamento.

Las influencias familiares iban por el mismo camino, las que venían de su padre, administrador de bienes de Iglesia y víctima de querellas eclesiásticas. Más aun, su formación de jurista: la licenciatura en derecho parece ser el único diploma que llegó a poseer. De esta manera se desarrollaba en él el gusto por el orden característico de su pensamiento y su actividad: si el principal atributo de la Divinidad es el amor para Lutero y la sabiduría para Zwinglio, el orden lo es para Calvino, para quien el pecado es ante todo "locura", "ligereza", "desorden". Podemos hallar muchos testimonios de ello.

Mas Calvino fue también estudiante de artes, un humanista, y su conocimiento de las letras antiguas lo marcó tal vez tan profundamente como su iniciación en el derecho. Es cierto que se acostumbra limitar su humanismo al periodo de sus estudios, y Abel Lefranc[21] llega a señalar el día mismo en que renunció a ello, que sería el 23 de agosto de 1535, fecha de la primera edición de la *Institución*: "El 23 de agosto…, el sabio y el humanista han dejado definitivamente el sitio para el apóstol". Juan Boisset, en su reciente tesis, *Sagasse et sainteé dans la penseé de Jean Calvin*, ha demostrado, por el contrario, que toda una parte del pensamiento y de la obra del reformador deriva de los maestros de la Antigüedad, y muy particularmente de Platón. Difícilmente explicable a partir de la Escritura, la política civil y eclesiástica de Calvino se hace plenamente inteligible a la luz de las *Leyes de la República*. Incluso el fundamento religioso de la ciudad. Y la unión de los poderes civil y religioso.[22] La aplicación por parte de la Iglesia, servida por el Estado, de

21. *La juventud de Calvino*, p. 125.
22. Calvino los distingue teóricamente (*Institución*, IV, XI, 3), pero los trata en el mismo libro de la *Institución*, como si los dos fueran "medios exteriores y auxilios de los que Dios se sirve para unirnos a Jesucristo su Hijo y retenernos en Él". Los une explícitamente en los sermones sobre la 1ª epístola Timoteo (*Opera*, LIII, cols. 130 y 138). Veremos como acepta dar leyes al Estado y admite que los pastores sean nombrados por las autoridades, que, en último recurso, deciden incluso en cuestiones dogmáticas. Los magistrados, afirman estos sermones se ocupan en conservar la religión, mantener el servicio de Dios y conseguir el orden para que las santas asambleas sean debidamente administradas con reverencia. Compárese con las *Leyes*, VI, 759 b 7 760.

penas previstas por las leyes (V, 735 y 736) contra los malos ciudadanos: amonestación, encarcelamiento, deportación, destierro y muerte: desde este punto de vista, las actuaciones de Calvino —tan dolorosamente escandalosas si quieren fundamentarse en algunos consejos disciplinarios de Cristo y en otros pasajes de la Escritura, tomados fuera del sentido del contexto y del Espíritu del Evangelio— se aclaran y se vuelven al menos comprensibles cuando se las relaciona con las enseñanzas del sabio antiguo, para quien el orden de la ciudad es el bien supremo.[23]

Un jurista humanista como era el joven Calvino debía proponerse como finalidad la realización de la *República* platónica en la Iglesia y en el Estado: en cambio, su conversión le obligó a experimentar disposiciones del todo contrarias, propias del pietismo desorganizado del primer "evangelismo" francés.

El evangelismo francés[24]

Hemos indicado ya la prontitud con que fueron conocidos en Francia los primeros libros de Lutero y el nombre de luteranos que se dio a los primeros partidarios de una Reforma más allá del reformismo real y episcopal. Luteranos lo eran no sólo por la doctrina o las aspiraciones religiosas, sino también

23. Parecidas constataciones se habían ya efectuado a propósito de aquel que fue el compañero de ideas más próximo de Calvino, después de haber sido, en Estrasburgo, su inspirador, Bucero, y a propósito de su *De regno Christi*, en el que Platón es invocado 25 veces: "El reino de Cristo sobre la tierra tal como lo imagina Bucero, ¿no será más que una traducción cristina de la República totalitaria de Platón? Es lícito pensarlo…". F. Wendel (*Introducción*, p. XLV) se afana en salvar la espontancidad de la fe y de la acción del Espíritu Santo en el alma del creyente". Pero Bucero, después de haber justificado, con la ayuda de muchos textos bíblicos, la pena de muerte contra los incrédulos, termina como si se tratara de un argumento concluyente: "Incluso Platón ha creído que el verdadero y propio oficio de retórico consistía en que todos cuantos hubieran delinquido se acusaran delante de los magistrados, acusaran también a sus prójimos y parientes y amigos si hubieran delinquido, y pidieran ellos mismos el castigo justo y legítimo" (p. 281). De hecho, Calvino quiso, hasta el último momento, persuadir a Server de que tenía razón al mandarle a la hoguera. Lejanos precedentes de *El cero y el infinito*.
24. La principal fuente contemporánea es el *Libro de los mártires*, de Juan Crespin (1554; edic. lat., 1560; última reed. Fr., Tolosa, 1885, 3 vols.): *cf.* A. Piaget, *Notas sobre el Libro de los mártires de Juan Crespin* (1930); G. Moreau, *Contribución a la historia del libro de los mártires* (*Bol. Soc. Hist. Prot. fr.* 1957, 173-190), y los estudios de Halkins y de otros sobre los martirologios belgas. De Crespin se nutre de la *Historia eclesiástica de las Iglesias reformadas en el Reino de Francia*, preparado por Teodoro de Beza (Ginebra, 1580; última ed. por P. Vesson, Tolosa, 1882, 2 vols., y por G. Baum, E. Cunitz y R. Reuss, París, 1883-1889, 3 vols.). Esta historia es completada con provecho por la réplica de un magistrado católico de Burdeos, inclinado primero a favor de la Reforma; Florimundo de Raemondo, en su *Historia del nacimiento, progreso y decadencia de la herejía de este siglo* (París, 1605, 2 vols., y otras eds.). Véase también N. Weiss, *La cámara ardiente* (1540-1555) (París, 1889).

por los pequeños grupos piadosos que espontáneamente constituyeron y que eran para Lutero, como es sabido, la forma esencial y suficiente (hasta sus experiencias de la guerra de los campesinos y de las visitaciones sajonas) de la Iglesia.

Su fe[25] nos es conocida solamente por las acusaciones presentadas contra los mártires y por las declaraciones y exhortaciones de los mismos. Tiene como centro la "pura doctrina del Hijo de Dios", tal como fue dicho por el primero de ellos, el cardador de Meaux, Jean Leclerc (ajusticiado en 1524), "la verdad de la doctrina del Hijo de Dios", que sostiene, igualmente en 1524, el doctor en teología de Tournai, Jean Castellan, y "el verdadero rostro e institución de la cena de Jesucristo", predicado por Jacques Pavanes o Pouent, de Boulogne-sur-Mer (+1526) y por el jacobino normando, Alexandre Canus, ejecutado en 1533, con las consecuencias de los ataques de Leclerc contra las indulgencias de un perdón y su destrucción de "ídolos que debían ser adorados al día siguiente", en el transcurso de un procesión, la negativa de Berquin a todo culto e invocación de la virgen, "que corresponden únicamente a nuestro único Salvador". Dejemos de lado los Pasquines de 1534,[26] obra polémica más que exposición de fe, redactada en el extranjero. La más completa exposición de las creencias de estos primeros reformadores franceses se encuentra en la relación de los interrogatorios de Aymon de La Voye, de Noyon como Calvino, fundador de la comunidad de Sainte-Foy junto al Dordoña, y llevado al suplicio en 1541.[27] Para decirlo con una sola fórmula, la admirable, en una carta de invectivas de Erasmo contra Farel y sus compatriotas: "Los refugiados franceses tienen siempre en la boca las misma palabras: Evangelio, Palabra de Dios, Fe, Cristo, Espíritu Santo".

Saber que Cristo era el único Salvador, con una salvación realizada y entregada una vez para siempre, liberaba a las almas de las observaciones humanas e incluso de todo temor, y les sumía en el júbilo, hasta en el momento de las más cruel de las muertes. Lutero decía: "El que crea esto seriamente, no puede dejar de cantarlo y hablar de ello con alegría, con felicidad, para que los demás lo aprendan y participen de ello".

25. "Yo no conozco a ningún luterano —decía un gentilhombre provenzal en la mesa del Arzobispo de Ais, a propósito de los luteranos de Luberon (Crespin, Ed. Tolosa de Lenguadoc, I, p. 386)— y no sé que cosa sea luterería, sólo sé que Vos llamáis luteranos a los que predican la doctrina del Evangelio".
26. *Supra*, pp. 215-216.
27. Crespin, ed. de Tolosa (de Lenguadoc), I, p. 348.

La primera Reforma: una gran llama de fe, una gran llama de alegría. Alegría que acompañaba a los mártires al suplicio. De Anne Audebert, que fue quemada en Orleáns en 1550, Crespin explica que, atada "a una cuerda, como era de costumbre, dijo: ¡Dios mío, el bello cinturón que me regala mi esposo! luego, cuando vio el volquete, preguntó con alegría: "¿Es allí donde debo yo subir?"; de Octavio Blondel, que "le acompañaba un júbilo singular hasta el fin, con lo cual edificó a muchos ignorantes y les dio el consejo de buscar un Salvador y Señor Jesucristo en su doctrina".

Ninguno de los escritos protestantes, ni siquiera los D´Aubigné, expresa la fuerza de proselitismo de esta feliz intrepidez como una admirable página de un adversario católico, Florimond de Raemond:

> Ardían entonces las llamas por todas partes. Si, por un lado, la justicia y la severidad de las leyes contenía al pueblo en su deber, del otro, la pertinaz resolución de los que eran llevados a la horca les hacía perder antes la vida que el valor y admiraban a muchos.
>
> Puesto que veían a sencillas mujercitas buscar el tormento para dar prueba de su fe, y, caminando hacia la muerte, no gritar sino Cristo, el Salvador. Cantando algún Salmo; a los jóvenes vírgenes marchar cara al suplicio con más ilusión que si se tratara del lecho nupcial; a los hombres, alegrarse viendo los terribles y escalofriantes preparativos y utensilios de muerte dispuestos para ellos, y, medio quemados y asados, contemplar desde lo alto de las hogueras, con una energía invencible, los golpes de tenazas recibidos, con un rostro y un porte lleno de alegría en medio de las ganzúas de los verdugos: ser como peñascos que reciben las olas del dolor; en una palabra: morir con la sonrisa en la boca.[28]

La mayor parte de estos mártires habíanse dedicado a la predicación y a la propaganda y continuaban muchas veces sobre el patíbulo, entes de que se tomara la precaución de arrancarles la lengua: tal fue Alexandre Canus que no cesó "estando sobre el volquete, de amonestar al pueblo y sembrar la Palabra del Evangelio", después de lo cual, "habiendo obtenido el permiso de hablar antes de ser ejecutado, hizo un sermón excelente y de maravillosa eficacia, que duró largo rato, enseñando su fe y principalmente la Cena de Señor". Mas, ordinariamente, la fe de los fieles se alimentaba sobre todo de

---

28. "Me acuerdo que, cuando Anne de Bourg, consejero del parlamento de París, fue quemado (1559), todo París se maravilló por la constancia de este hombre. Derramábamos lágrimas de dolor en nuestros colegios al volver de este suplicio y lamentábamos su causa después de su fallecimiento, maldiciendo a estos jueces que le habían condenado justamente. Su predicación poderosa sobra la pira hizo más daño que cien ministros juntos".

los libros, "ministros mudos para aquellos que se encuentran desposeídos de toda predicación", escribe Crespin y nos muestra a "los fieles hambrientos de ser instruidos por el ministerio de dichos libros". Naturalmente, se trataba ante todo de la Biblia, en una de las casi innumerables ediciones del famoso Robert Estienne (1503-1559),[29] antes de que se hubiera extendido la de Olivetan. Sin embargo, existían aquellos "libritos del siglo XVI" que Henry Hauser ha hecho conocer en sus *Études sur la Reforme française* (París, 1909):

> El pequeño libro en 8 de aquel tiempo, cuyo formato no supera casi a nuestros pequeños en 16, y que sólo está compuesto por cinco o diez hojas impresas, fácilmente se desliza en la hoja del vendedor ambulante. Portátil y manejable, jugó un papel análogo al de la gaceta del siglo XVII, el periódico de nuestra época. Bajo esta forma ligera, incontrolable, ha penetrado en los medios más diversos toda una literatura reformada. Traducciones de Lutero, pequeños tratados, colecciones de plegarias, se han extendido por todas partes. Las escuelas principalmente —las persecuciones dirigidas contra los maestros de escuela dan fe de ello— se han visto invadidas por esta literatura, que ha revestido todos los disfraces.[30]

El transporte desde el extranjero (principalmente desde Ginebra) y la difusión de esta literatura estaban a cargo de los *colporteurs* que fueron los propagandistas más numerosos, cuya cantidad e importancia a menudo se ha exagerado: mercaderes de oficio, nada indiferentes a una mercancía muy bien pagada,[31] pero que

---

29. Cuarenta y una publicadas en 37 años, a saber, ocho Biblias completas, una en francés; ocho nuevos testamentos, dos con el texto francés; las otras eran fragmentos de textos sagrados, siete de los cuales contenían comentarios de Calvino.

30. Citemos solamente, según Hauser, el *Alfabeto o instrucción cristiana para los niños* (Lyon, 1558), empezando por el alfabeto o el silabario, en el que los Diez Mandamientos "estaban puestos en ritmo por Clemente Marot", la interpretación reformada de la Cena claramente enseñada y el *Ave María* cuidadosamente olvidada entre las "Devotas y cristianas oraciones, que deben aprenderse y recitarse ordinariamente, no sólo por los niños, sino también por todas las personas cristianas". Véase también G. Berthoud, "Libros seudo-católicos de contenido protestante", en *Aspectos de la propaganda religiosa* (Ginebra, 1957, pp. 143-154). Ejemplos posteriores manifiestan más bien un piadoso sincretismo: H. Dannreuthe, *La confesión de pecados de la liturgia de las I. R. de Francia en un libro de piedad católica* (*Bol. Soc. Hist. Prof. fr.*, 1909, pp. 158 y ss.), al servicio de los "convertidos sinceros" adictos a este texto de su antigua fe.

31. Raemond (II, fol. 169, V.·): "Estos camaradas de imprenta, y las ganas de lucro que había ya experimentado y con el fin de tener más fácil acceso a las ciudades y por los campos en las casas de la nobleza, algunos de ellos se hacían vendedores de adornos para las damas, escondiendo en el fondo de sus bolsos estos pequeños libros que ofrecían a las jovencitas, pero esto era a hurtadillas, como tratándose de una cosa que ellos poseían muy rara, para despertar mejor la curiosidad". Crespin escribe (I, p. 560) que el albigense Jean Joëry y su criado, volviendo de Ginebra en 1561, "para aprovechar algo su viaje y para consolar también a los fieles de su país, venían cargados de buenos libros".

pronto se tomaban la cosa en serio hasta llegar a morir cantando salmos, como Macé Moreau de quien nos habla Crespin; militares celosos como "Guillermo Husson, boticario fugitivo de Blois para la Palabra de Dios", que se fue alegremente al Parlamento de Rouen "a sembrar algunos libritos sobre doctrina de religión cristiana y de abuso propio sobre las tradiciones humanas"; correctores de imprenta y libreros, entre los cuales sobresaldrá Philibert Hamelin, de Turena, que conquistó para la Reforma la península de Arvert.[32] Editor en Ginebra, trajo todos sus impresos y los expandió a través de Francia. Siguiendo a pie sus mulos, aprovechaba la ocasión para evangelizar por los caminos:

> Muchos fieles, nota Crespin (I, 469), han dicho de él que, a menudo, yendo por el país, espiaban la hora en que los campesinos tomaban su comida como tienen por costumbre bajo un árbol o bien bajo la sobra de un haya. Y allí, fingiendo descansar junto a ellos, aprovechaban la ocasión sirviéndose de medios sencillos para instruir en el temor de Dios, y acostumbrarles a rezar antes y después de las comidas, con tanta mayor razón cuanto que era él, Dios, quien les procuraba todas las cosas por amor de su Hijo Jesucristo. Y entonces, preguntaban a los pobres campesinos si quisieran que él mismo rogase a Dios por ellos. Unos lo aceptaban con gran satisfacción y quedaban edificados, otros se extrañaban ante cosas poco habituales, algunos se lo quitaban de encima porque les explicaba que se hallaba en camino de condenación sino creían en el Evangelio.

Pero era preciso, además, que la ignorancia no limitara el éxito de esta propaganda por los impresos. Tal ignorancia no era, sin embargo, tan general como se supondría[33] y quien se empeñaba en ello acababa por superarla, aunque no llegase a los resultados de aquel campesino de las cercanías de Guillestre, Esteve Brun, de quien escribe Crespin (I, 335):

> Aunque no habiendo nunca frecuentado las escuelas, sabía leer y escribir en francés y estaba habituado durante su labor a la lectura del Nuevo Testamento en versión francesa; su trabajo servía para manutención de su familia y su lectura para instruirlo en el temor de Dios. Y a pesar de que los sacerdotes… le contradecían muy a menudo no sabían reprocharle otra cosa fuera de su ignorancia del latín y de que sólo leía esta Santa Escritura a crédito de otros… Estos reproches tuvieron en él tanta fuerza que se habituó a comparar la versión latina con la francesa de manera que consiguió con gran esfuerzo y con frecuentes comparaciones de las dichas traducciones entender y aducir en latín los pasajes del Nuevo Testamento.

32. J.D. Sauvin, *Filiberto Hamelin, mártir hugonote en 1557* (Ginebra, 1957).
33. "Si ven —escribe un mártir— un Nuevo Testamento en las manos de un mecánico (artesano u obrero), dicen en seguida que es un hereje; y, en cambio, se le permite tener cualquier libro de amores y locuras".

Todavía más fuertes, ciertamente, que la influencia de los libros y casi igual que la muerte triunfante y feliz de los mártires eran el ejemplo y la atracción que despertaban los "evangelios" en su vida de cada día. De uno de ellos, el picapedrero de Turena Octovien Blondel, escribe Crespin (I, 528): "Teniendo un buen conocimiento de la verdad del Evangelio, se comportaba con tal integridad y plenitud que era apreciado y honrado no solamente por los de su misma religión, sino incluso por otros comerciantes con quienes conversaba, de modo que había llegado a adquirir gran crédito y autoridad".

Hallándose en Lyon, "hospedado en el palacio, siendo como era de espíritu liberal, lleno de dulzura, no podía sufrir muchas de las palabras impúdicas y de las manera supersticiosa de su huésped y de los familiares de éste sin reprenderlos y amonestarlos". De los protestantes de Troyes, dirá Nicolás Pithou, su contemporáneo: "En la juventud antes tan depravada no-tábese, al ser tocada por la predicación de la Palabra de Dios, un cambio tan brusco y tan extraño que los mismos católicos quedaban muy sorprendidos. Porque algunos de ellos, entregados antes a sus placeres… dejaban su vida pasada y la detestaban". Pero todos estos puritanos de la primera Reforma no tenían en modo alguno mentalidad de separado. Crespin nos cuenta de Joan de Caturce que,

> hallándose en una cena la víspera llamada de los Reyes consiguió que todos cuanto estaban con él en vez de gritar, como era de costumbre, ¡"el rey bebé"! tuviesen por lema del banquete: ¡"Cristo reina en nuestro corazones"!, igualmente que después de haber cenado cada uno de ellos expusiera ordenadamente alguna cosa de la Escritura (en lugar de abandonarse a comentarios deshonestos o al baile) y entonces de Caturce habló mucho mejor que los otros.

Pronto se vieron dotados estos primeros evangélicos de aquel canto religioso que tuvo y que sigue teniendo una importancia tan considerable en la propa-gación del Reforma. Se ha dicho que Marot empezó en 1533 la traducción del Salterio por el salmo 6.[34] Muy pronto estos salmos del poeta de moda se hallarían en los labios de todos, a veces acompañados de música profana,

34. F. Boved, *Historia del salterio de las Iglesias reformadas* (París, 1872); O. Douen, *Clemente Marot y el salterio hugonote* (París, 1878-1879, 2 vols.); J. P. Ver, *La cantinela hugonote del siglo XVI* (Realville, 1918); E. Haein, *El problema del canti sagrado en las Iglesias reformadas y el tesoro de la Cantilena* (1926); P. Devoluy, *El salterio hugonote, Colección de 54 antiguos salmos en su forma auténtica* (1928); E. Doumergue, *El verdadero canto del verdadero salmo hugonote* (Zurich,1929); *id; La música original de los salmos hugonotes (Ibíd., 1934);* A. Cellier, "La música calvinista y los salmos en el siglo XVI". T. I de la *Historia de la música* de la "Enciclopédie de la Pléyade" (París, 1960), pp. 113411551.

vivaz y atractiva.[35] Serán susurrados en la Corte por unos personajes incluso tan poco protestantes como Enrique II y Diana de Poitiers. Vino pronto el tiempo anunciado por Marot en el que llegaba a oírse:

> El campesino junto a su carro,
> El carretero en su camino
> Y el artesano en su taller
> Solázanse en su trabajo
> Con un salmo o un cántico.

Y Bernard Palissy[36] nos hace esta descripción bien conocida de los primeros evangélicos de Saintes, unos obreros:

> En aquellos días hubierais visto los domingos a los compañeros de oficio pasearse por los prados, por los bosques y por otros lugares placenteros cantando en grupos salmos, himnos y cánticos espirituales, leyendo e instruyéndose unos a otros. Hubierais también visto a los jóvenes y doncellas sentadas en grupos por los jardines y otros lugares deleitándose en cantar toda suerte de cosas santas.

Primeros cultos evangélicos

Lecturas espirituales, su comentario, salmos y cánticos, y también, sin duda mutuas exhortaciones y plegarias: esta aparición espontánea de un mínimo

---

35. "Es curioso en extremo, observaba Devoluy, encontrar, por ejemplo, en la melodía del salmo LXV de Beza, *O Dios, la gloria que Te es debida – Te espera dentro de Sión...* el tema de la canción profana y alegre *Petite camusette – A la mort m´aves mis*". Esta semejanza parece que hacía sonreír a Calvino, pero él era, en principio, contrario a estos reemplazos, que fácilmente quedan en la memoria por causa del mismo ritmo, mientras que Lutero admitía el uso de bellos aires, incluso pervertidos por el uso mundano y que el *Souterlie de Lens*, de Amberes (1540) da a los 150 salmos flamencos unos aires populares holandeses, alemanes y franceses, como "timbres"; el hecho es excepcional en el salterio ginebrino: P.-A. Gaillard, "A propósito de la música del salterio hugonote. Las melodías hugonotas ¿fueron al principio unos "timbres" para adaptar a las traducciones de los salmos?" (*Bol. Soc. Hist. Prot fr.*, 1952, pp. 200-203). Sobre las singulares fantasías de la práctica católica en estas materias: A. Pons, *Derecho eclesiástico en música sagrada*, t. III (San Mauricio, Suiza, 1960), páginas 89-90.

36. L. Audiat, *Estudios sobre la vida y trabajos de Bernardo Palissy* (París, 1868); E. Dupui, Bernard Palissy (*Ibíd.*, 1894); N. Weiss; *El origen y los días postreros de Bernard Palissy* (*Vol. Soc. Hist. Prot. fr.*, 1912, pp. 369 y ss.); A. M. Schmidt, *La teodicea calvinista de Bernardo Palissy* (*Fe y Vida*, 1934, pp. 818 y ss.); P. Romane-Musculus, *Bernardo Palissy* (*Ibíd.*, 1935, pp. 609 y ss.). Las *Obras de Palissy*, vueltas a publicar por Anatole France (París, 1880), han sido reeditadas en seguida por B. Filon, con una noticia de L. Audiat (Niort, 1888, 2 vols.).

servicio divino acaba de manifestar que este "luteranismo" francés poseía ya a aquellos grupos piadosos, aquellos *Haufen*, en los que el reformador había visto la forma necesaria pero suficiente de la Iglesia visible. Florimond de Raymond nos da numerosas noticias de la vida espiritual de sus miembros:

> Cada uno de ellos vivía a su manera en su celda y rogaba a Dios a su estilo propio, como si antes de ellos no hubiera jamás en el mundo ni cristiandad ni Iglesia, ni forma alguna de rezar, de recibir los sacramentos y de servir a Dios. Los fieles se llamaban a sí mismos hijos de Dios: de modo semejante obraban los antiguos herejes como puede verse en san Agustín.

Pero esta etapa de aislamiento duraba poco:

> Y si, en alguna ciudad, conseguía formar un pequeño grupo del Señor, se reunían a escondidas en cuevas *(grutas)* o lugares secretos para hacer sus oraciones, hablar de las cosas de su religión y de los medios de hacerla progresar. Unos llevaban consigo ejemplares de las confesiones de Sajonia *(la Augustana)*, otros de la de Zúrich, la mayoría de la de Ginebra, la cual había de ganar poco más tarde la primacía sobre el luteranismo.

A menudo estas reuniones tenían lugar por la noche, de donde se originaron las suspicacias y las acusaciones de desorden sexual, que el panfletario desarrolló abundantemente. Para los parisienses, las "Iglesias secretas" se reunían en los bosques que rodeaban la capital. Naturalmente tales grupos aprovechaban el paso de predicadores, de vocación u ocasionales, en particular, de monjes, como el jacobino Canus, quien "donde podía iba sembrando valientemente la doctrina del Evangelio", y particularmente en Lyon "con gran auditorio".

Calvino y el ambiente ginebrino habían de mostrase, más tarde, muy reticentes, respecto a estos primeros núcleos evangélicos espontánea y débilmente organizados. Es, pues, muy interesante enterarnos a través de Forimond de Raymond de que el futuro Reformador participó y enseñó en uno de ellos. Ello fue en 1534, después de su huida de París. Pasando por Poitiers agrupará algunas personalidades de la ciudad en un "primer concilio calvinista" en un jardín y los llevó a una cantera:

> Allí, Calvino hacía la exhortación. Así era llamado al principio, el sermón. Invocando al Espíritu Santo, para que tuviera a bien descender sobre el pequeño rebaño que se reunía en su nombre, leía algún capítulo de la Escritura, y en-

tonces aclaraba, o más bien complicaba sus dificultades. Cada uno podía decir su opinión como si se tratara de una disputa privada. Esto prosiguió durante cierto tiempo.[37]

Se trataba pues, del estudio de la Biblia en común tal como ya lo hemos hallado en estos grupos piadosos. Calvino lo instituirá más tarde en las reuniones pastorales en Ginebra, pero sin extenderlo a los laicos, a quien sus propias concepciones culturales sólo concedían el derecho al silencio. Todavía es más digno notarse —teniendo en cuneta la interdicción que había de pronunciar luego contra la administración de los sacramentos fuera de las Iglesias regularmente "construidas"— que entonces distribuía la comunión de sus compañeros de Poitiers: "Conduciendo a los primeros iluminados a las grutas de Crotelles —escribe Raemond— les enseño esta nueva manducación antes de haber conformado del todo el orden que estableció en su Cena".

La primera eclesiología de Calvino

A partir de este momento, Calvino trabajaba ya en su *Institución*, impresa luego en Basilea. H. Strhol ha señalado en ella "el resultado de los estudios y las reflexiones de un sabio francés joven, que no había conocido aún por experiencia las exigencias pastorales y que vivía en el extranjero como refugiado"; podríamos añadir, sin duda: "y de un antiguo miembro, al menos ocasional, de los grupos evangélicos de su país". La Iglesia no tiene en este un lugar muy considerable, y en esto precisamente nos encontramos ante la primera actitud de la Reforma, más preocupada por la verdad y la salvación que por la vida cristiana. No tiene tampoco la Iglesia un sitio determinado, puesto que de ella se trata, en esta edición, en pasajes distintos y dispersos. La visión que de ella nos da es propiamente luterana; y enlazando así con la concepción de los primeros reformados franceses. La Iglesia es la reunión de los elegidos, *universus numerus electorum*. Por ello es invisible y, propiamente hablando incognoscible. Es cierto que cada cual puede y debe saber si forma parte de ella, pero lo desconoce de los demás, aunque existan algunos signos de la elección: vida cristiana y uso de los sacramentos. Un "juicio de caridad" permitirá, como máximo, suponerlo, y, por tanto, reunir una agrupación humana que pretende representar a la Iglesia, cosa a que nos obliga el pasaje

---

37. T. II, fol. 18. La veracidad del episodio ha sido discutida: cf. *Bol. soc. hist. Prot. fr.*, 1858, pp. 85 ss.

de Mateo XVIII, 17, en que Cristo habla de ellos como de una asamblea que tiene una disciplina.

¿Cómo juzgar acerca de la legitimidad de estas agrupaciones que pretenden proporcionar a la Iglesia invisible una especie de visibilidad fragmentaria e imperfecta? A este respecto Calvino hace suyas las *notae*, las "consignas" luteranas: simple predicación de la palabra, administración correcta de los sacramentos. La Iglesia, por ser la reunión de los verdaderos cristianos, ha salido de la enseñanza. Cuando Cristo ordenó a sus apóstoles que predicasen y que administrasen el bautismo todavía no existía una Iglesia (*cum nondum esset ulla ecclesiae forma constituta*). Hoy una cierta eclesiolatría protestante quiere ver en todas partes de la Escritura a la Iglesia en particular a partir del ministerio humano de Cristo: la Reforma estaba muy interesada en dotarla siguiendo en esto a la tradición en el momento de Pentecostés, de manera que señalaba claramente que la Iglesia no precedía al mensaje ni a los sacramentos, sino que ha salido de ellos, puesto que si bien la Iglesia tiene prioridad cronológica puede tener pretensiones a la superioridad de sus tradiciones.

A pesar de ello, los treinta años de la experiencia de la Reforma habían puesto de manifiesto, contra la certeza de Lutero que no basta que sea predicada de manera pura la Palabra para que se realice ya la promesa de Isaías LV, 11 ("no vuelve a mí sin efectos"); es preciso, además, que sea "escuchada rectamente", como la lluvia es recibida por la tierra. Y gracias a esto se formará no la Iglesia, sino *aliqua Ecclesia*: la misma Iglesia humana es más bien un acto de fe que un objeto de nuestra vista. Y por lo que toca a subextensión, ésta no supera al grupo local. Más todavía que el mismo Lutero, Calvino se apoya en el texto de Mateo (XVIII, 20), de cara a los pequeños rebaños y a sus partidarios. "Donde están dos o tres personas reunidas en mi nombre, yo estoy en medio de ellos". Y de este modo se confirma este principio esencial de la Reforma, la "particularidad" de la Iglesia de la cual ha escrito Karl Barth: "El Nuevo Testamento ignora por completo la noción de una Iglesia general organizada o por organizar, o simplemente ideal, respecto a la cual las comunidades particulares no serían más que partes".[38] [...]

Transcipción: Lemuel Reyes Santos

---

38. *Conocer a Dios y servirle* (comentario de la *Confesión de Fe Escocesa* de 1560) (Neuchâtel y París).

Un amor que parecía ser: el extraño romance de Juan Calvino e Idelette de Bure

William J. Petersen

Alguien dijo cierta vez que todos los franceses son buenos amantes. Juan Calvino parecía trabajar duro en contra de esa idea. Siendo un bachiller de 31 años, Calvino anunció que él no era uno de "aquellos amantes desquiciados que abrazan también los vicios de los enamorados, que enloquecen con la primera visión de una bella figura".

Junto a Martín Lutero, Calvino fue un gigante de la Reforma Protestante. Pero a diferencia de Lutero, quien escribió con frecuencia sobre su relación apasionada por su esposa Katie, Calvino nunca se refirió a su vida amorosa, aunque este libresco estudioso tampoco habló mucho acerca de otros asuntos personales.

Educado en Francia y famoso por su obra en Ginebra, Calvino encontró esposa en la Estrasburgo de habla alemana, aunque sería más adecuado decir que "le encontraron una esposa". La historia podría tener mucho éxito hoy como un *reality show*.

Detenido en su camino

Poco tiempo después de su conversión que lo llevó a abrazar la causa protestante, Calvino dejó su nativa Francia para buscar un ambiente más libre en Suiza. Deteniéndose en Ginebra, fue presionado para colaborar con el fiero predicador Guillermo Farel. "Permanece aquí", le dijo, "y ayúdame a reformar la ciudad". Calvino no se veía como dirigente eclesiástico, pues era más un investigador y erudito, pero Farel no aceptó un no por respuesta. "Pones como excusa tus estudios", lo fustigó. "Estás siendo egoísta y orgulloso".

De modo que se quedó en Ginebra. "Sentí como si Dios desde los cielos había colocado su mano poderosa sobre mí para detenerme en mi camino", dijo después. Pero Ginebra no fue fácil para este dúo dinámico. Menos de dos años después, a Calvino y Farel les dieron tres días para abandonar la ciudad. Lo cual hicieron. Sufriendo dolores de cabeza crónicos y molestias estomacales, Calvino prometió nunca más verse inmerso en asuntos eclesiásticos administrativos.

Estrasburgo tenía sus problemas, también

Entonces fue cuando encontró su pareja, en más de una forma. Martín Bucero, el jefe del movimiento protestante en Estrasburgo, invitó a Calvino a dirigir una iglesia de refugiados en esa ciudad. Quizá fue el hecho de que él mismo era un refugiado, pero de cualquier forma, a pesar de sus objeciones, Calvino aceptó. Así comenzó una estancia de tres años en Estrasburgo.

Mientras el trabajo en la iglesia iba bien, no sucedía lo mismo con las finanzas de Calvino. Rentó una casa grande y lo convirtió en un dormitorio para estudiantes, con la esperanza de que las rentas lo ayudarían. No fue así. Además de los problemas económicos, tenía problemas con las personas, lo que complicó sus problemas de salud.

Era inquilino de una casera y cocinera que tenía una lengua aguda. No podía trabajar bien a causa de eso. Ella tendía a gritarle a sus huéspedes justo cuando Calvino trataba de terminar la segunda edición de su clásica *Institución.*

Finalmente, Bucero le dijo a Calvino: "Deberías tener una esposa". Bucero no sugería este tipo de cosas, que por lo general eran órdenes. Después de tres décadas de soltería, éste sería el mayor ajuste en la vida de Calvino. Pero si tenía una esposa, pensaba él, ella podría decidir qué hacer con las caseras complicadas. Así que aceptó que hubiera un "comité de búsqueda" para encontrarle una esposa idónea.

Comienza la búsqueda

Calvino dio instrucciones claras: "Recuerden, espero encontrar una compañía para vivir… El único tipo de belleza que puede obtener mi alma es una mujer que sea gentil, pura. Modesta, ahorrativa, paciente y que esté dispuesta a preocuparse por mi salud". Calvino tenía razón en esto último. Decía que comía sólo una vez al día y que con frecuencia tenía indigestión, dolores de cabeza, cálculos biliares, hemorroides, gota, fiebre y asma crónica.

Candidata núm. 1

Les llevó un año y medio encontrar una candidata con probabilidades. En el lado positivo, la mujer era saludable, lo cual sería útil debido a que Calvino deseaba vivir la vida de un estudioso. Su hermano era un ardiente partidario de las enseñanzas de Calvino y actuó como promotor a favor de ella. Esta propuesta entusiasmó a todos, menos a Calvino. Por el lado negativo, ella no hablaba francés, aunque tenía disposición para aprenderlo. Pero otro problema era, de hecho, su dinero, como describe Calvino en una carta a su viejo amigo Farel: "Tú entiendes, Guillermo, que ella podría venir con una gran dote y esto podría ser comprometedor para un pobre ministro como yo. Siento, además, que ella podría llegar a estar insatisfecha con su humilde papel en la vida". Así que Calvino no la aceptó.

Candidata núm. 2
Farel respondió con una candidata propia. En su congregación había una mujer que hablaba francés, una devota protestante que nunca se había casado. Lo difícil era su edad: 15 años más grande que Calvino. Éste no aceptó la sugerencia.

Candidata núm. 3
La tercera candidata parecía muy buena. Vivía en otra ciudad, pero tenía buena reputación. "La recomiendan ampliamente quienes la conocen", dijo uno de los buscadores. No tenía dinero, pero eso no le importaba a Calvino. Parecía estar a la altura de sus expectativas, así que él comenzó a hacer los preparativos para la boda. Pero algo falló. Cuando Calvino fue a visitarla, no le gustó. Tanto sabía de ella, que al final no le gustó. Sin embargo, lo contrario también fue cierto: ella tampoco se enamoró. Calvino quería hacer un arreglo no emocional, pero ahora estaba atrapado por algunos fuertes sentimientos.

Se sintió comprometido porque ella lo presionaba para casarse, tratando de "abrumarlo con su amabilidad". Mientras la fecha de la boda se acercaba, Calvino escribió que no se casaría con ella "incluso si el Señor me enloqueciera". Oraba con la idea de ser liberado de esa dificultad. Finalmente le pidió a su hermano Antoine que lo hiciera: él sería quien le informase a la novia de la ruptura definitiva.

Y la ganadora es… ninguna de las anteriores
En ese momento, Calvino no estaba seguro de lo que Dios quería para él. ¿Debería seguir siendo un solterón? "No he encontrado todavía una esposa y frecuentemente dudo si debo seguir buscando", escribió. ¿Valía la pena intentarlo?

Entonces se acordó de una viuda de su congregación. Su esposo había muerto por la peste pocos meses antes y Calvino había dirigido el funeral. Recordaba muy bien la forma en que cuidó de su esposo agonizante, así como a sus dos hijos. Ella tenía 31 años, más o menos su misma edad. Era inteligente y decía lo que pensaba. Lo más interesante era que ambos, su esposo y ella, habían sido anabaptistas que huyeron de la persecución de su natal Holanda. Al llegar a Estrasburgo entraron en contacto con la iglesia de Calvino y se convirtieron a la fe reformada un año atrás. Las cosas se aceleraron. En menos de dos meses, Calvino se casó con Idelette de Bure Stordeur. Farel llevó a cabo la ceremonia.

El pasado "escandaloso" de Idelette

Cuando Calvino anunció su elección, debe haber habido muchas murmuraciones y chismes en los atrios de las iglesias reformadas de toda Europa. Idelette y su primer marido habían sido anabaptistas e, incluso, él dirigió un grupo. Para los reformados de entonces, los anabaptistas no eran una denominación más, ¡eran vistos como un culto peligroso!

Calvino se ajusta a una vida que nunca conoció

Ahora comenzaría la adaptación a su nueva vida. Debido a que su madre había muerto cuando el tenía tres años y había recibido poco amor de su madrastra, Calvino no tenía mucha experiencia de un hogar estable. Su mejor modelo era la adorable familia cristiana de Bucero. "En su familia, todo el tiempo no vi la más mínima ofensa sino únicamente ocasiones para la edificación", escribió. "Nunca dejé la mesa sin aprender algo". Calvino veía en Elizabeth Bucero una buena madre, una anfitriona hospitalaria y la mejor crítica de su esposo.

Parecía que Idelette actuaría de igual manera. Aunque él nunca escribió mucho acerca de su vida hogareña, Calvino llamaba a Idelette "la fiel ayudante de mi ministerio" y "la mejor compañía de mi vida". A veces lo acompañaba en sus viajes. Los biógrafos de Calvino hablan de ella como de una mujer que destilaba "fuerza e individualidad".

El corazón roto en casa de Calvino

Después de que Juan e Idelette se mudaron a Ginebra, ella tuvo prematuramente un bebé que murió a las dos semanas de nacido. En los siguientes cinco años dos niños más murieron al nacer e Idelette enfrentó varios problemas físicos. Cuando podía, iba con Calvino a visitar a los presos y enfermos. Pero luego de nueve años de matrimonio, Idelette falleció. Mientras agonizaba, se lamentaba por los problemas que le ocasionó a su esposo, que se agregaban a los que ya tenía.

Una semana después de la muerte de Idelette, Calvino escribió a un amigo: "El mío no es un sufrimiento ordinario". Nunca habló de los detalles de su vida conyugal, pero los demás veían que era un matrimonio de amor mutuo, respeto y compañerismo. Quizá Calvino le enseñó a su esposa aspectos de la soberanía de Dios, mientras que ella le demostró a su nervioso esposo el papel del Espíritu Santo como Consolador.

Mujeres alrededor de Calvino: Idelette de Bure y Marie Dentière

Irena Backus

¿Cómo veía Calvino al sexo opuesto? ¿Consideraba a las mujeres como simples apéndices de los hombres sin derecho a hablar en público en la iglesia? ¿Valoró la unión entre hombres y mujeres más allá de la necesidad de procrear? ¿Cuál fue su propia moral sexual? Trataremos de considerar estas preguntas hoy en relación con Idelette de Bure, esposa de Calvino, por un lado, y Marie Dentière, su adversaria religiosa. La moralidad sexual de Calvino fue señalada por sus contemporáneos en un contexto polémico, tanto que es muy difícil decir algo significativo acerca de ella. Teodoro de Beza, su discípulo y sucesor, en la primera biografía de Calvino, publicada en 1564, habla brevemente de la vida privada de Calvino durante su matrimonio y después de la muerte de su esposa en 1549. En lo que, debemos recordar, es una defensa del reformador contra los diversos ataques recibidos, Beza destaca que Calvino fue casado y que su matrimonio fue de lo más casto a pesar de las acusaciones de adulterio dirigidas no tanto contra él sino contra algunas parientas cercanas (su cuñada, Anne Le Fert, y su hijastra Judith). Pero, según Beza, cosas similares sucedieron en la casa de Jacob y David: "Todavía no ha nacido el hombre que pudiera sospechar algo de aquél de quien hablamos… Él vivió cerca de nueve años en el estado de casto matrimonio. Después de la muerte de su esposa permaneció viudo durante 16 años hasta su muerte… ¿Quién podría ser acérrimo enemigo de algún adulterio? Es verdad que el Señor lo probó en esto mediante personas que estaban cerca de él. Pero peores cosas pasaron en la casa de Jacob y David".

Beza por supuesto no se refiere a que Calvino se abstuvo, durante sus nueve años de matrimonio, de mantener relaciones sexuales con su esposa. Más bien, trata de explicar que durante ese tiempo no hubo ningún adulterio, en contraste con su hermano Antoine, quien se divorció debido a que su esposa incurrió en ello. Como veremos más detalladamente, Judith, la hijastra de Calvino, también fue acusada de adulterio en julio de 1542. Esto está documentado en la correspondencia de Calvino con Pierre Viret y Jean Sturm. Jerome Bolsec, enemigo suyo, quien fue proscrito de Ginebra luego de su oposición a las ideas de Calvino sobre la predestinación, y quien se reconvirtió al catolicismo, habla ampliamente de la sexualidad del reformador en su biografía tendenciosa publicada en 1577. Afirma que Calvino tuvo una juventud malvada, la marca de todo hereje. Subraya también que el padre del reformador fue un blasfemo. Sabemos, de hecho, gracias a Jacques Le Vasseur, cronista de la catedral de Noyon, hostil pero sincero, que aunque Gérard Cauvin especuló con dinero eclesiástico y murió excomulgado, no hay registro de que haya sido acusado de blasfemia. Bolsec es también el primero en resaltar que Calvino fue convicto de sodomía siendo un joven clérigo, un crimen por el cual debía ser quemado, pero la sentencia fue conmutada en el último momento por el castigo de portar una flor de lis en el hombro. Debido a este oprobio, Calvino vendió sus bienes y se fue a Alemania y Ferrara. Como sabemos, esta leyenda y estigma duró mucho tiempo, incluso hasta el siglo XX cuando Emile Doumergue seguía defendiendo la memoria de Calvino debido a ella. Según Bolsec, la moral de Calvino no mejoró cuando se mudó a Ginebra. No contento con el cargo de sodomía, una herejía como tal, Bolsec acusa al reformador de relacionarse con la mayoría de las mujeres casadas de la ciudad con el pretexto de su cuidado pastoral. Aunque admite que no hay pruebas de semejante promiscuidad, Bolsec acepta los rumores provenientes de "algunas personas de buen juicio" y busca mostrar a Calvino como el libertino de la ciudad y su casa como un lugar de depravación. Resulta interesante que él no menciona el matrimonio del reformador. Así describe su trato con el sexo opuesto:

> Sé que... se decía que muchas mujeres casadas y separadas iban regularmente a verlo sin compañía a su casa, excepto por un niño pequeño cargando una Biblia bajo el brazo. Si se topaban con un familiar o conocido y les preguntaba adónde iban, respondían recatadamente que iban a visitar a ese santo varón para resolver alguna duda. Y permanecían allí mucho rato. Había un rumor en particular sobre la esposa de un noble extranjero que se refugió por razones religiosas y cuyo nombre no revelaré por respeto. Sólo diré que vivía cerca de Ginebra, por el rumbo de Saconay, en el territorio de Gex. La dama en cuestión era joven, bella y alegre. Frecuentemente cenaba con Calvino y se quedaba muy tarde cuando su esposo estaba fuera del país...[1]

1. J. Bolsec, *Histoire de la vie, moeurs, actes, doctrine, constance et mort de Jean Calvin, jadis ministre de Genève. Recueilly par M. Hierosme Bolsec, docteur médecin à Lyon*. In: Noel Taillepied, *Histoire des vies, meurs, doctrine et mort des trois principaux heretiques de nostre tems à sçavoir Martin Luther, Jean Calvin et Théodore de Bèze jadis archiministre de Geneve. Recueillie par F. Noel Taillepied C. de Pontoise et Hierosme Bolsec...* Douay, Jean Bogard, 1616, fol. 70r.-70v.

"Un rumor acerca de la esposa de un noble extranjero": es un invento de Bolsec con una base sumamente débil. Su biógrafo probablemente se refiere a las magníficas relaciones de Calvino con Jacques de Falais (muerto en 1556) y su esposa Yolande de Brederode, ambos convertidos a la Reforma. Yolande estuvo, inicialmente, más interesada que su esposo y el reformador no dudó en usar la influencia de ella sobre él.[2] Sin embargo, no existe nada sobre una relación íntima. Además, las cosas no sucedieron como Calvino hubiera querido: De Falais se convirtió y se estableció brevemente en 1548 en Veigy, cerca de Ginebra, pero la amistad con la pareja no sobrevivió debido a la simpatía del noble hacia Joris y Castelio o por el apoyo del noble a Bolsec. La insinuación del adulterio de Yolande con Calvino sugeriría, más bien, que el antiguo carmelita estaba dominado por un sentimiento de lealtad póstuma hacia su defensor.

Así que, ¿fue Calvino el más casto de los hombres en su matrimonio, como dice Beza, o fue un adúltero, un libertino amoral, manipulador de sus parroquianos e incluso de mujeres nobles casadas para satisfacer sus deseos sexuales, como sugiere Bolsec? Podemos responde de alguna forma esta pregunta si examinamos la figura de su esposa Idelette de Bure[3] y lo que se sabe acerca de su relación con el reformador. Idelette de Bure fue hija de Lambert de Bure, el Viejo, un mercader de Lieja, y de Isabelle Jamaer, hija de Antoine Jamaer e Ydelecte. Fue hermana de Lambert de Bure, el Joven. La familia De Bure se convirtió a las doctrinas de Lutero alrededor de 1520. Mientras que el padre de Idelette se retractó bajo presión, su hermano, el joven Lambert, estuvo entre quienes fueron desterrados por contaminarse con la herejía luterana. Se estableció en Estrasburgo, a juzgar por una carta de Calvino de 1541 donde menciona al hermano de su esposa como viviendo en esa ciudad.[4] Para entonces, Lambert se había cambiado el nombre por Lamprecht de Bure. Acerca del matrimonio de Idelette con Jean Stordeur, el anabaptista, no existe suficiente evidencia de dónde y cuándo se realizó. Muy probablemente sea la mención de "Jean, el tornero", en la lista de quienes fueron expulsados de Lieja, al mismo tiempo que Lambert de Bure, en 1533, lo que ayude a ubicarlo. Su unión con Idelette pudo haber tenido lugar en Lieja y haberse llevado a cabo en una iglesia católica debido a que allí no

---

2. El mejor tratamiento reciente de ese episodio es el de Myriam van Veen, "*In excelso Honoris gradu*. Johannes Calvin und Jacques de Falais", en Zwingliana, 32, 2005, pp. 5-22.
3. Véase G. Heusser, *Calvin Ehegattin Idelette von Büren*. Basilea, Verlag christlicher Schriften, 1884; Emile M. Braekman, "Idelette de Bure, de vrouw van Calvijn", en *Bulletin de la Societé d'histoire du Protestantisme Belge*, 10-7, 1986, pp. 175-190.
4. Cf. Braekman, p. 177.

había predicadores luteranos o anabaptistas. Es posible también que nunca haya habido un matrimonio legal. Calvino, incluso, habla en una carta de un *fout* (unión libre) de Idelette y Jean Stordeur y no de su unión conyugal.[5]

Idelette tuvo dos hijos de su unión con Stordeur. El primero fue un niño que se sabe llegó a ser anabaptista también. Después de establecerse en Ginebra, Idelette al parecer se quejó con François Bauduin, secretario de Calvino, de que Calvino no permitiría a su hijastro seguir la religión de su padre natural y que él lo forzaría a convertirse a la suya. La segunda hija, Judith, también acompañó a su madre y su padrastro a Ginebra. Se casó hasta 1554, algunos años después de la muerte de su madre. En 1562 fue acusada en el consistorio por adulterio; Calvino escribió a Bullinger: "Le escribí recientemente a Blarer, pero no pude escribirte a ti porque estaba aquejado por la fiebre. Poco antes de eso, la vergüenza cubrió mi casa debido a la desgracia de mi hijastra".[6]

Volviendo al matrimonio de Calvino con Idelette, no está claro en qué momento ella y Jean Stordeur llegaron a Estrasburgo. Según Charles Rahlenbeck, en su artículo "Idelette de Bure" (en la *Biographie nationale de Belgique (Brussels)*, vol. 3, col. 167-168) viajaron de Lieja a Basilea pero no hay evidencia de ello. Nathanaël Weiss, por otro lado,[7] sugiere que ellos fueron inicialmente a Ginebra, adonde se encontraron primero con Calvino. Dejaron la ciudad cuando los anabaptistas fueron proscritos por las auto-ridades el 19 de marzo de 1538 y partieron a Estrasburgo, adonde ya vivía el hermano de Idelette. Los registros del Consejo de Ginebra se refieren a esto explícitamente: "Johannes Bomecomenus, un impresor, y Jean Tordeur, tornero de Lieja, hombres que adhieren a la idea de que el bautismo no debería administrarse a los niños, fueron interrogados y declararon que ellos fueron expulsados como otros miembros de esta secta".[8] Como Calvino se había establecido en Estrasburgo recientemente, los tres se encontraron con el reformador cuando éste ya estaba a cargo de la congregación de habla francesa. Esta serie de sucesos explicaría por qué los Stordeur asistieron a los sermones de Calvino en Estrasburgo y por qué se convirtieron con

5. *Ioannis Caluini opera quae supersunt omnia*, [Calv. Opp.] eds G. Baum, E. Cunitz, E. Reuss (59 vols, Braunschweig: Schwetschke etc., 1863–1900). Vol. 12, col. 580.

6. Cf. E. Doumergue, *Les hommes et les choses de son temps*, 7 vols, Lausanne-Neuilly, n. p. 1899-1927, vol. III, p. 574.

7. "Un portrait de la femme de Calvin", en *Bulletin de la Société de l'histoire du Protestantisme français* 56 (1907), p. 226.

8. Ginebra, Archivo del Estado de Ginebra: "Registres du Conseil" (R. C.) vol. 30, fol. 202 r.

facilidad, aun cuando Beza y Colladon, en la segunda *Vida* de Calvino de 1565 notan que Stordeur había sido al principio uno de los "oponentes" u "opuestos" a Calvino en Ginebra. Inicialmente vivían en casa de Lamprecht, hermano de Idelette. Por eso Beza y Colladon, al hablar de la conversión de la pareja, afirman: "En medio de estos desórdenes [Calvino] recondujo a la fe a una gran cantidad de anabaptistas que le enviaban de todas partes... Entre ellos hubo un tal Jean Stordeur, nativo de Lieja, quien falleció poco después, [Calvino] tomó a su viuda como esposa... (gracias al consejo e intermediación de M. Bucero)".

Sin embargo, al llegar a Estrasburgo, en 1539, Calvino no tenía ninguna idea acerca de Idelette ni tampoco planes de casarse. Inicialmente, permaneció en la casa de Bucero para cambiarse luego a una casa más grande en lo que ahora es la calle de Bouclier. Allí recibió y hospedó algunos invitados y refugiados franceses, incluyendo una dama de edad llamada Madame du Verger, quien se hizo cargo de la casa y se quedó hasta 1540, cuando Idelette y sus dos hijos se mudaron con Calvino. No obstante, al principio Calvino no tenía tales pensamientos aunque, como se ve en una carta de su periodo inicial en Estrasburgo, ya tenía una idea de lo que representaba el matrimonio: "Doy la impresión de estar en contra del celibato, pero no soy casado y no sé si lo estaré alguna vez. Cuando tome una mujer por esposa, deberá ayudarme a que me dedique a Dios, para lo cual me liberará de las cosas banales y cotidianas. No me casaré sólo por un deseo carnal, y nadie puede reprocharme algo al respecto".[9]

Esto sugiere que Calvino tenía la misma concepción del matrimonio de muchos ex clérigos de su época. Una esposa era, básicamente, una especie de ama de llaves o una persona del sexo opuesto que ofrecía protección legal contra la promiscuidad sexual. Sin embargo, a los ojos de sus contemporáneos, un ministro reformado debía casarse, bajo el riesgo de exponerse públicamente a la acusación de licencioso. Los amigos de Melanchton y Calvino en Estrasburgo, especialmente Bucero, intentaron presionarlo pero el reformador no pudo ser obligado. Según Heusler (después Bonnet y Staehelin) y la propia correspondencia de Calvino, el reformador se comprometió para casarse el 28 de febrero de 1539, como escribió a Farel. No sabemos quién era la novia pero la boda nunca tuvo lugar y Calvino siguió siendo soltero. El 19 de mayo de 1539, Calvino escribió, en otra carta a Farel: "No me tomes como uno de

9. Cf. D. Ollier, "Le mariage de Calvin", en *Revue chrétienne*, 1892, pp. 210-226, especialmente p. 211. Véase también: Braekman, 1986, p. 182.

esos tontos enamorados que olvidan todo al ver un rostro bello… La única belleza que me impacta es una mujer gentil, casta, modesta, buena ama de casa, paciente y completamente dedicada a su esposo". El 6 de febrero de 1540, Calvino le dijo a Farel que nuevamente pensaba casarse. Aparentemente, la dama era de familia noble y saludable, acorde con la exigencia de Calvino. No obstante, había dos obstáculos grandes: no hablaba francés, y además Calvino temía que se le hiciera poco ser la esposa de un pastor, dado su origen social. Asimismo, la dama en cuestión no deseaba aprender el idioma y con ello todo se complicó.

El 21 de junio de 1540, Calvino escribió nuevamente a Farel: "Si estás preocupado por mi boda, me temo que no hay nada. No he encontrado a nadie y me pregunto si debería seguir buscando" (Calv. Opp. 11, col. 52). Sin embargo, Bucero y otros no estaban desanimados. Jean Stordeur había muerto por la peste, dejando a Idelette y a sus dos hijos. Ella, obviamente, no regresaría a Lieja y se quedaría en Estrasburgo, adonde vivía su hermano. Bucero, al comenzar a tratarla, advirtió su modestia, así como su conducta y devoción, que eran las cualidades buscadas por Calvino. No se sabe nada de su relación antes de la boda, que se llevó a cabo en septiembre de 1540. Idelette y sus dos hijos se mudaron a la casa de la calle Bouclier y como Madame du Verger se fue, ella inmediatamente se hizo cargo de todo. Aunque el matrimonio estuvo motivado por presiones externas y por la visión totalmente prefabricada de una esposa ideal, se volvió favorable, al menos para el reformador porque no existen testimonios sobre la visión de Idelette, excepto la breve mención de Bauduin acerca del temor por la fe anabaptista de su hijo.

Como haya sido, queda claro que aunque Idelette sufrió por su salud endeble, hay que verla como la ama de casa que cuidó de sus hijos y del esposo enfermizo. También ayudó al reformador al cuidarlo en su enfermedad. Calvino estaba complacido con su elección y no tenía sino palabras de alabanza para su esposa, lo cual puede apreciarse en su correspondencia. Escribe, después de la visita de su esposa a Ami Porral, síndico y cronista de Ginebra, en sus últimos días: "Desde la visita de mi esposa, sentí aumentar su valor y buenas maneras, y esto se debe no al azar sino al hecho de que ella era guiada por el maravilloso consejo de Dios".

Idelette fue una mujer cultivada que sabía latín y ocasionalmente se escribía con los amigos de Calvino. François Bauduin escribió una vez al reformador: "Yo saludo a tu esposa lo más confidencialmente, como fue ella quien contestó mi carta" (Calv. Opp. 13, col. 138). En otra ocasión, Calvino escribió a Pierre Viret cuando Idelette se recuperaba de un parto: "No puede dictar por ahora en latín al secretario. Pero incluso dictando se cansa por completo" (C. Opp. 11, col. 430). Idelette dio a luz a un niño el 28 de julio de 1542, pero el bebé no sobrevivió a los primeros días y la mamá nunca se recuperó del todo de la enfermedad que siguió. Calvino interpretó la muerte de su hijo como expresión de la voluntad de Dios. Idelette continuó enferma y falleció finalmente en 1549 de "encefalitis letárgica". El médico Benoît Textor, amigo de Calvino, ya la había atendido en una ocasión pero no pudo hacerlo en esa fecha. En una carta escrita el 2 de abril de 1549, Calvino describe los últimos momentos de su esposa de una manera que ilumina mucho sobre su relación. Mientras ella estaba enferma, falleció François Bourgoing, amigo de ambos. Al enterarse, Idelette gritó desde su cama: "¡Oh, resurrección gloriosa!", y rogó a los presentes que tomaran nota de que el corazón de Bourgoing había sido levantado de la tierra. Y agregó: "Oh, Dios de Abraham y de todos nuestros padres, los fieles han puesto su esperanza en ti y aguardan la resurrección". Poco después, Calvino dejó a Idelette para que la movieran de lugar. Luego se refirió a sus últimos momentos y condujo las oraciones en su lecho. Pronunció unas breves palabras de consolación sobre la gracia de Cristo y la esperanza de la vida eterna. Nota que Idelette escuchó muy atentamente las oraciones y la reflexión. Murió en paz al poco tiempo (Calv. Opp. 13, col. 228-229). Según el propio testimonio de Calvino *(Ibíd.)* se refugió en el trabajo para olvidar el dolor de su pérdida.

En una carta dirigida a Viret el 7 de abril (Calv. Opp. 13, col. 230-231), Calvino nota que de no haber sido por la ayuda de sus amigos, hubiera sido superado por el dolor. Asimismo, Calvino había recorrido un largo camino desde que tuvo el deseo de buscar esposa para ocuparse de los asuntos cotidianos y dejarlo libre para dedicarse a servir a Dios. En algún momento de su unión, descubrió del valor de su esposa como compañía y amiga, además de ama de casa. Como lo afirma: "He perdido la mejor compañía para la vida, alguien que me habría acompañado no sólo en el exilio y la pobreza, sino incluso en la muerte. Mientras vivió, fue una ayuda fiel en mi ministerio. Nunca me abrumó con sus problemas. Nunca temió o causó alboroto sobre sí misma; en medio de su enfermedad nunca me molestó con sus hijos". En un esfuerzo por facilitar los cuidados y preocupaciones de su esposa enferma, el reformador ofreció atender a los hijos de Idelette durante su enfermedad, aquellos con los que "no lo molestó nunca" durante su matrimonio. Idelette reaccionó a esto, diciendo: "Ya los he encomendado al Señor", entonces el reformador dijo que esto no le impediría hacer su parte. Ella aparentemente replicó: "Si a ellos los cuida el Señor, sé que ellos confiarán en ti".

¿Qué conclusiones pueden sacarse de esta evidencia documental tan escasa sobre el matrimonio de Calvino? Primero, y notablemente, como se dijo arriba, Calvino llegó a apreciar a su esposa como una compañía gentil, cultivada y nada egoísta, alguien totalmente dedicada a él. Como llegó a conocerla, Idelette obviamente se convirtió en alguien individual que le permitió superar sus ideas impersonales acerca de lo que una esposa debería ser. Un aspecto interesante del matrimonio fue que la procreación no era un propósito central, al contrario de las costumbres de la época. No obstante, esto no significa que la unión de Calvino funcionó como precursora de un matrimonio moderno. Aunque Idelette era una mujer muy culta, su papel era estar consagrada a su esposo, ayudarlo en el trabajo parroquial y seguirlo por donde quiera, todo ello sin esperar ninguna retribución por parte de él. Sus sentimientos importaban poco. Calvino nunca se preguntó si era feliz o cómo concebía ella su papel de "compañía para la vida". Más aún, aunque le fue de gran ayuda en las tareas pastorales, Idelette enfáticamente no asumió tareas públicas en la iglesia ni intervino en asuntos doctrinales. La escena de su muerte es emblemática: la labor de Calvino era decir las oraciones y pronunciar palabras de consuelo e instrucción; el deber de Idelette era escuchar con atención.

Marie Dentière (1495-ca. 1561)

El ejemplo de Marie Dentière es sumamente revelador de la actitud negativa que asumió formalmente Calvino ante las mujeres en el sentido de que ellas participaran en asuntos públicos, especialmente religiosos. Su padre perteneció a la baja nobleza de Flandes y la forma original de su apellido era d'Ennetières. Marie entró a la orden agustina en el convento de Prés-Porchins en Tournai, adonde recibió su educación y eventualmente llegó a ser superiora. Como muchos monjes y monjas agustinos, recibió pronto la influencia de las doctrinas de Lutero y abandonó el convento en 1524. Y, de la misma forma que la mayoría de los refugiados religiosos de la Europa de entonces, encontró refugio en Estrasburgo, adonde se casó con Simon Robert, quien era eventualmente pastor en Bex. Después de algunos años en esa región, bajo la égida de Farel, Robert murió en 1533, dejando viuda a Marie con dos niños. Volvemos a saber de ella hasta 1535, el año de la reforma en Ginebra. Para entonces, ya estaba casada con Antoine Froment, personaje clave de la reforma de la ciudad. Dentière no fuie solamente ayudante de Froment, pues llegó a ser una participante activa, predicando su oposición al celibato religioso y defendió el papel activo de las mujeres en la nueva iglesia. En agosto de 1535 acompañó a Froment y Farel en su intento por convertir la orden de las Clarisas Pobres de Ginebra, urgiéndolas a dejar el convento y abandonar el celibato. Jeanne de Jussie, la abadesa, escribió un recuento de la visita de Marie, como la de una monja que había violado su voto de castidad, "una falsa abadesa, arrugada y con una lengua diabólica… que se entromete en la predicación y pervierte la devoción del pueblo". En 1537, después del arribo de Calvino a Ginebra, Froment fue hecho predicador en Thonon (Chablais), al sur de dicha ciudad, pero él y su esposa estaban al tanto de lo sucedido allá. Cuando Farel y Calvino fueron expulsados de Ginebra en 1538, Margarita, la Reina de Navarra pro reformista, deseaba aprender más acerca de los sucesos y preguntó a Marie Dentière, quien tenía más información. Marie respondió y le envió a Margarita un ejemplar de uno de los raros tratados teológicos escritos por mujeres. La obra se titulaba Epistre tresutile. ¿En qué consistió la relación entre Marie Dentière y Margarita de Navarra? En una versión inicial de la Epistre, Marie menciona una pequeña gramática hebrea escrita por Jeanne, la hija que tuvo con Simon Robert. Margarita es mencionada como "abuela" de Jeanne, pero no hay más detalles. Jeanne se casaría con Jean-Raymond Merlin, quien llegó a ser profesor de hebreo en la Academia de Lausana. Aunque está dedicada a Margarita, la Epistre se dirigió a una audiencia más amplia y, por tanto, su publicación en dos ediciones, ambas de 1539, una menciona la gramática hebrea, la otra omite esa referencia. Como ambas fueron destruidas por las autoridades de Ginebra después de censurarlas, sólo queda un ejemplar de cada edición. La Epistre critica duramente a las autoridades ginebrinas que expulsaron a Calvino y Farel y también se refiere al escaso papel que las mujeres desempeñaron para realizar la reforma. Dice: "¿Tenemos dos Evangelios: uno para hombres y otro para mujeres? Tampoco los calumniadores y enemigos de la verdad tienen el derecho de acusarnos de excesiva arrogancia, ni puede un verdadero creyente decir que las mujeres están traspasando sus derechos cuando hablamos a otro acerca de la Sagrada Escritura".

Está claro que Marie no compartía la idea calviniana de lo que debería ser una buena esposa: receptora pasiva de la doctrina. Es igualmente importante notar que Froment no compartía tampoco las ideas de Calvino acerca del papel de las mujeres en la Iglesia. Además, fue él quien ayudó a su esposa a publicar la Epistre con el impresor ginebrino Jean Girard. Sin embargo, si Marie esperaba el mismo apoyo por parte de Calvino, quedó decepcionada. En 1540, Froment fue nombrado pastor en Massongy, entre Thonon y

Ginebra, en la jurisdicción de Berna. En ese tiempo, sus compañeros pastores de la región se quejaron de que él traficaba vino, aparentemente con la ayuda de su esposa, quien abiertamente "estableció una tienda". Cuando los castigaron, la pareja no mostró arrepentimiento. No obstante, el primer registro de la confrontación de Marie con el líder Ginebra data de 1546 y no tiene nada que ver con ningún negocio ilícito. Calvino relata este encuentro en una carta a Farel del 1 de septiembre de 1546 (Calv. Opp. Vol. 12, núm. 824, cols. 377-378): "Te voy a contar una anécdota divertida. La esposa de Froment vino aquí recientemente. En todas las tabernas, en casi todas las esquinas de la calle ella comenzó a vociferar acerca de las vestiduras pastorales largas. Cuando creyó que sus noticias habían llegado hasta mí, se disculpó a sí misma sonriendo y dijo que vestíamos indecentemente, o que caíste en errores al enseñar que los falsos profetas podían ser reconocidos por sus largas vestimentas".

Desafortunadamente no hay registros de la especie de ropas pastorales a las que se refirió Marie en lugar de la toga negra que era la habitual en la iglesia de Ginebra. Calvino diría que argumentó con Marie y le reprochó duramente cuando ella dijo que los pastores eran comparables a los escribas judíos en Lucas 20.45, quienes deseaban resaltar su oficio mediante el uso de grandes ropajes. Podemos deducir de todo esto que Marie veía la ropa clerical exagerada y que preferiría algo menos formal y menos intrínsecamente "masculino", una idea que compartían los reformadores radicales de la época. Calvino concluye así su carta: "Sintiendo la presión de que ella se quejó de nuestra tiranía, acerca de cómo fue permitido para la gente hablar a su mente. Traté a la infeliz mujer como tendría que hacerlo". Calvino fue muy despectivo hacia los desplantes de Marie, valerosos intentos por otorgar a las mujeres un poco de voz en materias religiosas y de alterar el estatus del pastor al desear que vistiese ropas menos formales. ¿Era su convicción propia o más bien reflejaba las opiniones de su esposo? Froment predicó un sermón en 1548 atacando a los líderes de la iglesia de Constance, Berna y Ginebra por hacer de sus ministerios una fuente de ganancias privadas y perder el soplo del espíritu de la Reforma. Como resultado, fue removido de su oficio pastoral en Massongy. Desde entonces se ganó la vida como secretario. No se sabe cómo reaccionó Marie a todo esto. Algunos historiadores piensan que ella es la autora de un prefacio al Sermón sobre la modestia de la vestimenta femenina, publicado en 1561. Calvino lo había predicado en una serie sobre I Timoteo y se publicó primero ese año pero no existe una razón implícita para relacionar las iniciales con que firma el autor el prefacio y la persona de

Marie Dentière. Las únicas pistas ofrecidas como la más probable identidad del autor del prefacio son las iniciales mismas M.D. y una pequeña mención de froment, en el sentido de "trigo". Las mismas letras con el agregado: "Una mujer cristiana de Tournai" y la alusión a la dificultad al froment en el prefacio que también aparece en la Epistre de María a la reina de Navarra. Sin embargo, es difícil creer que la actitud de Calvino hacia las mujeres activas en cuestiones religiosas cambiara, entre 1546 y 1561, para permitir que Marie pudiera escribir el prefacio a uno de sus sermones.

Finalmente, Calvino veía a la esposa de un pastor como esencialmente explotable y pasiva, aunque cultivada, un ser que tomó un asidero. Encontró el modelo alternativo de Marie demasiado risible para ameritar un debate público. Ni siquiera supuso un trato serio. Además, Marie no tuvo imitadoras en Ginebra o Francia. Su visión del papel religioso de las mujeres coincidió bastante con el de los anabaptistas y otros grupos radicales que ameritan mayor atención.

Si no es posible llegar a una conclusión a partir de estas historias de dos mujeres que trató Calvino muy directamente en su carrera, eso significa que su Reforma potencialmente abrió la puerta a todas las posibilidades para la expresión religiosa, la cual él, como Lutero en otro registro, se aseguró de cerrar tan rápidamente como fue posible. La posición de las mujeres fue una de estas avenidas cerradas.

Versión de L. Cervantes-O.

PANORAMAS GENERALES

Juan Calvino y la *Institución de la Religión Cristiana*
Wilhelm Dilthey

La tercera entre las obras capitales de la dogmática protestante es la *Institución de la Religión Cristiana* de Juan Calvino. Era la última dogmática creadora y, al mismo tiempo, la exposición ortodoxa de una confesión ya consolidada. Su primera edición aparece en 1535, un año antes del más importante escrito confesional suizo, pero la obra madura en las ediciones que se siguen a partir de 1539. Junto a la edición latina tenemos traducciones francesas, alemanas, inglesas, españolas, húngaras, que la extienden por todos los dominios de la religiosidad reformada. Desde los orígenes del cristianismo representa la exposición literaria y científicamente más perfecta del mismo y sólo ha sido superada por la dogmática de Schleirmacher. Su perfección verbal y lógica cerró el campo para cualquier otro desarrollo real de la doctrina reformada durante la época. Pero ventajas tan extraordinarias eran consecuencia de que la viva y amplia religiosidad de Zwinglio, de alto vuelo, se redujo a una conexión apretada, lógica y bíblicamente irrebatible y prácticamente abrumadora, obra de una cabeza intelectualmente poderosa pero no creadora. Era natural que esa religiosidad se empobreciera y se hiciera rígida.

Calvino era de naturaleza completamente latina, regimental. Nacido en Noyon, Picardía, en 1509, estaba lleno de un espíritu anticlerical por obra de su familia y de su patria. Tuvo una gran importancia para su modo de pensar que como discípulo de Alciatus asimilara el espíritu del derecho romano. Por lo mismo que esta jurisprudencia había surgido del humanismo francés, Calvino, recobrada su independencia a la muerte de su padre, prefirió los estudios humanistas. Su juventud en París a partir de 1531 transcurre bajo buenos auspicios. Se entrega a los estudios humanistas bajo la dirección de Pierre Danès, uno de los espíritus más universales del Renacimiento. Gustaba por esta época de los ejercicios corporales, los viajes de placer, las marchas a caballo rodeado de amigos, atraía por sus maneras distinguidas y el estudio le hacía olvidar en ocasiones el sueño y la comida. También tuvo mucha importancia que se entregara con predilección a Séneca; en su primera obra (1532) interpretó el tratado *De clementia*. Dice en el prólogo que cuando

Séneca habla de cuestiones morales destaca como un rey de entre todos los demás escritores; su lema es *tecum habita*, y como meta de la acción moral fija, como Séneca, la tranquilidad de ánimo o la paz. Observa Beza en su *Vida de Calvino* que los vigorosos sentimientos de Séneca estaban a tono con las costumbres de Calvino, quien leía a Séneca siempre con agrado. Y existe una manifiesta analogía entre el modo como el sistema estoico alía la doctrina de la necesidad con el sentimiento más fuerte de la independencia moral y el modo como la religiosidad de Calvino lleva a cabo igual alianza en un plano más elevado. En esta obra de Calvino no se encuentra, me parece, ningún preanuncio de su conversión, que tuvo lugar un año más tarde, en 1533. Inmediatamente después aparece como miembro de los círculos reformados de París. Tiene que huir, vivir con nombre supuesto; siente a menudo, como ocurre con los temperamentos señoriales, una gran ansia de oculto retiro, en lugares diferentes de Suiza e Italia, y ya el año 1535 publica la obra de su soledad, la *Institución*. Con esta obra se nos presenta ya perfecto y definitivo ante el público europeo de las luchas religiosas. Casualmente, el curso de su viaje fue retenido por Farel en Ginebra, y desde esta ciudad consolidará como un señor nato la religión reformada, prestándole el grado máximo de fuerza eficaz frente a la política católica de los papas y de la monarquía española, inspirada en el punto de vista regimental más grande. Mientras Felipe II sacrificaba con consciente dureza montones de herejes a la concepción católica regimental, Calvino, por su lado, como antípoda de la restauración católica, hacía otro tanto; mandó quemar al gran Servet; impuso su ley moral con prisiones y ejecuciones y oprimió a los "libertinos", entre los que se encontraban espíritus templados y osados que habían comprendido, entre otras cosas, la doctrina fecunda de un espíritu inmortal del universo todo; trató al mismo tiempo de aunar las iglesias contra Roma, pero fue demasiado tarde. De haberse adelantado, acaso la suerte de la causa protestante hubiese sido otra.

La impresión que causaba su persona era de mayestática grandeza, de maneras distinguidas, apenas si se le veía fuera de sus asuntos y en ellos siempre en relación con los gobernantes de la ciudad. Dormía poco y trató a su cuerpo tan imperiosamente que éste cedió enseguida. Su dominio del idioma lo convirtió en uno de los creadores y maestros de la nueva prosa francesa. Pero no poseía el don supremo del escritor, la originalidad y la riqueza espiritual. Su actividad de escritor, lo mismo que la de los grandes príncipes de la Iglesia y los papas, estaba al servicio de su acción regimental. Esta acción era su instrumento. Como exigía ante todo la codificación de la religiosidad reformada, éste fue también el servicio principal prestado por su obra.

La *Institución* de Calvino destaca de la plenitud espiritual de Zwinglio el encadenamiento lógico de los grandes motivos religiosos de la acción absoluta de Dios, de la elección de gracia y de la habitación de Dios en la comunidad santa que elige como instrumento, pero excluye todo el profundo y cordial panteísmo de Zwinglio.

En esta conexión de tipo formal se instituye, partiendo de la acción omnicomprensiva de Dios, el valor religioso supremo de la persona creyente y la máxima tensión de la actividad moral. El dogma peligroso, pero buen alimento de la voluntad, acerca del carácter perdurable de la gracia, señala el punto extremo de la seguridad del hombre en sí mismo. Jamás se ha sentido y expresado con más fuerza la sublimidad del destino humano. Cuando más tarde el calvinista ginebrino Rousseau consagra en la literatura el infinito valor sentimental de la vida, nos encontramos ante una transformación secular de la conciencia calvinista del valor trascendente infinito de la persona creyente.

Pero esta estimación clasista de la vida presta semejante valor infinito tan sólo al proceso religioso-moral actuado por Dios en el hombre, y que le pone en comunicación con Él. Por eso la religiosidad calvinista tiene en su médula un carácter completamente distinto de la vida religiosidad de Lutero que abarca al hombre entero, que transfigura toda la radiante alegría por lo natural; posee un carácter de adusta gravedad, que llena la vida con el deber religioso frente a Dios. Si se lee la clásica parte final del libro de Calvino: *de vita hominis christiani*, se evocarán más a menudo las producciones máximas de la piedad católica que no la obra de Lutero acerca de la libertad del cristiano. Sólo que en lugar de la imitación de Cristo tenemos el séquito de Dios como principio que informa y santifica todo momento de la vida. "El principio de la formación cristiana de la vida es: el deber de los creyentes consiste en ofrecer a Dios sus cuerpos como una hostia viva, santa y grata a Él, y en esto también el culto legítimo de Dios. Estamos consagrados y dedicados a Dios. Por eso nada podemos pensar, hablar y obrar que no sea en su honor. Porque lo que ha sido consagrado a Él no puede, sin una gran injusticia, ser empleado para usos profanos. No nos pertenecemos a nosotros mismos, por eso debemos olvidarnos y con nosotros todo lo nuestro. Pertenecemos al Señor y por eso toda parte de nuestra vida debe ser referida a Él como el único fin legítimo".[1] De este principio de la religiosidad calvinista brota la exigencia del olvido de sí mismo y de no buscar lo suyo. Esta abnegación es la raíz profunda de todo sacrificio real por otro. Pero de un modo positivo

---

1. *Institutio*, ed. 1550, 21, 6.

éste descansa en el hecho de que mediante la relación común con Dios se restablece la relación común con el hombre. "Tú dices que este hombre es para ti un extraño, pero Dios le ha impreso la señal que indica su parentesco contigo. Tú dices que es despreciable y no sirve para nada, pero Dios lo ha condecorado con la huella de su imagen". De la misma relación con Dios deriva la tranquilidad del ánimo, su elevación sobre todas las pasiones y todos los destinos, que se funda en la entrega a los grandes fines del regimiento divino del mundo y la confianza en ellos.

Esta religiosidad se diferencia de la de Lutero por los rudos deberes del guerrero de Dios, en su áspero servicio, deberes que llenan toda su vida. Se diferencia de la piedad católica por la fuerza desatada de la acción independiente. Pero su carácter genuino obedece a que todo el sentido religioso de la vida deriva del principio del señorío de Dios y de la predestinación, y en este señorío se motiva toda relación con los demás hombres y, finalmente, se asienta una orgullosa dureza contra los enemigos de Dios. Ya para Zwinglio el hombre, si se prescinde de la revelación y de la acción de Dios en él, es un ser sensual, en el fondo no otra cosa que el animal. También, según Calvino, la condenación a la muerte eterna ha tenido lugar antes de la creación del mundo, y el ateísmo, que la Providencia ha destinado a esta condenación, se funda en la perversidad de la naturaleza abandonada por Dios, y todas las malas acciones que en ella se producen constituyen la consecuencia de esta perversidad congénita del abandono, como el fruto viene del árbol y el arroyo de la fuente.[2] Dios se sirve de las acciones de los malos, de las que es tan inocente como los rayos del sol de la putridez de un cadáver que, sin embargo, se corrompe bajo su acción.[3] Si seguimos aguas arriba hasta su fuente esta corriente de perversidad abandonada de Dios, tenemos que Dios ha decretado la caída del primer hombre, es decir, que no sólo la ha permitido sino que la ha actuado cuando le dotó de una inestabilidad de la voluntad y lo entregó luego a su propia naturaleza.[4] Pero así como los animales no se pueden quejar de que no hayan sido creados hombres, tampoco los condenados pueden quejarse. Pero por muy afín que esta doctrina sea a de la de Zwinglio, Calvino, que pasó su vida en una lucha dura y hasta amarga, lleva, como juez, a un reconocimiento religioso mucho más fuerte lo activo

2. *Comentario a la Epístola a los romanos*, XI, 7.

3. *Institutio*, 1559, I, c. 17, 5.

4. *Ibíd.*, I, c. 15, § 8: *Potuìt igitur Adam stare, si vellet, quando monnisi propia voluntate cecidit: sed quia in utramque partem flexibilis erat eius voluntas, nec data erat ad perseverandum constatia, ideo tam facile prolapsus ets.*

y responsable en el hombre, lo que en él conduce a la reproducción y se manifiesta en lo réprobo. Al mismo tiempo le empuja el deseo de una mayor conformidad dogmática con la Escritura y con los luteranos. Así enlaza a la inestabilidad de la condición primera la voluntad libre *(liberum arbitrium)*.[5] De este modo se aparta del determinismo filosófico de Zwinglio y se pone más de acuerdo con el resto de los protestantes. La posibilidad religiosa más profunda de la terrible doctrina de la reprobación —el *decretum horribile*— reside en que toda criatura sirve a la gloria de Dios; como en los elegidos de gracia Dios se impone como fin en sí mismo, nace el sentimiento terrible de la religiosidad calvinista según el cual los abandonados por Dios no son más que medios en el plan divino del mundo, mientras que los agraciados se elevan por la acción de Dios en ellos a la categoría de un valor positivo de este plan. La fórmula de la doble predestinación, anterior a la creación del mundo, para la vida eterna y para la muerte eterna, lo mismo que el carácter perdurable de la gracia son la expresión de este plan.

Si consideramos en su conjunto este temple de ánimo calvinista veremos que el culto, la organización de la comunidad y la fórmula dogmática se hallan condicionados de manera homogénea por él. Lo mismo que en esta religiosidad hasta el mismo Dios humanizado, visible en Cristo, se convierte en mero instrumento mediador de esa acción omnipresente de Dios, así también el gran avance del espíritu protestante hacia lo invisible y no plástico se tiene que desarrollar en su culto de manera más completa que en la religiosidad luterana. Lo invisible y su voz llenan el ámbito de las desnudas iglesias reformadas. Desaparecen las imágenes de Cristo y los crucifijos porque lo visible, lo humano en Cristo, no tiene participación ninguna en su divinidad redentora. El mismo sentimiento empuja a Zwinglio a rechazar la absolución sacerdotal, pues el espíritu divino gobierna con independencia de todos los órganos exteriores, libre e invisible, y así caducan todos los derechos del clero católico sobre el pueblo o las comunidades cristianas. También Calvino sostiene la independencia de la comunidad religiosas respecto a la sociedad política y define la Iglesia como el "pueblo de los elegidos". La sociedad eclesiástica descansa en la voluntad total de esta Iglesia, es decir, de todos y cada uno de sus miembros. Los eclesiásticos reciben su mandato de esta comunidad,[6] mandato que se halla vinculado al contenido de la Biblia y que

---

5. *Ibíd.: Praeclaris dotibus excelluit prima hominis conditio, ut ratio, intelligentia, etc. Suppeterent non modo ad terrae ac vitae gubernationem, sed quibus transcederent usque ad Deum et aeternam felicitatem. — In hac integritate libero arbitrio pollet ac homo, quo si vallet, adipisci posset vitam aeternam.*
6. *Institutio*, IV, c. 3.

se extingue en cuanto lo sobrepasa. Por eso también la excomunión no puede tener lugar más que por acuerdo de los representantes de esta comunidad.[7] Es digno de notarse cómo las consecuencias de la doble predestinación se extienden también en Calvino a la conciencia eclesiástica. Ésta se potencia al infinito en su sentimiento de sí misma y en sus exigencias de santificación interna y de fuerza actuante. Por el doble decreto de Dios esta comunidad ha sido ya limitada desde antes de la creación. Hasta la misma encarnación de Cristo y su pasión se refieren exclusivamente a esta comunidad restringida de los escogidos. Y de esta suerte queda transportada la eternidad de los decretos divinos.

La exposición sistemática de la religiosidad calvinista está condicionada, a tenor de la fundamentación que nos ofrece la obra de Zwinglio, porque la relación de Dios con los hombres, que constituye el contenido de la religiosidad, es conducida a través de las diversas manifestaciones principales de Dios que nacen de esta relación, la Creación, la Redención y la Salvación. Así surge la conciencia articulada de esta religiosidad en la representación de Dios como Creador, Redentor y Salvador, según el esquema del símbolo apostólico. Por esta razón, el hecho de que la doctrina acerca del hombre no constituye parte principal de la *Institución* y que, por el contrario, la acción de Dios se convierte en el objeto exclusivo de la contemplación religiosa resonando por todas partes la relación predominante con esa acción, representada nada menos que la genial expresión constructiva de la religiosidad calvinista, que en ese aspecto no ha sido alcanzada por ninguna otra hasta su época. Este desarrollo sintético de toda la materia religiosa partiendo de la acción de Dios en los hombres según el nexo contenido en su decreto, es el único pensamiento auténticamente arquitectónico que se destaca del montón de libros de la dogmática protestante, durante un período que, hasta Calixto, cubre más de siglo y medio.

El método según el cual Calvino elabora la masa con esta articulación es también el más consecuente dentro de lo protestante. Se excluye toda ayuda, siquiera sea formal, de la filosofía. De la religiosidad reformada vivida se deriva, mediante una interpretación magistral de la Escritura, una conexión conceptual puramente religiosa y sólo en algunos pocos puntos se encuentra una recaída desde las categorías religiosas de la acción, de la fuerza, de la obra divina, del proceso de la fe, en la metafísica de los viejos símbolos cristianos, Y donde esto ocurre, como sucede especialmente en el tratamiento de la doctrina

---

7. IV, c. 11 y 12. El excomulgado se señala como *fidelium suffragüs damnatus.*

de la Trinidad, se halla condicionada por el afán de catolicidad y de acuerdo con la masa de fe protestante. Pero el punto de vista de la predestinación no alcanza a explicar elementos importantes de la religiosidad cristiana; así, las exigencias de la ley a todo hombre, la conciencia bíblica expresada en la responsabilidad, el derecho de Dios a los castigos eternos, la conciencia contenida en el proceso de fe de la cooperación del hombre en el logro de la salvación. Al mismo tiempo, en la *Institución* de Calvino se suprimen todas las ayudas filosóficas recogidas por Zwinglio al objeto de esta explicación. Y así, esta dogmática se ve conducida en último término a la insondabilidad de su conexión última, al misterio o, lo que es lo mismo, a la arbitrariedad escotista de Dios y a la condenación de la curiosidad humana. Ésta hubiera conducido a un espíritu filosófico al problema del conocimiento humano de las cosas supremas; y en ese caso hubiese cobrado conciencia reflexiva la posición nueva de la conciencia y reformada frente a la conciencia católica; y se hubieran ahorrado a la Iglesia reformada innumerables errores, disputas sin cuento sobre la predestinación y la voluntad humana. Pero también esto entra en la cuenta de las maldiciones del rígido principio escriturario por el cual, en lugar de buscar la fundamentación de la fe en las profundidades de la experiencia interna, se acudió a los enigmas de las palabras bíblicas.

Al extender Calvino su interpretación de la Biblia a todo el conjunto de la misma, dos causas produjeron el predominio del punto de vista del Antiguo Testamento, que imprimió a la religiosidad reformada su carácter bíblico, introdujo en la exégesis una conexión según rigurosos conceptos bíblicos y preparó el terreno para el sistema sociniano y la libre investigación de la Biblia. Este predominio del Antiguo Testamento estaba condicionado por el punto de vista dominante de la acción omnicomprensiva de Dios, la determinación de su esencia, en el sentido escotista, como voluntad insondable y la fijación de la finalidad de todo lo creado en la gloria de Dios. Pero, pero otra parte, toda interpretación lógicamente rigurosa de los conceptos bíblicos de la gloria de Dios como fin de todo lo creado, de la promulgación de la ley, del pueblo escogido como propiedad suya sagrada, así como del establecimiento del señorío de este pueblo mediante el Mesías, tenía que llevar, hoy como ayer, a considerar ese concepto como la premisa para la conexión de los conceptos religiosos dentro del Nuevo Testamento. Hasta el predilecto Pablo sólo podía ser interpretado a partir de esos conceptos del Antiguo Testamento. Y como faltaba la idea de un desarrollo de la piedad cristiana del Espíritu Santo en la Escritura, tenía que sacrificar a los duros conceptos del Antiguo Testamento la amplitud, la suavidad y la profundidad insondable de los cristiano, hechos posibles por el horizonte universal de la época de Cristo y que penetra en forma menos captable, como todo lo genuinamente vivo, pero perceptible, por los Evangelios y las Epístolas de Pablo. Por eso, gracias a la magistral demostración dogmática de Calvino, la religiosidad reformada se ha colocado en puntos importantes detrás del Nuevo Testamento.

Voy a destacar sólo algunos puntos de la *Institución*. Calvino agrupa y simplifica toda la doctrina de Dios creador y conservador en el enérgico concepto de la actualidad divina. La omnipotencia de Dios está siempre alerta, actualmente, en acción constante. Dios es energía. Como tal está en toda acción singular, no existen causas segundas ni tampoco diferencia entre la permisión de Dios y su acción, y por esto no es posible distinguir entre Dios y los hombres cuando se estudia la causa de la culpa o de la gracia. Así, Calvino, en el umbral mismo, quema todos los puentes. No es posible conciliar con esta acción omnicomprensiva de Dios que el primer hombre haya sido creado a imagen de Dios y equipado con libertad. Tampoco es posible, como observa agudamente Calvino, explicar por el mero orden de la naturaleza que por la muerte de un hombre todos caigan en la muerte eterna, sino que hay que atribuirlo al terrible decreto de Dios (*decretum quidem horribile, fateor*). Y si se pregunta por la razón de Dios para semejante conducta, contesta Calvino que Dios no es sin ley, sino ley de sí mismo, y la causa de la condenación eterna queda tan oculta al hombre como el hecho de por qué Dios hace que vengan al mundo algunas de sus criaturas ciegas, mudas, tullidas y que otras caigan en locura. Por todas partes nos rodea el misterio. Y si la Encarnación y la Redención se subordinan al concepto supremo del gobierno divino, no se puede dar satisfacción partiendo de él a la hondura de la cristiandad primitiva y no nos queda más que la posibilidad del acto de voluntad divino y la demostración por la Escritura. La Encarnación no es para Calvino más que el remedio más adecuado y en tal sentido exigido por el decreto absoluto, y en este punto se rompe, en el sentido escotista, la conexión de necesidad entre la esencia de Dios y la Encarnación. Se disuelve el núcleo vivo del dogma cristiano de la Encarnación. El ingrediente más importante de la religiosidad protestante, la confianza en Dios, no es resultado de la reconciliación sino de la predestinación que la condiciona: Cristo no es el autor, sino el instrumento y el servidor de la gracia, y sólo por la buena voluntad de Dios (*ex Dei beneplacito*) podía hacer algo de mérito, y Calvino llega a señalarlo como el mediador entre el decreto salvador y la humanidad. Por todas partes se hace valer un nuevo rasgo unitario, pero desde la unidad última de la voluntad divina nos mira insoluble todo el misterio del mundo, concentrado en un solo punto. Aquí reside la más profunda diferencia con la religiosidad de Lutero, para quien la relación con Cristo y la confianza que nace de ella se hallaba en el punto focal de su religiosidad y en el rostro de Cristo se podía leer la solución de todo el misterio de los propósitos de Dios para con el hombre. Finalmente, también el pan y el vino de la comunión son para Calvino nada más que instrumentos de una acción invisible, con lo que vuelve a entrar el dogma en lo misterioso.

En la escuela teológica que ahora prevalece se ha intentado demostrar el acuerdo total de la religiosidad reformada y la luterana con respecto al dogma capital de la época de la Reforma, la doctrina de la justificación y de la reconciliación; se basa este intento en el supuesto de que Lutero habría condicionado totalmente la religiosidad de la Reforma. Así, Zwinglio y Calvino han sido excluidos de la historia de los dogmas. Allí donde Zwinglio se desvía de Lutero se convierte en materia de la historia de la teología y Calvino es concebido como "epígono de Lutero". Frente a esto, y con todo el respeto por los grandes servicios de esta escuela, yo me encuentro con un resultado diferente. Las iglesias reformadas manifestaron una energía y una fecundidad en la afirmación del protestantismo que sobrepasa la del luteranismo; por esto les fue posible la base de una nueva forma de religiosidad cristiana que muestra por doquier una fisonomía bien perfilada. Esta religiosidad se expresa en dogmas y en una conexión de los mismos que difieren de todas las grandes concepciones anteriores o contemporáneas. Y hasta se puede decir que la religiosidad reformada demostró una fuerza dogmática mayor que la luterana. El dogma de la acción omnicomprensiva de Dios, de la doble predestinación y de la elección de gracia representan una expresión tan concisa y clara de una nueva religiosidad como cualquier otro dogma desde la fundación de la Iglesia católica. Esta religiosidad reformada se revela de una importancia enorme, en la época en que se acuñaban las nacionalidades europeas, para la formación del carácter de las mismas. Dio a Suiza, en la medida en que se implantó en ella, el carácter honrado, grave, de su piedad y de sus costumbres, que han hecho posible la conservación de su constitución libre. Reunió las siete provincias nórdicas de los Países Bajos en una entidad religioso-política que conservó la dirección en las luchas por el nuevo cristianismo, por la libertad política y por la ciencia progresiva, hasta el momento en que, a causa de un cambio profundo en la situación de los poderes económicos y de las relaciones mercantiles, la dirección de este movimiento se trasladó a fines del siglo XVII a Inglaterra, a cuya cabeza figuraba ya un Orange, hijo del héroe Guillermo III. Llenó a

Escocia con el espíritu unitario de una piedad profunda, libre, grave, hasta cavilosa, pero que se manifestaba en una vida política fuerte, y la convirtió en fortaleza de la libertad religiosa y en sede de la gran especulación de Inglaterra. A muchos países alemanes su religiosidad los impregnó de un temple suave y liberal. Hasta en aquellos casos en que esta religiosidad reformada se hizo valer como minoría o se sumió como una parte de la vida religiosa de un país, se manifestó como un fermento de fuerza muy peculiar. Los hugonotes franceses lucharon por su reconocimiento en unos avatares llenos de sangre y de sacrificio, aliados con la libertad estamental y con el espíritu humanista; fueron vencidos por el poder; la necesidad vital de la monarquía sacrificó el espíritu de la religiosidad independiente a la unidad del Estado; consecuencia fue su poderío exterior pero también su fragilidad interna, pero hasta el día de hoy podemos seguir en la literatura de este país la influencia del espíritu reformado. En la religiosidad inglesa el espíritu reformado constituyó una parte importante, y se hizo valer en Norteamérica, en Hungría y en la diáspora entera. Esta religiosidad reformada prestó a la piedad protestante la más activa energía exterior, ofreció a Calvino, a los Orange, a Cromwell, un horizonte mundial para sus combinaciones político-religiosas; su principio de libertad fue un agente poderoso de libertad burguesa; su alianza con el humanismo fomentó el gran movimiento filológico de los siglos XVI y XVII; y si se excluyó de la religión de la fe toda la filosofía, sin embargo, al discutir la predestinación trató con atrevida lógica el problema humano más profundo y preparó así un suelo libre a las ideas filosóficas en los Países Bajos primero y luego en Inglaterra. Finalmente, esta religiosidad reformada conservó, partiendo de Zwinglio, las grandes ideas de la revelación universal, de la luz interior libre, independiente de la letra, y de la comunidad autónoma; estas ideas prevalecen luego en los arminianos, independientes, puritanos, cuáqueros, y en el siglo XIX llegan a su pleno desarrollo, lo que acontece con la colaboración viva de la religiosidad reformada en un Schleiermacher, en un Carlyle y en un Emerson. Una fuerza tan extraordinaria se debe precisamente a la sencillez original en la fundamentación de la piedad reformada. Al colocar al hombre en la conexión de la acción omnicomprensiva divina, ganaba para él una potencia imperecedera, lo levantaba sobre el curso del mundo y lo convertía en la unidad de fuerza más compacta que ha conocido la historia; esta voluntad vio su meta en la finalidad, bíblicamente establecida, de la piedad cristiana y se alistó en el ejército de la invisible Iglesia visible. Nunca ha habido una religiosidad de carácter más apretado.

Todo esto condicionó la evolución de la dogmática reformada. La doctrina de fe protestante desarticulaba, mediante la reflexión dogmática, toda la religiosidad viva de la Reforma en partes que se completaban: en la operación de Dios y la cooperación del hombre, en Escritura y espíritu, en culpa del hombre y su acomodo en la economía de salvación, en satisfacción, reconciliación y santificación, en gracia de Dios y colaboración del hombre en el proceso de fe. Cuando la ortodoxia reformada se desenvuelve desde Zwinglio hasta Voetius en la dirección de la elección de gracia, alcanza su compacta sencillez mediante la exclusión de los aspectos y motivos contradictorios de la religiosidad protestante, más amplia. Se desenvolvió *via exclusionis*. Su sistema fue cada vez una instrumento más afilado, y también los grandes héroes de la fe en las iglesias reformadas simpatizaban con la predestinación. Así, el desarrollo dogmático dentro de las iglesias reformadas se llevó a cabo en una lucha exterior de los grandes motivos de la piedad protestante entre sí, mientras que en la Iglesia de Lutero del sistema ortodoxo mismo, todo manual del mismo, representaba el campo de batalla de estas fuerzas en pugna. El escenario de este desarrollo dogmático abarcó toda la Europa occidental. La escuela teológica de tormento. Según Calvino, una parte de los hombres está destinada al mal lo mismo que los lobos a despedazar corderos. Calvino se defendió recordando otros misterios terribles de la creación divina, los ciegos, los tullidos, los locos. Pero Catellio siguió afirmando que, según la ética de Dios, todos los males morales tenían que derivarse de la libertad del hombre. Así preparó el arminianismo. También tuvo que abandonar su cargo y vivir del trabajo de sus manos en Basilea.

Trescientos años después de que fueron escritas estas doctrinas de fe, Carlyle se halla sentado en la cabaña de su anciana madre puritana, en Escocia; se identificaba con su sencilla fe reformada en modo más íntimo que con otra creencia cualquiera. El, el filósofo trascendental, el discípulo de Goethe, Schiller y Fichte, el genial historiador filósofo, sintió muy bien que la nueva religiosidad de estos hombres, lo mismo que la suya, representaba una etapa superior de la que tuvo su expresión en la fe reformada.

Fe y tradición
John H. Leith

La tradición y el Evangelio están unidos indisolublemente. Ambos se necesitan mutuamente y también en la vida de la comunidad cristiana. El Evangelio es el designio divino "para nosotros los hombres y para nuestra salvación"[1] expresado en la autorrevelación de Dios, especialmente en el segmento de la historia que culminó con Jesucristo y con la venida del Espíritu Santo en el Pentecostés. La Tradición es la entrega de este Evangelio, sancionada por una autoridad, de creyente a creyente, de comunidad a comunidad, de generación a generación. Así, la tradición tiene dos usos: el primero, aquel que se refiere al acto de transmisión, y puede referirse al contenido de lo transmitido. El Nuevo Testamento habla de "la fe que una vez fue dada a los santos" (Judas 1.3). Esta entrega es fundamentalmente el don de Dios en Jesucristo (cf. Romanos 8.31-32), "para compartir nuestra existencia y efectuar nuestra salvación".[2] En segundo lugar, significa también el acto humano de entregar con autoridad este Evangelio a toda la gente a través de los siglos. Este segundo aspecto, esta transmisión del evangelio de una manera autorizada y dinámica, es esencial a la vida de la comunidad cristiana. Emil Brunner lo ha expresado muy bien:

> Necesariamente la tradición está involucrada en la revelación singular de Dios en los hechos históricos acerca de Jesucristo. Este evento histórico, único, en que está encerrada la revelación de la salvación, tiene que ser transmitido a las generaciones venideras a fin de que éstas gocen de sus beneficios salvíficos. "Paradosis", "traditio" pertenece, por lo tanto, a la naturaleza misma del Evangelio. Predicar el Evangelio significa necesariamente y siempre, la transmisión de una versión de lo que sucedió para la salvación humana. Sin tradición no hay Evangelio.[3]

---

1. Philip Schaff, *The Creeds of Christendom, with a History and Critical Notes*, 3 vols., 5a. ed. Grand Rapids, Baker House, 1969, copyright 1877 por Harper & Brothers.
2. Albert C. Outler, *The Christian Tradition and The Unity we Seek*. Nueva York, Oxford University Press, 1957, p. 110.
3. Emil Brunner, *El malentendido de la Iglesia*. Trad. de Pablo Pérez y Ernesto Olvera, Guadalajara, Transformación, 1993, pp. 42-43.

La Tradición y las tradiciones

(a) La tradición viva. Modelar la fe por medio de la tradición es siempre la transmisión de una realidad viva, creciente, no de una cosa impersonal. La transmisión de la fe incluye, por supuesto, muchas cosas impersonales que son importantes para la comunidad viva. Lo significativo de edificios, vasos sacramentales, estructuras organizativas, literatura, reliquias y la Biblia misma. Como un hijo hereda la cuenta bancaria de su padre, una nueva generación de cristianos puede heredar no sólo edificios y reliquias sino más bien una acumulación de medios de gracia. La fe misma, sin embargo, no puede ser manejada como una cosa impersonal como si un padre pudiera transmitir su valor de la misma forma que su cuenta bancaria. Los edificios se remodelan, las estructuras tienen que ser revisadas, la literatura tiene que ser ampliada. La comunidad cristiana es una comunidad viva y su vida tiene que ser modelada por la tradición de una manera viva. Esto quiere decir que la tradición siempre está viva, abierta a su época y al futuro, nunca fija.

La Biblia, como un objeto que puede ser manejado mecánicamente, parece contradecir este énfasis en el carácter vivo de la tradición. Por esta razón debe notarse aquí que la Biblia es la concreción, el traslado a la escritura, de la tradición en un tiempo y un lugar particulares. La Biblia es el testigo original y la interpretación de la revelación de Dios y un esfuerzo "para nosotros los hombres y para nuestra salvación" en Jesucristo. En este sentido, la Biblia es la memoria eclesiástica reducida a la escritura por los profetas y apóstoles que fueron los testigos originales al mismo tiempo que creyeron en la revelación divina y en el esfuerzo que dieron origen al pueblo de Dios. La inspiración de las Escrituras es la inspiración divina de este testigo original que es también una interpretación, y es la inspiración del Espíritu Santo para escuchar hoy la Palabra de Dios en la Escritura. La Biblia, como testimonio retrospectivo y prospectivo de Jesucristo, establece los límites y es la única autorización para la vida y la teología cristianas en su totalidad. Y no puede ser manejada mecánicamente ni asimilada impersonalmente. Se lee y se atiende únicamente en la tradición viva de la Iglesia, bajo la inspiración activa del Espíritu Santo por medio de personas que viven y que responden por su fe.

La preeminencia que el protestantismo le ha dado siempre a la Biblia oscurece la importancia de la tradición viva aun para la Biblia misma. Consecuentemente, es fundamental enfatizar que la Biblia fue escrita dentro de la tradición y de la comunidad cristianas; y, cuando está bien entendida, se lee y se escucha dentro de aquéllas. La importancia de la tradición viva se aclara si podemos imaginar algún holocausto que borrase todas las huellas de la comunidad cristiana a tal grado que no quede rastro de su conocimiento. Si además podemos imaginarnos que alguien caminara entre las ruinas de alguna ciudad occidental y encontrara una caja con una Biblia dentro, permitiría la posibilidad de la Biblia sola sin una comunidad viva, sin un intérprete vivo, dando inicio a una nueva comunidad cristiana. Las posibilidades serían mínimas o inexistentes.[4]

La importancia de una tradición viva para la transmisión de cualquier fe o de cualquier perspectiva que deba ser asimilada personalmente es real para todas las áreas de la vida. Émile Bréhier en su importante historia de la filosofía ha notado que "el pensamiento filosófico no es de aquellas realidades estables, las cuales, una vez descubiertas, continúan existiendo como una invención técnica. El pensamiento filosófico es cuestionado constantemente, se halla siempre en peligro de perderse en fórmulas que lo fijen o lo traicionen. La vida espiritual existe únicamente en su desarrollo continuo, y no en la posesión de una supuesta verdad adquirida".[5]

Ésta es una descripción precisa del significado de la tradición viva, enraizada en los siglos pasados pero viva para el futuro, para la transmisión de los compromisos de fe, de estilos de vida y de perspectivas sobre el universo y su significado. Una tradición viva es indispensable para la transmisión de valores humanos y de la fe comunitaria y formas de vida. La Iglesia ha continuado a través de los siglos por medio de contar la historia e invitar a los que escuchan a incorporarse a la comunidad viviente.

(b) La tradición humana. El acto de transmitir el Evangelio con la tradición es humano y vivo. Confundir costumbres locales con el Evangelio y santificar prejuicios parroquiales son parte del mismo proceso. La tradición se satura de falsos comienzos y desarrollos equivocados. Desde los tiempos de Jesús se han presentado estos problemas y, gracias al poder del Espíritu Santo, la comunidad cristiana ha sobrevivido. Además, las tradiciones de la Iglesia han demostrado un enorme poder para purgar, reformar y redirigirse a sí mismas a la luz de la tradición original de las Escrituras.

---

4. Norman Pittenger, The Word Incarnate: A Study of the Doctrine of the Person of Christ. Nueva York: Harper & Row, 1959, pp. 57-58.
5. Émile Bréhier, *The History of Philosophy: Vol. I: The Hellenic Age*, Trad. de Joseph Thomas, Chicago: University of Chicago Press, 1963.

(c) La Tradición como obra del Espíritu Santo. Vehicular la fe con la tradición no es sólo un acto humano; es también una obra del Espíritu Santo. Albert Outler ha señalado esto con claridad y lucidez:

> Esta "tradición" divina, o paradosis, fue un acto divino en la historia humana, y es renovado y actualizado en el transcurso de la historia por obra del Espíritu Santo de Dios, el cual Jesús comunicó a sus discípulos en la última hora en la cruz El Espíritu Santo —"enviado por el Padre en mi nombre" (Juan 14.25)— recrea el acto original de la tradición *(traditum)* por medio de un acto de "tradicionización" *(actus tradendi)*, y así la tradición de Jesucristo llega a ser una fuerza viviente que va a permanecer para darle a la fe el estímulo para responder y crear testigos actuales. Este *actus tradendi* es el que transforma el conocimiento histórico de un hombre acerca de Jesucristo —un evento ya sucedido— en una fe vital en Jesucristo: "¡Mi Señor y mi Dios!".[6]

La vehiculación de la fe en la tradición como fenómeno humano no se puede identificar simplemente con la obra del Espíritu Santo. De hecho, el reconocimiento de la obra del Espíritu en la tradición es, finalmente, un acto de fe. Mezclada con toda la parafernalia de la tradición, cosas buenas, malas o indiferentes, se encuentra la realidad de la Iglesia y del Espíritu Santo. Esta es la creencia cristiana incluso en las horas más oscuras de la Iglesia. Si la doctrina de la infalibilidad tiene algún significado para los protestantes, es precisamente en este punto. Ningún protestante puede creer que alguna persona o institución sea tan sabia o tan buena que esté exenta de errores en algún punto. Los cristianos protestantes creen que la providencia y la misericordia divinas preservan a la comunidad cristiana de cometer algún error fatal o definitivo.

(d) Jesucristo como tradición. Jesucristo es la tradición y el acto humano de vehicular en la tradición lo que Dios hizo "por nosotros los hombres, y por nuestra salvación" en Jesucristo, siempre está subordinado a él. Para los protestantes y para la comunidad reformada, esta subordinación ha sido expresada en la suprema autoridad que ha sido atribuida en la vida de la Iglesia al Espíritu Santo al hablar por medio de las Escrituras. Los primeros reformadores colocaron a la Biblia por encima de toda tradición humana. Su protesta contra las tradiciones humanas aberrantes de su época parecía sugerir que la tradición no poseía ningún valor. Al parecer, sólo la Biblia respaldaba a su religión. Pero la Biblia nunca estuvo completamente sola: Calvino mismo

---

6. A. Outler, *op. cit.*, p. 111

habló en gran manera sobre la autoridad de la Biblia, pero él siempre leyó y escuchó la Biblia en términos de las tradiciones. Revisó su liturgia con base en las prácticas litúrgicas de la iglesia antigua, y desarrolló su política con un gran aprecio por la política practicada en aquélla. Escribió la *Institución* con la estructura del Credo de los Apóstoles, estudió la Biblia y llevó a cabo su labor teológica con la ayuda de incontables intérpretes y teólogos de siglos anteriores. Calvino no rindió culto a la Biblia o a la Iglesia y sus tradiciones, sino al Dios que visitó a su pueblo en Jesucristo.

Los protestantes siempre han tratado de creer que podrían de alguna manera omitir todos los siglos de la historia cristiana y leer la Biblia sin la ayuda o el estorbo de aquellos que les antecedieron. En realidad, aquellos que se han rehusado a leer la Biblia a la luz de las tradiciones eclesiásticas siempre lo han hecho a la luz de sus propias tradiciones históricas y culturales. Karl Barth, el gran teólogo reformado del siglo XX, escribió: "Realmente nunca ha habido un biblista a quien debido a su grandilocuente apego directo a la Escritura, en contra de los Padres y de la tradición, haya podido independizarse del espíritu y de la filosofía de su época y, especialmente, de sus ideas religiosas favoritas que en su enseñanza le haya dejado hablar a la Biblia y sólo a ella con absoluta seguridad por medio o a pesar de su anti-tradicionalismo".[7]

Barth va más allá al afirmar que, al lado del Catolicismo Romano, la teología reformada ha tenido sus padres eclesiásticos o maestros de la Iglesia, pero que dichos padres o maestros de la fe están subordinados claramente a la autoridad de la Escritura. En la Iglesia antigua, Atanasio y Agustín son maestros eclesiásticos para protestantes y católicos al mismo tiempo. Barth también le da un lugar a los teólogos medievales como Tomás de Aquino, Anselmo de Canterbury y Buenaventura. La autoridad de un padre de la iglesia es auténtica, pero relacionada con la de otros colegas. Sólo algunos maestros son "maestros de la Iglesia" o "Padres de la Iglesia". "No cualquier testigo eclesiástico en alguna época o periodo es un ejemplo o estímulo para ciertos miembros de la Iglesia y por esa razón, adquiere categoría de padre, en el cual la Iglesia puede y debe confiar, en el sentido de que los rumbos trazados por él sean los más correctos para ella. Esta genuina guía para la Iglesia, como la ejercieron Lutero y Calvino, es más bien rara".[8]

Y aun en los casos de Lutero y de Calvino la función de "maestro de la Iglesia" está en relación con la Escritura y con Jesucristo. El entusiasmo

7. Karl Barth, *Church Dogmatics*. 4 vols. Edimburgo: T&T Clark, 1936-69, I, 2:609.

8. *Ibíd.*, 613.

por un "maestro de la Iglesia" no debe perturbar el culto a Dios que otorga autenticidad a la Iglesia. "Por supuesto, yo me ubico en la tradición reformada", dijo Barth, "pero yo creo, como Calvino, que hay un solo Maestro en la Iglesia y en el mundo. Consecuentemente, trato de obedecer a Cristo y no a Calvino".[9] Jeanne d'Albret (1528-1572), la notable dirigente de la Iglesia Reformada Francesa, fue verdaderamente reformada cuando le escribió a su sobrino, el Cardenal d'Armagnac, "Yo sigo a Beza, a Calvino y a otros sólo en la medida en que ellos siguen a la Escritura".[10]

(e) Las tradiciones. Desde muy al principio, las tradiciones cristianas han sido diversas. No hay uniformidad en las tradiciones del Nuevo Testamento. El manejo que Pedro hizo del Evangelio fue muy distinto del llevado a cabo por Juan o por Pablo. El consenso de la Iglesia Católica antigua fue real, pero no esconde su diversidad: la cristiandad judía, helenística, la muy peculiar elaboración nestoriana, la monofisita, la donatista y muchas otras. Algunas de estas pequeñas y aisladas tradiciones siguen existiendo hasta hoy, como sucede con los coptos, los sirios, los armenios y los cristianos nestorianos, todos ellos representados en Estados Unidos.

La mayor división entre las Cristiandades occidental y oriental se presentó muy pronto y se hizo oficial en el año 1054. Los cristianos orientales, divididos a su vez en iglesias nacionales, autónomas, han permanecido extraños y ajenos a los cristianos de Europa occidental. Sólo recientemente los occidentales comenzaron a entender y a apreciar las poco conocidas prácticas cristianas de las iglesias orientales. La misma cristiandad occidental se fragmentó en el siglo XVI con la ruptura entre el catolicismo occidental gobernado por Roma y el Protestantismo. Éste último se fragmentó rápidamente, debido, en parte, al aislamiento geográfico y a la emergencia de poderosos estados nacionales. En parte, también, a causa de la convicción protestante que aceptó el riesgo preferible de dividirse antes que aceptar la autoridad de alguna institución para dictar cómo debía leerse la Biblia en las comunidades. El énfasis puesto en la acción reveladora del Espíritu Santo por medio de la Biblia como la autoridad última y en la obligación de todos los creyentes como sacerdotes delante de Dios para tomar la responsabilidad de su propia fe fue una fuente de la fortaleza protestante, pero también fomentó más divisiones.

9. Cit. por Jacques de Senarclens en "Karl Barth y la tradición reformada", en *Reformed World*, 30, 206, de la entrevista aparecida en *Realité*, febrero de 1963, p. 25.
10. Cit. por Roland Bainton en *Women of the Reformation: In France and England*. Minneapolis: Augsburg Publishing House, 1973, p. 6.

Las tradiciones cristianas particulares están todas subordinadas a la tradición, la revelación de Dios en Jesucristo, quien es el Señor de la comunidad cristiana en todas sus manifestaciones. Además, las tradiciones particulares con sus perspectivas parciales y parroquiales no pueden aislarse propiamente de la totalidad de la iglesia única, santa, católica y apostólica. La tradición y la comunidad reformadas deben entenderse, así, en el amplio contexto de la comunidad cristiana y en el de otras tradiciones que, de diferentes maneras, dan testimonio de la gracia de Dios en Jesucristo. La tradición reformada comparte una fe y una tradición comunes con todos aquellos que creen que Dios, el creador de los cielos y de la tierra, ha visitado a su pueblo de una forma decisiva y definitiva en Jesucristo. El Credo de los Apóstoles, el Credo Niceno y la Fórmula de Calcedonia son los estatutos teológicos primarios de esta tradición cristiana universal. La tradición y la comunidad reformadas son también una parte de la comunidad protestante. Como tales, comparten con los demás protestantes las afirmaciones básicas de los grandes escritos teológicos de Martín Lutero (1520): (1) La autoridad última del Espíritu expresada a través de la Biblia; (2) La justificación por la gracia a través de la fe; (3) El sacerdocio universal de todos los creyentes; (4) La santificación de la vida común; y (5) El rechazo radical de creencias y prácticas cristianas mágicas.[11] Estos énfasis le dan al cristianismo protestante un estilo y un carácter particulares. Dentro del abanico protestante, la comunidad reformada se distingue de los luteranos, anglicanos y de los protestantes más radicales (p. ej. los menonitas). La peculiaridad de la tradición reformada se explicará en este libro; pero como ya señaló en el prefacio, esto no es fácil de hacer, porque la tradición reformada basa su diversidad en las contribuciones de teólogos, culturas, épocas y experiencias de múltiples ámbitos, cristianos y no cristianos.

Los cristianos reformados (y presbiterianos) pueden identificarse a sí mismos como: (1) cristianos, (2) protestantes, (3) reformados, y (4) como pertenecientes a una denominación particular en una situación nacional propia. El orden de esta enumeración tiene cierta importancia: la situación particular puede darle a cada término más importancia que a otro; también debe quedar claro que el vocablo *Cristiano* no es sólo el más comprensivo sino también la identificación más importante. Además, la conciencia de

---

11. Cf. las siguientes obras de Lutero: "Tratado sobre las buenas obras", "A la nobleza cristiana de la nación alemana", "El cautiverio babilónico de la Iglesia" y "La libertad del cristiano". [Los tres últimos se pueden consultar *en Escritos reformistas de 1520*. México, SEP, 1988].

que Jesucristo es el Señor de todas nuestras tradiciones, y aun de nuestras definiciones cristianas básicas, es el primer artículo de la fe. Debe distinguirse con claridad entre la *tradición* (Jesucristo y el Evangelio de la salvación divina a través de él) y las tradiciones, y dicha distinción nunca debe ser violentada.[...]

Calvino y el calvinismo contemporáneo
José Luis L. Aranguren

Calvino y su doctrina

Hemos visto que la Reforma germánica fue hecha por un hombre [Martín Lutero] no solamente de temple, sino también de propensión profundamente antirrenacentista. La Reforma latina, muy al contrario, ha sido creación de otro hombre, Juan Calvino, formado en el humanismo, hasta el punto de que su esfuerzo va a tender dentro del protestantismo, hacia un fin semejante al de la Contrarreforma católica: la conciliación del Renacimiento humanista y la fe cristiana. Y, como a continuación vamos a ver, este hombre se distingue, frente al extremoso talante del reformador alemán, por unas disposiciones de espíritu completamente diferentes: la lógica férrea y siempre con tendencia a un racionalismo utilitarista, el sentido jurídico y moral, la gravedad y celo religiosos, la necesidad de satisfacer el sentimiento de seguridad de salvación y la predicación, como mandatos divinos, del activismo y la laboriosidad terrenos.

Por lo pronto, y esto explica muchas cosas, la inicial *situación* espiritual de Lutero y Calvino fue bastante diversa. Lutero es el revolucionario integral, el hombre que se levanta solitario, apenas sin nadie antes ni detrás, frente a la tradición, frente a Roma. Calvino, en cambio, tiene a sus espaldas una menguada, pero real tradición en que apoyarse. El no *inventa* la Reforma; simplemente, la *recibe* y la abraza, aunque la modifique y la adapte. Mas que continuar una tradición, por breve que sea ésta, es disponer de alguna posibilidad de clasicismo; ya no es un Robinsón, ya no es un *primer hombre*.

Añádase que Calvino cultivó cuidadosamente su haber clásico. Empezó por recibir una educación de humanista y de jurista (la profesión más odiada por Lutero). Cuatro años antes, tan sólo, de publicar su obra fundamental dio a la luz un comentario muy erudito a *De Clementia*, de Séneca, en el que expresaba su admiración por el filósofo pagano, de cuya obra dice estas palabras que habrían, sin duda, escandalizado a Lutero: "A nadie pesará el trabajo de leerla, *a menos que haya nacido bajo la cólera de las Musas y de las Gracias*" (el subrayado es, naturalmente, mío). El libro capital de Calvino, la *Institutio Christianae Religionis,*[1] la primera dogmatización sistemática del protestantismo, fue escrita en latín, cuando ya hacía muchos años que Lutero no empleaba más que el alemán; es verdad que la versión francesa, hecha por el propio autor, no se hizo esperar largamente; pero, en realidad, y sin que esto menoscabe su importancia literaria, se trata de una traducción casi literal y llena de latinismos. En ella nos sorprende enseguida, para contrastarlo con la tendencia luterana al grado superlativo, un rápido inventario de sus palabras predilectas, las más repetidas y que apuntan directamente al estado anímico recomendado por él: *sagesse,* "moderación" y "sobriedad"; exhortaciones constantes a "inquirir sobriamente" y "reprimir nuestras almas", pues "temperada en sobriedad"; repulsa, una y otra vez manifestada, de la "temeridad" y la *intemperance,* del "frenesí" y la "intemperancia frenética", de la "audacia", de la *folle oultrecuydance* y de hablar *folle et desraisonnablement.* Aun al tratar las materias más apasionantes y dramáticas, *verbigratia,* del martirio que da testimonio de la fe, recomienda que se sufra "no con furia y frenesí, sino por un celo de Dios tan sobrio y temperado como firme y contante".[2] No menos curiosa es su manera plausible y *sage* de comenzar a exponer la horrible doctrina de la corrupción total de la naturaleza humana y el *servo arbitrio* con las palabras siguientes, que diríanse escritas por alguno de los grandes moralistas católicos compatriotas suyos: "L´homme, estant enclin de soymesme à se flatter…".[3] El tratamiento sobrio y puramente "intelectual" de tales horrores [y no digamos los de la Predestinación al mal], su fría, seca y simple patética, hacen pensar, sin querer, en ciertas páginas de Edgar Poe.

Bossuet fue el primero a quien se le ocurrió, sagazmente, contrastar el carácter de Calvino con el de Lutero,[4] colérico, impetuoso e insolente. El talante de Calvino era muy distinto. "Toda Francia [escribió] conoce mi integridad, mi paciencia, mi vigilancia, mi moderación". Pues, en efecto, siempre se jactó de su contención, de su frugalidad y austeridad, de su espíritu razonador y de su sangre fría. Carente por completo del espíritu romántico-genial propio de un Lutero, suplió la falta de genio con estudio, disciplina, trabajo y sistema.

---

1. Brasilea, 1536. Yo he manejado preferentemente la versión al francés hecha por el mismo Calvino, texto de la primera edición francesa, 1541, reimpreso bajo la dirección de Abel Lefranec, por Henri Châtelain y Jacques Pannier, 1909.
2. *Op. cit.,* cap. I, *De la cognoissance de Dieu.*
3. *Op. cit.,* cap. II, *De la cognoissance de l´homme et du liberal arbitre.*
4. Cf. *Historie des variations des Eglises protestantes,* L. IX, Doctrine et caractère de Calvin. Pueden verse también pp. 272 y 281 de Hermann Schuster, *Das Werden der Kirche.*

El punto de vista de Bossuet, el contraste de caracteres diríamos nosotros de actitudes o disposiciones fundamentales del espíritu, de manera de sentir y entender la vida, es la idea metódica fundamental del presente libro. He aquí explicado por qué, partiendo de las sumarias indicaciones proporcionadas por el obispo de Meaux, nos permitiremos extenderlos algo más en el parangón entre Calvino y Lutero, parangón que quedará completo si, por la otra banda, atendemos también al contraste con el talante o disposición católica de ánimo.

Veíamos que el luteranismo nace de la angustia y la desesperación. Calvino era hombre *celoso* como el que más, varón de preocupaciones y cuidados, pero no de angustias. Y en cuanto a la desesperación, fríamente la rechaza. "Les saincts [dice, y ya se sabe que para los protestantes, como para San Pablo, esta palabra es la aplicación ordinaria, cuando no es severamente poscrita] n´on jamais plus grande matière de desespoir", puesto que descansan en la promesa divina; y por las palabras paulinas "temor y temblor", ha de entender un temor que nos haga más *sogneux* y *prudents*; no que nos aflija hasta "desesperar".[5]

Otro tanto puede decirse respecto de la castidad. Lutero sufrió fortísimas tentaciones de índole carnal, y su obra toda ha quedado como impregnada de sensualidad. Calvino despacha el asunto en unas pocas y casi mojigatas palabras. El hombre [dice][6] ha sido creado en la condición no de vida solitaria, sino de compañía con ayuda semejante a él. Tras la maldición del pecado quedó todavía más sujeto a esta necesidad. Pero encuentra remedio en el matrimonio, "ordenanza de Dios buena y santa, aunque no sacramento".[7] No obstante [continúa], algunos reciben el don especial de continencia.

Aparentemente hay una inconsecuencia en el hecho de que a una doctrina como la calvinista de la Predestinación, mucho más aterradora que la luterana, corresponda un temple vital más calmoso y sereno. La contradicción se deshará cuando, abandonando el punto de vista de confrontación, de subjetividades, en que ahora nos mantenemos, pasemos a comparar los "estilos" de las *doctrinas* luteranas, calvinista y católica.

Y del mismo modo que el extremismo: la despreocupada y sensual alegría con que Lutero se sobrepone a sus angustias. En el reformador francés no se da el "salto" de la *Kreuztheologie* a la *Trosttheologie*, del temblor por la condenación futura al abandonado arrojamiento en la sola fe. El natural calvinista es más constante, más equilibrado, más dotado de *temperamentum*. Pero el

---

5. *Op. cit.*, cap. IV, *De la Foy, ou le symbole des Apostres est expliqué.*
6. *Op. cit.*, cap. III, *De la Loy.*
7. *Op. cit.*, cap. III. XIII.

tono vital de este *temperamentum* es infinitamente más bajo que el católico, pues no está menos alejado de la alegría espiritual, de la *euthymia* que de la brutal alegría luterana de la carne, del goce animal en la satisfacción de las necesidades biológicas. Calvino, y con él todo calvinista genuino, son gentes tristes, graves y secamente austeras, hostiles al goce, como ha escrito Max Scheler. También en él resulta verdad que "el estilo es el hombre". Bossuet fue el primero en advertir la "tristeza" de este estilo, seco, abstracto, apegado, pobre, desnudo de metáforas e imágenes; éste que su autor llama "lenguaje simple y conveniente". Compárese con el de Rabelais, exactamente de la misma época, y se echará de ver toda la distancia que media entre el estilo calvinista y el católico-renacentista.

A primera vista parece que no cabe hablar, en rigor, de *superstitio* con referencia a Calvino, por cuanto que él está libre de los escrúpulos, obsesiones y terrores que atenazaron el alma de Lutero. Antes bien, su consejo es *ne faire consciente devant Dieu des choses externes.*[8] Más no vaya a creerse por eso que el calvinismo alivie la carga religiosa. Antes al contrario. Pues la desesperación de Lutero debía de ser, sin duda, terrible; pero, a lo menos, lograba sacudírsela a ratos para entregarse, alegremente, a comer y beber sin medida. Calvino debe ser imaginado, contrariamente, como un hombre que nunca lograba descuidarse y reposar. Del misticismo está más alejado, si cabe, que Lutero. Poseído como de un demonio tranquilo, de un *celo* fríamente fanático, impone autoritariamente a sus seguidores una actitud de austera, inhumana gravedad. No hay duda: la "carga" calvinista de la vida, aunque menos angustiosa, es, por lo constante, sin respiro ni intermisión, más pesada aún que la luterana. Calvino nos lleva a pensar en el inexorable Robespierre.

Aludíamos, poco ha, a la cerrazón calvinista para la mística. Más todavía: Calvino no conoció siquiera la vida contemplativa, el gusto de la "teoría". Bajo capa de justa repulsa de la "frivolidad", "curiosidad", actitud "frívola y pueril", y de las "cavilaciones", cosas "superfluas", "sutilezas y casuísticas", propias a su parecer de los que él denomina "teólogos sofistas" (los católicos), oculta una ceguera total para la contemplación y la postura puramente teorética y una falta absoluta de sentido para el "misterio religioso". Todo eso, para él, son "laberintos", palabra ésta repetidamente usada en su obra, precisamente en este sentido. En realidad, más que teólogo fue predicador, propagandista y político. En el orden intelectual se limitó a sistematizar el protestantismo, adaptándolo a la medida del espíritu latino. Con razón se ha dicho que su obra

8. *Op. cit.*, cap. XIV, *De la Liberté chrestienne.*

principal es, simplemente, un catecismo. Jamás se levanta en vuelo teológico. Y su psicología de "maestro de escuela" [en el injusto sentido peyorativo que a veces se da a esta palabra] le lleva a simplificar excesivamente, dejándose llevar de su propensión racionalista al exceso de claridad.

El criterio de la *utilidad* es frecuentemente invocado por él y opuesto a la "vana especulación". El vicio que más combate es, acaso, la *pereza*. Echa en cara a los monjes que "no trabajan con sus manos y viven de los bienes de otro".[9] Su sentido práctico es enorme. Se debe "trabajar para la honra de Dios", pues, como él dice, dando un giro secular a las palabras evangélicas, "a los fieles se les conoce por sus frutos". La laboriosidad, el puntual ejercicio de la profesión, es un servicio más grato a Dios que el de la liturgia. La inversión de valoración entre el *ocio* y el *negocio* arranca, justamente, no del luteranismo, sino del calvinismo. Por eso no puede considerarse como un azar el hecho de que desde el primer momento los calvinistas se mostrasen más activos que los luteranos en la propagación de su fe. Por otra parte, son conocidos los estudios de Max Weber sobre el origen calvinista del capitalismo. Y algo semejante puede decirse del activismo puritano y del gran papel desempeñado por él en la construcción y auge de los Estados Unidos de América.

Dando ya por terminada la consideración de las "almas" de Lutero y Calvino, pasemos ahora a confrontar, como elaboraciones "objetivadas", calvinismo y luteralismo. Pero antes, una puntualización. Advertiremos en el curso de nuestra comparación que, pese a la mayor proximidad del calvinismo al estilo clásico, en algunas cosas es todavía menos "católico" que el luteranismo. ¿Por qué? Sencillamente, porque Calvino imprime un giro "moderno" al clasicismo, anticipando en cierto modo a Descartes y los grandes racionalistas de la época. Se ha dicho por alguien, con alguna razón, que Loyola y Calvino han sido los dos primeros hombres completamente "modernos". Frente a Calvino sobre todo, Lutero nos parece casi medieval.

En el capítulo anterior subrayábamos el antitradicionalismo religioso de Lutero. Calvino no le va a la zaga en cuanto a la firme decisión de reducir el cristianismo a la Biblia. Y, sin embargo, el calvinismo tiende marcadamente, por virtud del espíritu autoritario que le anima, al dogma y a su definición eclesiástica. La diferencia estriba, simplemente, en que para Calvino la Iglesia es él. Ya lo advierte en el *Argument* de su libro: la Santa Escritura contiene una doctrina perfecta, a la que nada se puede añadir; pero las personas no muy ejercitadas están expuestas a *esgarer a et là*; por eso, quienes han recibido más

---

9. *Op. cit,.* Epístola al Rey de Francia, que la encabeza.

amplia luz [es decir, concretamente, el infalible Juan Calvino] deben tender
la mano a los otros e introducirles en la recta lectura de la Palabra de Dios.

El magisterio eclesiástico es rechazado con estas palabras, que traducen
bien el *esprit géometrique* y la lógica simplista de quien las dictó: "Si la doctrine des Prophetes est le fondement de l'Eglise… c'est doncques reverie et
mensonge, de dire que l'Eglise ait la puissance de jugar del l'Escriture".[10]

Calvino, siguiendo a Lutero, sustituye la iluminación eclesiástica por
el "testimonio interior del Espíritu Santo". Vista la cuestión, empero, en su
plano estrictamente psicológico, quiero decir, prescindiendo de supuestas
asistencias sobrenaturales, la diferencia entre la interpretación luterana de
la Biblia y la calvinista es enorme; Lutero se esfuerza por una "vivificación
existencial" de la palabra, con lo que se anticipa a Kierkegaard y a una buena
parte del pensamiento de nuestro tiempo. Calvino se contenta, en puridad,
con tratar de esclarecer la *letra* [se ha hablado a propósito de él y de sus discípulos, de "biblicismo legalistas"] mediante *sagesse y bon sens*. *Sagesse y bon
sens* que, como con frecuencia suele acaecer ["el sueño de la razón produce
monstruos"], terminan devorándose a sí mismos.

La simple invocación de *sagesse*, tan característica de Calvino, nos pre-
viene, ya que la tensión entre la razón y la fe ha de ser concebida por él de
manera mucho menos radical que la luterana. En efecto: claro que Calvino
no podía retroceder al principio católico de armonía del saber y el creer; pero,
en la práctica, concede a la razón una zona de validez bastante amplia; acaso,
vistas las cosas con algún rigor, hasta demasiado amplia. En contraste con
Lutero, y aunque las tache de "superfluas", se de tiene a discutir las doctrinas
filosóficas, sobre todo las de Aristóteles. En una ocasión[11] llega a conceder
positividad, siquiera en atisbo, a la sabiduría de los filósofos, pues dice de
ella que es como la luz de los relámpagos en una noche oscura y tormentosa:
insuficiente para guiar, pero no por eso menos real.

Su forma de religiosidad no es irracional, como la de Lutero, sino racionalista. Ha hecho del protestantismo lo que más podía contrariar a su
fundador: un sistema. Su obra fundamental es intitulada *summa pietatis*,
"Somme de piété". Y de hecho, y por más que exhorte una y otra vez a "inquirir sobriamente acerca de los Misterios" y a que no sean *espeluchées* por los
hombres las cosas que Dios ha querido mantener ocultas,[12] él ha destruido
los misterios del Cristianismo. El de la Predestinación divina y la libertad

10. *Op. cit.*, cap. I.
11. *Op. cit.*, cap. II.
12. Cf. caps. IV y VIII.

humana, evidentemente, pues que su doctrina, absurdamente lógica, si cabe expresarse así, consiste en negar esta última de raíz y afirmar la reprobación positiva, la predestinación al mal. Nada digamos del misterio sacramental, que es negado, según veremos, en *todos* los sacramentos. En fin, hasta el misterio de la Trinidad, a vuelta de una discusión sobre el sentido de las palabras "persona", "hipóstasis" y "esencia", es sumamente debilitado, concluyendo que "no hay tres personas".[13] La religiosidad calvinista no es, pues, "irracional" a guisa luterana, pero continúa siendo "patética"; más patética, tenebrosa y tétrica que ninguna otra. La extraña combinación de "lógica", "sobriedad", "fanatismo" y "terror", es específicamente calvinista. Y, no obstante, notábamos arriba que Calvino se esfuerza en hacernos ver que su "prudente" doctrina preserva de la desesperación. La explicación es obvia. Se siente "elegido" y habla a "elegidos", a gentes seguras de su salvación. Que se acongojen, pues, "los otros". Él y los suyos no tienen por qué. Volveremos pronto sobre esto.

La discrepancia entre el luteranismo originario, libre de toda suerte de trabas, y el severo calvinismo, se acentúa en el terreno ético. Calvino pretende ser en sí mismo un requerimiento moral viviente, y su herejía está traspasada de eticidad, de moralismo. El catolicismo ha logrado, en exacto equilibrio de valores, un difícil punto de religiosidad moral. Los calvinistas, forzando el ingrediente ético, inician el proceso moderno de reducción de la religión a simple moralidad. La conducta moral intachable, el activismo ético-religioso, la austeridad en el comportamiento, son, dentro de la secta, "signos de elección". Y en esta conexión de ideas es importante advertir que la desnaturalización del luteranismo desde la muerte de Lutero hasta Kierkegaard, mediante la suplantación del temblor ante el *Mysterium tremendum* por la superlativa exigencia de rectitud y acción moral, procede principalmente del influjo calvinista.

Veíamos en el capítulo dedicado a Lutero su odio a los juristas y la nota profundamente antijurídica de su concepción teológica. Por el contrario, Calvino, que se preparó en su juventud para jurista, tuvo siempre un alto concepto de la Ley. En cuanto a la Ley religiosa,[14] comienza por advertir que ha sido amplificada y corrompida por escribas y fariseos: "los mandamientos de la Ley (de Dios) ocupan el más pequeño lugar, en tanto que la multitud infinita de preceptos humanos ocupa el primer rango y el mayor lugar". Y añade: "Pero la Ley, San Pablo lo grita fuerte y firme, es espiritual". Restituida, por tanto, a su esencia espiritual y divina, y recibida como tal, aun cuando nuestras fuerzas

13. *Op. cit.*, cap. IV.
14. *Op. cit.*, cap. III.

sean insuficientemente y aun nulas para cumplirla, no es perniciosa ni debe conducir a la desesperación. En Calvino, cuya religiosidad está fuertemente inspirada por el Antiguo Testamento, no puede separarse tan tajantemente como en Lutero la "religión de la Fe" de la "religión de la Ley". La Ley en cuanto que nos revela la justicia de Dios, descubre nuestra iniquidad y es el aguijón que no nos deja "dormir" ni "appesantir"; sirve a los fieles para "resveiller de paresse, en les sollicitant, et chastier leur imperfection".[15] Debe, pues, el cristiano esforzarse en cumplirla para hacerse agradable a Dios.[16] Todo el largo capítulo III de la *Institución* se destina a explicar, con espíritu muy legalista, los mandamientos de la Ley de Dios, tan escasamente estimados por Lutero.

También su valoración del Derecho eclesiástico es completamente distinta de la luterana. Lutero considera el Derecho como esencialmente preterreligioso, y por eso cede al Estado la facultad de organización de la Iglesia misma. Calvino, muy al contrario, implantó en Ginebra una autentica teocracia, y la iglesia calvinista se constituyó en forma cerradamente jurídica. En cuanto al Poder civil, reconoce su origen divino.

En su concepción de la relación *hombre-Dios* es Calvino genuinamente protestante. El "abismo" que separa al hombre de la Divinidad es todavía más ancho y profundo que en Lutero, porque la nota últimamente definitoria del calvinismo, desde su fundador a Karl Barth, es el *soli Deo gloria*, la absoluta glorificación de la Trascendencia divina y su Majestad todopoderosa. De ella deriva, como veremos en seguida, la inhumana doctrina de la doble predestinación; y en conexión con ella se encuentra su altísimo aprecio del Antiguo Testamento [donde tanto se exalta aquélla], aprecio que lo lleva a afirmar la unidad de ambos Testamentos.

El hombre, tras la *pollution* del pecado primero, padece una corrupción hereditaria y total. "Todo lo que hay en él no es más que pecado". Es imposible que salga de este pozo de iniquidad porque "qu'est-ce que pourroit avoir un mort, pour estre restitué en vie?". Empero, aun cuando Calvino niegue con tanta energía como Lutero el "mérito de las obras", su doctrina no es rigurosamente la justificación por la sola fe,[17] puesto que dice: "Nous

---

15. *Op. cit.*, cap. III.
16. *Op. cit.*, cap. XIV.
17. Calvino distingue también, como Melanchton *(vide supra)*, la fe justificante de la "fe histórica" o "credulidad vulgar", "por la cual el hombre asiente a lo narrado en los Evangelios"; la verdadera fe no se contenta con un simple conocimiento de la historia, sino que es "conocimiento de la buena voluntad de Dios" para con nosotros, y se funda en la *promesa* (cap. IV). La Fe y la Esperanza van siempre unidas, de tal modo que la Escritura a veces confunde uno con otros estos vocablos *(Ibidem)*.

confessons bien avec Saint Paul, qu'il n'y a outre Foy qui justifie, sinon celle qui, est conjoincte avec charité".[18] Antes que de *fe-confianza* debe hablarse aquí de *fe-obediencia*, y justamente este sometimiento absoluto, incondicionado, a la voluntad de Dios es una nota que emparenta a Calvino con su coetáneo San Ignacio.

Mas el punto central de la teología calvinista no es, como en Lutero, la *justificación*, sino la *predestinación*. Para él la idea de la Omnipotencia[19] y Omnicausalidad divina exige indefectiblemente la destinación, previa a cualquier merecimiento y presciencia de merecimiento, a la salvación o a la condenación. Conducido por su característica, simple e inexorable lógica, pone este dilema: "Porque estas dos causas son contrarias: que los fieles tengan su santidad de una elección, y que por su santidad hayan sido elegidos". Según él, hay que elegir entre el pelagianismo que cercena el poder de Dios, o la predestinación al mal. Ni cabe recurrir a la "diferencia de voluntad y permisión". La reproducción es positiva. El Señor, por medio del "Diablo, ministro de la ira de Dios", opera el "aveuglement et endurcissement des mauvais" y con ello su condenación.

Subrayábamos que lo característico de la dialéctica luterana consiste en la conculcación del principio de contradicción. Calvino, por el contrario, se aferra tan celosamente a él que se imposibilita para elevarse en lo religioso a síntesis superiores.

Martín Lutero, justificado por la fe, pero a la vez no dejaba de acongojarse ante la posibilidad de su reprobación. Calvino no, porque al dogma luterano de la certeza de la justificación añade el de la certeza de la predestinación. El "elegido", ocurra lo que ocurra, está salvado. La gracia, una vez recibida, no puede pedirse; justificación y seguridad de salvación son una misma cosa. Es lo que se ha llamado "dogma de la inamisibilidad de la justicia".[20]

Así, pues, Calvino afirma, y en ello va de acuerdo con Lutero, que "es perniciosa la doctrina de los teólogos sofistas de que nosotros no podemos saber si estamos en gracia más que por conjetura moral".[21] Pero, ya por su cuenta, agrega a esta certeza de estar en gracia la de haber de salvarse. La

18. *Op. cit.*, cap. VI.
19. La idea calvinista de Dios es voluntaria: "Le atribuimos toda potencia; no tal como los sofistas la imaginan, vana, adormecida y ociosa, sino llena de eficacia y de acción". En otros lugares acentúa del modo más inequívoco la *Voluntad* de Dios frente a su *Providencia*.
20. Cf. Bossuet, *op.* y *loc. cit.*
21. *Op. cit.*, cap IV.

adhesión a Jesucristo, la comunión con Él, la incorporación a Él, certifican nuestra elección según aquellas palabras del evangelio.[22] "Es la voluntad de mi Padre que no pierda nada de lo que me ha dado, sino que lo resucite todo en el último día".

En el alma de Lutero luchaban la fe-fiducia en Dios y la angustia que desespera de salvarse: alternantes vicisitudes de una dialéctica vital. La vida espiritual de Calvino es una trayectoria recta y fatal señoreada por calma glacial. Los "elegidos", es decir, los que en el celo, laboriosidad, activismo moral, austeridad y hasta "tristeza", llevan impreso el sello de su incorporación a Cristo, no tienen por qué desesperar. Pero ¡ay de los otros! ¡Atroz destino el suyo! Maniatados por Dios para el bien, entregados al demonio, reprobados desde antes de existir, más les valiera no haber nacido. Y así, ningún calvinista puede escapar a esta disyuntiva: una vida de indescriptible terror o un insensato "sentirse elegido", un *racismo* espiritual mil veces más pernicioso que el peor de los racismos. No en vano la doctrina de Calvino se distingue por su simpatía al judaísmo, a la religión del "pueblo elegido de Dios", la religión del Antiguo Testamento, que, como ya hemos visto, pone él a la misma altura que el Nuevo.

Mas he aquí que a través de este horrendo rodeo se nos manifiesta el talante cuasiclásico de Calvino. Pues el hombre anticlásico puede vivir, es más, está condenado a vivir como Lutero, inseguro y angustiado. Pero el clásico necesita un suelo firme en que apoyarse y descansar. El suelo sobre que descansa el católico es: la Iglesia. El de Calvino, no. Al explicar el Símbolo de los Apóstoles[23] introduce una al parecer leve modificación, y no dice, como era usual en su lengua materna, "je croy en la saincte Eglise catholique", sino "je croy la saincte Eglise catholique", porque *en* Dios [aclara] se puede (*crédere-in*), es decir, confiar y estribar, pero en la Iglesia no: "nostre fiance repose en luy (Dios), Ce quine conviendroit point à l'Eglise". El suelo firme (sin el que nadie, salvo los hombres "agónicos", un Lutero joven, un Kierkegaard, un Unamuno, se puede pasar) habrá de buscarlo en otro lugar. Y como ha visto perspicazmente Paquier, traductor de Denifle,[24] lo encuentra en la doctrina de la inadmisibilidad de la justicia y la certeza de la salvación. Es decir, transportando al individuo

---

22. *Joan* VI, 37 y ss., citado en el cap. VIII.
23. *Op. cit.,* cap. IV.
24. *Luther et le lutheranisme,* t, III, pp. 428-9, nota del traductor.

lo que es verdad de los indefectibles medios eclesiásticos de santificación (bautismo, penitencia y los otros sacramentos, intercesión de los santos; etcétera). ¿Por qué esa transposición? Porque el sentimiento de seguridad que proporcionaba la Iglesia ha desaparecido al romper con ella; pero el *besoin de securité* subsiste en Calvino [al contrario que en Lutero y en todo luterano genuino, como Kierkegaard] y es menester satisfacerlo de alguna manera por disparatadamente "lógica" que sea.

Continuemos nuestra confrontación, pasando a otro punto: la *interiorización* religiosa de Calvino es todavía más radical que la de Lutero. Por de pronto, él es completamente impotente para ejercitar la que hemos llamado forma figurativa de pensar. Lutero aún era capaz de "ver" al diablo. Calvino, que apenas se ocupa de él [en su teología es superflua su existencia, ya que se define un Dios diabólico]. Actualiza un pensamiento secamente lógico, abstracto, desnudo. Ya Petit de Julleville señaló, como nota característica de su estilo, la ausencia de imágenes y metáforas, de toda poesía.

Respecto a los *sacramentos*, solamente conserva el bautismo y la Cena. Pero estos mismos ya no son verdaderamente tales, sino simples *signos*[25] exteriores por los que Nuestro Señor nos representa y testifica su buena voluntad y nos confirma su promesa. No confieren gracia ni remiten los pecados. Son útiles para aumentar la fe y confesarla ante el mundo; pero, en rigor, no son necesarios. Son rechazadas la "presencia local" (aun en la forma minimizada de la "consustanciación" luterana) y la "adoración carnal", y se denomina a la Misa "error pestilencial".

Calvino es todavía más hostil que Lutero a la *liturgia* y a cualquier ceremonia o magnificencia exterior en el culto. Habla con desprecio del "oro, plata, mármol, marfil, piedras preciosas y sedas en las ceremonias" y de la misa "parée el fardée". Renuncia a los *milagros*, cuya hora, según él, ha pasado y no cree en la intercesión de los *santos*.

En cambio, admite, sí, su comunión, y la *Iglesia* es para él, aunque *invisible* (reconviene a quienes "necesitan ver con los ojos la Iglesia para reconocerla"), una realidad mucho más firme que para Lutero. Son conocidas ciertas aberraciones a que ha podido llegar el calvinismo sobre la base de esta sólida trabazón eclesiástica: los hijos de los fieles nacen de la alianza y no necesitan ser bautizados para salvarse (sin embargo, Calvino, en oposición a los anabaptistas, mantiene el bautismo de los niños); toda

---

25. Sin embargo, la posición de Calvino respecto del valor sacramental de la Cena no es todavía tan radicalmente negativa como la de Zwinglio.

la descendencia de un fiel se salva en él, y, según se ha llegado a pensar en el seno de calvinismo, los que nacen de padres reprobados están reprobados. La idea fundamental; como que viene a sustituir a la idea católica del *Corpus mysticum*. La unión, puramente espiritual, sí, por entitativa, ontológica, de los cristianos a Cristo y entre sí, en la Iglesia y los sacramentos, ha desparecido.

El deseo de Calvino
Uta Ranke-Heinemann

Si es verdad que la reforma de Lutero tiene en sus trazos fundamentales una nota de carácter marcadamente existencial individualista —valiosa en el deseo de un encuentro personal con Cristo, peligrosa en cuanto reduce la obra de Dios hacia el hombre a la palabra actual y a la fe actual en el perdón que se me concede, negando y pasando totalmente por alto la Iglesia, el ministerio, el sacramento, desconectando las obras y el mérito del proceso de justificación, con un fuerte descrédito de la razón y del hombre natural—, con Calvino aflora una concepción distinta del cristianismo: no se trata de mí, sino de Dios; no se trata de mi experiencia y vivencia, de mi encuentro con Dios, de mi salvación, sino de la *gloria Dei*, de la gloria de Dios.[1] Esta imponente idea —la misma que su contemporáneo Ignacio, que estudió unos años después que Calvino en el Collége Montaigu, de París, realizó en obediencia a la Iglesia— Calvino la desarrolla dentro de una brusca protesta contra esa misma Iglesia, ayudado por las ideas antieclesiásticas y anticlericales de Lutero. En su estado teocrático totalitario de Ginebra ofrece un ejemplo grandiosamente terrible de utilización del hombre, que convierte al Evangelio en una ley y el amor de Dios al hombre en una tiranía. Si la concepción luterana de la ley como "obra extraña" y el Evangelio como "obra propia" lleva a una interioridad capaz de aislar la totalidad de la vida práctica de los poderes políticos, para Calvino, sin embargo, el quehacer político-civil también cae dentro de la competencia de la Iglesia, que también en tales cuestiones tiene capacidad decisoria constringente. Como todos los fanáticos de la gloria de Dios, Calvino sucumbe a la tentación de disminuir y hacer insignificante ante Dios todo lo creado, de sacrificar lo humano a Dios casi haciéndolo desaparecer. "Dios exige que se olvide toda humanidad cuando se trata de luchar por su gloria",[2] escribe en su horripilante defensa de la cruel tortura y cremación de Servet contra la apasionada protesta del simpático y culto Castelio, que, amigo en otro tiempo de Calvino, fue perseguido por éste durante toda la vida. Con visitas

1. Cf. La carta de Calvino a Sadoleto, CR opp. V, 391.
2. Calvino, *Declaratio orthodoxae fidei* (Declaration poru maintenir la vraire foi) respuesta al escrito formulado por Castelio en 1554, *De haereticis, an sint persequendi*.

y registros nocturnos se cuida la pureza de los ciudadanos. Los maestros son espiados por alumnos; los padres, por los hijos. El juego, el baile, el teatro son delitos punibles. Se suprimen todos los restaurantes, dejando sólo cinco comedores privilegiados, al mismo tiempo casinos del espíritu, llamados "abadías", en los que se puede comer frugalmente mientras se lee la Biblia, con el expreso mandato de que sólo está permitido comer en la "abadía" del propio barrio. En cuatro años, en esta ciudad de 20000 habitantes se dieron 58 ejecuciones y 76 destierros. Calvino perseguía a quien criticaba su propia concepción con crueldad y a espada, como a un alborotador y atero. En su libro *Die dritte Kraft*, Heer piensa: "Querer explicar el cruel sistema penal de Ginebra en los días de Calvino por `el espíritu de la época' es insensato… Es una consecuencia necesaria de su teología".[3]

En la teología de Calvino sobre la ley, el Antiguo Testamento juega un gran papel, igual que en los nombres de pila prefiere los veterotestamentarios (que aún hoy son muy usuales en los países anglosajones). La prohibición del decálogo de hacer imágenes: "No te harás ninguna imagen ni figura, de lo que hay arriba en el cielo, ni abajo en la tierra, ni en el agua bajo la tierra; no las adorarás ni las servirás. Porque Yo, el Señor, tu Dios, soy un Dios fuerte y celoso, que persigo los pecados de los padres en los hijos hasta la tercera y cuarta generación…" Calvino la refiere a los crucifijos e imágenes de los santos. Lo considera como segundo mandamiento, frente a la costumbre de la Iglesia católica y del catecismo de Lutero que lo tienen por primero. El celo de la Reforma por la absoluta trascendencia y alteridad de Dios tiene en Calvino su expresión más expresión más inexorable y brusca. Si es verdad que Lutero siempre se volvió contra el torrente de imágenes, en Alemania, pero, sobre todo, en Francia y en los Países Bajos, por la influencia de Calvino, se llega a la tremenda destrucción de valiosos objetos al arte. Sólo en Flandes, en agosto de 1566, fueron destruidas 400 iglesias y miles de altares, innumerables estatuas y cuadros, sobre todo en Amberes. En su celo por la gloria de Dios, Calvino desterraba de los templos todo "ídolo", es decir, todo lo bello, todo lo estético, todo lo que intenta ser una referencia de lo invisible, todo lo que quisiera ser una representación de lo eterno en el tiempo. Refunde los órganos y hace callar las campanas; sólo el canto de salmos encuentra gracia a sus oídos: es lo más cercano a la palabra pura. El recurso que católicos y ortodoxos hacen a la encarnación como imagen de lo invisible, no es argu-

---

3. *Die dritte Kraft. Der europäische Humanismus zwischen den Fronten des konfessionellen Zeitalters,* Hamburg, 1959, p. 255.

mento para Calvino y sus seguidores: "El culto a las imágenes está en contra de la encarnación verdadera y única" (W. Niesel).[4]

El Salterio veterotestamentario —no sólo los salmos de fe y penitencia, sino también los de venganza— constituye el cantoral de la comunidad reformada. Calvino aplica a su Estado teocrático de Ginebra las ideas del reino de Dios teocrático y de la erradicación de todos los enemigos del pueblo de Dios. La mezcla de cristianismo y política es lógica: los enemigos de la Ginebra calvinista son los enemigos de Dios. La monarquía de lo religioso en la política. "Por eso se alaba en la Escritura de modo expreso a los reyes santos, porque restituyeron el culto a Dios, totalmente perdido o en peligro, porque contribuyeron a favor de la religión…".[5]

La ley, que para Lutero tiene como fin principal convencer al hombre de su incapacidad, mostrarle "hasta qué profundidad abismal está caída y dañada su naturaleza",[6] para Calvino tiene, antes que nada, una importancia educadora al reglamentar la vida cristiana. Frente a la interioridad, absoluta y unilateral de las relaciones luteranas con Dios, aquí el cristianismo se convierte en una fuerza configuradora de la vida pública, en poder educador de la comunidad —una idea dominante del universalismo medieval—; pero para Calvino esto acaece por medio de una alternativa preponderante de mandamientos de Cristo y derecho penal, de cristianismo y política, pues la misión de la Iglesia nunca es hacer prevalecer la ley, sino más bien representa el plan de la gracia.

La relación del calvinismo con el Estado tiene dos momentos significativos: poner el Estado al servicio de la religión; una cierta reserva frente a él. Al principio teocrático de Calvino va unida una independencia y autonomía frente al Estado mucho mayor que la del luteranismo. Pues mientras que este último tiende a una cierta dependencia del Estado y desde el principio acogió relaciones tutelares de parte del Estado, el calvinismo, por su parte, se inclina a absorber el Estado. Aunque Calvino acentúa la función propia correspondiente del régimen eclesiástico y secular no llegó nunca a exigir dentro del Estado más que el puesto de un maestro, siendo de la opinión de que ninguna función estatal se podía aunar con un ministerio eclesiástico, a pesar de que, por tanto, formulaba radicalmente la separación entre Iglesia y Estado y designaba como "ilusión judía" el "buscar el reino de Cristo entre los elementos de este mundo";[7] sin embargo, según él, la vida civil y política está

---

4. *Das Evangelium und die Kirche, Eun Lehrbuch der Symbolik*, Moers, 1953. p. 134
5. *Inst.* IV, 20, 9.
6. *Schmalkaldishe Artikel*, 436.
7. *Inst.* IV, 20, 1.

en la realidad totalmente dictada por la palabra de Dios, la ley civil no se basa en un derecho natural, sino en la palabra de Dios contenida en la revelación bíblica. Esta concepción del señorío de Dios como un señorío progresivo del mundo, como una ley secular mejorada, este comercio entre ley de Cristo y ley del mundo desemboca, por una parte, en una supravaloración del mundo y, por otra, en una insana moralización del cristianismo. La Ginebra de Calvino, en que la Biblia suplantó otra lectura y el Salterio toda otra canción, en la que no existían bailes ni festividades, es una muestra de tal concepción.

De todos modos, hay que notar que el *pathos* moral del calvinismo, su total compromiso, ha guardado al protestantismo de un desprecio previsible de los deberes y la obediencia, que Calvino, introduciendo junto a la *sola fide* y *sola Scriptura* de Lutero la *sola Dei gloria*, impidió que se diera una acentuación parcial del acto de fe junto a una infravaloración de la santificación de la vida. Si el planteamiento de Lutero, por su protesta contra toda justificación por las propias obras, está siempre en peligro de dejarse llevar por la debilidad humana, el calvinismo lucha, en cambio, contra cualquier tipo de laxitud religiosa. Para Calvino, el fantasma terrible no es, como para Lutero, la justificación por sí mismo y las propias obras; más bien está siempre en oposición a la infravaloración luterana de la acción. Mientras que en la concepción luterana todo se concentra en la justificación sólo por la fe, para Calvino el acento se descarga sobre la eficacia de esta justificación, conseguida únicamente por la fe. Mientras que para los luteranos la justificación ocupa el centro de la reflexión teológica, para los calvinistas es la renovación de la vida la que está en ese lugar. A la anarquía y desorden de muchas comunidades, de las que tuvo que quejarse el viejo Lutero, se opone ahora un pronunciado sentido de orden y comunidad, que ha hecho fructificar el luteranismo no sólo en los países anglosajones, donde siempre tuvo un cuño calvinista, sino también en Alemania. Esta acentuación del deber de obediencia del hombre es lo que siempre ha jugado un papel importante, aun hoy día, en el renacimiento de la Reforma, tal como se ha conseguido a partir del nacimiento de la teología dialéctica por obra de Karl Barth después de la primera Guerra Mundial. Ésta es también la razón de por qué en los últimos tiempos la doctrina de la justificación ni ocupa ni tiene por qué ocupar el primer plano en los debates teológicos: gracias a la amplia influencia del neo-calvinismo de Karl Barth, el punto de vista de Calvino sobre la importancia de las obras —"no somos justificados sin las obras, pero tampoco por las obras",[8] "Dios escoge a los suyos

8. *Inst.* III, 16, 1.

para la vida solamente por su misericordia; pero, participándoles esta nueva vida, los conduce también al camino de las buenas obras, para consumar en ellos su obra según el designio preestablecido por Él"[9] — se ha introducido cada vez más en la actual conciencia teológica luterana y ha conseguido con ello una dislocación de la oposición entre protestantes y católicos desde el terreno de la doctrina de la justificación a terrenos opuestos más propios y decisivos, fundamentalmente la concepción de la naturaleza de la Iglesia.

Una vez que el calvinismo no logró llevar a cabo su principio teocrático —fuera del "imperio de los Santos", de Oliver Cromwell, que duró 10 años, la idea de un señorío secular protestante nunca se llevó a consumación— se distinguió por una cierta reserva frente al Estado, que fue creciendo hasta su total rechazo. En cuanto a esta reserva del calvinismo frente al Estado hay que tener en cuenta que se desarrolló en condiciones totalmente distintas que el luteranismo. Mientras que Lutero encontró rápidamente protección en los principales sajones y atrajo a sus líneas toda una serie de otros príncipes, de modo que se convirtieron en abogados de sus ideas y que en los dominios luteranos, hasta 1918, el gobernador de la región era al mismo tiempo el Obispo, las cuales fueron totalmente distintas para el francés Calvino: como fugitivo se refugió en Ginebra. Y desde ese momento comienzan a llegar a Ginebra fugitivos que buscan refugio en él: en 1549 son 81; en 1550, 264; y entre 1544 y 1556, más de 300 cada año, hasta que en 1557 se llega al número de 587, los emigrantes, sobre todo franceses, que intentan huir de los procesos contra herejes. Llegan sin nada, pero con un corazón lleno de odio contra el régimen dominador. La distancia y reserva del calvinismo frente a las autoridades, tal como se expresarán en el anticonformismo posterior de los países anglosajones, se explican, entre otras cosas, por estas situaciones del joven calvinismo.

Por lo demás, el francés Calvino vio una muestra de su antes mencionada mescolanza de cristianismo y política, de Iglesia y poder estatal, de servicio del Estado a la religión en la persecución que la católica Francia llevaba a cabo contra los herejes; este principio, a partir de concepciones teológicas propias, él lo llevó hasta consecuencias inevitables: la tarea más importante del Estado es cuidar por la santidad de los ciudadanos, "porque no puede establecerse ningún orden civil felizmente, si el primer plano no lo ocupa el cuidado de la piedad".[10]

9. *Inst.* III, 18, 1.
10. *Inst.* IV, 20, 9.

Las persecuciones de herejes, que no se pueden poner en armonía con la naturaleza de la Iglesia, han tenido una malsana influencia sobre el calvinismo: por haber nacido entre persecución y haberse desarrollado igualmente —la guerra de los hugonotes, la noche de San Bartolomé—, el calvinismo ha conservado hasta hoy un aguzado sentido antirromano. Considerando a la Iglesia romana responsable de la violencia estatal, todavía hoy el catolicismo está para él sombreado de Inquisición, opresión de las minorías, obstáculos a la formación de una opinión libre. Además, una persecución constantemente soportada constituye, hacia fuera, la mejor forma de propaganda y, hacia dentro, despierta una conciencia general de misión allí donde una multiplicidad indeterminada e individual hubiera contribuido a la disolución. Ambos aspectos han jugado su papel en la expansión del calvinismo: sus mártires despertaron la admiración de los extraños; el peligro general exigió un sentido de unidad y dependencia interior.

¿Calvino fue calvinista?
Bernard Cottret

Permítanme primero presentarme: soy un francés sin Derrida y con escaso Foucault. En vez de un relato limitado, estrecho, me concentraré en unas pocas palabras para ver qué significan y cómo interactúan en un contexto calvinista. Por supuesto, la última pregunta debería ser: ¿qué es un calvinista? ¿Qué es el calvinismo? ¿Calvino mismo fue calvinista? ¿La primera de estas palabras sería "cuerpo"? ¿Tuvo Calvino un cuerpo?, nos preguntaríamos. ¿Calvino existió realmente y tuvo un cuerpo? Una respuesta tentativa a ambas preguntas sería "sí", aunque la evidencia sigue siendo escasa. Calvino no fue sólo cerebro. Pero él tenía que mantener juntos su cuerpo y alma… Debería agregar, quizá, que las ediciones francesa y estadounidense de mi biografía de Calvino utilizan el mismo retrato del siglo XVI. Pero la cubierta estadounidense es más auténtica, como si el pobre Calvino hubiera pasado por una cirugía plástica en su ropa francesa. Debería agradecer a la editorial Eerdmans por traer a la luz sus arrugas y haberle quitado la crema fundacional de su piel. Éste es el Calvino que me gusta, más allá del súper estrella. O de la momia de Lenin en el Kremlin, si es que aún existe.

La segunda palabra podría ser "patria", equivalente latino de *homeland*. La patria de Calvino fue Francia durante toda su vida, incluso cuando se estableció permanentemente en Ginebra. O, para ser más precisos, su patria siguió siendo la provincia norteña de Picardía. Si la tarea de un historiador consiste básicamente en ofrecer raíces e ideas a la gente, entonces deberíamos analizar la compleja relación de Calvino con los lugares. La vida de Calvino es un relato de cuatro ciudades.

La primera ciudad, es Noyon, su ciudad de origen, ubicada a menos de 100 millas al norte de París. Fue destruida algunas veces en el curso de la historia, especialmente en el siglo XX. Las dos guerras mundiales la dejaron en ruinas y cenizas. Vista desde la colina, se alza la orgullosa catedral que ha sobrevivido a los peores bombardeos. Y aunque parcialmente destruida, la nave ha sido reconstruida exitosamente. A ambos lados de la catedral se encuentran los poderes eclesiásticos antagonistas: las espléndidas mansiones del deán y *chapters*, por un lado, el palacio del obispo a la derecha, viendo hacia la catedral. Calvino mismo recibió la protección especial del obispo en su juventud y convivió con los hijos de la amplia familia de su benefactor. Su padre, un abogado eclesiástico y gestor, fue excomulgado eventualmente por los cánones, lo que explica el prolongado resentimiento de Calvino hacia el clero.

Hacia abajo de la colina, un río precioso nos recuerda los ancestros de Calvino y sus orígenes humildes. Del lado paterno, los Calvino o, mejor, los Cauvin, se ganaban la vida en el río... El dinero estaba del lado materno: el abuelo de Calvino era un ciudadano de Noyon que tenía una posada. Como se sabe, la casa donde vivió Calvino fue destruida varias veces. Queda claro, entonces, que Calvino perteneció a una familia adinerada. Siendo muchacho fue enviado a París a principios de los años 1520 para perseguir el ascenso social de su familia. Tenía un buen oído para el latín, como los jóvenes estudiosos que se expresaban en ese idioma. El nombre de la segunda ciudad es París.

Calvino se marchó a París con el fin de alcanzar los santos hábitos. Ya había recibido algún dinero de sus beneficios eclesiásticos, los cuales devolvió después. Sabemos muy poco acerca de su vida juvenil, pero en relatos posteriores describe su cambio abrupto de orientación cuando su padre decidió que, después de todo, él llegaría a ser abogado, en vez de sacerdote. "Las ciencias jurídicas normalmente enriquecen a quienes las practican", le dijo Gerard Cauvin, su padre. Se podía hacer más dinero como abogado que como sacerdote, lo cual sonaba más a una historia americana de éxito, pero, de hecho, Calvino nunca experimentó bonanza. Su posteridad y prosperidad fue más espiritual que otra cosa...

Este cambio intempestivo en la carrera de Calvino fue interpretado después como providencial: "Dios, a través de su secreta providencia, finalmente me encaminó con su rienda en otra dirección". ¿Fue Calvino un teólogo que se volvió abogado, o viceversa? Éste es un aspecto esencial en nuestra interpretación de su carácter, obra e influencia.

Las siguientes ciudades importantes deberían ser Estrasburgo y Ginebra. Estrasburgo, adonde pudo haberse quedado, y Ginebra, donde permaneció, a su pesar, y pasó la mejor (y posiblemente la peor) parte de su vida, pues tardó varios años en aceptar la evidencia: Dios lo había llamado a ser *el* reformador de Ginebra. Los ginebrinos mismos objetaron la presencia forzada del francés. Se sabe de algunas bromas inocentes en donde lo dibujan ahogándolo; en otras, le besan los pies. La resistencia contra sus enseñanzas en Ginebra vino de personas absurdas y violentas. Hacer ruidos extraños en los sermones o jugar bolos afuera de la iglesia, ambas cosas fueron menos ofensivas que bailar u otras actividades profanas, sin mencionar los naipes, dados y otros pasatiempos poco honrosos. Los ciudadanos de Ginebra tenían que ser educados apropiadamente para alcanzar los valores de la civilización y Calvino mismo fue, más bien, un misionero en exilio semivoluntario. Los ginebrinos difícilmente lo hubieran elegido, aunque tuvo un buen grupo de seguidores y fue capaz de desalojar a sus oponentes en sus últimos 10 años de vida. Difícilmente se podría decir que Calvino nunca escogió a los ginebrinos, pero también que la elección fue completamente por el insistente llamado de Dios. Calvino fue algo así como otro Jonás dentro de la ballena.

Sus tres raros años en Estrasburgo, de la primavera de 1538 al verano de 1541, correspondieron a una genuina reflexión sobre su misión profética. Estrasburgo no pertenecía a Francia en esa época, pero todavía era una ciudad del Sacro Imperio Romano Germánico. Bucero era el reformador local, quien terminó su vida en Inglaterra como consejero del rey; contribuyó a encaminar la reforma en ese país... (Tuvo particular influencia en la revisión del primer *Libro de Oración Común*.) De cualquier forma, Bucero tuvo que usar toda su autoridad para convencer a Calvino de que, en vez de seguir su carrera literaria, se dedicara a ser reformador. Reformar la Iglesia en esa época era, ciertamente, un ministerio profético. Calvino recuerda su primer encuentro con Bucero: "Aquel excelente siervo de Cristo, Martín Bucero, [...] me obligó a tomar otra posición. Aterrado por el ejemplo de Jonás, a quien se refirió, perseveré en la tarea de la enseñanza".

¿Fue Calvino otro Jonás? Esta fue una de las más fructíferas hipótesis que trabajé en mi libro. ¿Cómo explicar, entonces, la relación entre un reformador y su Dios? ¿Cómo podría alguien ser profeta en el siglo XVI, y al mismo tiempo evitar los excesos de la inspiración personal o el "entusiasmo", tal como se decía en ese tiempo?

"Llamamiento", "predestinación" y "elección" siguen en nuestra selección de palabras importantes. Para comprender a Calvino, y la posible rigidez de de algunos de sus desarrollos, hay que tener en mente su propia relación con Dios. La historia religiosa no puede ser solamente eclesiástica; ni debería ser una mera sucesión de doctrinas contradictorias, algunas de ellas sumamente sorprendentes. Hace pocos años, mencionaba yo la necesidad de escribir una historia de la fe para transmitir mi significado. La fe ha sido, durante mucho tiempo, el objeto volador no identificado de la historia. La historia religiosa, sin una historia de la fe sería algo así como la historia de la aviación sin aviones. No pretendo con esto que el historiador debería ser creyente para escribir sobre temas religiosos. Ni pienso tampoco que deben compartirse las creencias de aquellos a quienes se estudia. Pero la religión no puede ser tratada aisladamente de sus sujetos y, ya sea real o imaginario, la relación de alguien con Dios, sus sistemas específicos de creencias y su experiencia deberían ser tomadas en serio. La historia de la fe puede ser incluso extenderse a otros asuntos más seculares como el compromiso político, la lucha social o la fidelidad personal. La fe en sí misma es una forma de fidelidad, de dar y recibir aunque Dios permanezca fuera de los vínculos, más allá de la investigación histórica positiva.

Hablemos de la predestinación. Ésta es la pregunta que surge invariablemente al final de una conferencia sobre Calvino y prefiero hacerla yo mismo. La predestinación fue, primero y antes que todo, una convicción íntima, basada en la experiencia personal. No obstante, hay algunas diferencias entre Calvino y Wesley, como entre el calvinismo y la religión wesleyana "de la experiencia". Aunque disímbolas y antagonistas, las dos teologías se basan en el asentimiento y la convicción. Incluso hay una gramática del asentimiento, en la cual Dios es el "primer motor". No sólo es el Dios Todopoderoso de Calvino, creador del cielo y la tierra, sino que también es el iniciador de la fe personal. He aquí, entonces, el reverso de las perspectivas tradicionales: la fe no es escoger a Dios, sino la experiencia de ser escogidos. Tenemos un relato de conversión en Calvino, como después en Wesley. Pero mientras que la experiencia de Wesley se expresa en términos derivados de Locke, como un sentimiento de bienestar y comodidad, Calvino utiliza el vocabulario caballeresco para describir su experiencia: "Dios, en su secreta providencia, dio un diferente rumbo a mi vida". Describió su experiencia en latín como una *conversio subita*, lo cual significa que fue repentina e inmerecida. Uno no merece ser salvo; Calvino rechaza así el concepto católico de una teología del mérito. Uno es escogido porque es escogido y no porque lo merezca. Esta respuesta podría sonar tautológica. ¿Es Dios totalmente arbitrario, entonces? Un cierto número de contemporáneos de Calvino rechazaron la doctrina calviniana de la predestinación; incluso en Ginebra, muchos de sus oyentes rehusaron seguirlo en ese sinuoso camino. Wesley, en el siglo XVIII, objetó fuertemente el calvinismo y la predestinación, en particular en que él consideraba poco atractivo. En una carta su madre, exclama:

> ¿Qué digo, entonces, acerca de la predestinación? Un propósito duradero de
> Dios de liberar a algunos de la condenación, supongo, excluye a todos aquellos

que no han sido escogidos. Y si fue un decreto inevitable desde la eternidad que tal parte de la humanidad debería ser salva, y nadie más que ellos, una inmensa mayoría del mundo sólo nació para la condenación eterna, sin tener mucha posibilidad de evitarlo. ¿Cómo es esto consistente con la justicia y la misericordia divinas? ¿Es misericordioso ordenar a una criatura para su perdición eterna? ¿Es justo perseguir a una persona por un crimen que él pudo no haber cometido? ¿Qué es el ser humano, entonces, si necesariamente está determinado en un solo sentido su accionar? ¿Es un ser libre? Mentir bajo una necesidad moral o física es completamente repugnante para la libertad humana. Como consecuencia, se llegaría a decir que Dios es el autor del pecado y la injusticia, lo cual es una contradicción con las ideas muy claras que tenemos acerca de la naturaleza divina y sus perfecciones (julio de 1725).

Como un devoto anglicano, el joven Wesley tenía que luchar con una doctrina que también formaba parte de los 39 Artículos de su iglesia, aunque en una forma más ligera que en Calvino. La doble predestinación, como se le llamó, implica una elección de los elegidos y de los reprobados por un Dios Todopoderoso. De ese modo, ¿Dios es el autor del pecado? La sola posibilidad de esto angustiaba a Calvino. Un antiguo monje apellidado Bolsec comenzó a cuestionar públicamente a Calvino en Ginebra. Y Bolsec, más tarde, fue expulsado de la ciudad… La predestinación ha sido tratada con frecuencia como el "coco" de la teología reformada. Fue reafirmada en el Sínodo de Dort, en Holanda, a principios del siglo XVII, y hubo rabiosas controversias sobre ella en la América colonial en la época del Gran Avivamiento. Wesley y Whitefield se dividieron en ese punto.

Como historiadores, ¿de qué forma debemos abordar el asunto? ¿Calvino fue víctima de su educación legal y sus tendencias legalistas para endosar una nueva forma de casuística? Esta sería, ciertamente, una respuesta casual. La insistencia de Calvino fue muy bien analizada por Pierre du Moulin a principios del siglo XVII. Estricto calvinista, Du Moulin deseaba participar en el Sínodo de Dort, pero el rey de Francia no se lo permitió. En 1615, Du Moulin trabajaba en un proyecto para promover la unidad de las iglesias cristianas, es decir, protestantes. Y ofreció su propio resumen de la situación: "Todos los errores en la religión provienen de desear saber demasiado o de querer tener demasiado, lo cual se debe a la curiosidad, la avaricia o la ambición. El último de estos males corrompió a la iglesia romana, pero Satán está tratando de corrompernos con el primero". Entre saber y tener, los protestantes han escogido el mal menor. Pero sin duda hay un elemento de autocrítica en la insistencia de Du Moulin sobre los peligros de la curiosidad teológica.

Ahora llegamos a otra importante serie de conceptos: ¿Calvino escribió teología desde su perspectiva de abogado? ¿Cuál es la función de la ley en las obras de Calvino? Una vez fue descrito por un compatriota como "fundador de una civilización". Asimismo, fue uno de los "padres fundadores" de nuestro mundo moderno y su influencia se extiende a la política, así como a otras áreas del conocimiento humano, la lingüística, por ejemplo, como he intentado demostrar. Con todo, esta presunción no debería hacernos creer que él fue básicamente un organizador político. La ley en Calvino puede referirse a las leyes positivas establecidas por los diversos estados y sociedades. Pero la ley, para él, era básicamente la Torá bíblica. Contrario a Lutero, quien tendía a disociar la Ley y el Evangelio, el Antiguo y el Nuevo Testamento, Calvino veía el Evangelio como una republicación de la Ley. Esto lo observó primero Karl Barth en su ensayo *Evangelium und Gesetz* (El Evangelio y la Ley, 1935). Según Barth, el orden usual debería invertirse en Calvino: en vez de que el Antiguo Testamento conduzca al Nuevo, y que la ley simplemente preceda a la gracia, la gracia conduce a la ley. ¿Es, entonces, Ley y Evangelio, o al revés? Quizá deberíamos rechazar la oposición binaria entre ambas realidades para admitir una evolución ternaria: Ley-Gracia y Ley. Éste es, me parece, el aspecto más prometedor de Calvino y tiene una enorme consecuencia en su cristología: Jesucristo mismo fue un reformador, según Calvino. En sus Comentarios al Nuevo Testamento de 1561, tres años antes de su muerte, Calvino insiste en la naturaleza complementaria de los dos Testamentos, los cuales tienen un solo autor…

He mencionado también el papel fundamental de Calvino en el desarrollo de la lingüística moderna. La palabra importante aquí es "signo". Las Escrituras, según Calvino, deberían leerse y también interpretarse como un sistema de signos y figuras del lenguaje. Lejos de considerar literalmente las figuras del lenguaje, se presenta a sí mismo como un estudioso conocedor de la gramática. Esto es verdad especialmente en sus diversos escritos sobre la Santa Cena. La institución de la Eucaristía no puede ser leída literalmente: Cristo nunca dijo que él se había convertido en vino y pan. Mi compatriota Michel Foucault ha dicho equivocadamente que el pensamiento del siglo XVI era analógico; debería leer a Calvino (y posiblemente a Shakespeare) para advertir que las palabras y las cosas permanecían separadas. Para Calvino, la institución de la Santa Cena no implica un cambio de sustancia como en la transustanciación católica, ni la presencia, lado a lado, de la sustancia de Cristo y la sustancia del pan y el vino. Calvino vislumbra la disociación entre sustancia y significado, naturaleza y cultura, fe y hecho. Las dos naturalezas de Cristo, su naturaleza divina y la humana, igualmente, permanecen separadas.

La palabra "calvinista" fue acuñada por algunos seguidores de Lutero para oponer los "errores" de Calvino a la fe verdadera. Las palabras "calvinista" y "calvinismo" fueron, por tanto, expresiones negativas para referirse al reformador. Calvino mismo nunca quiso ser calvinista. ¿Pero deberíamos tomar el desafío y ver cómo podría tener futuro el calvinismo?

Me gustaría terminar con una anécdota: cuando mi libro apareció en su versión original, muy pocos protestantes en Francia se habrían llamado "calvinistas" a sí mismos. Ser calvinista era, digamos, ligeramente excéntrico. Pero algunos de mis amigos, entre ellos ciertos ministros, cuando leyeron el libro descubrieron que eran calvinistas, después de todo… Para terminar con una nota personal: soy calvinista también, después de todo.

Versión de L. Cervantes-O.

INSTITUCIÓN DE LA RELIGIÓN CRISTIANA,
TEOLOGÍA Y EXÉGESIS

Historia literaria de la *Institución*
B. Foster Stockwell

I

La primera edición de la *Institución de la Religión Cristiana*[1] apareció en el mes de marzo de 1536, en la ciudad de Basilea, cuna también de la primera Biblia castellana (*Biblia del Oso*, 1569). El libro fue obra de un joven evangélico francés que, huyendo de la persecución en su país natal, se había refugiado en Basilea para dedicarse al estudio y para defender con la pluma a sus hermanos en la fe. En esta su primera forma la *Institución*, escrita en latín, el idioma culto de la época, consta de seis capítulos:

I. De la ley, la cual contiene la explicación del Decálogo.

II. De la fe, donde se explica el llamado Símbolo de los Apóstoles.

III. De la oración, donde se expone la oración dominical.

IV. De los sacramentos.

V. Se declara que no son sacramentos los cinco restantes que, hasta ahora, han sido tenidos por el vulgo como tales: se dice después cuáles sean.

VI. De la libertad cristiana, de la potestad eclesiástica y de la administración política.

La mera lectura de estos títulos sugiere el contenido de la obra: es una exposición sencilla de los principios fundamentales de la fe cristiana evangélica. El autor mismo lo dice en su "Carta dedicatoria"; "Mi intento solamente era enseñar algunos principios, en los cuales los que son tocados de algún celo de religión, fuesen instruidos en verdadera piedad… Haber sido éste mi propósito, fácilmente se puede ver por el libro, el cual yo compuse acomodándome a la más fácil y llana manera de enseñar que me fue posible".[2]

1. Una historia completa de las ediciones latinas y francesas de esta obra se encuentra en: Johannis Calvini, *Opera Selecta*, ed. P. Barth, W. Niesel (München, Chr. Kaiser, 1926-1936), tomo III., pp. vi.-I. Esta modesta "historia literaria" depende en gran parte de la obra de Barth y Niesel, a la cual se denomina en las notas siguientes: *Opera selecta*. Para los datos sobre la primera edición, véase *Opera selecta*, tomo I. pp. 11-18; tomo III, pp. vi-vii.
2. Juan Calvino, *Institución de la Religión Cristiana*. Trad. del latín por Jacinto Terán: con una introducción por B. Foster Stockwell. Buenos Aires, Librería "La Aurora", 1936, p. 3.

La redacción de esta obra es probable que se iniciara ya mientras Calvino se encontraba en Francia, pero sólo se habrá terminado durante los meses de residencia en Basilea, es decir, durante el año 1535.

Mientras tanto, llegó a Basilea la triste noticia de las crueles persecuciones que sufrían los protestantes de Francia. Estos estaban sometidos a torturas y condenados a horribles suplicios. El Rey Francisco I. trabado en lucha mortal con el Emperador Carlos V, quería granjearse la amistad y el apoyo de los principales protestantes de Alemania. Con este fin negaba haber atacado a los protestantes en Francia: sólo castigaba—decía él— a los sediciosos y revoltosos, que se proponían perturbar el orden público. En otras palabras, el Rey trataba de asemejar el movimiento protestante en Francia al de los Anabaptistas de Münzer. Estas noticias llevan a Calvino a dar otra orientación a su obra. La prologa con una carta dirigida al Rey —una carta que transforma una tranquila confesión de fe en un arma poderosa para la defensa de la Reforma.

> Viendo yo, dice Calvino, que el furor y rabia de ciertos hombres impíos ha crecido en tanta manera en vuestro reino, que no han dejado lugar ninguno a la verdadera doctrina, parecióme que yo haría muy bien si hiciese un libro, el cual juntamente sirviese de instrucción para aquellos que están deseoso de religión, y de confesión de fe delante de Vuestra Majestad, por el cual entendieseis cuál sea la doctrina contra quien aquellos furiosos se enfurecen con trata rabia metiendo vuestro reino el día de hoy a fuego y a sangre.[3]

La carta al Rey Francisco está fechada el 23 de agosto 1535; la impresión fue terminada en marzo del año siguiente.

Apenas corregidas las últimas pruebas de su libro, salió Calvino de Basilea y dirigióse a Francia, donde pasó unos pocos meses con sus familiares y con sus correligionarios evangélicos. Los peligros que allí corría, por ser de la Reforma, le hicieron abandonar nuevamente su patria, e intentó el 5 de agosto de 1536 pasar por Ginebra hacia Basilea y Estrasburgo, donde pensaba dedicarse a sus estudios y contribuir con sus escritos al avance de las Iglesias reformadas. Pensando quedarse una sola noche en Ginebra, fue descubierto allí por Guillermo Farel, el dirigente evangélico de la ciudad, quien le rogó se quedara para encabezar el movimiento reformista. Vencido finalmente por las solemnes palabras de Farel, Calvino cedió en sus planes personales y por casi dos años colaboró en la reforma ginebrina. Sus medidas, sin embargo, resultaron tan severas que el consejo municipal resolvió desterrarlo de la ciu-

---

3. *Ibíd.*, p. 3.

dad, y Calvino tuvo que salir a fines de abril de 1538. Después de pasar breve tiempo en Basilea, fue llamado por Bucero a Estrasburgo para pastorear la Iglesia evangélica francesa de la ciudad y para dictar teología en la universidad. Los tres años que dedicó a estos trabajos le dieron oportunidad para revisar y ampliar la *Institución*, la que apareció en segunda edición en agosto de 1539.

II

La segunda edición de la *Institución de la Religión Cristiana*,[4] publicada en Estrasburgo, ha sufrido una profunda modificación con respecto a la primera. Si bien se conserva en la nueva edición el contenido esencial de la anterior, Calvino, por su estudio profundo de la Biblia (especialmente de la epístola a los Romanos), de los antiguos Padres y de los escritos de Lutero, Melanchton y Bucero, es llevado a refundir su obra, y darle una forma completamente nueva.

El autor mismo expone en su "Epístola al lector" los motivos de la nueva edición:

> Por cuanto que en la primera edición de este libro yo no esperaba que hubiese de ser tan bien recibido, como ha placido a Dios por su bondad que lo fuese, yo en él fui breve (como lo suelen ser los que escriben libros pequeños), mas habiendo entendido haber sido de casi todos los píos con tanto aplauso recibido, cuanto yo nunca me atreví a desear cuanto menos esperar; de tal manera que entendía en mí que se me atribuía muy mucho más de lo que yo había merecido, así me sentí tanto más obligado a hacer muy mucho mejor mi deber con aquellos que recibían mi doctrina con tan buena voluntad y amor...
>
> Mi intento, pues, en este libro ha sido de tal manera preparar e instruir los que se querrán aplicar al estudio de la Teología que fácilmente puedan leer la Sagrada Escritura y aprovecharse de su lección entendiéndola bien, e ir por el camino derecho sin apartarse de él. Porque pienso que de tal manera he comprendido la suma de la Religión con todas sus partes, y que la he puesto y digerido en tal orden, que cualquiera que la entendiere bien, podrá fácilmente juzgar y resolverse de lo que deba buscar en la Escritura, y a qué fin deba aplicar todo cuanto en ella se contiene. Así que habiendo yo abierto este camino, seré siempre breve en los comentarios que haré sobre los libros de la Sagrada Escritura, no entrando en ellos en luengas disputas, ni divirtiéndome en lugares comunes. Por esta vía los lectores ahorrarán gran molestia y fastidio, con tal que vengan apercibidos con la instrucción de este libro, como con un instrumento necesario. Mas por cuanto este mi intento se ve, por ejemplo, en los comentarios

---

4. *Opera selecta,* tomo III, pp. IX-XV.

míos sobre la Epístola a los Romanos, más quiero mostrarlo por la obra que no alabarlo con mis palabras.[5]

Los seis capítulos de la edición de 1536 se convierten ahora en diecisiete, que tratan los siguientes temas:

    I. Del conocimiento de Dios.
    II. Del conocimiento del hombre, y del libre albedrío.
    III. De la ley.
    IV. De la fe, donde se explica el llamado Símbolo de los Apóstoles.
    V. De la penitencia.
    VI. De la justificación por la fe, y de los méritos de las obras.
    VII. De la similitud y diferencia del Antiguo y Nuevo Testamento.
    VIII. De la predestinación y providencia de Dios.
    IX. De la oración, donde se expone la oración dominical.
    X. De los sacramentos.
    XI. Del bautismo.
    XII. De la Cena del Señor.
    XIII. De la libertad cristiana.
    XIV. De la potestad eclesiástica.
    XV. De la administración política.
    XVI. De los cinco "sacramentos" falsamente así llamados; donde se declara que no son sacramentos los cinco restantes, que, hasta ahora, han sido tenidos por el vulgo como tales; se dice después cuáles sean.
    XVII. De la vida del hombre cristiano.

Los capítulos I y II son casi totalmente nuevos; los capítulos III y IV son ampliaciones del texto correspondiente a estos temas en los capítulos 1 y 2 de la edición de 1536. Una buena parte del capítulo V, sobre la penitencia, procede del quinto capítulo de la primera edición, y algunas secciones del capítulo VI se encontraban ya en los capítulos 1 y 2 de la misma. El argumento de los capítulos VI y VII es nuevo, pero el IX es una ampliación del capítulo tercero de la primera edición. Los capítulos X al XII reproducen casi íntegramente el texto del capítulo 4 de 1536, con algunos agregados,

---

5. La traducción de esta "Epístola al lector" es esencialmente la de Cipriano de Valera, aparecida en su versión de la *Institución* de 1559.

especialmente en cuanto al bautismo; y los capítulos XIII y XV presentan nuevamente el argumento del antiguo capítulo 6. El capítulo XVI reproduce el quinto de la primera edición, menos los temas tratados ya en el V; y el capítulo XVII es completamente nuevo. En resumen, se puede decir que la edición de 1539 es tres veces mayor que la de 1536.

III

La tercera edición latina de la *Institución*[6] fue publicada también en Estrasburgo, en el mes de marzo de 1543, pero el autor ya estaba de vuelta en Ginebra, adonde llegó el 13 de septiembre de 1541. Llamado por el consejo municipal ginebrino a organizar la Iglesia y consolidar la reforma, Calvino se vio embarcado en una obra que dejó sus marcas indelebles en la *Institución*, en la que el autor desarrolla ampliamente su teoría de la Iglesia cristiana (su gobierno, sus órdenes, su potestad y su disciplina). Las secciones dedicadas a estos temas son tres veces más extensas que las anteriores. El autor agrega también importantes capítulos sobre los votos monásticos (IV) y las tradiciones humanas (XII), y amplía notablemente su capítulo (XVII) sobre el bautismo. En resumen, se puede decir que aproximadamente la cuarta parte de la edición de 1543 es nueva.

Apareció en marzo de 1545 una segunda impresión de la edición de 1543, con unos pocos agregados de escasa importancia y siendo corregidos algunos errores tipográficos.

IV

La cuarta edición latina de la *Institución*[7] apareció en Ginebra, a principios del año 1550. El texto fue diligentemente revisado por Calvino, señalando muchas modificaciones de cierta importancia. En especial se agregan numerosas citas de los padres antiguos para apoyar sus argumentos. En el capítulo I se desarrolla más ampliamente la doctrina de la Sagrada Escritura; en el III, se trata más extensamente la veneración de los santos e imágenes; y en el XIII, se diserta sobre la conciencia. Se dividen los capítulos en secciones, contribuyendo así a la mayor facilidad de su lectura.

La misma edición fue publicada en 1553 por la famosa casa editora de Robertus Stephanus, de Ginebra. Este regio tomo es la más perfecta de

---

6. *Opera selecta*, tomo III, pp. xviii-xxiv.
7. *Ibíd.*, pp. xxvi-xxxii.

todas las ediciones, y es la que por primera vez trae las citas bíblicas con los versículos, una innovación en aquel tiempo.

Otros impresores ginebrinos, Adam y Juan Riverius, sacaron en 1554 una edición más manuable de la *Institución*, siguiendo primero el texto de 1550, y luego el de 1553.

V

La quinta y última edición latina de nuestra obra, la que ha servido de libro de texto para doce generaciones de teólogos calvinistas, fue publicada por Robertus Stephanus en Ginebra en el año 1559.[8] Los motivos de la nueva edición Calvino mismo los expone en su prefacio dirigido "Al lector", en el cual, después de manifestar su agradecimiento a Dios por la acogida favorable que tuvo el libro, dice:

> Me sentí tanto más obligado a hacer muy mucho mejor mi deber con aquellos que recibían mi doctrina con tan buena voluntad y amor. Porque yo les fuera ingrato si no satisficiera a su deseo conforme al pequeño talento que el Señor me ha dado. Por lo cual he procurado de hacer mi deber, no solamente cuando este libro se imprimió la segunda vez; más aún todas y cuántas veces ha sido impreso, lo he en cierta manera aumentado y enriquecido. Y aunque yo no haya tenido ocasión ninguna de descontentarme de mi pena y trabajo, que entonces tomé, mas con todo esto confieso que jamás he quedado satisfecho ni contento hasta tanto que lo he puesto en el orden que ahora véis, al cual (como espero) aprobaréis. Y de cierto que puedo por buena aprobación alegar que no he escatimado de servir a la Iglesia de Dios en cuanto a esto lo más diligente y afectuosamente que me ha sido posible; y así el invierto pasado, amenazándome la cuartana de hacerme partir de este mundo, cuanto más la enfermedad me pesaba, tanto menos tenía cuenta conmigo, hasta tanto que hubiese puesto este libro en este orden que véis; el cual, viviendo después de mi muerte, mostrase el gran deseo que yo tenía de satisfacer aquellos que ya habían aprovechando, y aun deseaban aprovecharse más… Aunque Dios haya ligado el todo mi corazón a tener un efecto recto y puro de aumentar su Reino…, que no ha sido otro mi intento y mi deseo después que él me ha puesto en este cargo y oficio de enseñar, sino de aprovechar a su Iglesia declarando y manteniendo la pura doctrina que él nos ha enseñado.

---

8. *Ibíd.*, pp. xxxvi.-xlv. El pasaje siguiente, tomado del prefacio "Al lector" aparece aquí en la traducción de Cipriano de Valera.

Durante meses cuando Calvino estaba tan enfermo que no podía ni predicar ni dictar clases, se dedicó a una revisión completa de la *Institución*, dándole un orden nuevo y sencillo que ha sido motivo de admiración de todos. La obra se divide ahora en cuatro libros, divididos en 80 capítulos, como sigue:

I.   Del conocimiento de Dios Creador (caps. 1-8).

II. Del conocimiento de Dios Redentor en Cristo; el cual ha sido manifestado primeramente a los Padres debajo de la Ley, y a nosotros después en el Evangelio (caps. 1-17).

III. Qué manera haya para participar de la gracia de Jesucristo, qué provechos nos vengan de aquí, y de los efectos que si sigan (caps. 1-25).

IV. De los medios externos o ayudas de que Dios se sirve para llamarnos a la compañía de Jesucristo su Hijo y para entretenernos en ella (caps. 1-20).

Los libros I y II forman la tercera parte de la obra, los libros III y IV otra tercer aparte cada uno. Si bien la obra conserva en su nueva forma casi todo el material de las ediciones anteriores, aproximadamente la cuarta parte del contenido total es nueva.[9]

Además de su disposición completamente nueva, la edición de 1559 se distingue de las anteriores en dos sentidos:[10] en primer lugar, el autor toma en cuenta constantemente las controversias teológicas de la época y refuerza su posición frente a los católicos romanos, los bautistas, los luteranos, los antitrinitarios, y a los que se oponían a la doctrina de la predestinación, Calvino escribe para futuros pastores, haciendo de su libro un manual de polémica y de controversia. En segundo lugar, se incorporan a la obra los resultados de los estudios bíblicos del autor. Ya desde la segunda edición ha querido que la *Institución* sirviera de orientación en los estudios bíblicos (véase la "Epístola al lector", más arriba); y en la teoría sigue manteniendo este punto de vista. Pero en realidad, el estudio de la Biblia le sirve para establecer la verdadera doctrina; y la *Institución* se convierte en una "teología bíblica" que ordena todos los conocimientos bíblicos de acuerdo con la teología sistemática del autor.

9. Se puede comparar, por ejemplo, las secciones sobre las imágenes, citadas más arriba, con las siguientes secciones de la nueva edición: Libro I, capítulos 11 y 12, libro II, capítulo 8, secciones 17-21.

10. Cf. Paul Wernle, *Der evangelische Glaube nach den Hauptschriften der Reformatorem, III. Calvin* (Tübingen, Mohr, 1919), pp. 391-392.

VI

Calvino quiso que su obra no sólo sirviera a los predicadores, maestros y profesores, que podían leerla en su forma latina, sino también que llegase a manos de todos los fieles que desearan "ser instruidos en la doctrina de la salud". "A este fin he compuesto este libro [dice el autor]. Primeramente lo hice en latín, para que pudiera servir a todas las gentes de estudio, de cualquier nación que fuesen; después, deseando comunicar lo que fuese de provecho para nuestra nación francesa, lo he traducido también a nuestro idioma". Así rezan sus palabras en el prefacio a la versión francesa, hecha por Calvino mismo.

Es probable que la primera edición de la obra, editada en marzo de 1536, fuera traducida al francés poco tiempo después, pero no se ha conservado ningún ejemplar de la obra, y es posible que no fuera publicada, si bien se conservan rastros de la traducción en la versión siguiente.[11]

La primera versión francesa que se haya conservado apareció en Ginebra en 1541, llevando como título: *Institution de la Religion Chrestienne*, "en la cual se comprende una suma de piedad, y casi todo lo que es necesario a conocer la doctrina de salud. Compuesta en latín por Jean Calvin, y traducida en francés por él mismo". La edición latina, a la que aquí se refiere, es la del año 1539; pero en la versión francesa Calvino sustituye la "Epístola al lector" con un prefacio titulado "Argumento del presente libro", en la cual presenta su obra como guía conveniente en el estudio de las Sagradas Escrituras.

A cada una de las nuevas ediciones latinas se sigue una revisada traducción francesa: a la edición de 1543, la francesa de 1545; a la latina de 1550, las francesas de 1551, 1553, 1554 y 1557; y a la edición latina final de 1559, la versión francesa definitiva de 1560.[12]

Dondequiera llegara el nombre y la influencia de Calvino, se quería conocer su obra maestra, la *Institución*. Por lo tanto, ésta fue traducida a todos los idiomas principales de Europa: al italiano (1557/1558, del francés, por Giulio Cesare Paschali), al inglés (1561), al alemán y castellano (1597), al holandés (1617 ¿o 1614?), al griego (1618), al húngaro (1624), y aun al árabe (según Gerdes).[13] La que más nos interesa aquí es la castellana.

---

11. Sobre este problema, véase Wilhelm Niesel y Peter Barth, "Eine französische Ausgabe der ersten Institutio Calvins", *Theologische Blätter*, VII (1928), pp. 1-10.

12. *Opera selecta*, tomo III, pp. vii-ix, xv-xviii, xxiv-xxvi, xxiii-xxxv, xlv-xlviii.

13. Véase John Calvin, *Institutes of the Christian Religion. A new translation*, by Henry Beveridge (Edimburgo, Calvin Translation Society, 1845), pp. lvii-cxvii.

VII

Francisco de Enzinas (¿1520?-1152), primer traductor del Nuevo Testamento al castellano,[14] es el primero de los reformistas españoles a quien se le atribuye, en forma dudosa, la traducción castellana de la *Institución*. Estando Francisco estudiando en la Universidad de Lovaina e interesado ya en las doctrinas protestantes, aparece en 1540 la siguiente obra: *Breve i compendiosa instituçion de la religión Christiana, necessaria para todos aquellos que con iusto titulo quieren usurpar el nombre de Cristo*. Escripta por el docto uaron Francisco de Elao a ruego de un amigo y hermano suio en Christo. Impressa en Topeia por Adamo Coruo el Anno de 1540".[15] La obra aparece en el *Índice de libros prohibidos*, de Pío IV (1564), y en el Indice de Amberes de 1570. Se supone que "Topeia", se refiere a Gante, y que "Elao" es una hebraización de "Enzinas", apellido que también se escribe *Dryander, du Chesne, Eichmann*. No hemos podido comparar el contenido de este tomo con el de la *Institución* de 1536: puede ser que sólo coincidan en el nombre.

Cipriano de Valera, traductor de la presente edición, nacido por los años de 1532, fue monje en San Isidoro del Campo, en Sevilla.[16] Cuando se hizo sospechoso de herejía, debido a sus inclinaciones hacia el protestantismo, tuvo que huir con otros compañeros, y busco refugio en Ginebra, donde lo admitieron como *habitante* en octubre de 1558. Año y medio más tarde se encontraba en Inglaterra, donde pasó la mayor parte de su vida, especialmente en los círculos universitarios de Cambridge y Oxford. En 1588 publicó un ataque al catolicismo bajo el título, *Dos tratados, del Papa y de la Misa* (2ª ed., 1599); en 1594, su *Tratado para confirmar en la fe cristiana a los cautivos de Berbería*; en 1596; el *Nuevo Testamento*; y en 1602, la *Biblia*, traducida por Casiodoro de Reina y ligeramente revisada por Valera mismo.

Aparece en 1597 su traducción dè la *Institución de la Religión Cristiana*, "ahora nuevamente traducida en Romance Castellano", e impresa "en casa de Ricardo del Campo" (Londres ¿o Amberes?).[17] Habrá costeado la impresión un comerciante español, residente en Amberes, llamado Marco Pérez, quien con

14. Véase *Prefacios a las Biblias castellanas del siglo XVI* (Buenos Aires: Librería "La Aurora", 1939), pp. 13-18; Edward Boehmer, *Spanish Reformers of Two Centuries* (Estrasburgo, Londres, Trübner, 1874-1904), tomo I, pp. 133-184.
15. Boehmer, *op. cit.*, pp. 165-166.
16. Véase *Prefacios*, pp. 119-123; Boehmer, *op. cit.*, III, pp. 149-174.
17. Don Marcelino Menéndez y Pelayo, en su *Historia de los heterodoxos españoles* (2ª ed., tomo V, p. 173 nota 2) dice: "Es de Londres, lo mismo que todas las ediciones de Ricardo Fiel". Salvá creía que apareció en Amberes.

otros españoles se esforzaba por hacer entrar en España las doctrinas evangélicas. Tres causas [dice el traductor], lo llevaron a preparar y publicar la obra.

> La primera es la gratitud que debo a mi Dios y Padre Celestial, al cual le plugo, por su infinita misericordia, sacarme de la potestad de las tinieblas, y traspasarme al reino de su amado Hijo nuestro Señor… La segunda causa es el grande y encendido deseo que tengo de adelantar, por todos los medios que puedo, la conservación, el confortamiento y la salud de mi nación… La tercera causa que me ha movido es la gran falta, carestía y necesidad que nuestra España tiene de libros que contengan la santa doctrina, por los cuales los hombres puedan ser instruidos en la doctrina de piedad, para que, desenredados de las redes y lazos del demonio, sean salvados.[18]

La traducción está basada en el original latino del año 1559, pero muchas veces el traductor sigue a la versión francesa, que parece tener constantemente ante los ojos.[19] Prolonga la obra con una exhortación dirigida "A todos los fieles de la nación española que desean el adelantamiento del reino de Jesucristo". El libro es rarísimo, debido a la saña de los inquisidores. Felizmente lo posee don José M. López, bibliófilo evangélico de Buenos Aires, quien con toda amabilidad lo ha presentado para los fines de esta edición.

Don Luis de Usoz y Río, evangélico español que tan notables servicios prestó para hacer conocer las obras de los reformistas hispanos, hizo imprimir en los años 1858-1859 una copia, página por página, de la versión de Valera,[20] celebrando así el tercer centenario de la aparición de la obra original. Si grande fue la fe de Valera y de Marcos Pérez al esperar introducir en España una obra "herética" tan voluminosa (1032 páginas), mayor aún (nos parece) fue la de Usoz y Río al volverla a sacar, casi sin esperar que se leyera. Dice él en sus comentarios finales:

> En cuanto a la presente reimpresión, sólo diré, por ahora, que se ha hecho bajo la inteligencia de que casi ninguno de sus ejemplares se leerá en la actualidad.

18. Juan Calvino, *Institución de la Religión Cristiana* (Buenos Aires, Librería "La Aurora", 1936), p. liii.
19. Hemos documentado esta afirmación en las columnas de *Cuadernos Teológicos* (Núm. 5, 1952).
20. *Instituzion relijiosa, escrita por Juan Calvino, el año 1536; y traduzida al castellano por Zipriano de Valera, Segunda vez fielmente impresa, en el mismo número de pájinas.* (Siguen varios lemas). Madrid, Imprenta de José López Cuesta, 1858. (Tomo XIV de los *Reformistas Antiguos Españoles).* La ortografía peculiar es de Usoz y Río. La fecha 1536 corresponde, naturalmente, a la primera edición de la obra de Calvino, y no a la que fuera traducida por Valeria.

Pero sin embargo, estos ejemplares ayudarán a la conservación del libro, y algo renovarán la memoria de su existencia, colocados en alguna que otra biblioteca. Y más adelante podrán ser una prueba de que su editor no atribuye quizá descaminadamente a esta clase de libros la infructuosidad que se nota en los trabajos y laudables esfuerzos de aquellos antepasados nuestros, que tan de corazón deseaban la reforma y bien de España.

En 1936 se señaló el cuarto centenario de la aparición inicial de esta obra de Calvino mediante una traducción nueva de la edición de 1536, la cual fue impresa junto con el prólogo de Cipriano de Valera.

La doble predestinación de Calvino
Uta Ranke-Heinemann

Lutero lucha apasionadamente contra la ley y el moralismo, contra la actividad, contra el servil espíritu mercantilista y toda clase de autojustificación y autosalvación y los rastrea en todos los escondrijos. Este es su "descubrimiento" del Evangelio, valioso como "correctivo" en el sentido kierkegaardiano del cristianismo siempre amenazado por la ley y de una relación con Dios ensombrecida por ella. Pero, llevado por su desconfianza contra la Iglesia católica, llega finalmente a descubrir moralismo y ley donde no existen, a equiparar la Iglesia católica con sus peligros y, por ellos, rechazarla totalmente.

Calvino ataca al catolicismo casi con más acritud; pero no lo considera, en primer plano, como autojustificación del hombre, sino como idolatrización de la criatura y superstición. Calvino es el gran fanático del Dios absoluto, de la trascendencia incapaz de ser reducida a imágenes, que exige celosamente "venerar su majestad, extender su gloria y obedecer sus mandamientos".[1] En su celo por la pureza de la liturgia, limpia los templos de la irrupción de "ídolos" paganos, supersticiosos, mágicos, estetizantes, de "toda pompa ceremonial",[2] de toda obra y culto humanos.

Si para Lutero el punto central lo ocupa la graciosa condescendencia de Dios, para Calvino su absoluta y mayestática trascendencia es el punto de partida y final de todo pensamiento. Esta acentuación distinta en planteamientos originales iguales (no se trata del hombre, sino de Dios) ha desembocado en la diferencia de, sobre todo, dos puntos esenciales: la doctrina de la predestinación y la de la Cena; con ello se produjo una división del protestantismo en luterano y reformado, que originariamente no estaba así en la intención de los reformadores. Sobre todo para Calvino la unidad de la reforma alemana y suiza fue un gran deseo.

Calvino reconoció con razón que la doctrina de Lutero sobre la justificación exigía, como última consecuencia, la idea de una doble predestinación. Lo que en Lutero sólo sonaba como teología vivencial sistemática, cálida —sobre todo en su escrito contra Erasmo, *De servo arbitrio*—, pero

1. *Inst.* I, 2, 2.
2. *L. c.*

nunca llegó a una fría definición de la eternidad de los condenados, Calvino
lo formula y define sin miedos. La veneración ockhamista de la voluntad
divina encuentra su fruto último y más maduro en la concepción calvinista
de la absoluta majestad de Dios.

En la cuestión de cuáles sean las relaciones entre lo finito y lo infinito,
de cómo conjugar la presciencia divina y la libertad humana, Calvino, que
no experimentó, como Lutero, la elección de la gracia, sino que únicamente
tenía su pensamiento orientado a Dios y no al hombre, llega a un resultado que amenaza con borrar la propiedad e identidad del hombre en pro
de la omnipotente majestad divina. Asegurando que la elevada Sabiduría
divina, más que de conocimiento, sólo puede ser objeto de oración,[3] con
su metodología de análisis juridicista, distribuye las relaciones entre Dios
y el hombre, reduciéndolas a la siguiente alternativa: voluntad humana o
decreto divino, Dios o el hombre. Para ello aduce, pero llevando razón sólo
a medias, argumentos de San Agustín. Pues mientras que éste acentúa el
carácter gratuito, de don, de la gracia, para Calvino la predestinación se
reduce principalmente a una cuestión de prestigio divino, una cuestión de
honor de la autoridad de Dios, que no está sometida a ninguna otra causa.[4] Mientras que, para Agustín, la gracia elige una parte de entre la *massa
damnata* por el pecado original —poniéndola con ello en conflicto con la
voluntad salvífica general de Dios—, según Calvino ya la caída en el pecado
está decretada y predeterminada por Dios en un "decreto terrible",[5] y una
parte de la Humanidad ha sido creada para perderse eternamente a causa del
pecado. "Han sido responsabilizados de tal maldad, porque según el justo e
insondable juicio de Dios han sido creados para exaltar su gloria mediante
su condenación".[6] O, como reza la célebre definición que Calvino da de la
doble predestinación: "Por predeterminación entendemos el decreto eterno
de Dios en el que está encerrado todo, lo que según su voluntad, ha de ser
cada hombre. Pues los hombres no han sido creados todos con una misma
determinación: unos han sido preordenados para la vida eterna, otros para
la eterna condenación. Por tanto, según que cada uno haya sido creado
para uno u otro fin, así —decimos— ha sido 'predeterminado' para la vida
o la muerte".[7]

3. *IRC.* III, 21, 1.
4. *IRC.* III, 24, 12.
5. *IRC.* III, 23, 7.
6. *IRC.* III, 24, 14.
7. *IRC.* III, 23, 8.

Con ello Calvino se encuentra en un cierto círculo vicioso, pues de nada sirve al hombre desarrollar una actividad infatigable por el reino de Dios, como si fuera posible liberar a los condenados de su culpa. Así, puede formular él la siguiente contradicción: "El hombre se condena porque la presciencia divina así lo ordena; pero cae por su propia culpa".[8] Una y otra vez piensa encontrar la causa próxima y manifiesta de la condenación en la maldad, el desagradecimiento y la falta de temor humanos, y una y otra vez ocupa el primer plano de la reflexión,[9] "la causa oculta y profundamente inasequible de la predeterminación divina", que no por eso deja de ser menos misteriosa como *decretum terrible*. "Pero ellos (los enemigos) ensanchan aún más sus blasfemias y afirman que el que ha sido rechazado por Dios en vano se esfuerza si con inocencia y haciendo justicia en su vida trata de agradar a Dios. Con ello están mintiendo del modo más desvergonzado. Porque ¿un tal comportamiento dónde podría encontrar sus raíces sino en la elección? Pues todos los que pertenecen al número de los condenados son vasijas creadas para la deshonra (Rom 9, 21), que por sus malas obras no cejan de avivar la cólera divina contra ellos y de confirmar con signos manifiestos el juicio de Dios que ya había caído sobre ellos".[10]

La doctrina de la doble predestinación no sólo no ha producido ruptura en el *pathos* moralista del calvinismo, sino que, incluso, lo ha aumentado: la vida es, en último término, el espejo más claro de la elección. Es un paso natural para vivir prácticamente conforme al lema: como, si he sido elegido, obro bien, he sido elegido si es que obro bien. Las obras se convierten —en las obras de Beza, el sucesor de Calvino, esto es ya totalmente claro— en testigos y garantes principales de la elección, totalmente en contra del originario deseo de Calvino, que no basaba ni la elección ni la condenación en ningún tipo de dignidad o indignidad humanas, sino en el insondable decreto de Dios. Calvino, al querer ser totalmente consecuente con esta idea de la sola gloria de Dios, desembocó en la doble predestinación. Pero ésta precisamente tenía que hacer de la cuestión del hombre por la certeza de su propia elección o condenación el problema original y propio y, en último término, aludir a las propias obras como a los testigos inmediatos. Es cierto que Calvino llama a Cristo "espejo de la elección",[11] que exhorta a los hombres a salir de sí mismos y mirar a Cristo, a entrar en comunión con Cristo en la Cena y la

8. *IRC.* III, 23, 8.
9. *L. c.*
10. *IRC.* III, 23, 12.
11. *IRC.* III, 24, 5.

predicación, cuando se les ocurre la idea de la propia elección; pero, según Calvino, no todos han sido elegidos en Cristo, en último término, Cristo no puede ayudar en nada. Detrás de Cristo está, como *decretum absolutum*, la inexplorable y totalmente misteriosa voluntad de Dios. Del "provecho" y "dulce fruto" de su doctrina sobre la elección, que Calvino al comienzo de su exposición hacía consistir principalmente en la humildad del hombre que se debe "obligado" para con "la inmerecida misericordia" de Dios, que "no llama sin diferencias a todos los hombre, como a hijos, a la esperanza en la beatitud, sino que regala a uno lo que a otros niega",[12] de este humilde provecho, en las generaciones posteriores del puritanismo holandés, inglés, escocés y neoanglicano, va a salir ese autocontrol de los elegidos narcisistas, cuyas obras no son la razón, pero sí el indicio de la elección. De este modo "se fomentan esos 'santos' pagados de sí mimos, que vuelven a aparecer en los negociantes puritanos, duros como el acero, de aquella época heroica del capitalismo" (Max Weber).[13] La doctrina de la predestinación de Calvino, que no cuenta con Cristo, desemboca en "la ascesis y la actividad 'intramundana'… que convirtió durante largo tiempo al calvinismo —encarnado, por ejemplo, en Benjamín Franklin— en una oportunidad histórica tan triunfal" (Barth).[14] En el pensamiento de Calvino la idea de una relación entre elección y felicidad terrestre aparece sólo ocasionalmente y sin especial ahínco. Pero al ir ocupando en lo sucesivo una importancia cada vez mayor la cuestión de la discernibilidad de la elección e intentar descubrir los propios modelos de piedad también entre los elegidos del Viejo Testamento —para el calvinismo el modelo clásico de elección es Jacob: "He amado a Jacob y odiado a Esaú" (cf. Rom 9, 10ss)—, las bendiciones de los patriarcas en esta tierra, las riquezas de Abraham, Isaac y Jacob se impusieron como pauta y criterio. Habilidad sin tregua en el lucro es el lema del puritano; y esto, siempre por la gloria de Dios, es decir, no propia comodidad o para financiar cualquier tipo de placer ocioso. La apasionada protesta de los puritanos e ingleses contra el *Book of sports*, contra la disposición de Jacobo I y Carlos I permitiendo legalmente ciertos esparcimientos populares los domingos, surgió no sólo del celo por el descanso dominical, sino, sobre todo, de esta aversión a todo placer improductivo y desordenado. El odio de Shakespeare contra los puritanos es comprensible, porque las autoridades puritanas de su ciudad

---

12. *Inst.* III, 21, 1.
13. *Die protestantische Ethik und der Geist des Kapitalismus*, en *Gesammelte Ausfätze zur Religionssoziologie*, Tübingen, 1922, p. 105.
14. *Die kirchliche Dogmatik*, Zúrich, 1942, col. II/2, p. 121.

natal cerraron el teatro de Stratford on Avon. Todavía en 1777 la ciudad de Birmingham negó el permiso para un teatro como provocador de la "pereza" y consiguientemente perjudicial para el negocio.[15]

A la austeridad consigo mismo corresponde la reserva frente al prójimo. El que Calvino cargara las tintas sobre la idea de una elección graciosa, en el sentido de una elección sin posibilidad de recurso, tuvo que desembocar en los elegidos en un predominante y penetrante sentido de aislamiento y, consiguientemente, en esa falta de compromiso e impersonalidad del amor al prójimo que hace que la acogida humana y calurosa se deshaga, como "idolización de la criatura", en la corrección y legalidad del ambiente.

El mismo Calvino estaba convencido de que el deseo luterano de una certeza de salvación por la fe confiada, sin mirar de reojo a la meritoriedad de las propias obras, sólo podía estar custodiada por su doctrina sobre la predestinación. Su exposición sobre el "dulce fruto" de esta doctrina la prosigue haciendo referencia que sólo ella puede garantizar al hombre "una esperanza consolada", mientras que de otro modo no "podría salir del temblor",[16] ya que ésta sólo se puede basar en la bondad de Dios y no en las propias obras.[17] Pero esto que Lutero deseaba, llevado consecuentemente hasta el final al estilo de Calvino, el prescindir de las propias obras y confiar únicamente en Dios, posteriormente se convierte necesariamente en una marcada justicia de las obras y por las propias fuerzas, en esa autoconsideración consciente que ponía en cuestión totalmente lo que los reformadores pensaban haber descubierto sobre la relación entre Cristo, la fe y las obras.

15. Cf. Max Weber, *o. c.*, p. 187.
16. *IRC*, III, 21, 1.
17. *IRC*, III, 24, 9.

El libre albedrío en la interpretación de Juan Calvino
Alberto F. Roldán

> Los que defienden el libre arbitrio más bien
> lo echan por tierra, que no lo confirman.
> JUAN CALVINO

Introducción

Acaso no hay tema más importante en el campo de la antropología filosófica y teológica como el de la libertad humana. Es, también, uno de los temas que menos se aborda en los ámbitos eclesiales protestantes y, sobre todo, *evangelicales*. En algunos casos, porque no se acomete la tarea de indagar en un asunto tan profundo y difícil y, en otros, porque deliberada o solapadamente, la libertad ha sido desplazada como tema de interés por parte de los predicadores y pastores. En lo que se refiere a la "voluntad libre" conocida también como "libre albedrío", la opinión generalizada es que el ser humano, por naturaleza y, a pesar del pecado, dispone de esa facultad. Pero ¿qué dice la Biblia? ¿Cómo la han interpretado los padres de la Iglesia, los escolásticos y, sobre todo, los padres de la Reforma? En el presente ensayo vamos a referirnos a la interpretación de Juan Calvino sobre el libre albedrío en el amplio espacio que dedica al tema en su *Institución de la Religión Cristiana.*[1] Recorreremos el largo camino que transita Calvino para exponer el tema comenzando con su referencia a los filósofos griegos, los padres de la Iglesia, especialmente San Agustín, para llegar a su propia definición del tema. Finalmente, veremos qué implicaciones tiene el tema para la teología y la comprensión de la condición humana en su relación con el bien, el mal y la voluntad de Dios.[2]

---

1. En este trabajo citamos de la siguiente versión española: Juan Calvino, *Institución de la Religión Cristiana*, vol. I, Rijswijk, Países Bajos, Fundación Editorial de Literatura Reformada, 1968, Libro II, capítulo II.
2. La importancia que ha tenido la antropología de Calvino supera el tratamiento meramente teológico para entrar en la consideración de la filosofía. Por caso, cabe mencionar a Martin Heidegger quien en su *Ser y tiempo* cita la *Institución* de Calvino como un ejemplo de la idea de

I. El libre albedrío según los griegos

La tesis central que expone Calvino en el capítulo II del volumen I de la *Institución* es enunciada claramente en estos términos: "El hombre se encuentra ahora despojado de su arbitrio, y miserablemente sometido a todo mal".[3] Admite, a modo de presupuesto, que "si concedemos que no hay que quitar al hombre nada que sea suyo, también es evidente que es necesario despojarle de la gloria falsa y vana".[4] Con ello, indica el propósito de lograr un equilibrio entre lo que hay que reconocer de virtuoso en el ser humano y, a su vez, despojarle de su vanagloria ya que, como dice casi a renglón seguido: "que se nos prive de toda alabanza de sabiduría y virtud, que es necesario para mantener la gloria de Dios".[5] Es dentro de estos prolegómenos del tema donde Calvino hace referencia a una sentencia de San Agustín que el gran maestro africano repite varias veces en sus textos: "Los que defienden el libre arbitrio más bien lo echan por tierra, que lo confirman".[6] Ésta es la conclusión a la que ha de arribar luego Calvino como resultado de su exposición. En la primera parte de la misma su referencia es a los filósofos, mostrando una vez más el error de quienes piensan que Calvino se refiere pura y exclusivamente a los datos bíblicos para elaborar su teología. Muy por el contrario, su marco teórico es muy amplio ya que recurre no solamente a la Biblia sino que en primer lugar hace referencia a los filósofos y a la patrística para luego derivar su enfoque a la Biblia. Pues bien, en su apelación a los filósofos, Calvino dice que en general piensan que la razón es "como una antorcha alumbra y dirige nuestras deliberaciones y propósitos, y rige como una reina a la voluntad".[7] Refiriéndose a las facultades del alma, dice que según los filósofos son: entendimiento, sensualidad, apetito o voluntad. La voluntad es puesta

---

trascendencia, es decir, de que el hombre es algo que alcanza más allá de sí mismo. Heidegger específicamente cita el texto latino: *His praeclaris dotibus excelluit prima hominis conditio, ut ratio, intelligentia, prudentia, iudicium non modo ad terrenae vitae gubernationem suppeterent, sed quibus transcenderat usque ad Deum et aeternam felicitatem. El ser y el tiempo*, Barcelona: RBA Coleccionables S. A., 2002, p. 54. El párrafo citado por Heidegger corresponde a la *Institución*, I, XV, p. 123, que reza: "Éstas son las excelentes dotes con que el hombre en su primera condición y estado estuvo adornado; tuvo razón, entendimiento, prudencia y juicio, no solamente para dirigirse convenientemente en la vida presente, sino además para llegar hasta Dios y a la felicidad perfecta."

3. *Op. cit.*, p. 171.
4. *Ibíd.*, p. 172.
5. *Ibíd.*
6. *Ibíd.*
7. *Ibíd.*

en el medio entre la razón y la sensualidad, lo cual coloca al ser humano en la disyuntiva entre obedecer a la razón o someterse a la sensualidad.

Para Calvino, los filósofos expresan cierta perplejidad porque "forzados por la experiencia misma, no niegan cuán difícil le resulta al hombre erigir en sí mismo el reino de la razón [...]"[8] A veces, dice Calvino, el ser humano es seducido por el placer,[9] en otras, se ve fuertemente engañado por la apariencia del bien y todavía en otras circunstancias se ve fuertemente combatido por afectos desordenados. Citando la figura que usa Platón en su obra *De las leyes* dice que esos afectos desordenados son como cuerdas que tiran del ser humano y lo llevan de un lado para otro. Cita también a Cicerón y su referencia a las "chispitas de bien" que son apagadas por las falsas opiniones y malas costumbres. Apelando a otra metáfora, Calvino dice que el alma es como caballo salvaje que echa por tierra al jinete, que respinga y tira coces y "al dejar de la mano a la razón, entregándose a la concupiscencia se desboca y rompe del todo los frenos".[10] Esta metáfora del desenfreno es usada varias veces en el Nuevo Testamento en pasajes como I Pedro 4.3 que se refiere a los gentiles que estaban "entregados al desenfreno".

A modo de resumen de las ideas de los filósofos, citando la *Ética* de Aristóteles,[11] Calvino dice que si tenemos opción de hacer el bien o el mal, también la tendremos para abstenernos de hacerlo y si somos libres de abstenernos, también lo seremos para hacerlo. De modo que parece que todo cuanto hacemos lo hacemos por libre elección. Calvino resume las ideas de los filósofos sobre el libre albedrío, diciendo: "En resumen, ésta es la doctrina de los filósofos: La razón, que reside en el entendimiento, es suficiente para dirigirnos convenientemente y mostrarnos el bien que debemos hacer; la voluntad, que depende de ella, se ve solicitada al mal por la sensualidad; sin embargo, goza de libre elección y no puede ser inducida a la fuerza a desobedecer a la razón".[12]

II. El libre albedrío según los Padres de la Iglesia

Calvino pasa luego a analizar la visión que han reflejado los Padres de la Iglesia con respecto al libre albedrío. Entiende que los Padres han aceptado las nociones de los filósofos griegos en una medida que es mucho mayor de

---

8. *Ibíd.*, p. 173.
9. El tono como se expresa Calvino cuando se refiere al "placer" muestra la influencia agustiniana, rayana con la negación del deleite sensitivo como parte constitutiva del ser humano.
10. *Ibíd.*
11. Aristóteles, *Ética*, Libro III, capítulo V.
12. *Op. cit.*, p. 174.

lo que hubiera sido de desear. Y ello, se entiende, por dos razones: *a)* temían que si quitaban toda la libertad al ser humano para hacer el bien los filósofos de ideas contrarias se mofarían de ellos; *b)* para que la carne, que es débil y tarda para el bien, no encontrara en ello nuevo motivo de indolencia y descuido para hacer el bien. Cita entonces varias sentencias de Crisóstomo: "Dios nos ha dado la facultad de obrar bien o mal, dándonos el libre arbitrio para escoger el primero y dejar el segundo; no nos lleva a la fuerza, pero nos recibe si voluntariamente vamos a Él".[13] Y: "Muchas veces el malo se hace bueno si quiere, y el bueno cae por su torpeza y se hace malo, porque Dios ha conferido a nuestra naturaleza el libre albedrío [...]".[14] Cita a San Jerónimo que afirmó: "A nosotros compete el comenzar, a Dios el terminar; a nosotros, ofrecer lo que podemos; a Él hacer lo que no podemos".[15] Esta muestra de las ideas patrísticas sobre el libre albedrío, Calvino las juzga como imprecisas, variables, dudosas y oscuras. Exceptúa, sin embargo, a San Agustín, que es el único escritor dentro de los Padres que ha sido claro en su exposición. Todos fueron de mal en peor, hasta llegar a afirmar que el hombre está corrompido solamente en su naturaleza sensual, pero que su razón es perfecta y conserva casi en plenitud la libertad de la voluntad. En cambio, San Agustín se ha destacado por la claridad de su posición cuando dice: "Los dones naturales se encuentran corrompidos en el hombre, y los sobrenaturales —los que se refieren a la vida eterna— le han sido quitados del todo".[16]

Calvino cita luego algunas definiciones del libre albedrío. Primeramente consigna la definición de Orígenes: "El libre albedrío es la facultad de la razón para discernir el bien y el mal, y de la voluntad para escoger lo uno de lo otro".[17] San Bernardo: "un consentimiento de la voluntad por la libertad, que nunca se puede perder, y un juicio indeclinable de la razón".[18] San Ansel-mo: "una facultad de guardar rectitud a causa de sí misma".[19] Por su parte el Maestro de las Sentencias, o sea Pedro Lombardo y los doctores escolásticos, dice Calvino que prefirieron la definición de San Agustín "por ser más clara y no excluir la gracia de Dios, sin la cual sabían muy bien que la voluntad del hombre no puede hacer nada".[20] Recogiendo toda esta información que surge

13. Crisóstomo, *Homilías de la traición de Judas*, I, 3, citado por Calvino, *Ibíd.*.
14. Crisóstomo, *Sobre el Génesis*, homilía XIX, 1, citado en *Ibíd.*.
15. Citado en *Ibíd.* sin referencia a la fuente.
16. Citado en *Ibíd.*, p. 175, sin referencia a la fuente.
17. *De Principiis*, libro III, citado en *Ibíd.*, p. 176.
18. *De la gracia y el libre albedrío*, capítulo II, 4, citado en *Ibíd.*
19. *Diálogo sobre el Libre Albedrío*, capítulo III, citado en *Ibíd.*
20. *Ibíd.*

de la patrística, Calvino entiende que todos los Padres están de acuerdo en que "albedrío" se refiere ante todo a la razón, que tiene como oficio discernir entre el bien y el mal. Por su parte el adjetivo "libre" se refiere a la voluntad que puede decidirse por una cosa u otra. Esto se sintetiza bien en la cita que Calvino hace de la definición de Santo Tomás de Aquino: "el libre albedrío es una facultad electiva que, participando del entendimiento y de la voluntad, se inclina sin embargo más a la voluntad".[21]

Calvino dedica un párrafo aclaratorio al tema "De la potencia del libre arbitrio. Distinciones" para decir que en el libro *De la vocación de los Gentiles*, que se atribuye a San Ambrosio, se distinguen tres maneras de voluntad: sensitiva, animal y espiritual. Que las dos primeras están en la facultad del hombre pero la tercera es obra del Espíritu Santo en él. Y es allí donde el gran maestro francés enuncia su método: "Después veremos si esto es verdad o no. Ahora mi propósito es exponer brevemente las opiniones de los otros; no refutarlas".[22] Cita en ese párrafo las distinciones que las escuelas teológicas han hecho de la libertad, hablando de tres géneros: libertad de necesidad, de pecado y de miseria. Comentan que la primera no puede de ninguna manera estar ausente del ser humano porque es constitutiva de su naturaleza, pero que las otras dos se perdieron por el pecado. Y admite: "Yo acepto de buen grado esta distinción, excepto el que en ella se confunda la necesidad con la coacción. A su tiempo se verá cuánta diferencia existe entre estas dos cosas".[23] Lo que es destacable aquí es la claridad de método que sigue Calvino. Cita perspectivas, las evalúa, pero suspende el juicio sobre ellas para más adelante.[24] Luego se refiere a la "gracia cooperante" de los escolásticos. Cita al Maestro de las Sentencias, Pedro Lombardo, quien decía que hay dos clases de gracia necesarias para el hombre a fin de hacerlo idóneo para obrar el bien: la gracia operante (que obra) y la gracia cooperante (que obra juntamente). Con esa

21. *Summa Teologica*, Parte I, cues. 83, art. 3, citado en *Ibíd.*
22. *Ibíd.*
23. *Ibíd.*, p. 177.
24. Este estilo de argumentación y metodología puede percibirse hoy en textos del filósofo protestante francés Paul Ricoeur. Por ejemplo, dice en uno de sus ensayos: "Mi hipótesis de trabajo es ésta: desde los orígenes de la fe de Israel y de la fe de la Iglesia primitiva, es posible distinguir una dialéctica de la fe y la religión, un movimiento de la fe originalmente dirigido contra su propio soporte y su propio vehículo religioso". *El lenguaje de la fe*, Buenos Aires, La Aurora, 1978, p. 54. Otro ejemplo: "Considero que, en lo referente a la figura del padre, pueden retenerse de la obra de Freud tres temas que corresponden a tres momentos de mi hipótesis de trabajo. Son los mismos que nos permitirán construir, ulteriormente el esquema de la paternidad cuando hayamos atravesado los demás planos de articulación de la figura del padre". *El conflicto de las interpretaciones*. Buenos Aires, Fondo de Cultura Económica, 2003, pp. 422-423.

perspectiva coincidía San Bernardo diciendo que toda buena voluntad es obra de Dios, pero que el hombre por su propio impulso puede desear esa buena voluntad. Sin embargo, Calvino critica a Lombardo diciendo que "el Maestro de las Sentencias entendió mal a san Agustín, aunque él piensa que le sigue con su distinción".[25]

A modo de conclusión de esta revisión que Calvino hace de la patrística, dice el pensador francés que la expresión "libre albedrío" es desafortunada y peligrosa. Porque, según lo expuesto, el hombre tiene libre albedrío no porque sea libre para elegir entre lo bueno y lo malo sino porque el mal que hace lo realiza voluntariamente y no por coacción. Entonces, juzga de "título tan arrogante" llamar a eso "libre albedrío". Por el contrario, Calvino afirma "que conociendo nuestra natural inclinación a la mentira y la falsedad, más bien encontraremos ocasión de afianzarnos más en el error por motivo de una simple palabra, que de instruirnos en la verdad mediante una prolija exposición de la misma".[26] A partir de este enunciado, Calvino se dedica a exponer la correcta opinión de San Agustín sobre el tema. Comienza por indicar que San Agustín no duda en llamar al libre albedrío como "siervo".[27] Admite que en otros lugares de su obra Agustín se vuelve contra los que niegan el libre albedrío, pero aclara que es para refutar a quienes pretenden excusar al ser humano de su pecado. Pero en otro lugar "confiesa que la voluntad del hombre no es libre sin el Espíritu de Dios, pues está sometida a la concupiscencia, que la tiene cautiva y condenada".[28] El hombre perdió su libre albedrío,[29] el cual "está cautivo, y no puede hacer nada bueno".[30] Por lo tanto, la voluntad del hombre no es libre sino cuando el Espíritu viene en su ayuda y es liberada por Dios.[31] Calvino cita el texto de II Corintios 3.17 que afirma que "donde está el Espíritu del Señor, allí hay libertad". Y remata todo este recorrido por los textos agustinianos, citando la contundente conclusión del teólogo africano: "El libre albedrío, sin duda alguna es libre, pero no liberado; libre de justicia, pero siervo del pecado".[32] Como exhortación final de esta sección de la *Institución,* Calvino insta a renunciar al uso de la expresión "libre albedrío" por ser un término enojoso ya que no permite glorificar a Dios y recibir sus

25. *Op. cit.,* p. 177.
26. *Ibíd.,* p. 178.
27. San Agustín, *Contra Juliano,* Libro II, capítulo 8. Cit. en *Ibíd.*
28. San Agustín, *Epístola a Atanasio,* 145, 3, Cit. en *Ibíd.,* p. 179.
29. San Agustín, *Enquiridión,* 9, 30. Cit. en *Ibíd.*
30. San Agustín, *A Bonifacio,* Libro III, capítulo 8. Cit. en *Ibíd.*
31. San Agustín, *A Bonifacio,* Libro III, capítulo 7. Cit. en *Ibíd.*
32. San Agustín, *De la corrección y de la gracia,* XIII, 42. Cit. en *Ibíd.*

gracias. Para estos asertos, se apoya en textos clave como: Jeremías 17.5; Salmo 147.10; Isaías 40.29-31 y Santiago 4.6. Pero no todo está solucionado y explicado cabal y satisfactoriamente en la exposición de Calvino. Él mismo es consciente del problema que implica negar el libre albedrío y, por otra parte, reconocer que el ser humano, aun en el estado de pecado puede hacer buenas obras. Es esto lo que nos ocupará en el próximo acápite.

III. El libre albedrío, los dones naturales y sobrenaturales

En este punto, Calvino cita una sentencia de San Agustín: "Los dones naturales están corrompidos en el hombre por el pecado, y los dones sobrenaturales los ha perdido del todo".[33] Cuando el hombre abandonó el Reino de Dios, entonces fue privado de los dones espirituales para alcanzar la vida eterna. Desterrado del Reino, todas las cosas referidas a la vida bienaventurada están muertas. Sólo por la gracia de la regeneración el ser humano podrá recobrar la fe, el amor a Dios, la caridad del prójimo, el deseo de la santidad y la justicia. Al sufrir la corrupción de los dones naturales, tanto la voluntad como el entendimiento han sido afectados por el pecado de modo que, aunque todavía el ser humano distingue entre el bien y el mal, esa intelección ha sido debilitada y dañada por el pecado. Citando las palabras del Evangelio, "la luz luce en las tinieblas, mas las tinieblas no la comprendieron" (Jn. 1.5), Calvino dice que "en la naturaleza humana, por más pervertida y degenerada que esté, brillan ciertos destellos que demuestran que el hombre participa de la razón y se diferencia de las fieras brutas puesto que tiene entendimiento".[34] Pero esa luz está sofocada por una oscuridad de ignorancia que no puede tornarla eficaz. Calvino es consciente de todas las implicaciones que estas cuestiones encierran y, por lo tanto, procede a una extensa referencia a la "corrupción de la inteligencia".

Calvino comienza por distinguir entre inteligencia de las cosas terrenas e inteligencia de las cosas celestiales, postulando que "la inteligencia de las cosas terrenas es distinta de la inteligencia de las cosas celestiales".[35] Bajo la primera clase están comprendidas realidades como el Estado, la familia, las artes mecánicas y liberales. Primeramente, se refiere al orden social y, siguiendo a Aristóteles —aunque en este contexto no lo mencione específicamente— dice que "el hombre es por su misma naturaleza sociable, siente una inclinación

---

33. *Ibíd.* p. 182. Sin referencia a la fuente.
34. *Ibíd.*, p. 183.
35. *Ibíd*, p. 184.

natural a establecer y conservar la compañía de sus semejantes".[36] Admite que en todos los hombres hay cierto germen de orden político. En lo que se refiere a las artes mecánicas y liberales se ve que en ellas también tiene el entendimiento humano alguna virtud. Pero criticando a Platón, dice que el maestro ateniense "se engañó pensando que esta comprensión no era más que acordarse de lo que el alma sabía ya antes de entrar en el cuerpo".[37] Sin embargo, esa crítica no le conduce a rechazar del todo a Platón ya que "la razón nos fuerza a confesar que hay como cierto principio de estas cosas esculpido en el entendimiento humano".[38] Más adelante, y reflejando cierta influencia tomista,[39] Calvino dice: "Si reconocemos al Espíritu de Dios como única fuente y manantial de la verdad, no desecharemos ni menospreciaremos la verdad donde quiera que la halláremos; a no ser que queramos hacer una injuria al Espíritu de Dios, porque los dones del Espíritu no pueden ser menospreciados sin que Él mismo sea menospreciado y rebajado".[40]

El principio axiomático de que toda verdad viene de Dios, Calvino lo aplica a tres ejemplos: los juristas, los médicos y los filósofos. Los primeros, porque constituyeron con equidad un orden recto y una política justa. En cuanto a los médicos, los artistas y los filósofos, porque "es imposible leer los libros que sobre estas materias escribieron los antiguos, sin sentirnos maravillados y llenos de admiración".[41] Aporta luego el ejemplo bíblico de Bezaleel y Aholiab que tuvieron la inspiración del Espíritu de Dios para hacer la obra de arte para el tabernáculo (Éx. 31.2 y 35.30-40) de lo cual deriva que "no hay que maravillarse si decimos que el conocimiento de las cosas más importantes de la vida nos es comunicado por el Espíritu de Dios".[42] Para que no se tergiverse su pensamiento, Calvino aclara que la residencia del Espíritu se da sólo en los fieles, lo cual ha de entenderse como Espíritu de santificación. Pero, al mismo tiempo, "Dios no cesa de llenar, vivificar y mover con la virtud de ese

36. *Ibíd.*
37. *Ibíd.*, p. 185.
38. *Ibíd.*
39. En efecto, Santo Tomás dice respecto a Dios y la verdad: "Si, pues, hay verdad en Dios, se sigue que todo lo verdadero proviene de Él". *Suma Teológica*, tomo I, 3a. Edición, Madrid, Biblioteca de Autores Cristianos, 1964, 1, q. 16 a. 5, p. 643.
40. *Ibíd*, p. 186.
41. *Ibíd.* Por su parte Timothy George, aunque admite que ciertos pasajes de la *Institución* (por caso I, 5.4) parecieran ser fundamento para mostrar el pesimismo de Calvino hacia la humanidad, dice que no debemos hacer de ello una caricatura, porque "no está de acuerdo con el profundo aprecio de Calvino por los logros humanos en ciencia, medicina, literatura, arte y otras disciplinas". *Theology of Reformers*. Nashville, Broadman Press, 1988, p. 213.
42. *Ibíd.*

mismo Espíritu a todas sus criaturas; y ello conforme a la naturaleza que a cada una de ellas le dio al crearlas".[43] Este concepto es sumamente importante y digno de ser destacado cuando observamos las tendencias "antimundo" y "anticultura" que se dan en ciertos ámbitos de perfil fundamentalista, donde ser santo significa aislarse de la cultura, de la sociedad y del arte porque "son del diablo".[44] Tenemos aquí un concepto mucho más abarcador y más bíblico que nos permite percibir la presencia del Espíritu aun en las esferas de la cultura y del arte humanos. Desde una perspectiva cósmica, el teólogo reformado Jürgen Moltmann reflexiona: "Tiene sentido, por lo tanto, hablar de la *comunión de la creación* y reconocer la actuación del Espíritu divino creador de vida en la formación de las comunidades de las criaturas".[45] Calvino concluye esa sección diciendo que "la razón es propia de nuestra naturaleza, la cual nos distingue de los animales brutos, como ellos se diferencian por los sentidos de las cosas inanimadas".[46] La gracia general de Dios limita la corrupción de la naturaleza, porque si Dios no nos hubiera preservado, la caída de Adán hubiera destruido por completo lo que se nos había dado en la creación.

Ahora bien, ¿cómo podemos conocer las cosas celestiales? Porque ya ha quedado establecido que por la razón y la acción del Espíritu Santo en las criaturas, éstas pueden conocer las cosas terrenales. Pero cuando nos referimos a las cosas celestiales, la sabiduría celestial que consiste en conocer a Dios, su voluntad paternal y cómo regirnos en nuestras vidas, las cosas son diferentes. Porque no podemos por nosotros mismos conocer al Dios verdadero. Aquí, Calvino es rotundo: los seres humanos están incapacitados para conocer por sí mismos esa sabiduría divina. Ciertamente, él es consciente de que los seres humanos tienen algún gusto de la divinidad. Pero ese conocimiento es a la manera del relámpago que ilumina un trecho de espacio de un caminante pero que una vez que intenta moverse, ya está de nuevo rodeado por las tinieblas. En cuanto a los filósofos: "aquellas gotitas de verdad que los filósofos vertieron en sus libros ¡con cuántas horribles mentiras no están mezcladas!".[47] Una vez más recurre al testimonio bíblico,

43. *Ibíd.*

44. Para una crítica de esta tendencia y una invitación a ampliar el horizonte de comprensión del término "mundo" en el Nuevo Testamento, véase Alberto F. Roldán, *Señor total*, Buenos Aires, Publicaciones Alianza, 1998, pp. 126-145.

45. Jürgen Moltmann, *O Espírito de vida. Uma pneumatologia integral*, Petrópolis, Vozes, 1999, p. 214. (Versión española: *El Espíritu de la vida*, Sígueme). Allí, Moltmann cita el salmo 104 como un texto que habla de la "comunión de la creación".

46. *Op. cit.*, p. 187.

47. *Ibíd.*, p. 188.

citando textos clave: Juan 1.4-5 y 13 y Mateo 16.17, que muestran que las tinieblas no comprendieron a la luz que resplandecía, que sólo los creyentes que reciben a Cristo son engendrados por Dios y que las cosas de Dios sólo se comprenden por revelación especial del Padre. Por lo tanto, sin regeneración e iluminación no es posible conocer a Dios. Porque "el entendimiento humano en las cosas espirituales no puede entender más que en cuanto es iluminado por Dios".[48]

Del modo expuesto, Calvino ha desarrollado el tema de la corrupción de la inteligencia. Ahora pasa a estudiar el tema de la corrupción de la voluntad. Su tesis es que el deseo natural del bien no prueba la libertad de la voluntad. Aquí, el argumento se fundamenta en el pasaje de Pablo en Romanos 7.14-25 que, para Calvino, contradice a los teólogos escolásticos. Conocemos el pasaje: Pablo expresa que desea hacer el bien pero termina haciendo el mal. Lo que en nuestros tiempos, y con magistral creatividad comenta el biblista mexicano Juan Mateos: "El bien que quiero hacer, no lo hago; el mal que no quiero hacer, eso es lo que me sale. Entonces, si hago precisamente lo que no quiero, señal de que no soy yo quien actúa, sino el pecado que llevo dentro" (7.20). Es la esquizofrenia: 'Yo, que con mi razón estoy sometido a la Ley de Dios, por mis bajos instintos soy esclavo de la ley del pecado' (7.26)".[49]

Se ha debatido mucho sobre el significado de esta lucha que refleja Pablo en el texto.[50] Para Calvino, se trata del hombre regenerado porque, a modo de pregunta retórica dice: "¿Quién puede llevar en sí mismo tal lucha, sino el que, regenerado por el Espíritu de Dios lleva siempre en sí restos de su carne?".[51] Calvino pone en evidencia una interpretación que San Agustín

---

48. *Ibíd.*, p. 189.

49. Juan Mateos, *Cristianos en fiesta*, Madrid, Cristiandad, 1975, p. 172. "Bajos instintos" es la traducción dinámica de *sarx* vertido generalmente por "carne" en las versiones de la Biblia más clásica como Reina-Valera. Nos parece una traducción creativa, sólo que puede conducir al lector a pensar que "lo carnal" sólo tiene que ver con lo sexual. Véase la lista de las "obras de la carne" en Gálatas 5.19-21.

50. Para las varias interpretaciones, véase especialmente John Murray, *The Epistle to the Romans. The New International Commentary on the New Testament.* Grand Rapids, Eerdmans, 1968, pp. 256-257. Por su parte, Karl Barth en su influyente comentario a Romanos, trata esta sección como un ejemplo de "la realidad de la religión" porque "cuando reconocemos la peculiar pecaminosidad del hombre religioso y vemos el pecado *abundar* en él, estamos capacitados para comprender el significado de la *gracia más excedentemente abundante* (v. 20) y la necesidad de que la misericordia divina pueda actuar a pesar del pecado". *The Epistle to the Romans*, Nueva York, Universidad de Oxford, 1968, p. 257. Hay traducciones al español y al portugués.

51. *Op. cit.*, p. 196.

hizo del pasaje paulino como una aplicación a la naturaleza del hombre. Pero luego se retractó, admitiendo su errónea exposición.[52] En conclusión, Calvino recuerda las palabras de Jesús: "Todo aquel que hace pecado, esclavo es del pecado" (Jn. 8.34). Por lo tanto, todos somos pecadores por nuestra naturaleza, estamos sometidos al pecado y, por necesidad, nuestra voluntad, "sede principal del pecado, tiene que estar estrechamente ligada. Pues no podría ser verdad en otro caso lo que dice san Pablo, que Dios es quien produce en nosotros el querer (Flp. 2.13), si algo de nuestra voluntad precediese a la gracia del Espíritu Santo".[53] Como no podría ser de otro modo, Calvino concluye su argumentación sobre el libre albedrío, citando a San Agustín: "Dios te ha prevenido en todas las cosas; prevén tú alguna vez su ira. ¿De qué manera? Confiesa que todas estas cosas las tienes de Dios, que todo cuanto de bueno tienes viene de Él, y todo el mal viene de ti". Y concluye él: "Nosotros no tenemos otra cosa sino el pecado".[54]

La argumentación de Calvino sobre el libre albedrío no concluye exactamente aquí. Todavía, el gran reformador francés continúa con los temas de la naturaleza corrompida del hombre, de la necesidad de la regeneración, del cambio de la voluntad, de la gracia y del modo en que Dios obra en el corazón del ser humano. Su conclusión es que hay que distinguir bien de qué se trata cuando hablamos del libre albedrío. No hay que examinarlo según los acontecimientos exteriores sino considerarlo en el interior mismo del hombre. Y en este sentido, aclara: "Lo que se pregunta es si tiene en todas las cosas libertad de elección en su juicio para discernir entre el bien y el mal y aprobar lo uno y rechazar lo otro; y asimismo, la libertad de afecto en su voluntad, para apetecer, buscar y seguir el bien, y aborrecer y evitar el mal. Porque si el hombre posee estas dos cosas, no será menos libre respecto a su albedrío encerrado en una prisión [...]".[55]

No cabe duda de que, planteado de ese modo, el ser humano está lejos de poseer el libre albedrío que le permita tener en todas las cosas libertad de elección, discernimiento cabal del bien y el mal, aprobación de lo primero y rechazo de lo segundo y, sobre todo, libertad de afecto para apetecer, buscar y seguir siempre el bien. La conclusión a la que arriba Calvino es coherente con toda su larga argumentación, la que nos conduce a una serie de implicaciones importantes.

52. Como prueba, cita *Retractaciones*, Libro I, 23. Cit. en *Ibíd.*
53. *Ibíd.*
54. San Agustín, *Sermón 176*. Cit. en *Ibíd*, p. 197.
55. *Ibíd.*, pp. 219-220.

Conclusiones

El tema del libre albedrío es uno de los más importantes dentro del campo de la antropología bíblica y teológica. Existe la sospecha de que hay poca precisión sobre el tema, con cierta tendencia a reconocer su existencia en el ser humano, aunque sin saber sus alcances y limitaciones.

La exposición de Calvino sobre el tema es amplia, razonada y documentada. Comienza por apelar a los filósofos griegos, citando a Platón, Cicerón y Aristóteles. A modo de resumen de sus ideas, dice que según ellos, la razón, que reside en el entendimiento, es suficiente para dirigirnos convenientemente y mostrarnos el bien que debemos hacer. En cuanto a la voluntad, que depende de ella, se ve solicitada al mal por la sensualidad, pero pese a ello, goza de libre elección y no puede ser inducida a la fuerza a desobedecer a la razón. Esta perspectiva es criticada por Calvino porque pareciera mostrar que el ser humano peca sin estar obligado a ello, sino que de alguna manera lo hace voluntaria y libremente.

En lo que se refiere a la patrística, Calvino recorre varios autores, entre los que menciona a Orígenes, Crisóstomo, el Maestro de las Sentencias y, sobre todo, San Agustín. Fuera de este último, juzga a todos como demasiado dependientes de los filósofos griegos, a los cuales han seguido de un modo que no es conveniente. Sólo San Agustín se distingue de ellos al mostrar que el ser humano, por la caída, ha sufrido un deterioro en sus dones naturales mientras los dones sobrenaturales los ha perdido totalmente. Pero Calvino es consciente de que en los seres humanos brillan ciertos destellos de la razón. ¿Cómo explicar el fenómeno? Pues apelando al argumento de que por los dones naturales el ser humano puede captar y entender las cosas terrenales. En cuanto a las celestiales, es imposible que las entienda a menos que obre el Espíritu de Dios en iluminación y regeneración.

Hay un tema que merece ser ampliamente destacado. Calvino reconoce la existencia de verdades que son transmitidas por los juristas, los médicos, los artistas y los filósofos. Coincidiendo con lo que Santo Tomás decía al respecto, afirma que toda verdad, en último análisis, viene de Dios. Esta acción del Espíritu de Dios en la creación y en toda manifestación humana, no hay que confundirla con la presencia especial de ese Espíritu en los hijos de Dios. Es muy importante ver que Calvino lejos está de representar la actitud y postura de muchos evangélicos que hacen una ruptura con la cultura, la filosofía, el derecho y toda manifestación artística. Por el contrario, reivindica todas esas manifestaciones que atribuye a la gracia general de Dios y que al fin nos deben conducir a la gloria del Creador.

Fiel al pensamiento de San Agustín, lo cual a veces lo conduce a expresar una visión negativa del placer, Calvino llega a la conclusión de que la "caída" ha afectado la inteligencia y la voluntad humanas. Luego, sólo por una operación de regeneración e iluminación operada por el Espíritu de Dios, el ser humano puede alcanzar una verdadera libertad de pensamiento y de acción porque "donde está el Espíritu del Señor, allí hay libertad". (II Co. 3.17). Los datos bíblicos y la experiencia humana en la historia, prueban la veracidad del punto de vista de Calvino. Es evidente que si bien el ser humano peca no por estar coaccionado a ello —podría decirse, ejerciendo mal su libertad— no tiene un libre albedrío en términos de distinguir siempre y con exactitud el bien del mal, aprobar el primero y rechazar el segundo y gozar de una libertad de afecto en su voluntad para apetecer y seguir el bien evitando el mal. Se trata, en todo caso, de un "albedrío encerrado en una prisión".

La exposición del libre albedrío elaborada por Calvino pone en claro que el ser humano, muy a pesar de las posibilidades que todavía le asisten para distinguir de alguna manera entre el bien y el mal, elaborar pensamientos filosóficos y obras de jurisprudencia y artísticas, ha quedado fatalmente afectado por el pecado. Por lo tanto, su libre albedrío es totalmente relativo e insuficiente. Sólo la gracia especial de Dios y la obra regeneradora e iluminadora del Espíritu Santo pueden restituirle un libre albedrío que le permita discernir cabalmente entre el bien y el mal, y desear ardientemente hacer la voluntad de Dios. Sin esa asistencia, ese pretendido libre albedrío sería mejor un *servum arbitrium* como antes lo había denominado Lutero en su fuerte polémica con Erasmo. Resultaría muy interesante comparar la visión de Calvino precisamente con la de su predecesor Lutero.[56] Pero eso ya es harina de otro costal. Creemos que lo expuesto es suficiente como material de análisis de un tema que, como lo dijera el propio Calvino al final de su exposición, debe ser visto no tanto en las manifestaciones exteriores de la persona humana sino, sobre todo, en lo que acontece en su interioridad, es decir, su inteligencia y su voluntad, que necesitan de la asistencia del Espíritu de Dios para ser restauradas a la intención original del Creador.

---

56. El texto fundamental de Lutero es *La voluntad determinada (De servo arbitrio). Obras de Martín Lutero*. Vol. 4, Buenos Aires, Paidós, 1976, especialmente pp. 123-137.

Calvino, el exegeta de la Reforma
Alfredo Tepox Varela

Introducción

Mucho es lo que se ha dicho, y dicho bien, en torno a Juan Calvino y su impresionante obra como teólogo, reformador, y expositor de la Biblia. Se me encomienda ahora acercarme a Calvino y comentar su obra como exegeta, ya que, en efecto por antonomasia, a él ha correspondido ser también conocido como el *exegeta de la Reforma*.

Tarea nada fácil, por varias razones. En primer lugar, por limitaciones bibliográficas: su obra es sumamente vasta, y sería prácticamente imposible hacerle justicia dentro de las limitaciones de espacio de un ensayo; en segundo lugar, porque las fuentes a la mano no son estrictamente primarias: se trata de traducciones al inglés y al español, y lo ideal hubiera sido tener a la mano los originales franceses (admitiendo que quien esto escribe no habría podido acercarse a sus escritos en latín); y finalmente, porque no conozco a Calvino desde la perspectiva de un correligionario: aunque protestante, voy en pos del Maestro por otro sendero.

Sin embargo, como aprendiz de exegeta que soy, trataré aquí de acercarme a un gigante de la exégesis conforme a un principio fundamental de la Reforma: si Lutero sostenía que la Biblia debe ser su propio intérprete, también yo habré de procurar que sea Calvino mismo quien hable por Calvino. Al efecto, he seleccionado algunos pasajes, muy pocos en verdad, que por sí mismos nos den a conocer a Calvino el exegeta.

De entrada debo aclarar que la tarea, aunque sumamente interesante e instructiva, ha sido semejante a la de buscar una aguja en un pajar. Porque Calvino no es un exegeta en el sentido especializado que ahora se da a este vocablo, si bien es cierto que circula un uso impreciso del mismo. Calvino es un comentarista en la Biblia, un expositor, un predicador, y en todos estos aspectos demuestra excelencia en los resultados. Pero su exégesis, entendida como análisis del texto y de sus géneros literarios, como estudio de la problemática que se evidencia cuando se acerca uno al texto bíblico con una visión crítica, como discusión seria y detenida en torno a la paternidad literaria de los textos estudiados y su fecha de su composición, como estudio del desarrollo del texto, etcétera, no es a primera vista evidente, si bien es cierto que, al leer sus comentarios a los diferentes libros de la Biblia, se puede discernir su sólida información en algunos de estos puntos. Baste como ejemplo su discusión sobre la canonicidad y paternidad literaria de la Epístola a las Hebreos.[1] Por el contrario, asume la paternidad literaria de Moisés para el Pentateuco, y la de David para los Salmos.[2]

Pero no sería justo esperar de Calvino una aplicación fría e intransigente de los principios exegéticos que, como resultado de toda una historia de interpretación bíblica, constituyen ahora el acervo de la exégesis contemporánea. Más bien, visto Calvino en el fragor de la Reforma, su obra podría calificarse de exégesis aplicada, es decir, él tomaba sobre sí la tarea de examinar el texto y desentrañarlo (exégesis y hermenéutica al mismo tiempo), pero al escribir o al predicar sólo tenía en mente comunicar al pueblo la riqueza integral del mensaje bíblico, sin alardes de erudición. Antes que exegeta, Calvino fue pastor. Y de los varios principios que aplicó a su labor de intérprete y expositor de la Biblia, uno parece haber sido fundamental: *la norma de la religión debe emanar de la Palabra de Dios.*[3]

En el ejercicio que sigue, he procurado que los pasajes seleccionados permitan al lector ver a Calvino con ojos de novedad, como si lo leyeran por primera vez. Tal ha sido mi experiencia, y quiero compartirla. Primero he transcrito mi propia traducción de sus comentarios,[4] y a continuación he aventurado mis propias impresiones en un intento por resaltar las cualidades innegables de su examen, pero haciendo notar algunos aspectos que he considerado necesario mencionar, para bien del lector contemporáneo de la Biblia. Admito que la selección es arbitraria, y ciertamente limitada, pero ojalá resulte representativa del pensamiento y personalidad del "exegeta de la Reforma".

Como protestante no calvinista, invito a los cristianos de toda persuasión interpretativa a leer a este gran reformador. Lo mismo que yo, aprenderán

---

1. J. Calvino, *La Epístola del Apóstol Pablo a los Hebreos.* Grand Rapids, Subcomisión Literaria Cristiana de la Iglesia Cristiana Reformada, 1977, pp. 11-12.
2. Según he podido desprender de mi lectura a sus comentarios sobre el Pentateuco y los Salmos. Véase en este mismo artículo lo que Calvino mismo dice al comentar Gn. 1.6; 15.6.
3. Esta afirmación, que puede corroborarse en toda su obra, queda claramente expresada en su comentario al Salmo 1 (cf. la antología de Joseph Haroutunian, citada más abajo, p. 79).
4. Todos los fragmentos de los comentarios de Calvino, que he incluido aquí, han sido tomados de la antología preparada por Joseph Haroutunian (*Calvin Commentaries*, vol. XXIII, The Library of Christian Classics. Philadelphia, The Westminster Press, 1958). Las referencias a continuación sólo harán mención de dicho recopilador, y la(s) página(s) correspondiente(s).

mucho de la Biblia y se enriquecerán con el amor por Cristo y Su palabra, que emana de los comentarios de Calvino. Y nada sería más grato que, como resultado de este modesto artículo, los cristianos calvinistas se sintieran motivados a "redescubrir" a Calvino.

He aquí sus comentarios:

Génesis 1.1 "En el principio creó Dios los cielos y la tierra"

En el principio. Interpretar *el principio* como significando a Dios es demasiado frívolo. Moisés simplemente quiso decir que el mundo en sus inicios no era el producto terminado que vemos hoy, sino que fue creado como un caos vacío del cielo y de la tierra.

Con la palabra *crear*, muestra que algo fue hecho que no existía antes. Pues no usa el verbo *yatsar*, que sugiere modelar o dar forma, sino bara'. Lo que quiere decir es que el mundo fue creado de la nada.

Esto refuta la futilidad de aquellos que piensan que la materia informe siempre existió, y de aquellos que de la afirmación de Moisés no entienden más allá de que el mundo recibió una nueva apariencia, siendo revestido de una forma de la que antes carecía. Esta es la opinión general de los incrédulos a quienes ha llegado sólo un informe oscuro de la verdad divina. Ya es cosa común que los hombres mezclen la verdad divina con invenciones extrañas. Pero resulta absurdo y de lo más intolerable que haya cristianos que luchan por adoptar este nauseabundo error… Por lo tanto, el primer artículo del credo es: El mundo no es eterno, sino que fue creado por Dios…

Dios. La palabra *Elohim*, que Moisés usa, es plural, y se acostumbra concluir que aquí se especifican las tres Personas en Dios el Padre. Pero ésta no parece una prueba sólida para tan gran verdad, y no estoy de acuerdo con ella. Más bien, los lectores debieran estar advertidos y prevenirse contra falsas glosas de esta índole.

Ellos piensan que aquí encuentran evidencia contra los arrianos[5] para probar la divinidad del Hijo y del Espíritu. Pero con esto caen ellos mismos en el sabelianismo.[6]

Pues inmediatamente después Moisés añade que Dios (*Elohim*) habló, y que el *Espíritu de Dios se movía sobre la faz de las aguas.* Si queréis ver tres

---

5. El epíteto de "arrianos" se aplicó a los seguidores de Arrio (280-336), quien negaba que Jesucristo fuera de la misma esencia que el Padre. Para él, Jesucristo era una deidad secundaria.
6. Sabelio y sus seguidores creían que el Padre, el Hijo, y el Espíritu Santo, eran sólo distintas representaciones, aspectos o funciones de Dios. Negaban la Trinidad y la humanidad real de Jesucristo.

Personas (en este versículo, no tendréis éxito porque) no hallaréis ninguna distinción entre ellas...

Me parece que basta con entender el plural como expresión de los poderes que Dios ejercitó al crear al mundo. Reconozco que aunque la Escritura hace con frecuencia mención de muchos poderes divinos, siempre nos lleva de nuevo al Padre, a su Palabra, y al Espíritu. Pero quienes tuercen lo que Moisés dice de Dios mismo, haciendo de ello una alusión a las tres Personas, lo único que nos presentan es un absurdo. Sostengo que es indiscutible, partiendo del contexto, que este pasaje nombra a Dios e incluye, por implicación, el poder de Su esencia eterna.[7]

Comentario

Un principio fundamental de la exégesis es el de ceñirse estrictamente a desentrañar el texto en su contexto inmediato, y luego recurrir, de ser necesario, al contexto mediato. Calvino comienza de manera excelente desde el *principio*, al no "cristianizar" el texto de manera indebida. Nótese que ha dicho: "Interpretar el *principio* como significando Cristo es demasiado frívolo". Y es que el exegeta debe luchar por la correcta interpretación del texto, no por introducir y recalcar su doctrina particular, aun cuando ésta sea muy ortodoxa. Lo que Calvino inicia al comentar *el principio*, lo redondea a la perfección cuando comenta *Elohim*, es decir, Dios: contra quienes pretenden ver la Trinidad oculta o insinuada en el plural hebreo, Calvino levanta un dique exegético que habla por sí mismo. En efecto, al recalcar la doctrina de la Trinidad en este pasaje, quienes así lo hacen caen en tremendos errores doctrinales: *elohim* es un plural, sí, pero es también un superlativo, es la forma hebrea de referirse a lo inconmensurable e inefable; de allí que en este mismo pasaje se usen otros plurales como *shamaîm*, "cielos", ni muchas aguas, ¡ni muchos dioses! En términos gramaticales, este uso del plural se conoce como *plural de majestad*. Sin recurrir al lenguaje de los iniciados, Calvino resume esto mismo con elegancia y brevedad cuando dice: "Me parece que basta con entender el plural como expresión de los poderes que Dios ejercitó al crear el mundo".

Génesis 1.16

E hizo Dios las dos grandes lumbreras; la lumbrera mayor para que señoreasé en el día, y la lumbrera menor para que señoreasé en la noche; hizo también las estrellas.

---

7. Cf. Haroutunian, *op. cit.*, pp. 140-141 (mi traducción).

La lumbrera mayor. Ya he dicho que Moisés no está analizando con agudeza, como los filósofos, los secretos de la naturaleza; y estas palabras lo demuestran. Primero pone los planetas y las estrellas en la expansión del cielo. Los astrónomos distinguen varias esferas en el firmamento y nos enseñan que las estrellas fijas tienen allí su propio lugar. Moisés menciona *dos grandes luminarias.* Los astrónomos prueban con sólidos argumentos que la estrella Saturno, que a causa de la distancia parece pequeña, es más grande que la Luna.

Todo esto demuestra que Moisés describió de manera popular lo que todos los hombres comunes y corrientes, y sin preparación ni educación, perciben con sus sentidos ordinarios. Los astrónomos, por otra parte, investigan con grandes trabajos todo lo que la agudeza del intelecto del hombre es capaz de descubrir. Tal estudio ciertamente no debe ser desaprobado, ni se debe condenar a la ciencia con la insolencia de algunos fanáticos que habitualmente rechazan todo cuanto les es desconocido.

El estudio de la astronomía no sólo proporciona placer sino que es también extremadamente útil. Y nadie puede negar que revela admirablemente la sabiduría de Dios. Por lo tanto, debe alabarse a los hombres inteligentes que dedican sus esfuerzos a esta ciencia, y los que tienen capacidad y tiempo no debieran dejar de lado un trabajo de tal naturaleza.

Moisés no pretendía alejarnos de tal estudio al omitir los detalles que pertenecen a la ciencia. Pero, puesto que había sido escogido como guía de hombres rudos e iletrados más que de gente educada, no podía cumplir con su deber a menos que descendiera a su nivel. Si Moisés hubiera hablado a la multitud de cosas para ellos desconocidas, los iletrados podrían decir que sus enseñanzas estaban por encima de sus cabezas. De hecho, cuando el Espíritu de Dios abra una escuela común a todos, no es raro que elija enseñar especialmente aquello que todos pueden entender.

Cuando el astrónomo investiga el tamaño real de las estrellas y descubre que la Luna es más pequeña que Saturno, nos imparte conocimiento especializado. Pero el ojo ve las cosas de manera diferente, y Moisés se adapta al punto de vista ordinario.

Dios ha extendido su mano hacia nosotros, y nos ha dado el disfrutar del esplendor del Sol y de la Luna. ¡Grande sería nuestra ingratitud si cerráramos los ojos a esta bella experiencia! No hay razón para que los sabios se burlen de la ignorancia de Moisés, pues él no busca explicarnos los cielos sino describirnos lo que está ante nuestros ojos. Dejemos a los astrónomos con la profundidad de sus conocimientos. Mientras tanto, aquellos que ven el esplendor nocturno de la Luna se hallan poseídos de perversa ingratitud si no reconocen la bondad de Dios.[8]

Comentario

Como puede verse, lo anterior no es estrictamente un comentario exegético, sino más bien una homilía. ¡Pero qué homilía! Su profundidad está fincada en los amplios conocimientos que Calvino tenía del texto bíblico. Y aquí es oportuno decir que no es ninguna vergüenza escribir una homilía, mientras no se confunda ésta con la improvisación. Porque ya en el siglo XVI Calvino muestra una actitud abierta y respetuosa hacia la ciencia de su tiempo, y fustiga a los "fanáticos que habitualmente rechazan todo cuando les es desconocido". Con loable actitud pastoral delimita Calvino el campo de la teología y el de la ciencia, algo que no pocos de nuestros contemporáneos debieran tener claramente presente. Es error común y frecuente acercarse al Génesis con actitudes apologéticas, para explicar, o tratar de explicar, las limitaciones científicas del texto bíblico; hay también quienes, en aras de la fe, niegan los valores de la ciencia y desarrollan una pseudociencia que pretende ser "bíblica". Pero Calvino no defiende a Moisés, sino que trata de entenderlo y de entender su propósito y el propósito de Dios.

En todo este pasaje Calvino refleja haberse mantenido informado de cuanto ocurría a su alrededor. Galileo veía la luz el mismo año en que Calvino expiraba, pero seguramente Calvino habrá estado al tanto de las teorías de Copérnico, contemporáneo suyo. Mas si acaso no se viera el equilibrio intelectual mostrado aquí por Calvino, habría por lo menos que reconocer la sublimidad del lenguaje y sus virtudes poéticas, cualidades exaltadas por la mayoría de quienes han leído y comentado su obra.

Génesis 2.18

Y dijo Jehová Dios: No es bueno que el hombre esté solo; le haré ayuda idónea para él.

Moisés explica aquí el propósito de Dios al crear a la mujer... *Le haré ayuda idónea para él.* ¿Por qué el verbo usado aquí no es plural, como en el relato de la creación del hombre, en que se dijo: *Hagamos* (Gn. 1:26)? Algunos piensan que el cambio indica una diferencia entre los sexos y muestra la gran superioridad del hombre sobre la mujer. Pero una interpretación diferente,

8. Haroutunian, *op. cit.*, pp. 355-356.

aunque no del todo contradictoria, me agrada más. Cuando el género humano fue creado en la persona de un hombre, se confirió una dignidad común a toda la humanidad, y esto de manera universal, con las palabras *hagamos al hombre*. No había necesidad de repetir esto al crear a la mujer, ya que ella era realmente un suplemento para el hombre. Ciertamente no podemos negar que también la mujer, tal vez de manera secundaria, fue creada a imagen de Dios. Se sigue de esto que, lo que se dijo del hombre, se aplica igualmente a la mujer.

Pero cuando Dios designa a la mujer ayuda idónea del hombre, no está dando a las mujeres una regla que determine su vocación en la vida al asignarles una tarea especial; más bien está declarando que el matrimonio mismo será la mejor ayuda del hombre en la vida. Aceptamos, pues, como una regla de la naturaleza, que la mujer es la ayuda idónea del hombre. Sabemos, por supuesto, aquel refrán popular, que dice que la mujer es un mal necesario. Pero debiéramos escuchar la voz de Dios, que afirma que la mujer fue dada al hombre como compañera y copartícipe para ayudarlo a vivir realmente bien.

…De esta verdad se deriva otra: que las mujeres debieran aprender que su deber es esforzarse por ayudar a sus maridos a que cumplan con el propósito de Dios. Y los hombres debieran también considerar cuidadosamente lo que a su vez deben a la mitad del género humano. Ambos sexos están ligados por una mutua obligación. Por la ley de Dios la mujer es dada al hombre como ayuda idónea, para que éste pueda hacer su parte como cabeza y jefe.[9]

Comentario

Desde una perspectiva exegética, Calvino ha perdido el punto al suscitar una pregunta innecesaria. Ya es ampliamente conocido que en el Génesis tenemos dos relatos de la creación, el primero comprendido en 1.1-2.4a, y el segundo a partir de 2.4b. Es posible que Calvino no haya estado al tanto de este hecho; aunque al menos podría haber abundado en torno a la frase "ayuda idónea", que en el texto hebreo dice literalmente "ayuda como frente a él", y cuya semántica es en realidad "como corresponde suyo", es decir, como alguien que es igual o idéntico a él.

Admitimos que la frase *hagamos al hombre* es un dolor de cabeza para teólogos y exégetas por igual, por lo que Calvino no podría haber sido la excepción. Pero, al margen de tal admisión, es evidente que la hermenéutica de Calvino encaja perfectamente dentro del sentido del texto: "la mujer es la

9. *Ibíd.*, pp. 357-358.

ayuda idónea del hombre", "lo que se dijo del hombre, se aplica igualmente a la mujer", "también la mujer… fue creada a imagen de Dios", y la mujer es "la mitad del género humano". Excelente comentario de un pasaje difícil, ¡escrito más de cuatro siglos antes de que el feminismo se pusiera de moda!

Génesis 15.6

Y creyó a Jehová, y le fue contado por justicia.

Ninguno de nosotros adivinaría, si Pablo no nos lo hubiera mostrado, cuán rica y profunda doctrina contiene este versículo…

…Las palabras de Moisés son, *creyó a Jehová, y le fue contado por justicia*. Primero, Moisés exalta la fe de Abraham, por medio de la cual hizo suya la promesa de Dios. Segundo, añade una eulogía de esa fe al decir que por ella Abraham obtuvo (*adeptus sit)* justicia ante Dios, y esto por imputación. Pues el verbo *hashab* que Moisés usa, va ligado al juicio de Dios, y así también se usa en el Salmo 106.31, donde leemos que el celo de Finees *le fue contado por justicia*. El significado exacto de la palabra se ve más claramente en sentido negativo: en Lv. 7:18 se dice que a nadie se le imputará maldad alguna, una vez hecha la expiación. Véase también Lv. 17:4; II Sam. 19:19; II Reyes 12:15.

…Los que tuercen este pasaje y lo interpretan como descripción de justicia, como si dijera que Abraham fue un hombre justo y recto, hablan de tonterías insípidas. Y no menos corrompido queda el sentido del texto por los que, de manera ignorante, dicen que Abraham atribuyó a Dios la gloria de la justicia y que, por eso, confiadamente se atrevió a dar crédito a las promesas de Dios… Aunque Moisés no hace mención expresa de Dios en la segunda cláusula, el modo de hablar normal en la Escritura no deja lugar a la ambigüedad.

…Queda firme esta verdad: los hombres son justificados por creer, y no por lo que hacen.[10]

Comentario

No es posible comentar este pasaje al margen del versículo clave para la doctrina de la justificación por la fe, a saber:

Habacuc 2:4. He aquí que aquel cuya alma no es recta, se enorgullece; mas el justo por su fe vivirá.

10. *Ibíd.,* pp. 226-230.

Este versículo debe ir ligado al anterior…

Las dos cláusulas presentan elementos opuestos… La segunda cláusula es la consecuencia lógica de esto: no hallaremos tranquilidad en ninguna parte excepto en la fe.

La primera cláusula se interpreta de diferentes maneras. Algunos piensan que *'uppelah'* es un sustantivo y lo entienden como "altanería". Tal significado no encaja mal, y yo no titubeo en aceptarlo como el más correcto. Los hebreos llamaban a la ciudadela *'ophel*, quienes dicen que ese nombre se deriva del verbo 'aphal, "subir", están en lo correcto. (Los que piensan que la raíz significa "fuerza" están equivocados.) Otros malentienden el versículo, como si quisiera decir que los incrédulos buscan una ciudadela en la cual defenderse. Pero esto tiene muy poca importancia en relación con el punto principal.

Sin embargo, algunos intérpretes difieren más seriamente y no están de acuerdo en lo substancial. Ponen el predicado en lugar del sujeto, y el sujeto en lugar del predicado, y entienden las palabras del profeta como si dijera: "El que no tiene una mente tranquila busca una ciudadela para sí mismo, en la cual reposar confiadamente o fortalecer". Otros lo entienden como: "El que es orgulloso y se cree bien fortalecido tendrá siempre una mente intranquila". Esta última interpretación me agrada más, pero yo me apego al sentido de la palabra *'uppelah'*, y creo que el profeta dijo: "Donde hay engreimiento de la mente, no habrá tranquilidad".

…Luego sigue *mas el justo por su fe vivirá*. No tengo duda que el profeta pone aquí a la fe en contraposición a todas las protecciones con que los hombres se enceguecen para hacer a un lado a Dios y evitar pedirle ayuda.

…Puesto que *'amunah* en hebreo es "verdad", algunos lo entienden como "integridad", como si el profeta hubiera dicho que un hombre justo tendría más protección en su propia honradez y limpia conciencia, que la que tienen los hijos de este mundo en todas las fortificaciones de las que tanto se enorgullecen. No hay duda de que, con la palabra *'amunah*, el profeta se refería aquí a la fe que nos libra de toda arrogancia y nos coloca, desnudos y desvalidos, ante Dios, para pedirle sólo a él la seguridad que, de otra manera, estaría fuera de nuestro alcance.

…Ahora debemos acudir a Pablo, que usó el testimonio de este profeta para enseñarnos que la salvación no es resultado de las obras, sino que únicamente proviene de la misericordia de Dios y, por lo tanto, es resultado de la fe (Rom. 1:17). Pablo parece haber torcido las palabras para lograr su propósito, y aun más allá de lo que permite su sentido… Pablo parece demasiado sutil cuando trae a colación este pasaje para discutir acerca de la justificación gratuita por fe.[11]

Comentario

Ambos pasajes, Génesis 15:6 y Habacuc 2:4, son comentados ampliamente por Calvino, y aquí he presentado sólo unos fragmentos del comentario integral para hacer notar sus destellos exegéticos. Los dos pasajes son ampliamente conocidos, clásicos, en relación con la justificación por la fe, y ambos son citados en el Nuevo Testamento en relación con dicho tema.

En primer lugar, vale notar el comentario de Calvino en torno al verbo *hashab*, al que entiende como "imputar", sentido que fue clave en la teología protestante del siglo XVI, y que devino en la noción forense de la justificación, según la cual Dios justifica al hombre y lo trata "como si" fuera justo. La idea de imputación, es verdad, está presente en el verbo, pero también está la de "pensar en algo detenidamente", "considerar profundamente" (cuando el verbo es *piel*, es decir, la forma intensiva), e incluso tiene este verbo un sentido comercial, el de "acreditar" o "tomar a cuenta"; por extensión, puede entenderse como "tomar en cuenta" (cf. Sal. 32:2; II Sam. 19:20). Hubiera sido interesante un comentario de Calvino en torno a "justicia" (hebreo: *tesedaqah*) en Gn. 15:6, ya que, además de "justicia", este vocablo significa "vinculación", "salvación", e incluso "victoria" (estos dos sentidos especialmente evidentes en el Segundo Isaías).

En sus comentarios a Habacuc 2:4, Calvino hace notar que este versículo debe ligarse al versículo 3 para su mejor entendimiento. ¡Cómo deben recordar estos nuestros predicadores contemporáneos, que se jactan de "explicar" la Biblia "versículo por versículo"!

También dice Calvino: "Las dos cláusulas presentan elementos opuestos… La segunda cláusula es la consecuencia lógica de esto…". ¡Con cuánta frecuencia leemos o escuchamos exposiciones que carecen de un adecuado análisis literario del texto! Pero Calvino revela un claro entendimiento de los recursos literarios del hebreo; sin decirlo, alude al paralelismo de miembros en la frase antes citada, y esto, ¡dos siglos antes de que el obispo Robert Lowth publicara sus famosas *Cátedras sobre la Sagrada poesía de los hebreos*, en 1753!

Su comentario a la primera parte de Hab. 2:4 es tan bueno como cualquier otro, pues el texto hebreo no es claro (literalmente dice: "he aquí, inflada no recta su alma en él"), como se puede ver en las diferentes traducciones

---

11. *Ibíd.*, pp. 223-226.

existentes. Básicamente, Calvino presenta una solución plausible a un problema clásico, y ello se debe a que ha tomado en cuenta la frase siguiente. Pero se echa a de menos un análisis detenido de *'emunah*, que por su repercusión en Romanos 1:17 y en la teología de la Reforma no podría soslayarse. Y que precisamente es *'emunah* el término que en la Septuaginta se tradujo por *pistis*, y en la Vulgata por *fides*, en donde proviene nuestra castiza palabra *fe*. Aunque Calvino hace notar que *'emunah* significa "verdad" e "integridad", no habría estado mal que hubiera hecho notar su sentido de "firmeza" y de "fidelidad". ¡Pero no de fe!

No estaría mal hacer notar aquí que, en este versículo clásico de Habacuc, el texto hebreo habla de "la fe de él", es decir, la del justo; el texto griego habla de "mi fe", es decir, la de Dios, y la Vulgata de "la fe", por sí misma. ¡Pequeñas diferencias! Puede uno especular sobre lo que había sido la Reforma, y los más de cuatrocientos años que han seguido, si alguien hubiera leído con más atención las palabras de Calvino al comentar este pasaje (véase más arriba): "Pablo parece haber torcido las palabras para lograr su propósito, y aun más allá de lo que permite su sentido". (!)

Vistos simultáneamente Gn. 15:6 y Hab. 2:4, la doctrina de la justificación por la fe emana de manera más natural en el primer caso, pues uno de los sentidos de "justicia", y que se evidencia en el evangelio de Mateo, es el de "cumplimiento", es decir, el de hacer lo que Dios demanda que hagamos (cf. Mt. 3:15; 5:6, 10, 20; 6:1,33). Casi puedo imaginarme a Calvino explicar el sentido de Gn. 15:6, de la siguiente manera: "Y Abram creyó en la promesa del Señor, y el Señor se lo tomó en cuenta y le dijo: 'Has cumplido ya con lo que de ti esperaba'. Calvino, como Lutero, y como la iglesia de la Reforma, percibió la verdad bíblica de la justificación por la fe, pero nos legó la tarea de digerirla.

Isaías 16.5

Y se dispondrá el trono en misericordia; y sobre él se sentará firmemente, en el tabernáculo de David, quien juzgue y busque el juicio, y apresure la justicia.

Los hebreos aplican todo el versículo a Ezequías, pero esta interpretación de ningún modo es aceptable. El profeta está describiendo una mayor restauración de la Iglesia...

...*En misericordia*. Como lo demuestra Isaías, esto no es un logro humano sino que resulta de la bondad de Dios, quien es su solo arquitecto. Por lo tanto, debemos reconocer su favor gratuito, y acentuar el establecimiento de este santo trono entre nosotros como don suyo. Esto lo afirma el profeta claramente. No debiéramos buscar ninguna otra razón para la bondad de Dios hacia nosotros, a no ser su pura compasión. Y, en realidad, no hay otra razón para ello.

   …Firmemente. Algunas veces *'emeth* significa "certeza", y algunas otras "verdad". Aquí el profeta quiere decir que el reino de Cristo será firme y duradero, de la manera en que Daniel dio testimonio (2:44; 7:14), lo mismo que el Evangelista: y su reino no tendrá fin.[12]

Comentario

Calvino hace un amplio comentario de este pasaje, pero he optado por no transcribir más que los párrafos anteriores para ceñirme a lo puramente exegético (Calvino ve aquí una clara referencia a Cristo, de quien Ezequías es solamente un símbolo). Ignoro si en otros pasajes haya Calvino comentado algo sobre el binomio hebreo *hesed we, emeth*, es decir, "misericordia y verdad", que ocurre muchas veces en el Antiguo Testamento (cf. Jos. 2:14; II Sam. 2:6; 15:20; Sal. 40:12; 57:4; 85:11, *et passim*), e incluso en el Nuevo Testamento (Jn. 1:14, 17), y que ciertamente se halla presente en este versículo (cf. las frases "en misericordia" y "firmemente"). Calvino está consciente de que "misericordia" está vinculada al "favor gratuito" y a la "bondad" de Dios, pero hubiera sido deseable escuchar de él algo más acerca de tan importante vocablo en el Antiguo Testamento. Porque *hesed* (que tal es el vocablo hebreo) es en el Antiguo Testamento lo que en el Nuevo conocemos como *charis*, es decir, "gracia". Y cuando *hesed* ocurre juntamente con *'emeth*, ambos términos se califican mutuamente, pues forman una endíadis. En la misma relación, en este mismo versículo, se encuentran "juicio" y "justicia", de los que lastimosamente Calvino nada nos dice.

Zacarías 11.17

Apacenté, pues, las ovejas de la matanza, esto es, a los pobres del rebaño. Y tomé para mí dos callados: al uno puse por nombre Gracia, y al otro Ataduras; y las ovejas.

   …Esto es, a los pobres. Algunos traducen por causa de. La palabra *lakken* puede introducir una explicación, o podemos tomar la frase en el sentido de

---

12. *Ibíd.,* pp. 181-182.

especialmente los pobres. En todo caso, lo que el profeta quiere decir es que Dios ha cuidado a todo el pueblo porque esperaba que hubieran quedado algunas ovejas dignas de misericordia…

El dice que tomó dos callados, uno llamado *no'am*, y el otro *hobelim*. Quienes traducen este último como "destructores" ciertamente interpretan la palabra hebrea literalmente, si nos atenemos a la puntuación vocálica. Pero, dado que *hebel* y su plural *habálim* significan "cuerdas" o "sogas", no me cabe duda de que aquí el profeta quiere decir "cuerditas" o "cordones para atar". Y me diréis: "¡Pero la gramática no lo permite!". Pues, ¡como si Zacarías hubiera escrito los puntos vocálicos, que en aquel tiempo no se usaban! Por supuesto que sé del gran cuidado con que elaboraron esa puntuación los antiguos escribas, en un momento en que la lengua ya no era de uso corriente y familiar. Y quienes hacen de lado los puntos, o abiertamente los rechazan, ciertamente carecen de sensatez y buen juicio. Pero debe permitirse cierto derecho a elegir. Si aquí leemos *destructores*, las palabras no tienen sentido; y si leemos *cuerdas*, alteramos solamente los puntos vocálicos pero ni una sola letra. Puesto que el contexto mismo demanda "cuerdas", me asombra que los intérpretes servilmente se hayan dejado dominar (por dos puntos vocálicos) y no hayan visto de qué está hablando el profeta.[13]

Comentario

En los párrafos anteriores habla el exegeta y el conocedor del texto hebreo. Definitivamente. Es bien sabido (o debiera ser bien sabido) que el hebreo bíblico, tal como entendemos que fue escrito y como sabemos que llegó a nosotros, era una lengua consonantal. Había vocales, por supuesto, pero éstas nunca se escribieron antes del siglo VI de nuestra era, y el último y definitivo sistema (el que ha llegado hasta nosotros) quedó establecido apenas hacia el año 900. Desde entonces, ha habido quienes siguen la lectura del texto hebreo indiscriminadamente, sin faltar quienes conceden a la puntuación vocálica igual valor que al texto consonantal.

Pero quien se haya acercado al texto hebreo con espíritu analítico —y según se ve, Calvino fue uno de ellos— no puede aceptar del todo la tardía puntuación vocálica. Los ejemplos abundan de lecturas confusas y hasta contradictorias, en caso de seguir la lectura sugerida por la puntuación vocálica; lecturas que, de leerse con otra posible puntuación, cobrarían mejor sentido.

13. *Ibíd.*, pp. 369ss.

Citaré como ejemplo el caso de Gn. 49:5, donde las versiones tradicionales dicen, siguiendo la puntuación vocálica tradicional, "Simeón y Leví son hermanos". La puntuación en este caso es *'ahim*, "hermanos", que resulta una verdad de perogrullo; pero, si se cambiara la puntuación para leer *'ohim*, "chacales", el sentido encajaría mejor con la segunda parte del versículo, que a la letra dice: "armas de iniquidad sus armas".

En fin, vaya lo anterior para reconocer en Calvino a un exe-geta y lector cuidadoso del texto hebreo. Y nuestra admiración por su valor para decir sin embages lo que, en cuestiones de interpretación bíblica, es necesario decir, y no siempre se dice.

Zacarías 13.7

Levántate, oh espada, contra el pastor, y contra el hombre compañero mío, dice Jehová de los ejércitos.

La palabra *myth* (*'amuth*) algunos la traducen como "pariente", otros como "deudo", y otros como "uno que se apega a Dios", porque están seguros de que este pasaje puede entenderse sólo como referencia a Cristo. Pero, como ya he dicho, ellos han seguido un falso principio de interpretación. La tra-ducción griega es *ton polípen*, "ciudadano". Otros traducen, como Teodocio, *symphylon*, es decir, "pariente". Jerónimo prefirió "uno que se apega a mí".

Pero *'amyth* es hebreo significa "asociado", "vecino" o "amigo íntimo" y, en realidad, cualquiera que esté vinculado a nosotros por cualquier razón...[14]

Comentario

Nuevamente, Calvino da muestras de sus conocimientos de la lengua hebrea, que algunos han cuestionado. El pasaje citado no presenta mayores problemas de interpretación, pero sí revela la fuerza de argumentación que tanto se ha celebrado en Calvino.

Juan 1.9-10

Aquella luz verdadera, que alumbra a todo hombre, venía a este mundo. En el mundo estaba, y el mundo por él fue hecho; pero el mundo no le conoció.

...Este pasaje normalmente se explica de dos maneras. Algunos restringen *todo hombre* a aquellos que, habiendo sido regenerados por el Espíritu,

14. *Ibíd.*, p. 384.

participan de la luz dadora de vida. Agustín cita el ejemplo de un maestro de escuela en el pueblo, se dice que es el maestro de todos, aun cuando hay muchos que no vayan a su escuela. Hay quienes entienden la afirmación de que Cristo ilumina a todos, en el sentido de que nadie puede jactarse de haber recibido la gracia de la luz de la vida de otro modo que no haya sido de él. Pero, dado que el Evangelista habla en general de todos los que han venido a este mundo, la explicación que sigue me agrada más: a saber, que los rayos de esta luz se difunden en todo el género humano, como ya he dicho. Sabemos que los hombres, por encima de todos los otros seres vivos, tienen la singular superioridad de haber sido dotados de raciocinio e inteligencia, y que han grabado en sus conciencias la capacidad de discernir entre el bien y el mal. Por lo tanto, no hay nadie que no tenga cierta intuición de la luz eterna. Pero hay fanáticos lo bastante locos como para torcer y torturar este pasaje, e inferir de éste que la gracia de la iluminación se ofrece por igual a todos. Pero recordemos que tal afirmación tiene que ver con la luz común de la naturaleza, que es muy inferior a la de la fe…[15]

Comentario

El texto griego permite, a la luz del participio presente *erjomenón*, entender este pasaje en el sentido que expresamente Calvino prefiere, es decir, *que alumbra a todo hombre que viene a este mundo*, y así en efecto se lee en el comentario original de Calvino. Esta lectura fue bien conocida en el mundo hispano, ya que la versión Reina-Valera 1909 presenta tal lectura. Pero, como puede verse por la lectura que aparece al principio del comentario a este pasaje, la cual (como en todos los casos aquí presentados) sigue a Reina-Valera 1960, el texto griego puede también leerse como *aquella luz verdadera, que alumbra a todo hombre, venía a este mundo*. Tal posibilidad ni siquiera fue considerada por Calvino.

Hay que recordar que uno de los títulos cristológicos de Jesús es precisamente *ho erjómenos*, es decir, "el que viene" (literalmente, "el viniente", pues la forma original es la de un participio presente, o gerundio si se prefiere), por lo que un análisis semántico permitiría la siguiente traducción:

Él era la luz verdadera,
la que alumbra a todo hombre,
la que está en camino al mundo.

15. *Ibíd.*, pp. 132-133.

Tal vez Calvino diría de nosotros, que pertenecemos a ese género de "fanáticos lo bastante locos como para torcer y torturar este pasaje", pero lo cierto es que él no concedió a esta posibilidad la menor consideración.

Juan 1.14
Y aquel Verbo fue hecho carne.

El evangelista ha hablado ya de la venida de Cristo. Ahora nos dice que vino revistiéndose de nuestra carne y mostrándose abiertamente al mundo. Brevemente menciona el misterio inefable de que el Hijo de Dios asumió la naturaleza humana. Aunque breve, es sorprendentemente claro. En este punto, hay gente loca que se divierte en sutilezas frívolas y que sola se pone en ridículo. Dicen que el Verbo se hizo carne en el sentido de que Dios concibió al Hijo en su propia mente, y luego lo envió al mundo como hombre, como si el Verbo fuese yo no sé qué clase de imagen sombría. Pero hemos demostrado que la afirmación se refiere a una hipóstasis real en la esencia de Dios.

Al decir "carne", el escritor se expresa con mayor contundencia que si hubiera dicho *se hizo hombre*. Su intención es afirmar que el Hijo de Dios, dejó por nosotros las alturas de su gloria celestial y se humilló a sí mismo hasta un nivel, al mismo tiempo, bajo y abyecto. Cuando la Escritura habla del hombre con desdén, lo llama *carne*. Y a pesar de la gran distancia entre la gloria espiritual del Verbo de Dios y el hedor de nuestra carne inmunda, el Hijo de Dios se rebajó tanto que tomó sobre sí esta misma carne, que tan sujeta está a tantas miserias. Carne no significa aquí, como a menudo significa para Pablo, nuestra naturaleza corrompida por el pecado, sino el hombre mortal en general. Como todo, desdeñosamente se refiere a nuestra naturaleza y alude a su fragilidad y carácter perecedero. Y así leemos en la Escritura, en el Salmo 78:39: *Te acuerdas de que son carne*, y en Isaías 40.6: *Toda carne es hierba.* (Hay otros pasajes semejantes.) Al mismo tiempo, sin embargo, debemos notar que esta es una figura de lenguaje: la carne, que es una parte del hombre, representa el todo del hombre. Por lo tanto, Apolinar[16] neciamente se imaginaba que Cristo se había revestido de un cuerpo humano sin el alma.[17]

---

16. Apolinar (s. IV) enseñaba que Cristo tenía cuerpo y vida humanas pero que el lugar de su alma o mente lo ocupaba el *logos*. Para él, Jesús no era Dios ni hombre, sino una combinación *(mixis)* de ambos.
17. Haroutunian, p. 163.

Comentario

Todo exegeta y expositor bíblico debe enfrentarse alguna vez a quienes, ingenuamente, suponen que las palabras tienen un solo significado, lo que les conduce a sostener un literalismo radical en su propia manera de entender la Biblia. Pero nótese aquí que Calvino hace una clara distinción entre por lo menos dos sentidos figurados de la palabra "carne", además de su sentido referencial: uno es el uso paulino, que alude al hombre pecador, pero otro es el sentido más general, de la fragilidad del hombre.

Además, Calvino recalca una y otra vez el hecho indiscutible de la encarnación del *Logos*. En torno a esto, surgieron diferentes interpretaciones y grandes controversias, aunque al fin la Iglesia habría de afirmar y sostener, a través de los siglos, la verdadera deidad y la verdadera humanidad de Jesucristo, el Verbo de Dios. En tal afirmación, Calvino no se quedó ni un solo paso atrás: Jesucristo es verdadero Dios y verdadero hombre.

Conclusión

En los pasajes seleccionados se habrá visto a Calvino el teólogo, al intérprete, al maestro de Biblia, al expositor, y al excelente orador que fue, como se desprende de sus escritos. Se habrá apreciado también su clara convicción cristiana, y hasta sus inclinaciones personales de interpretación. Pero lo que más se aprecia, y de manera particular en vista del propósito del presente ensayo, es su profundo conocimiento del texto bíblico aunado a un decidido interés por corregir crasos errores de interpretación. De ser Calvino contemporáneo nuestro, es posible que se le encontrara en los más altos círculos de exegetas y hermeneutas. Es posible que los infalibles "defensores de la fe" lo tildaran de "liberal" por lo directo y punzante de sus comentarios. Pero, en toda justicia, quien tenga verdadero interés por crecer en la Palabra, y con la Palabra, encontraría en Calvino a un excelente maestro. Porque su convicción cristiana está fuera de toda duda, lo mismo que su amor y fidelidad a la Palabra. Pero para Calvino la verdad era fundamental, de allí que su estudio de la Palabra era profundo y novedoso, actualizado e iluminador. A esto y no a otra cosa ha de aspirar el verdadero intérprete de la Biblia. En este sentido, se puede con toda razón seguir llamándole "el exegeta de la Reforma".

LA ÉTICA CALVINISTA

La ética del calvinismo[*]

Jürgen Moltmann

Calvinismo es un concepto tan amplio como vago para designar un movimiento de reforma dentro del cristianismo, que, partiendo de Zúrich, Ginebra y Estrasburgo, adoptó a lo largo de cuatro siglos de historia muy diversas formas en Suiza, Francia, Holanda, Hungría, Alemania, Inglaterra y Estados Unidos. Como su mismo nombre indica, se remonta a la acción personal de Calvino en Ginebra, a pesar de que los llamados calvinistas sólo raras veces se autodesignaron con este nombre al contrario de los luteranos —puesto que lo que pretendían no era aparecer como partidarios y adoradores de un hombre, sino imitadores de Jesucristo—. De aquí que apenas se haya conseguido una estructuración sólida de la ortodoxia calvinista. La Escritura y la experiencia personal primaban sobre los escritos profesionales y la tradición. Este hecho confería la movimiento enorme libertad con respecto a la configuración de la fe y la vida. Por consiguiente, el colectivo histórico "calvinista" no tiene nada que ver con el mismo de una ideología conclusa, sino que comprende, expresado en términos vulgares, las formaciones reformadoras de las iglesias reformadas en Suiza y Alemania, de los hugonotes en Francia, de los congregacionales y puritanos en Inglaterra, de los presbiterianos en Inglaterra y América, como también, aunque en concesión menos estrecha, de los valdenses en Italia y de la Iglesia Evangélica de los Hermanos Checos, por mencionar sólo unos cuantos. Lo que une a todas ellas, no es tanto una dogmática como el deseo colectivo de llevar a cabo de manera consecuente la reforma en la doctrina y en la vida práctica, lo mismo en el seno de la iglesia que en las diferentes esferas de la sociedad. Su diferencia con la iglesia católica-romana, con la iglesia estatal anglicana y las iglesias luteranas hay que buscarla mucho más en el ámbito de la estructuración eclesial y la organización comunitaria que en el de la doctrina teológica. Dado que la organización comunitaria y la conducta de vida práctica siempre guardan una estrecha relación con la forma concreta, social y política de una determinada sociedad, el cristianismo

* Colaboración en *Moral-wozu?* Múnich, R. Italiaander, 1972, pp. 140-152.

reformado fue capaz de transformarse a través de su historia, adaptándose en sus formas a las distintas culturas.

La *fe de la reforma* significa, en el marco de las iglesias reformadas, fe en la acción permanente, reformadora y renovadora de Dios. "Reforma" no encierra ya el mismo significado que en los movimientos reformistas medievales, es decir, el de renovación de la iglesia como obra del hombre de buena voluntad, sino como obra de Dios en la historia. La reforma de Dios, sin embargo, como movimiento renovador de la fe, afecta al hombre en su totalidad, al individuo y su situación religiosa, social y política. Dada la íntima trabazón entre la iglesia y la sociedad no basta llevar a cabo una reforma de aquélla. Esta es la objeción que presentaban a menudo algunos teólogos reformados contra los luteranos. A la "reforma de la doctrina" ha de seguir la *reforma de la vida*, puesto que la renovación, como reforma de Dios, es universal. Si bien nos fijamos, no es más que la escatológica reforma del mundo en virtud de aquel reino en que "Dios es todo en todas las cosas". En Alemania la iglesia reformada, que surgió en 1563 del Palatinado (Catecismo de Heidelberg), se consideraba como "la segunda reforma" o como la "consumación de la reforma" de Martín Lutero. "Reforma" no tuvo aquí jamás la aceptación del fenómeno único al que poder remitirse, sino que se entendió siempre como *reforma permanente* y como tarea inacabada, que siempre se experimenta y hay que realizar de nuevo. Por este motivo, las iglesias se llamaban *ecclesia reformata et semper reformanda* (iglesia reformada y que debe reformarse en todo momento). El conocimiento de esta acción totalitaria del espíritu reformador de Dios se puede considerar como característica particular del "calvinismo". De aquí se origina la determinación de colocar bajo el mandato de Dios la vida pública entera; una ética que, por encima de la moral privada del individuo ejerce una influencia crítica tanto en la cultura como en la economía y, finalmente, la disposición a la resistencia política contra la tiranía. La "moral del calvinismo", si así la queremos llamar, se caracteriza por el seguimiento de Cristo en todos los niveles de la vida y la completa santificación de la vida entera en orden al futuro de Dios. Expondremos seguidamente este tema, eligiendo como campo de análisis la vida personal (2), la ética económica (3) y la ética política (4). El desarrollo de esta exposición sólo puede basarse en tipos ideales, a fin de subrayar temas importantes de hoy.

La fe reformada considera la *vida personal* bajo los puntos de vista de la *vocación* y de la *santificación*. La fe del individuo no consiste ya en participar de un acontecimiento eclesial, objetivo y supraindividual, dentro del cual se nace y se "es asistido pastoralmente" desde la cuna hasta la tumba. La fe personal procede, más bien, de un acontecimiento vocacional. El hombre es llamado de en medio de sus múltiples ocupaciones vitales de carácter religioso, social y político, para entrar en comunión con Cristo. En virtud de esta comunión con Cristo muere el hombre viejo, esclavizado bajo las leyes de la religión burguesa, de la sociedad que le circunda y de la política que le gobierna, y resucita un hombre nuevo, liberado para la libertad de Cristo. El hombre es llamado a participar en la gloria futura de Dios, en virtud de la cual la creación entera, transida de esperanza, será liberada de la servidumbre de la corrupción (Rom. 8;18 s). La vocación por la palabra del evangelio libera al hombre de todos los vínculos de este mundo, ajenos a Dios, pero lo coloca simultáneamente bajo el precepto divino que lo encamina a la vida y conduce la creación entera al reino de Dios. Vocación y fe liberan al individuo de la "historia de la muerte" y le sumergen en la "historia de la vida" (O. Weber). No provocan la huida ni el desprecio del mundo, sino que colocan al hombre bajo la luz boreal del futuro de Dios que ha de brillar sobre el mundo entero, envuelto en tinieblas, y que, de hecho, con la Epifanía de Cristo, ha comenzado a resplandecer.

De la experiencia de la vocación personal brota la *misión de santificar* toda la vida profana en orden al reino de Dios. De aquí que la fe reformada entendiera siempre el precepto de Dios y los mandamientos del Antiguo y Nuevo Testamento como pauta para la nueva vida de fe. El precepto, entendido en el sentido de exigencia divina, actúa precisamente como una permanente acusación de los pecados y negligencias del hombre. Es un espejo en el que el hombre se reconoce a sí mismo envuelto en su infinita culpa en presencia de Dios. Pero es un espejo que le muestra al mismo tiempo a Cristo crucificado, que asumió toda su culpa y lo reconcilió con Dios, de tal suerte que él, como criatura de la gracia divina, puede vivir de acuerdo con los mandamientos divinos, correspondiéndole a Dios con una nueva obediencia. Algunos teólogos reformados nunca entendieron ni interpretaron el mandamiento divino sólo desde el punto de vista del hombre pecador e impotente, sino también y aún más desde el punto de vista del hombre vocacionado, justificado y capacitado por el Espíritu. Esto sedujo a muchos calvinistas y puritanos, desviándolos hacia una nueva legalidad moralista. Pero ha sido infinitamente mayor el número de cristianos atraído por la alegría del cumplimiento de la ley de Dios y de la buena conciencia dentro de la nueva obediencia. No es el hombre como pecador con permanente mala conciencia el que aparece en primer plano, sino el hombre como aliado del Dios de la gracia y como testigo cooperante del reino futuro. Santificación quiere decir separación, selección y elección para una vida distinta y un servicio especial. Pero santificación significa al mismo tiempo transformación de esta vida, obediencia corporal y pública, existir-para-todos.

¿Cómo fue la realización práctica de la vida personal en razón de la vocación y en nombre de la santificación?

Calvino mismo se había educado en el humanismo reformista francés. Desde 1540, aproximadamente, se distanció de sus amigos humanistas. Todos ellos eran partidarios de la reforma, pero sólo en la esfera íntima de la fe y del conocimiento. Se separó de ellos, porque se percató del íntegro y absoluto carácter de la reforma como reforma de Dios, que comporta implícitamente una nueva configuración de todas las relaciones humanas. Más tarde denominaría a estos humanistas franceses partidarios de la reforma, pero inconsecuentes, "nicomeditas", es decir, hombres que desean dialogar con Jesús, de noche, para no comprometerse, mientras que a la luz del día siguen sometidos exteriormente a las viejas estructuras. Para Calvino la propagación del evangelio origina, inexorablemente, escándalos y disturbios. Puso su guardia que, por perturbar el orden establecido y la paz reinante, se evitaran estos escándalos del evangelio. La paz de Cristo desemboca en un desasosiego frente a la organizada discordia de este mundo. La paz verdadera, la paz fundada en la justicia, no deja al mundo tranquilo, sino que lo desafía. ¿Fue Calvino, por este motivo, "revolucionario"? Ciertamente, no lo fue al estilo de Thomas Münzer en la rebelión de los campesinos alemanes. No obstante, el rey de Francia justificó durante años las cruentas persecuciones de los protestantes, argumentando que éstos no eran más que agitadores políticos. Calvino protestó contra ello mediante unas cartas públicas. Condenó el uso de la fuerza en las guerras civiles entre hugonotes y la Liga Católica en Francia, animando a las comunidades a la resistencia pasiva y a la perseverancia en el sufrimiento. Sin embargo, el cristianismo hugonote fue alborotador y agitador desde el punto de vista político y, en este sentido, "revolucionario".

Las comunidades reformadas formaban *minorías* en el este y sur de Europa. Su destino estaba caracterizado por el menosprecio, las represalias, la cárcel, la expulsión, la emigración y la muerte. El hecho de que subrayaran su sólida vocación en la fe, nada tenía que ver con una conciencia de elección elítica. Para ellos *elección* no significa prácticamente otra cosa que *perseverar en la fe* hasta el fin, resistir todas las seducciones y todas las medidas coercitivas, mostrando una firmeza inquebrantable. La doctrina calvinista de la predestinación debemos entenderla a la luz de las experiencias del sufrimiento y de la persecución, así como la admirable resistencia de muchos de estos cristianos; de lo contrario, no lo entenderemos en absoluto. Un testimonio inolvidable a este respecto es la expresión *recister,* grabada en piedra por Marie Durand en la torre de Constance in Aigues Mortes, al sur de Francia. En esta torre estuvo ella encarcelada 40 años. Cuando los cristianos reformados acentuaban en su vida la santificación, querían expresar, dentro de la situación beligerante en que se desenvolvían, la necesidad de no-conformismo cristiano. La obligación que tiene todo cristiano de perseverar y sufrir en su condición de peregrino y advenedizo y de superar con paciencia y tesón todo género de oposición exterior e interior. A la moral calvinista se le ha reprochado con frecuencia un cierto celo laboral, capitalista y lucrativo. De hecho, sus escritos hablan muchas veces de que "trabajo" no significa "producir", sino soportar el dolor, los padecimientos y los contratiempos que le sobrevenían a uno como consecuencia de su vida de fe.

Lo que nos cuentan las biografías de numerosos cristianos reformados, de hugonotes, valdenses, puritanos y fraticelos, no es más que una inquebrantable firmeza de fe y una consecuente y abnegada actitud de resistencia frente a la seducción y la persecución. Cuanto más conscientes son los cristianos hoy día de una situación minoritaria y pierden la protección de una sociedad "cristiana", tanto más pueden aprender de la moral calvinista a hacerse extraños en la propia sociedad y nación por amor de Cristo. En la historia del cristianismo reformado se evidencia claramente el valor de ser distinto de los demás. Unicamente quien es distinto es capaz de "existir para los demás"; de lo contrario, es uno más entre la masa.

Desde sus comienzos en Zúrich y Ginebra el cristianismo reformado vivió preponderantemente en las grandes ciudades. En Francia lo propagaron los comerciantes, y por los emigrantes fue trasladado a otros países. De aquí surgió una cierta alianza con la burguesía en sus luchas por la libertad contra la estructura feudal y el señorío eclesiástico medievales. Es un hecho que en los países y naciones de tradición protestante, y concretamente calvinista, se desarrolló con mayor rapidez, en los tiempos modernos, la conquista científica e industrial del mundo que en cualesquiera otros. El historiador, sociólogo y economista alemán Max Weber dedujo de aquí su célebre tesis de la "afinidad electiva" entre *calvinismo* y *capitalismo*, propalada hoy día por muchos que despectivamente afirman que el calvinismo es la "religión del capitalismo", mezclando "espíritu y dinero". No obstante, esta afirmación carece de toda prueba verídica, por lo que, desde el punto de vista histórico, la tesis de Max

Weber apenas si se puede sostener. Propiamente la autoridad en que se apoya Max Weber es el inventor y estadista estadunidense Benjamín Franklin, que vivió de 1706 a 1790, es decir, 200 años después de Calvino, en la época del mercantilismo. En Franklin halló Weber el axioma de matiz religioso y ético de que el trabajo sin descanso es un fin absoluto y que la ampliación del capital representa al fin supremo. Weber creyó encontrar la conexión entre religión y acumulación de capital en la doctrina calvinista de la predestinación. Según él, esta doctrina aísla al hombre, lo despoja de la medición institucional de los sacramentos y de la iglesia en su camino hacia Dios y lo deja abandonado absolutamente a sus propias fuerzas. ¿Cómo podrá adquirir la certeza de ser un elegido? Puesto que según el Nuevo Testamento únicamente el árbol bueno da frutos buenos, el alma solitaria debe asegurarse de su elección mediante nuevas obras buenas. Las buenas ya no son un medio de compararse el cielo, sino de liberarse de la angustia por la salvación eterna. Dado que debemos tener siempre presentes las buenas obras, no es lícito consumir los frutos del trabajo, sino que deben ser capitalizados. Weber denominó esta conducta de la vida religiosa, que, según opinaba él, era fácil observar en los puritanos del siglo XVII, "ascesis inmanente". Creía ver en ella ese espíritu que caracterizó el capitalismo moderno: formación de capital mediante el ahorro ascético. Al pie de la "cuna del economista moderno" se encontraba el puritano preocupado de su predestinación. Aquí se forjaron "esos altivos 'santos' que encontramos reencarnados en los acerados comerciantes puritanos de la época heroica del capitalismo y en algunos ejemplares aislados que de cuando en cuando podemos encontrar en nuestra época contemporánea". Weber, sin embargo, no fue capaz de presentar, como pruebas históricas, nada más que tardíos textos puritanos, tales como R. Baxter, *Christian directory or doby of practical divinity* (1673) y R. Steele, *The tradesman's Calling* (1684). E incluso de estos escritos mencionó sólo la mitad de la verdad. Silenció la responsabilidad frente a la comunidad, la preocupación por los débiles y la educación para el bien común, que vienen expresados en estos escritos pastorales y que son patrimonio esencial de la vida puritana.

¿Se da en los escritos de teólogos calvinistas una clara conexión entre la fe en la propia elección y el afán comercial? Es cierto que la tesis de Weber parece verosímil, pero carece de bases históricas. El mismo hizo excepción del calvinismo. Según éste, es Cristo primero y principalmente el "espejo de la predestinación". El conocimiento de la pasión y muerte de Cristo en nombre de los hombres confiere al creyente la certeza de su vocación y elección. Para Calvino existen, en consecuencia, signos concomitantes, tales como el temor de Dios en el corazón y la comunidad eclesial, que se reúne en asamblea para la liturgia de la palabra y la acción eucarística. Calvino no alude a los frutos del trabajo profesional. El sínodo calvinista de Dordrecht (1618) habla igualmente de Cristo como revelación de la predestinación de Dios, así como del autotestimonio de la fe verdadera y perseverante, del temor filial a Dios y del dolor de los pecados y, sólo en último lugar, del celo de una buena conciencia y de las buenas obras. En ningún lugar menciona que esas "obras buenas" consistan en el trabajo profesional incesante y la egoísta acumulación del capital, ni siquiera en la literatura piadosa del puritanismo tardío. Sólo la prosaica moral del comerciante de la época victoriana podía expresarse de esta manera. No se puede demostrar que exista una relación intrínseca entre la fe calvinista-puritana en la predestinación y el espíritu del capitalismo.

La génesis del capitalismo es mucho más complicada que lo que deja presumir la simple tesis de Max Weber. Economías capitalistas se formaron durante la época del Renacimiento en las ciudades lombardas. Las gestiones económicas de los Fugger, Welser, Paumgartner y otros financieros confesionalmente católicos, eran a todas luces "protocapitalistas". El mercantilismo de ciertos príncipes absolutistas, como el del católico rey-sol de Francia, puede calificarse igualmente de "capitalista". El hecho de que en el siglo XVII formas económicas capitalistas y las primeras industrias de mayor importancia se desarrollaran más rápidamente en países de confesionalidad religiosa protestante calvinista que en otros, no tuvo otra explicación lógica que las circunstancias histórico-económicas y geográficas de tales países. El descubrimiento de América y los caminos de Asia por mar desplazaron los centros comerciales al norte y este de Europa. Se ha comprobado, por lo que respecta a la propia Ginebra, que el predominio calvinista sirvió más para paralizar que para promover el desarrollo del capitalismo. Cuando en 1568, y más tarde en 1580, se quiso construir un banco, los pastores lograron impedirlo.

Pero, ¿cómo era la ética económica calvinista, si la tesis de Max Weber no responde ciertamente a la realidad? La reforma se propuso en Ginebra la tarea de renovar no sólo la fe, sino la vida entera de la iglesia, de la sociedad y de la política. Calvino participó de manera esencial en la nueva versión del *ordre civil* (1543). Condenó la institución mercenaria y el nacionalismo ginebrino y fue el alma inspiradora de una nueva política sobre los refugiados. A la institución del diaconado iba vinculada la renovación de la asistencia social y la estructura hospitalaria. Calvino aceptó de Lutero el concepto reformador del trabajo profano como *profesión*. Dado que, en la Edad Media, este vocablo se reservaba exclusivamente a las profesiones clericales y que la *vita contemplativa* se tenía en mayor consideración que la *vita activa*, es evidente que Lutero y Calvino imprimieron al término de profesión un carácter nuevo. Dentro del "sacerdocio común de todos los fieles" todo cristiano posee su profesión específica. El trabajo, en la profesión que sea, se halla bajo el mandamiento y la promesa de Dios. Ésta es precisamente la razón primordial por la que resaltó Calvino el sentido comunitario del trabajo profesional. "Hay que trabajar, para que todo el mundo pueda sobrevivir; pero, el trabajo se ha de realizar de suerte que los pobres no sean explotados por los ricos, los extranjeros por los nativos, los débiles por los fuertes" (M. Geiger). Los mismos criterios aplicó Calvino en su enjuiciamiento del *rédito*. Al interpretar Calvino ciertos pasajes de los profetas del Antiguo Testamento sobre este punto, aplicándolos a su propia situación, consideró el rédito como ilícito en los siguientes casos: exigir intereses al pobre; invertir capital a rédito, sin tener en cuenta la ayuda a los necesitados; firmar contratos redituales, sin tener en cuenta la regla de oro de Cristo (Mt. 7:12). Calvino orilló las disposiciones canónicas y subordinó la vida económica al mandato divino. Por consiguiente, lo decisivo para él era "el derecho del prójimo", sobre todo del débil y del refugiado. En la ética económica de Calvino y del calvinismo el trabajo y la propiedad están al servicio del prójimo, puesto que "Dios es el abogado de los pobres, de los extranjeros y de los tránsfugas". Las comunidades reformadas siempre se han distinguido por sus organizaciones ejemplares de asistencia social. Ese capitalismo, según el cual el hombre es lobo para el hombre, es diametralmente opuesto al espíritu calvinista. En Alemania se adoptó como prototipo de la asistencia social estatal el "sistema de Elberfeld", puesto en práctica por la comunidad clavinista de los Países Bajos. Lo propio ocurrió en Suiza, Holanda e Inglaterra. La ética económica calvinista dio al traste con la antigua sociedad estamental eclesiástica, pero no se convirtió en antecedente del capitalismo, sino de estructuras sociales fundadas en la justicia y la libertad.

La *ética política* de las iglesias reformadas aparecía en primer plano la idea del *pacto religioso* y la doctrina del *contrato estatal*. De la larga historia de persecución y resistencia nacieron las tesis del derecho de resistencia activa del pueblo y de los cristianos frente a autoridades tiránicas, extrayéndose más tarde de tales tesis las bases teológicas de la democracia. A partir de la trágica Noche de San Bartolomé, en París, el año 1572, Teodoro de Beza, François Hotman y Huberto Languet desarrollaron una doctrina del Estado y una ética política nuevas. Por una parte, se apoyaron en la "constitución" del Sacro Imperio Romano Germánico, consistente en una multiplicidad de contratos y capitulaciones electivas, y aplicaron, por otra, la idea de alianza del Antiguo Testamento. Sustituyeron el antiguo concepto de autoridad estamental por la idea contractual, que tan graves consecuencias tuvo en toda la historia moderna: Dios selló un doble pacto con su pueblo. El primero de ellos lo hizo con la totalidad de su pueblo elegido. El pueblo entero renueva su juramento en la fiesta conmemorativa de la alianza. Por tanto, solamente sobre esta base puede darse el pacto entre Dios, el pueblo y el rey, relativo al ejercicio del poder político. La autoridad del rey deriva de la soberanía del pueblo como pueblo de Dios. Si el rey rompe el pacto, su autoridad recae en el pueblo, y los que representan a éste tienen el derecho y la obligación de oponérsele. Dado que el pacto se sella en la presencia de Dios, la resistencia estará justificada siempre que el rey quebrante los mandamientos divinos o se comporte como un enemigo de Dios. Ésta es la resistencia en asuntos de índole espiritual. De aquí se deduce, sin embargo, que el pueblo tiene igualmente derecho a la resistencia siempre que el rey incumpla sus acuerdos políticos para con el pueblo. Esta es la resistencia por amor al prójimo. De estas ideas bíblicas, relativas a la alianza, surgió el Estado constitucional moderno, derogando el poder estamental y la mentalidad de servidumbre. Un soberano que rompe insistentemente la recíproca obligación del pacto o de la constitución, se ha de considerar como un tirano declarado. Hay que obedecer antes a Dios que a un monstruo semejante. Un pueblo que incumple sus obligaciones derivantes del pacto, se ha de considerar revolucionario. Es preciso hacerle frente. Mientras que Lutero, en la guerra de los campesinos, consideró la rebelión como un mal mayor que la tiranía, los calvinistas vieron más claramente, experimentándola en su propia carne, la miseria de la tiranía espiritual y política. Al traducir la idea de Lutero sobre el "sacerdocio común de todos los fieles" al concepto de la "realeza común de todos los creyentes" se convirtieron en los pioneros de la democracia moderna. No sólo el rey, sino todo los hombres están configurados a imagen y semejanza de Dios, decía John Milton. Por tanto, todos somos creados para reinar y no para la servidumbre. De aquí que una comunidad constituida de hombres libres regule el ejercicio del poder político sobre la base de contratos. La corona no reposa sobre la cabeza de un hombre, sino sobre la constitución. Con ocasión de la declaración de la independencia estadunidense se discutió largo y tendido sobre si la constitución se debía llamar *covenant* (alianza) o *constitución* (ley fundamental). Esto demuestra lo mucho que ha influido en la historia constitucional moderna la idea de alianza. Ésta delimita, regula temporalmente y controla el ejercicio del poder político por medio del pueblo y sus representantes, responsables únicamente ante Dios. Sólo existe en la historia un único credo cristiano en el que haya encontrado cabida el *derecho de resistencia*. Es el Credo Escocés de 1560. En él se dice, en el artículo 14, al comentar el quinto mandamiento: "No matarás", que "se debe hacer frente a la tiranía (*to represse tyrannie*) y no tolerar que se derrame sangre inocente". Aquí, como puede observarse en la actuación de John Knox y sus compañeros, no se piensa sólo en la resistencia pasiva, sino también en la resistencia activa, que, en ciertas circunstancias, utiliza la violencia contra la violencia. ¿Significa esto una justificación cristiana de la violencia de la base? De acuerdo con la ética política calvinista, la resistencia activa contra la tiranía manifiesta no es nada más que el legítimo ejercicio del poder estatal. Si un soberano infringe el contrato, automáticamente recae el poder en el pueblo. La legitimidad del poder se da en la resistencia activa contra el tirano, a pesar de que éste controle los medios de poder del Estado. Ser obediente a Dios en el mundo de la política, significa también participar directa o indirectamente en el ejercicio del poder político. De aquí se deduce que la resistencia activa por amor al prójimo oprimido no sólo es un derecho, sino también un deber del cristiano.

Esa fundamentación teológica del Estado, partiendo del pacto con Dios y, consiguientemente, de la constitución, y esta fundamentación moral del deber de resistencia activa contra la violación institucional urgen hoy más que nunca a los cristianos, en medio de la confusión en que viven en el campo político. Distinto hubiera sido el curso de la historia alemana si las iglesias hubieran aceptado esta ética política y no hubieran cultivado la mentalidad de autoridad-súbdito. En la lucha contemporánea contra las dictaduras racistas existentes en el mundo se ha planteado una solución relativamente lúcida, enraizada en la tradición clavinista: el caso de tiranía y, por ende, de legítima resistencia se da cuando un gobierno quebranta sus propias leyes, promulga leyes contrarias a su propia constitución o establece, finalmente una constitución que contradice abiertamente la Declaración Universal de los Derechos Humanos. Este caso no se define por razones ideológicas, es decir, porque la democracia sea la mejor forma de gobierno, sino por el derecho del prójimo y la protección de los débiles.

El dinero y la propiedad
André Biéler

Se ha dicho que el pensamiento y la obra de Calvino inspiraron entre sus seguidores tanto el conservadurismo social más intransigente como el socialismo revolucionario más audaz. En efecto, es posible comprobar que movimientos políticos y sociales de orientaciones muy diferentes, a veces hasta violentamente opuestos, han apelado a Calvino para justificar su posición. En verdad, unos y otros se han inspirado, y además con toda buena fe, de aquella parte de los escritos del reformador que daba la razón a sus opciones previas, para dejar de lado lo que en la obra inmensa y sutil de este teólogo las contrariaba. Es así como cierta tradición calvinista, ortodoxa en el plano teológico y conservadora en el plano político, ha signado algunas sociedades protestantes con un temible carácter de inmovilismo espiritual y social, que recubre y a veces esconde una actividad económica desenfrenada. Pero es de Calvino también y de su interpretación dinámica de la libertad espiritual que varios movimientos del cristianismo social protestantes han recibido su impulso inicial, aun cuando se preocuparon poco por ajustar su doctrina a la del reformador.

Si se examina de cerca, no sólo el pensamiento sino también la acción personal de Calvino, y se los considera en su totalidad y no sólo parcialmente, se advierte que la obra de este maestro puede ser definida como un socialismo personalista o si se prefiere, un personalismo social.

De hecho, partiendo del Evangelio, Calvino estaba igualmente preocupado tanto en asegurar al hombre el desarrollo total de su vida personal como en asegurar enteramente la solidaridad y la fraternidad que unen a los hombres de Cristo.

Hemos bosquejado en nuestro primer capítulo las premisas de este personalismo social. Nos proponemos examinar ahora el lugar atribuido al dinero y el significado dado a la propiedad.

I. La vida económica y social en el tiempo de Calvino

En ese tiempo la sociedad occidental estaba en plena efervescencia. Dejamos a un lado las luchas religiosas conocidas por todos; éstas no eran los únicos factores de ruptura con el mundo antiguo. La sociedad se desmoronaba bajo el impulso de innumerables fuerzas sociológicas. Se quebrantaba, en primer lugar, como consecuencia de las sangrientas luchas militares que libraban monarcas celosos de su prestigio individual. Se padecían en Europa los estragos casi ininterrumpidos de las guerras de los Cien Años, Borgoña e Italia. Además, la sociedad se desmoronaba al impulso de movimientos sociales revolucionarios iniciados por una transformación económica perturbadora.

En efecto, los descubrimientos del Nuevo Mundo traían a Europa ríos de oro que fecundaban innumerables industrias y que multiplicaban los intercambios comerciales.

Los antiguos marcos corporativos no podían ya ni contener ni orientar esa actividad superabundante. Un capitalismo sin control nacía y tomaba rápido vuelo fuera de los antiguos centros urbanos de producción. Su desarrollo acarreaba conjuntamente el aumento vertiginoso del costo de la vida y la depreciación de la mano de obra provocando una rápida proletarización de las ciudades y de los campos. Grandes fortunas se formaban y su número se multiplicaba al tiempo que proliferaban las masas miserables.

La levadura del Evangelio devuelto al pueblo por el descubrimiento de la imprenta, más tarde por la pre-Reforma y finalmente por la Reforma, actuaba en esas masas atormentadas ya no como un consuelo piadoso justificando la injusticia de los grandes y la opresión de los poderosos, sino al contrario como un estímulo enérgico que daba a los creyentes el valor de pensar y decir la verdad y a menudo, hay que reconocerlo, con una incoherencia manifiesta, como lo demuestran las extravagancias de los anabautistas.

Todo concurrió pues para precipitar tanto a la Iglesia como a la sociedad a una efervescencia interior profunda de donde habrían de salir, a través de muchos sufrimientos y de mucha sangre vertida, transformaciones radicales y mutaciones sociales irreversibles.

La acción convergente de esos trastornos exteriores que iban desgastando las antiguas estructuras medievales de la sociedad y de la renovación interior de la fe, habría de conducir a la Iglesia en su conjunto al contacto del Evangelio reencontrado, a una comprensión totalmente nueva de los problemas sociales.

Lo que caracteriza marcadamente el rumbo tomado por la Reforma es la apertura de la piedad a la situación histórica y, paralelamente, la invasión de los problemas de la sociedad en el pensamiento teológico.

Si bien este cambio de orientación encuentra en Calvino una expresión muy novedosa, sin embargo, el reformador no tiene la exclusividad del mismo. En el tiempo de la Reforma, el intenso desarrollo de las órdenes seglares en la Iglesia romana manifiesta la misma necesidad de integrar los problemas del mundo en la vida de la fe.

Es un fenómeno nuevo en relación con la piedad del Medioevo que huía del mundo. Por ejemplo, el advenimiento repentino y el vuelo prodigioso tomado por los jesuitas constituye una ilustración marcante y muy típica de ello.

Pero nada explica tan bien esta transformación total de la fe, del pensamiento y de la acción cristiana abriéndose a los problemas sociales como la conversión de Calvino mismo, en su paso de la Iglesia romana a la nueva fe.

Hasta 1533, año probable de ese cambio, Calvino lleva la vida estudiosa y convencional de la burguesía católica. Abierto a las nuevas ideas, como un auténtico intelectual, comparte sin embargo, junto al humanismo reformista de los círculos romanos, una piedad ordenada que teme los cambios violentos de las convenciones y desprecia muy particularmente el humor revolucionario del pequeño pueblo evangélico.[1] La fe religiosa por un lado y la sociedad por otro son dos dominios separados que sólo tienen correspondencia en el plano de la ética individual. Para conservarse de que esta óptica era la de Calvino, basta leer la obra que publicó en esa época, su comentario sobre el libro de Séneca *De Clementia*.

Pero después de su conversión, Calvino interviene a menudo con una impetuosa libertad en pro de aquellos que el rey y los círculos religiosos consideran como peligrosos revolucionarios. En su Epístola a Francisco I, que marca el inicio de la carrera pública del reformador y que se encuentra al frente de la primera edición de la *Institución Cristiana*, redactada durante la primera en 1535, ataca con enorme energía a quienes se niegan a ver que el Evangelio tiene exigencias sobre el plano político y temporal. La fe y el mundo no están más separados en dos dominios, el religioso y el profano. La preocupación por la ciudad temporal se convierte para el cristiano reformado en la expresión directa de su fidelidad cristiana. Esto se hará evidente al estudiar el pensamiento de Calvino acerca del dinero, la riqueza y la propiedad que resumiremos ahora brevemente.

II. El dinero, instrumento de Dios

En la doctrina reformada, los bienes económicos, las riquezas materiales, son valores directamente ligados a la fe cristiana e íntimamente asociados a la vida espiritual.

---

1. N. del tr. En francés *le petit peuple évangélique*, "la gente menuda", sencilla, sin estudios, de origen humilde.

Como un cristiano que se apoya estrictamente en el Evangelio, Calvino ignora el antagonismo pagano que opone los pretendidos valores espirituales a las realidades materiales. Repudia esa lucha secular que desde la antigüedad levanta el espiritualismo contra el materialismo; lucha que hoy se ha tornado tan crítica bajo la influencia de las ideologías occidentales y comunistas.

Haciendo referencia a la Escritura, el reformador enseña que los bienes materiales son los instrumentos de la providencia de Dios. El dinero, en cuanto representa esos bienes, es el medio utilizado por Dios para conceder al hombre lo necesario para su existencia y la de sus compañeros. La riqueza está puesta a disposición del hombre para que organice su vida y la de la sociedad de la cual es solidariamente responsable.

Además, por medio de todos los bienes materiales y en particular por medio del dinero que dispensa a su criatura, el Creador se revela como un Padre sustentador. El dinero no tiene únicamente una función utilitaria. Tiene una verdadera misión espiritual. Es una señal de la gracia de Dios que da vida a sus hijos. Más aún, el dinero es una señal del Reino de Dios, de la abundancia del mundo venidero así como las riquezas de la tierra prometida fueron para Israel una prefiguración de la opulencia de la vida futura. En sí, el dinero es una señal con un doble sentido: señal de la gracia para aquel que sabe discernir por la fe que todo cuanto posee viene de Dios; señal de condenación para quien recibe los bienes para su vida sin discernir que son un don de Dios.

Por ello, siempre el dinero pone a prueba al hombre. Dios, en la escasez, pone a prueba a algunos para saber si en su pobreza depositan verdaderamente su confianza en él. ¿Acaso esperan de su fiel providencia lo que es necesario para el sustento de su vida —a través de su obediencia en el trabajo, evidentemente— o suponen que en última instancia sólo su fuerza de trabajo es la que los hace vivir?

Pero también por medio de la abundancia, la prosperidad o el simple bienestar, Dios pone a prueba a otros para medir su fe. ¿Acaso depositan aún toda su confianza en Dios y no en la riqueza o la holgura económica? ¿Acaso el dinero los ha seducido hasta el punto de hacerles creer que tiene un poder real independiente de Dios?

Dios lee la respuesta a esta pregunta en el uso que los hombres hacen de sus bienes. Pues es el uso de nuestro dinero lo que traduce a los ojos de Dios, de manera exacta y matemática, nuestra verdadera fe, mucho mejor que nuestras lindas palabras o nuestros piadosos sentimientos.

Según Dios, no existe en la escala de valores ninguna correspondencia entre el valor espiritual y moral de un hombre y su riqueza o su pobreza. El juicio de Dios no tiene nada en común con los criterios de una moral burguesa.

Lo dicho podría dar a entender que el Evangelio justifica pura y simplemente la aprobación individual del dinero y de los bienes materiales, algunos recibiendo más y otros menos según la sola dispensación arbitraria de la providencia de Dios.

Sin embargo, las cosas no se presentan de esta manera.

Hemos apuntado anteriormente que el hombre no es, según el designio de Dios, un individuo sino más bien una persona, cuyo desarrollo armonioso está estrechamente ligado al de la sociedad; es un ser social, enteramente solidario de los demás.

Esta solidaridad, también lo hemos indicado, se expresa particular y concretamente en el intercambio mutuo de los bienes y de los servicios.

En el designio de Dios, la desigual distribución de las riquezas entre los hombres, no está destinada a favorecer arbitrariamente a algunos en perjuicio de los demás. Al contrario, esa desigualdad tiene como función provocar una continua redistribución de los bienes, yendo de los más ricos hacia los más pobres. La vida según Dios, la vida social, es una ininterrumpida circulación de bienes, que expresa concretamente la naturaleza complementaria de los hombres, su obligatoria solidaridad.

Esta circulación está naturalmente asegurada por los intercambios económicos, hechos necesarios por la división del trabajo, siendo éste otra expresión de la solidaridad humana. (Acerca de él hablaremos más adelante).

Pero en el designio de Dios, hay otro motor para la circulación de las riquezas: el amor, que provoca el don desinteresado que va del rico al pobre. En la óptica evangélica es el rico el que se encuentra en situación privilegiada en relación con su prójimo, cualquiera sea la magnitud de su riqueza. En este sentido siempre se es rico en relación con alguien.

El rico tiene una misión económica providencial: es el encargado de transmitir una parte de su riqueza al que es más pobre que él, de tal manera que el pobre deje de ser pobre y él mismo deje de ser rico. Y, además, el pobre también tiene una misión espiritual para cumplir. Está destinado a ser el prójimo del rico, dándole, de parte de Dios, la ocasión de despojarse de sus bienes liberándose así de la servidumbre del dinero.

En una sociedad ordenada según el designio de Dios, hay pues una comunicación mutua de bienes que, sin suprimir completamente las desigualdades económicas, las atenúa. Si nada obstaculizara esta libre circulación de las riquezas, la sociedad tendería, por un movimiento continuo de reciprocidad, derivado de la solidaridad humana, a una igualdad económica relativa, a una igualdad diferenciada por la vocación real de cada uno. Pues no todos —ya lo veremos a propósito del trabajo y de las jerarquías legítimas— tienen la misma vocación.

Calvino insistió mucho acerca de esa comunicación mutua de las riquezas en el seno de la sociedad, tomando como modelo la redistribución del maná entre los israelitas. Tendería a una igualdad diferenciada según la cual, retomando la expresión del apóstol Pablo, "al que tenía mucho, no le sobró; y al que tenía poco, no le faltó" (II Co 8:15). Por eso Calvino llama a los ricos "los ministros de los pobres", mientras que los pobres, enviados a los ricos por Dios para poner a prueba su fe y su caridad, son llamados los "recaudadores de Dios", los "vicarios de Cristo" o los "procuradores de Dios".

En consecuencia, en el Evangelio —observa Calvino— el robo no es sólo el acto de quitar un bien perteneciente a otro. Robar es previamente rehusar a dar a su prójimo lo que debería serle atribuido por amor; es guardar para sí mismo lo que pertenece al prójimo por derecho de parte de Dios, según el orden del amor.

Por desgracia, este orden del amor, este orden de Dios, ha sufrido en nuestro mundo graves perturbaciones. El mal ha hecho sus estragos en la sociedad a tal punto que el orden de los bienes económicos ha desaparecido. El dinero escapa a la función que Dios le había asignado. De lo que era y es llamado a ser nuevamente —instrumento de Dios— se transforma en el instrumento de dominación por parte de Mamón.

III. El dinero, instrumento de opresión social y de desorden económico

Se ha dicho ya que la búsqueda de una libertad ilusoria lejos de Dios conducía al hombre a su sometimiento al pecado y a su propia corrupción. Y Calvino mostró que esta depravación de la persona implicaba la perversión de toda la sociedad.

Su responsabilidad de gerente ante Dios hubiera permitido al hombre un buen uso de los bienes materiales, de las riquezas y del dinero.

Pero esa responsabilidad ha sido anonadada por la acción del Maligno, destruida por el efecto del pecado. Y por consiguiente, el dinero ha tomado en el corazón del hombre pecador, del hombre natural que somos todos sin la renovación en Cristo, el lugar de Dios. Se hace el instrumento del mal, se confunde con él y reina sobre la creación.

La potencia del dinero divinizada en esa forma es llamada por la Biblia, Mamón.

Como de costumbre, Satán es muy hábil y la divinización del dinero aparece raramente como una idolatría grosera. Pocos son los hombres que adoran conscientemente el dinero. Satán se insinúa en el corazón del hombre de una manera mucho más sutil. Se limita a sugerirle que en definitiva es el dinero y no Dios que le asegura el pan cotidiano y le garantiza el porvenir. Mamón toma así secretamente el lugar de Dios. Y ocupado ese lugar, le deja entonces plena libertad para practicar su religión y hacer sus rezos. Hasta le sugiere dividir la vida en dos partes, la de las cosas espirituales, a las cuales va toda su devoción, y la de las cosas materiales que monopoliza todas sus preocupaciones. Por sobre todas las cosas no hay que mezclar las dos esferas y asociar la fe a los negocios ni el dinero a la religión. Este dualismo, típicamente pagano, está profundamente anclado en el corazón del hombre. Cuando aparece en la Iglesia, es una segura señal de su sometimiento práctico a Mamón. Pues no es posible hacer dos partes, en la práctica es imposible servir a Dios y al dinero —dice Jesús. El oro y la plata son míos —dice Dios. Y cuando no lo son, cuando no eran abiertamente en la vida de la fe, y en el culto, es porque son de Mamón.

Además, la victoria de Mamón sobre el hombre no produce únicamente la depravación del individuo; acarrea inmediatamente la perversión de la sociedad y de la Iglesia. De ello resultan inmensas perturbaciones en la vida económica que engendran el desorden social. La apropiación egoísta de las riquezas, el acaparamiento, la avaricia, así como el derroche, la prodigalidad, el lujo o la ausencia de sobriedad, expresiones visibles del pecado, traban la armoniosa circulación de bienes prevista en el orden de Dios. Esos desórdenes falsean el justo reparto del dinero en la creación, según el designio de Dios; traban la distribución equitativa de las riquezas entre todos. La miseria y la lujuria, junto con la inconsciencia social del individualismo moderado, son los signos de esta corrupción fundamental de la sociedad.

Pero, también lo hemos apuntado anteriormente, el mundo y la sociedad no están entregados sin piedad al desorden. Dios interviene en la historia económica para restablecer justas relaciones humanas derivándolas de las justas relaciones del hombre con Dios. El combate victorioso contra el mal ha sido librado por Jesucristo sobre la cruz del Gólgota hasta alcanzar el triunfo de Pascua. El hombre Jesús que se hizo pobre, de rico Señor que era, poseedor de todas las riquezas visibles e invisibles del mundo, ofrece a la humanidad el modelo del hombre social.

Su pobreza voluntaria, su dispensación gratuita a toda la humanidad de los bienes de la creación —de la cual es el soberano maestro— abren al mundo el camino de su restauración económica y social.

IV. La función del dinero restablecida en la Iglesia

En la Iglesia verdadera, si es realmente la comunidad de los miembros del cuerpo de Cristo, se inicia la restauración social del mundo.

Asociado a Cristo por la fe, el hombre restaurado en su dignidad de hijo de Dios vuelve a encontrar una relación justa con su prójimo. Recibe una comprensión nueva y exacta del papel del dinero, instrumento de Dios para el mantenimiento de la sociedad. Comprende que el dinero debe ser dominado a fin de consagrarlo a Dios y al prójimo. En el plano personal este redescubrimiento impone al hombre una disciplina rigurosa.

Hemos hablado, a propósito de la nueva vida del cristiano, de un ascetismo definido que se ejercita particularmente en el empleo del dinero.

Observemos al respecto que con Calvino el ascetismo cristiano se transforma de manera singular. En la Edad Media tenía un valor meritorio y el hombre adquiría por su medio los méritos indispensables para su salvación.

Pero los reformadores le dieron un valor muy diferente. Redescubrieron en el Evangelio la buena nueva del perdón gratuito, de la salvación por gracia. El sacrificio de Cristo es el único mérito con el cual podemos prevalecer ante Dios. Sin embargo, la muerte de sí mismo, y la nueva vida que implica la comunión con Cristo, imponen al hombre una disciplina que envuelve su vida toda. Este ascetismo es una consecuencia de la salvación, no una condición. Es el resultado de la santificación "sin la cual nadie verá a Dios".

Hubo en la historia un estilo de vida material que se impuso a los cristianos toda vez que tomaron en serio la Palabra de Dios. Dicho estilo caracterizó a la Iglesia primitiva; distinguió también a las Iglesias reformadas en sus comienzos.

También por medio de su dinero, el cristiano rinde culto a Dios en espíritu y en verdad. El acto de la ofrenda es para él un acto esencialmente espiritual, un acto piloto, un acto eminentemente cúltico. En efecto, con su ofrenda el creyente atestigua a Dios que Mamón ha sido derrocado. Por medio de dones concretos expresa a Dios la real medida de su fe. Por medio de estos dones confiesa que su Señor es verdaderamente el dueño reconocido de toda su vida moral, física y material. Por ello la Iglesia que ha captado esto, no puede contentarse con una colecta que no sea un acto de ofrenda, que esté disimulada por el canto de un himno o la salida de los fieles. La comunidad cristiana ha de atestiguar por un acto público explícito, que para ella el dinero ha sido exorcizado por Cristo, despojado de su poder espiritual y que ha vuelto a tomar su verdadera función de servicio.

Este redescubrimiento de la función del dinero tiene repercusiones sociales inmediatas.

En la Iglesia, la nueva comunión espiritual que Cristo establece entre los miembros de Su cuerpo los conduce obligatoriamente a una comunicación mutua de sus bienes. Esta redistribución se efectúa teniendo en cuenta las posibilidades y las necesidades de cada uno. "Dios quiere —escribe Calvino—que haya tal analogía e igualdad entre nosotros, que cada uno ha de subvenir a los indigentes, según esté a su alcance, a fin de que algunos no tengan en demasía, y otros estén en aprietos".

En la nueva sociedad que forma la Iglesia de Cristo, la propiedad individual no ha sido abrogada. Esta propiedad está puesta a disposición y al servicio de todos. Entre los miembros de la comunidad cristiana, cuando viven verdaderamente la comunión de Cristo, hay una reciprocidad tal que se establece entre todos un nivel medio y desaparecen las diferencias irritantes entre ricos y pobres. La redistribución de los bienes, consecuencia directa de la comunión con Cristo, restablece de manera muy aproximada aquel orden social ideal, aquel equilibrio de riquezas que hemos mencionado, deseado por Dios para la sociedad toda y que el pecado ha destruido.

Esta comunicación que Cristo ha establecido entre los miembros de su cuerpo —escribe además Calvino— debe alentarnos para ser más dispuestos y diligentes a obrar para bien de otros. Pues es un orden de la Iglesia, comparado según el derecho analógico que hemos mencionado, que cuando los miembros se comunican entre sí espiritualmente, según la medida de los dones y según la necesidad, esa concesión mutua establece una proporción bastante conveniente y una hermosa armonía, aunque algunos tengan más y otros menos y los dones estén distribuidos desigualmente…, de esta manera en el seno de la Iglesia la comunión consiste en que cada uno cumple con sus prójimos lo que les debe en cuanto a caridad".

Para que se cumpliese ese ministerio particular de la Iglesia, esa comunicación mutua de bienes, Calvino volvió a crear el servicio del diaconato. A la manera de la Iglesia primitiva, hizo entrar el dinero en el circuito de la vida espiritual, devolvió a los bienes económicos su razón de ser, su ministerio terrestre. Los diáconos fueron encargados de restablecer entre los miembros de la comunidad la circulación de bienes económicos que manifiesta la solidaridad espiritual de los miembros del cuerpo de Cristo. Todos son responsables los unos de los otros, tanto de su vida espiritual como de su estado material y de su salud corporal. Además se vuelven hacia afuera para llevar a los pobres en general el servicio y el testimonio requerido según la voluntad de Dios.

Se recordará que la adopción de la Reforma benefició a Ginebra con la institución del Hospital General y de asistencia a la vejez, la enfermedad y la invalidez. El sistema fue perfeccionado por Calvino que insistió para que esa asistencia, organizada y administrada por el Estado pero ejercida por el ministerio eclesiástico de los diáconos, no conociera las discriminaciones nacionales, se extendiera hasta la ayuda a domicilio e incluyera un servicio de medicina social. "Habrá un médico y un cirujano —dicen las Ordenanzas de 1541— rentados por la ciudad... que se ocupen del hospital y de visitar a otros pobres".

La predicación de Calvino acerca del dinero es extremadamente directa. Alentadora para los pobres y estimulante para la libertad de los creyentes. Se muestra vehemente contra los ricos que guardan su riqueza, contra los especuladores que retienen del mercado los bienes que la sociedad necesita, esperando la subida de los precios, se levanta contra el lujo insolente de algunos que despilfarran el patrimonio común que Dios ha dado para el bien de todos sin miramientos por la pobreza de los demás.

Sin embargo, la predicación del reformador no es más que la prolongación de su acción. La sencillez en la cual vive con sus colegas se hace proverbial, rayana en la pobreza. Sus gestiones en pro de los desheredados son incesantes. Acosa a los Consejos para que tomen medidas tendientes a aliviar a los pobres; después de la masacre de los protestantes de Provence, por ejemplo, en 1545, organiza personalmente una colecta general, subiendo las escalinatas de los inmuebles repletos de refugiados para recibir una dádiva de cada uno.

Así como el dinero retoma en la Iglesia de los creyentes restaurados por la fe y la vida en Cristo su justo oficio de servicio, también debe encontrar otra vez un lugar análogo en toda la sociedad. Le corresponde al Estado arbitrar las medidas necesarias.

V. La propiedad salvaguardada y limitada por el Estado

Según la doctrina de Calvino, el Estado tiene la misión de hacer reinar entre los hombres pecadores un orden lo más cercano posible al orden divino.

Siendo que Cristo restablece este orden de Dios entre los miembros de su Iglesia que se dejan guiar por la Palabra divina, el Estado debe propender a restaurarlo parcialmente en el conjunto de la sociedad.

Para Calvino, la misión política del Estado implica, pues, una intervención en la esfera económica; no tanto como productor sino como regulador de los intercambios económicos y de la distribución de las riquezas. Sin este regulador, el buen funcionamiento de la vida económica es destruido por el pecado. El acaparamiento y los monopolios obstruyen la circulación de los bienes entre todos y el despilfarro priva a la sociedad de sus riquezas.

Las conocidas leyes suntuarias que, en realidad, no son en gran parte obra de Calvino sino de sus sucesores, tienen que ver tanto con la política económica como con la moral. Traducen la voluntad, conforme a la enseñanza del reformador, de contener dentro de límites justos el uso de los bienes materiales de la sociedad y de orientar su afectación hacia la ayuda mutua.

No olvidemos que la Ginebra calvinista estaba totalmente cercada y que el problema del pan cotidiano y de la sobrevivencia de la población tenían una agudeza terrible. Para comprender las leyes suntuarias, no debemos juzgarlas según la medida de una moral burguesa de la vida, sino ubicándolas otra vez en su verdadero marco, el de una rigurosa economía de guerra.

La función del Estado en relación con las riquezas puede ser definida brevemente de la siguiente manera: para que el orden reine, el Estado debe garantizar la propiedad privada. Pero ha de velar para que esta propiedad no se constituya a expensas de la ajena y que sea colocada al servicio de la colectividad. En consecuencia, la propiedad no es un bien absoluto. Está limitada y es condicional. Calvino no titubea en citar como ejemplo la antigua ley judaica que preveía la redistribución periódica de las tierras y la franquicia de las deudas, de manera tal que la propiedad no fuera nunca, como consecuencia de un acaparamiento individual progresivo, una fuente de opresión social que llevara a un endeudamiento general.

VI. Crítica del pensamiento de Calvino

Esta rápida ojeada sobre la doctrina del reformador acerca del dinero, de los bienes económicos y de la sociedad, nos muestra que en muchos aspectos su pensamiento en este campo se acerca el pensamiento de sus predecesores y de los teólogos medievales. Como ellos, denuncia el peligro espiritual de las riquezas; como ellos, justifica la posesión de un bien material por cuanto sirve no sólo al mantenimiento de la vida de su propietario y de su familia, sino además a las necesidades de la sociedad toda. La moderación y el deber de la ayuda mutua —se decía anteriormente: la obligación de la limosna— son para todos ellos las condiciones de la propiedad legítima.

Sin embargo, Calvino se separa netamente de la teología medieval en el capítulo de la pobreza voluntaria. El ascetismo en sí mismo no aporta al que lo practica ningún mérito suplementario. La vida de la fe no implica de manera alguna, como en la Edad Media, apartarse de los bienes materiales. Al contrario, la vida espiritual implica que el creyente asume ante Dios la responsabilidad plena y entera de su vida material y de la vida de la sociedad. El dinero, lejos de ser empujado fuera del horizonte de la fe, queda sometido a la vida espiritual a fin de ser plena y conscientemente domesticado. Este sojuzgamiento del dinero a la fe conduce a la sencillez evangélica, a la austeridad que ha caracterizado el estilo de vida calvinista. Calvino no desconoce en absoluto el valor espiritual de la privación y del sacrificio pero como ya dijimos, éstos no constituyen en ningún caso una obra meritoria.

Esta rehabilitación teológica de la vida material, en ruptura con la antigua tradición de oposición entre espíritu y materia, de la cual el cristianismo no ha podido nunca librarse completamente, tendrá repercusiones considerables en la vida económica de las sociedades protestantes.

Si se considera la doctrina de Calvino acerca de la riqueza a la luz de la ciencia moderna, es maravilloso ver hasta qué punto su discernimiento sigue siendo profético. Le han sido necesarios varios siglos a la ciencia económica para encontrar otra vez el papel decisivo de la circulación de los bienes en el mantenimiento del orden social, aspecto tan claramente vislumbrado por el reformador.

Es posible reprocharse no haber dado bastante importancia al ahorro como nueva fuente de productividad. Obsesionado por el temor a la avaricia y al acaparamiento, no vio con claridad el valor económico de la capitalización, aun cuando justificó su principio en su enseñanza acerca del préstamo con interés.

Es posible hacer notar también la clarividencia de Calvino al discernir que el orden de la sociedad sólo se obtiene dentro de un equilibrio constante entre la responsabilidad económica de la persona y el control del Estado. Después de las luchas apasionadas a las que se han entregado el socialismo y el liberalismo, ¿acaso en la práctica no se tiende hoy —en casi todos los terrenos— a un personalismo social que se acerca mucho al equilibrio preconizado por Calvino?

Pero es en la restauración de la función del dinero en la Iglesia que la enseñanza del reformador se muestra más evangélica y más realista al mismo tiempo. ¿Y no es acaso este aspecto de su doctrina social y eclesiástica el que nuestra Iglesia evangélica más ha olvidado?

El gobierno y la política
Karl Barth

La última sección de la ética de Calvino se refiere al gobierno político.[1] Quiero tratar este tema más profundamente por dos razones, por su significación, y más aún, porque en esta área en particular encontramos, con claridad especial, la unicidad teológica de Calvino. Primeramente, echemos un vistazo al marco de pensamiento desde el cual Calvino decidió tratar, en un manual didáctico, lo que era entonces un asunto peligroso, es decir, la relación entre cristianismo y política. Es importante que tengamos claro esto para que podamos evaluar con justicia el contenido sorprendente de esta sección última de su obra. Mantengamos en mente los siguientes puntos de vista.

1. Como abogado, Calvino era un experto en la materia. Aquí, más que en ninguna otra parte, esperaríamos que esto fuese evidente a partir del conocimiento expuesto y de los temas que le ocupan. Sin embargo, cuando leemos esta sección sufrimos cierta decepción en este sentido —si resulta placentero o no, es un tema aparte— por lo menos en tanto que no trata ningún asunto que no resulte estrictamente relevante en esta área de su especial conocimiento, o bien, porque no expresa pensamientos que no pudieran ser entendidos aun por los que no tienen ninguna formación jurídica. La razón de esto no es que hubiera olvidado su conocimiento jurídico; posteriormente, en Ginebra, dio una amplia demostración y mostró que sabía hacer buen uso de estos recursos en determinados casos.

2. No cabe duda de que Calvino escribió esta última sección de su libro con un interés material específico. No era un monje recién salido del claustro que se daba cuenta que había tanto un gobierno secular como uno espiritual, de tal forma que para bien o para mal tuviera que luchar con esta ajena realidad. Calvino era un hombre del mundo que ciertamente había investigado los asuntos de la vida pública —si la anarquía era buena o mala, la mejor forma del Estado, si la revolución y el tiranicidio era permisibles— antes de tratar el tema desde el punto de vista del NT. Debemos recordar con qué profunda habilidad y gusto participó toda su vida en la alta política, incluso

---

1. OS I, 258ff.; BI 284ff.

la más alta. De hecho, aunque no en forma, fue estadista y pastor no sólo de Ginebra, sino también de su congregación internacional. En un simposio recién organizado bajo el título *Los maestros de la política* (Stuttgart y Berlín, Deutsche Verlagsanstalt, 1922) Calvino es el único teólogo representado, y en una brillante descripción, H. von Schubert se aventura a compararlo con Napoléon.[2] Hoy bien podríamos imaginarnos a Calvino como un lector asiduo y escritor de periódicos; los políticos modernos de todos los partidos y países probablemente aprenderían algo de él. Pero si esperamos encontrar algo de su gran habilidad e interés en esta sección, otra vez, nos veremos decepcionados. Sus pensamientos acerca del gobierno, la ley y la sociedad, como las expresa aquí, son probablemente más claras y precisas que las de muchos teólogos que entonces se ocuparon de tales asuntos, pero no nos muestran más del estadista. Calvino impuso deliberadamente una cuña a su interés y a su conocimiento.

3. Sin duda, a este campo como al de la iglesia, aportó intuiciones y metas específicas, así como conocimiento y preocupaciones. Detrás de su exposición de las diferentes posibilidades y requisitos de la vida pública, está no sólo un conocimiento exacto del tema y una atención abstracta a lo que ocurre ene este teatro, como nosotros la tendríamos si no tenemos compromiso alguno con el dogma de algún partido, y precisamente por ello, nos vemos forzados a jugar el rol frustrante de los que sólo miran. Como pronto se evidenciaría en Ginebra, Calvino tenía ideas específicas de lo que quería, ideas muy específicas; por ejemplo, de la mejor forma de gobierno (fue un republicano aristócrata), de la ley civil y penal, de la situación y demandas de Europa, y aun de las relaciones y posibilidades económicas. En tales asuntos fue todo menos un idealista mundano; fue sumamente pragmático. Para mencionar sólo una cosa, durante buena parte de su vida se lanzó en cuerpo y alma, y gastó sus energías, en una lucha contra las políticas de Berna; y en su lucha, ¡sabía como alcanzar lo que quería y necesitaba! Pero en la *Institución* no encontramos señales, casi ninguna señal, de que quisiera algo, ni siquiera en las ediciones posteriores que se publicaron en medio del calor de los conflictos. Puede desarrollar el más candente de los temas políticos sin jugar a la política (ni con pistas) en una sola línea; sin argumentar a favor

---

2. H. von Schubert, "Calvin", en *Meister der Politik...*, ed. E. Marcks and K.A. von Müller, vol. II (Stuttgart y Berlín, 2a. ed. 1927), 67ff. En las páginas 94ss. Schubert argumenta que Rousseau, también, vio la importancia de la religión en Ginebra, como lo hizo también Napoléon, quien por un momento pensó en favorecer el protestantismo, lamentó que hubiera perdido su oportunidad en la Francia del siglo XVI, y que posiblemente hubiera extendido su mano a Calvino si hubiera vivido en aquel tiempo.

de lo uno o de lo otro. Entre más cerca lo examinamos, más claramente nos damos cuenta de que no hay decisiones específicas en temas particulares; las preguntas quedan abiertas, y aunque lo lamentemos, no asistimos a un curso específico de política calvinista. Si a una persona sin compromiso alguno le fuera dada esta sección para leer sin que supiera quién es su autor, a tal persona le sería difícil identificar al hombre, al que no injustamente, ha sido llamado un padre, si no es que *el* padre, del ideal político y económico de la democracia liberal de Europa Occidental,[3] pero más probablemente vería aquí a un legitimista de Alemania del norte que es suficientemente perspicaz para ver más allá de su legitimismo. ¡Que dominio propio debió tener este autor, o, mejor dicho, que bien controlado por otro interés, para que, al dar instrucción de la religión cristiana, fuera capaz de no decir lo que él, Juan Calvino, en realidad añoraba decir con todo fervor de corazón y con toda la brillantez de su mente!

4. Finalmente, debemos recordar qué tanto la predisposición y el empuje de toda la teología de Calvino nos hacen esperar que tendría que ofrecer aquí un argumento pleno y aterrizado. ¿Acaso no intentó la síntesis entre los conocimientos divino y humano? ¿No intentó complementar la sístole luterana con la diástole reformada?[4] ¿No insistió firmemente en la justificación por la fe, y al mismo tiempo, como un eticista, mantuvo ambos pies firmemente sobre la tierra, y, por lo tanto, buscó aplicar la intuición de la Reforma (como crisis) al problema horizontal de la Edad Media y de nuestro tiempo? ¿Por qué, entonces, no hay programa alguno de un estado teocrático o de un socialismo cristiano? ¿Por qué, por lo menos, no nos tranquiliza con un intento por derivar del evangelio un camino para articular la vida y el mundo en congruencia con el evangelio, y, por lo tanto llevarnos a la meta a la que con cierta impaciencia queremos ser conducidos cuando alguien asume la tarea de darnos instrucción sobre la religión cristiana? ¿Acaso no es esta la debilidad añeja de la teología y de los teólogos, que en el preciso momento en el que esperamos rediman la promesa que desde tiempo atrás nos han dado y nos han dicho: "Haz esto y no hagas esto por tales y tales razones", nos dejan plantados otra vez sobre la base de un fresco pretexto dialéctico? ¿Por lo menos, a partir de algunos escritos acerca de Calvino y el calvinismo, no buscaríamos mejores cosas en él?

---

3. Cf. M. Weber, *Spirit of Capitalism* (Londres, 1940), 43ff., vol. I *De Gesammelte Ausfsätze zur Religionssoziologie* (Tübingen, 2a. ed., 1922), 17ff.
4. Barth tachó una explicación que aparecía en el MS: "Ustedes conocen, desde luego, estos términos médicos que se refieren a las dos funciones del mecanismo del corazón".

Sí, tenemos aquí una debilidad de la teología, por lo menos de la teología protestante, si es que queremos llamarla una debilidad. En lo personal yo diría, desde luego, que es una iniciativa de la teología protestante y reformada que la distingue de las teologías medievales y modernas, que ella no puede ni hará otra cosa que dejarnos con el predicamento, o, más bien, que nos dejará claro que la palabra final: "Haz esto o no hagas esto", debe, desde luego, ser dicho (el "debe" es específicamente reformado), pero que puede ser dicho sólo por Dios mismo y por su Palabra. ¡Si la teología reformada, al referirse a la ética, quisiera que las cosas fueran diferentes, esto significaría apostasía de la Reforma! Aquellos que buscan un programa, o simplemente un sistema de direcciones en la instrucción cristiana deben voltear a Tomás y no a Calvino. (Anteriormente expliqué que nosotros, los protestantes modernos de todas las corrientes, nos llevaríamos mejor con Tomás que con Calvino.) Añorar los caminos suaves y bien iluminados del catolicismo romano medieval es una emoción muy comprensible, y por cierto, está muy viva entre nosotros los teólogos protestantes para que nos ofendamos cuando otros nos acusan de dejarlos plantados en el punto más álgido de nuestras exposiciones. Pero no somos nosotros quienes lo hacemos. Es la Reforma la que nos deja plantados en el momento que pensamos: ¡eso es! O mejor dicho, nos deja al amparo de Dios. Nos muestra claramente que todo lo demás que ha sido dicho sólo constituye una experiencia que nos ayuda a eliminar cualquier otra posibilidad de salvación; nos deja en el punto en el que debemos entregar —nuestra conciencia, nuestras intuiciones y nuestra voluntad— a Dios.

No debemos esperar nada más de Calvino, ni siquiera en su ética; de lo contrario no sería Calvino, sino Tomás, o Bernardo de Clairvaux, con quienes, por cierto, estuvo relacionado en algunas maneras, aunque no debemos perder de vista que esto ocurrió bajo un signo cambiado, es decir, con el conocimiento reformado de Dios, con la teología de la cruz que es también el punto de partida de su ética. Todo se vuelve totalmente diferente en él. Por ende, no puede ser que en sus síntesis él busque, ya sea pacífica o violentamente, apuntar hacia un camino de la tierra al cielo, o aun del cielo a la tierra, como si las líneas paralelas estuvieran por encontrarse en una esfera finita. No. Dios sigue siendo Dios y nosotros seguimos siendo humanos. Calvino experimentó esta antítesis, o por lo menos la expresó y la enfatizó, mucho más agudamente que Lutero, y, por lo tanto, desarrolló mucho más precisamente que Lutero la tesis de que Dios es nuestro Dios, el Dios de gente real que vive en un mundo real, que no hay manera de huir de su presencia hacia otro mundo, que no hay mundo alguno que aun en su estado actual, no sea el mundo de Dios, que precisamente en *este* mundo nos mantenemos bajo el *mandamiento* de Dios. Todavía bajo el mandamiento de Dios. El peso que ha sido puesto sobre nosotros por el hecho de que Dios es el Señor que emite los mandamientos, no nos puede ser quitado por nadie, ni siquiera por un buen abogado cristiano, no importa qué tan grande pudiera ser su interés político o qué tan bien supiera lo que quiere. Si alguien nos quitara este peso, aun si fuera un ángel del cielo, si con gratitud exaltáramos a aquel ser celestial como el ser que finalmente, por fin nos trajo claridad y nos dio directrices, ese ser sería el más peligroso y abominable engañador.

Calvino no fue un engañador de ese tipo. No fue el Gran Inquisidor de Dostoyevski.[5] Con frecuencia puede parecerlo. En lo personal algunas veces he pensado que él fue más peligroso que todos los papas y generales de la orden jesuita juntos, porque, bajo el signo de la Reforma, estaba haciendo el trabajo del peor tipo de contrarreforma. Pero precisamente la cosa sorprendente en esta última sección de la *Institución* nos muestra que, si nada lo ha hecho, que él *no* era un engañador; conocía mejor que otros la tentación del Gran Inquisidor y, desde luego, la preocupación válida que tenía al respecto. Es por esto que no establece ningún Estado cristiano, socialismo cristiano o un código cristiano civil o penal, aunque, desde luego, no le faltan ideas y planes en ese terreno, y más aún, cuando el tiempo le llegó, no sólo de enseñar, sino simplemente de vivir, él echaría mano de importantes experimentos en esa dirección, no sólo como meramente legítimos, sino en calidad de mandatos divinos, y, por esta razón, habría de conducirlos con un éxito histórico incomparable.

Ayer vimos cómo Calvino no hacía excepción alguna en su criticismo de todo poder eclesiástico que no tenga la fuerza misma de la Palabra de Dios, aunque esabía bien lo que quería en este campo y lo buscó y alcanzó (disciplina eclesiástica). El punto decisivo es, sin embargo, que, fundamentalmente, él ubicó el contenido de su voluntad, lucha y conquista —que además fue específico, bien meditado y verdaderamente importante— en un nivel muy distinto, en el que, desde luego, Dios tiene que ser oído y obedecido, pero en el que también la imbecilidad humana gobierna, en el que cara-a-cara con la eterna majestad de Dios no puede haber eternidades humanas, en el que, como dijimos ayer, la serpiente de bronce que Moisés levantó puede ser destruida otra vez por orden del mismo Dios. La voluntad y la lucha humanas, aun cuando sean obedientes a Dios, y especialmente entonces, debe tener

---

5. Véase F.M. Dostoyevski, *Los hermanos Karamazov*, II, 5.

un contenido específico. No podemos obedecer a Dios sin desear o buscar algo, esto o aquello. Pero lo que nosotros los humanos deseamos y luchamos por conseguir, aunque sea algo importante y significativo, aunque fuere la ciudad misma de Dios, siempre se mantiene como tal ante la sombra de la relatividad de todo lo humano. Ni puede ni debe convertirse en tema en la instrucción de la religión cristiana para que no adquiera la fuerza de una nueva forma de esclavitud de conciencia. Esta instrucción, si ha de permanecer pura y verdadera, puede sólo proveer una base para la *posibilidad* de lo que puede y debe ocurrir en el lado humano en obediencia a Dios, a la distancia infinita de la criatura del Creador, y, sin embargo, también con una visión del Creador. No puede proveer una base para la *realidad*. Pues esta realidad siempre es humana, temporal, de este mundo. Si Dios, en su misericordia la acepta como algo agradable a él, ese es asunto suyo. Pero nosotros ni podemos ni debemos creer que vamos a lograrlo, como si nosotros fuéramos los que decidiéramos. El no hacer esta distinción es un rasgo de la teología católico romana. Vuelvo a decir que tal vez estaríamos mejor si no tuviéramos que hacer esta distinción. Pero Calvino sí la hizo. Por eso su absoluto silencio precisamente en lo que nos causa más curiosidad. La síntesis de Calvino es la síntesis entre Dios en su majestad y nosotros en nuestra imbecilidad, entre el Dios santo y los pecadores. ¡Ninguna otra! En virtud de que somos teólogos protestantes, debemos, de alguna manera, aceptar esto.

Analicemos ahora, brevemente, el contenido de esta última sección. Recordaremos que en la segunda sección de la ley eclesial, en la que por cierto no nos da ninguna ley, él usó el título "Libertad cristiana". Estas palabras por sí mismas nos dicen todo. Calvino quiere que aquellos que están siendo instruidos pongan lo pies en la tierra. Desde luego, quiere contestar la pregunta: ¿qué haremos? Pero él sólo puede dar su respuesta en el marco de la libertad cristiana. Recuerden que "libertad" es la palabra clave con la cual Dostoyevski distingue a Cristo del Gran Inquisidor.[6] Lo único que está en disputa es que debemos ser forzados a una situación en la que somos llevados a Dios, y, por lo tanto, libres, que debemos ser liberados de las ilusiones que pueden mantenernos cautivos y lejos de la libertad.

Por lo tanto, el propósito de Calvino en esta sección no es, como pudiera parecer, el de fundar o establecer el Estado ideal. Como lo hizo anteriormen-

---

6. Se refiere aquí al pasaje de la novela de Dostoyevski en donde el Gran Inquisidor le dice a Cristo que todos estarán felices bajo su gobierno, sin rebelarse ni exterminarse los unos a los otros, como sí ocurriría bajo la libertad de Cristo. Él los convencería de que serían libres sólo si renunciaban a su propia libertad a favor de la Iglesia y de sujetarse a ella.

te, cuando discutió el tema de la Iglesia, su propósito es mostrar cuál es la voluntad de Dios en los órdenes existentes, ¡con el énfasis puesto no en los órdenes existentes, como sería en una visión conservadora, sino en la voluntad de Dios! No puede haber libertad cristiana sin sumisión a la voluntad de Dios. Los derechos del gobierno y la ley, así como el deber de los ciudadanos de obedecer, emergen sólo a partir de la libertad cristiana. Pues en el gobierno y en la ley encontramos el orden de Dios que particularmente los cristianos no deberían nunca evitar.

El enemigo con el que Calvino lucha aquí es el punto de vista de los radicales de que la salvación implica la reforma total del mundo,[7] lo cual implica dejar a un lado a un gobierno y a una ley imperfectas. Para Calvino, esta visión está tan mal que ni siquiera se preocupa por expresar su propia preocupación por un mejor gobierno y una mejor ley. Debemos evitar esta "ilusión judaica" que haría del reino de Cristo parte de este mundo.[8] No debemos fundir con este mundo aquello que no pertenece a él, sino que debe seguir su propia lógica (*ratio*). Así como son diferentes el alma y el cuerpo son diferentes el reinado espiritual de Cristo y el orden civil.[9] La libertad espiritual es verdaderamente incompatible con la sujeción política.[10] Nuestra condición humana y las leyes nacionales bajo las que vivimos no cuentan, pues el reino de Cristo no consiste en tales cosas.[11] Así lo dice el padre de la democracia moderna, ¡el hombre para quien en realidad no fue un asunto indiferente el hecho de tener que seguir viviendo bajo las leyes de la vieja Ginebra! Pero esa preocupación se une a otra, que en nuestro deseo por tener mejores leyes humanas no debemos nunca olvidar o despreciar la ley de Dios que está presente siempre y en todos lados.

¿Acaso esta distinción hace del orden civil objeto de indiferencia y desprecio? ¡De ninguna manera! Ese orden es una cosa diferente del reino de Cristo, pero no está en contradicción con él. El reino celestial comienza desde aquí con el reino de Cristo en nosotros, y en esta vida mortal y perecedera, tenemos, por lo tanto, un prospecto de bienaventuranza inmoral e imperecedera. El punto, pues, del orden civil es integrar nuestra vida, mientras vivamos con otros, para formar la sociedad humana, para darle a nuestra vida un marco de justicia, para hacernos responsables los unos de los otros, para nutrir y apreciar

7. OS I, 258; BI 284s.
8. OS I, 259; BI 285.
9. OS I, 258s.; BI 285.
10. OS I, 259; BI 285.
11. *Ibíd.*

la paz y la tranquilidad.[12] Todo ello será superfluo cuando el reino de Dios, que ahora permanece escondido en nosotros, ponga fin a la vida presente. Pero si bien es cierto que la voluntad del Señor es que andemos como peregrinos esperando nuestra verdadera casa, nuestro peregrinaje demanda instrumentos de ese tipo, y despojarnos de ellos sería despojarnos de nuestra humanidad.[13]

Noten aquí el doble significado del término "humanidad" (*humanitas*). En primer lugar denota nuestro peregrinaje terrenal lejos de nuestra verdadera casa, y, por lo tanto, algo no menos imperfecto que necesario. Pero esta cosa imperfecta y necesaria es la voluntad de Dios bajo la que permanecemos aquí y ahora. No debemos tratar de evadirla aunque veamos cuán superfluas serán estas ayudas cuando nuestro peregrinaje llegue a su fin, cuando no haya más aquí y ahora, cuando el reino de Dios ponga fin a nuestra vida presente. ¡Qué falta de discernimiento denotamos cuando tratamos de evadir esta relativa voluntad divina que es válida aquí y ahora! Como si no fuera simplemente una barbaridad (*immanis barbaries*) dar rienda suelta al mal en virtud de algún sueño de una perfección que ya es posible.

Calvino entonces procede a enlistar todo lo que implica el orden civil: primero, simplemente, ver porque la vida sea posible; luego ver que no haya idolatría, ninguna blasfemia en contra de la verdad de Dios, ninguna ofensa en contra de la religión pública; que la paz pública no sea alterada; que la propiedad de todos sea protegida; que las transacciones reguladas entre personas sean posibles; que el culto cristiano sea ordenado; y otra vez, sin ambivalencia alguna, alcanzar la humanidad entre nosotros.[14] Calvino ofrece disculpas por hacer del cuidado de la religión un asunto político cuando en verdad está fuera de la esfera de la competencia humana. Preferiría no hacerlo, pero su preocupación es simplemente proteger la verdadera religión de la calumnia pública y el escándalo.[15] Aquí, obviamente, estamos al nivel de consideraciones relativas; Calvino mismo lo señala. Nosotros no debemos nuestras vidas a las autoridades sino a Dios. Dios no necesita que el Estado lo proteja a él y a su verdad. La propiedad privada y el libre comercio no son asuntos de importancia suprema. La humanidad no es la llave que abre la puerta del cielo.

Naturalmente, no necesitamos que Calvino nos diga todo esto. Pero, ¿no podemos entonces afirmar que estos postulados, incluyendo una protección leal de la iglesia por parte del Estado no tienen una justificación relativa?

12. *Ibíd.*
13. OS I, 259; BI 286.
14. *Ibíd.*
15. OS I, 260; BI 287.

La seriedad de la situación humana fuerza a Calvino a decir que sí; su lado divertido le permite hacerlo. No debemos confundir la justificación que hace Calvino del Estado con conservadurismo político, pues este mandamiento es válido sólo por un tiempo, y, tal como lo veremos, los detalles están basados sólo con base en el tiempo y el lugar, no en la institución divina.

Versión: Rubén J. Arjona Mejía

El calvinismo
Michael Walzer

El calvinismo como ideología

I

Es tan poco lo que sabemos de Richard Hooker que ha llegado a decirse que es el título de un libro más que el nombre de un hombre.[1] Calvino, de quien sabemos mucho más, bien podría ser el nombre de una doctrina: un sistema organizado de ideas que parece existir independientemente de su creador. Desde la aparición de *Institución*, en 1536, sólo es posible hablar de calvinismo; de hecho, el mismo Calvino hubiera considerado este rasgo de modestia como un logro de máxima piedad y como un claro argumento a favor de la objetividad de sus ideas. Para los luteranos, los sentimientos privados y las experiencias místicas del reformador alemán deben ser de gran importancia; para alcanzar algo similar a su fe, intentan retomar su condición religiosa, volver a vivir alguna parte de su calvario. Calvino, por su vida privada, empero, no tiene significación histórica. Se convierte inmediatamente en una figura pública; sólo tiene opiniones públicas; su experiencia religiosa no es de particular interés. Esa actividad interna del espíritu, que —según creía Calvino— es lo que crea la certeza de los profetas de Dios, parece, en su caso, haber implicado la gradual iluminación espiritual de una mente tenaz y refinadamente lógica, más que alguna inspiración dramática o una crisis personal.[2] Aunque afirma una y otra vez la inescrutabilidad de Dios, a Calvino le atraen poco los misterios privados. El hombre racional se aparta de la inescrutabilidad, pero el misterio le resulta atrayente y apasionante. El calvinismo fue el producto de un esfuerzo excepcionalmente exitoso por resistir a las compulsiones religiosas de lo personal y lo individual.

---

1. Christopher Morris, "Introduction" a Richard Hooker, *Of the laws of the ecclesiastical polity.* Londres, Everyman, 1954.
2. Sobre la conversion de Calvino véase E. R. Davies, *The problem of authority in the Continental Reformers.* Londres, 1946, p. 99. Aparentemente, la conversión de Beza, tras una larga enfermedad fue más dramática; Paul Geisendorf, *Theodore De Bèze.* Ginebra, 1949, pp. 27 y s.

Ésta fue, en parte, la razón por la cual las ideas de Calvino fueron lle-
vadas tan más lejos que las de Lutero y se las adaptó a un espectro mucho
más amplio de circunstancias sociales y económicas. Poseían la autoridad de
la doctrina objetiva e impersonal, y el alcance y el atractivo de una opinión
que estaba destinada a ser pública. En su vejez, Lutero fue una figura pro-
vinciana, conservador en lo político; postura que —a diferencia del conservadurismo más enérgico del siglo XIX— era de resignación y de sosiego. En
sus últimos años, Calvino fue una figura internacional y —algunos habrían
dicho— una fuente inagotable de sedición y rebelión. La atracción de un
conjunto de ideas, por ende, su atractivo para los hombres comunes de todas las clases, no está, en modo alguno, determinada por su intensidad o su
profundidad emocionales. Lutero estaba seguramente más cerca de la raíz
humana de los problemas que agitaban a los hombres en el siglo XVI; sólo él
tuvo la temeridad de vivir los grandes dilemas de la autoridad y la carencia
de amo, la aprensión y la justificación.[3] Impulsado por las extraordinarias
dificultades de su vida privada, produjo una teología que dramatizó las experiencias religiosas más extremas. Nunca le importó contradecirse y poseía
una elocuencia en la lengua vulgar que no sabía de concesiones; se manifestaba en él una trascendencia intensamente personal de contradicción y
polaridad. Calvino, por el contrario, escribía en una prosa de una lógica
brillante, era un maestro en el arte del equívoco. Su trabajo poseía la gran
virtud política de la ambigüedad. No estaba tan sujeto a un proceso privado
de internalización y recapitulación emocional, como a un proceso público
de desarrollo, acrecentamiento, distorsión y uso.

Estas diferencias de personalidad y estilo sugieren una distinción más
fundamental. Lutero era un teólogo movido permanentemente por su interés en el conocimiento privado de Dios. Se ubica en un tipo de tradición
medieval que incluye a figuras muy diferentes entre sí, como Francisco y
Bernardo, más que en la tradición, por ejemplo, de los conciliaristas, cuyo
mayor interés era el gobierno de la Iglesia. Lutero nunca dedicó su mayor
energía a los problemas teóricos de la organización eclesiástica, tal vez porque nunca tuvo la intención de ocuparse de ellos; no había planeado una
nueva Iglesia. Calvino, en cambio, que pertenecía a la siguiente generación
de protestantes, fue un hombre comprometido, desde el principio de su
carrera, con la innovación sistemática, y sus innovaciones fueron mucho

---

3. Véase Erik Erikson, *Young man Luther: A study in psychoanalysis and history.* Nueva York,
1958.

menos importantes en lo teológico que en la conducta moral y la organización social. Su interés primordial era la Iglesia que reemplazaría a Roma y el método para llevar a cabo ese reemplazo. Se rehusó, en gran medida, a especular sobre los temas teológicos más importantes —el misterio de la existencia de Dios y la gracia que otorgaba a los hombres—, argumentando que la especulación sobre tales temas constituía la autocomplacencia pecaminosa. Los fragmentos relevantes de *Institución*, el legislador ginebrino sólo escribió comentarios bíblicos, sermones, cartas, polémicas y exhortaciones: todos ellos en un estilo intelectual, pero no especulativo, siempre preparado para recurrir al sentido común, de practicidad incisiva, pero de elaboración confusa.

En los escritos de Calvino, el impulso teológico hacia Dios y la gracia está reprimido deliberadamente. Calvino escribió algo que podría llamarse una teología antiteológica: "no para satisfacer la curiosidad", "no para hablar o pensar o siquiera para desear saber, respecto de temas oscuros, algo que se encuentre más allá de la información provista en la palabra divina, sino para abandonar "especulaciones inútiles" que carecen tanto de "certeza" como de "aplicación cotidiana", "para dejarle a Dios el conocimiento de sí mismo".[4] Tampoco era solidario con los hombres torturados por el problema de la salvación; creía que las posibilidades de que no se salvaran estaban bastante claras. Era un horrible pecado "que un hombre miserable intentara abrirse camino por la fuerza hacia los recovecos secretos de la sabiduría divina [...] para descubrir lo que se ha decidido respecto de su persona en el tribunal de Dios".[5] Hacer esto era equivalente a sumergirse en un abismo de aprensión. Si bien el corpus del pensamiento de Calvino proporciona algunas maneras de calmar esta aprensión, debe decirse que no eran tan conclusivas en lo espiritual como simplemente edificantes. El calvinismo fue mucho más una doctrina de disciplina y obediencia que de justificación. "Traer a los hombres a la obediencia del evangelio, ofrecerlos a Dios como sacrificio", escribió Calvino, era el deber del pastor cristiano. "Y no como se

4. Juan Calvino, *The Institutes of the Christian Religion*, I, xiii, 3, 21; I, xiv, 4. Todas las citas de la *Institución* están tomadas de la traducción de John Allen (Filadelfia, 1921) del latín, cotejada con la última edición francesa. [Se ha utilizado como guía para la traducción de las citas la versión española *Institución de la religión cristiana*, traducida y publicada por Cipriano de Valera en 1597, reeditada por Luis de Usoz y Río en 1858, nueva edición revisada en 1967, Buenos Aires-Gran Rapids, Nueva Creación, 1988. No obstante, se optó por traducirlas del inglés según la edición citada por M. Walzer, ya que responden con mayor fidelidad al espíritu que el autor busca ejemplificar. N. de la T.]
5. *Ibíd.*, III, xxiv, 4.

han ufanado llenos de orgullo hasta ahora los papistas, ofreciendo a Cristo para reconciliar a los hombres con Dios".[6] Obediencia, no reconciliación; el calvinismo era más un sistema social y moral que personal y religioso. Para los calvinistas, superar la aprensión se convirtió en una actividad específicamente terrenal, más que del otro mundo.

La distinción no era, por cierto, tan clara: los católicos siempre habían intentado, como uno de sus métodos, combinar la moralidad cristiana y la salvación con la antigua teología de la superposición de las iglesias visible e invisible. Y ningún cristiano podrá abandonar tan fácilmente el intento. Es verdad, sin embargo, que el protestantismo tendía a separar, cada vez más, visibilidad de invisibilidad, moralidad de salvación. En el luteranismo, la Iglesia invisible se convirtió en una realidad bien definida para el creyente individual, que había experimentado la justificación: la religión tendía, por lo tanto, a multiplicar las sectas pietistas en las que se cultivaba esta experiencia. En el calvinismo, en cambio, las energías religiosas del creyente eran disciplinadas públicamente y dirigidas hacia las formas de la Iglesia visible y mediante ellas. Al tiempo que estas diferencias se volvían cada vez más notables, la cristiandad protestante llegó a preconizar ya una comunidad con Dios cultivada de manera privada, ya una religión social.

II

Las relaciones de Calvino con sus predecesores políticos son similares a sus relaciones con los teólogos y reformadores de la Edad Media. Su producción no incluye nada que se asemeje a una filosofía política de consideración; esto fue, una vez más, porque sólo le interesó muy someramente el ordenamiento interno de la mente, la construcción en profundidad de una posición filosófica. Sin embargo, cualquier resumen de la "contribución" de Calvino a la historia política sería inadecuado. Es apenas suficiente decir que el calvinismo incluyó un conjunto de ideas políticas interesantes —aunque muy poco originales— que se ubican en la intrincada historia de la teoría, o que aportó una nueva justificación (necesaria para su tiempo) del orden político, o que sugirió un plan utópico de edificación y disciplina morales. Sus producciones más características fueron, de hecho, muy diferentes; tenían la tendencia a ser prácticas y sociales, programáticas y organizacionales. Manifiestos, exhortaciones, polémicas: éstas fueron sus formas de expresión

6. Calvino, *A commentary upon the Epistle of St. Paul to the Romans.* trad. ingl. de Christopher Roadell, Londres, 1583, p. 192.

literaria; pactos, asambleas, congregaciones y comunidades santas: éstos fueron los resultados de su actividad organizacional. El luteranismo no se expresó de manera similar ni tuvo resultados similares. El santo luterano, en su búsqueda del reino invisible de los cielos, se apartaba de la política y le dejaba el reino de la Tierra, como escribió el propio Lutero, "a quien quiera tomarlo".[7] Los compromisos mundanos y organizacionales de Calvino lo llevaron a "tomar" el reino de la Tierra y transformarlo.

La política de Calvino estaba basada en un reconocimiento y una exigencia: primero, un reconocimiento sorprendentemente realista y no moralizante de la realidad política; segundo, una exigencia de que la política fuera puesta al servicio de un propósito religioso. Ni el reconocimiento ni la exigencia lo llevaron a involucrarse en una discusión de las formas de autoridad ni del contenido de la ley. Volvió a abstenerse de teorizar sobre estos puntos cruciales; reconocer los hechos políticos, por ende, nunca pudo ser equivalente a racionalizarlos. Era una aceptación distante y pesimista de los modos de funcionar del mundo, pero nunca un análisis interno, imaginativo de las formas del orden y la legalidad. Con ropajes seculares, Calvino bien podría asemejarse mucho al nominalismo de Hobbes. Ciertamente, lo que lo salvó de este nominalismo fue la teoría de la Palabra objetiva. En lo político, Calvino reconocía la autoridad en sus formas más brutales sólo para investirla de la Palabra y así hacer de la Palabra una autoridad brutal y firme en el mundo.[8]

El pensamiento de Calvino se movía entre el hecho terrenal y el mandato divino; lo escueto rígido de su concepción de cada uno de ellos va efectivamente en detrimento de la amplia teorización de las escuelas medievales. En el calvinismo, no había espacio para la naturaleza moralizada ni para el Dios condescendiente —casi podría decirse socializante— de Tomás de Aquino. El protestantismo sacudió esta visión unificadora, así como la de las iglesias visible e invisible que se superponen; la política pareció quedar, por el momento, reducida a ofrecer sólo dos posibilidades: una tiranía cruel e inmoral, apropiada, de hecho, para un mundo del cual han huido los santos, o una disciplina religiosa. La disciplina luterana de la espada ensangren-

---

7. Martín Lutero, *Works*. ed. de C.M. Jacobs, Filadelfia, 1915-1932, III, p. 248 [trad. esp.: *Obras de Martín Lutero*. Buenos Aires, Paidós, 1974].

8. Los mejores estudios de la política calvinista en los que se basa este capítulo son Georges Lagarde, *Recherches sur l'esprit politique de la Réforme*. París, 1926; André Biéler, *La pensée économique et sociale de Calvin*. Ginebra, 1959; véase también Marc-Edward Chenevière, *La pensée politique de Calvin*. París, 1937.

tada implicaba una aceptación de la primera posibilidad; Calvino, aunque nunca creyó que se pudiera prescindir de la espada, optó, finalmente, por la segunda.

Distante de las formas tradicionales de especulación teológica y filosófica, Calvino puede ser descrito simplemente como un hombre práctico con ideas: un intelectual francés atrapado en la política ginebrina. No se involucraba ni en los elaborados procesos teóricos de la justificación religiosa ni en la racionalización política. Precisamente esta libertad le permitió establecer una nueva conexión con el mundo de la actividad, una conexión cuya mejor explicación no radica en decir que fue principalmente un teólogo o un filósofo, sino en que fue un ideólogo. El poder de una teología radica en su capacidad de ofrecerles a los creyentes un conocimiento de Dios y en hacer así posible un escape del mundo corrupto y una comunión trascendental. El poder de una filosofía, al menos en el sentido tradicional de la palabra, radica en el poder de explicarles, a quienes la estudian, el mundo y la sociedad humana como son y cómo deben ser, para, así, poder obtener para ellos esa libertad que consiste en el reconocimiento de la necesidad. El poder de una ideología, en cambio, se funda en la capacidad de activar a sus adherentes y de cambiar el mundo.[9] Su contenido es necesariamente una descripción de la experiencia contemporánea como inaceptable e innecesaria y un rechazo de cualquier trascendencia o salvación meramente personal. Su efecto práctico es genera organización y activismo cooperativo. La ideología calvinista puede resumirse brevemente en estos términos.

El alejamiento del hombre respecto de Dios, permanente e inevitable, es el punto de partida de la política calvinista. Se diferencia nuevamente de Lutero en que no creía que la reconciliación fuera posible, e intentó más bien enfrentar los efectos secundarios de la caída de Adán. Exploró las implicaciones sociales de la alineación humana y buscó un remedio social. El temor y la aprensión, la desconfianza y la guerra —pensaba— eran las experiencias clave del hombre caído (eran más particularmente las experiencias clave de los europeos del siglo XVI), separados, no sólo de Dios, sino también de toda asociación estable y significativa con sus semejantes.[10] Calvino uti-

---

9. La palabra ideología no está usada aquí en el sentido marxista para sugerir el papel de las ideas en el ocultamiento y la justificación de intereses concretos de grupos. Véase Marx y Engels, *The German ideology*, Nueva York, 1947, pp. 14 y s., 30 y ss., 39 [trad. esp.: *La ideología alemana*. Buenos Aires, Lautaro, 1956].

10. Se puede encontrar una descripción especialmente vívida en Institución, I, XVII, 10; el tema de la alienación se discute en A. Biéler, *La pensée économique et sociale*, pp. 189 y ss.

lizó la antigua doctrina de la caída para explicarles a sus contemporáneos el mundo que los rodeaba. Y como creía con firmeza que los terrores de la vida contemporánea podían controlarse políticamente, se convirtió en activista y en político eclesiástico. En lo privado, reaccionó a esos terrores con un autocontrol tan rígido y aparentemente tan exitoso que no quedó ningún registro de los problemas que puede haber tenido. En lo público, abogó por una disciplina sistemática pensaba para posibilitar una reacción similar por parte de la sociedad en general. Tanto en su pensamiento político como en el religioso, Calvino buscó una cura para la aprensión, no en la reconciliación, sino en la obediencia.

La reintegración del antiguo Adán a una asociación disciplinaria —Iglesia y Estado combinados— sería por lo menos el comienzo de la salvación. Los puntos de vista de Calvino tomaron su forma final mientras todavía era joven y entró rápidamente en una forma final mientras todavía era joven y entró rápidamente en una fuerte polémica con los anabaptistas, cuyo objeto era no tanto la reconstrucción como la disolución del mundo político. Anticipando este objetivo, muchos de los anabaptistas se negaron a entablar demandas judiciales o a servir en el ejército o a asociarse en modo alguno con el orden político. Buscaron una bienaventuranza y una reunión con Dios inmediatas. En su ataque a esta clase de radicalismo cristiano, el futuro reformador de Ginebra insistió en que sólo era posible mitigar la aprensión y la alienación en una comunidad cristiana.[11] Parecía prescindir de toda posibilidad de ultramundanidad. El calvinismo estaba, por lo tanto, anclado en este esfuerzo terrenal; se apropiaba de medios y usos terrenales: la magistratura, la legislación, la guerra. La lucha por una nueva comunidad humana en reemplazo de Edén perdido se convirtió en un asunto de actividad política concreta.

Por último, Calvino exigió que sus seguidores participaran plenamente en esta actividad. Se suponía que compartían la aprensión y la alineación; debían, por ende, ser parte del trabajo de reconstrucción. Esta exigencia estableció la ideología como un nuevo factor en el proceso histórico. Dirigida inicialmente sólo al rey, fue extendiéndose, en forma gradual, hasta que, por último, todos los hombres (o, por lo menos, todos los santos) fueron convocados a hacer su parte en la santa causa. Esta "devolución" (como la llamó Richard Hooker)[12] fue posible porque Calvino no estaba buscando

---

11. Calvino, *A short instruction for to arm all good Christian people against the pestiferous errors of the common sect of Anabaptists*. Londres, 1549. Véase también Lagarde, *Recherches*. pp. 217-218.
12. Richard Hooker, *Ecclesiastical polity*. Libro VIII, ed. de R. A. Houk, Nueva York, 1931, p. 249.

un rey moral, a la manera de los escritores medievales, sino un hombre, *cualquier hombre*, dispuesto a ser instrumento de Dios. No fue una actitud reverente, sino de fría practicidad, lo que lo llevó a comenzar por el monarca de Francia. Finalmente, no pudo hacer otra cosa que dar con su propia persona y con otros como él. Pero al mismo tiempo, nunca estuvo dispuesto a confiar en los instrumentos individuales, cualquiera fuese la altura de su estatus social o la grandeza de su inspiración. Confiaba más que nada en las organizaciones y les impartió a sus seguidores una iniciativa institucional y una resistencia extraordinarias. Pocos hombres en la historia han disfrutado tanto de las reuniones. De allí la plétora de nuevas asociaciones en las que se presentaba la disciplina de la comunidad santa. A los miembros que se enlistaban en estos grupos se los involucraba en toda clase de nuevas actividades —debatir, votar, luchar por una causa— y se lo instruía lentamente en las nuevas formas de orden y control cuyo objetivo era librarlos del pecado de Adán y de sus consecuencias terrenales.

Los católicos medievales también habían organizado a los fieles, pero lo habían hecho sin alejarlos del mundo político y feudal existente, o de los complejos lazos de conexión local y patriarcal. Los hombres sólo estaban expuestos a una vida organizacional radicalmente nueva en el clero y las órdenes monásticas. Los calvinistas trataron de que esta exposición fuera universal. De hecho, sus primeras congregaciones se asemejaban mucho a la *Eigenkirche** de algunos nobles poderosos. Los santos, cualquier fuese su grupo de alienación, se vieron forzados a realizar toda clase de concesiones al mundo. No obstante, en teoría, y en gran medida también en la práctica, el calvinismo no era compatible con la organización feudal. Las formas de asociación y de conexión que empleaba ya existían, por así decir, considerablemente distanciadas del antiguo orden y les resultaban atractivas a hombres que de algún modo ya se habían liberado de ese orden.

Es evidente que el impacto de una vida organizacional tan novedosa y disciplinada tenía que ser diverso. Para muchos, los efectos fueron menores: un orden y un control aceptados con agradecimiento, evitados silenciosamente o resistidos temerosa y encubiertamente. Algunos encontraron en el sistema organizativo calvinista un nuevo método de avance social. Para un grupo, los cargos que ocupaban fueron fuente de mejora en su intranquilo prestigio, la mitigación de una forma de aprensión diferente de la que

---

* Iglesia construida con fondos de un gran propietario de tierras, que la mantenía con sus rentas y designaba al sacerdote. [N. de la T.]

le interesaba especialmente a Calvino. Pero hubo otros que reaccionaron con mayor intensidad; se convirtieron en santos. De ellos pueden decirse con justica que fueron creaciones de una ideología, que de algún modo fueron moldeados a nuevo y que la nueva disciplina canalizó y controló sus energías. La rutina de sus vidas, piadosas y rigurosa, les brindó un sentido de seguridad en sí mismos que significó el fin de la alienación y que, en la política, a menudo se asemejaba mucho al fanatismo.

El Estado como orden de represión

El pensamiento de Calvino, por ende, comienza con la alienación y termina con una nueva disciplina política. Pero entre ambos hay un estadio intermedio. Convencido de que los santos no podrán imponer su disciplina sobre el mundo caído siempre y en cualquier lugar, Calvino describe y justifica una represión puramente secular. Y argumenta que esta represión, brutal y sangrienta si es necesario, representa, sin embargo, una ganancia considerable para una humanidad alineada de Dios. Éste podría ser, por así decir, el problema mínimo de la ideología calvinista. Pero incluso el programa máximo, la disciplina piadosa, debe verse con el transformo de la represión secular para poder comprenderse plenamente. El realismo calvinista es la base de su radicalismo. Sus seguidores nunca olvidaron las lecciones que recibieron del realismo. La maldad del hombre y la perenne necesidad de control y restricción son axiomas que están siempre presentes en la política calvinista. En determinadas circunstancias, justifican el estado secular; condicionan y califican la santidad de la comunidad santa.

Si la caída nunca hubiera sucedido, si Adán no hubiera perdido su naturaleza divina original, no habría política alguna para discutir. Calvino reafirmó la tradicional visión cristina —muy importante para Lutero— de que el hombre era su inocencia llevaba la ley en su corazón y no necesitaba de ninguna autoridad externa ni estructura política coercitiva.[13] No obstante, el teólogo francés tenía muy poco interés en esta inocencia. Le resultaba casi imposible imaginar a un hombre que no fuera el Adán caído. Tenía sólo una fe formal en la realidad de una condición anterior; tendía, por lo tanto, a descreer de algún futuro estado de redención terrenal.

La caída había creado una segunda naturaleza y un hombre asocial, una criatura que odiaba la sumisión y que se esforzaba permanentemente por

---

13. Calvino, *Sermons upon the Book of Job*. Londres, 1574, sermón 152, p. 780. También *Sermons upon the Fifth Book of Moses*. Londres, 1583, sermón 101, p. 620.

dominar a los otros. "Digo que la naturaleza del hombre es tal que todo hombre sería señor y amo de sus prójimos, y ningún hombre sería súbdito por voluntad propia".[14] Calvino también se refería, con frecuencia, a un vestigio persistente de la inocencia original de Adán, pero demostraba poca preocupación por su naturaleza primitiva y poco interés en definir su forma precisa. De hecho, era sólo un vestigio y resultaba dolorosamente oscuro en medio de la corrupción humana. A diferencia de los teólogos católicos, Calvino no parecía creer que este vestigio sobreviviera como una especie de racionalidad impotente. Con mayor frecuencia, identificaba los vestigios de bondad como instintivos: un "instinto natural", "algún sentido", "un sentimiento de la conciencia", "una propensión instintiva".[15] Invocaba este sentido natural cuando justificaba los tabúes sexuales e insinuaba ocasionalmente que había una conexión con un "orden natural" mayor. Más aun, parecía creer que había una propensión a la sociedad que perduraba de manera ineficaz en el corazón humano, alguna conciencia incómoda y rudimentaria del bien y del mal.[16] Era de suponer que éstas también reflejaban algo de un orden mundial mayor, si bien Calvino no estaba para nada dispuesto a explicar el método con que se reflejaba este orden ni su naturaleza.

La mejor manera de comprender la dificultad y, al mismo tiempo, el énfasis final de su visión es observar su reacción a uno de los argumentos medievales en defensa de la teoría de la ley natural. Este argumento tenía sus raíces en el considerable respecto de los académicos medievales por los hombres del mundo clásico, aun cuando se sentían cómodos con ese respecto. Claramente, la sociedad y la ley, tal vez en sus mejores formas, habían dejado en una situación demasiado desesperada, por lo menos en lo que respecta a los asuntos seculares. La caída, en otras palabras, había sido un desastre religioso, pero no político; el hombre retenía —aun en tiempos paganos— una capacidad racional de legislar. Este argumento que fundamentaba la ley natural a partir de la sociedad pagana era común entre los escritores medievales; no sólo servía a los fines de los clasicistas cristianos, sino que también les concedía la posibilidad de legislar tanto a musulmanes como a atenienses y romanos. Esto correspondía, entonces, a negar las exigencias radicales de "dominio cristiano". En los *Sermones sobre Timoteo*, Calvino estuvo muy

14. Calvino, *Job,* sermón 136, p. 718.
15. Calvino, *Institución,* I, xvi, 3, 5; II, ii, 22. Véase Lagarde, *Recherches,* pp. 138-139, y E. Doumergue, *Jean Calvin,* vol. V: *La pensée ecclésiastique et la pensée politique de Calvin.* Lausana, 1917, pp. 466 y ss.
16. *Institución,* II, ii, 13, 22, 24. Véase Chenevière, *Pensée politique, op. cit.,* pp. 61-67, 71-73.

cerca de reiterar esta posición: "¿Acaso los paganos no sabían qué significaba la justicia y qué era ser magistrado?".[17] Pero en la *Institución* presenta un punto de vista muy distinto. Las leyes políticas de los paganos, señalaba, no necesitan en absoluto atribuirse a la naturaleza humana, eran más bien "los obsequios más excelentes del Espíritu Divino".[18] No le molestaba a Calvino que un Dios inescrutable pudiera haber otorgado a los griegos bendiciones marcadamente superiores a las que, hasta entonces, les había otorgado a las naciones cristianas. La cuestión esencial era que estas bendiciones no eran recompensas al mérito ni logros del hombre natural. Esto debe tomarse como su veredicto final: la primera naturaleza estaba casi tan muerta que su existencia no tenía prácticamente ninguna significación política. La asociabilidad humana era el equivalente político de la corrupción moral del hombre; este último era tan terrible que hasta Calvino tuvo que ampliar sus considerables poderes retóricos para poder explicarlo.[19]

En el pensamiento político, la segunda naturaleza asocial del hombre tenía dos resultados negativos inmediatos. Primero, implicaba que la sociedad y el Estado no eran asociaciones naturales, como los habían descrito los aristotélicos medievales. Eran enteramente distintos, por ejemplo, de la familia; mientras que la obediencia a los padres era natural, la sujeción política no lo era. Ésa era la razón por la cual Dios, sagaz y afable a la vez, llamaba padres a los gobernantes: "para llevarlos a [la sujeción] de manera más amable". La sumisión afectuosa al padre era, de manera general, una preparación para la vida política, un condicionamiento de la depravación humana; "apacigua nuestras mentes y las inclina a un hábito de sumisión".[20] Pero, de hecho, los magistrados no eran padres y no había obligación de amarlos. Amar a quienes están en lugares de autoridad era lo que Lutero recomendaba con frecuencia: en los escritos de Calvino se lo reemplaza casi

17. Calvino, *Sermons on the Epistles of St. Paul to Timothy and Titus.* Londres, 1579, sermón 39, sobre Timoteo, p. 452.

18. *Institución,* II, ii, 16; Lagarde, *Recherches,* p. 176. El hombre entiende que la ley es necesaria, escribe Calvino; es verdad incluso "que se han sembrado algunas semillas de orden político en las mentes de todos" (II, ii, 13). Pero el reformador no parece sentir que estas "semillas" sean suficientes para explicar el espléndido desarrollo de la vida política de Gracia. Véase la discusión de este punto en François Wendel, *Calvin: The origins and development of his religious thought.* trad. de Philip Mairet, Londres, 1963, pp. 164, 192-194.

19. Puede encontrarse una visión de la ley natural en Calvino muy diferente de la presentada aquí en J.T. McNeill, "Natural law in the teaching of the reformers", en *Journal of Religion,* 26, 1946, pp. 179 y ss. Mc.Neill argumenta a favor de la importancia de la ley natural en el trabajo de los reformadores, pero no se ocupa en profundidad de la teoría radical de la caída.

20. Calvino, *Fifth Book of Moses,* sermón 36, p. 213; *Institución,* II, viii, 35.

siempre por "estimar", "honrar", "orar por", "obedecer".[21] No había, pues, una evolución histórica o moral desde la familia a sociedades más complejas, y el Estado, una vez establecido, no podía ser descrito con metáforas familiares. Calvino se apartó de la gran mayoría de los teóricos del siglo XVI que, si bien no insistían realmente en que el Estado no era más que una proyección *in extenso* de la familia, encontraban que la paternidad era la metáfora más útil para la autoridad política. Era más probable, ciertamente, que Calvino diera vuelta la metáfora y sugiera que la paternidad era en realidad un cargo muy similar a la magistratura.[22]

Si la sociedad política no se desarrollaba orgánicamente a partir de la familia, tampoco era fundada mediante un proceso de consulta y contrato; éste fue la segunda consecuencia negativa de la naturaleza asocial del hombre. Los salvajes racionales no fueron llevado al orden social de ninguna manera semejante a las descritas luego por Hobbes y Locke: reflexionando sobre los inconvenientes de su condición natural y elaborando un pacto con otros que habían reflexionado de manera similar. Calvino admitió el horror de la naturaleza y con frecuencia les ordenó a los hombres que estuvieran enormemente agradecidos de estar en sociedad. "Sabemos que los hombres son de una naturaleza tan perversa y aviesa, que todos les sacarían los ojos a sus prójimos, si no hubiera riendas que los contuviesen." El gobierno era "tan necesario para la humanidad como el pan y el agua, la luz y el aire, y de mucho mayor excelencia que ellos".[23] No obstante, mientras que los hombres podían que los hombres comer y beber por su cuenta, no parecían ser capaces de ejercer el gobierno.

En su comentario a Génesis, Calvino sugirió que el dominio y la servidumbre no tenían un origen natural; surgían de la segunda naturaleza humana, que había "corrompido violentamente" el orden natural original. Aparentemente, el dominio tenía sus orígenes en la fiereza de algunos jefes salvajes, que habían obligado a otros a someterse a ellos. La servidumbre fue ilegal al principio, pero "su uso […] fue luego aceptado; lo excusa la necesidad".[24] Es obvio que esta descripción era inadecuada, por motivos que incluso Hobbes reconoció cuando requirió que la conquista fuese refrendada (si bien sólo en forma teórica) por un contrato. De lo contrario, no

21. Véase la lista de citas en Lagarde, *Recherches,* p. 247.
22. Véase, por ejemplo, *Institución,* IV, xiii, 14.
23. Calvino, *Fifth Book of Moses,* sermón 142, p. 872; *Institución,* IV, XX, 3.
24. Calvino, *A commentary upon the First Book of Moses, called Genesis.* trad. de Thomas Tymme, Londres, 1578, p. 270.

establecía legitimidad alguna ni un motivo escrupuloso para la obediencia. Para Calvino, era imposible que el dominio o la servidumbre fueran una creación del hombre. "Possen un ansia que los mueve permanente a querer exaltarse demasiado a sí mismos. Tal ansia no permitirá que haya nunca sujeción hasta que Dios la haya creado".[25] En realidad, Calvino fue más allá: no habría ni siquiera una sujeción no deseada ni una obediencia temerosa a un poder avasallador hasta que Dios actuase para transformar a los pecadores lujuriosos.

El hombre en la naturaleza estaba, por ende, solitario e imponente. Caído de la gracia divina, era incapaz hasta el consuelo de asociarse con otros hombres. Su alienación tenía un carácter doble: de Dios y de la sociedad. El Adán caído vivía como un animal aterrorizado; todos los otros animales, más feroces, estaban "armados para [su] destrucción". Era una vida que bien podría describirse —si a Calvino se le hubieran ocurrido los adjetivos— como desagradable, bestial y corta. Los hombres no tienen una vivienda fija ni una línea clara de trabajo —escribió— "vagan en la incertidumbre todos los días".[26] La vida humana, en el mejor de los casos, era cuestión de aprensión; Calvino, al igual que Hobbes, parece excesivamente consciente de los peligros que entraña, un temor extraordinario subyace bajo su preocupación por la disciplina y la sujeción. En disquisiciones largas y autocomplacientes insiste sobre las incertidumbres de la existencia; el desastre, reiteraba, es siempre inminente.[27] Finalmente, sólo la gracia divina, por supuesto, puede liberar al hombre de esta "aprensión y temor extremos". Dios, empero, había establecido el orden político y social para todos los hombres, no sólo para los elegidos; si dichos órdenes no les otorgaban la liberación, les brindarían, por lo menos, "tranquilidad" y "seguridad".[28]

[…]

25. Calvino, *Fifth Book of Moses*, sermón 36, p. 217. Calvino continúa con una descripción perfectamente hobbesiana de la naturaleza humana: "Tenemos en nosotros, por naturaleza, la maldita raíz del deseo de ascender".

26. *Institución*, I, xviii, 10; x, 6. Véase la discusión de este tema en Biéler, *Pensée économique et sociale*, pp. 236-245.

27. Calvin, *Of the life or conversation of a Christian man*, trad. de Thomas Broke, s/l, 1549, sig G8, reverse-H1; *Institución*, I, xvii,10.

28. *Institución*, IV, xx, 2.

La teología política de Calvino
Marta García Alonso

Se suele pensar antes en Max Weber que en Carl Schmitt cuando se trata de establecer la contribución del calvinismo a la modernidad. Siguiendo al primero, un buen número de intérpretes pretenden que en la obra de Calvino se encuentran semillas de doctrinas tan características de nuestro tiempo como el constitucionalismo o el republicanismo. Bastaría con saber leer sus textos de modo tal que apareciesen en ellos sus tesis fundacionales. Pensemos, por ejemplo, en Ralph Hancock, un politólogo de inspiración straussiana, que nos proponía en su *Calvin and the Foundations of Modern Politics* (1989) un análisis de cómo la obra magna de Calvino, su *Institución de la religión cristiana*, inauguraba la Modernidad occidental. Su tesis es que al separar los dominios de la fe y la razón para presentar ambos como obra de Dios, Calvino pudo conciliar razón y fe de modo tal que los creyentes pudieron volcarse en la consecución de sus objetivos mundanos invistiéndolos de una significación moral. El procedimiento de nuevo es semejante al de Weber, aun sin invocar tipos ideales: bastaría acudir a una colección de textos calvinianos para descubrir la justificación que encontraron algunos protestantes para su conducta empresarial.

La cuestión que cabe plantear es si fue esta la intención de Calvino, si realmente usó sus argumentos en el sentido que les dieron sus continuadores, tal como se pretende en estas aproximaciones retrospectivas a su *Institución*. ¿Por qué restringir el análisis a la *Institución*, si cuantitativamente esta no representa sino una pequeña parte de su obra escrita? ¿Cómo articular tesis como las que Hancock pretende extraer de unos capítulos de la *Institución* con el conjunto de la teología de Calvino? ¿Y cómo conectarlas, además, con sus propios escritos políticos y con su propia acción pública?[1]

---

1. R. Hancock, *Calvin and the Foundations of Modern Politics*. Ithaca-Londres, Universidad de Cornell, 1989. Sobre la pertinencia de nuestros interrogantes, cf., por ejemplo, las reseñas de J. P. Donnelly en *The American Historical Review*, 95, 1990, pp. 1494-1495; K. J. Pavlischek en el *Sixteenth Century Journal*, 22, 1991, pp. 886-888, y R.M. Kingdon en *The Journal of Modern History*, 63, 1991, pp. 363-364.

La posibilidad de cada interpretación depende así más de la metodología adoptada que de la "evidencia" incuestionable de los textos. Y es que, si se desconectan las tesis calvinianas de su antropología o de su propia intervención en la política de su época, cabría ciertamente una lectura constitucional o republicana. Pero, una vez establecida la conexión, a nuestro modo de ver, esta empresa se vuelve realmente difícil, pues aparece entonces un teólogo de la política en el sentido schmittiano, un defensor del *orden* político y del Estado cuyos cimientos depositó, sin mediación popular o natural alguna, en la voluntad de Dios identificada con la Ley bíblica. Estas tesis alejan a Calvino de la corriente secularizadora medieval que, según algunos intérpretes —como señaladamente W. Ullmann[2]—, buscaba en la aptitud natural del sujeto moral y político la razón explicativa del orden social.

En este artículo nos proponemos reconstruir las bases de la teoría política calviniana sirviéndonos, en primer lugar, del análisis de Jacob Taubes sobre la teología política de San Pablo, por analogía con el cual intentaremos comprender cómo y por qué define el reformador al sujeto político de su teología (§ 1). Posteriormente, analizaremos cómo ese sujeto definido como *Pueblo de Dios* establece, a través de una Teología de la Alianza, los términos de un contrato político (§ 2). Defenderemos, a continuación, que la existencia de un contrato político no implica que el origen del poder se haya traspasado al orden secular. Como veremos, la política forma parte de la Nueva Alianza en razón de que las instituciones mundanas (humanas) son queridas y establecidas por Dios. De modo que todo poder, sea cual sea su función y estructura, tiene un origen divino que prescribe su respeto y mantenimiento.

A continuación, y sobre estas bases, analizaremos qué idea de Estado surge de esta teología política (§ 3). Veremos que el *Estado cristiano* según Calvino es la plataforma desde la que se promueve el conocimiento de la Voluntad divina, a través de la predicación y la positivación de leyes conformes a la misma. Discutiremos aquí, además, cómo interpretar la cláusula *legibus solutus* que se aplicaba a su cargo, invocando para ello la corrección propuesta por Kantorowicz a las tesis de Figgis, según la cual el gobernante no podría dejar de someterse a la ley al invocarla, aun siendo él mismo su propio origen.

Finalmente, veremos que las ideas del reformador sobre la organización y la naturaleza de la política no se quedaron en meros proyectos, sino que tuvieron en Ginebra una realización evidente (§ 4). Sabremos entonces que la historia de sus propias acciones, no sólo de sus textos, no nos permite ca-

---

2. W. Ullmann, *Principios de gobierno y política en la Edad Media*. Madrid, Alianza, 1985.

lificar a Calvino de constitucionalista ni de republicano *avant la lettre,* sino más bien de *hombre de orden* y defensor de la tradición del derecho divino de los reyes (§ 5).[3]

1. Entre Scila y Caribdis

Es bien sabido que, a lo largo de los siglos, la tradición filosófica occidental oscila entre aquellos que entienden la política como un mal cuya necesidad obedece al imperativo de poner orden en una sociedad corrupta por la maldad humana, y quienes se les oponen al considerar la sociabilidad de la especie y su gobierno algo natural e intrínsecamente bueno. Aristóteles ejemplifica esta segunda opción, que también fue parcialmente asumida por la tradición tomista[4], mientras que, entre los primeros, baste recordar a Platón, San Agustín, Hobbes o Carl Schmitt[5]. O, si pensamos en el siglo XVI, los denominados *teólogos radicales* (espiritualistas o anabaptistas). Defensores de la doctrina de la absoluta libertad del cristiano ante toda institución o y régimen político, para ellos el Evangelio ofrecía la liberación espiritual y, con ella, la emancipación de toda disciplina y toda ley en el dominio temporal.[6]

Las ideas de estos teólogos radicales inspiraron no pocos desórdenes políticos. El propio Thomas Müntzer (*circa* 1489-1525) encabezó el más conocido entre éstos, la *Guerra de campesinos* de 1525. Pese al contenido político de la protesta campesina, Müntzer pretendía algo más que ejecutar una revolución contra la nobleza alemana. Se trataba de instaurar un nuevo orden político y religioso basado en el Evangelio. Su teología permitía algo inédito entre los primeros reformadores, la oposición armada a las autoridades impías, que se justificaba en la expectativa de establecer el *reino milenario de los justos en la tierra*, un reino sin jerarquías ni diferencias entre los elegidos. De ahí que algunos intérpretes le consideren el primer teócrata protestante.[7]

3. Utilizaremos las siguientes abreviaturas para citar los trabajos de Calvino: CO se refiere a *Joannes Calvini opera quae supersunt omnia.* Ed. De G. Baum, E. Cunitz y E. Reuss. Braunschweig, 1863-1900. IRC indica *Institution de la religion chrestienne.* 5 vols. Ed. crítica de J.-D. Benoît sobre la versión francesa definitiva de 1560. París, Vrin, 1957-1963.
4. V.gr., Aristóteles, *Pol.* I, 2, 1253a 9; Cicerón, *De Republica,* I, 25, y *De legibus,* I, 10; Santo Tomás, *De Regno* I, cap. 1.
5. Así, por ejemplo, cf. Platón, *Leyes* 687e-690a; San Agustín, *De civ. Dei* XV, 2; Hobbes, *Leviathan* I, 17; Schmitt, *El concepto de lo político,* § 7.
6. Cf. W. Balke, *Calvin and the Anabaptist Radicals.* Eugene, Wipf & Stock Publishers, 1999, pp. 260ss.
7. De entre la bibliografía sobre Müntzer, nos servimos principalmente de la síntesis que Lluis Duch ofrece como introducción a su edición de Thomas Müntzer, *Tratados y sermones.* Madrid, Trotta, 2001, pp. 9-78.

A pesar de la oposición de Lutero a tales *desviaciones* doctrinales sobre la implantación política del Reino de Dios y su llamada a la contención sangrienta de las masas campesinas,[8] las autoridades no dejaron de sentirse amenazadas y muchos encontraron un pretexto para perseguir el protestantismo, identificándolo con la causa anabaptista de la desestabilización del orden público. Calvino se vio enfrentado, así, a un espinoso reto: debía salvaguardar la libertad del cristiano y de la Iglesia y ofrecer, a la vez, una doctrina políticamente fiable sobre la sujeción del fiel a los poderes públicos[9]. La solución a esta disyuntiva la encontrará en la teología de San Pablo.[10] La tesis de Rom 13 es clara: no sólo debe dominar el amor mutuo, sino que la comunidad debe someterse al orden exterior.[11] Y ese es el mismo objetivo que persigue Calvino al interpretar la idea de comunidad desde la idea de *alianza*, uno de los ejes de la epístola paulina. El reformador bien pudo ser consciente de la analogía entre su propia situación y la del Apóstol en el momento de escribir la epístola: en ambos casos se trataba de fundar una nueva comunidad de fe contra Roma.[12]

Tal como nos indica Jacob Taube,[13] un dato esencial para la comprensión del propósito del Apóstol al redactar su epístola es que la dirigiese a la misma capital del Imperio. Se trataba de sentar los cimientos de una

8. Cf. Lutero, "Contra las bandas ladronas y asesinas de los campesinos", en *Escritos políticos*. Ed. de Joaquín Abellán. Madrid, Tecnos, 1999, pp. 95-101 [WA 18, 357-361].

9. O, en sus propias palabras, debía *remediar dos vicios*: "[H]ay en nuestros días hombres obstinados y bárbaros que quisieran subvertir todo gobierno [*renverser toutes polices*], aunque hayan sido establecidos por Dios. Mientras que, por otro lado, los aduladores de príncipes, elogiando sin medida su poder, no dudan en incitarles a competir con Dios [*iouster contre Dieu*]. A menos que se controlen estos dos vicios, se pondrá en peligro la pureza de la fe" (IRC IV 20, 1). Según anota John McNeill en su edición de la *Institución*, este pasaje se dirigiría no sólo contra los anabaptistas, sino contra el propio Maquiavelo, de cuya obra *El príncipe* se difundió una traducción latina en 1553.

10. Un buen indicio del temprano interés de Calvino por la política se encuentra en el primero de los comentarios bíblicos que da a la imprenta. En 1540, aparece en Estrasburgo su *Commentarii in Epistolam Pauli ad Romanos*. El texto se encuentra en CO 49, 1-292. Nos servimos también de la versión francesa sobre la segunda latina, incluida en *Commentaires de Jean Calvin sur le Nouveau Testament*. Vol. 3. París, Librairie Ch. Meyrueis, 1855. Existe una versión castellana no excesivamente fiable: *La epístola del apóstol Pablo a los Romanos*. Trad. de Claudio Gutiérrez Marín. Grand Rapids, Libros Desafío, 1977.

11. Cf. Willi Marxsen, *Introducción al Nuevo Testamento. Una iniciación a sus problemas*. Salamanca, Sígueme, 1983, p. 106.

12. Caben, desde luego, otras analogías. Así, Denis Crouzet opta por David (*Calvin*. París, Fayard, 2000, p. 158).

13. J. Taubes, *La théologie politique de Paul*. Trad. de M. Köller y D. Séglard. París, Seuil, 1996, p. 37.

nueva concepción del Pueblo de Dios, una comunidad que acogiera a judíos y gentiles ante los que él se presentaba como un nuevo Moisés.[14] Y es que Pablo es un apóstol judío enviado a predicar a los gentiles sobre esta nueva alianza, cuya necesidad se derivaba del pecado cometido por el pueblo judío contra Dios al negarse a reconocer al Mesías. Para evitar el castigo divino debía sellarse un nuevo pacto entre Dios y su pueblo, en el que el propio Pablo actuaría como mediador. El Imperio romano será el vehículo del castigo divino, a menos que se logre dominarlo convirtiendo a los gentiles a la fe de Cristo. Será, por tanto, la fe, y no la circuncisión (las obras) el sello de la nueva Alianza. No será necesaria la insurrección armada contra Roma, será su evangelización la que redima el pecado del pueblo judío.

2. Una nueva alianza para un pueblo nuevo

Probablemente Calvino no se percibiese a sí mismo como un nuevo Pablo.[15] No obstante, las circunstancias en las que desarrolla su obra no dejan de recordar a las del apóstol: en su pensamiento es también central la idea de *alianza*, que pretende constituir contra la Roma Católica a la que derrotará espiritualmente sin recurrir a la rebelión armada.[16]

Tal y como se muestra en el Deuteronomio, ya el pueblo judío percibía la Alianza como elección inmerecida de Dios a la que debía corresponder por parte de Israel una dedicación exclusiva expresada en la obediencia a sus leyes y mandatos (Deut 7,10ss; 10,12ss; 4,40). No otra es la interpretación de Calvino. De nuevo Dios elige libremente a su Pueblo sin atención a mérito alguno, estableciendo un pacto en el que la Ley divina constituye el fundamento de la constitución de un Pueblo de Dios digno de ese nombre, respetuoso de la Voluntad de su Legislador.[17]

Sin embargo, según autores como McCoy y Baker, la doctrina de Calvino no puede denominarse teología de la Alianza en sentido estricto, puesto

---

14. *Ibíd.,* p. 66.
15. No obstante, como indica Irena Backus, Bucero sí especuló con el paralelismo ("Bucer's View of Roman and Canon Law in his exegetical Writings and in his Patristic florilegium", en Christoph Strohm, ed., *Martin Bucer und das Recht.* Ginebra, Droz, 2002, pp. 83-99; pp. 93-94).
16. Una exposición de la teología de la Alianza en Calvino puede verse en J. Hesselink, *Calvin's Concept of the Law.* Pennsylvania, Pickwick Publications, 1992, pp. 87-153. Asimismo, cf. S. Strehle, *Calvinism, Federalism, and Scholasticism. A Study of the Reformed Doctrine of Covenant.* Berna-Frankfurt-Nueva York-París, Peter Lang, 1988, pp. 149-156.
17. IRC III, 20, 45. Calvino alude a Ier. 31, 33 y 33, 38.

que no es *federalista*.[18] *Id est*, la Alianza calviniana —cuyo corazón está constituido por la fe y la Ley— es un *regalo divino incondicionado*: la ley es, para Calvino un "bien excelente y singular beneficio divino".[19] Distinto sería, según los autores, el caso de Heinrich Bullinger (1504-1575),[20] quien identificaba la Alianza con un *pacto bilateral* y *condicionado*, características ambas indispensables en las teorías federalistas.

Sin embargo, por nuestra parte creemos que se puede seguir hablando de la teología de Calvino como teología de la Alianza, puesto que no tiene por qué identificarse a esta última con una tradición federalista. Como señala Rainer Albertz,[21] ha de tenerse en cuenta que fue la práctica contractual asiria del vasallaje, vivida en propia carne por el pueblo de Israel, la que inspiró la teología deuteronómica de la Alianza. Alianza no puede hacerse sinónimo de federalismo —como pretenden McCoy y Baker[22]— y, en consecuencia, no tenemos por qué renunciar a incluir a Calvino en dicha tradición, por más que no haya defendido un pacto bilateral entre Dios y su Pueblo. Aún más, Calvino, gran admirador del derecho romano —que creía inspirado en el Decálogo[23]—, podría haber sostenido la misma idea de pacto o Alianza sin renuncia a la unilateralidad, puesto que ya el derecho de obligaciones romano reconocía la existencia de dos tipos de contratos (pactos): *unilaterales* (engendra obligaciones en una parte, si bien son dos partes las que se implican, v.gr., depósito, prenda, mutuo, donación, fianza,

---

18. "Bullinger was the only one of the three [Lutero y Calvino] who can correctly be called a covenant or federal theologian. His entire theological system was organized around the idea of a bilateral, conditional covenant, made first by God with Adam, a covenant that would endure until the end of the world" (McCoy y Baker, *Fountainhead of Federalism. Heinrich Bullinger and the Covenantal Tradition*. Louisville, Westminster-John Knox Press, 1991, p. 24).

19. Com. Rom. 7, 13 (CO 49, 127). Cf., asimismo, Com. Deut. 30, 15 (CO 25, 55-56).

20. Discípulo de Zwinglio y continuador de su obra en Zúrich, su obra principal fue *De testamento seu foedere Dei unico et aeterno* (1534). Sobre los antecedentes de esta doctrina, cf. Strehle, *Calvinism, Federalism, and Scholasticism,* aun cuando, según McCoy y Baker, la originalidad de Bullinger radicaría en su giro federalista (*Fountainhead of Federalism*, p. 14; este ensayo contiene como apéndice la versión inglesa del *De testamento*: cf. pp. 99-138).

21. Cf. su *Historia de la religión de Israel en tiempos del Antiguo Testamento*. Vol. 1, Madrid, Trotta, 1999, p. 432.

22. McCoy y Baker insisten en que federalismo (*federalism*) y alianza (*covenant*) son intercambiables: sólo la especialización académica ha separado ambos conceptos cuya raíz es común: "'Federal' derives from the Latin *foedus*, which means covenant. A covenantal order is federal. A federal order is covenantal" (McCoy y Baker, *Fountainhead of Federalism*, p. 12).

23. Cf. M. Carbonnier, *Le droit de punir chez Calvin*. Tesis de maestría. París, Universidad de París, 1970, p. 188, n. 3.

comodato) y *sinalagmáticos* o *bilaterales* (engendra obligaciones en todas las partes, cada una de las cuales está obligada a una prestación). El caso de la Alianza testamentaria es, claramente, del primer tipo.

Y lo que aquí más importa resaltar: Calvino, contra lo que pretendían los anabaptistas, *no reniega en ninguno de los pactos ni del Estado y ni de la política*. La política y el Estado formaban parte de la Nueva Alianza en tanto instituciones (mundanas, humanas) queridas por Dios con las que la Iglesia precisaba colaborar y a las que no estaba permitido combatir. Y ello por cuanto todo poder, sea cual sea su función y estructura, tiene un origen divino que prescribe su respeto y mantenimiento.

3. El origen divino del poder

> Toda persona esté sujeta a las potestades. Porque no hay potestad que no provenga de Dios; y Dios es el que ha establecido las que hay. (Rom 13.1).

En 1896 John Neville Figgis publicaba su hoy clásico ensayo sobre el derecho divino de los reyes, donde se argumentaba que los elementos distintivos de esta tradición doctrinal iniciada en el siglo XIII serían los siguientes: el origen divino *inmediato* del poder —*i.e.,* sin intervención de la Iglesia o del pueblo—, la ausencia de responsabilidad de las autoridades ante terceros, a excepción del propio Dios y, finalmente, la prescripción de la no resistencia.[24] Para Figgis, esta doctrina ejemplificaría como pocas el paso de la época medieval a la moderna, pues en ella se reconocerían seminalmente las notas de una idea de *soberanía* todavía incipiente. Según el autor, la teoría que defiende el carácter inmediato del poder del rey o magistrado surge contra la pretensión curialista de reducir la política a un mero apéndice de la eclesiología —tal y como se derivaba de la interpretación de la *doctrina de las dos espadas* hecha por los teóricos de la *plenitudo potestatis* papal[25]—. Contra quienes defendían que la autoridad política era una simple delegación de un

---

24. *The Divine Right of Kings.* Cambridge, 1896. Nos servimos de la traducción española de E. O'Gorman, *El derecho divino de los reyes.* México, FCE, 1970. Las características señaladas se discuten en la p. 22.

25. Las tesis de Figgis sobre la modernidad son todavía hoy objeto de una polémica cuya discusión omitiremos aquí: cf., a modo de ejemplo, F. Oakley, *"Anxieties of influence": Skinner, Figgis, Conciliarism and early modern constitutionalism: Past & Present,* 151, 1996, pp. 60-110; o C. Nederman, "Constitutionalism – medieval and modern: against neo-figgisite orthodoxy (again)", en *History of Political Thought,* 17, 1996, pp. 179-194.

poder del que sólo el Papa era depositario legítimo, en cuanto que vicario de Cristo, sólo cabía, según Figgis, fundar la propia autoridad política directamente en Dios —según el ejemplo del propio Papa—. Tal fue la alternativa recorrida por los defensores del *derecho divino de los emperadores.*[26]

La progresiva espiritualización del poder papal contribuyó al desarrollo de la autonomía del poder temporal: los canonistas del siglo XIII sostuvieron la superioridad papal *super gentes et regna* en función de la *ratio peccati* a la vez que defendían el poder particular de cada reino. Según éstos, no sólo correspondía al emperador legislar, sino también a los reyes en cuanto que eran los depositarios del *merum Imperium* —i.e., poder criminal y militar—. Al socavar el poder del emperador, particularizando y dividiendo el poder político en numerosos reinos cuyos gobernantes ya *no tenían superior en lo temporal,* la Iglesia se convertía en la única fuerza universal y unitaria *de facto.*[27]

En los siglos siguientes, el contenido positivo de la *potestas regia* se concibe de modo análogo a como, hasta entonces, venía siendo descrita la potestad imperial: *rex est imperator in regno suo* fue la máxima más repetida en los incipientes Estados europeos. Lagarde, reconociendo los problemas que implica la atribución de la autoría, encuentra su origen en los juristas franceses de la época de Felipe el Hermoso.[28] A decir de Maravall, sin embargo, algo anterior es la teoría política de Alfonso X el Sabio (1221-1284), buen ejemplo de la tradición de los reyes hispanos que siempre pretendieron estar exentos del poder del Sacro Imperio Romano, llegando a pensarse a sí mismos como emperadores.[29]

---

26. Cf. Figgis, *El derecho divino de los reyes*, pp. 45ss. Asimismo, cf. W. Carlyle y A. J. Carlyle, *A History of Mediaeval Political Theory in the West.* Vol. 4. Edimburgo y Londres, W. Blackwood and Sons, 1921, pp. 163-383; J. Rivière, *Le problème de l'Église et de l'État au temps de Philippe le Bel.* Lovaina-París, Honoré Champion, 1926, pp. 163-183.

27. Para un desarrollo de estas tesis, cf. S. Mochi Onory, *Fonti canonistiche dell'idea moderna dello stato.* Milán, Vita e Pensiero, 1951. Asimismo, G. de Lagarde, *La naissance de l'esprit laïque.* Vol. 1. Lovaina-París, Nauwelaerts, 1956, pp. 138-158.

28. Cf. Lagarde, *La naissance de l'esprit laïque,* pp. 151-52. Sobre los teóricos franceses de la doctrina del derecho divino de los reyes en los siglos XVI-XVII, cf. además el reciente trabajo de M.-F. Renoux-Zagamé, *Du droit de Dieu au Droit de l'homme.* París, PUF, 2003.

29. Según Maravall, los autores a los que normalmente se atribuye esta doctrina (Azón, Bartolo, Baldo, etcétera) atribuyen las mismas facultades al rey y al emperador, pero siguen reconociendo que el emperador las posee de modo universal, cosa que no ocurre en el pensamiento de Alfonso X —cronológicamente anterior a los juristas franceses citados por Lagarde—, puesto que el título de emperador está limitado territorialmente: cf. "Del régimen feudal al régimen corporativo en el pensamiento de Alfonso X", en sus *Estudios de historia del pensamiento español.* Vol. 1. Madrid, Ediciones Cultura Hispánica, 2001, pp. 99-140.

Pues bien, esta mediación entre Dios y el pueblo es la que desaparece en la doctrina protestante. Ya los Carlyle situaban a Lutero entre los defensores del derecho divino de los reyes.[30] El propio Figgis reconoció el papel del reformador en la recuperación y actualización de dicha doctrina: además de defender la inmediatez divina del poder político, Lutero habría eliminado el último obstáculo que tenía el Estado para conseguir su unidad al destruir la independencia de la Iglesia.[31] Recordemos que, según Lutero, no era necesario que la propia Iglesia se encargase de su dirección y organización, sino que podía ser el mismo Estado el que asumiese dichas competencias.[32] Y así fue, de hecho, en los países donde la Reforma luterana triunfó. Esto reforzó el poder de los magistrados hasta límites insospechados, puesto que se les hacía responsables tanto de legislar en materia eclesial y doctrinal como en materia moral y penal.[33]

No fue ésta la posición de Calvino frente a la Iglesia. Sin embargo, sí asumirá las tesis de la institución divina de los gobernantes, sin mediación popular. El reformador francés defenderá que, así como la política es querida por Dios y no efecto del pecado, los gobernantes tampoco deben su existencia a la perversidad humana, sino a la providencia (IRC IV 20, 4). Las autoridades políticas reciben su poder *directamente de Dios* y, en virtud de ello, son llamados *vicarios* suyos, *lugartenientes*, sus *representantes* en el gobierno civil,[34] son incluso llamados *dioses*.[35] El del gobernante es, por tanto, *el más necesario de todos los oficios en una comunidad política,* puesto que los magistrados son *ejecutores* de la Voluntad de Dios, no de los hombres

---

30. Cf. R.W. Carlyle y A. J. Carlyle, *A History of Mediaeval Political Theory in the West.* Vol. 6. Edimburgo-Londres, W. Blackwood and Sons, 1936, pp. 271-287.

31. Cf. Figgis, "Luther and Maquiavelli", en sus *Studies of Political Thought: From Gerson to Grotius (1414-1625).* Londres, Thoemmes Press, 1998.

32. Para un análisis de los textos luteranos en relación con las prerrogativas civiles sobre religión, cf. P. Mesnard, *El desarrollo de la Filosofía Política en el siglo XVI.* Universidad de Puerto Rico, 1956, pp. 174-175; o la obra más reciente de J. Witte, *Law and Protestantism. The Legal Teachings of the Lutheran Reformation.* Universidad de Cambridge, 2002, pp. 87-118.

33. Cf. Witte, *Law and Protestantism,* cit., p. 173. Asimismo, nuestro artículo "Poder, derecho y secularización. Un apunte sobre Lutero", en *Revista de Estudios Políticos,* 129, 2005.

34. IRC IV, 20, 4; 20, 6-7; 20, 9, respectivamente. Las mismas expresiones son usadas por Lutero: el magistrado es llamado lugarteniente de Dios, su oficio es descrito como divino, padre de la comunidad, imagen y figura del dominio de Cristo, pío jurista... Sobre estas y otras figuras y su localización en el corpus luterano puede verse Witte, *Law and Protestantism,* pp. 111ss.

35. "[C]e que tous ceux qui sont constituez en préeminence sont appellez Dieux [...], est un titre qu'il ne faut pas estimer de légère importance" (IRC IV 20, 4).

(IRC IV, 20, 4). De ahí que Calvino llegue a decir, incluso, que su función es *sagrada* (*tressacrée*).[36]

En la doctrina calviniana, por tanto, no se contempla la posibilidad de un mundo donde no haya juicios, ni leyes, ni poder político (IRC IV 20, 1). No sólo el Estado, sino la misma autoridad de los gobernantes procede de Dios, sin mediación eclesial o popular. Lejos estamos de las tesis de los teólogos pontificios que atribuían al Papa el poder de erigir príncipes y reyes. Pero no menos alejada está esta doctrina de las tesis que atribuían al pueblo un papel significativo en la constitución del poder de los gobernantes. Recordemos, por ejemplo, que Marsilio de Padua reconocía que las autoridades políticas eran elegidas por el pueblo y a él debían su poder (*Defensor Pacis,* I, 14). Asimismo, el conciliarista Nicolás de Cusa defendía en 1433 en *De Concordantia catholica* que el origen de toda potestad residía en el pueblo que, por lo mismo, tenía derecho a elegir gobernante por sí mismo, negándole así al Papa sus pretensiones políticas.[37]

Por otra parte, subordinar el gobernante político al poder popular no dejaba de tener como motivación principal la de reducir la dignidad que otorgaba la doctrina protestante a la autoridad política en beneficio del gobernante espiritual, que sí recibía su poder directamente de Dios sin mediación alguna (Suárez, *Defensio Fidei* III, c. 6, 17). La consecuencia de estas doctrinas, paradójicamente, fue la aparición de teorías políticas *constitucionalistas* que limitaban el poder del monarca y frenaban su evolución absolutista.[38]

¿No cabría una interpretación constitucionalista de Calvino, que le diferenciase de la causa del derecho divino de los reyes?[39] Quienes así lo

36. "[O]n ne doit aucunement douter qe supériorité civile ne soit une vocation non sulement saincte et légitime devant Dieu, mais aussi tressacrée et honnorable entre toutes les autres" (IRC IV, 20, 4).

37. *De Concordantia catholica,* II, c. 19. Sobre la elección de gobernante, cf. *De Concordantia catholica,* III, c. 4.

38. Una visión sinóptica de la tradición constitucionalista se encuentra en Carlyle y Carlyle, *A History of Mediaeval Political Theory in the West.* Vol. 6, pp. 133-217, o más recientemente en Skinner, *Los Fundamentos del pensamiento político moderno.* Vol. 2, México, FCE, 1986, pp. 119-191. Cf., además, B. Tierney, *Law and Constitutional Thought in the Middle Ages.* Londres, Variorum, 1979; *Religion, Law and the Growth of Constitutional Thought (1150-1650).* Universidad de Cambridge, 1982.

39. Cf. en este sentido R. Kingdon y R. Linder (eds.), *Calvin and Calvinism: Sources of Democracy?* Lexington, D. C. Heath & Co, 1970.

creyeran podrían argumentar, por ejemplo, que Calvino no define en su obra al magistrado como *legibus solutus*, sino como guardián de la ley, aparentemente contra lo establecido por Figgis como propio de la teoría de la realeza divina.[40] Sin embargo, cabría evitar esta objeción rectificando la propia caracterización de Figgis, tal como propuso Kantorowicz en *Los dos cuerpos del rey*. Según éste, era mucho más frecuente entre los teóricos del derecho divino de los reyes tomar a éstos como expresión máxima del mismo: *Legibus solutus* significaba que el príncipe *motu proprio* se sometía a sus propias prescripciones y a las de Dios, no que estuviera al margen o por encima del derecho en cualquier circunstancia (*ex lege*).[41] Los juristas medievales resolvieron la antinomia entre las *maximas princeps legibus solutus* y *princeps legibus alligatus* aceptando que el príncipe, a imagen de Cristo, podía ser al tiempo siervo y señor de la Ley.[42] Ya Juan de Salisbury atribuía al Príncipe poder absoluto a la vez que una total sumisión al derecho (*Policratus* IV, c. 2). No otra cosa declaraba Federico II en su *Liber augustalis*: el derecho imperial a legislar y la obligación del emperador de proteger y observar el Derecho.[43]

En el mismo sentido, en su juvenil *Comentario al De Clementia* de Séneca,[44] y a diferencia de éste —que no duda en establecer la filiación divina del poder del emperador y, por lo mismo, declararle por encima de toda ley[45]—, Calvino declarará al magistrado guardián de las leyes y sometido a

---

40. A la vista de pasajes como el siguiente parece que difícilmente se podría mantener la caracterización de Figgis: "[I]l y a trois parties [del gobierno civil]. La première est le Magistrat, qui est le gardien et conservateur des loix" (IRC IV, 20, 3).

41. Cf. Kantorowicz, *Los dos cuerpos del rey*. Madrid, Alianza, 1985, pp. 93-187.

42. Cf. Carlyle y Carlyle, *A History of Mediaeval Political Theory in the West*. Vol. 5. Edimburgo-Londres, W. Blackwood and Sons, 1928, pp. 475-76.

43. Se trata, recordémoslo, de la colección de constituciones sicilianas publicadas por Federico II en 1231, que se discute en Kantorowicz, *L'empereur Frédéric II*. Trad. de A. Kohn. En *Oeuvres*. París, Gallimard, 2000, pp. 11-642; pp. 490ss.

44. I.e., *Annei Senecae, romani senatoris, ac philosophi clarissimi, libri duo de Clementia, ad Neronem Caesarem: Joannis Calvini Noviodunaei commentarii illustrati,* 1532 (CO 5, 1- 162). Sobre el texto, cf. Gilmont, *Bibliotheca Calviniana*, vol. 1, pp. 30-34. Hemos utilizado la edición crítica inglesa de F. L. Battles y A. M. Hugo, *Calvin's Commentary on Seneca's de Clementia*. Leiden, Brill, 1969.

45. *De clementia* I, 1.2. Curiosamente, en su comentario del pasaje Calvino se detiene en las autoridades clásicas que afirman la condición del monarca como vicario de los dioses (Homero, Plinio, Plutarco, entre otros) para concluir escuetamente que también esta doctrina pertenece al cristianismo, invocando Rom 13.1.

ellas,[46] doctrina que incorpora después a la *Institución*.[47] Ahora bien, como bien apunta Chenevière,[48] al contrario que para los juristas franceses, que someten al magistrado a la ley por ser ésta emanación del pueblo, Calvino le somete a la ley por ser *la codificación de las obligaciones impuestas por Dios*. De ahí que defendamos la pertinencia de invocar la tradición del derecho divino de los reyes al interpretar la teoría política calviniana.

El papel fundamental que habrá de cumplir el magistrado reside, por tanto, en el gobierno providente de Dios en la tierra: son sus instrumentos, sus manos. Con tal fin debe dictar leyes (poder legislativo) y edictos (poder ejecutivo) y ejercer justicia (poder judicial) (IRC IV 20, 6). Se trata de atribuciones comunes a toda autoridad política. Ahora bien, el *Estado cristiano* es algo más: es, además, la plataforma desde la cual se facilita y promueve el conocimiento de la Voluntad divina, a través de la predicación y la positivación de leyes conformes a la misma. La razón de ello está en la debilidad de la ley natural y la razón para guiarse autónomamente. No olvidemos que Calvino reconoce que, de no existir el pecado, el conocimiento de la ley natural nos hubiera proporcionado el conocimiento de la Ley misma de Dios. Sin embargo, según Calvino, el sujeto no sólo es incapaz de reconocer y aceptar el bien, sino que es absolutamente inepto para quererlo (IRC II 3, 5). Y es que la ley natural ni faculta para reconocer las obligaciones con Dios, ni con el prójimo.[49]. Es la Escritura la que expresa de un modo fiel la

---

46. Así, declara, por ejemplo, a propósito del pasaje senequiano en el que se establece: "Mantengo el rigor oculto y de la clemencia voy ceñido; me vigilo a mí mismo como si tuviera que rendir cuentas a las leyes, a las que arrancando del abandono y las tinieblas saqué a la luz" (*De clementia* I, 1.4); añade Calvino: "He has well added as though ["como si", MGA] because the prince has been released from obedience to the laws; but it is a saying worthy of the ruler's majesty for a prince to confess himself bound to the laws'".

47. IRC IV 20, 6. Cf., además, Serm. I Sam. 7, 11-22 (CO 29, 551-63). Según Chenevière, sin embargo, sí puede decirse que el magistrado calviniano sea *legibus solutus*, si bien no *ex lege,* pues está sometido a la ley moral divina pero, en ningún caso, a ley positiva alguna: cf. *La pensée politique de Calvin.* Ginebra-París, Labor-Je Sers, 1937 pp. 168ss.

48. Cf. Chenevière, *La pensée politique de Calvin,* p. 171.

49. Sirvan de ilustración estas citas: "Et de faict sin nous voulons examiner quelle intelligence de iustice nous avons selon la loy de Dieu, laquelle est un patron de parfaite iustice, nous trouverons en combien de façons elle est aveugle. Certes, elle ne cognoit nulement ce qui est le principal en la première Table, comme de mettre nostre fiance en Dieu et luy donner la louange de vertu et iustice, d'invoquer son Nom et observer son repos. Quel entendement humain par son sens naturel a iamais, ie ne dy pas cognu, mais imaginé ou flairé que le vray honneur et service de Dieu gist en ces choses?" (IRC II, 2, 24). "Quant est des préceptes de la seconde Table, il y a quelque petit plus d'intelligence, d'autant qu'ils approchent plus à la vie humaine et civile, combien qui'il defaut mesmes aucunesfois en ceste partie" (IRC II, 2, 24).

Ley que no sólo dice *qué se debe hacer* de modo explícito, sino que enseña que *la facultad necesaria para obedecerla, así como la capacidad de conocerla se deben ambas al propio Dios.*[50] Ambos conocimientos son imposibles con la mera ley natural.

Y así como para Ockam el individuo tiene poder para instituir el derecho positivo, no para dar reglas morales que han de buscarse en la Escritura, así para Calvino es posible que la Ley moral se transforme en derecho positivo y el motor de dicha transformación no es otro que el magistrado. Veamos, pues, cómo el gobernante político se convierte en voz de la Ley y, con ello, en encarnación de la justicia y organizador del orden político.

4. La voz de la ley

> Nadie podría decirlo mejor: la ley es un Magistrado mudo y el Magistrado una ley viva (IRC IV 20, 14).

Al final de su *Novelas* (Nov 105, 2, 4) el emperador Justiniano declaraba que Dios consideraba al gobernante como ley viviente (*lex animata*). A partir de entonces, el derecho romano atribuirá a los emperadores una función análoga a la de los profetas y las sibilas, de modo que, cuando en la Alta Edad Media se recuperó el derecho romano, el Príncipe comenzó a ser visto no sólo como un *oraculum* del poder divino, sino como *lex animata* y encarnación de la justicia.[51] Siglos después, el propio Calvino repetirá la fórmula y considerará al magistrado un *oraculum* del poder divino. Es por ello por lo que no sólo ha de ser capaz de legislar, sino que también ha de ser consciente de su obligación de determinar, de positivizar, las máximas contenidas en la ley moral cristiana.

Esta formalización de la materia moral, no sugiere la atribución de oscuridad a la Escritura, defecto que pudiera ser paliado a través de la concreción de sus normas en la Historia. Más bien, lo que subyace a esta juridización de la moral es la convicción de que *toda sociedad que pretenda ser*

---

50. "Certes si l'Ecriture n'enseignoit autre chose, sinon que la Loy est reigle de vie, à laquelle noz œuvres doivent estre compassés, i'accorderoye incontinent sans difficulté à leur opinion; mais puisqu'elle nous explique diligemment plusieurs et diverses utilitez d'icelle, nous devons plustost nous arrester à ceste interprétation qu'à nos fantasies. Entant qu'il appartient à ceste question, si tost que la Loy nous a ordonné ce que nous avons à faire, elle enseigne quant et quant que la faculté d'obéir procède de la grâce de Dieu. Pourtant elle nous enseigne de la demander par prières" (IRC II, 5, 7). Asimismo, Com. Hebr. 8, 11 (CO 55, 104-05).

51. Cf. Kantorowicz, *Los dos cuerpos del rey*, cit., pp. 126ss.

cristiana debe tener leyes inspiradas en las disposiciones divinas. De ahí que Calvino insista en la necesidad de que los gobernantes lean el Evangelio y frecuenten los sermones y la predicación. Esta insistencia es palpable en sus *Sermons sur le V livre de Moyse nommé Deutéronome,*[52] unos 200 sermones pronunciados por Calvino desde el miércoles 20 de marzo de 1555 hasta el miércoles 15 de julio de 1556.

Como es sabido, el Deuteronomio forma parte de las leyes agrupadas en el Pentateuco y su programa teológico-político fundamental se resume en la defensa de *un solo Dios, un solo santuario, un solo pueblo, una sola ley.* Pues bien, si recordamos que, para el reformador, no es posible predicar el Evangelio sin pretender, al mismo tiempo, la edificación de su auditorio,[53] entenderemos la importancia de que utilice el análisis de estos textos a la hora de exponer lo que debe ser la labor legislativa del magistrado en la construcción de una Ginebra calviniana sin excepción.[54] No hay que olvidar que Calvino llevó a la práctica sus ideas: redacta unas *Ordenanzas eclesiásticas* donde se regula la Iglesia ginebrina en cuestiones tales como la libertad de predicación y el nombramiento de los pastores; contribuye a la redacción de las *Ordenanzas civiles* de la ciudad; asimismo, crea el *Consistorio*, una institución cuasi-judicial para velar por el control de la moral; sin olvidar la de la *Academia* ginebrina que posibilitaría la difusión de sus ideas en toda Europa. En palabras del jurista francés Jean Carbonnier:

> Calvino al tiempo que practicaba la teología, continuó practicando el derecho. Ejerció la actividad más sublime, entre todas las actividades jurídicas: la de legislador. Fue, al tiempo que su pastor, el legislador de Ginebra. Y no sólo legislador en asuntos eclesiásticos, como se dice a menudo: regulando el culto, el matrimonio, los nombres del bautismo. Debemos a Calvino las ordenanzas sobre los procesos, tanto como el plan de un proyecto de Código completo que habría reunido todas las materias del derecho, tanto público como privado. No

---

52. Por ejemplo, III Serm. Deut. 17, 14-18 (CO 27, 457-69); 17, 16-20 (CO 27, 469-70). Estos sermones, editados en Ginebra en 1567 ocupan cinco tomos en la edición de las obras completas del reformador (CO 25-29). A pesar de estar dirigidos al público ginebrino y no al estudioso, constituyen, a su modo, un pequeño tratado teológico de legislación, al decir de J. Carbonnier: cf. "Droit et théologie chez Calvin", en *Berner Universitätsschriften,* 13, 1965, pp. 2-15, p. 6.

53. CV Serm. Iob. 26 (CO 34, 418-30).

54. Cf. H. Höpfl, *The Christian polity of John Calvin.* Universidad de Cambridge, , 1985, pp. 141ss.

se trataba de un mero consejero, sino de un verdadero legislador que redactaba, podaba los textos y se valía por sí solo como todo un Consejo de Estado.[55]

Los textos bíblicos, como bien dice Buis, si bien no remiten a la aplicación directa de una legislación,[56] contienen una determinada concepción del *pueblo de Dios*, invitan al desarrollo de un modelo de sociedad fundado en una nueva alianza, como hemos visto.

No olvidemos que Calvino participó activamente en la elaboración de las *Ordenanzas políticas* adoptadas por el Consejo General de la ciudadanía de Ginebra el 23 de enero de 1543[57]. Y ya Chenevière recordaba que su participación no fue sólo formal, como pretendieron autores como Roget atribuyéndole un papel de mero redactor, negándole el de legislador.[58]

Las Ordenanzas aprobadas contenían medidas legales que implicaban, al decir de Calvino, la existencia de una libertad evangélica solamente posible en una ciudad suiza, motivo suficiente para animar a la inmigración —particularmente, francesa[59]—. Estas medidas se fueron ampliando con el tiempo: en 1545 se agravan las penas contra los que no frecuentan el culto; en 1546 se redactan una *Ordenanzas matrimoniales* conformes a la Escritura que se aplican a partir de 1561;[60] en 1550 se refuerza la pena contra los blasfemos;[61] en 1553, en el proceso contra Servet, el magistrado es llamado a ejercer de brazo ejecutor en defensa de la Primera Tabla del Decálogo: el honor a Dios. Asimismo, se refuerza paulatinamente el control de la conducta de los ciudadanos ginebrinos por el Consistorio,

---

55. J. Carbonnier, "Droit et théologie chez Calvin", cit., p. 3. Agradecemos a su hija Marianne Carbonnier, profesora hoy en la Facultad de Teología Protestante de París, habernos facilitado esta y otras referencias, así como la orientación que recibimos inicialmente sobre estas cuestiones. Cf., además, su *Le droit de punir chez Calvin*. Tesis de Maestría. París, Universidad de París, 1970

56. . Posibilidad negada explícitamente por el propio Calvino: cf. IRC IV, 20, 14. Sobre este punto, cf. R. P. Buis, *La communauté du Deutéronome. L'Anne Canonique*, 21, 1977, pp. 65-74.

57. Cf. los *Registres du Conseil*, tomo 36, fol. 122; citado en Chenevière, *La pensée politique de Calvin*, p. 210, n. 38.

58. Sobre la influencia de Calvino en la redacción y la comparación de sus proyectos con las fórmulas que recogen la *Ordenanzas políticas*, cf. Chenevière, *La pensée politique de Calvin*, pp. 211-221. Cf. Roget, *Histoire du peuple de Genève*. Vol. 2. Ginebra, J. Jullien, 1873, pp. 64-68.

59. Carta a M. de Falais: 14 de octubre de 1543 (CO 11, 628-31) y carta a Mme. de Falais: 14 de octubre de 1543 (CO 11, 631-32).

60. Cf. A. Roget, *Histoire du peuple de Genève*. Vol. 2, pp. 183-185.

61. Cf. Roget, *Histoire du peuple de Genève*. Vol. 3. Ginebra, J. Jullien, 1875, p.153.

labor reforzada y apoyada por la autoridad civil que, no lo olvidemos, estaba representada en este órgano eclesial por un síndico del Pequeño Consejo. [62]

Como el propio reformador reconoce, el Reino de Dios está presente en Ginebra[63] —si bien no de modo exclusivo—. De modo que lo importante es que los mandatos divinos estén recogidos en las legislaciones positivas, de un modo más o menos extenso según los países acuerden en mayor o menor medida seguir la Voluntad divina. Con ello no decimos que la Ley moral sea la única fuente de derecho cristiano. Nuestra tesis es más modesta. Lo que defendemos es que Calvino presenta como una obligación del legislador la positivación de los preceptos bíblicos, sin pretender reducir con ello la función legislativa de las autoridades civiles a dicha tarea. No se trata de afirmaciones contradictorias. Y es que, en la pequeña ciudad del Leman, el magistrado se ha convertido en defensor de las dos Tablas de la Ley[64]: conserva la tranquilidad, el orden público, favorece la paz común[65] y defiende el honor de Dios tanto como protege a su iglesia.[66]

Conclusión

Es bien conocida la tesis de Carl Schmitt, según la cual las categorías de la moderna teoría del Estado serían, en realidad, conceptos teológicos secularizados.[67] Hemos intentado mostrar en otro lugar[68] cómo la tesis de Schmitt no tiene sólo una vertiente genética, sino que igualmente importante es su dimensión sistemática: no sólo se apunta al origen de ciertos conceptos,

---

62. El llamado *Pequeño Consejo* o *Consejo de Estado,* desde la independencia ginebrina el 7 de agosto de 1536, tendrá una función, fundamentalmente, ejecutiva constituyendo *de facto* el gobierno de la ciudad. Una introducción accesible a las Instituciones ginebrinas puede leerse R. Kingdon, *Adultery and Divorce in Calvin's Geneva.* Londres, Universidad de Cambridge-Universidad de Harvard, 1995, pp. 12ss.

63. Cf. su carta a un dignatario francés (quizá Charles de Jonvillers): 18 de octubre de 1548 (CO 13, 61-63).

64. Com. 1 Tim 2,1-4 (CO 52, 265-69).

65. Com. Rom 13,3 (CO 49, 250).

66. "[M]ais le but de ce régime temporel est de nourrir et entretenir le service extérieur de Dieu, la pure doctrine et religion, garder l'estat de l'Eglise en son entier [...]" (IRC IV 20, 2). Es notable que el párrafo en el que Calvino atribuye al magistrado las funciones de defensor de Dios y su Iglesia no aparezca en la IRC de 1545, sino que fuera añadido en la *Institución* de 1560, una vez que la doctrina calviniana y el modelo eclesiológico del reformador eran una realidad en Ginebra.

67. *Teología política I,* que citamos a partir de H.O. Aguilar (ed.), *Carl Schmitt, teólogo de la política.* México, FCE, 2001, pp. 21-62; la cita está en la p. 43.

68. Cf. nuestro trabajo, "Carl Schmitt o la imposibilidad de una política secularizada", en *Isegoría,* 32, 2005.

sino que se afirma que su articulación doctrinal sólo puede ser teológica.[69] En efecto, como bien supo ver Leo Strauss, la decisión que para Schmitt constituía la política era la opción entre anarquía y autoritarismo, según se creyese o no en el *carácter peligroso del individuo* y, por tanto, en su *necesidad de ser gobernado por medio de la institución estatal*[70]. Y el jurista del *Reich* consideraba esta elección estrictamente análoga a la opción entre Dios y el diablo,[71] por ello mismo, teológica.

Con este criterio a la vista, cabría interpretar la obra política de Calvino en función de su relevancia para el debate actual sobre la teología política. Si, con Taubes, podemos entender a San Pablo como un defensor de la religión, en tanto cauce liberador del sujeto respecto de las potencias que le someten, cabría asemejar la posición de Calvino a la de Schmitt —contrafigura en tantos aspectos de Taubes[72]—. Como el jurista alemán, Calvino entiende que es en la naturaleza humana donde se debe buscar el origen del mal, no en la política o las instituciones. Como el jurista del *Reich*, Calvino entiende que el Estado es el único medio para oponerse al desorden que amenaza toda sociedad. Como en el caso del teórico del derecho público alemán, el reformador interpreta la Ley como instrumento principal del que el Estado se sirve para el control de los efectos del pecado y el desorden.

La misma desconfianza en el pueblo acerca, de nuevo, ambos pensamientos. El reformador muestra con su teoría sobre el derecho de resistencia que la ciudadanía no es concebida en su teología política como sujeto político en sentido estricto: el pueblo no es ni el fundamento de la autoridad ni puede reemplazarlas o resistir si éstas incumplen sus deberes religiosos, sociales o políticos. La resistencia activa no está justificada más que como *excepción* ante la presencia de un magistrado que actúa contra Dios. Y en ese caso, sólo otra autoridad legitimada divinamente, esto es, que ocupe un oficio público, puede remediar semejante injusticia. A un mandatario

69. Cf. *Teología política I*, p. 43.

70. Cf. H. Meier, *Carl Schmitt, Leo Strauss et la notion de la politique*. Trad. de F. Manent. París, Julliard, 1990, p. 148. Sobre la importancia de la idea de orden en el pensamiento de Schmitt, puede verse el libro de Montserrat Herrero López, *El nomos y lo político: la filosofía política de Carl Schmitt*. Pamplona, EUNSA, 1997.

71. "En la oposición entre el bien y el mal, Dios y el diablo, es donde se establece una alternativa entre vida o muerte que desconoce la síntesis y el "tercero más elevado"" (Schmitt, *Teología política I*, p. 55).

72. Sobre la relación entre Taubes (un autor judío de izquierda) y Carl Schmitt a propósito de la teología política, conviene tener en cuenta J. Taubes, *En divergent accord. À propos de Carl Schmitt*. Ed. de P. Ivernel. París, Payot & Rivages, 2003.

impío investido de autoridad divina sólo se puede oponer otro de igual investidura.[73] Por tanto, corresponderá *exclusivamente* a otra autoridad, los *magistrados inferiores*, el ejercicio de la resistencia.[74]

Hay muchas diferencias entre Schmitt y Calvino y aquí no hemos pretendido equiparar sus pensamientos ni identificar sus intenciones. Una de ellas, y no la menor, es que, a diferencia de Schmitt, para Calvino la religión no se reducirá a religión civil, como simple cooperante al sostenimiento del orden vigente sino que será el Estado el que haya de acomodarse a la Ley divina, pues sólo así justifica positivamente el papel de la política.[75] No obstante, las semejanzas de su pensamiento con la tradición del derecho divino de los reyes y con el propio Schmitt, en su apuesta por el Estado y la Ley como contenciones del pecado y el desorden que supone, se presentan como alternativa a las tesis que han pretendido ver en el pensamiento del reformador francés un antecedente del constitucionalismo moderno. Y es que, a nuestro modo de ver, este intento es semejante al que pretendió transformar a Aristóteles en un pensador cristiano.

73. Como observa Calvino comentando la epístola paulina, el apóstol se refiere a las autoridades en plural cuando habla de la concesión de poder divino, y no a la autoridad en singular (IRC IV, 20, 7). Esta exégesis es también seguida por Teodoro de Beza, continuador de Calvino: cf. P. L. Vaillancourt, "Le recours à la Bible: les versets tyranniques au XVIe siècle", en Varios, *Tout pouvoir vient de Dieu*. Montpellier, Sauramps, 1993, pp. 182-194. En el origen de esta tesis, como antes apuntábamos, se encuentra, al parecer, la teoría de Azzo (1150-1230) sobre el *mero imperium*, recuperada después por los juristas alemanes de tiempos de Lutero para justificar la resistencia a Carlos V: cf. Skinner, *Los fundamentos del pensamiento político moderno*, pp. 201-202.

74. IRC IV 20, 31. En su nota a este pasaje John McNeill observa que los ejemplos de la Antigüedad clásica están enumerados en un tratado redactado por Zwinglio en 1524, *Der Hirt* (*El pastor*).

75. Entre los autores que defienden esta interpretación de Calvino se cuentan, entre los especialistas, Höpfl, *The Christian Polity of John Calvin* y M.-E. Chenevière, *La pensée politique de Calvin*. Desde un punto de vista más general, en teoría política: Sheldon S. Wolin, *Política y Perspectiva. Continuidad y cambio en el pensamiento político occidental* (Buenos Aires, Amorrortu, 2001), y, en una perspectiva jurídica, H. Welzel, *Introducción a la filosofía del derecho*. Madrid, Aguilar, 1979, o M. Villey, *La formation de la pensée juridique modern*. París, Montchrestien, 1968.

SERVET Y LAS REFORMAS RADICALES

Calvino y el caso Servet
Esperanza Plata García

Sin duda la vida de Calvino quedó ligada a la vida de Servet, ya que se culpa a Calvino de haber sido quien dio el "dedazo" para que éste último fuera quemado en la hoguera y éste hecho ha quedado como una mancha en el nombre de Calvino. Para tener una mejor idea y formarnos un mejor juicio de qué tan profunda fue la participación de Calvino en la ejecución de Servet, tenemos que saber algo más sobre su vida. Esto me propongo realizar a la luz de varios autores profundamente empapados del tema.

Miguel Servet, español, nacido en 1511 de una familia con sangre noble y muy religiosa de la Aldea de Villanueva de Sigena, de donde más tarde tomó el pseudónimo "de Villanueva", su padre fue notario y tuvo un hermano sacerdote.

En España, como en Europa, se vivían periodos de intensa intolerancia. Aún no había surgido la Reforma Protestante. Floreció en los países católicos un movimiento llamado "evangelismo". "España se enfrentó al dilema de alinearse con la cristiandad de más allá de los Pirineos o con el Islam de más allá del Estrecho, España se decidió por Europa y la Cristiandad".[1]

Durante los 10 primeros años de la vida de Servet, figuraba el Cardenal Jiménez de Cisneros, dedicado a la adquisición de la nueva erudición renacentista para el mejor servicio de las iglesias, entonces floreció en España el movimiento místico de los "alumbrados" y después tuvo gran influencia el pensamiento de Erasmo. A los 14 años, Servet entró al servicio de Juan Quintana, un franciscano minorita, el hombre de espíritu erasmita y talante irónico, más tarde otorgó a Servet permiso para estudiar derecho en la Universidad de Toulouse. Por esos años, en 1530, cuando estudiaba Servet en la universidad, comenzaron los destierros y quemaderos. "El derecho no excluía la teología: cuando Servet abría el Código Justiano, el gran texto de la legislatura romana, sus ojos podían recaer sobre la sección que trata las penas y delitos eclesiásticos y le era dado descubrir que por la repetición del bautismo y por la negación de la doctrina de la Trinidad había pena de

---

1. Roland H. Bainton. *Servet, el hereje perseguido.* Madrid, Taurus 1973, p. 26.

muerte".[2] Los estudios de Servet fueron interrumpidos por el llamado de Quintana, en virtud de que éste último ocuparía el puesto de confesor de su Majestad Imperial; entonces Servet pudo presenciar cómo llevaban al papa con todo lujo a lo largo de las calles y el pueblo se arrodillaba ante él; Servet exclamó: "¡Oh! La más vil de las bestias, la más descarada de las rameras", fue en aquella época que Servet decidió alejarse del servicio de Quintana. "El aborrecimiento a la Iglesia católica romana, puede considerarse como innato en Servet. Por eso precisamente la Reforma ginebrina y la *Instrucción* de Calvino eran para él muy poco renovadoras".[3]

La actividad del hispano

Servet editó una geografía mundial que publicó en Lyon, estudió medicina en París, y probablemente fue el primer hombre que descubrió la circulación pulmonar. Dio conferencias sobre geografía y astrología. Predijo un eclipse de Marte con la luna. Incluso se aventuró a predecir lo que ocurriría a los hombres y a las naciones según los signos estelares. Por esto y por haber hablado insólitamente a un profesor, Servet fue llamado a juicio ante el parlamento francés. Se defendió tan bien que escapó con una reprimenda y la condena a sus escritos.

La intolerancia religiosa

"La intolerancia religiosa es anterior a los tiempos del cristianismo, pues se remonta a Platón. En la *República* se le da al filósofo el primer lugar en la ciudad y su filosofía es aceptada como teniendo una misión moral y social. En las *Leyes*, X, 909ª, se convierte en una especie de inquisidor que desea "la salvación de las almas" de los ciudadanos, imponiendo sobre los habitantes de la ciudad la creencia en los dioses bajo amenaza de prisión perpetua. El libro de las *Leyes*, al tratar las creencias religiosas, incurre en erróneas enseñanzas y ciertas prácticas rituales y culturales son consideradas peligrosas para la vida social (X, 905d-907b). Se prevén serios castigos para aquellos que rehusen permitir que se les persuada con argumentos racionales para que cedan a su impiedad".[4]

"Esta herencia clásica entra en el pensamiento de los emperadores romanos cristianos. Antes de que terminase el siglo IV, Teodosio el Grande había

2. *Ibíd.*, p. 32.
3. Manuel Gutiérrez Marín, *Calvino. Antología.* Barcelona. Ed. Nordeste, 1971, p. 64.
4. J. T. Hoogstra, *Juan Calvino, profeta contemporáneo.* Terrassa, CLIE, 1974, p. 49.

proclamado decretos imperiales contra la herejía, y Máximo el Usurpador había ejecutado a los priscilianistas en Tréveris. Siguiendo el ejemplo, incluso Agustín fue impulsado por los extremos de los donatistas a favorecer el uso de la espada para solucionar sus desórdenes. De esta forma la persecución de la herejía se convirtió en parte del pensamiento de la cristiandad".[5]

Encuentro Servet-Calvino

Servet tenía 22 años cuando arregló una cita con Juan Calvino en la ciudad de París, encuentro que ponía en peligro la vida de Calvino, pero Servet nunca se presentó. Calvino había comenzado su vida pública como abogado de la tolerancia. Su libro inicial fue un comentario sobre *De Clementia* de Séneca, y la primera edición de la *Institución* declara que: "Es criminal llevar a los herejes a la muerte. Acabar con ellos por la espalda o el fuego está opuesto a todo principio de humanidad".[6]

Más tarde, cuando Servet tenía 35 años, inició correspondencia con Calvino, pues "le parecía que de todos los reformadores sería el único que podría estar dispuesto a escuchar".[7] "Servet adoptó un tono condescendiente y se propuso instruir a Calvino sobre la cristología y sobre el problema del bautismo de niños".[8]

Durante el tiempo que se mantuvo la correspondencia, Servet firmaba Michel de Villanueva y a su vez Calvino firmaba Charles Despeville, pero ninguno ignoraba la identidad del otro. Calvino le contestó cortésmente enviándole una copia de su *Institución*, dicha copia fue devuelta a Calvino llena de comentarios insultantes. A su vez, Servet le envió el manuscrito *De Christianismi Restitutio* (La restauración o restitución del cristianismo), libro que escribió pretendiendo que iba a restaurar la verdad de la religión cristiana en su forma más pura. Calvino, con más celo evangélico que cortesía rehusó regresarla, dando la excusa de que la había prestado a un amigo y que éste había fallado en devolverla (pero probadamente Servet había conservado bastantes notas sobre su obra o quizá otro ejemplar). Pronto cesó la correspondencia, pues Calvino no contestó más sus cartas; dice a Frelón: "Que tenía un amigo común con un demonio que le hacía perder su tiempo", y a Farel le dijo que "había recibido un grueso volumen de sus delirios". Por medio de esa

5. *Ibíd.*, p. 49.
6. *Ibíd.*, p. 50.
7. Roland H. Bainton, *op. cit.*, p. 151.
8. *Ibíd.* p. 50.

correspondencia, Calvino se enteró del lugar donde se encontraba Servet, y pudo denunciarlo a las autoridades, pero no lo hizo. Esta obra consistía en más de 700 páginas, cuyos ataques tanto se dirigían contra la *Institutio* de Calvino como también la doctrina católico-romana, pronunciándose contra la Trinidad, la justificación por la fe y el bautismo infantil.

Servet al descubierto

Seis años después de la correspondencia entre Calvino y Servet, fue impreso en forma clandestina el libro *Restitutio* en las afueras de la ciudad de Viena, y las autoridades católicas supieron de Servet porque entre Arneys, caballero católico-romano de Lyon y su primo Guillermo Trie, protestante refugiado en Ginebra, se mantuvo correspondencia privada en la cual el primero insta a Trie a volver a la Iglesia Romana. En su respuesta Trie defiende a los protestantes y menciona "en nuestra propia vecindad reside un hereje que blasfemia de la Trinidad y acaba de escribir un libro lleno de herejías".

El caballero católico de Lyon fue directamente a las autoridades de la iglesia con estas noticias e inmediatamente llamaron a fiel seguidor de Roma y nada tenía que ver con el libro. Las autoridades eclesiásticas necesitaban más pruebas y le pidieron al primo católico que escribiera a Ginebra para conseguirlas. Trie envió a Arneys una parte del libro de Servet *Restitutio* y explicó que tener esta prueba había acudido a Calvino, quien tenía aquellas cartas escritas de puño y letra de Servet, y menciona: "pero tengo que decirte que no me ha costado poco trabajo el que Calvino me entregara las cartas originales que te adjunto". Una vez comprobada la identidad de Servet, fue condenado y arrestado, pero al poco tiempo escapó de prisión y después de una búsqueda desesperada en España y en Tolosa, incluso utilizando a su hermano para encarcelarlo, fue juzgado y sentenciado por las autoridades católicas de Vienne, Francia, quienes estipulaban que tanto pronto fuese capturado sería quemado, y entretanto y dadas las circunstancias, había que ejecutar la sentencia en esfinge, quemándola juntamente con sus libros y así se ejecutó.

Servet en Ginebra

Cuatro meses más tarde, Servet llegó a Ginebra, y decidió presentarse en la Iglesia, porque era muy peligroso estar en la ciudad sin asistir a la Iglesia, casi inmediatamente fue reconocido, pero antes de llegar tuvo alguna información y contactos con los dirigentes de los "libertarios" tales como Ami Perrin y pensó que tendría su apoyo y podría ocupar el lugar de Calvino tomando el liderato de Ginebra. En seguida pusieron sobre aviso a Calvino y éste informó al Consejo, quien inmediatamente encarceló a Servet. Calvino no era un juez de Ginebra, ni siquiera un ciudadano, no tenía posición civil. Pero, actuando como una especie de abogado fiscalizador de la persecución religiosa, redactó los artículos de acusación contra Servet.

Cinco fases abarcó el proceso: 1. Una serie de interrogatorios basados en los cargos. 2. Tras un interludio centrado en el examen de la correspondencia con Vienne, siguieron más interrogatorios, esta vez por el fiscal público. 3. Continuó luego el proceso en forma de un áspero debate entre Calvino y Servet, el cual tomó la pluma varias veces para elevar alegatos al Consejo, entre otros, una apelación a los "Doscientos". 4. Fueron consultadas las ciudades suizas y cometidas al Consejo sus respuestas. 5. Con base en todo ese material, deliberó el tribunal y dictó sentencia.

Después de varios días de proceso, el Consejo pidió que se presentaran documentos escritos por ambas partes. Estos documentos que contenían las respuestas de Servet se enviaron juntamente con la obra de Servet, *Restitutio*, a todas las iglesias y Consejos de Zúrich, Berna, Basilea y Schaffhausen. El Consejo de Ginebra solicitaba la opinión de todos aquellos cuerpos. Todas las respuestas que recibieron fueron hostiles a Servet y sostenían que debía de castigársele. "En nuestra ciudad, respondió el Consejo de Berna, la pena sería de muerte en la hoguera".[9] Servet fue rechazado por su doctrina no sólo por Calvino sino por la gente en general y fue tomado en cuenta como "un ciudadano peligroso que expandía su pensamiento como una plaga contagiosa que debería ser exterminado". Como podemos ver, Calvino tomó la iniciativa en el arresto de Servet, pero poco pudo hacer en cuanto a la manera de conducir el juicio o a la sentencia final de éste y mucho menos por el espíritu de intolerancia de la época.

Los "libertarios" sufrieron un gran golpe al saber que las iglesias apoyaban el castigo de Servet, pues deseaban utilizarlo para derrocar a Calvino, pero cuando apelaron a otras ciudades protestantes en solicitud de consejo, la respuesta fue aconsejar su ejecución en la hoguera.

Las acusaciones que llevaron a Servet a la hoguera no las vamos a analizar una a una, pero ha aquí las más importantes: su doctrina en cuanto al panteísmo, especialmente la negación de la Trinidad pues decía que no se encontraba en la Biblia no una sola palabra de la Trinidad, o de las tres per-

---

9. Thea B. van Halsema. *Así fue Calvino*. Grand Rapids, TELL, p. 229.

sonas divinas y la calificaba como un demonio y monstruo de tres cabezas; la inmortalidad y el bautismo; su injuria contra Melanchton y la iglesia de Ginebra. También se le acusó de que unos veintinueve años antes ya había comenzado a turbar a las iglesias en Alemania con sus errores y herejías. En cuanto a la Biblia Calvino le acusó de haber ensuciado cada una de sus páginas son útiles bagatelas, sus escritos contra el bautismo de niños y los fundamentos de la fe cristiana. Finalmente fue condenado solo por dos cargos. Su antitrinitarismo y su oposición al bautismo infantil.

La Ley invocada para llevar a cabo el encarcelamiento de Servet, procedía del Sacro Imperio Romano-Germánico, y la que determinó su condena final era una del Código Justiniano, que prescribe la pena de muerte por dos ofensas eclesiásticas: la negación de la Trinidad y la reiteración del bautismo.

Atado a la estaca y su libro en mano, murió Servet a la edad de 42 años en la colina de Champel, el 27 de octubre de 1553.

Los "libertarios"

Eran los meses de lucha a muerte con los "libertarios" sobre el asunto de la excomunión. Berthelier, el "libertario" había sido declarado indigno de acercarse a la Mesa del Señor por el consistorio, porque borracho con otros, había molestado a otro predicador y le había perseguido hasta su casa. Pero el Pequeño Consejo se atribuyó el poder eclesiástico de restablecer la comunión a Berthelier. Los libertarios estaban en pleno poder y se atrevieron a desafiar a Calvino y al Consistorio de pastores en este importante asunto, que tenía que ver un modo directo con el gobierno de la iglesia.

Calvino protestó fuertemente, pero el Pequeño Consejo no aceptó su protesta. El día antes de la Cena del Señor, Calvino enfrentó a los 25 miembros del Pequeño Consejo. Temblando de emoción les dijo: "Le juro que antes moriré que permitir que la Mesa del Señor sea contaminada… Cien veces moriría antes que cometer tan terrible burla contra Cristo".

A la mañana siguiente Calvino subió al púlpito de San Pedro ignorando que después de que él salió de la cámara del Consejo, una mayoría de sus miembros había decidido que Berthelier no fuera a la iglesia el día siguiente, para evitar el escándalo. Fue difícil para Calvino. "Yo he pedido a Dios que me diera firmeza y mi súplica ha sido contestada —dijo a la congregación ante la Mesa del Señor—. Por tanto, sé que ocurra lo que ocurra esta mañana, yo obraré conforme al mandato claramente revelado de mi Maestro".

"Si alguien durante la Cena del Señor que vamos a celebrar, se acerca a ella a pesar de haberle sido negado este privilegio por los ancianos, tomaré la actitud que el caso requiera como pastor de esta iglesia", pero Berthelier no asistió a la Cena del Señor.

Calvino no sabía la razón de la ausencia de Berhelier, pero sabía de su oposición al Pequeño Consejo y solamente podía esperar el juicio en su contra. Con esto en su mente preparó su sermón de despedida, sus últimas palabras en la Catedral de San Pedro antes de que el Consejo le ordenara salir de la ciudad. Los "libertarios" habían ganado la victoria, estos libertarían a Servet y le dejarían esparcir sus malvadas doctrinas; pero, por alguna razón, no apareció la orden del destierro, y en seguida Calvino prosiguió con sus deberes y con ello el juicio de Servet.

Después de que Servet se enteró de su sentencia, pidió una entrevista con Calvino. Relata Calvino la conversación en los siguientes términos:

"Yo estaba acompañado con dos consejeros, cuando uno de ellos le preguntó qué tenía que decirme, y respondió que quería pedirme perdón. Entonces le dije sencillamente, y es la pura verdad, que nunca le había tenido rencor personal. Le recordé con la mayor sinceridad cómo había arriesgado mi vida hacía más de dieciséis años para ganarle para nuestro Señor, y le advertí que si se hubiera puesto en razón, yo me hubiera esforzado por reconciliarle con todos los buenos servidores de Dios, y que aunque él hubiera rehuido el buen camino, no había dejado de exhortarle benignamente en cartas llenas de amabilidad. En una palabra, le dije que yo había usado de gran benevolencia hasta el último momento, hasta que él agriado por mis buenos consejos, explotó en toda clase de rabia y cólera contra mí; pero que allí quedaba olvidado todo lo que me concernía personalmente, y que le rogaba que le pidiera perdón a Dios, contra quien había blasfemado tan miserablemente".[10]

Cuando Calvino se enteró de la sentencia de muerte que le dieron a Servet, procuró mitigarla en cuanto a su forma de ejecución, la decapitación era más misericordiosa que el ser quemado vivo; pero el Pequeño Consejo rehusó la petición. En una carta a Farel decía "creo que debe ser condenado a muerte; pero deseo que se le evite la parte más horrible del castigo". Después de la sentencia, escribió de nuevo a Farel; "Hemos procurado hacer cambiar el modo de ejecución, pero no lo hemos conseguido".

10. *Ibíd.,* p. 215.

Farel también se hallaba en Ginebra a la hora de la ejecución y actuó de ministro evangélico acompañado a Servet hasta la pira y cometa: "varias veces rezó con nosotros mientras le exhortábamos y varias veces suplicó a los espectadores que rogasen al Señor por él, pero no pudimos obtener de él reconocer sus yerros y que confesara que Cristo es el Hijo eterno de Dios".

Un error de su tiempo

Las siguientes observaciones desprendidas de la vida de Servet, no disculpan la participación de Calvino en el juicio y sentencia de Servet, pero muy poco pudo haber hecho Calvino sobre la sentencia final, pues el espíritu cristiano no apoya el dar muerte a la gente por su creencia religiosa, ya que actuó como otro hombre de su época lo hubiera hecho. "Los protestantes de aquel tiempo tenían que despreciar la máxima católico-romana de que es lícito matar a un hombre para salvar su alma, dar muerte a un hereje para preservar a la iglesia".[11] Pero prueban que "Calvino no fue el único autor, sino uno entre muchos, ya que como representante de la opinión protestante actuó de una manera pública".[12]

Hay varias verdades que nos dan luz para no aceptar la excesiva culpabilidad que se le "achaca" a Calvino en la muerte de Servet y, que parece que muchos se obstinan en no entender. No olvidemos que aquella época fue una época de inquisición y hoguera, época en que a los hombres les parecía que tenían el deber de juzgar las creencias de los otros hombres respecto a Dios.

Pero tengamos presente que:
1. Antes del proceso de Ginebra, Servet ya había sido juzgado y condenado por las autoridades católico-romanas.
2. El veredicto final fue otorgado por el Pequeño Consejo de Ginebra y por recomendación de otras ciudades de Suiza.
3. La influencia que pudo tener Calvino ante el Pequeño Consejo fue mínima por la polémicas que se suscitaban contra los "Libertarios".
4. El Código Justiano prescribe la pena de muerte por la negación de la Trinidad.
Además la ley decía: "El que ha blasfemado el nombre del Señor deberá ser condenado a muerte, así el extranjero como el natural" (Levítico 24:16).

11. C.H. Irwin. *Juan Calvino su vida y obra.* México, CUPSA, 1981, p. 3.
12. *Ibíd.,* p. 78.

"Pero el hecho de la muerte, o mejor dicho, suplico de Servet —Suplico que tantos otros compartieron con él en aquellas fechas y en los más diversos países europeos— siempre persistirá en su caso y en todos los demás casos semejantes como un baldón para la Cristiandad".[13]

"Con ello se condena el error de Calvino y de su siglo y la libertad de conciencia es afirmada como la verdadera herencia de la Reforma".[14]

13. Gutiérrez Marín, *op. cit.*, p. 70.
14. Hoogstra, *op. cit.*, p. 49.

Introducción a *Treinta cartas para Calvino* (fragmentos)
Ángel Alcalá

Tres experiencias, tres hombres

Cuando a fines de agosto de 1518 aquel mozo de veintiún años recién graduado en Tubinga, pelirrojo, bajito, tímido de voz aguda y un poco tartamudeante, pronunció su lección inaugural al posesionarse de la cátedra de griego de la joven y ya famosa Universidad de Wittenberg, no pudo sospechar que su destino iba a quedar ligado al del maestro que más que nadie estaba pendiente de sus labios mientras exponía su idea de retorno a las fuentes, al verdadero Aristóteles, a las desnudas Escrituras, en lucha con las corruptelas de la Escolástica medieval. A Martín Lutero no le fue difícil captarlo para su causa, iniciada en noviembre del año anterior. Más bien podría decirse que Felipe Melanchton, quien así helenizó a usos de la época su patronímico Schwartzert, halló en la línea luterana el camino que inconscientemente buscaba su espíritu. Cerebral, grave, reflexivo, sistemático, suave, nacido para libros y para mediaciones diplomáticas, equilibró los arranques de vehemencia y brillantez de Lutero, alma de fuego y místico renovador e incompromiso. Corazón y cerebro del luteranismo, llamados, con razón, el uno padre, y el otro "preceptor" de Alemania.[1]

No responde a actitudes irenistas, esencialmente coyunturales y por eso sospechosas, ni a veladas justificaciones personales, este énfasis en un auténtico intento de renovación espiritual como motor esencial de la Reforma. Cuatro siglos largos de tergiversaciones vaticanas y de fanatismos castellanos han abocado a un tiempo como el nuestro en el que ya es posible ir haciendo justicia a la verdad, y la verdad es que aquellos hombres que en el XVI se opusieron a Roma y rompieron con el Papa lo hicieron con la absoluta seriedad y sinceridad de creer que, como ha escrito un historiador, "el mal del que la Iglesia sufría era menos personal que institucional",[2] es decir, que

---

1. Para estas páginas sobre él, nos velemos, entre otros, de C.L. Manschrenck, *Melanchton, the quiet reformer* (Nueva York, Abingdon, 1958) y de R. Stupperich, *Melanchton* (Philadelphia, Westminster, 1965).

2. L. Fèbvre, *Au coeur réligieux du XVIe siècle* (París, Serpen, 1957), p. 20.

no se trataba de reformar costumbres y abusos tanto como de transformar instituciones y doctrinas. La llamada Reforma no surgió por el escándalo de las costumbres de los clérigos, ni por la influencia en Lutero de su viaje a la Roma renacentista, ni aun por el hecho de la venta de indulgencias, sino por comprobar que los principios cristianos eran conscientemente hollados en esos escándalos. Lutero y Melanchton, los reformadores todos no reprochan al clero vivir malo, sino creer mal.[3] Detonador de aquel complejo ambiente formado por la pólvora de múltiples errores medievales fue el espíritu religioso de Lutero.

Se ha dicho en este sentido que "ante todos los demás contenidos que pudieran caracterizarlo, Lutero fue un hombre religioso… El lastre de Roma es que hace demasiado fácil el camino cristiano de la salvación. Lutero no se opone a la cruz, sino al contrario, a la atenuación de la cruz": el centro de su visión religiosa del cristianismo es precisamente la *certeza* de salvación por la pura fe en ella frente a la *seguridad* de salvación garantizada por medios humanos como buenas obras, instituciones, indulgencias.[4] No conciencia de victoria, sino de riesgo; no satisfacción, sino encrucijada de decisión personal siempre inquieta. "El único objeto de Lutero era transmitir a un mundo en pecado su propia experiencia del gran Dios que se había manifestado a través de Cristo".[5]

Melanchton queda prendado al instante de este potente foco de luz y le aporta los matices de su propia experiencia de humanista profesional. Su dilema oscilará entre Lutero y Erasmo, entre el énfasis exclusivo en la Biblia y la fe, no en la tradición ni los sacramentos, y las exigencias del humanismo con sus ideales de dignidad y libertad humanas. Más humanista que teólogo, aun habiéndolo sido tan grande, su punto de partida no es místico, como en Lutero, sino la experiencia humana;[6] su doctrina más característica no es la teocéntrica, sino su doctrina del hombre. Es un buscador de la verdad, la verdad entendida como norma de vida humana, que piensa se halla solamente en la Escritura y en las vivencias originales de la Iglesia primitiva. De ahí su acentuación de los datos históricos y patrísticos como testimonio de

3. Sobre este tema, que es ya de dominio común, véanse, por ejemplo, R. García Villoslada, *Raíces históricas del luteranismo* (Madrid, BAC, 1969), pp. 80-94; J. Delumeau, *La Reforma*. Barcelona, Labor, 1967, pp. 181-200. G. Villoslada habla con razón de "la religiosidad existencialista, trágica y tremenda" de Lutero, y de cómo tanto él como Melanchton insisten "en la *consolación* del alma como motivo para abrazar la doctrina de la fe sin obras", pp. 174-75.
4. J. Lortz, *Historia de la Reforma*. Madrid, Taurus, 1963, vol. I, p. 421.
5. J. Atkinson, *Lutero y el nacimiento del protestantismo*. Madrid, Alianza Editorial, 1971, p. 11.
6. Así, Stupperich, pp. 67-90 y 93.

autenticidad cristiana. De ahí, también, su relativo escepticismo dogmático, intelectual al cabo; su desconfianza de los dogmas en cuanto formulaciones humanas de experiencias religiosas; su exigencia, llegado el caso —y llegará en Augsburgo y otros sitios—, de limar las divisiones dogmáticas e insistir más en la necesidad de corregir abusos prácticos; y las sucesivas correcciones de su obra fundamental, *Loci communes*, en constante y marcada independencia relativa respecto a Lutero, hasta el punto de que en 1537 llegó casi a admitir la primacía del Papa.[7]

Este difícil equilibrio entre el "confesor" y el "profesor" se mantuvo toda la vida, pudiendo concretarse en una serie de "concesiones" (a la tradición, a la razón, a la ley, al poder, a la oposición) hechas por Melanchton a despecho del más estricto luteranismo.[8] Habida cuenta del continuo proceso de reajuste de su pensamiento, la interpretación de Melanchton ofrece al estudioso varios puntos de controversia. Servet, quien conocía bien las entretelas y facciones de la Reforma, no dejará de apuntar con su sagacidad acostumbrada los matices que distinguen a Felipe de Martín. Concretamente, son tres esos puntos de más visible fricción: la relación de los actos de Dios con los del hombre, la de la justificación con la santificación, y el problema de la predestinación.[9] Bien puede comprobar el lector que los tres proceden de la injerencia que a través de él, como a su modo en Erasmo y en Servet, logra el humanismo en la Reforma. ¿Hay una actividad humana libre al margen del Espíritu, no ya la "bondad cívica", que concede, sino la libertad interior para el bien o el mal, aunque debilitada por el pecado de origen? ¿Es la santificación no sólo la meta de la justificación o perdón (imputación de la santidad de Cristo), sino también su contenido, de modo que no haya que hablar de la gracia como cualidad del alma al modo de la Iglesia de Roma? ¿Admite Melanchton una reprobación antecedente como Calvino o más bien amonesta práctica y pastoralmente como si aquélla dependiera de la responsabilidad humana?

Interrogantes cuyo despeje técnico no nos afecta ahora. Baste haberlos anotado para cuando Servet los aluda. Y baste haber subrayado las innovaciones del hombre Melanchton en la inicial experiencia religiosa luterana.

7. *Ibíd.*, p. 109.
8. F. Hildebrant, *Melanchton: alien or ally?* Cambridge, The University Press. 1946, trata precisamente ese tema y las "concesiones" citadas.
9. H. Engelland, introd. *Melanchton on Christian Doctrine: Loci communes 1555*, trad. de C. L. Manschrenck. Nueva York, Universidad de Oxford, 1965, pp. XXXVII-XLI.

Juan Calvino, nacido en julio de 1509 en Noyon, Picardía, conservará su vida entera la rápida sensibilidad, el fino sentido lógico, los gustos de pequeño burgués con formas aristocráticas que se le pegaron desde niño por su contacto con las familias nobles de la localidad. Destinado a carrera clerical, le van apilando beneficios; jovencito, le llevan a París a estudiar Derecho en el Collège de la Marche y luego en el famoso Montaigu satirizado ya por Erasmo, Vives y Rabelais. Antonio Coronel y John Mair o Major, bien conocidos de Servet, serían sus profesores de filosofía. Es allí donde escribe un comentario al *De clementia* de Séneca: se ha sospechado que de ahí, de la defensa estoica de la ley natural, puede arrancar la predilección calvinista por el tema de la predestinación. Sospecha vana. Verdad es que esa iniciación en el humanismo, de importantes alcances según ciertos panegiristas,[10] contribuyó al peculiar estilo de Calvino, no triste, pero sí austero, y siempre claro, conciso, dotado de movimiento, signo de vida, un estilo que "hace época en la historia de las letras francesas",[11] pero el humanista quedará sumergido en él por el jurista, y éste por el teólogo. Una teología matizada por leyes. Si Lutero es el volcán y Melanchton el cauce de su lava, Calvino representa la organización y la norma, mientras Servet, guerrillero celtibérico que arrostra la transfusión del ímpetu espiritual anárquico a esas comunidades europeas y lo esgrime como criterio de autenticidad cristiana, tarea en la que cae, Servet huele a frescor de rebeldía y libertad originales.

Ese Calvino que estudia Derecho con Pierre de l'Etoile y luego con Alciati, el de los *Emblemas*, en Bourges, Humanidades aparte, inicia pronto su flirteo con la Reforma. Oscuro punto éste de su conversión a ella, aún discutido entre sus biógrafos. Impreciso, sobre todo, en cuanto a su explícita cronología. Pero ¿importa realmente fijarla entre el 28 o el 30, o posponerla algo más? Pudo influirle su primo Olivier u Olivètan, traductor luego de la Biblia al francés con prólogo de Calvino, protestante ya, que debió huir de París a Estrasburgo en aquel año; es mera conjetura. ¿Puede acaso fijarse el momento de una conversión? Dos indicios claros cuentan, sin embargo: todos vieron la mano de Calvino en el discurso inaugural del rector Nicolás Cop el 23 de agosto del 33, y ambos optaron por levar anclas, sospechosos de herejía, refugiándose Calvino en la corte de Margarita de Navarra, en Nérac, donde pudo aclarar ideas con Lefèvre d'Etaples; por fin, en mayo del 34 da

10. Cf. F. Wendel, *Calvin*. París, PUF, 1950, que cito por la ed. *Calvin, the origins and development of his religious thougth*. Nueva York, Harper and Row, 1963, pp. 27-34.
11. E. de Moreus, "La crise religieuse du XVIe siècle", en *Histoire de l'Église*, de Fliche-Martín París, Blond et Gay, 1950, vol. XVI, p. 211.

el paso decisivo: renuncia a todos sus beneficios eclesiásticos, sabe romper —y rompe— con su pasado y con lo que parecía ser su porvenir. Será por puro azar que algo más tarde, a instancias de Guillermo Farel, y de paso por Ginebra, acceda a hacerse cargo de la dirección de la Reforma en la ciudad con la que iba a identificarse.

¿Qué ha pasado mientras tanto en su conciencia? Ha leído a Lutero, ha leído el *Loci communes* de Melanchton, aunque mantenga ciertas graves reservas respecto a los temas de la libertad, que él limita más, y de la predestinación, que extralimita más.[12] Ha pensado larga y silenciosamente sobre el problema de la justificación, meollo doctrinal de los reformadores: "Sólo Dios nos salva por el sacrificio de Jesús; la fe sola permite participar en este sacrificio, y no las obras". No es hombre de compromisos. "Ha ido hasta el límite de sus pensamientos, y ya no volverá sobre sus pasos".[13]

A diferencia de Lutero, con sus traumas y convulsiones espirituales, y de Melanchton, con su dimensión homogénea del sereno intelectual humanista injertado en teólogo, la de Calvino fue una experiencia intelectual que en su culminación se entroncó con una decisiva intuición de horizontes místicos. Por una parte, desenlace de su búsqueda de la verdad, hallada en la Palabra y no en la jerarquía papal; ansiado hallazgo de la salvación personal y de sus caminos más ciertos, como él mismo explicará al cardenal Sadoleto;[14] final de etapa de intensas dudas de conciencia. Por otra, pero en convergencia de comprobación, la experiencia personal de la absoluta *nada* del hombre: nada absoluta, no ya en el obvio sentido ontológico de la radical precariedad de su ser, sino en el psicológico y moral, y ello lo mismo en el orden natural que en el de la gracia; nada, que debe ser llenada e iluminada y dirigida por un *todo* y en todo. Dios es el todo de la nada humana: así podría resumirse la experiencia religiosa de Calvino, que se encuentra reflejada en sus escritos y actividades pastorales todas.

12. F. Wendel, *op. cit.*, p. 134. Esa oposición, ensordinada, a varias ideas de Melanchton está explícita en el "Préface de la Somme de Melanchton, 1546", en *Corpus Reformatorum*, vol. XXXVII, cols. 847-850.

13. E. de Moreau, *op. cit.*, p. 180.

14. J. McKinnon, *Calvin and the Reformation*. Nueva York, Russell & Russell, 1962, pp. 9 y 47. El moderado erasmista y reformador Sadoleto escribió a los ginebrinos, estando él semiexiliado de Roma y en ausencia de Calvino y de Farel, una carta instándoles a "convertirse". Calvino le respondió aquel mismo verano de 1537, y este documento es valiosísimo para su autobiografía. Editados juntos en *A Reformation Debate*, con introd., por J. C. Olin. Nueva York, Harper and Row, 1966.

Podría así decirse que hay un doble modo de mirar al calvinismo. Parecía para muchos radicado en el concepto de un Dios-Jehová, el Dios terrible de la Biblia judía que frente al hombre nada se yergue, y manda, y gobierna, y hasta arbitrario le destruye: un calvinismo pesimista, antihumano, dictatorial. Más en profundidad, y bajo esta caparazón del primer acercamiento al fanático ginebrino, la conciencia mística de un Dios-Todopoderoso, pero no como justiciero, sino como libre e inefable, incomprensible misterio positivo cuyo ahondamiento y la dicha entrega a cuyos caminos impredecibles supone para ese hombre-nada la más optimista y constructiva creatividad. He ahí la tensión interna de Calvino y del calvinismo. En el diálogo con Servet podremos ir viendo luego varios aspectos del dilema.

Claro que el rostro convencional de Calvino se apoya en aspectos de su obra que le presentan como fanático más que como amable: como el puritano iniciador de una comunidad "secular, terrestre, preocupada por exigir a sus fieles una existencia recta y templada más que una vida religiosa intensa, una vida de corazón lanzado hacia Dios…; un cuerpo visible de Cristo que enseña su ley y aplica su moral".[15] ¿En qué sentido sino en el más obvio puede, pues, hablarse de una espiritualidad calvinista? ¿Hay en el calvinismo posibilidades de auténtico enriquecimiento místico? ¿Cómo hablar de libertad cristiana en aquella su Ginebra inquisitorial e intolerante?

La verdad es que se ha creado más de un mito en torno a aquella su Ginebra. Es cierto que "el régimen que le impuso era análogo en muchos aspectos al de la *Utopía* de Tomás Moro, régimen que comprendía madrugar mucho, trabajar con ahínco y preocuparse constantemente de las buenas costumbres y las buenas lecturas, cultivando siempre las virtudes del ahorro y de la abstinencia".[16] Pero ese régimen no proviene de especial enseñanza suya, más aún, parecería estar en contradicción con su teoría de la predestinación independiente de las obras. De hecho, sus normas provenían de una institución típica calvinista, el Consistorio, que tuvo que obligar a rectificar, quizá hasta el extremo, unas costumbres públicas excesivamente laxas hasta la defenestración del obispo-príncipe que las permitía.[17]

---

15. E. de Moreau, *op. cit.*, p. 213.
16. J. Bronowski-B. Mazlish, *La tradición intelectual de Occidente.* Madrid, Norte y Sur, 1963, p. 131.
17. Crf. R.M. Kingdon, "The control of morals in Calvin's Geneva", en L. P. Buck y J. W. Zophy, *The social history of the Reformation.* Columbus, Universidad de Ohio, 1972, pp. 3-16, y más en general, E.W. Monter, *Calvin's Geneva.* Nueva York, 1976.

Tuvo razón Wendel en oponerse a la idea, corriente al menos desde mediados del XIX, de que la predestinación sea la doctrina central del calvinismo. No la mencionan sus primeros escritos de un modo sistemático. La obra magistral de Calvino, *Institución de la religión cristiana*, aparece en primera edición en 1536 y no cesa de enriquecerse hasta la última de 1559; pero "mientras nunca deja de repetir sus grandes temas de libertad de Dios y su gloria y de la divinidad de Cristo, apenas menciona la predestinación sino en los cuatro breves capítulos que le dedica en ella", y ellos más por influencia de San Agustín y por motivos pastorales que teóricos. Por eso, siguiendo a Wernle, concluye que "lejos de ser centro del calvinismo, es más bien la última consecuencia de la fe en la gracia de Cristo a la vista de los enigmas que nos presenta nuestra experiencia".[18] [...]

El proceso de Servet, egregio tema para una gran tragedia,[19] dura dos meses largos, dos largos meses. Confiado al principio en su pronta libertad, se yergue en su innata soberbia, responde airado en los interrogatorios, desafía a Calvino creyendo en el descaro como en su mejor defensa, aclara dudas, rellena de comentarios agresivos —"vómitos" los llama aquél— sus acusaciones escritas. Lo han confinado en abyecta miseria, y se queja de que no se le permita ni cambiarse de ropa. Se ve acorralado luego por todos los flancos cuando Calvino hace entrar en acción al fiscal público y solicita el parecer del Consistorio e incluso de las principales ciudades suizas. Ninguna ha de ser la última en la carrera inquisitorial: "Reo es de muerte". Pero el aragonés no se retracta. Intenta contraatacar, acusa a su vez a Calvino de hereje, y de

18. *Op. cit.*, pp. 263-265. Por otra parte, es menester reinterpretar alguna de las ideas básicas de Calvino no siempre bien comprendidas, no a base de ese terror que para muchos tiene el concepto de predestinación, sino en relación con otra idea fundamental suya: la de estimular con la idea de la providencia a la Iglesia militante perseguida. En este sentido, son muy oportunas las consideraciones introductorias de J. Haroutunian y L.P. Smith a los *Comentarios* de Calvino. Philadelphia, Westminster, 1958, pp. 37-50.

19. Sólo dos obras españolas, extranjeras varias más, han llevado a Servet con relativa dignidad a las tablas: J. Echegaray, *La muerte en los labios*, y A. Sastre, *La sangre y la ceniza*. En la primera de 1975 se proyectó en Suiza un filme de Claude Goretta con texto de Georges Haddas, *Passion et mort de Michel Servet*.

20. El mismo día 13 de febrero de 1546 en que Calvino, como luego veremos, indicaba a Servet por medio de Frellon que no le escribiera más, enviaba a Farel una nota con estas palabras: "Servet acaba de enivarme con sus cartas un grueso volumen con sus delirios. Si se lo permitiera vendría aquí, pero no le empeño mi palabra, pues caso de venir, si es que mi autoridad sirve para algo, no toleraré que salga vivo" (Bainton, p. 152). Lo mismo en la cit. carta a Sultzer: "Y no oculto que estimo propio de mi cargo aniquilar a hombre tan obstinado e indómito en lo que de mí dependa, para que no cunda su contagio".

falsario, y de perjuro, y de brujo. Es el enfrentamiento entre la Teología y el Derecho, entre la sencillez y la astucia, entre el ideal y la conveniencia, entre el espíritu y la razón de Estado. Para Calvino, Servet estaba sentenciado a muerte hacía años.[20] Sin embargo, cuando en el último momento pidió Miguel que se le ajusticiara decapitándolo de un hachazo en vez de a fuego, temeroso de que su tremenda angustia le sumirá en una desesperación irremediable, la petición le fue negada.[21]

En la madrugada del 27 de octubre, y por dos cargos castigables con la pena capital según el viejo código de Justiniano que Servet estudió en Toulouse, y que Calvino invocó en Ginebra, su antitrinitarismo y su oposición al bautismo de los niños, expiró penosamente Miguel Servet. Alguien, piadoso, nos ha conservado sus últimas palabras: "¡Oh, Jesús, hijo del eterno Dios, ten compasión de mí!". Farel, quien a ruegos de Calvino le había acompañado en el tétrico *via crucis* instándole a retractarse, comentó que se hubiera podido salvar con sólo cambiar la posición del adjetivo, "hijo eterno de Dios". Y comenta a su vez Bainton: "Su grito mortal fue, pues, un gesto supremo de desafío al hombre y de confianza en Dios".[22]

Surge espontánea y coherente una pregunta capital: ¿cómo compaginar esta actitud de Calvino con aquella su espiritualidad y su peculiar misticismo que antes quedó puesto de relieve? Un intento de despeje podría apelar a la evidente incompatibilidad de caracteres o a la explosión final de una subterránea competición intelectual mantenida oculta desde su encuentro juvenil en Paris. Podría invocarse incluso un filo de rencor. Que Calvino comprendió pronto sus errores queda claro por el hecho de que respondió a varias críticas amigas durante el proceso mismo e intentando anticiparse a las adversas de después,[23] publicó en latín y francés su propia *Defensio…*, en fecha tan temprana como

21. Bainton, p. 216.
22. *Ibíd.*, p. 218.
23. Entre las primeras, las del ex nuncio papal Pier Pablo Vergerio, la de David Joris. Entre las posteriores al proceso, que bien merecerían todo un libro de comentario y una edición conjunta, la célebre de Sebastian Castellion, *De haereticis an sint persequendi*, marzo del 54, Basilea, trad. al inglés por Bainton, 3ª ed., Nueva York, 1965; su *Contra libellum Calvin* y su *De arte dubitandi, confitendi, ignorandi, et sciendi*, ambos póstumos, de accidentada y emotiva historia; la *Apologia pro Serveto*, de "Alphonsus Lyncurius Tarraconensis", personaje que aún no se sabe si identificar con Celio Secondo Curione o con Mateo Gribaldi, según las recientes investigaciones de Uwe Plath (*Calv. Opera*, vol xv, pp. 52-63); la cit. de G. Postel; el *Contra Calvinum pro Serveto*, de Santiago Paleologo; incluso un presuntuoso poema de Camillo Renato, *In J. Calvinum de iniusto M. Serveti incendio*, de 1554, public. ahora en sus *Opere* (*Corpus Reformat. Italic.*, vol. II), por Antonio Rotondó (Florencia y Chicago, Newberry, 1968), pp. 118-131.

primeros de febrero de 1554, junto con las actas del proceso ginebrino en su fase teológica arregladas a su propio interés.[24] Nada ha perjudicado tanto el nombre de Calvino y el calvinismo como el proceso servetiano de Ginebra; al espectador objetivo le resultan fútiles los varios intentos de exculpación de sus seguidores. Alguien deberá estudiar un día seriamente de qué parte cae la exactitud de la interpretación técnica de los textos bíblicos y prenicenos, base del sistema de pensamiento de Servet y tema de sus más importantes discusiones escriturales con Calvino; pero repelen esos detalles de insultos y contrainsultos del taimado perseguidor y su impotente vencido, lo de éste, en las márgenes y entre las líneas de las acusaciones de aquél, buen índice de las obsesiones temperamentales e intelectuales de ambos. Ya hacia el final, nervioso y desesperado, se rebela Servet: "Ojalá estuviera yo libre para hacer el catálogo de tus errores"; más aún, llega a confesar heroicamente: "Estoy firme en causa tan justa y no temo la muerte".[25]

Elimínese, pues, como explicación prevalente, el recurso a mera confrontación personal. Lo que andaba en liza eran dos concepciones diametralmente opuestas de Dios y del hombre. Calvino representa en la Reforma un paso atrás, una supervivencia del medievalismo, tanto por su teocratismo en la organización política y social, como por su destrucción teórica de todo tipo de independencia humana tan cara al humanismo renacentista y por su justificación de las actividades inquisitoriales "a la mayor gloria de Dios".[26] Muy otro es el Dios de Servet y el hombre Servet y el hombre en Servet: dinamismo, libertad, caridad, tolerancia, creatividad individual. "La expresión más radical

---

24. *Defensio ortodoxae fidei contra prodigiosos errores M. Servet Hispani;* en francés, *Déclaration pour mantener la vraye foi… contre les erreurs detestables de Michel Servet Espaignol.* Ginebra, Robert Estienne, 1554. Tras el prólogo exculpatorio y el triple intercambio epistolar con Servet, que luego discutiremos, resume el juicio y narra a su manera el suplicio; enumera luego 38 proposiciones sacadas de sus libros; reproduce una *Brevis refutatio* en la que son rechazados 16 textos de Tertuliano, 10 de Ireneo y 5 de las *Pseudo-Clementinas*, en los que basa sus doctrinas, así como las breves y airadas respuestas del preso; y por fin, otra *Brevis refutatio* de esas mismas respuestas, refutación de nuevo airadamente comentada por él. La citamos como *Defensio* por la paginación de su ed. original de 124 pp., además de por la del Corp. Ref. de Baum-Cunitz-Reuss, Braunswig, 1870, volumen XXXVI (vol. VIII de Calvino), cols. 457-554. Ambas *refutatio* —no el resto de los documentos del proceso— han sido recogidas por R.M. Kingdon y J.F. Bergier, *Accusation et procès de Michel Servet,* en *Registres de la Compagnie des Pasteurs de Genève au temps de Calvin.* vol. II. Ginebra, Droz, 1962, pp. 4-47.
25. *Defensio*, pp. 101 y 123; *Corp. Ref.*, cols, 535 y 553; Kingdon, pp. 24 y 24: *Et mortem nihil formido.*
26. Cf. Mckinnon y Bainton, *op. cit.,* pp. 24 y 216, respectivamente. Surge espontánea la comparación con actitudes similares de Torquemada o de ciertos aspectos de un Felipe II.

a que llegó el pensamiento religioso del Renacimiento".[27] Condenado en la católica España, y en la cristianísima Francia, y en el luterano Wittenberg, y en las reformadas ciudades renanas, y en la calvinista Ginebra, él mismo es condenación de todos los tipos de intolerancia intelectual supervivientes en los tiempos modernos. Ejemplo perenne de que más peligrosas que las ideas son las acciones restrictivas del poderoso desbocado, con rienda, pero sin freno.

27. Así, C. Manzoni, *op. cit.*, p. 26.

Calvino y la reforma radical
George Williams

El reformador que había publicado la primera edición de su *Institutio* en Basilea el año del colapso de la restitución anabaptista intenta en Münster, que en su epístola dedicatoria a Francisco I había puesto en guardia al monarca francés contra el peligro de confundir las extravagancias de una restitución espuria con una institución políticamente responsable de cristianismo reformado, y que en ese mismo año, 1536, había sido nombrado coadjutor de Farel en Ginebra, entró de manera más directa en contacto con los representantes de la Reforma Radical en 1538. Desterrado de Ginebra, ese año fue nombrado pastor de la congregación francesa de Estrasburgo, la ciudad en que Hofmann estaba encarcelado, y en que Schwenckfeld y Servet, entre otros, habían disputado y publicado en fechas recientes.[1]

Después de ser llamado de nuevo a Ginebra en 1541 y de haber introducido sus *Ordenanzas eclesiásticas*, que incorporaban ciertos rasgos religioso-políticos y disciplinarios explicables quizá por influencia anabaptista —como la institución del senado laico y la veda de la comunión—, Calvino se dedicó a escribir toda una serie de cartas, opúsculos y obras más extensas en contra de diversas tendencias que estaban manifestándose en el seno de la Reforma Radical, y de las cuales se proponía salvaguardar a la Iglesia Reformada. En 1542 publicó la primera edición de su *Psychopannychia*,[2] tratado que había estado elaborando desde hacía mucho tiempo. En 1544 escribió directamente contra los anabaptistas, de quienes se había ocupado algún tanto en la obra anterior, y también contra los nicodemitas, especialmente los italianos. En 1545 la emprendió contra los libertinos, especialmente los franceses y los neerlandeses. A pesar de sus múltiples contactos ecuménicos, Calvino no distinguió nunca con la debida claridad entre esas cuatro tendencias, lo cual

---

1. Desde luego, Calvino había tenido contacto anteriormente con Servet en París (cap. XXIII, 4) y ya en septiembre de 1532 le había escrito a Bucer acerca de un individuo, natural de Estrasburgo, a quien había conocido en Noyon, acusado —pero falsamente, decía Calvino— de ser anabaptista: *OC*, vol. X:2, núm. 16. Véase *infra*, p. 962, *addendum* a esta nota.
2. Hay edición moderna, por Walther Zimmerli, Leipzig, 1932 (*Quellenschriften zur Geschichte des Protestantismus*, XIII).

es tanto más notable cuanto que la mujer con quien se había casado en 1540 era la viuda de un dirigente anabaptista llamado Juan Stordeur.

Aunque Calvino absorbió en su práctica eclesiástica, si no en su sistema teológico, más integrantes de la Reforma Radical que ningún otro reformador magisterial —con la posible excepción de Bucero—, nos será preciso en su caso, como en el de otros, limitar nuestro relato y nuestros análisis a aquellos momentos de la vida del reformador en que, al consolidar su teocracia y al tratar de ensanchar los confines de ésta, dirigió su atención a las que él consideraba crasas aberraciones o fallas lamentables de los psicopaniquistas, los libertinos, los anabaptistas, los nicodemitas y los antitrinitarios.

I. Contactos personales de Calvino con psicopaniquistas, anabaptistas y espiritualistas, 1533-1544

Como se recordará, el problema del sueño del alma y, en su forma más extremistas, de la muerte pura y simple del alma, y el consiguiente ataque al dogma (implícito en la prueba "filosófica" de la mortalidad natural del alma), había sido puesto a debate en el Quinto Concilio de Letrán. También se recordará que resolvíamos adoptar la palabra "psicopaniquismo", aunque etimológicamente ambigua, como término genérico para las dos variantes —la doctrina del "sueño del alma" y la herejía "mortalista"— dentro del marco cristiano de la creencia en la resurrección de todos los hombres el Día del Juicio Final, o bien de los santos tan sólo, para recibir el premio eterno. Este contexto escatológico es lo que hace que el psicopaniquismo de los sectarios difiera fundamentalmente de la demostración averroísta o aristotélica de la mortalidad del alma o de su absorción, a partir de la muerte, en el alma universal, doctrina sostenida por los filósofos italianos y condenada por el mencionado Concilio de Letrán. En el curso de nuestro relato hemos visto varias veces cómo el psicopaniquismo, en una u otra de sus formas, fue adoptado por espiritualistas como Carlstadt y por anabaptistas como Westerburg en muchos sectores de la Reforma Radical, desde la desembocadura del Rhin hasta el valle del Po. La posición psicopaniquista era, evidentemente, la que mejor se adaptaba a una interpretación del cristianismo y de la reforma eclesiástica que estaba pronta a cargar el acento sobre la inminencia del Reino y de la resurrección general de los muertos. Nuestra tarea es ahora mostrar cómo Calvino —acorde en este punto con los católicos— desempeñó desde su ciudadela ginebrina un papel de primera importancia en la lucha contra las dos formas de psicopaniquismo.

En su empeño de edificar una iglesia reformada y además duradera, Calvino perpetuó y defendió la tradición cristiana medieval, que afirmaba que las almas de los difuntos eran susceptibles de la bienaventuranza: filosóficamente, sobre la base de su platonismo; teológicamente, dentro del contexto de su especial insistencia en la predestinación.[3] Según hemos observado a otro propósito, la antropología de Calvino era sumamente distinta de la de Lutero. Lutero era tradicionista, mientras que Calvino era creacionista, o sea defensor de la teoría de que cada alma es creada por Dios en la etapa fetal. Lutero acentuaba el conflicto paulino entre la carne y el espíritu (y a menudo calificó de "carnales" a los espiritualistas y a los sacramentarios simbolistas), mientras que Calvino acentuaba el conflicto platónico entre el cuerpo y el espíritu-alma. De manera no muy distinta de la de Humbmaier, Calvino veía en el espíritu-alma el portador exclusivo de la imagen de Dios y la esencia de la personalidad humana, en desmedro del cuerpo y sus apetitos.

Así, pues, como buen platónico, Calvino encontraba más fácil que Lutero —el cual, por supuesto, era también un firme predestinario— afirmar la persistencia natural del alma después de la muerte. La idea que Calvino tenía de la vida de más allá de la tumba era la de un estado despierto (una *vigilia*) del alma justa en un lugar no especificado, esperando gozosamente la resurrección de su cuerpo y el juicio final de todos los hombres, así los elegidos como los réprobos. Por consiguiente, se opuso siempre encarnizadamente a quienes sostenían la doctrina de la muerte o del sueño inconsciente del alma en espera de la resurrección. Y, como creacionista que era, atacó asimismo la concepción libertina (averroísta) del alma-espíritu no como creación individualizada e inmortal de Dios, sino como emanación de la esencia de lo divino.

Etimológicamente, como queda dicho, *psychopannychia* ("vigilia del alma durante toda la noche") denota un estar "despierto", o sea un estado en que el alma siente y se da cuenta de las cosas, y por lo tanto podía servir perfectamente para designar la posición del propio Calvino. Y, de hecho, reconociendo que el alma consciente se halla también en paz y por consiguiente en una especie de sueño, Calvino dice: "Por lo general, estamos de

---

3. El principal estudio sobre el tema es el de Heinrich Quistorp, *Calvin's Doctrine of the Last Things*, traducido del alemán (ed. 1941) por Harold Knight, Londres, 1955.

acuerdo con ellos [los psicosomnolentos] en llamar "sueños" este descanso. Y no nos espantaríamos de la palabra "sueño" si no hubiera sido deturpada y corrompida por sus mentiras".[4] A consecuencia de esta admisión, el título mismo del libro de Calvino ha acabado por vincularse con la doctrina que él atacaba y no con la formulación que defendía. En el caso del debate, el término "psicopaniquismo" vino a designar no sólo la doctrina de la muerte del alma (tnetopsiquismo, mortalismo), sino también la del sueño inconsciente del alma (psicosomnolencia) en espera de la resurrección. Aunque en esa forma estamos perpetuando una nomenclatura inadecuada, hemos convenido ya en llamar "psicopaniquistas" a los sostenedores de ambas versiones por la simple razón de que es útil disponer de un término genérico para las dos variantes sectarias que, en el campo del cristianismo, se opusieron a la doctrina de la inmortalidad *natural* del alma.

La primera vez que Calvino se interesó en el problema del psicopaniquismo fue en 1534, cuando, hallándose en Orléans, puso por escrito sus pensamientos en un borrador de la *Psychopannychia* que nunca llegó a publicarse. Damos por supuesto que el libro que publicó ocho años después, y que es su escrito protestante más antiguo,[5] conserva intactas sus ideas anteriores.

Los hipnólogos, como también llamaba Calvino a los psicopaniquistas, eran unos "charlatanes, locos, soñadores y borrachos", lo cual no nos sirve de mucho para saber qué decían los hipnólogos a quienes por primera vez se opuso en Orleáns. De hecho, no se sabe con cabal certidumbre si en 1534, o sea cuando puso manos a la obra, Calvino había roto ya totalmente con la iglesia católica.[6] En todo caso, sus argumentos de defensa de la inmortalidad

---

4. Calvino, *Psychopannychia*, ed. Zimmerli, p. 41.

5. Psychopannychia es propiamente el título de la edición de 1545 (que es la que se reproduce en OC., V. 170-232). Es una segunda edición, ligeramente revisada, del libro original, el de 1542, intitulado *Vivire apud Christum non dormire animos santos, qui in fide Christi decedumt: assertio*. Las dos ediciones se publicaron en Estrasburgo. Las dos llevan al principio un prefacio fechado en 1534 y otro fechado en 1536. Estos dos prefacios han inducido a algunos a creer que la *Psychopannychia* tuvo dos ediciones anteriores a la de 1542 y de las cuales no se conoce ejemplar alguno, lo cual no parece ser verdad. En su citada edición, Zimmerli estudia muy bien esa cuestión.

6. Joht T. McNeill, *The History and Character of Calvinism*. Nueva York, 1957 pp. 107-118, *sostiene que la repentina* "conservación" de Calvino fue la culminación de su ruptura con la vieja iglesia después de un período de incubación católica evangélica, y que ocurrió probablemente entre el 6 de abril y el 4 de mayo de 1534. La entrevista de Calvino con Lefèvre d'Étaples, hacia el 6 de abril, fue el factor decisivo, y la renuncia a su prebenda eclesiástica, hecha en Noyon el 4 de mayo, señaló la ruptura formal con Roma.

se hallaban todavía más cerca de los del papa León que de las opiniones de Lutero.[7]

Según Calvino, había en Orléans, en París y en otros lugares de Francia dos clases de *hypnologi*.[8] Los del primer grupo (los llamados psicosomnolentos) concedían que el alma era una sustancia perdurable, pero afirmaban que en el momento de la muerte quedaba dormida y perdía la memoria y la capacidad de sentir. Los del otro grupo (tnetopsiquistas) sostenían que el alma no era sino una potencia vital incapaz de subsistir sin el cuerpo, aunque pudiera levantarse de nuevo, junto con el cuerpo, el día de la resurrección. He aquí sus palabras:

> Así, pues nuestra controversia se refiere al alma humana. Hay algunos que, aunque admiten que el alma tiene una existencia real, imaginan que se queda dormida y en un estado de insensibilidad desde la muerte hasta el día del juicio, cuando despertará de su sueño. Otros, en cambio, aceptarían cualquier cosa antes que admitir su existencia real; sostienen éstos que el alma es simplemente una potencia vital derivada del resuello arterial o de la actividad de los pulmones (*ex spiritu arteriae aut pulmonum agitatione*), y que, siendo incapaz de existir sin el cuerpo, perece junto con el cuerpo y se evapora y se hace evanescente hasta el momento en que el hombre entero sea devuelto a la vida. Nosotros, por nuestra parte, no sólo sostenemos que el alma es una sustancia, sino también que sigue viviendo verdaderamente después de la muerte del cuerpo, dotada de sensación y de entendimiento, y nos proponemos demostrar ambos puntos mediante pasajes precisos de la Escritura.[9]

7. Émile Doumergue, *Jean Calvin, les hommes et les choses de son temps.* vol. I. Lausana, 1889, pp. 584-585. En la página 468 arguye este autor que, como el prefacio de 1534 muestra claramente que Calvino se hacía portavoz de gran número de psrsonas —a saber, los *nouveaux évangeliques*, los mienbros de la iglesia reformada—, su conversión tiene que haber ocurrido en algún momento anterior a 1534. Pero el sueño del alma a que él se oponía era del hecho una doctrina lutera en 1534. Hulshof, en su citada tesis doctoral Geschiedenis van de *Doopsgezindente Straatsburg*, Stelling II, sostiene que la segunda parte de la *Brière instruction* de Calvino, que bien puede estar cerca del borrador original de su *Psychopannychia* de 1534, no está dirigida propiamente contra los anabaptistas, sino contra "eine sekte onder de Hervormingsgezinden in Frankrik". En apoyo de la opinión de Hulshof podría aducirse la vieja teoría del P. François Garasse, según el cual Calvino, en la versión original de la *Psychopannychia*, estaba escribiendo en este punto *contra* Lutero. Véase Henri Busson, *Le Rationalisme dans la littératira française de la Renaissance*, 2ª ed., París, 1957, p. 321, nota 3.

8. El término aparece, por ejemplo, en *OC*, vol. V, col. 211. En la versión anexa a la Brière instruction la caracterización es la misma, pero esta vez los dos grupos reciben el nombre de "anabaptistas".

9. Utilizo aquí la versión inglesa de la *Psychopannychia* que aparece en el vol. III de *Tracts* de Calvino, Edimburgo, 1851, pp. 419-420. Sobre el alma *sintiente* y separable de Calvino, de tradición platónico-patrística, véase Harry Wolfson, *Religious Philosophy*, Cambridge, 1961, p. 91. En otros lugares explica Wolfson por qué los libertinos y otros espiritualistas psicopaniquistas fueron tachados de epicúreos. (Cf. *supra*, cap. XXII, a la altura de la nota 13, el caso de Camilo Ranato).

No parece que ninguno de los dos grupos de *hypnologi*, que se contaban por millares, estuviera constituido por luteranos franceses. Es claro que una doctrina como ésa no podía ser la señal distintiva de los seguidores franceses de Lutero hacia 1534.[10]

Es posible que, en el momento de escribir su primer borrador de la *Psychopannychia*, Calvino se haya sentido movido en parte por el prolongado alboroto que en Orléans causó el "regreso" del alma de la difunta mujer de uno de los magistrados.[11] En su testamento, esta señora había insistido expresamente en que se rezara por ella una sola misa de difuntos, lo cual privaba a los franciscanos de la ciudad de los buenos ingresos a que estaban acostumbrados. Los frailes, en venganza, escondieron a un novicio en la cripta de la iglesia para que hiciera el papel de la difunta y, entre varias señales horrorosas, revelara haber muerto como luterana, lo cual llenó de gran aflicción al viudo. La superchería se descubrió, y los franciscanos culpables fueron condenados a prisión. Pero la *Psychopannychia* de Calvino es una obra demasiado seria para haberse escrito primariamente a causa de ese escándalo local. En todo caso, su argumentación hubiera tendido a apoyar a los mendicantes, y, desde luego, no hubiera exculpado satisfactoriamente a los luteranos de la ciudad.

Los verdaderos adversarios de Calvino hacia 1534 no eran ni los luteranos ni los espectros amañados por los franciscanos; tienen que haber sido más bien los paduanos franceses, los libertinos neerlandeses y los refugiados anabaptistas, si es que los había en Francia hacia esa época. En los dos prefacios, el de 1534 y el de 1536, pero sólo una vez en el cuerpo de la *Pshychopannychia*,

10. Busson, Le Rationalisme, pp. 320-321, postula un grupo de augustinianos o anabaptistas en Orléans, pero aquí está aplicando simplemente a los adversarios de Calvino en 1534 una designación que Florimond Raemond da (en 1605) a ciertos "hipnólogos" de Bohemia: véase su *Histoire de la naissance, progrès el décadence de l'herésie*. París 1605, II. Cap. XV: I, "Des Augustinians et Stancariens". Cabría observar, sin embargo, que en la Edad Media hubo augustinianos que en el siglo XVI hubiera podido ser tedioso por psicopaniquistas . Roland Bainton, "New Documents on Early Protestant Rationalism", CH, VII(1938), 179-187, maneja ese término. Sobre los augustinianos psicopaniquistas véase *infra*, cap. XXVI.2, a la altura de la nota 9.

11. Tal era la teoría de Paul de Félice, *La Tragédie des cordeliers d'Orleans* (1534-1535), épisode de l'historie monastique orléanaise aux xvi siècle, París, 1887, y, antes de él, la de Francis Blackburne, *A Short Historical View of the Controversy concerning an Intermediate Stale*, 2ª ed., Londres 1972. Juan Sleidan († 1556), que se encontraba a la sazón en Orléans, es quie relata todo el episodio en sus *Commentarii*, IX, bajo la fecha respectiva. Véase Doumergue, *op. cit.*, p. 466, nota 3, y Félice, *op. cit.*, p. 464.

los *hypnologi* reciben también el nombre de "catabaptistas", como solía llamar Calvino a los anabaptistas.[12]

En apoyo de la idea de que entre sus adversarios originales se contaban los "paduanos evangélicos francés",[13] los libertinos y los evangélicos radicales, conviene recordar que el libertino Antonio Pocquet enseñaba por estos tiempos el psicopaniquismo en Francia y en Navarra. Más tarde lo atacaría Calvino expresamente (y, con él, a otros libertinos) a propósito de ese punto. Más aún: sabemos que en 1533 o 1534, estando en París, Calvino había conocido a un tal Quintín de Picardía, convertido por Pocquet y el más renombrado de sus portavoces. Los libertinos de París y los de la corte de la reina Margarita en Nérac, donde estuvo de visita Calvino en el curso del año, bien pueden haber sido uno de los dos grupos de hipnólogos atacados en 1534. Teniendo en cuenta las afiliaciones anabaptistas de esos hombres, no es de sorprender que Calvino les haya aplicado también a ellos incidentalmente la designación de anabaptistas.

¿Y quiénes eran los del segundo grupo, los que tenían un argumento más fisiológico para afirmar el sueño del alma? La suposición más sensata es que este grupo estaba constituido originalmente por Miguel Servet y por algunos seguidores suyos de París (pocos, seguramente), a quienes Calvino podía llamar con mayor propiedad aún "anabaptistas", en vista de que Servet residió entre ellos en Estrasburgo. (En la revisión de 1542, Calvino debió haber ampliado el grupo para hacerlo abarcar a Camilo Renovato y a sus seguidores de los Grisones.) Sabemos que Calvino solicitó una entrevista con el autor del *De Trinitatis erroribus* en París en 1534, poco antes de escribir el primer borrador de la *Psychopannychia*. Por alguna razón que ignoramos, Servet no acudió a la cita secreta.[14] En el pasaje de Calvino que antes hemos transcrito cabe observar, sin embargo, la desmañada pero quizá reveladora alusión a la circulación pulmonar de la sangre. [...] Calvino llevaba consigo el borrador de la *Psychopannychia* junto con otro manuscrito mucho más importante, el primer borrador de la *Institutio*, en su camino al destierro, de Metz a Estrasburgo y de aquí a Basilea.

---

12. *Brève instruction* (1544), *OC*, vol. V, col. 232.

13. Busson, contra su propia preferencia por los hipotéticos "augustianianos de Orléans", sugiere esto cuando escribe (*Le Rationalisme*, p. 321): "Posiblemente los primeros libertinos habían propagado ya esta herejía. ¿No cabría decir tal vez que Calvino tuvo en un principio la idea de refutar a los racionalistas italianos más que a los soñadores anabaptistas? Como el libro fue modificado varias veces, es imposible afirmarlo con alguna certidumbre".

En Estrasburgo, en algún momento anterior a la publicación de la *Institutio*, Capitón disuadió a Calvino[15] de su propósito de imprimir la *Psychopannychia*, haciéndole ver que lo único que conseguirá sería agrandar el interés por el asunto y ofender seguramente a Lutero, que en este punto se hallaba más cerca de los radicales. En 1537, Pedro Caroli, pastor reformado de Lausana, comenzó a enseñar de nuevo la doctrina del purgatorio, que representaba una visión del más allá no menos repugnante para Calvino[16] que el psicopaniquismo en el otro extremo. Y, lo que es más, en Ginebra misma los anabaptistas psicopaniquistas se estaban convirtiendo en un problema.

A comienzos de 1537 llegaron varios anabaptistas de los Países Bajos a Ginebra; y, para consternación de Calvino, encontraron a la población bastante bien dispuesta a escuchar sus prédicas. Dos de ellos, Herman de Gerbehaye (cerca de Lieja)[17] y Andrés Benout, de Engelen (ahora en el Brabante holandés), fueron llevados ante el ayuntamiento el 9 de marzo de 1537. Los detenidos solicitaron una disputa pública con Calvino y Farel.Después de algunos titubeos, el ayuntamiento decidió aceptar la solicitud. La disputa, que duró dos días, tuvo lugar en ese mismo mes de marzo, en la iglesia del convento franciscano de Rive. Además de discutir los puntos habituales referentes al bautismo y a la excomunión, los disputantes tocaron la cuestión de la psicosomnolencia. Calvino no tomó parte directa en el debate.[18] Los dos anabaptistas se enfrentaron a Farel con cierto éxito, a pesar de que su manera de expresarse era torpe; pero el ayuntamiento los declaró derrotados y los expulsó de la ciudad. En una segunda disputa celebrada ese mismo mes, Calvino decidió intervenir. Los disputantes anabaptistas fueron esta vez Juan Bomeromenus, impresor que antes había estado en Estrasburgo, y Juan Stor-

---

14. Bainton, *Hunted Heretic*, p. 218.
15. Calvino dice (OC, vol. X:2, col. 45) que la carta de Capitón es de 1535, pero A. L. Herminjard, *Correspondance des Réformateurs dans les pays de langue française*. Ginebra-París, 1866xx., vol. III, p. 242, la fecha en 1534. Es evidente que Calvino se convenció de la necesidad de revisar sustancialmente el borrador de Orleáns: véase su carta a su amigo Libertet, de 3 de septiembre de 1535, *OC*, vol. X:2, núm. 29, col. 52, y Herminjard, *loc. cit.*, pp. 349-350.
16. Es Calvino quien le cuenta esto a Megander, en carta del 20 de febrero de 1537. Pedro Viret, otro de los pastores de Lausana, emprendió en dos ocasiones la refutación de Caroli, y la segunda vez la disputa duró dos días, el 28 de febrero y el 1º de marzo de 1537: carta de Meganer a Bullinger, en Herminjard, *op. cit.*, vol. IV, núm. 616.
17. Hulshof, *op. cit.*, p. 187, nota. El texto dice "Gerbihan".
18. *Ibíd.*, pp. 186ss.

deur, un tornero natural de Lieja, los cuales no pudieron competir con el saber teológico del gran jurista-reformador. Después de defender valerosamente sus creencias, ambos fueron expulsados el 30 de marzo. El 7 de septiembre del mismo año de 1537 se reveló la existencia de varios vecinos de la ciudad que habían abrazado el anabaptismo. Uno de ellos era Jacobo Mérauld, natural de Lyon, que, interrogado por los síndicos y acusado de "seguir la moda *(façon)* de la secta de los catabaptistas", reconoció haber recibido en su casa a ciertos predicadores anabaptistas y haber difundido sus libros entre los ciudadanos de Ginebra. El *procès criminel* de Mérauld permite ver que los de su secta rechazaban la interpretación calviniana del juramento cívico como renovación ceremonial de la alianza del Viejo Testamento.[19]

En 1538, hacia el domingo de Pascua, Calvino, que compartía con los anabaptistas la convicción de que no se debía admitir a la comunión sino a las personas que llevaran una vida exteriormente honesta, vio que también podía estar de acuerdo con ellos en cuanto a la independencia entre Iglesia y Estado. Poco antes, los magistrados de Ginebra habían adoptado la ordenanza eclesiástica de Berna. Idealmente, Calvino hubiera dado a los ancianos seglares, elegidos por los miembros de las parroquias, así como los pastores de éstas, la autoridad plena en todas las cuestiones relativas a la disciplina de la congregación, mientras que, desde el punto de vista de los magistrados, esta autoridad estaba en ellos y en los ancianos nombrados por ellos como delegados suyos. Calvino fue el menos "magisterial" de todos los protestantes, y en cuanto al principio de la autonomía eclesiástica estuvo más cerca de los radicales que de Zwinglio, Lutero o Granmer.[20]

19. Informe enviado al ayuntamiento por la corporación de pastores. Véanse otros nombres en Herminjar, *op. cit.*, vol. IV, p. 272, núm. 6. Cf. Jean Séguy, "Anabaptisme et réforme de I´Eglise au xvie siècle", *Christ Seul*, 1969, y el artículo de Timothy George, "Guillaume Farel, John Calvin, and Anabptism de *langue française*" (de próxima publicación en *The Sixteenth Century Journal*), donde se observa que los anabaptista desafectos formaban sin duda parte de la coalición que en 1538 logró que Calvino y Farel fueran expulsados.

20. Esta caracterización de Calvino como el menos "magisterial" de los protestantes clásicos, según se ve particularmente en su defensa de un senado a la vez laico y elegido por los miembros de la congregación, aplicable al período que precede a su destierro, se hizo aún más explícita en conexión con las *Ordenanzas eclesiásticas* de 1541, en las cuales atacó vigorosamente la prerrogativa magistrial y sostuvo que los ancianos debían ser elegidos por la congregación y que no estaban obligados a dar cuentas más que a ella.

Véase McNeil, op.cit., pp. 160ss., y tambíen Bryan Hatchen. Jr., *On the Relationship of the Strasbourg Reformation to Chuyrch Discipline in Calvin´s Thought*, tesis de la Universidad Emory, 1960. Los magistrados de Ginebra adoptaron la ordenanza bernesa el 11 de marzo de 1538. Cf. Doumergue, *op. cit.*, vol. II, p. 277.

Los asuntos que se discutían —por ejemplo, si la comunión había de administrarse con hostias o con pedazos de pan, o si había que mantener en el año litúrgico las fiestas de Navidad, Resurrección, Ascensión y Pentecostés— no eran en realidad de mucha monta. Lo que verdaderamente estaba en juego era la cuestión de quiénes tenían el derecho de decidir en materias eclesiásticas, si los magistrados o los teólogos. Más radicales que los reformadores de Berna desde el punto de vista litúrgico y desde el punto de vista religioso-político, Calvino y sus socios se negaron a distribuir el sacramento eucarístico el día de Pascua, violando así las instrucciones. El jueves siguiente (23 de abril) Calvino, por voto de toda la población reunida en asamblea cívica, fue obligado a salir de Ginebra. Hacia los mismos días, Caroli, en Lausana, acusaba a Calvino de ciertas debilidades en cuanto a la doctrina de la Trinidad, lo cual vino aumentar las dificultades del reformador.

Es de tal importancia en la vida de Calvino —como en la de Servet y, más tarde, en la historia de la iglesia reformada polaca— la acusación de ir contra el dogma niceno en la doctrina de la Divinidad, que nos sentimos obligados a interrumpir nuestro examen del psicopaniquismo en relación con el anabaptismo para detenernos un poco en la personalidad y en los argumentos de Caroli.[21]

Caroli fue uno de los primeros clérigos franceses que se pasaron a las filas de la Reforma. Después de obtener su doctorado en teología en la universidad de París, dio una serie de lecciones acerca de las epístolas de San Pablo. Sus comentarios, hechos en estilo homilético popular, atrajeron un público considerable, pero alarmaron a la Sorbona, la cual reprendió a Caroli y acabó por suspenderle la licencia de predicar (1525). Después de resistir en Alençon durante casi diez años, desempeñando un cargo para el cual fue nombrado por la reina Margarita de Navarra, Caroli, sospechoso de haber intervenido en el asunto de los carteles contra la misa en París, tuvo que huir a Ginebra en enero de 1535.

Casi inmediatamente tuvo una riña con Farel y con Pedro Viret (el cual puede haber encontrado sospechosa la autenticidad de su conversión al protestantismo), y entonces se trasladó a Basilea y luego a Neuchâtel, donde se le confió una parroquia en la primavera en 1536. Emprendedor y ambicioso, en noviembre de ese mismo año obtuvo uno de los pastorados de Lausana.

21. Caroli, natural de Rosany-en-Brie, prior de la Sorbona y canónigo de Sens, estuvo en su mocedad bajo el influjo de Lefèvre d'Étaples. Véase Doumergue, *op. cit.*, vol. II, pp. 252ss., y Herminjard, *op. cit.*, vol. IV, núm. 611.

Para conseguir ese puesto pasó por encima de Viret, y entonces los pastores ginebrinos, además de protestar ruidosamente, aprovecharon la oportunidad para reprocharle a Caroli su enseñanza peculiar de que las oraciones por los difuntos adelantaban el momento de su resurrección. En febrero de 1537, Calvino acudió en ayuda de Viret. Caroli tomó entonces la contraofensiva: acusó de arrianos a Viret, Calvino y Farel, y declaró que el catecismo de Ginebra era doctrinalmente defectuoso. La categórica negativa de Calvino a aceptar el Credo de San Atanasio (distinto del Credo de Nicea y del Credo de los Apóstoles, formulaciones más antiguas y menos específicas) y a olvidarse del catecismo de Ginebra eran, para Caroli, la prueba de una aberración trinitaria.

Para resolver el pleito se celebró un coloquio en Berna, los días 28 de febrero y 1º de marzo de 1537. Caroli insistió en su acusación de arrianismo, pero tuvo que retirarla ante la apasionada defensa que Calvino hizo de su postura. Calvino se negó a disociar su causa de la de Farel y pidió enérgicamente que se reuniera un sínodo. Éste tuvo lugar en Lausana el 15 de mayo, y su resultado fue la vindicación de Calvino, mientras que Caroli fue privado de su cargo. El 31 de mayo, en un sínodo paralelo celebrado en Berna, Farel lanzó un tremendo ataque contra la vida personal y las excentricidades doctrinales de Caroli, tras lo cual le quedó prohibido a éste predicar en territorio de Berna.

Calvino y Caroli eran en este momento dos desterrados, el uno de Ginebra y el otro de Lausana. Caroli se trasladó a territorio francés, regresó a la iglesia católica y subrayó esta reconversión escribiendo una carta desvergonzada al ayuntamiento de Lausana. En seguida nos lo encontraremos en Estrasburgo, adonde ahora iremos en compañía de Calvino.[22]

Fue en Estrasburgo donde Calvino se dio cuenta de la extensión geográfica y de la magnitud doctrinal de la Reforma Radical. Por lo que tocaba a la psicosomnolencia, supo que en Metz, en 1538, dos psicopaniquistas habían sido ahogados en el Mosela y otro más había sido desterrado, y que los tres eran anabaptistas. Uno de ellos, hombre de cierta educación, barbero[23] de Lille, había tenido contactos con los anabaptistas neerlandeses que habían estado en Ginebra con Herman de Gerbehaye; otro era de Mouzon (cerca de Sédan), y el tercero era de Montlhéry (al sur de París). Los tres habían estado predicando el sueño del alma, y se habían referido concretamente a

---

22. Cf. McNeill, *op. cit.*, p. 141.

23. El texto dice "barba" valdense. Véase Herminjard, *op. cit.*, p. 112, nota 12, con cita de las *Chroniques de Metz* (1839) de J. F. Huguenin, p. 839.

la dormición de la Virgen María.[24] Bucero, que hasta esos momentos habían disuadido a Calvino de la idea de publicar su refutación del sueño del alma, ahora lo instó a darla a la imprenta. El 1º de octubre de 1538, Calvino informó a Antonio de Pignet,[25] pastor de una localidad cercana a Ginebra y antiguo condiscípulo suyo en Orléans, que estaba decidido a publicar su *Psychopannychia* contra los "hipnosofistas soñolientos". La respuesta de Pignet fue alentadora,[26] pero Calvino, por razones que no conocemos, decidió esperar aún.

Es muy posible que estando en Estrasburgo haya tenido Calvino algunos contactos con los hofmannitas. Las menciones de la doctrina de la carta celestial en la segunda edición latina (Estrasburgo, 1539) de la *Institutio*[27] son más precisas que en la primera, lo cual puede explicarse por un conocimiento más directo de la cristología de Hofmann.

En octubre de 1539 ocurrió que Caroli se presentó en Estrasburgo. Aunque parecía deseoso de reconciliarse con Calvino, era evidente que no había olvidado el papel que éste había tenido en el pleito que ocasionó su pérdida del cargo de pastor en Lausana. Caroli no había sido recibido con excesivo entusiasmo por los católicos en Francia, y al reaparecer en Estrasburgo se declaró partidario otra vez de la fe protestante y deseoso de contar con la amistad de Calvino, Farel y Viret (!). Los teólogos de Estrasburgo se reunieron para considerar el asunto. Exoneraron a Calvino de cualquier culpa por los infortunios de Caroli, pero intentaron llegar a un acuerdo armonioso escribiendo un largo documento de reconciliación que Calvino y Caroli tendrían que firmar. Algo en verdad extraño es que entre quienes redactaron el documento se contaba el propio Caroli. Cuando, a hora avanzada de la noche, se lo llevaron a Calvino, que se alojaba en casa de Mateo Zell, Calvino descubrió que allí se daba a entender que él y Farel tenían la culpa de que Caroli hubiera quedado proscrito en el territorio de Berna. Sumamente alterado, gritó que por ningún motivo firmaría semejante documento. De allí en adelante sería muy puntilloso en cuanto a las formulaciones de la doctrina de la Trinidad en el Credo. (Caroli abandonó

---

24. Carta de Calvino (desde Estrasburgo) a Farel (ahora en Neuchâtel), 11 de septiembre de 1538: Herminjard, *op. cit.*, V, núm. 743.

25. Herminjard, *op. cit.*, vol. V, núm. 749.

26. *Ibíd.*, vol. VI, núm. 821.

27. II, xii, 1-3; xiii, 1-2; xiv, 1-4, 6-7. La observación se debe a Keeney, *Calvin's Treatment of the Anabaptists*, p. 4.

la escena, para reaparecer en Metz en 1543, llamándose de nueva cuenta católico romano…).[28]

Hallándose todavía en Estrasburgo, Calvino recibió de las autoridades locales el encargo de ocuparse de los anabaptista de habla francesa de la ciudad y sus alrededores. En el sínodo de 1539 persuadió a Juan Stordeur (o a Juan Bomeromenus) y a Herman de Gerbehaye, a quienes ya había conocido en Ginebra, a renunciar a su fue a favor de la confesión reformada. Calvino cuenta los detalles del episodio en una carta a Farel,[29] donde observa que fue Herman quien promovió la conferencia:

> Reconoce [ahora] que se hallaba en un serio error en cuanto al bautismo de los infantes, a la humanidad de Cristo [la cuestión de la carne celestial] y a muchos otros puntos. Acerca de otras cuestiones tiene todavía dudas, pero se muestra esperanzado, ahora que ya ha superado tantas otras. Su compañero Juan [Stordeur][30] ha traído finalmente a su niño, que está ya bastante crecido, para que se le bautice. Yo estuve vacilante un rato a causa de su flaqueza, puesto que, según él, ésa era la principal razón para posponer el bautismo. Finalmente dijo que no detendría a la gente cuya obstinada insistencia en el bautismo él no podía soportar de ningún modo.

Tres semanas después,[31] Calvino se expresaba así sobre esa conversión:

> Herman, si no me equivoco, ha regresado con toda buena fe al seno de la iglesia. Ha confesado que fuera de la iglesia no hay salvación, y que la iglesia auténtica es la que está con nosotros. Por lo tanto, era una defección haber pertenecido a una secta separada de ella. Se confesó, pues, culpable de ese crimen y suplicó que se le perdonara. Aceptó ser instruido acerca de la libertad del albedrío, de la divinidad y la humanidad de Cristo, del renacimiento, del bautismo de los infantes y de otras materias. La cuestión de la predestinación es la única en que se mostró titubeante. Sin embargo, estuvo a punto de aceptar también aquí nuestra doctrina, excepto que no pudo entender la distinción entre presciencia y providencia. Pero suplicó que esto no fuera obstáculo para que se le recibiera,

---

28. Según Teodoro Beza, Caroli se dirigió en algún momento a Roma y allí murió en la mayor miseria. Pero, según otra tradición, parece que Caroli regresó de Roma a Francia, que se dedicó a la enseñanza de los catecismos tridentinos, y que murió asesinado en 1575. El relato anterior está basado en Doumergue, *op. cit.*, vol. II, pp. 258-268.

29. Del 6 de febrero de 1540: Herminjard, *op. cit.*, Vol. VI, núm. 846.

30. O Juan Bomeromenus. Pero si se trata de Juan Stordeur o Tordeur (tournier) de Lieja, el niño bautizado sería luego hijastro de Calvino. Véase *infra*, nota 32.

31. Carta de Calvino a Farel, 27 de febrero de 1540: Herminjard, *op. cit.*, vol. VI, núm. 854.

junto con sus hijos, en la comunión de la iglesia. En respuesta, me declaré dispuesto a recibirlo, y cuando pidió perdón le di la mano en nombre de la iglesia. A continuación bauticé a su hijita, que tiene más de dos años de edad. Si mi juicio no me engaña, es un hombre piadoso. Cuando lo invité a hacer regresar a otros al camino recto, me contestó: "Es lo menos que puedo hacer, esforzarme en construir así como antes me esforcé en destruir".

En seguida menciona Calvino a "Juan", que ahora reside en Ulm, y que también "ha recobrado la sensatez". No puede saberse si se trata de Stordeur o de Bomeromenus.[32] A comienzos de agosto de 1540, Farel casó a Calvino con Idelette de Bure, mujer de salud delicada, que acababa de quedar viuda por la muerte de Stordeur.

Una hazaña notable de Calvino en Estrasburgo con respecto al problema de los radicales fue la reconversión de Pablo Volz, antiguo predicador de la iglesia de San Nicolás, que durante algún tiempo se había unido al grupo de los schwenckfeldianos.[33]

Calvino, no satisfecho sino temporalmente con esas conversiones locales, y horrorizado todavía por la extensión de los movimientos anabaptista y espiritualista, se dedicó a preparar para la imprenta su ya viejo borrador de la *Psychopannychia*, junto con los dos prefacios antiguos y no utilizados (Orléans, 1534, y Basilea, 1536). El libro se publicó en Estrasburgo en 1542. Poco antes, en septiembre de 1541, tras de haber representado a la iglesia de Estrasburgo en el trascendental coloquio de Ratisbona, Calvino había regresado triunfante a Ginebra.

Habiendo caracterizado las ideas de Calvino sobre la vida del más allá a través de su *Psychopannychia*, para lo cual hemos dado por supuesto que esta obra no sufrió mayores alteraciones desde 1534 hasta 1542, vamos ahora a estudiar otra obra que toca el problema de la psicosomnolencia no sólo con un enfoque nuevo, sino también con mayor claridad que la *Psychopannychia* (publicada tan tardíamente), y que nos revelará los pensamientos de Calvino sobre esta cuestión en el contexto más amplio de su lucha contra el anabaptismo. Pero necesitamos antes llevar la historia del anabaptismo suizo hasta este punto.

32. Se trata más probablemente de Bomeromenus (Hulshof, *op. cit.*, p. 106), el cual había sido expulsado de Estrasburgo en 1537 y se había marchado a Metz, que de Juan Stordeur, con cuya viuda se casaría Calvino en agosto de ese mismo año.
33. Véase Hulshof, *op. cit.*, p. 197, y T. W. Roehrich, *Mittheilungen aus der Geschichte der evangelischen Kirche des Elsasses*. París, 1855, vol. III, p. 215.

II. El anabaptismo suizo desde la muerte de Zwinglio hasta el gran ataque de Calvino, 1531-1544

Al regresar con Calvino de Estrasburgo a Ginebra, nos detendremos un poco en territorio de Berna. Era éste, en la época a que nos referimos, el cantón más extenso de la confederación suiza, pues iba desde el Rhin, frontera con el cantón urbano de Basilea, hasta la república-ciudad de Ginebra. Ginebra había conseguido independizarse de su príncipe-obispo y del duque de Saboya gracias a la ayuda militar de Berna. Después había adoptado la ordenanza eclesiástica bernesa y, desde todos los puntos de vista, se hallaba estrechamente vinculada con el poderoso cantón que, hacia esos años, tenía bajo su dominio regiones y ciudades no sólo de habla alemana, sino también de habla francesa, como Lausana. Aunque ya hemos mencionado, de paso, algunos encuentros de los ginebrinos con los anabaptistas, convendrá tener a la vista toda la situación sectaria del cómo evolucionó desde 1531, año en que dejamos la historia del anabaptismo suizo. Esta historia se centra ahora en el cantón de Berna.

La Reforma bernesa había sido formulada en el sínodo de enero de 1532 bajo la dirección teológica de Wolfgang Capitón, quien hábilmente logró imponer el espíritu unionista de que venían dando pruebas los reformadores de Estrasburgo, y que en la práctica significaba mantener a los suizos lo más cerca posible de los sajones.[34] La ordenanza eclesiástica de Berna, compuesta de veinticuatro artículos, redactada principalmente por Capitón y promulgada como resultado del sínodo, era conservadora desde el punto de vista litúrgico, y sin embargo ostentaba no pocos rasgos espiritualistas que indudablemente reflejaban las simpatías de Capitón por las ideas de Schwenckfeld, Servet y otros varios pensadores independientes con quienes muy poco antes había estado conversando en Estrasburgo. En cuanto a la relación entre bautismo y circuncisión, es interesante observar que Capitón indujo al sínodo de Berna a aceptar implícitamente la posición de los anabaptistas, puesto que no quedó consignada esa equiparación de los dos ritos a pesar de haber sido aprobada por hombres como Zwinglio, Bullinger y Bucero. Además, el sínodo declaró categóricamente que el bautismo de los infantes era un mero signo de la promesa que debería cuajar progresivamente mediante la educación cristiana del bautizando en el seno de la congregación.

---

34. Sobre la participación de Capitón en el sínodo, véase Strasser, *Capitos Beziehungen zu Bern*, pp. 67-121.

A pesar del silencio que guardó en cuanto a la doctrina de la Trinidad, a pesar de su fuerte insistencia en el papel clarificador y santificador del Espíritu Santo, y a pesar también de las modificaciones que introdujo en la teología bautismal, la ordenanza eclesiástica de Berna —que, por lo demás, debe ser vista en el contexto pan-protestante de urgencia unionista a raíz de la segunda Paz de Cappel— tuvo como efecto consolidar el propósito de las autoridades de conjurar la amenaza del separatismo sectario. De acuerdo con este propósito, el ayuntamiento de Berna decidió celebrar un coloquio en toda forma con los anabaptistas.[35] Bien valía la pena hacer un gran esfuerzo para atraer el mayor número posible de anabaptistas a este coloquio y convencerlos de la necesidad de someterse a la iglesia oficial, como integrantes de un cantón uniformemente reformado. Sin su colaboración, el gobierno de Berna podría encontrarse en una situación muy delicada frente a los cantones que seguían siendo ardientemente católicos. Para garantizar la asistencia y el juego limpio, se ofreció salvoconducto a todos los anabaptistas que participaran en la disputa. Ésta, por lo demás, había de celebrarse fuera del territorio bernés, en Zofingen (ciudad del condominio del Aargau, administrado conjuntamente por Berna y por otros cantones), a fin de que los disidentes pudieran sentirse especialmente seguros. Por esa misma razón se decidió no invitar a ningún reformador magisterial que no fuera residente de Berna, ni siquiera a Bullinger: no fueran a decir los anabaptistas que la iglesia reformada sólo podía disputar con ellos haciendo venir desde grandes distancias a sus más eruditos polemistas. La disputa, iniciada el 1º de julio de 1532, duró hasta el día 9.

Aunque Bullinger se vio impedido de participar en ella, colaboró sustancialmente con sus consejos que dio por carta. Le dijo a sus colegas que la mitad de la batalla, tratándose de una discusión con anabaptistas, consistía en establecer un proce-dimiento metódico y ordenado, en limitar la disputa a una sola cuestión a la vez, y en cuidarse de no perder de vista el tema principal, enredándose en temas accesorios.[36] Era necesario —les dijo también— lograr que desde un principio aceptaran los anabaptistas la autoridad de la Biblia entera, la del Viejo Testamento lo mismo que la del Nuevo, sin que hubiera el menor desdén por el primero. Bullinger adujo gran número de textos y argumentos para demostrar que la autoridad del Viejo Testamento no había

---

35. Véase Heinold Fast y John H. Yoder, "How to Deal with Anabaptists", *MQR*, XXXIII (1959), 83-95.

36. Bullinger a Haller, *Quomodo agendum et disputandum sit sum Catabaptistis*, documento traducido al inglés en el lugar citado en la nota anterior.

sufrido desmedro alguno, pero no refutó satisfactoriamente el punto de vista de los anabaptistas, según los cuales el Nuevo Testamento representa un nivel posterior, y más elevado por consiguiente, de revelación divina. Haciendo suyo el principio (tan favorecido por todos en el siglo XVI) de que los pasajes oscuros de la Escritura deben interpretarse a base de los más claros, pero yendo aún más lejos, afirmó que la "fe" y el "amor" eran los cánones por excelencia para la interpretación bíblica, y que esta interpretación bien podía llevar a "una significación nueva, distinta de la expresada por las palabras mismas". Así, por ejemplo, el precepto divino de amor mutuo, una vez interpretado, lo que expresaba era una preocupación por el mejor interés del orden social y por la solidez de la paz en toda la familia cristiana.

Al iniciarse la disputa se hallaban veintitrés anabaptistas presentes. Sus portavoces principales eran Martín Weniger (de Schaffhausen) y Juan Hotz. Bertoldo Haller y Gaspar Megander (de Berna), junto con Sebastián Hofmeister (primero de Schaffhausen, después de Zúrich, y últimamente de Zofingen) eran los teólogos más prominentes de la delegación reformada, en la cual se hallaba asimismo Juan Pfistermeyer, ex-cabecilla anabaptista. Cuatro delegados del Aargau y de la ciudad de Berna fueron nombrados presidentes de los debates y, al aceptar su nombramiento, prometieron guardarse de toda posible impropiedad. El resultado de estos esfuerzos fue un discreto y cortés intercambio de puntos de vista. Las minutas de las discusiones, redactadas por tres secretarios, fueron sometidas a todas las personas que habían participado en ellas y, una vez verificadas, fueron impresas en Zúrich y distribuidas por cuenta del ayuntamiento de Berna.

Fueron once los puntos que se seleccionaron para la discusión, a saber: 1) si el amor es, en efecto, el árbitro final de todas las discordancias escriturísticas (posición de Bullinger); 2) cuál es la vocación ministerial válida (o sea, a quién compete el nombramiento de los pastores); 3) en dónde reside la iglesia auténtica; 4) si es justo que la excomunión sea decretada por los magistrados, en su papel de funcionarios cristianos de la comunidad; 5) si la magistratura puede en verdad ser cristiana; 6) si los cristianos están obligados a pagar diezmos e impuestos; 7) si es legitimo el juramento civil; 8) por quién deben ser invitados los predicadores, si por el ayuntamiento o por los miembros de la iglesia; 9) si los predicadores deben o no ser sostenidos mediante el antiguo sistema de prebendas; 10) si es lícito que los cristianos cobren intereses; y, por último, 11) si los infantes pueden ser bautizados. En algunos de estos puntos se llego a cierto acuerdo superficial, pero, en conjunto, no hubo ningún progreso real. Como de costumbre, cada uno de los bandos se proclamó victorioso.

El coloquio de Zofingen fue, sin embargo, la más importante de las disputas que se tuvieron con anabaptistas en Suiza. En él quedó bien claro el principio reformista del amor como una preocupación por la unidad y la paz de la comunidad cristiana y como un patrón exegético de primera importancia. El reconocimiento formal del principio hermenéutico de Bullinger apartaba a los pastores reformados del estricto biblicismo en que todos ellos habían acostumbrado escudarse cuando se trataba de buscar la manera de mantener una relación armoniosa entre iglesia y gobierno, y de asegurar una reforma íntegra del *corpus christianum* territorial.

Ocho meses después de la disputa de Zofingen, las autoridades de Berna promulgaron un nuevo decreto (2 de marzo de 1533) contra los anabaptistas, los cuales, evidentemente, no habían dado señales de cohibición por su "derrota" de Zofingen. El decreto garantizaba protección a los anabaptistas que se mantuvieran quietos y que guardaran sus creencias para sí mismos, pero amenazaba a los agitadores con la prisión, cuyos costos tendría que pagar el preso (que de lo contrario quedaría a régimen de pan y agua). Las autoridades, sin embargo, comenzaron a exigir que aquellos que aceptaran la protección ofrecida en el decreto asistieran públicamente y todos los domingos a los servicios religiosos reformados y mandaran bautizar a sus hijos pequeños. A fines de año siguiente apareció un nuevo decreto contra los anabaptistas y también contra los católicos (8 de noviembre de 1534), en el cual se hacía obligatoria la comunión tres veces al año. En lo sucesivo, los matrimonios tendrían que celebrarse únicamente ante los pastores oficiales. Quienes por razones de conciencia se negaran a aceptar con juramento esas disposiciones tendrían que salir del cantón inmediatamente. Pocos meses después se añadió a este decreto un apéndice en que se disponía que los recalcitrantes fueran encarcelados durante ocho días, para que en este lapso pensaran mejor las cosas; si aun así persistían en su negativa, debían ser expulsados, y amenazados con la pena de muerte en caso de regresar. El gobierno de Berna siguió aumentando la severidad de las medidas contra los anabaptistas. Castigó corporalmente a muchos, ejecutó a varios, y nombró agentes especiales, encargados de "cazar" anabaptistas y de acorralarlos dondequiera que los encontraban.

A pesar de esta exhibición de fuerza —o, mejor dicho, a la luz de su manifiesto fracaso en cuanto reglamento cívico—, las autoridades cantonales organizaron otro importante *Gespräch* entre los separatistas y los predicadores establecidos. El coloquio se celebró esta vez en la propia ciudad de Berna, en marzo de 1538.[37] Los anabaptistas asistieron a él en gran número, si bien, con excepción de Juan Hotz (del distrito de Grüningen), que había estado presente ya en el coloquio de Zofingen de 1532, todos ellos eran figuras menores. Hicieron, sin embargo, un papel bastante gallardo en los debates. Por principio de cuentas, declararon solemnemente estar dispuestos a dejarse convencer con argumentos de la Escritura, y tras esto expresaron su confianza en una conversación franca y seria, bajo la autoridad de Cristo, con la inspiración del Espíritu Santo y basada en los textos de la Escritura, añadiendo que de una discusión total y equitativa bien podrían salir todos los participantes en posición de una verdad común que ninguno de los bandos había tenido al principio. Los polemistas de la iglesia establecida de Berna y otros lugares recibieron muy mal este principio de "mutabilidad" en el debate.[38]

El efecto inmediato de la disputa de 1538 fue un recrudecimiento de los decretos anteriores. Después, en septiembre del mismo año, se promulgó un decreto aún más severo, que castigaba con pena de muerte a los cabecillas y con tortura a los demás, a fin de inducirlos así a la abjuración. Sin embargo, tres años después, el 28 de noviembre de 1541, tras ocuparse una vez más del problema, el gobierno se apartó por completo de su línea intransigente gracias a la hábil intervención del bailío Hans Nägeli, el cual hizo ver cómo los anabaptistas debían su origen a una serie de debilidades e incoherencias muy reales que existían en la posición reformada, particularmente la indiferencia religiosa de las masas, la conducta indecorosa de no pocos pastores y especialmente la falta de unidad entre los protestantes en cuanto a la práctica de la Cena del Señor. El ayuntamiento decidió, pues, reducir la severidad de la legislación contra la anabaptista, limitando el castigo del cepo a aquellos que, habiendo jurado una vez obediencia al decreto anterior, incurrieran después

---

37. De los *Acta des gesprächs zwüschenn predicannten Vnnd Tauffbrüderenn Erganngen Inn der Statt Bern* existe una copia mecanografiada en la biblioteca Histórica Mennonita de Goshe, Indiana. El documento ha sido estudiado por Walter Klassen, "The Bern Debate of 1538", *MQR*, XL (1966), 148-156. Sobre otra declaración suiza de la misma época, véase J. C. Wenger, "Marín Weninger's Vindication of Anabaptism" *MQR*, XXII (1948), 180-187.

38. La obra más importante sobre las disputas suizas es la de John H. Yoder, *Die Gespräche zwischen Täufern and Freformatoren in der Schweiz* in 1523-1538, Karlsruhe, 1962. Franklin Littell ha escrito varios trabajos acerca de la concepción anabaptista de la mutabilidad en los coloquios teológicos; el más reciente es "[The Laity in the] Radical Reformation", en el volumen colectivo *The Laity in Historical Perspective*. ed. por Stephen Neill y Hans-Ruedi, Londres, 1963, cap. XI.

en el delito de reincidencia. Los castigos más severos quedaban reservados sólo para los que reincidieran por tercera vez. Esta relativa benignidad aseguró cierta atmósfera de paz a los anabaptistas del cantón de Berna.

Con las páginas que preceden queda cubierto el trasfondo bernés, y podemos acompañar a Calvino en su regreso a Ginebra (1541), donde introdujo inmediatamente sus *Ordenanzas eclesiásticas*. Si las innovaciones propuestas en un principio por Calvino —a saber, la autonomía del senado elegido por la congregación, la veda de la mesa de la comunión y el ejercicio de la excomunión por la iglesia y no por el estado— hubieran sido aceptadas por los ayuntamientos de Ginebra, el calvinismo se habría mostrado, desde el punto de vista de la disciplina, más cercano al anabaptismo que al luteranismo magisterial.

En 1544 (el 10 de noviembre), la Confederación entera adoptó una serie de medidas rigurosas contra los anabaptistas. En este mismo año, Farel instaba a Calvino a traducir al francés su *Psychopannychia*, le mandaba una traducción manuscrita del *Von der christlichen Taufe der Gläubigen* de Hubmaier y hacía algunos comentarios despectivo sobre el martirio de Miguel Sattler.[39] Calvino dedicaba ya su atención al problema de la psicosomnolencia en relación con el problema todo del anabaptismo, que preocupaba mucho a los eclesiásticos y magistrados suizos. El fruto de esto fue su *Brève instruction pour armer tous bons fidèles contre... la secte commnune des anabaptistes*, publicada en Ginebra en 1544.[40]

La *Brève instruction* es una refutación en toda regla del anabaptismo, tal como se formulaba en los siete artículos adoptados en Schleitheim en 1527, y es, así, el equivalente francés del *Elenchus* de Zwinglio. Pero sus recientes encuentros con anabaptistas de habla francesa y de habla alemana en Estrasburgo y en Ginebra habían convencido a Calvino de la necesidad de incluir en su refutación otros dos artículos tan importantes como los siete originales, de manera que al final de la *Brève instruction* lanzó sus ataques contra la teoría (gnóstica y marcionita según él) del cuerpo celestial de Cristo y contra la doctrina de la psicosomnolencia.[41] Calvino sospechaba que la negación de una carne plenamente adámica en

---

39. Carta del 23 de febrero de 1544, en Herminjard, *op. cit.*, vol IX, núm. 1332.

40. *OC*, vol. VII, cols. 103-142.

41. Es curioso que los mennonitas (Neff en la ME, *Hulshof en su Geschiedenis*) afirmen que la doctrina psicopaniquista nunca fue sostenida por ellos ni por los anabaptistas alemanes, y que Karl Müller, el historiador general que la Iglesia que parece haber prestado mayor atención a esta doctrina, diga que los únicos que la sostuvieron fueron los anabaptistas franceses, pero entonces habría que ver quiénes fueron ésos, aparte de los pocos mencionados antes (K. Müller, *Kirchengeschichte*, vol. II, Tübingen, 1919, p. 121 *et passim*).

Cristo estaba relacionada con la negación de un alma sustancia, susceptible de existencia consciente después de la muerte del cuerpo y capaz de experimentar júbilo en su espera del Juicio Final. Así, pues, emprendió la tarea de resumir su *Psychopannychia*, mencionando ahora con toda claridad a los anabaptistas en los lugares en que antes se había referido a los "hipnólogos".[42] No hace falta repetir aquí los argumentos que nos son ya familiares.

El último contacto personal de Calvino con el anabaptismo evangélico parece haber ocurrido dos años después, cuando un individuo de apellido Belot, desconocido por los demás, apareció en Ginebra con un puesto de libros y folletos. Calvino hizo que fuera arrestado.[43] Estando ya el vendedor ambulante en poder de las autoridades civiles, Calvino se presentó para hablar cortésmente con él, "según es mi costumbre". Belot estaba tan consciente de su misión divina como el propio Calvino, el cual lo describe burlonamente diciendo que, "con la cabeza levantada y los ojos puestos en alto, se daba los aires majestuosos de un profeta", y añade que "cuando así le convenía, contestaba con unas cuantas palabras a las preguntas que se le hacían". La discusión giró en torno a la legitimidad del juramento cívico, el perfeccionismo y la manutención de los pastores reformados por parte de la congregación. Según parece, Belot irritó sobremanera a Calvino al acusarlo de vivir en el lujo a expensas de los pobres, con su pingüe salario anual de quinientos florines, sus doce arrobas de trigo y unas doscientas cincuenta barricas de vino que se le daban, sin duda, en vista de las exigencias de la hospitalidad pastoral… Belot recibió órdenes de abandonar inmediatamente la ciudad. Aprehendido dos días después, fue apaleado por su desobediencia; sus libros le fueron quemados, y se le amenazó con la horca en caso de que volviera a Ginebra.

El episodio no es importante en sí mismo, pero seguramente confirmó a Calvino en su caricatura de los anabaptistas; y, cuando el reformador de Ginebra se ocupó de las ideas anabaptistas en sus varias revisiones de la *Institutio*,

---

42. Calvino se ocupó más concisamente de lo soñadores y de sus sueños en la edición francesa de 1560 de su Instituto, III, v. 10 (OC, vol. IV, col. 176): "Ces nouveaux prophètes veulent qu'on tienne leur songe pour article de foy, duquel il ne soit licite de s'enquerir." Cabe mencionar que hacia la misma época apareció un defensa paralela de la inmortalidad natural del alma, debida a la pluma de Celio Secondo Curione. Nos referimos a su *De immortalitale animorum oratio* (1543), impresa en Basilea al final de su *Araneus* (cf. *supra*, cap. XXII, a la altura de la nota 13). Curione se esfuerza en sustituir los argumentos de Platón con textos de San Pablo. En la práctica, casi no hace otra cosa que cambiar los nombres.

43. Calvino mismo le cuenta el incidente a Farel, en carta del 21 de enero de 1546 (*OC*, vol. XII, núm. 752).

es evidente que por su pluma corrió el venado dejado por sus desagradables recuerdos de este y otros encuentros.

Y ahora estudiaremos los ataques de Calvino contra los libertinos de cerca y de lejos.

III. Los libertinos y los nicodemitas

Ya hemos observado que Calvino no siempre distinguió claramente a unos adversarios de otros. Los psicopaniquistas contra quienes escribió en Orleáns en 1534 eran, en su mente, prácticamente lo mismo que los sectarios a quienes más tarde llamó libertinos y anabaptistas.

Dejamos a los libertinos y loístas de los Países Bajos en los momentos en que algunos de sus cabecillas, sobre todo Antonio Pocquet y razones para esperar protección de la reina Margarita.

Margarita de Angulema (1492-1549), hermana de Francisco I, había venido a ser, en virtud de su segundo matrimonio (1527), reina del truncado reino vasco de la Alta Navarra[44] y señora de las varias cortes existentes en el grupo de feudos franceses dependientes de Navarra, sobre todo la de Nérec. (Nieto suyo sería aquel "protestante" espiritualizante que, en una coyuntura trascendental, declaró que París bien valía una misa y así llegó a ser rey de Francia con el nombre de Enrique IV.) Los ideales religiosos de Margarita, expresados en su producción literaria y en la protección que dispensó a humanistas y herejes, fueron extraordinariamente variados. En ella encontramos la marca del humanismo cristiano, del misticismo platónico, del catolicismo evangélico de Gerardo Roussel, Lefèvre d'Étaples (el gran biblista que, casi centenario, era protegido suyo cuando Calvino lo visitó en 1534) y Guillermo Briçonnet, de Meaux (su director espiritual), y también de un protestantismo "espiritualizado".[45] Era una mujer a la vez devota e indiscreta. Sus picantes historietas sobre galanterías cortesanas e indiscreciones de convento eran saboreadas en todas partes. Su *Espejo de un alma pecadora*, escrito más evangélico, fue censurado en 1532 pro la Sorbona a pesar de la alta dignidad de la autora y de la briosa defensa que de él hizo Nicolás de Cop.

Es muy comprensible que el espiritualismo, el antinomianismo e incluso las extravagancias de los libertinos neerlandeses le hayan llamado la atención a Margarita. Antonio Pocquet fue uno de sus capellanes. Antes de 1535, según

44. La porción principal del reino de Navarra, de población ibérica (y de la cual, dicho sea de paso, fue nativo Miguel Servet, nacido en Tudela), quedó anexada en 1512 al reino de España. Sobre la vida de Margarita véase Bainton, *Women*, vol. II, cap. I.
45. Bien caracterizado, y con buena bibliografía, pro Busson, *Le Rationalisme*, pp. 306-311.

parece, se hallaban a su servicio, en Nérec, Quintín como ujier[46] y Bertrán de Moulins como *valet de cambre.*

En 1538, Bucero le escribió a Margarita acerca de los libertinos de Navarra y de Francia, sin nombrarlos directamente, pero caracterizándolos como "nicodemitas tímidos", escudados en su idea de la impecabilidad de los perfectos para llevar una vida licenciosa.[47]

Calvino, que había conocido a Quintín en París, supo sin duda de primera mano algo de su desequilibrio y del de otros libertinos, a quienes vino a aplicarse comúnmente el apodo de "quintistas". Quintín, nacido en el Flandes francés, se expresaba de manera despectiva de los apóstoles del Nuevo Testamento, que vivieron, según él, antes de la gran era que apenas empezaba a alborear, o sea la de la perfección del mundo. Sostenía que cada cristiano se convierte de hecho (en un sentido panteísta o místico) en un Cristo. En París tuvo Calvino noticia[48] de que tanto Quintín como Bertrán habían sido expulsados de su tierra a causa de su vida licenciosa. Ya en la versión de 1539 de su *Institutio* se sintió obligado a atacar la perversión quintista del concepto de la omnipotencia divina.[49]

Por raro que parezca, los cabecillas del libertinismo —Pocquet, Perceval y Bertrán de Moulins— se alojaron en la casa misma de Burcer durante una temporada que se sitúa entre septiembre de 1541 y septiembre de 1544,[50] junto con Pedro Brully, el hombre que sucedió a Calvino como predicador de los protestantes en Estrasburgo.

Calvino tuvo su primer contacto directo con Antonio Pocquet en 1542 o 1543. El protegido de Margarita se presentó en Ginebra y pidió a Calvino una carta de recomendación. Naturalmente, no sólo no la consiguió, sino que fue expulsado de la ciudad. La gravedad de la amenaza que el libertinismo significaba para el futuro del círculo religioso de la reina Margarita en Nérac y de las parroquias reformadas de los Países Bajos se le impuso especialmente a Calvino cuando dos neerlandeses, de vista en Estrasburgo y Ginebra en 1544, refirieron los estragos espirituales que estaban causando los libertinos (y tal vez también los loístas).

46. *Biographie universelle,* vol. I.IV, col. 664.
47. Carta del 5 de julio de 1538, *OC,* vol. X:2, col. 215.
48. A través de Esteban de la Forge, el valdense piamontés (martirizado en 1535) con quien Calvino estuvo viviendo en París mientras trabajaba en su comentario a Séneca.
49. Véase Wilhelm Niesel, "Calvin und die «Libertiner»", *ZKG,* XLVIII (1929), p. 61.
50. Ésta es la reconstrucción de Karl Müller, op. cit., vol. II, p. 127. La noticia de la presencia de los tres libertinos en casa de Bucer se halla en las actas del proceso de Brully. Véase *infra,* nota 72.

De manera ya más concreta, en mayo de 1544 Valérand Poullain le escribió desde Estrasburgo a Calvino,[51] instándolo a escribir una carta de consejo y de consolación para los hermanos de Valenciennes, cuya vida se estaba haciendo imposible a causa de los quintinistas. El 5 de septiembre del mismo año, Pedro Viret le escribió a Rodolfo Gwalter, pastor de Zúrich, dándole noticias de las calamidades causadas en la Baja Alemania, así como en Valenciennes, Lieja y Tournai, por una secta pero que la de los anabaptistas, a saber, la de los liberinos.[52] Unas semanas después, el 5 de octubre, también Guillermo Farel le escribió a Calvino[53] pidiéndole encarecidamente que hiciera pública una refutación de los hijos de Simón Mago que estaban haciendo de las suyas en Valenciennes. Unos días más tarde, el 13 de octubre, Poullain se declaraba muy contento de que por fin Calvino se hubiera decidido a esgrimir la pluma contra los quintinistas y contra los secuaces de David Joris y Loy Pruystinck.[54]

Fastidiado, pues, desde largo tiempo atrás (o sea, desde sus días de París y de Nérac) por los libertinos y de manera más general por los espiritualistas, y calculando que los adeptos de esas aberraciones sumaban a la sazón entre cuatro y diez millares,[55] Calvino resolvió escribir el ya mencionado tratado *Contre la secte phantastique et furieuse des Libertins qui se nomment Spirituels*, publicado en Ginebra en 1545. El propósito de esta obra era doble: por una parte, hacerle saber a Margarita de Navarra, discreta pero categóricamente, que había estado alimentando en su corte, no la auténtica piedad cristiana, sino una herejía monstruosa, y por otra parte, vindicar a su sucesor en la iglesia francesa de Estrasburgo, Pedro Brully. En efecto, muy poco antes de que apareciera su tratado, Brully había sido aprehendido en Tournai, mientras hacía una serie de visitas en el norte de Francia y en la parte francesa de los Países Bajos, y quemado como hereje, el 19 de febrero de 1545, por las autoridades católicas. Durante su proceso, Brully había tenido que defenderse contra las acusaciones que relacionaban su solafideísmo protestante con el antinomianismo de Pocquet, Perceval y Bertrán de Moulins.

51. Carta del 26 de mayo de 1544, en Herminjard, *op. cit.*, vol. IX, núm. 1358.
52. *Ibíd.*, núm. 1392.
53. *Ibíd.*, núm. 1395.
54. *Ibíd.*, núm. 1398.
55. En el tratado *Contre la secte phantastique*, ya analizado en conexión con Pocquet (cap. XII.2). Sobre la evolución posterior del libertinismo francés e inglés, véase George L. Mosse, "Puritan Radicalism and the Enlightenment", *CH*, XXIX (1960), pp. 424-439.

Calvino enderezó su ofensiva principalmente contra Pocquet, cuyo tratado, como hemos dicho ya, es citado casi íntegramente para su más cómoda refutación. Por los días en que apareció el ataque *Contre la secte phantastique*, Pocquet se hallaba probablemente en la corte de Margarita, desempeñando su cargo de capellán. La refutación del espiritualista Pocquet por el disciplinado Calvino ofrecía, *mutatis mutandis*, una analogía morfológica con la réplica de Pilgram Marpeck al espiritualismo de Schwenckfeld, escrita en 1542, y el paralelo se extiende psicológica y estratégicamente a la preocupación del anabaptista y del reformador por impedir que una dama patrocinadora cayera en manos de un espiritualizante cortesano...

En 1547 prosiguió Calvino sus ataques contra los libertinos, esta vez poniendo en guardia a los miembros de la comunidad reformada de Rouen contra un antiguo franciscano, llamado Duchmin, que explicaba el dogma de la predestinación a la manera de Pocquet y de Quintín.[56] Este Duchumin había estado asociado con Calvino en la *Antapologia* (1531) contra Andrés Alciati. Calvino también estaba enterado de las hazañas del inquieto y aún más excéntrico libertino normando, Guillermo Postel. En Rouen, uno de los seguidores conocidos del libertino era el poeta y dramaturgo Pedro Du Val,[57] autor del *Théâtre mystique*, colección de seis obras teatrales, cinco de ellas de tema religioso. A resultas probablemente de la polémica de Calvino contra el franciscano libertino, Du Val se convirtió al calvinismo (hacia 1550) y con el tiempo llegó a ser el predicador reformado de la congregación de habla francesa en Emden. Hay otros dos escritos de Calvino que se refieren a los libertinos y a sus socios: una carta a la congregación reformada de Corbigny,[58] y una réplica a Dirk Volkerts Coornhert, a quien, sin embargo, Calvino no llega a nombrar. También comentó Calvino dos opúsculos franceses anónimos que no atribuye ni a Quintín ni a Pocquet, pero que parecen haber tenido un sello libertino de tipo místico.[59] Cabe mencionar en este punto

56. *Epistre contre un certain cordelier*, *OC*, vol. VII, cols. 341-364. François Wendel estudia esta obrita (y lo que sobre ella se ha escrito) en su libro *Calvin, sources et évolution de sa pensée religiense*, Estrasburgo, 1950, pp. 59 y 132-134.

57. Véase V. L. Saulnier, "L'Èvangélisme de Pierre du Val et le problème des Libertins spirituels", *BHR*, XIV (1952), 205-218.

58. *OC*, vol. XX, cols. 503 ss.

59. Algunos escritos de esta índole fueron recopilados por Charles Schmidt, *Traités mystiques écrits dans les années* 1574 à 1549, Basilea, 1876, y por E. Picot, *Théâtre mystique de Pierre du Val et des Libertins spirituels de Rouen au seizième siècle*. París, 1882. Véase también G. Jaujard. *Essai sur les Libertins spirituels de Genève*, París, 1890. Bainton, en su *David Joris*, demostró que algunos opúsculos libertinos franceses son traducciones de escritos de Joris.

a un espiritualista de Rouen de otro tipo, llamado Juan Cotin.[60] Lo mejor que podemos hacer, en última instancia, es caracterizarlo como espiritualista revolucionario, una especie de paralelo francés de Tomás Müntzer, si bien sus seguidores se limitaron a la ciudad de Rouen. Cotin, nacido en Gisors, se hizo ciudadano protestante de Ginebra en 1554 y gozó de estimación como profesor de hebreo, griego, latín y francés. Sus estudios bíblicos lo llevaron a la predicación. Hombre dado a "sueños y revelaciones", solía hacer también "visajes extáticos" al igual que algunos "de los anabaptistas", y juntó a su alrededor, en Rouen, a varios de los miembros más humildes y más excitables del círculo evangélico local. Excomulgado por la congregación reformada de Rouen, declaró a sus seguidores que el Espíritu de Dios le había revelado la inminente destrucción del papado y les dijo que Dios lo iba a escoger a él como capitán del ejército de los santos que derrotaría al Anticristo. Cotin y dos de sus discípulos perecieron en la hoguera de Rouen en 1559. Su indisciplina y sus extravagancias pusieron en peligro el movimiento reformista en Normandía, y se explica que los pastores calvinistas hayan recibido con un suspiro de alivio la noticia de su ejecución a manos de las autoridades católicas.

De hecho, el libertinismo puede definirse, hasta cierto punto, como un espiritualismo predestinatario o especulativo que amenazaba la disciplina y solidaridad eclesiológica y ética del calvinismo internacional, particularmente en los países románicos.

A juicio de Calvino, muchos de los libertinos de cerca y de lejos eran espiritualistas que justificaban su sometimiento a las normas del medio católico en que vivían aduciendo el ejemplo de Nicodemo. Nada menos que cuatro de los escritos de Calvino, el principal de ellos compuesto en 1544, están enderezados contra esos adversarios suyos. A semejanza de los libertinos, los nicodemitas eran espiritualizantes, pero no parecen haber expresado las doctrinas peculiares de los espiritualistas flamenco-franceses como Pocquet, Joris y Niclaes, ni las de los espiritualistas germánicos como Ziegler (en su segunda fase), Schwenckfeld y Valentín Weigel. El punto flaco de los nicodemitas era su timidez. Es muy posible que la especial severidad que Calvino demostró para con ellos se haya debido a que él mismo, en los

---

60. Sobre él, véase Louis Régnier de la Planche, *Histoire de l'estat de France*, s.l., 1576, pp. 323-329. —El espíritu libertino parece haber durado en Rouen algún tiempo, pues todavía en 1561 la comunidad reformada de la ciudad creyó conveniente imprimir (por primera vez en francés) el tratado de Lutero *Sobre la libertad cristiana*, dirigido evidentemente, no contra los católicos , sino contra los libertinos espirituales. Véase Henri Hauser, "Petits livres du xvie siècle, en sus *Études sur la Réforme française*. París, 1909, pp. 289-292."

días todavía oscuros de su conversión, supo lo que eran las tentaciones del nicodemismo.[61]

El primero de los tratados contra los nicodemitas (italianos en este caso) se escribió en 1537, cuando Calvino se hallaba entre los evangélicos de la corte ferraresa de Renata, prima de Margarita de Navarra. Se había sentido allí muy disgustado por la manera como el evangelio podía ser torcidamente interpretado por conformistas bien intencionados. En respuesta a una pregunta que le hizo un seglar llamado Nicolás Duchemin, escribió, en lenguaje muy enérgico, un opúsculo dedicado a él, que se imprimió más tarde en la seguridad de Basilea, con este título: *De fugiendis impiorum illicitis sacris, el puritate christianae religionis observanda.*[62] En él se lanza Calvino contra la iglesia católica, de la que dice que es a la vez un Egipto y una Babilonia. En esta ocasión no emplea de hecho el término "nicodemita" como tampoco en un segundo escrito, la carta a Gerardo Roussel con motivo de haber sido nombrado (gracias a la protección de Margarita de Navarra) obispo de Oloron, carta publicada después con un título agresivo: *De sacerdotio papali abiiciendo.*[63] El lenguaje de Calvino subió de tono en su *Petil traité montrant ce que doit faire un homme fidèle connaissant la vérité de l'Évangile quand il est entre les papistes* (1543).[64] Aquí se lanza de nuevo el reformador contra el culto idólatra de Egipto y Babilonia y declara paladinamente que, por mucho que pueda simpatizar con los protestantes que viven en la "esclavitud" o "destierro", se siente obligado a dirigirse a "todos los fieles esparcidos por Francia, Italia, Inglaterra, Flandes y otros lugares" para instarlos a actos de valerosa franqueza.[65] Lo que deben hacer esos fieles —concluye diciendo— es huir, y, cuando esto les es imposible, mantenerse firmes, aun a riesgo de su vida; y si el creyente no puede llegar a tanto, por lo menos debe abstenerse de justificar para consigo mismo su conformidad, y pedirle todos los días a Dios su perdón, y fuerza para prevalecer finalmente contra la idolatría. A este *Petit traité* replicaría Coornhert, el "libertino" holandés, con su alegato a favor de la moderación.

Por último, Calvino escribió muy en concreto contra aquellos que trataban de justificar su conformismo aduciendo precisamente el ejemplo de Nico-

---

61. En el estudio más reciente sobre la conversión de Calino, que es el Paul Sprenger, *Das Rätsel um die Bekehrung Calvins*, Neukirchen, 1960, hay un capítulo intitulado "War Calvin 'Nikodemit'?"

62. *OC*, vol. V, cols. 239-278.

63. *Ibíd.*, cols. 279-312.

64. *Ibíd.*, vol. VI, cols. 541-578. Se imprimió junto con una carta sobre el mismo tema, escrita en Estrasburgo en 1540.

65. *Ibíd.*, cols. 574-575.

demo. Este escrito, publico con el título de *Excuse à messieurs les Nicodemites* (1544),[66] constituye su ataque más serio al espiritualismo nicodemita. A lo largo de la obra se repite elocuentemente un argumento básico, a saber, que Dios es el Señor no sólo del alma, sino también del cuerpo de sus elegidos, de manera que el creyente debe honrarlo con todo lo que es —inteligencia, alma y cuerpo—, adorándolo en público, viviendo una vida recta y absteniéndose de una idólatra conformidad con la iglesia papal. Difícilmente hubiera podido un anabaptista ser más imperioso en su exigencia de responsabilidad cristiana frente a los "gentiles". Calvino reprende implacablemente a todos los habitantes de territorios católicos que, bajo el patrocinio de Nicodemo, tratan de justificar su evasión blasfema, su prostitución del templo en que habita el Espíritu de Dios, escudándose muy inadecuadamente con el ejemplo de "ese personaje santificado".

Al lado de los católicos evangélicos incompletamente convertidos, hay, según Calvino, cuatro clases de nicodemitas, en realidad no merecedores del nombre de Nicodemo. Hay, en primer lugar, los sacerdotes y obispos evangélicos que predican desde los púlpitos católicos el mensaje evangélico pero dan al pueblo que los escucha la impresión de que al hacer eso han aceptado también todo el caparazón de creencias, supersticiones y ceremonias que abruma a la iglesia no reformada y que le impide avanzar. Calvino se está refiriendo aquí a la situación de los evangélicos católicos de Francia, como Gerardo Roussel.[67]

En segundo lugar está la "secta de los protonotarios delicados" (alusión a la profesión de Nicodemo) que en un ambiente cortesano juegan a la religión con los demás y los emboban con finas sutilezas teológicas, y que condenan a una voz la austeridad de Ginebra, calificándola de excesiva. Aquí Calvino parece pensar en los salones teológicos de Nérac y Ferrara, así como en ciertos directores espirituales de señoras distinguidas (por ejemplo, Juan de Valdés) y también, probablemente, en el aristócrata silesio Gaspar Schwenckfeld.[68]

La tercera clase de nicodemitas está constituida por los hombres de letras que se entregan a la filosofía y se encogen de hombros antes las locas supersticiones del papismo. Muchos letrados —dice Calvino— piensan que es suficiente conocer a Dios por los libros y por la contemplación en sus ga-

---

66. *Ibíd.*, cols. 589-614.
67. *Ibíd.*, cols. 597.
68. *Ibíd.*, cols. 592-599.

binetes de estudio, sin comprometerse y sin complicarse la vida al interesarse en la organización de la comunidad de fe, culto y acción cristiana.[69]

En el cuarto grupo de nicodemitas están los comerciantes y los individuos comunes y corrientes que preferirían pastores o sacerdotes no muy dados a precisar cuestiones delicadas de doctrina, diciendo que con eso se trastorna el comercio y se dificultan las tareas y satisfacciones de cada día.[70]

El nicodemismo —o, digamos, "espiritualismo prudencial"— seguiría siendo durante largo tiempo un problema para Calvino, que muchas veces se preocupó por los cripto-protestantes que vivían en países controlados por la Inquisición, así española como romana. El libertinismo religioso, en la medida en que puede distinguirse del nicodemismo, tuvo una evaluación a lo largo de la Era de la Reforma: fue al principio un movimiento de motivación religiosa que apareció entre personajes de alta posición económica o política, pero en la segunda mitad del siglo XVI vino a ser un movimiento francamente político en las ciudades y regiones bajo el control de la propia Reforma Magisterial.

Calvino llamó "libertinos" a los miembros del partido político acaudillado en Ginebra por Ami Perrin, y que por ello fueron conocidos también con el nombre de perrinistas. Estos hombres se opusieron a los esfuerzos de Calvino por reformar la moral de la ciudad y por imponer su estricto régimen bíblico. Con anterioridad a la Reforma, esta facción y las que la precedieron habían luchado por la libertad de la ciudad contra el obispo católico-romano y contra el duque de Saboya. Bajo el gobierno de Calvino, los "libertinos" se opusieron especialmente a las frecuentes excomuniones que el consistorio (formado por los pastores de Ginebra y por los ancianos elegidos magisterialmente) decretó contra aquellos a quienes consideraba indignos de acercarse a la mesa eucarística. También estaban en contra de que los refugiados franceses fueran admitidos como burgueses de la ciudad, con derecho de voto. En mayo de 1555, los libertinos políticos lanzaron una violenta e infructuosa protesta contra la influencia de esos refugiados y de los predicadores franceses. Derrotados, algunos cabecillas huyeron y otros fueron sentenciados a muerte, con lo cual el partido quedó totalmente aplastado.[71] De los miembros de este grupo se dijo, en 1553, que se habían puesto del lado de Servert en contra de Calvino.[72]

---

69. *Ibíd.*, cols. 600.
70. *Ibíd.*, col. 601.
71. Más tarde, los calvinistas estrictos de Holanda llamarían también "libertinos" a sus adversarios.
72. Véase Roland Bainton, "Servetus and the Genevan Libertines", *CH*, V (1936), 141-149, y K. Müller, "Calvin und die «Libertiner»", *loc. cit.*

A este anabaptista antiniceno y psicopaniquista y a su cruel suplicio, en Ginebra, a manos de Calvino, está dedicada la última sección del presente capítulo.

IV. Calvino y Servet

Con excepción de un momento en que lo vimos en París, la última vez que nos encontramos con Servet estaba a punto de salir de Basilea para Lyon. Establecido en esta última ciudad con el nombre de Villanovanus, se dedicó a publicar ediciones anotadas de textos geográficos, científicos y bíblicos. Encontró un mecenas en la persona del doctor Sinforiano Champier († 1539), y en 1536 se encaminó de nuevo a París para estudiar allí medicina. En París publicó un tratado farmacológico sobre los jarabes, dedicado en gran parte a la teoría de la digestión. Este tratado, que gozó de gran aceptación, tuvo varias ediciones y le dejó ciertas ganancias al autor. Servet se interesó asimismo por la astrología y la astronomía, que él consideraba ciencias auxiliares de la medicina, a causa de la supuesta influencia de los astros en la fisiología humana. Esto le atrajo graves censuras de los miembros de la facultad de medicina, en parte por razones científicas, en parte por celos profesionales. Fue amonestado por el Parlamento de París, pero no condenado, y su verdadera personalidad no fue descubierta.

Salió entonces de París y se dedicó a la práctica de la medicina sucesivamente en Lyon, Aviñón, Charlieu y Vienne. En esta última ciudad estuvo viviendo en unas habitaciones que quedaban dentro del recinto del palacio arzobispal de Pedro Palmier. Siguió transcribiendo y editando libros geográficos, y en 1542 publicó una edición de la Biblia de Pagnini, en seis volúmenes, con glosas. Llevó en esta época una vida tranquila y respetada. Se dedicaba en secreto a la especulación teológica y a la redacción de sus escritos, y exteriormente se conformaba a los usos de la iglesia católica. Más tarde justificaría este nicodemismo aduciendo el ejemplo de San Pablo, que estando en Jerusalén no tuvo ningún inconveniente en conformarse exteriormente a las prácticas judías del Templo (Hechos de los Apóstoles, 21:26).

Servet, hombre de voracidad intelectual sin límites, consiguió algunos de los escritos de Calvino, que leyó con gran interés, pero también con mirada crítica, y con la creciente convicción de que él tenía mucho que enseñarle al reformador ginebrino. Resolvió entonces poner sus opiniones en conocimiento de Calvino, y en 1546 le mandó una copia del manuscrito de su *Restitutio Christianismi*, así como tres preguntas, formuladas de manera extraña, sobre cristología, sobre la regeneración y el Reino, y sobre la relación de la fe con el bautismo y la Cena del Señor.[73] Calvino, recordando el esfuerzo anterior y "azaroso" que había hecho en París con el deseo de "ganarlo para Cristo",[74] juzgó adecuado contestarle por extenso, aunque, como él decía, le fastidiaba tener que escribir un libro para un solo lector. Servet quedó insatisfecho con las respuestas, pues en verdad lo que le importaba era comunicarle más plenamente sus ideas a Calvino, no aprender cosas de él. En total, le mandó a Calvino 30 discursos epistolares además del manuscrito de la *Restitutio*.

Calvino decidió no desperdiciar más su tiempo en respuestas detalladas a las cartas de Servet, pero le envió un ejemplar de su *Institutio*, diciéndole que en ella encontraría una buena exposición de sus ideas. Por esos días le escribía a Farel: "Servet acaba de enviarme, junto con un paquete de cartas, un largo volumen de sus delirios. Si yo lo consiento, él vendrá aquí; pero no pienso dar ese consentimiento, pues, en caso de venir, si algo vale mi autoridad, no voy a tolerar que salga vivo de aquí".[75] Servet devolvió el ejemplar de la *Institutio* con anotaciones críticas, pero Calvino mantuvo en su poder el borrador manuscrito de la *Restitutio*.

La correspondencia entre estos hombres terminó con recriminaciones mutuas. En los cuatro años que siguieron, Servet se ocupó en revisar su *magnun opus* con la idea de darlo a la imprenta. Le envió una copia a Celario, que residía en Basilea, esperando que allí pudiera publicarse, pero Celario le contestó que eso sería muy arriesgado. Sostenido por su convicción de su destino era pelear en las huestes del arcángel Miguel (Daniel 12:1; Apocalipsis 12:7) para lograr la restauración de la Iglesia, echada a perder durante tanto tiempo por el Anticristo, tuvo el atrevimiento de mandar imprimir secretamente, en la propia Vienne, una edición de mil ejemplares. Los volúmenes estaban terminados y empaquetados en enero de 1553, y Servet hacia negociaciones para que desde Lyon se despacharan a las ferias de Pascua de Italia, Francfort e incluso Ginebra. En febrero, Calvino estaba ya en posición de un ejemplar, obsequió quizá del ansioso y audaz autor.

El descubrimiento de la verdadera personalidad de Servet en Vienne ocurrió incidentalmente a consecuencia de una disputa entre dos primos, el católico Antonio Arneys, de Lyon, y el ilustre refugiado protestante Guillermo de Trie, residente en Ginebra desde 1549. Arneys le había escrito a su primo una carta con el propósito de persuadirlo a abandonar la fe

---

73. *OC,* vol. VIII, col. 482.
74. *Refutatio errorum Michaelis Seveti, ibíd.,* col. 481, nota 1.
75. *OC,* vol. XII, cols. 282-284.

protestante y regresar a Lyon. En su respuesta, fechada el 26 de febrero, Guillermo afirmaba que, lejos de ser un baluarte de la ortodoxia, Lyon, junto con la cercana Vienne, era un refugio de la forma más pestilente de herejía, y en prueba de su afirmación incluía varias hojas de la Restitutio recién impresa. Sin pérdida de tiempo, Arneys se dirigió al inquisidor general, Mateo Ory, el cual le dictó una carta en solicitud de más documentación. Instado por Guillermo de Trie, Calvino le dio, aunque de mala gana, varias cartas de Servet,[76] cuya caligrafía delataría inmediatamente al estimado médico que vivía en Vienne bajo el nombre falso de Docteur Villeneuve o Villanovanus.

La Inquisición de Lyon actuó con gran rapidez. Servet tuvo que comparecer ante ella. Pudo retardar este momento lo suficiente para esconder, en sus habitaciones, los papeles más comprometedores. Los jueces trataron con bastante cortesía hasta el día en que se vio, fuera de toda duda, que era él autor del libro impreso en Vienne. Sin embargo, por consideración a su calidad, su cárcel no fue rigurosa, de lo cual se aprovechó Servet para escaparse en la madrugada del 7 de abril de 1553. No por ello dejó el tribunal de continuar el proceso contra él, y el 17 de junio lo condenó a la hoguera. Unos días después fue quemado en efigie.

Durante cuatro meses estuvo Servet muy escondido, hasta que tomó la audaz decisión de encaminarse a Venecia, o a Nápoles, deteniéndose de paso en Ginebra. El domingo 13 de agosto se hospedó en una posada en Ginebra, en espera de un barco que lo llevara de allí a Zúrich. Como no podía salir hasta el lunes, acudió al servicio religioso vespertino, posiblemente en la iglesia de Santa Magdalena, pensando que ésa era la mejor manera de no llamar la atención.

Tuvo el cuidado de disfrazarse un poco, pero fue reconocido e inmediatamente denunciado por Calvino. La única manera en que el magistrado pudiera arrestar legalmente a Servet, que se hallaba allí en calidad de transeúnte, era que Calvino consiguiera que también su criado, Nicolás de la Fontaine, fuera encarcelado y en la cárcel lanzara formalmente lo que era una acusación capital (la *poena talionis*). Se procedió de esa manera, y el lunes siguiente fueron aprehendidos el joven criado y Servet.

No le fue difícil a Calvino adoctrinar al muchacho para que fundamentara bien "sus" acusaciones de herejía y blasfemia. Así Nicolás, que recobró

---

76. Más tarde acusó Servet a Calvino de haber metido mano en la correspondencia para maquinar su ruina. Sobre el proceso, véase Pierre Cavard, *Le Proces de Michel Servet à Vienne*, 1953.

inmediatamente la libertad, suministró las pruebas necesarias para que el tribunal procediera a mayores averiguaciones y organizara el juicio. Sin entrar en los detalles jurídicos de las cinco fases del proceso,[77] podemos exponer la lucha entre Calvino y Servet distinguiendo tres niveles.

Si Calvino ha sido llamado teológicamente cruel, a Servet se le puede llamar teológicamente vanaglorioso. En este choque de personalidades, cada uno de los contendientes exhibió sus rasgos más desagradables, agravado todo ello por el recuerdo de aquel encuentro personal en París, en 1534, época en que Calvino se hallaba quizá más cerca de Servet de lo que después hubiera estado dispuesto a reconocer, y también por el recuerdo de sus violentos intercambios epistolares, interrumpidos en 1546. El espectáculo que ofrecieron al mundo el picardo y el navarro, el inexorable canonista con dispepsia crónica y el enigmático doctor con hernia, acometiéndose el uno al otro despiadadamente sobre cuestiones de teología y ética, y gruñendo, fue ciertamente impresionante.

En el nivel religioso-político, hubo declaraciones[78] de que Servet estaba implicado en la conspiración tramada por los libertinos políticos, o patriotas, de Ginebra, que odiaban a Calvino y querían acabar con su régimen represivo, basado en parte en la fuerza del voto, cada vez más considerable, de los refugiados protestantes a quienes tan rápidamente se concedían los derechos de ciudadanía. Servet llegó a Ginebra en los momentos en que culminaba la pugna entre esos libertinos políticos y Calvino.

El libertino Filiberto Berthelier, miembro del ayuntamiento, había sido excomulgado por iniciativa de Calvino, si bien los demás magistrados se esforzaban en hacer inválida la decisión tomada por el consistorio de los pastores y los ancianos. El caso de Servet llevaba más de un mes de ventilarse cuando Calvino, previendo que Berthelier se presentaría descaradamente para la comunión, anunció: "Si alguien que haya sido excluido por el con-

---

77. La interpretación más reciente del choque entre Calvino y Servet, que es la de Richard Nürnberger, "Calvin und Servet: eine Begegnung zwichen reformatorischem Glauben und modernem Unglauben im 16. Jahrhundert", ARG, XLIX (1958), 177-204, peca tal vez de exceso al convertirlo en símbolo del conflicto entre Reforma y Renacimiento, pues ve en él la lucha de Calvino con el secularismo, en el sentido de incredulidad encubierta bajo la capa de sofisterías heréticas. Pero la doctrina inmersionista del segundo nacimiento, sostenida por Servet, era evidentemente algo muy distinto no sólo del secularismo moderno, sino también del renacimiento humanístico. El relato cronológico del proceso y de la ejecución puede verse en los vividos capítulos X y XI de Bainton, *Hunted Heretic*. Véase también Wilbur, *Unitarianism*, cap. XII, y James Mackinnon, *Calvin and the Reformation*. Londres, 1936.
78. Estudiadas por Bainton, *Hunted Heretic*, pp. 173-174.

sistorio se acerca a esta mesa, yo haré mi deber aunque me cueste la vida".[79] Berthelier no se acercó: Calvino había ganado esta fase de la lucha. Pero el proceso del "libertino" Servet no sólo no había llegado aún a su fin, sino que estaba intensificando la pugna constitucional. Calvino, pues, se veía obligado a predicar y a hablar con gran frecuencia sobre la amenaza que Servet representaba, y es evidente que aún no estaba seguro de superar finalmente la crisis. Los libertinos, cuyo objetivo era su propia libertad personal y civil, quizá no hicieron por Servet otra cosa que darle la vana esperanza de que con su argumentación teológica y jurídica saldría victorioso, y así, sin quererlo, inflaron su vehemencia y dieron nuevas razones a Calvino para caricaturizarlo como un megalómano teológico.

Todavía en el nivel religioso-político, pero en un contexto mucho más amplio que la pugna constitucional dentro de la ciudad-Estado, Calvino y sus socios, corroborados por comunicaciones recibidas sobre todo de Berna, Zúrich y Basilea, habían venido a reconocer que la ortodoxia de toda la comunidad reformada suiza estaba en tela de juicio ante los ojos de los luteranos lo mismo que de los católicos. El reformador de Ginebra, que no mucho tiempo antes había sido condenado por Caroli a causa de lo que éste consideraba falta de solidez en su doctrina de la Trinidad, no podía permitirse ser menos severo con la blasfemia y la herejía respecto de los grandes dogmas conciliares de la Trinidad y de Cristo que los inquisidores católicos de Lyon.

Así, la lucha entre Servet y Calvino fue, en el nivel más alto, apasionadamente teológica; y, aunque las condiciones de la prisión de Servet empeoraron rápidamente, nunca fue puesto en el potro, como lo fue el doctor Hubmaier por Zwinglio. Servet pudo decir todo cuanto quiso. Más aún: Calvino estaba de acuerdo en que se celebrara el debate público que Servet exigía como derecho suyo, pero el ayuntamiento se opuso terminantemente a ello.

Será oportuno presentar en estos momentos los principales puntos del sistema teológico de Servet en su etapa más madura, según pueden extractarse de la mencionada correspondencia con Calvino, de las actas de su proceso y otros documentos con él relacionados, y especialmente de la *Restitutio* misma. Los cuatro principales cargos de herejía contra él fueron anabaptismo, antitrinitarismo, "panteísmo" (redención por la deificación) y psicopaniquismo.

Este último cargo es de interés porque corrobora algo que ya hemos tenido ocasión de sugerir, a saber, que la versión original de la *Psychopannychia* de Calvino, redactada en París hacia 1534, puede haber estado enderezada

---

79. Doumergue, *op. cit.*, vol. VI, pp. 332-334.

contra Servet, entre otros "libertinos" y "anabaptistas". Durante el proceso, Calvino acosó a su rival con preguntas sobre el psicopaniquismo, y, a juzgar por el resumen del interrogatorio, redactado por Calvino, es evidente que las profundas convicciones escatológicas de Servet fueron mal entendidas.[80]

Ya hemos expuesto la teología bautismal de Servet según se expresa en la *Restitutio*, pero falta aún presentar sus ideas maduras acerca de la Divinidad. De hecho, Servet había llegado a cambiar sus formulaciones desde los días de sus dos tratados alsacianos sobre la Trinidad. Se hallaba entonces de tal manera en contra de la doctrina de la Trinidad, considerada por él como una abstracción refinada y ociosa, que había acuñado el término *Trinitarii* para los devotos de ese concepto "antibíblico". Pero ahora, en la versión final de la *Restitutio*, estaba dispuesto a ir mucho más lejos en su revisión del lenguaje tradicional.

Anteriormente se había limitado a emplear el término *prolatio* para explicar la relación entre la Palabra y Dios; ahora, en cambio, aceptaba dar a esa relación el nombre de *generatio*, admitiendo que la Palabra eterna, engendrada antes de la creación del mundo, recibiera no sólo el nombre de Hijo de Dios, sino también el nombre de Cristo. Veía en el prólogo del evangelio de San Juan un paralelo del prólogo del Génesis y, mediante la identificación de la Palabra con la Luz, podía ver en la Palabra misma antes de la encarnación terrenal una especie de carne celestial. Al argumentar todo esto se remitía al texto hebraico, haciendo notar que, mientras en español, latín o alemán la Palabra no puede ser sino hablada u oída, en hebreo la Palabra "viene", "va", "corre", "aparece", etcétera. La Palabra se hizo visible en la zarpa ardiente, audible en la voz suave y tranquila, visible y palpable en la columna de fuego. La revelación de Dios como Persona tuvo lugar exclusivamente a través de Cristo.[81] Pero para Servet, en 1553, Cristo era también la idea eterna del hombre en la mente de Dios.

En el curso de su correspondencia anterior, Servet había acusado fantásticamente a Calvino de postular tres hijos: la naturaleza humana, la naturaleza divina, y Cristo en su totalidad (un "tercer hijo"). De algún modo, esta caracterización se podía aplicar mejor a su propia visión, excepto que él hubiera hablado más bien de fases de la filiación divina, a saber: 1) el hombre Jesús que fue el Cristo; 2) el hombre Jesús que ha sido engendrado milagrosamente de la sustancia de Dios como su Hijo único; y 3) el Cristo que es, fue y será la Epifanía o personificación redentora de lo divino. Jesús fue el Mesías en

---

80. Véanse las respuestas 27 y 29 en *OC*, vol. VIII, cols. 739-740.

81. Véase Ernst Wolf. "Deus omniformis", *Theologische Aufsätze Karl Barthzum 50. Geburtstag*, Múnich, 1936, p. 453.

cuanto hijo de María, y, en cuanto Cristo, fue al mismo tiempo el Hijo de Dios y por lo tanto, de manera derivada, Dios, Servet fundaba este esquema en la declaración de Cristo en el evangelio de San Juan, 10:30: *Ego et pater un um sumus.* Si Cristo pudo decir *sumus,* fue porque era "Dios lo mismo que hombre", y *unum* porque "no hay más que una divinidad (*deitas*), un poder, un consenso, una voluntad del Hombre con Dios". Servet podía decir incluso que Cristo fue consustancial con el Padre, empleando el término *homoousios.* La sustancia pre-terranal fue, en algún sentido, la "carne" que el *Logos* trajo consigo de lo alto para juntarla con la carne procedente del vientre de María. Esta carne, este cuerpo espiritual venido del cielo era el *panis caelestis,* de *substantia Dei;* y el alma del Hijo venía también del cielo.[82]

Servet estaba ahora dispuesto a identificar la Palabra con el Hijo y, de manera intercambiable, con la idea eterna del Hombre, o sea el Cristo "eterno", siempre y cuando quedara a salvo su proposición básica, a saber, que no había tres Personas en el seno de la divinidad: la Palabra como *substantiale Verbum* fue un oráculo que se manifestó, una "personificación" de Dios (*personatus Deus*).

En toda esta especulación, Servet estaba yendo más allá de los relatos de la Natividad que ofrecen los evangelios, más allá del prólogo de San Juan, más allá de la declaración paulina de que Cristo fue el primogénito, engendrado antes de todas las criaturas, y más allá del pasaje de San Juan en que se afirma que Cristo estaba ya presente antes de que se echaran los cimientos del mundo, y llegaba a declarar que el Mesías había nacido *ab aeterno.* A la idea de hombre —decía— pertenecen esencialmente la mente, el espíritu y la sustancia. Por consiguiente, la totalidad de Cristo Hombre tiene que haber estado presente desde el principio en la mente de Dios.

Servet afirmaba lo anterior en términos paralelos: había habido tres fases en el descendimiento cristológico y en la consiguiente deificación del mundo y "mundificación" de Dios: Cristo fue *filius personalis* en la manifestación de Dios a través de la alianza, *filius realis* en la encarnación, y, a partir de su resurrección y glorificación, *filius futurus,*[83] el Juez que un día ejecutará su juicio.

Respecto al primero, Servet podía decir que Cristo era la omniformidad de Dios, es decir, a su esencia omnipresente y a la vez trascendente, lo que era Elohim a Jehová. Al igual que el rostro (*vultus*) de Elohim, la persona de

---

82. *Restitutio,* p. 231: "Anima Christi est Deus, caro Christi est Deus, sicut spiritus Christi est Deus, et sicut Christus est Deus."

83. Una vez más, acuden a la mente las especulaciones no sólo de la Cábala, sino también de los paulicianos (cap. xi.I.d). En la *Restitutio,* p. 152, cita Servet a Hermes Trismegisto: "Deus lux ita omnia fabricavit, ut eum in omnibus fulgenter cernamus."

Cristo era más que una imagen. Cristo (Elohim) no era sólo el semblante representativo de Dios; era también el creador y el modelo del orden creado.

Más aún: Servet creía haber "resuelto" el problema de por qué fue el Verbo de Dios, y no el Espíritu de Dios, el que se encarnó como *filius realis*. Remitiéndose de nuevo al uso hebreo, señalaba que el Espíritu es interior, mientras que la Palabra es compatible con la visibilidad, el movimiento y la vitalidad de un cuerpo humano.

En cuanto a la continua pero invisible efusión del Espíritu de Dios, Servet era consciente de ella en todas parte como la mundificación de la *substantia divina* en todas las criaturas, que por lo tanto podían considerarse llenas de divinidad. Así, todas las cosas, desde los cuerpos celestes hasta las flores más pequeñas, podían mirarse como dioses.[84]

Fue su esfuerzo por mostrar cómo el Espíritu divino se comunicaba al hombre y a todas las criaturas lo que hizo a Servet emplear la analogía médica del espíritu viviente que hay en cada persona, espíritu producido por la mezcla de aire inspirado y de sangre que se produce en los pulmones, lo cual constituye la primera declaración impresa de su descubrimiento de la circulación menor o pulmonar de la sangre. Como se recordará, esta explicación médica del espíritu-alma era la que había turbado a Calvino en 1534 cuando escribió su *Psychopannychia*.

Según Servet, el Espíritu de Dios está presente de manera especial en la regeneración o deificación bautismal para iluminar el entendimiento del converso y prepararlo para el segundo sacramento de la iglesia, la participación en el cuerpo eucarístico del Verbo encarnado. Más cercano en este punto al anabaptista Hofmann que al espiritualista Schwenkckfeld, Servet concedía una importancia fundamental al alimento eucarístico que viene del cuerpo celestial del Verbo que él adoraba. Para el médico Servet, la Cena del Señor era la única manera como Dios se hacía tangible en el intervalo que va de la Encarnación al Juicio Final. Por ese Dios, visible en la persona del Jesús histórico, audible en la Escritura predicada, palpable en el pan eucarístico que comparten los cristianos, estaba Servet dispuesto a morir como mártir.

Hay que añadir que Servet, anabaptista anti-niceno y anti-calcedonio, no fue un pacifista. Reconoció expresamente la bondad del Estado como algo ordenado *por Cristo*, y legitimó como prerrogativa de los magistrados cristianos el castigo de los herejes obstinados o blasfemos con la pena de

---

84. Cf. el relato de Calvino en *OC*, vol. VIII, col. 496.

muerte, si bien aconsejó el destierro como más humanitario. Había observado antes en una de sus cartas a Calvino, por ejemplo, que San Pablo incluye las *protestantes* y los *gubernatores* en la iglesia (I Corintios 12:28), y que San Pedro dio muerte a Ananís y Safira mediante una intervención divina con la sanción divina una vez que se vio que eran incorregibles.[85]

A lo largo de los interrogatorios, Servet se mostró unas veces impetuoso, otras veces malhumorado, otras veces quejumbroso. En varias ocasiones pidió que se le cambiara la ropa y que se le aliviara de los insectos parásitos y de la indecible incomodidad causada por la humedad y el frío que agravaban su cólico y su hernia. En su exacerbación, exigió que también Calvino fuera encarcelado, con pena de muerte para el uno o para el otro, de acuerdo con la ley del talión. Pero el ayuntamiento no le hizo ningún caso.

Mientras el proceso seguía su curso, los ginebrinos se dirigieron a los ministros y magistrados de otras ciudades suizas para pedirles su opinión, y todos contestaron que Servet debía ser castigado, la mayoría de ellos sin decir de qué manera. Las respuestas de los teólogos suizos fueron bastante breves. Los magistrados se mostraban espantados por la conducta y la doctrina de Servet según se les había descrito; pero, como las sutilezas doctrinales estaban por encima de sus entendederas, dejaban que de los detalles se ocuparan los ministros. La actitud del clero de Schaffhausen pueden tomarse como típica: "No dudamos de que vosotros, prudentes como sois, reprimiréis sus audacias, para que el cáncer de sus blasfemias no contamine a los miembros de Cristo".[86] Bullinger, el reformador de Zúrich, aconsejó concretamente la pena de muerte. Los miembros de Berna contestaron con un largo documento escrito en alemán, definiendo bajo doce encabezados los errores del hereje.[87] La condena de la doctrina de Servet fue unánime entre los protestantes magisteriales, lo cual convertía el castigo casi en una acción de la Confederación, pues no hace falta decir que los cantones católicos hubieran estado de acuerdo no sólo con Lyon, sino también con Ginebra. Las respuestas uniformes de los cantones protestantes hicieron prácticamente imposible que Ginebra decidiera otra cosa que la pena capital, aun en caso de que no hubiera sido tal su deseo. El fiscal Claudio Rigot (que pertenecía, por cierto, al partido de los libertinos) acusó a Servet de trastornar el orden social, de llevar una vida disoluta y de tener afinidad con los judíos y los turcos.

85. Carta sin fecha, en *OC*, vol. VIII, col. 708.
86. *OC*, vol. VIII, col. 810.
87. *Ibíd.*, cols. 811 ss.

Muchas personas particulares se mostraron afligidas ante las medidas que estaban a punto de tomarse contra Servet, por lo mucho que se parecían a la conducta de la Inquisición. Así, contra el fondo general de las comunicaciones oficiales llegadas a Ginebra se destaca muy positivamente la carta del espiritualizante David Jones, que llevaba a la sazón una cómoda vida en Basilea, pero que tuvo el valor de decirle a los magistrados y teólogos de Ginebra, en una carta anónima, escrita en cuanto "miembro del cuerpo de Cristo", lo que pensaba de su manera de proceder. Les preguntaba, con mucha intención, si la profecía de Jesús: "Os echarán de las sinagogas… [y] cualquiera que os matare pensará que hacer servicio a Dios" (Juan 16:2) se aplicaba "a quienes infligen las penas o a quienes las sufren". No se sabe si ese elocuente llamado[88] a los magistrados ginebrinos en que Joris les pide "no cometer el pecado contra el Espíritu Santo" y "no ponerse al lado de los escribas y fariseos y de Pilato contra el ungido de Dios" llegó a manos de las autoridades.

Después de muchas discusiones y muchos vituperios mutuos, el tribunal encontró a Servet, el 26 de octubre de 1553, culpable de anti-trinitarismo y de anabaptismo, y, de acuerdo con lo estatuido en el Código de Justiano, lo condenó a morir en la hoguera. Los demás puntos debatidos durante el proceso —el panteísmo, el psicopaniquismo, la doctrina de la carne celestial de Cristo, los errores de Servet acerca de la Tierra Santa (de la que decía que era en parte un desierto inútil) y sus supuestos delitos morales— no se mencionan en la sentencia. Tampoco se dice nada de la conspiración política. Servet fue condenado como anabaptista y neo-samosatense.

Calvino interpuso una petición para que la hoguera se cambiara por otro método menos cruel, pero la sentencia no fue alterada. Farel, encargado de conducir a Servet al lugar de la ejecución (en Champel, extramuros de Ginebra), lo instaba a abjurar, pero Servet rechazó todas las invitaciones a repudiar su teología y a salvar así su vida. Sus últimas palabras, en la hoguera, fueron: "¡Oh Jesús, Hijo de Dios eterno, ten piedad de mí!". Hasta el último instante se mantuvo firme en su fe, negándose a atribuir la eternidad a la persona de Jesucristo, el Hijo.

88. Traducido por Roland H. Bainton, *Concerning Heretics.* Nueva York, 1935 (Records of Civilization, Sources and Studies, XXII), pp. 305-309.

ÁMBITOS DE INFLUENCIA

Calvino y la cultura occidental
Aristómeno Porras

El año de 1947 vio la luz en la Ciudad de México una biografía de Juan Calvino, escrita en inglés por C.H. Irwin y traducida al castellano por el poeta español Carlos Araujo García. En las solapas de la edición leemos: "Cuando se estudie sin pasión el origen de las ideas modernas sobre la democracia y la libertad abriendo paso a la verdad histórica sobre la maleza de prejuicios, podrá verse hasta qué punto las constituciones de los Estados Unidos y Francia, con sus declaraciones fundamentales sobre los derechos del hombre, son el resultado de la influencia de Calvino, el reformador francés".

Casi al mismo tiempo en que apareció la biografía antes citada, vio la luz en Bogotá, Colombia, el libro *La estirpe calvinista de nuestras instituciones políticas* escrito por el doctor Alfonso López Michelsen, donde se prueba que las constituciones políticas de las repúblicas americanas son copia de calco del sistema del gobierno ideado y puesto en práctica por Calvino en una iglesia evangélica de Ginebra, Suiza, de la cual el ilustre pensador francés era pastor. El pensamiento síntesis de López Michelsen, hoy expresidente de Colombia, dice: "En el orden lógico de nuestras ideas contemporáneas, en donde la ciencia de lo temporal, como el derecho, la economía y todas las ciencias físicas progresan independientemente de la religión, podría pensarse que la forma de la organización democrática fue primero en los Estados y luego en la iglesia. No fue, sin embargo, así... Muchos años antes de que se empleara el sistema de la elección popular para escoger a los funcionarios públicos, Calvino en sus *Instituciones*, y sus seguidores en el Sínodo de Dort, ya habían establecido el sistema democrático y representativo dentro de la iglesia".

La tesis de López Michelsen despertó múltiples comentarios, adversos unos, favorables otros, entre ellos los dos que citamos a continuación; el primero es del periodista Enrique Santos Montejo (Calibán), el segundo de monseñor Carlos José Romero, y, en forma respectiva, dicen: "Sobre la fórmula de Calvino descansa la civilización contemporánea"; "No creemos equivocarnos al afirmar que uno de los libros más substanciales para el pensamiento católico que haya aparecido en Colombia es el que, con el título de *La estirpe calvinista de nuestras instituciones políticas,* dio a luz, a fines de 1947, el doctor Alfonso López Michelsen. El joven jurista presenta al público una serie de conferencias dictadas en su cátedra de derecho constitucional de la Facultad de Derecho, en la que expone tesis del más grande interés y de incalculable trascendencia para la conciencia católica de nuestra patria". La declaración de Caliván fue publicada en el diario *El tiempo* en fecha que se escapó de nuestra memoria, la de monseñor Romero en la revista *Testimonio,* de Bogotá, en abril de 1948.

He ahí cómo un ensayista liberal y un sacerdote católico presentan a sus lectores una verdad histórica por tanto tiempo olvidada: que la leyes democráticas que hoy rigen, por lo menos en las Cartas Constitucionales, en casi todos los países iberoamericanos, son fruto directo de la Reforma Protestante, más exactamente de la calvinista. Creemos que si la verdad histórica sigue abriéndose paso, llegará el día en que el retrato de Calvino estará en las salas de los respectivos congresos nacionales en cada una de las naciones republicanas. A su lado, por lo que a los países Martí, Bolivar, Hidalgo, San Martín y otros demócratas ilustres. A fin de ahondar un poco más en este tema, cabe citar lo que al respecto dice el ya citado biógrafo de Calvino, C.H. Irwin: "La admisión de los laicos en el gobierno de las iglesias es, indudablemente, lo que distingue singularmente a Calvino como reformador. Antes de su tiempo la iglesia estaba gobernada únicamente por el clero. Pero él admitió a los ancianos gobernantes a tomar parte en la dirección de la iglesia, una vez que hubieran sido elegidos debidamente por el pueblo".

Esta acción de Calvino dejó el gobierno de la iglesia prácticamente en manos de los laicos, una vez que el Consistorio se forma por un pastor y cuando menos tres laicos. Esto en iglesias pequeñas ya que en las más grandes la proporción de laicos es mayor. Tal sistema de gobierno, al ser llevado al gobierno de la nación, quitó el poder al rey y lo puso en manos del pueblo, mediante elecciones populares y libres. Se trata, lo repetimos, de un sistema ideado por Calvino, un pastor francés, y por él puesto en práctica en la iglesia que pastoreaba. Sin embargo, por lo que a las naciones se refiere, la fama la llevan Juan Jacobo Rousseau y otros pensadores ilustres. En América Latina se canta a Bolivar y a otros líderes como padres del gobierno republicano. No obstante, aquellos patricios ilustres no hicieron más que tomar el sistema presbiteriano de gobierno y aplicarlo a sus países tal como años antes lo habían hecho los Estados Unidos de América y Francia.

Calvino y la economía

La propiedad individual, acá nos salimos del terreno de la política para entrar en la economía, es también de origen calvinista. A lo largo de la Edad Media sólo los reyes, los papas y los señores feudales tenían posesiones. El resto del pueblo servía a sus señores en calidad de vasallos. En la distribución de la propiedad mucho tiene que ver el calvinismo. Cabe afirmar que en el capitalismo honrado, puesto al servicio del pueblo, nada hay de malo. El problema está en que algunos capitalistas, sin el fondo religioso de Calvino, han hecho de este sistema un instrumento de explotación. Contra esto sí hay que luchar, no contra la adquisición honrada de ganancias alcanzadas por medio del trabajo. Cedamos nuevamente la palabra al doctor López Michelsen: "Los estudios de Max Weber tienden a demostrar con argumentos de mucho peso la existencia de una comunión entre el protestantismo, especialmente de la tendencia presbiteriana, y el capitalismo posterior a la Reforma… el calvinismo rinde culto a la Divinidad viviendo modestamente, economizando y trabajando mucho, y esa tarea cotidiana no debe interrumpirla sino la muerte. ¿Cómo podría un calvinista suspender el trabajo de donde proviene su riqueza, al llegar a determinada suma, si para ello tuviera que dedicarse al ocio, la vida fácil, cosa que prohíbe su iglesia".

El párrafo anterior subraya la filosofía calvinista del trabajo. Para Calvino, como para San Pablo, el ser humano debe trabajar siempre. Aquí el trabajo es un medio de alabanza al Creador, una honrosa vía de superación, un canal de servicio al prójimo. Trabajando día tras día, es natural que las ganancias acumuladas con el sudor de la frente formen un capital. El despilfarro del dinero no es asunto bien visto por Calvino y sus seguidores. Todo calvinista debe ahorrar, aspirar a tener una propiedad a fin de utilizar esas riquezas en la promoción del Evangelio. La propiedad individual, la libertad de acción, el amor al trabajo libre, son doctrinas que se desarrollaron a partir de la acción de Calvino en Ginebra. He ahí otro resultado de tan importante movimiento espiritual al desarrollo de la cultura occidental. Somos calvinistas por la práctica de la democracia y por la forma en que se desarrolla nuestra economía.

El ideal de Calvino ha sido ampliamente expuesto por algunos pensadores iberoamericanos. Simplemente como un ejemplo, citamos el nombre del esclarecido pensador puertorriqueño, Eugenio María de Hostos. En sus días tres comentarios se disputaban el predomino intelectual del mundo occidental: el escolasticismo, el volterianismo y el protestantismo. Hostos repudia los dos primeros y clama por el último como rector de la sociedad, al decir: "El protestantismo, tan desconocido por sus detractores y por eso tan calumniado, pero tan rico y tan activo en su incansable evolución, da es negativa la confusa imagen del orden que se busca". Hostos no ve esperanza alguna para el volterianismo, ni para el escolasticismo. Acerca de éste último asegura que será útil a los pueblos el día en que la enérgica mano de un Papa reformador rompa con el pasado y establezca nuevas normas para su iglesia, humanizándola, haciéndole ver que la fraternidad universal es asunto indispensable en la filosofía cristiana, antes que el predominio de una organización poderosa sobre una casta social sin cultura. Enseguida, Hostos predica la educación, la honestidad, el trabajo permanente, el empleo completo del tiempo, la libertad de pensamiento y acción y la formación de una conciencia individual recta. En estos principios, netamente calvinistas, ve Hostos la semilla redentora de América Latina y del mundo. Hostos escribió a fines del siglo pasado, y como vemos, su profecía se está cumpliendo a partir de la acción introducida en la historia por el Papa Juan XXIII.

Calvino y la Iglesia

Hemos visto que la influencia de Calvino en la filosofía política y económica de Occidente es asunto claro. Veamos ahora esa realidad en el aspecto más conocido, el religioso. No procuramos acá hacer un análisis del pensamiento teológico de Calvino, asunto imposible en un artículo. Dejaremos, pues, a un lado doctrinas como la elección y otras para presentar el sistema calvinista en el gobierno de algunas iglesias, su pensamiento en torno a las Sagradas Escrituras y la protección dada por Ginebra a refugiados protestantes en aquella época de dura intransigencia religiosa. En síntesis, diremos que por lo menos un 80% del cristianismo protestante es de orientación calvinista.

¿En qué consiste este sistema de gobierno? Simplemente en que los pastores y los ancianos son elegidos popularmente por cada iglesia local, o sea que la autoridad está en el pueblo. Aunque el sistema político de las naciones actuales donde se practica la democracia es fruto del calvinismo, por lo ampliamente conocido es el ejemplo más claro para explicar el sistema. En los países el Presidente es elegido por el pueblo, lo cual, trasladado a la iglesia, corresponde a la elección del pastor o pastores por un periodo determinado. La elección de cuerpos legislativos como las asambleas estatales o los congresos nacionales corresponde a la elección de ancianos gobernantes que forman los consistorios. Por último, existen los presbiterios, los sínodos y las asamblea generales, que actúan como lazos de unión entre las diversas iglesias, algo así como ocurre con las Naciones Unidas. Con razón López

Michelsen afirma que el sistema de gobierno actual en países republicanos es "copia y calco del sistema calvinista".

Otro asunto de notable interés histórico se debe a la atracción que sobre los reformadores protestantes, especialmente los españoles, ejercía la unidad de Ginebra en los días de Calvino. Largo sería dar una lista de ellos. Para nuestro propósito, basta citar dos nombres bíblicos ilustres y muy conocidos por nosotros. Nos referimos a Casiodoro de Reina y a Cipriano de Valera, españoles, que una vez refugiados en Ginebra se dedicaron a poner la *Biblia del Oso*, publicada en Suiza el año de 1569 y revisada posteriormente por su ilustre compatriota Cipriano de Valera, obra ésta que vio la luz en Amsterdam, Holanda, el año de 1602. Fue tanto el amor, especialmente de Cipriano de Valera, por las doctrinas calvinistas que fue él quien tradujo al español la *Institución de la Religión Cristiana*, obra maestra del famoso reformador francés.

Calvino y la Biblia

Veamos ahora un poco acerca del pensamiento de Calvino en torno a las Sagradas Escrituras. Calvino, como todos los reformadores, fue un cerebro profundamente bíblico. Hasta cierto punto, el libro *Institución de la Religión Cristiana* no es la obra fundamental de Calvino sino sus Comentarios bíblicos que nacieron como fruto de los estudios bíblicos del reformador dados ya a domicilio, en la iglesia o en la Universidad de Ginebra. Calvino, se dice que en lugar de predicar elocuentes sermones, se dedicaba a comentar la Biblia en forma sencilla, amena y profunda. Al respecto dice uno de sus biógrafos: "Su erudición fue tenida en tanta estima que se le nombró lector de teología en la Universidad, con el fin de que presentara a los estudiantes sus interesantes pláticas sobre la Sagrada Escritura. Fue allí cuando comenzó a dar aquellas explicaciones bíblicas que echaron el cimiento de sus comentarios. Calvino era no sólo aceptado y feliz en su explicación del sentido gramatical, en sus observaciones correctas sobre expresiones especiales y ensamble Años después, Unamuno recordaba esta enseñanza y la sintetizó o la halló sintetizada, en esta frase de San Pablo: "La letra mata, mas el espíritu vivifica".

Hay un paso más en el pensamiento de Calvino en torno a la Biblia. Para él la Palabra de Dios está en el contenido, que debe llegar a ser experiencia en la vida de cada individuo. La Palabra de Dios está en el libro de donde, por la influencia del Espíritu Santo, llega al alma, tornándose así en mensaje y vida para el alma que la recibe. Años después el ilustre filósofo nórdico, Kierkegaard, padre del existencialismo cristiano, abogaba por esta misma idea: Mensaje convertido en experiencia personal que llama a la vida al ser muerto en el pecado. A continuación, un párrafo de Calvino:

> La palabra no tiene para nosotros muchas certidumbres, a no ser que sea confirmada por el testimonio del Espíritu Santo, porque el Señor ha establecido una suerte de mucha conexión entre la certidumbre de reverencia por la Palabra de Dios cuando por la luz del Espíritu somos capacitados para ver en ella —en la Biblia—, el rostro divino; y, por otra parte, sin el menor miedo a equivocarnos, recibimos gozosamente el espíritu. Dios no publicó su Palabra en un acto de momentánea ostentación, con el designio de destruirla o anularla inmediatamente después del advenimiento del Espíritu Santo, sino que después envió al mismo Espíritu por cuya instrumentalidad había dispensado su Palabra, para que completara su obra por una eficaz confirmación de esa Palabra.

En síntesis, Calvino afirma que el Espíritu Santo y la Biblia son inseparables. La Biblia fue escrita por la inspiración divina y aquel mismo Espíritu que actuó al ser la Biblia escrita, realiza la obra de explicarla al lector elegido, trayéndolo así a una nueva vida en Cristo. Por lo visto, la bibliolatría no forma parte del credo calvinista. Para el citado reformador la Biblia es Palabra de Dios por su mensaje, la letra es vehículo de ese mensaje como podría serlo la música y lo es también la predicación del Evangelio.

Sus opiniones características, sino que penetraba más allá del sentido gramatical, en el sentido poético, histórico y profético de los pasajes importantes de la Biblia… En sus Comentarios al Nuevo Testamento no podemos menos que admirar su estilo sencillo y elegante, su libertad dogmática, el tacto con que trata los asuntos, su multiforme erudición y su profunda piedad cristiana. En consecuencia con la forma está la elegancia de la dicción, una pulcritud y propiedad en la expresión, especialmente en los prefacios.

Calvino y la educación
J. Chr. Coetzee

Calvino y la reforma de la escuela

Durante el primer año de su primera estancia en Ginebra, Calvino no ocupaba un puesto regular como predicador, pastor o tutor. En febrero de 1537, sin embargo, el gobierno de la ciudad le votó alguna ayuda financiera.

Prestó su atención práctica e inmediata a la necesidad imperiosa de organizar y sistematizar la vida eclesiástica en Ginebra. Al mismo tiempo, encontró necesario atender a un segundo problema, la reforma de las escuelas públicas.

De acuerdo con Farel publicó, el 16 de enero de 1537, *Articles concernat l'organisation de l'Eglise*, en cuyo trabajo intentó describir la organización necesaria para la buena marcha de las iglesias locales.

En estos *Artículos* dedicó cierta atención a la enseñanza y adiestramiento de los niños en materias religiosas. Prescribió que los niños tenían que cantar Salmos en la escuela pública durante una hora diaria, especialmente con vistas a mejorar el canto en el culto público de los domingos. También aconsejó que los padres tenían que enseñar a sus hijos en el hogar un breve y sencillo bosquejo de la fe cristiana. Dispuso más tarde que los ministros religiosos locales tenían que examinar de fe cristiana. En esos *Artículos* Calvino recomendaba especialmente atender al lado religioso de la educación, pero viendo claramente también la necesidad de la educación secular. Hizo la educación obligatoria, disponiendo que los padres fuesen castigados si descuidaban o rehusaban enviar los niños a la escuela.

En 1538 editó su breve y fácil esquema de la fe cristiana, un folleto dedicado para uso de la instrucción religiosa de los niños. Se titulaba *Catechismus sive Christianae Religionis Institutio*. En este libro intentó explicar de la forma más clara y convincente las enseñanzas de su *Institutio* en palabras más simples y en construcciones más asequibles para la comprensión de los niños. Este *Catecismo* era el libro de texto para las clases de Catecismo de los domingos al mediodía, a las que debían asistir infaltablemente todos los niños con estricta puntualidad, bajo penas civiles impuestas a sus padres, quienes además estaban obligados a impartir enseñanza religiosa en sus hogares.

El *Catecismo*, sin embargo, estaba lejos de ser fácil y breve y resultaba demasiado elaborado para uso de los niños. Es un típico ejemplo del característico amor de Calvino por la exactitud en la formación de la doctrina y para la apropiada enseñanza de los jóvenes en la fe cristiana. El propio Calvino mantenía una elevada opinión de cualquier catecismo. En una carta escrita en 1548 al duque de Somerset, dijo que la iglesia no puede permanecer en pie sin un Catecismo, y que la instrucción religiosa de los niños es el único y seguro fundamento para un edificio de larga duración, pues un buen Catecismo les enseñaba en resumen lo que la verdadera cristiandad realmente necesaria. Junto con su *Catecismo* también preparó y publicó una *Confessio Fidei,* que esperó que todos los protestantes leales aceparan y confesaran.

El 12 de enero de 1538 Calvino publicó, junto con su antiguo profesor M. Cordier, que se había ido a vivir a Ginebra tras su conversión al protestantismo, y con Saunier, un muy importante documento en relación con las escuelas públicas de Ginebra. Se trata de un programa, desgraciadamente no incorporado a su *Opera Omnia,* pero que más tarde fue reimpreso por A.L. Heminjard en su *Correspondence des reformateurs* (Ginebra, 1866-67), volumen IV, pp. 455 a 460, como *Genevae ordo et ratio docendi in Gymnasio.* La intención era reorganizar y reformar la escuela establecida en 1536 por Farel.

Este prospecto o programa establecía que la escuela tiene que ser gobernada por un hombre capaz de hacerlo y que ha de estar bien pagado para poder aceptar a los alumnos pobres gratis. El maestro principal tenía que estar asistido por otros dos ayudantes. Los niños deberían estudiar los principios rudimentarios de la teología y también de las artes y las ciencias, porque Calvino estaba convencido de que la Reforma podría crecer e incrementarse sólo a través del estudio de las artes y las ciencias lo mismo que con la teología. El prospecto, en consecuencia, establecía claramente que una buena enseñanza en cuestiones seculares es tan esencial como el adiestramiento en la religión. Pero la Palabra de Dios es, de hecho, el fundamento de todo aprendizaje y las artes liberales son ayudas para un completo conocimiento de la Palabra y no pueden ser subestimadas. Los objetivos de la instrucción eran, pues, de acuerdo con tal principio, la religión, las lenguas y las ciencias humanas.

Era preciso un Colegio Superior o Gimnasio para preparar aspirantes tanto a la carrera del ministerio como para el gobierno civil, porque en el Estado de Calvino la educación era una necesidad tanto para ministros como para laicos.

El programa marca un nuevo avance en la educación. Contenía tres fases progresivas: una cuidadosa enseñanza gramatical para cualquier expresión retórica; daba un lugar importante a la enseñanza vernacular del francés, a la práctica de la aritmética, y un entrenamiento para el liderato, tanto civil como eclesiástico. La educación —así quedaba establecido— es en general necesaria para asegurar la administración pública, para sostener el Cristianismo puro y para mantener buenos sentimientos de humanidad entre los hombres.

Calvino reconocía así, desde el principio de su activa carrera, la fundamental importancia de la educación escolar como un instrumento de promoción de la religión en el individuo y en la vida social y para el entrenamiento de los jóvenes en las artes, al igual que en las ciencias.

Las ideas e ideales de Calvino eran, sin embargo, demasiado avanzadas para el pueblo de Ginebra, aunque éste había aceptado de corazón la fe reformada. Él y Farel sostuvieron una aguda lucha contra los enemigos del protestantismo por casi doce meses, y también contra la oposición de colegas protestantes. Por el mes de mayo de 1538, los dos, viendo que no podían cumplir con nada más permaneciendo en Ginebra, dejaron la ciudad y se volvieron a Basilea, donde Calvino recibió una invitación y cordial bienvenida de Martín Bucero a ser pastor de los refugiados franceses en la ciudad alemana de Estrasburgo. Aceptó con gusto la invitación, y su estancia en Estrasburgo fue de inmenso valor para él personalmente y, eventualmente, para la causa de la fe reformada.

Bucero no había invitado a Calvino a Estrasburgo solamente para cuidar de las necesidades religiosas de los protestantes franceses. Allí fundó una escuela secundaria basada en los principios reformados y llamó a Johannes Sturm, entonces en París, para hacerle director del Colegio o Gimnasio, el cual llegó a convertirse, bajo la dirección de Sturm, en la más famosa institución protestante para la instrucción secundaria y la alta enseñanza de su tiempo.

El 8 de septiembre de 1538 Calvino pronunció su sermón inaugural en la iglesia de San Nicolás en Estrasburgo.

Estando entonces liberado de preocupaciones eclesiásticas y políticas y de las correspondientes actividades en ambos campos, pudo dedicar toda su atención al perfeccionamiento de su doctrina religiosa. No hay duda de que en la formulación de su doctrina estaba entonces claramente influenciado por su amigo Bucero. En agosto de 1539 pudo publicar la segunda edición de su *Institución*. El libro fue grandemente ampliado y dio una clara exposición de un cuerpo de pensamiento que ha llegado a ser conocido como la esencia del calvinismo.

Calvino fue también invitado a tomar parte en la Escuela de Sturm como tutor. Fundada en 1538, esta escuela se desa-rrolló rápidamente hasta llegar a ser un importante centro de alta enseñanza. En enero de 1539 Calvino comenzó a enseñar teología. Principió con una exposición del Evangelio de San Juan, que fue publicada en 1553. Tomó también las dos Epístolas de Pablo a los Corintios, que fueron publicadas en 1547 y 1548. En 1540 editó el primero de sus comentarios publicados, *Commentarii in epistolam Pauli ad Romanos*. Así fue como gradualmente construyó sus celebrados comentarios sobre varios libros de la Biblia. P. Vollmer tituló correctamente su obra sobre Calvino: *Juan Calvino, teólogo, predicador, educador y hombre de Estado*.

Su relación con la escuela de Sturm fue una gran lección para Calvino en cuestiones pedagógicas. Sturm le enseñó muchísimo con respecto a la organización escolar y al directo contacto con las mentes inmaduras de los estudiantes, enseñándole a comprender mejor las capacidades de los niños. Otro acontecimiento de gran importancia práctica ocurrió en la vida de Calvino cuando en 1540 se casó con una viuda con hijos. Su vida íntima de hogar le proporcionó un conocimiento más profundo de los niños.

Por 1541 el nombre de Calvino se hizo bien conocido como uno de los más importantes protestantes franceses y como la representación oficial de los franceses protestantes en Alemania. En la ciudad de Ginebra se sentía que Calvino tenía que volver para restaurar la confianza en el gobierno protestante de la Iglesia y el Estado. En septiembre de 1541 volvió a Ginebra por invitación de las autoridades de la ciudad.

Los tres años que pasó en Estrasburgo le proporcionaron una gran sabiduría, una profunda perspicacia, mayor avance mental, una mayor utilidad para la vida pública y más felicidad en su vida privada. Se encontraba por entonces mejor dotado para su gran tarea de reformador, expositor, teólogo y educador.

Desde un punto de vista educacional, los principales acontecimientos en la vida de Calvino entre 1541 y 1588 fueron las *Ordenanzas eclesiásticas* de 1541, la edición cuidadosamente revisada del *Catecismo* en 1545 y otra visita realizada a Estrasburgo en 1556.

A su vuelta a Ginebra el 19 de septiembre, resumió su obra como ministro, como hombre de Estado y como educador.

Comenzó inmediatamente una revisión y amplificación de los *Artículos sobre el gobierno de la iglesia*, en 1537.

Su primer proyecto de las llamadas *Ordenanzas eclesiásticas* fue una gran mejora de los antiguos *Artículos*. El proyecto fue pasando sucesivamente ante el Pequeño Consejo, el Consejo de los Doscientos y la Asamblea General para la ratificación. Tras muchas discusiones y algunas modificaciones, las ordenanzas fueron oficialmente adoptadas en noviembre de 1541 y publicadas como un *Projet d'Ordonnances eclesiastiques* en el mismo año. Las *Ordenanzas* tenían dos principales objetivos: definir más precisamente que antes los deberes de los oficiales de la iglesia y la relación de sus poderes con los gobernantes civiles, y establecer un nuevo cuerpo eclesiástico, el llamado Consistorio, para representar la iglesia explícitamente en su calidad de guardiana de la fe y la moral de la comunidad.

Las *Ordenanzas* arrancaban de una breve declaración al efecto de que tenían que existir cuatro rangos o clases de oficiales que nuestro Maestro instituyó para el gobierno de su Iglesia, a saber: pastores (o ministros), doctores (o maestros), ancianos y diáconos. La profesión de enseñar es así clasificada entre los oficios de la iglesia y los maestros son, por tanto, servidores de la iglesia. Cada rango está descrito con muchos detalles; pero sólo los doctores nos conciernen aquí.

La tarea real u oficio de los doctores es instruir con fidelidad en la verdadera doctrina de tal forma que la pureza del Evangelio no sea corrompida bien por ignorancia o por falsas opiniones. Bajo este título debía comprenderse la asistencia e instrucción para preservar la doctrina de Dios y el cuidado para que la Iglesia no sea destruida por falta de pastores y ministros, y, en resumen, este título debería ser clasificado bajo la escuela. El primer paso del maestro es la instrucción en la teología (Antiguo y Nuevo Testamento). Pero tales lecciones no tendrán valor a menos que los escolares sean también instruidos en lenguas y en ciencias humanas. Es necesario sembrar la semilla para el futuro con objeto de que los niños, al crecer, no se alejen de la Iglesia; en consecuencia, es necesario establecer escuelas o colegios para la instrucción de los niños con objeto de prepararlos en el camino del gobierno civil y eclesiástico.

En primer lugar, sería necesario buscar un lugar adecuado para la instrucción y acomodamiento de los alumnos, encontrar una persona instruida y experimentada que se cuide de este trabajo (instrucción y acomodación), y una persona que lea, comprenda y enseñe bien tanto lenguas como dialéctica (si puede hacerlo) y bachilleres que enseñen a los niños más jóvenes, todo ello para la gloria de Dios.

Todo el personal de la escuela estará, como los pastores, bajo el gobierno eclesiástico. No se permitirán otras escuelas en la ciudad; pero las niñas tendrán las suyas como antiguamente, de forma especial. Y nadie será aceptado como alumno en la escuela sin la aprobación y testimonio de los ministros, para evitar cualquier "inconveniencia".

Respaldado por su experiencia en Estrasburgo, Calvino, sintiendo que el viejo *Catecismo* no era suficiente como libro de instrucción para los niños, volvió a escribir el libro entero. El Catecismo revisado fue publicado en francés y en latín en 1545. Las principales alteraciones fueron la introducción de un subtítulo y de encabezamientos y el nuevo arreglo de la materia en forma de preguntas. El *Catecismo* queda entonces como una fórmula para la instrucción de los niños en la doctrina cristiana. El texto es dividido en cuatro secciones principales: *De Fide, De Lege, De Dratione y De Sacramentis.* El contenido es presentado como un diálogo en el cual el ministro hace las preguntas y el muchacho las responde. Sobre el tema de la Fe hay 132; de la Ley, 101; de la Oración, 63, y de los Sacramentos, 78, en total 474 preguntas y respuestas. Las preguntas constan en su mayor parte de pocas palabras. Ocasionalmente una pregunta se extiende a una larga declaración de muchas palabras, algunas hasta 50 o más, para las cuales se requiere sólo una breve respuesta. Las respuestas generalmente también son muy breves: aunque hay algunas que contienen hasta 100 palabras, y una tiene 131. Estas particularidades se dan para justificar la crítica, en el terreno puramente educacional, de que la nueva edición era ciertamente un producto mejorado; pero todavía resultaba demasiado largo y difícil, especialmente para los alumnos más jóvenes.

En 1556, Calvino estimó necesario hacer otra visita a la escuela de Sturm en Estrasburgo. Todavía tenía la idea del establecimiento de una institución similar en Ginebra; una escuela secundaria y una academia o Universidad. En sus *Leges Academiae Genevensis* incorporó muchas de las características más comunes de la institución de Estrasburgo: secuencia ordenada de las clases, división de las clases en grupos más pequeños, ceremonia anual de promoción, y carácter preparatorio de la instrucción en el colegio para ulterior entrada en la academia.

Calvino y la Academia de Ginebra

El acontecimiento más importante en los últimos años de Juan Calvino fue el establecimiento de la Academia de Ginebra en 1559. La fundación de una institución para la alta educación reformada fue indudablemente uno de los más profundos deseos de Calvino. En los *Artículos* de 1537 comenzó la realización de su ideal de una escuela reformada. Durante su estancia en

Estrasburgo ganó un conocimiento de primera mano sobre la organización de una institución cristiana en líneas reformadas. En las *Ordenanzas eclesiásticas* en 1541 expresó una vez más su más profundo deseo de tener una escuela o colegio funcionando sobre principios reformados. Su visita a Estrasburgo en 1556 le dio la inspiración final y el ejemplo preciso. Además del Gimnasio de Estrasburgo, Calvino conoció también la Academia de Melanchton en Wittenberg. Había conocido al *preceptor Germaniae* en 1540 o 1541 y entre ellos se desarrolló una íntima amistad. Melanchton había publicado sus *Leges Academiae* en 1545.

El material para construir la nueva escuela reformada lo tenía en Ginebra a la mano. La escuela fundada por Farel en 1536 había progresado durante varios años; pero por 1550 había retrocedido hasta tal extremo que muchos padres habían tenido que enviar sus hijos a otras ciudades para la necesaria instrucción. Calvino vio por 1556 que había llegado el momento de reorganizar las facilidades para la educación general y religiosa en Ginebra. En 1558 indujo al Consejo de la ciudad a proveer los medios precisos para ensanchar la escuela existente y para elevarla a un rango comparable a la de Sturm en Estrasburgo y la de Melanchton en Wittenberg. Eventualmente se construirá una serie de edificios y Calvino emprendió la doble tarea de redactar las necesarias normas y reglas para la escuela y de encontrar el personal idóneo de hombres capacitados de convicción reformada.

Calvino tuvo éxito para resolver ambas dificultades. En 1559 había publicado ya sus *Leges Academiae Genevensis*. El documento había sido reimpreso en la *Opera Omnia* en el vol. X, bajo la firma del secretario de la Ilustre República de Ginebra, Michael Rosetus.

El documento da como introducción y a las *Leges* un breve esquema de la ceremonia de inauguración y los nombres del cuerpo docente.

La ceremonia tuvo lugar el 5 de junio de 1559 en el *summum templum* en la presencia de un gran número de los más importantes ciudadanos, entre los cuales había 600 estudiantes, cuatro miembros del Senado, llamados miembros del Consejo, ministros religiosos y los maestros de la Academia. Juan Calvino tomó en ella una parte prominente. Dirigió la reunión en francés de tal forma que todos los presentes pudieron seguirlo. Solicitó del secretario que leyese *clara voce at gallico* las reglas de la Academia. En consecuencia, el secretario leyó la fórmula de confesión para todos los presentes y en particular el solemne juramento para el rector y para todos los maestros, que fue tomada en presencia de todos los asistentes. Finalmente anunció los nombres del profesorado: Teodoro Beza, un ministro, como Rector; los tres profesores: Antonius Cevallanius (hebreo), Francisco Beraldus (griego), Johannes Tagantius (filosofía); los profesores de las siete clases: Johannes Rendonius (clase 1), Carolus Malbueus (clase 2), Johannes Barbirius (clase 3 y decano del colegio), Gervasius Emaltus (clase 4), Petrus Dux (clase 5), Johannes Perrilius (clase 6), Johannes Laureatus (clase 7), con Petrus Daqueus como cantor y Juan Calvino con Teodoro Beza como profesores de teología, por turnos de una semana cada uno.

Tras la ceremonia formal Calvino solicitó del rector dirigir la reunión. El propio Calvino tuvo una feliz intervención, concluyendo que toda la gloria era para Dios por el establecimiento de la Academia. Pronunció también unas breves palabras agradeciendo de modo especial a los miembros del Consejo y del Senado su parte en la empresa y su presencia en la ceremonia inaugural. Finalmente se dirigió a otras prominentes personas y al cuerpo docente, recordándoles sus deberes para proporcionar con ello la mayor gloria a Dios.

Al día siguiente, 6 de junio, ambos departamentos de la Academia comenzaron su tarea educativa. En la propia Academia, también conocida como escuela pública, y en el Colegio o Gimnasio, conocido por otro nombre como escuela privada, se enseñó teología, antes y ciencias seculares. En la Academia, la idea era añadir a esas tres disciplinas teología, artes y ciencias, eventualmente también, leyes y medicina. La escuela privada era preparatoria para la escuela pública.

En las *Leges* se daban las necesarias disposiciones y reglas para la escuela pública y para la escuela privada, y también las reglas para algunas acciones generales.

Las disposiciones y reglas para ambas escuelas pueden ser descritas bajo cuatro títulos: cuerpo docente, estudiantes, horario, y materias. Las reglas para las acciones generales prescribían las vacaciones, promociones y juramentos.

El rector debía ser elegido cada dos años, el 1 de mayo. El cuerpo de ministros y profesores y profesores estaba autorizado para hacer la elección, mientras que el Senado la presentaría y la inauguraría. Tenía que ser un hombre de indudable piedad y erudición. Sus deberes incluían la administración de ambas escuelas, y tenía que prestar particular atención a la diligencia o negligencia de los profesores; y el decano del colegio debía ser árbitro entre las estudiantes, personalmente o a través de los ministros; tenía que aconsejar al cuerpo estudiantil para la asistencia a las conferencias de los profesores; emitir testimonios sobre la conducta de los estudiantes y sus progresos en la Academia, y podía convocar reuniones especiales de los estudiantes sólo mediante la aprobación del Senado.

Los profesores deberían ser elegidos, presentados y comenzar en una forma similar a la del rector. Su principal obligación era encargarse de las conferencias prescritas en los tiempos señalados según su especial rama de la enseñanza.

Los estudiantes que llegaran a la Academia tenían que dar sus nombres al rector y firmar la Confesión de Fe. El rector, entonces, colocaba sus nombres en una lista de personas apropiadas. Debían ser de una conducta piadosa y modesta. Aquellos que deseaban estudiar la Sagrada Escritura, debían figurar en una lista especial y, por el orden de sus nombres, tenían que dar una explicación de partes de la Sagrada Escritura los domingos de 3 a 4 de la tarde, bajo la supervisión y la crítica de un ministro, y cualquier presente podía ejercer el derecho de la crítica. Los estudiantes debían también, en una secuencia fijada, escribir ensayos sobre uno u otro tópico cada mes, y tenían que hacerlo libres de toda pedantería o falsa doctrina. Tenían que discutir tales ensayos con el profesor de teología. Finalmente, tenían que defender su exposición en público contra cualquier argumento que se hiciera contra ellos, y todo el mundo presente era libre de tomar parte activa en la discusión. Cualquier signo de presunción, carácter inquisitivo, presuntuosa arrogancia y torcida intención debería ser suprimido totalmente de tales discusiones; cada tópico tenía que ser discutido desde todos los ángulos con respeto y humildad. El profesor de teología presente tenía que conducir la discusión de acuerdo con su punto de vista certero y resolver cualquier dificultad que pudiera surgir.

En la Academia propiamente dicha había 27 lecciones cada semana: tres de teología, ocho de hebreo, tres de griego en ética y cinco de retórica griega o poesía, tres de física o matemáticas y cinco de dialéctica o retórica. Los lunes, martes y jueves había dos horas de instrucción; los miércoles y viernes, sólo una hora al mediodía; los sábados, sin clases; los domingos, asistencia a los servicios de la iglesia, y los viernes, asistencia a las reuniones eclesiásticas y a los consejos de la iglesia.

Las *Leges* también prescriben las materias para los profesores, asignándoles incluso los periodos durante la semana para sus disertaciones. Los profesores en teología, a su vez, tenían que explicar la Sagrada Escritura desde 2 o 3 de la tarde los lunes, martes y jueves. El profesor de hebreo tenía que exponer en el período matinal, tras la formal apertura, un libro del Antiguo Testamento con comentarios lingüísticos, y por la tarde la gramática hebrea. El profesor de griego sigue a su colega de hebreo; por la mañana un tema filosófico de ética desde Aristóteles o Platón o Plutarco, o bien uno de los filósofos cristianos, y por la tarde una disertación sobre un poeta griego u orador o historiador, alternativamente. El profesor de artes tomaba entonces su turno: media hora para un tema de física, por la tarde la retórica de Aristóteles o las mejores oraciones conocidas de Cicerón de su *De oratore*.

Con respeto a las *Leges* de la escuela privada (Colegio o Gimnasio) podemos describirlas en el mismo orden.

El maestro tenía que ser una persona de probada piedad, bien instruido y capacitado, dotado de las mejores disposiciones, libre de aparente rudeza, ser un ejemplo para sus alumnos y totalmente autocontrolado. Por añadidura, en su propia parte de la enseñanza, tenía que prestar atención a la conducta general y rectitud de sus colegas: alentar a los poderosos, recordar a todos su deber, estar presente en los castigos públicos, tocar la campana puntualmente y ser responsable de la limpieza y el orden de las clases. Ningún ayudante podía introducir ninguna innovación en las clases sin permiso del maestro. Finalmente, tenía que informar de todo y de cualquier cosa al rector.

El colegio de ministros y profesores debía elegir adecuados maestros para las clases separadas; el Senado los confirmaba y los designaba. Sus deberes incluían: la temprana asistencia a sus clases; no descuidar ninguna responsabilidad; la notificación al decano de su ausencia de la clase, con objeto de que él designase sustituto; el autocontrol en la enseñanza y en el valor de la conducta y actitud; conducta intachable hacia todos los autores de estudios declarando su punto de vista objetivamente y corregir con toda calma su dicción; temor de Dios y odio al pecado. No salir de la clase sin una buena razón; cese de las clases a su debido tiempo; unanimidad mutua y cristiana tolerancia y no provocación de uno hacia el otro; informe de todas las diferencias entre ellos mismos al rector, quien podía remitir la cuestión al colegio de ministros o junta de pastores de la ciudad.

La escuela privada tenía que estar subdividida en siete clases. Todos los alumnos tenían que estar divididos en cuatro áreas geográficas, y para cada maestro un número de alumnos igual, prorrateados. En las diferentes iglesias tenía que haber asignado por la autoridad del Senado un asiento para cada alumno. Cada estudiante tenía que asistir durante una hora de instrucción religiosa en las mañanas de los miércoles y domingos y al servicio de la iglesia por la tarde. Un profesor ayudante tenía que estar presente en cada iglesia para supervisar a los niños y, si era necesario, pasar lista después del servicio. Se hacía una nota especial para los que estuvieran ausentes o faltos de atención y después tenían que ser castigados en público. Todos los alumnos tenían que estar en las clases en el tiempo prescrito: a las 6 de la mañana en el verano y a las 7 en invierno. Los alumnos formaban grupos en unidades de a diez en cada clase, de acuerdo con su estado de aprovechamiento y progreso, sin que la edad ni la posición social fuese un principio de agrupamiento. Los jefes de cada grupo se sentaban en la primera fila y debían cuidar atentamente de sus grupos respectivos. El programa del día comenzaba con las oraciones del *Catecismo*, recitadas por los alumnos por turno. Los alumnos que no tuvieran una buena razón para estar ausentes eran castigados.

Tras de las oraciones matinales comenzaban las lecciones. El orden era más o menos así: una lección de 90 minutos; un descanso de 30; después otra lección de 60 minutos, seguida por la recitación del Padrenuestro y una oración de gracias; otro descanso para cada comida; de 11 a 12 el canto de los Salmos; de 12 a 1, lecciones; de 1 a 2 la comida del mediodía y escritura; de 2 a 4 lecciones. A las 4 en punto, reunión general en la Sala para presenciar, si los había, castigos públicos; decir el Padrenuestro, la Confesión de Fe y la lectura de una sección de la Ley de Dios, y finalmente oración por el dirigente. Solía haber ligeras diferencias entre las sesiones de verano e invierno. Los miércoles se concedía especial atención a escuchar el culto, el debate de las clases y a la escritura de los ensayos de los temas prescritos. Los sábados, el trabajo de la semana tenía que ser repetido, se sostenía un debate y el Catecismo era explicado y recitado. La totalidad de los domingos se dedicaba a escuchar y a meditar los servicios devocionales. En la semana anterior a la Sagrada Comunión, uno de los ministros daba una breve explicación de la Comunión de nuestro Señor y exaltaba la piedad y la armonía. Finalmente, un hecho interesante era que en los miércoles se dedicaba un tiempo especial a jugar (de 12 a 3 en punto), ya que el ocio nunca se excusaba ni se permitía. El número total de lecciones por semana, excluyendo las lecciones repetidas, llegaba a las setenta.

En las reglas especiales para las clases separadas se da una indicación sobre el tema de la materia tratada: la séptima clase es la más baja y la primera la más alta. He aquí el detalle:

Clase 7: Conocimiento de los primeros principios de las letras; composición de palabras del alfabeto latín-francés, lectura de francés, lectura del Catecismo latino-francés.

Clase 6: Los primeros y más fáciles principios de la declinación y conjugación para los primeros 6 meses; para los segundos la primera exposición de las partes de la oración y materias en relación con ella; el método comparativo para el francés y el latín, con ejercicios principales en lengua latina.

Clase 5: Más precisa exposición de las partes de la oración y los principios más simples de la construcción de las sentencias, con la *Bucólica* de Virgilio; primeros principios de la escritura lógica.

Clase 4: Conclusión de la construcción latina, con las más breves y mejores cartas conocidas de Cicerón y temas cortos y fáciles, sílabas y su valor, con elegías *De Tristibus y de Ponte* de Ovidio; lectura y declinación y conjugación fácil del griego.

Clase 3: Gramática griega más avanzada, las reglas de ambas lenguas y escritura de las dos (latín y griego); después cartas de Cicerón, su *De Amicitia y De Senectude*, tanto en latín como en griego; *Aenaes* de Virgilio, *Commentaries* de César, selección de los discursos de Isócrates.

Clase 2: Historia romana de Livio, historia griega de Jenofonte, Polibio y Heródoto, con lecturas de Homero; principios de dialéctica, por ejemplo las subdivisiones de las proposiciones; tesis y razonamientos de Cicerón, sus oraciones más cortas. El sábado por la tarde, de 3 a 4, la historia del Evangelio en griego, con fáciles explicaciones.

Clase 1: Dialéctica avanzada, con principios de retórica y elocuencia, discursos avanzados de Cicerón, *Olynthiacae* y *Philippicae* de Demóstenes, también selecciones apropiadas de Homero y Virgilio, ejercicios de estilo, dos oraciones cada mes en los miércoles. Los sábados, de 3 a 4 de la tarde, lectura y escucha de una de las Cartas de los Apóstoles.

Además había tres grupos de normas y reglas que requieren una final y breve descripción. Son las vacaciones, las promociones y los juramentos.

Había una vacación de tres semanas durante el período de las cosechas de las uvas y de la extracción del vino. Los profesores públicos tenían un día libre el primer viernes de cada mes para asistir a un debate público.

En la Academia de Ginebra la promoción de estudiantes era considerada y tratada como un procedimiento muy serio e importante. Los alumnos eran examinados a fondo. Todos los alumnos tenían que asistir a una conferencia dada por uno de los profesores a las 12 en punto en el Salón, un día, tres semanas antes del 29 de abril de cada año. Los alumnos eran colocados de acuerdo con sus clases en grupos y tenían que escuchar y tomar notas de acuerdo con su capacidad de comprensión. Inmediatamente los alumnos tenían que volver a otra clase diferente de la suya y allí intentar resumir en latín las principales ideas expresadas por el profesor. Las respuestas eran recogidas y dispuestas de acuerdo con los grupos de a diez y llevados al decano. En los próximos días, el rector, en consulta con los profesores, tenía que arreglar las respuestas de las diversas clases en orden de mérito. Los alumnos eran llamados individualmente, sus errores anotados y examinados por el rector y los profesores. Los examinadores decidían después a qué clase debían ser promovidos los alumnos.

El 1 de mayo (y si era domingo, al siguiente día) la totalidad de la escuela se reunía una vez más en asamblea en la explanada de la iglesia de San Pedro. Representantes del Consejo, ministros de religión, los profesores, el decano y los maestros ayudantes asistían a la ceremonia. El rector tenía que leer las reglas de la escuela en voz clara y en una corta arenga ponerlas en evidencia. A continuación se concedía una pequeña recompensa en mano a los dos mejores alumnos por uno de los consejeros o senadores, que los escolares debían agradecer a los consejeros con el debido respeto. El rector, entonces, dirigía unas breves palabras de alabanza y llamaba a los alumnos de la primera o segunda clase para leer en voz alta, con la debida deferencia, los ensayos. Finalmente, el rector clausuraba la ceremonia con una corta oración.

Este día de promoción era festivo.

Las mismas reglas se aplicaban a la promoción intermedia. Un ayudante podía informar sobre cualquier muchacho aventajado, para su promoción, al decano. Este recogía sus nombres en un libro especial. El 1 de octubre el rector discutía los casos con los profesores. Pero podía considerarse también cualquier especial promoción entre el 1 de mayo y el 1 de octubre.

Por último, las *Leges* prescribían un juramento especial para el rector, que era tomado ante el Senado, y otro especial juramento que debía ser tomado por los maestros y los profesores de la Academia.

El establecimiento de la academia fue el logro cimero de Calvino en la construcción de un Estado cristiano.

La Academia atrajo estudiantes de cerca y de lejos, de casi toda la Europa Occidental y de las Islas Británicas, aunque podía asegurarse que la mayoría de sus estudiantes no residentes provenían de Francia. En esta forma, la enseñanza y la cultura calvinista se extendió por una zona muy amplia. En 1564, el año en que murió Calvino, había unos 1200 alumnos en el Colegio y unos 300 en la Academia propiamente dicha. Entre los estudiantes extranjeros hubo muchos hombres ilustres tales como el tutor del rey Enrique IV; Tomás Bodley; el fundador de la famosa biblioteca Bodleian en la Universidad de Oxford; Casper Olevianus, coautor del *Catecismo de Heidelberg*; Marnix de Saint Aldegonde, un famoso calvinista de Holanda. En 1625 se redactó en Lieja una lista de hombres famosos y pudo establecerse que más de la cuarta parte de los nombres de la lista eran hombres que habían estudiado en la Academia de Ginebra.

La enseñanza era de una extraordinaria calidad y categoría en religión y en las ciencias seculares. Era de juicio común en los primeros tiempos que un joven estudiante de Ginebra podía dar una cuenta más lógica y sana de su fe que lo que podría hacer cualquier profesor de la propia Sorbona.

La Academia sirvió como modelo para el establecimiento de similares instituciones en todos los países donde el calvinismo encontró adeptos. Estas instituciones se desarrollaron en famosas academias o universidades de las cuales salieron los hombres más capacitados e instruidos de toda la Europa Occidental e incluso de los Estados Unidos. En Inglaterra, Holanda, el Palatinado, Escocia, Francia y en Estados Unidos, incluso en la lejana Sudáfrica, se establecieron escuelas, colegios y universidades basados en el modelo de la Academia de Ginebra. Esto era debido al hecho de que Calvino y sus seguidores tenían un programa común de amplia perspectiva y alcance, no meramente doctrinal, sino también político, económico, social y educacional. Su programa común y su visión social demandaba la educación para todos —incluso educación gratis para todos— como un instrumento para el bienestar de la Iglesia y del Estado. Sus hábitos industriosos y su vida económica productiva suministraban los medios para la educación. H.D. Foster concluye su artículo en la *Encyclopedia de educación* de Monroe diciendo: "Su disciplina y respondiente conciencia, su consecuente intensidad y convicción moral, el espíritu de sacrificio para la prosperidad común, les empujaba a llegar a cabo, en concreta y permanente forma, sus ideas de colegio y de escuela común".

Calvino estableció muy claramente sus ideas sobre las materias y temas de la educación escolar. En su *Institutio* él distingue entre dos clases de conocimiento para la educación del hombre: el conocimiento de Dios y el conocimiento de nosotros mismos. Destaca la íntima relación entre el conocimiento de Dios y el de nosotros mismos, ya que el conocimiento de nosotros mismos descansa en el conocimiento de Dios. Nadie puede contemplarse a sí mismo sin volverse inmediatamente hacia la contemplación de Dios, en Quien vive y se mueve, puesto que es evidente que los talentos que posee no proceden de él mismo y que nuestra propia existencia no es nada sino una subsistencia en Dios sólo. Ningún hombre llega al verdadero conocimiento de sí mismo sin haber contemplado primero el carácter divino y después descender a la consideración del suyo propio.

Por el conocimiento de Dios, Calvino quiere decir no meramente una noción de que existe tal Ser, sino también un conocimiento de cualquier cosa que debamos conocer concerniente a Él, que conduzca a Su gloria y a nuestro beneficio. Dios dotó a la mente humana con el conocimiento de Sí mismo; la mente humana, aun por instinto natural, posee algún sentido de la Divinidad. En consecuencia, el hombre puede conocer a Dios; pero su natural conocimiento está extinguido o corrompido, parte por ignorancia y parte por maldad. Pero Dios se revela a Sí mismo al hombre perdido en una forma general en Su formación y continuo gobierno del mundo, y de una manera especial a través de la guía y la enseñanza de la Escritura, que es absolutamente necesaria para conducir al hombre al conocimiento de Dios el Creador.

De aquí que haya dos fuentes de las cuales podemos y debemos extraer los temas básicos de la educación: un conocimiento del Creador como nos es revelado en la Sagrada Escritura y en la naturaleza, y un conocimiento de Su creación extraído por la mente humana de la formación y continuo gobierno del mundo por el Creador. Calvino distingue, por tanto, dos clases de educación sobre el terreno de dos clases de temas: la educación religiosa y la educación secular; la enseñanza de la teología propiamente dicha y las otras artes y ciencias seculares (designadas por él como lenguas y ciencias humanas).

En las *Leges* de Ginebra (1559) se dan más detalles para el prescrito *curriculum* de cada una de las siete clases del Colegio y para los profesores de la propia Academia. Las principales artes que se enseñaban en el Colegio eran: el francés como lengua materna, latín y griego como lenguas culturales, historia griega y romana, ética, dialéctica, retórica, oratoria; religión como principal asunto de carácter teológico, incluyendo especialmente la doctrina de la religión cristiana de acuerdo con el *Catecismo*. En el programa de Ginebra de 1538 se hacía también referencia a la enseñanza de aritmética práctica. En la Academia había al principio tres materiales principales por grupos: Teología, Lenguas Antiguas (griego y hebreo) y Artes y Ciencias (Física, Matemáticas, Ética, Filosofía, Retórica). El objeto era añadir tan pronto como fuesen practicable otras dos ramas de estudio: Medicina y Leyes.

Llegamos ahora al último problema en la discusión de los datos y primeros principios de la educación, la cuestión de la organización de la escuela. Como podía esperarse, Calvino concedió particular atención a la organización interna y a la administración de la educación escolar. Será suficiente para nuestro propósito referirnos sólo a las *Leges* de Ginebra, en las cuales Calvino perfiló la organización de la Academia propiamente dicha y el Colegio o Gimnasio.

La Academia fue organizada en líneas generales más bien libres. No había clases separadas; pero los profesores tenían que efectuar las clases públicas de acuerdo con un horario y con un orden definido: teología, hebreo, griego y artes.

Para el Colegio perfiló una más detallada organización. Tenía que haber siete clases, cada una subdividida en grupos de 10 escolares. La promoción de una clase a otra era hecha dependiendo del éxito del examen público, y la promoción final se hacía desde el Colegio a la Academia. Cada maestro daba una clase especial y tenía que poner todo su empeño en ella. Los deberes de los profesores estaban claramente determinados: pronta asistencia a clase, notificación de ausencias, informes al rector, etcétera. Un detallado horario se establecía para cada día de la semana, incluidos los domingos. Por cada clase separada se preparaba un sumario definido de trabajo. Las *Leges* también tenían en cuenta los días de fiesta para la escuela. Y, finalmente, prescribían el juramento para el rector y para los profesores.

Calvino no expresó en ninguna parte sus ideas en una forma sistemática sobre el problema general o la organización externa y la administración de la educación. Los tres principales problemas a este respecto son las relaciones entre el hogar y la escuela, la Iglesia y la escuela, y el Estado y la escuela. De sus escritos podemos, sin embargo, extraer la siguiente imagen. Tenemos que tomar en consideración las circunstancias, que en su día fueron completamente distintas a las de hoy. Los calvinistas declararía hoy estas relaciones de diferente forma, de acuerdo con los principios de soberanía de cada esfera de la vida y de la universidad de las diferentes esferas.

En la escuela de Calvino el hogar como tal no jugaba ningún papel de control. A los padres se les pedía dos cosas: enseñar a sus hijos los primeros principios de la religión cristiana de acuerdo con el *Catecismo* y enviar a los niños sin objeción ni descuido a la escuela; si no, estaban sujetos a castigo. Calvino consideraba la educación secular y religiosa como deber de los padres.

El poder real de control en la escuela era la iglesia reformada. La Iglesia, siendo la madre de todos los que tenían a Dios por Padre, tenía que cuidar de la completa educación de los creyentes. Para que la predicación del Evangelio pudiera ser mantenida, Dios había depositado su tesoro en la Iglesia. Dios había señalado pastores y maestros para que Su pueblo pudiera ser enseñado por sus labios. Él les había investido con autoridad. En resumen, el Señor no había omitido nada que pudiese contribuir a la santa unidad de la fe y al establecimiento del buen orden. De acuerdo con las *Ordenanzas eclesiásticas* (1541) los maestros eran clasificados como oficiales de la iglesia y colocados bajo el gobierno de la iglesia. De acuerdo con las *Leges* de Ginebra (1559) los maestros tenían que tomar el juramento de lealtad a la religión cristiana y a la Iglesia y declarar su adhesión a la Confesión de Fe de la iglesia. Calvino de hecho reguló el establecimiento y la existencia de la iglesia en sus escuelas para la educación religiosa y secular de los niños.

La revelación del Estado o gobierno civil hacia la escuela puede ser deducida de la exposición de Calvino sobre el gobier-no civil en el capítulo 20 del Libro IV. El gobierno civil tiene dos oficios: una función religiosa y otra política. Está designado —por tanto tiempo como vivimos en este mundo— para apreciar y sustentar el culto externo de Dios, preservar la pura doctrina de la religión y defender la constitución de la Iglesia. El gobierno civil debe procurar que la verdadera religión contenida en la Ley de Dios no sea violada ni manchada por blasfemias públicas que queden en la impunidad. En segundo lugar, el gobierno civil está designado para regular las vidas de los ciudadanos de acuerdo con los requisitos indispensables a la sociedad humana y dictar los métodos de justicia civil para promover la concordia y establecer la paz y la tranquilidad general. El gobierno civil es tan necesario al género humano como el pan y el agua, la luz y el aire y es en mucho incluso más necesario, ya que no sólo tiende a asegurar las comodidades que surgen de todas esas cosas, o sea que los hombres puedan respirar, comer y beber y ser sostenidos con vida, si no hacer que puedan así vivir juntos en sociedad y que los sentimientos de humanidad y respeto puedan ser mantenidos entre los hombres.

Hay tres ramas de gobierno civil: los magistrados, que son los guardianes y los conservadores de las leyes; las leyes de acuerdo con las cuales gobiernan, y el pueblo que es gobernado por las leyes y obedece a los magistrados.

La relación del Estado (o gobierno civil) con respeto a la escuela es claramente indirecta: influencia la educación a través de las funciones de la iglesia y a través de su función política (magistrados, leyes y pueblo).

Esta exposición queda concluida con una última y breve nota. Los fondos para el sostenimiento tienen que venir de una política económica productiva y un hábito de dar basado en un sentido de obligación social. "El que no quiera trabajar, que no coma", era el lema de Ginebra y de todos los seguidores de Calvino. Seis días de trabajo era el contenido del cuarto mandamiento, de acuerdo con Calvino, y uno de descanso. Su *Catecismo*, enseñaba que el único objeto del domingo y su descanso era el de mantener el hábito de trabajar el resto de la semana. El propio Dios no está indolente o dormido; Él está vigilante, eficaz, operativo y comprometido en una continua actividad. En Ginebra todo el mundo estaba ligado al trabajo sin observar días de fiesta, excepto el domingo. Calvino creía firmemente en la providencia de Dios, que incrementa la eficacia económica del hombre.

Porque el futuro yace en las manos de Dios, el hombre se siente más obligado a su tarea.

Calvino escribió con respecto a nuestras obligaciones sociales: "Soy un dueño, pero no un tirano; y soy también un hermano, puesto que hay un común dueño en los cielos, tanto para mí como para aquellos que están sujetos a mí; todos somos aquí como una familia".

La función social del calvinismo
Leo Kofler

La general irracionalidad de la situación social en que se encontraba la primera burguesía manufacturera se refleja en la tendencia ideológica hacia una forma metafísica de explicación del ser eterno; merced a su concreta combinación histórica con la religiosidad pequeño-burguesa, esto lleva a un despliegue moderno del pensamiento religioso. Pero en su contenido este pensamiento resulta configurado por la multiplicidad de problemas prácticos que se plantean a la burguesía manufacturera. Además de la reorganización de la misma economía, uno de los más importantes entre estos problemas era combatir el feudalismo en cuanto forma social que impedía el nuevo desarrollo de la sociedad. Con la burguesía manufacturera se origina por primera vez en la historia una clase burguesa que pugna de manera intransigente por reorganizar toda la sociedad: se origina una burguesía revolucionaria. Ya aludimos a la racionalidad ascética de esta burguesía y a su especial función histórica. Tanto el momento de su surgimiento a partir de la pequeña burguesía artesanal, como su alianza con la pequeña burguesía revolucionaria, alianza dirigida contra el feudalismo, se muestran como hechos especialmente eficaces al servicio de la realización de los objetivos burgueses. En primer lugar, porque la configuración revolucionaria del pensamiento burgués recibe su más fuerte impulso del pensamiento de la pequeña burguesía, y en segundo lugar porque en la época de lucha la burguesía y sus diversas fracciones (en Francia, Holanda, Inglaterra, Suiza), implantadas en el terreno del calvinismo, saben servirse muy bien —y efectivamente lo hacen en la práctica— de las fuerzas aliadas pertenecientes a las clases inferiores del pueblo.

Puesto que el calvinismo combativo no puede renunciar, por lo pronto a un lenguaje radical, proclama el derecho de oposición y la soberanía del pueblo, con lo que continúa desarrollando algunas de las ideas desplegadas por las sectas. Atraído por esta propaganda, el pueblo afluye a él multitudinariamente. Con esto el calvinismo no solo obtiene la base de masas que requieren sus fines políticos, sino que, mediante ese enorme ascendiente que ejerce sobre el pueblo, se le abre también el gran portal de la influencia pedagógica, cuya consecuencia última —e históricamente la más importante— es la formación de un proletariado apto para el régimen de producción manufacturero. Marx escribe: "Costó siglos conseguir que el obrero 'libre' consintiera voluntariamente —es decir, fuera obligado a ello por la sociedad, como consecuencia de una forma de producción de una forma de producción capitalista más desarrollada— en vender toda su vida activa por el precio de sus medios de vida habituales, y que aun trocara su propia capacidad de trabajo y su primogenitura por un plato de lentejas".[1] En forma análoga a lo que había ocurrido con el luteranismo, el patrimonio revolucionario del calvinismo cobró vigencia ante todo entre aquellos estratos de tradición revolucionaria. En algunas ciudades de Francia, "como Caen, La Rochelle, Poitiers, Montauban, Nimes, a mediados del siglo XVI ella [la doctrina calvinista] es ya predominante. Parece que las regiones donde antaño se propagaron los viejos valdenses y albigenses muestran especial receptividad".[2]

Pero la ideología calvinista tiene también su rostro conservador. Desde el principio, la revolución burguesa arrastra el miedo a las clases inferiores que son sus aliadas. En tanto sobrestima su propia fuerza a la vez que subestima mucho la vitalidad que las clases feudales poseen en el siglo XVI —engaña en especial por su propia cosmovisión optimista—, la burguesía se ve impulsada a adoptar prematuramente todas las precauciones destinadas a poner diques a la disposición popular revolucionaria que ella misma había desencadenado. Por ello el calvinismo es, desde el principio, una formación en extremo contradictoria. Por un lado, convoca a las masas a la acción democrática, pero a la vez declara que el orden del Estado se halla inscrito en la naturaleza y es divino, y que solo está permitido resistirle bajo la dirección de aquellos a quienes la divinidad ha elegido y otorgado su gracia. El aspecto burgués y conservador del calvinismo siempre se revela cuando este alcanza una posición de poder dentro del Estado, ya sea que consiga el gobierno, como en Ginebra que se le asegure tolerancia y libertad de propaganda, o que —como ocurrió en Holanda— crezca hasta convertirse en la corriente religiosa y social decisiva dentro del Estado. Allí donde esta tendencia conservadora se hace evidente, los estratos revolucionarios que el calvinismo había conquistado comienzan a independizarse de nuevo y a volverse hacia las sectas, con lo cual se inicia una nueva y última época

1. *Das Kapital*, 1903, vol. I, p. 233.
2. D. Schäfer, *Welitgeschichte der Neuzeit* (*Historia universal de la época moderna*). 1907.

significativa en el movimiento de estas. Cuando a partir del siglo XVII se
fortalece el movimiento de estas. Cuando a partir del siglo XVII se fortalece
la reacción feudal, el péndulo se vuelve con fuerza en sentido contrario. La
burguesía comienza a prepararse nuevamente para la lucha, es decir, vuelve
a ser revolucionaria; esta vez, sin embargo, se halla en circunstancias muy
difíciles y bajo los golpes violentos de un feudalismo que se ha hecho profundamente desconfiado. Pero este paulatino proceso revolucionario no se
realiza bajo la dirección del calvinismo, pues en el período manufacturero ya
relativamente desarrollado la situación económica es por completo distinta;
aquella recae ahora en el derecho natural de la burguesía: en consecuencia,
en una ideología orientada en sentido "científico-natural". También esta vez
las clases pequeñoburguesas y proletarias apoyan el movimiento de la burguesía, y puesto que el racionalismo de esta ejerce poderosa influencia sobre
todas las clases no feudales, la pequeña burguesía y el proletariado pierden
para siempre la antigua ideología de las sectas. Lo que queda de ella ya no
representa poder social alguno.

En la doctrina más importante del calvinismo, la doctrina de la predestinación, ambas tendencias —la revolucionaria y la conservadora— coexisten
y se hallan plenamente desarrolladas. El mismo Calvino, quien —según
muestra Lang— adhirió primero el pensamiento humanista y estoico, tras
su "conversión" aceptó la teoría de la predestinación del grupo de Wittenberg, y en especial de Martín Butzer, el reformador de Estrasburgo. Butzer
enseñaba que entre los hombres hay dos clases estrictamente separadas: los
elegidos, que han recibido la gracia de Dios, y los réprobos, para quienes el
reino de los cielos se halla por siempre cerrado.

La manera más fácil para comprender el sentido último, socialmente
determinado, de la doctrina calvinista de la predestinación consiste en con-
frontarla con la doctrina agustiniana.

Según la concepción del catolicismo y de San Agustín, desde el pecado
original todos los hombres son réprobos e incapaces de llevar una vida libre
de pecado. En la Tierra son pocos los escogidos para asumir la conducción
sacerdotal. La única señal de la aptitud para ejercerla es el sentimiento interno de la vocación, que en todo caso la Iglesia debe reconocer y confirmar.
Oponiéndose a esta concepción, el calvinismo enseña que Dios designó a
los escogidos ya antes del pecado original de Adán. De tal modo, el repro-
bó no es condenado por no es condenado por virtud de la culpa cometida
en el mundo, sino solo por la inescrutable voluntad de Dios. Es preciso
indagar el sentido de esta doctrina, si no se la quiere considerar como mero

capricho de un espíritu inmaduro; en sí tal sentido no es claro, pero se lo puede discernir de inmediato tan pronto como se intente comprenderlo en cuanto fenómeno ideológico inherente a la clase burguesa. Como se sabe, la Iglesia católica intentó justificar la propiedad privada recurriendo a la relativización del derecho natural absoluto, para la cual, con ayuda de la concepción del pecado original, la declaró institución necesaria para el mundo pecador. Por tal vía se afirmaba, ciertamente, que la propiedad no se hallaba en contradicción con el Evangelio y con el derecho natural, no obstante lo cual quedaba en ella algo pecaminoso; por eso la Iglesia llegó a la conclusión de que el hombre podía purificarse del pecado o bien mediante la renuncia parcial a esta propiedad en beneficio de la misma Iglesia y de los pobres, o bien prestando un servicio personal en las organizaciones eclesiásticas, con abstención parcial de la propiedad. El sentimiento religioso de la burguesía manufacturera resultaba incompatible con semejante idea de la propiedad, pues esta clase social se orientaba hacia el éxito de la actividad económica, éxito que era la recompensa de la diligencia y la frugalidad. En efecto, si se aceptaba que la propiedad no era más que una consecuencia del pecado original, también esa actividad abstinente, dirigida a la acumulación de la riqueza y que se había hecho una pasión en el empresario manufacturero, resultaba inficionada de pecaminosidad. Además, mantener el punto de vista del pecado habría debilitado el acicate de la actividad económica, necesaria para el mundo burgués. La propiedad feudal podía avenirse con la doctrina del pecado, y no así la burguesa, puesto que, si aquella era concebida como el resarcimiento de una función en última instancia no económica que la nobleza ejercía en la sociedad, esta, en cambio, aparecía exclusivamente como consecuencia de la actividad económica y de la especial capacidad de la clase de los empresarios. Para la sociedad feudal bastaba justificar la propiedad con ayuda de la idea del pecado original, y esta justificación no afectaba a la honra personal de la nobleza; pero para la burguesía, que trabajaba esforzadamente a fin de aumentar sus posesiones, la concepción del pecado original había implicado una difamación de esta actividad. En general, el señor feudal se empeñaba poco en la adquisición de su propiedad; simplemente la poseía. El empresario burgués debía "adquirirla" y aumentarla nuevamente cada día; se comprende, pues, que la burguesía de la primera época manufacturera —que, por las razones antes citadas, permanecía aferrada a lo religioso— necesitara de una doctrina que no solo liberase su actividad de cualquier peligro de difamación religiosa, sino que aun la santificase.

El calvinismo suministró esta doctrina; su fundador, que poseía versación jurídica y estaba dotado de un entendimiento estrictamente lógico, no se arredró ante ninguna consecuencia con tal de dar plena cabida a las nuevas necesidades ideológicas de una clase histórica y socialmente revolucionaria. La burguesía manufacturera se experimentó a sí misma como la fuerza dinámica dirigida contra lo antiguo y como la portadora de un desarrollo futuro prometedor; Calvino fortaleció esta conciencia proporcionándoles fundamentación teórica en la forma de un genial resumen de todos los argumentos en una unidad sistemática. Acogiendo al mismo tiempo la disposición religiosa, la actitud anti-feudal y la necesidad de justificación de la actividad económica de la burguesía, Calvino crea una doctrina en la cual todos estos momentos adquieren validez en un todo que los pone en relación de complementariedad; la doctrina de la predestinación. Especialmente entre los sucesores de Calvino (cf. M. Weber), ella constituye el supuesto ideal para la declaración de guerra de la burguesía contra el feudalismo y para la proclamación de la igualdad de derechos del empresario, que se juzga escogido a Dios cuando lo acompaña el éxito, con el señor feudal; por otra parte, ella consagra la acumulación del capital, indispensable para el desarrollo de la manufactura, como obra agradable a Dios en cuanto promueve la idea de que quien alcanza el éxito económico está pleno de gracia. Tampoco Troeltsch se deja engañar por el rodaje religioso: "La predestinación significa que se convoca a los mejores y a los santos, a la minoría, para que dominen sobre los pecadores que forman la mayoría";[3] pero esta relación se distingue de la concepción de Lutero porque esta queda encerrada en la "mística", es decir, considera que las personalidades privilegiadas y dirigentes se reconocen por su pura interioridad religiosa, mientras que la predestinación de Calvino incluye "la consideración de las condiciones de vida y de poder existentes". Esto quiera decir que los manifiestamente privilegiados dentro de estas condiciones de vida y de poder son idénticos a los "mejores y santos".

Vemos que se ha infundido un contenido completamente nuevo a la forma religiosa tradicional. Fácil fue su enlace con las tradiciones religiosas de la pequeña burguesía. En efecto, el ideal económico del burgués manufacturero ya se hallaba prefigurado en la actitud positiva de las sectas hacia el trabajo y hacia el mundo. Pero mientras que las sectas entrelazaron de

---

3. E. Troeltsch, *Die Soziallehren der christlichen Kirchen und Gruppen* (Las doctrinas sociales de las Iglesias y grupos cristianos), 1912.

manera inescindible su orientación hacia el más acá con una crítica revolucionaria, basada en el derecho natural, el calvinismo consumó en interés del empresario un viraje en sentido reaccionario, en cuanto, de la idea de que Dios estableció la diferencia entre los hombres desde el comienzo del mundo, infirió que no se podría hablar de un derecho natural igualmente válido para todos los individuos.

Más aún: Calvino llega a suprimir en general la oposición entre el derecho natural absoluto y el relativo. Por ejemplo, según Troeltsch, opone a los anabaptistas "la inmutabilidad de la ley divina, que no se puede diferenciar en el Antiguo y el Nuevo Testamento, y hace resaltar el absurdo práctico que representan sus exigencias, que también cancelarían la ley natural. Cuanto menos piensa en la ley natural absoluta en tanto auténtica regla, con tanta mayor evidencia la ley natural relativa se le aparece como el ordenamiento de Dios, y tanto más se inclina hacia lo práctico, posible, conveniente".[4] No ahondaremos en la polémica acerca de si Calvino se basó en alguna forma del derecho natural; que esto lo resuelvan los teólogos. Aquí nos importa el hecho de que Calvino tenía buenas razones para no querer saber nada del derecho natural igualitario. La presencia o no de este suministra el único cartabón para juzgar con seguridad cualquier teoría social de los siglos pasados, y en último análisis es indiferente que primero se admita el derecho natural absoluto y ulteriormente se lo niegue merced a su "relativización", o que desde el principio se acepte una desigualdad "natural", etc. Así como, con toda razón, Gierke puede decir de Grocio que su distención entre soberanía popular y soberanía del poder "carece totalmente de valor" desde el momento en que reconoce a esta última, pese a derivar de la primera, un carácter duradero e indestructible, del mismo modo se puede decir que toda fundamentación del derecho natural carece por completo de valor o representa un abuso si pone en duda la validez permanente del derecho natural igualitario (Grocio, Pufendorf) o si, en general, niega su existencia presentando la desigualdad simplemente como lo natural (Gasendi, Hobbes).

En efecto, por su sentido originario e histórico, cualquier ideología centrada en el concepto de derecho natural es revolucionaria y, por lo tanto, inseparable de la representación de la igualdad de los individuos. "En general —dice Max Beer— el derecho natural es una protesta, consciente o inconsciente, contra las instituciones jurídicas y estatales que derivan de la propiedad privada".[5] Aun cuando, como ocurre en el derecho natural burgués revolucionario de los siglos XVII y XVIII, la protesta contra las formas tradicionales del derecho y del Estado pueda ser independiente de los ataques a la propiedad privada —la crítica contra esta solo persiste en el derecho natural agrario; todavía no hay un derecho natural proletario—, los puntos de partida siempre están íntimamente unidos a la idea de la igualdad originaria. También Baron aclara, sin mayores circunloquios ni dejarse engañar, que Calvino se contenta en lo esencial con fundar en el Antiguo Testamento sus opiniones acerca de la teoría del Estado; en él, como en Lutero,

> un derecho natural absoluto, anarco-comunista, que concuerde con el Evangelio, no desempeña ningún papel digno de mención [...] El motivo más importante que inducía a Calvino a tener en poco el ideal evangélico de la condición originaria del ser humano era su confianza [...] en que el mundo del Estado —entendido, según la antigua terminología del derecho natural como el ámbito del "derecho eterno" relativo, ya modificado— poseía por sí grandeza y elevación suficientes como para exigir la abnegación religiosa que, de lo contrario, solo podría incumbir al ideal evangélico.[6]

De tal modo, en el calvinismo vuelve a perderse —como ya había ocurrido en la doctrina eclesiástico del Medioevo, pero al servicio de tendencias y propósitos por completo distintos— la idea del derecho natural igualitario. Es cierto que allí donde el calvinismo se ve envuelto en duras luchas para poder afirmarse —y esto muestra toda la complejidad de los procesos ideológicos, que de continuo van adaptándose a la realidad—, echa mano temporalmente el artesanal de ideas del derecho natural. En tales casos se habla en forma expresa de derecho natural del pueblo, a elegir por sí mismo su gobierno; ello sucede de manera muy notable entre los hugonotes monarcomáquicos, quienes se sirven de diversas ideas procedentes del derecho natural para fundamentar el derecho de resistencia a los "tiranos"; también en Beza, el sucesor de Calvino. Pero en el fondo el derecho natural sigue siendo un cuerpo extraño en el pensamiento del calvinismo propiamente dicho. Y cuando actúa en la doctrina calvinista, lo hace en forma asesoría y externa; tan pronto como ha cumplido su tarea al servicio de la acción revolucionaria se lo vuelve a empujar hacia el último plano.

---

5. *Die Geschichte des Sozialismus in England* (*La historia del socialismo en Inglaterra*), 1913.
6. H. Baron, *Calvis Staatsanschauung* (*Calvino y su concepción del Estado*), 1924.

La mejor prueba de que la doctrina calvinista de la predestinación es incompatible con el derecho natural la proporciona nada menos que Johannes Althusius. El sistema de Althusius constituye históricamente una transición hacia el derecho natural del racionalismo burgués revolucionario que comienza a desarrollarse en la segunda mitad del siglo XVII. Pero Althusius logra realizar la transición hacia este racionalismo tomando como punto de partida los problemas que la situación política concreta plantea al calvinismo francés. Pues Althusius es un calvinista en sentido estricto y se sitúa, impresionado al máximo por las guerras civiles de Francia, en el ala izquierda de aquel movimiento. De tal modo, los monarcomáquicos pasan a ser sus maestros teóricos y sus precursores. Ante todo, toma de ellos sus ideas sobre el derecho natural —que por cierto solo les servían como arma práctica en sus luchas revolucionarias contra la tiranía feudal y reaccionaria— y desarrolla este con toda consecuencia. Rápidamente advierte —como después, durante la revolución inglesa, lo hará John Milton— que no se puede imaginar ninguna posibilidad de unión no contradictoria del derecho natural con la doctrina de la predestinación. Por eso esta no aparece, de hecho, en ningún lugar de su sistema. El calvinismo de Althusius se transforma, pues, de improviso. El calvinismo de Althusius se transforma, pues, de improviso. Por otra parte, el abandono de la pieza central de la doctrina calvinista, la predestinación, permite a este autor convertirse, con mayor consecuencia que los monarcomáquicos, en el teórico del derecho natural. La influencia de las transformaciones sociales e ideológicas que ya se percibían claramente hacia fines del siglo XVII lo obligó, además, a racionalizar el derecho natural y hasta a convertirse en el precursor más significativo del futuro racionalismo dentro de dicha corriente del pensamiento jurídico. En la elaboración lógica de su sistema, Althusius procedió con total independencia; prueba de ello es el hecho, extraño para un calvinista, de que en él esté ausente cualquier concepción teocrática del Estado.[7] Pero no solo en el aspecto de la pura teoría se muestra Althusius como un precursor del racionalismo burgués. Mientras que en el calvinismo la idea democrática de la soberanía del pueblo es desplazada por la concepción aristocrático-burguesa de la predestinación y se debilita hasta anularse, en Althusius experimenta una radicalización; esto responde por entero a la nueva radicalización —que provisionalmente solo opera en el reino del pensamiento— de la burguesía, que hacia principios del siglo XVII gime bajo los golpes de la Contrarrefor-

---

7. Cf. O. Gierke, *Johannes Althusius*, 1880.

ma. Para el teórico de la predestinación, la soberanía del pueblo sólo puede expresarse en la cooperación de este, como mero apoyo, con el gobierno legalmente instituido (es decir, el que se muestra comprensivo hacia el calvinismo o que está constituido según el modelo ginebrino), y de ningún modo en la voluntad autónoma del pueblo, que ejercería por sí mismo el gobierno. Contra esta concepción, Althusius defiende, de una manera que se aproxima a la de Rousseau, el valor de la voluntad autónoma del pueblo y el derecho irrestricto de este a su autodeterminación. Es verdad que también Beza, conmovido por la experiencia de la noche de San Bartolomé, anuló la obligación de obediencia de los súbditos y propagó la idea de la soberanía popular democrática. Pero lo hizo en relación con un caso especial y no por razones de principio. No se atrevió a fundamentar de modo consecuente en el derecho natural este elemento radical de su propaganda, pues entonces habría debido renunciar a la idea burguesa de la predestinación en favor de la total soberanía democrática del pueblo. Solo en los siglos siguientes se mostrará dispuesta la burguesía a entrar en una alianza consecuente y duradera, aunque siempre contradictoria, con las clases populares inferiores; cuando advierta que en esa alianza solo tiene que ganar y nada que perder; y aquí tendrá su origen la forma plebeya de sus revoluciones.

El calvinismo, no obstante, también desarrolló una concepción una concepción democrática ya en su forma pre-hugonota, claro que en un sentido todavía contradictorio e inconsecuente. De la situación contradictoria de la burguesía manufacturera en ascenso resulta el carácter contradictorio de su ideología. Así como era natural que la clase burguesa fuera revolucionaria en contra del feudalismo y conservadora en contra del movimiento democrático popular, su concepción fue también progresista y revolucionaria en la lucha contra el mundo antiguo, pero reaccionaria tan pronto como el pueblo proclamó sus derechos, que en no escasa medida había adquirido precisamente en esa lucha. En efecto, solo es posible apreciar las concepciones propias de la manufactura inicial si se intenta comprender sus diversos elementos en el vínculo que mantienen con el movimiento feudal, por un lado, y por otro con el movimiento democrático.

En este momento, y en el lugar histórico en que se hallaba la burguesía manufacturera, constituía un hecho revolucionario de primera magnitud aun la doctrina moderada de la soberanía popular según la cual la sociedad debía ser reorganizada con la cooperación del pueblo y al servicio de sus intereses. La burguesía renacentista había desarrollado una idea democrática restringida; en efecto, le había puesto como base la exigencia de que no solo debía ofrecerse la posibilidad de alcanzar una posición eminente en el Estado y en la sociedad a quien tuviera privilegios del nacimiento sino fundamentalmente a todo ciudadano dotado de altos valores personajes. En las condiciones de la sociedad renacentista tal demanda solo podía significar paridad de la alta burguesía con la nobleza y fundación de una oligarquía burguesa en las ciudades. En el auténtico pensamiento renacentista, esto es, en el humanismo, de ningún modo se pensaba en una participación, siquiera fuese indirecta, de todo el pueblo en los asuntos públicos y en el gobierno.

En oposición a esto, el calvinismo muestra un mayor desarrollo del pensamiento político. Prescindiendo de las primeras formas del calvinismo "primitivo" (cf. Troeltsch), en que bajo la influencia directa de las sectas la predestinación alcanza todavía indistintamente a toda la comunidad de los creyentes, por lo cual la democracia directa desempeña en ella un papel más importante, también la doctrina de la predestinación aristocratizada en sentido burgués exhibe un rasgo democrático, visible bien que no muy acusado. Y ese principio democrático es atestiguado por la permanente consciencia de que ni la lucha contra los privilegios de la nobleza y contra su influencia, que es un obstáculo para el desarrollo, ni la conservación de las posiciones conquistadas son posibles a la larga sin el apoyo del pueblo. Pero esto no significa que se asignen al pueblo derechos igualitarios. Por el contrario, en todos los siglos en los que la burguesía ya ha podido ocupar posiciones de poder se abre paso una tendencia fuertemente conservadora, opuesta a toda participación y concurso del pueblo en el gobierno. Las exposiciones de Troeltsch permiten reconocer con claridad la actitud contradictoria del calvinismo: sin duda que se invoca constantemente al pueblo, con lo cual se le otorga la conciencia de su concurso, pero no se lo admite en el gobierno; es decir, se lo pone al servicio de las metas de la burguesía, pero al mismo tiempo se lo mantiene alejado de una participación directa en la responsabilidad de los negocios públicos. No obstante, el continuo llamado al pueblo, el *cri au peuple*, no significa que estamos ante el abuso de la voluntad popular, pues en realidad solo se apela a él cuando se trata de defender el progreso burgués contra la reacción feudal. Por su parte, el pueblo responde de buen grado a este llamado en cuanto se trata de luchar por objetivos comunes; y en la medida en que los objetivos de las diversas clases no feudales todavía se hallen unidos, lo cual sucede especialmente en tiempos de lucha, esto ejerce una poderosa influencia sobre la disposición de la burguesía. Si además se tiene en cuenta el indudable interés de la burguesía por no perder su influencia pedagógica sobre las masas, se comprende sin dificultad que la concepción y la praxis calvinista, a pesar del carácter conservador de la predestinación, no rompieran por completo con las ideas democráticas. Por eso Troeltsch puede afirmar: "A pesar del endiosamiento de la autoridad y de la obligación de obediencia para el súbdito, la consigna es: por el pueblo y para el pueblo"; claro que ella arrastra las contradicciones que hemos señalado antes.

Quien bajo la influencia de la escuela no dialéctica se haya habituado a forjarse un concepto supra-histórico y abstracto de los fenómenos históricos, en especial en el terreno del espíritu, nunca podrá seguir ese carácter contradictorio interior que es propio de la historia y que se transfiere a las ideas producidas por ella. Por eso considerará también el concepto de democracia como algo fijo y acabado, y mostrará inclinación a medir la historia por el concepto y no el concepto por la historia. En nuestro caso se trata del calvinismo, cuya función histórica solo es concebible merced a la comprensión de las complejas relaciones en las que vivieron y actuaron sus portadores: de acuerdo con estas relaciones podrán comprenderse en su particularidad tanto el elemento democrático del calvinismo como también su elemento no democrático.

Aun sin poder explicar sociológicamente la actitud vacilante del calvinismo, Baron se ve ese nexo en tanto se limita a describirlo, y lo ve muy bien, exceptuando algunas inversiones de la relación causal:

El carácter aristocrático-oligárquico del calvinismo inicial no fue, pues, mera consecuencia del destino externo de la ciudad-Estado de Ginebra y de la república nobiliaria de Holanda, sino que en el fondo fue tanto causa como efecto de las relaciones sociales en ellas existentes. Estas misma habían sido, sino creadas, por lo menos modeladas y conservadas por las ideas religiosas fundamentales de Calvino, a las cuales la república erigida sobre bases aristocráticas se adecuaba tanto como la república democrática lo hacía al curso de las ideas de los anabaptistas y de las sectas [...] En el esfuerzo por amalgamar hasta cierto grado la Iglesia popular con la Iglesia confesional protestante, el propio Calvino, en su doctrina eclesiástica, abrió la puerta al gobierno democrático de los seglares —aunque moderado en sentido aristocrático— y permitió que se diera el primer paso hacia el principio comunitario. Claro que, en la teoría del Estado, es más cauteloso y observa cierta reserva [...] La doctrina de la predestinación no solo era apropiada para fomentar un credo aristocrático; también pudo salir al encuentro de las ideas democráticas en cuanto confitería a cada escogido la conciencia de su valor infinito...[8]

8. H. Baron, *op. cit.*

Es indudable que el gran mérito del calvinismo reside en haber reconocido al pueblo y su voluntad como un factor en la transformación de la
sociedad, elevando esto a nivel de la conciencia histórica. Pero revertió ese
sesgo democrático de su doctrina una vez que la burguesía consolidada su
posición creyó que ya no necesitaba más de auxilio del pueblo en la acción
directa. Pasó entonces a primer plano la doctrina de la predestinación con
su espíritu anti-igualitario. En relación con esto resulta interesante la discreta previsión del propio Calvino, quien en su *Institutio* exige que en la
enseñanza de la doctrina de la predestinación no se ofenda al pueblo ni se le
diga toda la verdad; no hay que fomentar la desidia ni la malicia destacando
demasiado la diferencia entre quienes han sido predestinados a la bienaventuranza y quienes están perdidos. Pero ello significa que, en la propaganda,
se debe dejar irresuelta la cuestión de quién está destinado para alcanzar
la bienaventuranza y quién no lo está, pese a que esa distinción halla su
correlato en el éxito obtenido en este mundo. Así, pues, Calvino exhorta
a mostrarse precavidos ante el pueblo. Por extraño que parezca, también
este mundo de ideas de la predestinación, en principio conservador y antidemocrático, manifestó un aspecto democrático en su adecuación a las
tareas y condiciones prácticas. No es casual que justamente la doctrina de la
predestinación se convirtiera en el pivote del calvinismo y lo siguiera siendo
en forma permanente, pues ella se acreditó en la práctica en todo sentido,
demostrando una asombrosa capital de adaptación. Así, en un comienzo,
el carácter aristocrático de la predestinación quedó pospuesto en la lucha
y en la propaganda contra la Iglesia católica (o anglicana) aliada al feudalismo: sin cambiar la fraseología, como sucedió en el caso del grupo de los
independientes durante la Revolución Inglesa, la totalidad de los creyentes
ortodoxos perseguidos por la Iglesia aparecían como los escogidos por Dios.
Ante el enemigo común desaparecía, por lo tanto, la oposición interna entre riqueza y pobreza, que en última instancia servía de base a la idea de
la predestinación. Se comprenderá que, donde quiera que mostraba este
aspecto, el calvinismo ejercía un efecto democratizaste sobre la conciencia
de las masas.

Pero no se debe sobrestimar este efecto, pues pronto se pusieron de
manifiesta las pretensiones hegemónicas de la rica burguesía manufacturera,
que procuraba fundamentarlas mediante la doctrina de la predestinación.
En oposición a estas tendencias, las clases bajas se inclinaron a desdeñar en
general dicha doctrina y a destacar en su lugar otros elementos del calvinis-

mo, como el ascetismo y la santidad del oficio. Esto representó, empero, un malentendido, aunque la Iglesia calvinista lo tolerara por momentos y hasta lo viera con beneplácito. El calvinismo había desarrollado originariamente la idea del ascetismo siguiendo el pensamiento de las sectas, pero le confirió un sentido totalmente distinto. El ascetismo calvinista para nada fue un modo de adaptación a la pobreza ni, menos todavía, su glorificación; a la inversa, fue el medio imprescindible para la acumulación capitalista y el enriquecimiento y, en tal sentido, la antítesis del pensamiento de las sectas. Pero la significación cambiante y oscura del concepto de ascetismo, que sólo revela su sentido en el contacto más estrecho con la teoría de la predestinación, sirvió a la Iglesia calvinista como medio para cautivar a las masas y educarlas según los intereses de la nueva forma económica, que necesitaba con urgencia de un elemento obrero disciplinado, dispuesto al trabajo diligente y la frugalidad. Por eso el calvinismo nunca disipó el malentendido sectario con el cual la clase media más pobre y la clase proletaria se habían familiarizado para poder situarse, por lo pronto aún dentro del movimiento calvinista, en una oposición crítica respecto de la burguesía que invocaba para sí la predestinación. Pero esta oposición no era peligrosa, pues al mismo tiempo actuaban la disciplina y la fidelidad calvinistas, que impedían los estallidos revolucionarios.

De modo que ya en el siglo xvi la alianza de la burguesía calvinista con las clases bajas se había roto por obra de vivos antagonismos interiores. A pesar de la inclinación del calvinista medio a considerarse preferido por Dios frente a los no calvinistas, en los extractos más pobres existían una profunda aversión a la idea de que los escogidos ya están señalados desde el comienzo del mundo. Los postergados en el plano económico sentían instintivamente que la negación de la voluntad libre, tal como la enseñaba la doctrina estricta de la predestinación, representaba un instrumento de la burguesía dirigido contra ellos, porque con eso aquella podría declarar que sus pretensiones de dominación eran queridas por Dios e inmodificables por la voluntad del hombre. Para el individualismo libertario propio del espíritu de las sectas, que pervivía en los partidarios que el calvinismo reclutaba entre las clases inferiores, la libertad personal no solo debía estar garantizada frente a una autoridad tiránica que viola la ley de Dios, sino también, en lo fundamental, frente a la propia Iglesia y la propia comunidad. Esta exigencia encontró su formulación religiosa en el derecho a interpretar libremente la Biblia. Tras esto se oculta la idea de que la personalidad es libre e inviolable, así como la negación de cualquier orden independiente de la voluntad del hombre, predeterminado por la divinidad. Por lo tanto, las capas democráticas inferiores del calvinismo tampoco consideraban que la riqueza otorgada al predestinado desde el comienzo del mundo, así como su éxito económico, fueran la prueba de que él poseyese un estado de gracia: testimonio exclusivo de este era la vida ascética, y moral, que en principio cualquiera podría alcanzar mediante una decisión voluntaria. En la lucha contra el feudalismo y contra la Iglesia católica, el calvinismo puede atraerse sin dificultad a las sectas y a las clases bajas, pero cuando comenzó a perfilarse con más fuerza su carácter burgués, aquel antagonismo debió, por fin, hacerse visible y por ello las corrientes sectarias tuvieron que volver a independizarse poco a poco.

En parte, las sectas siempre habían conservado su independencia y Calvino las combatió por ello. Ante una consulta del duque de Somerset, aquel le había aconsejado servirse de la espada para tratar a los católicos, recomendándole a la vez perseguir sin piedad a los anabaptistas. Al principio, cuando en las zonas rurales de Inglaterra se generalizó la inquietud por la liquidación de los asentamientos campesinos inquietud que luego provocaría la insurrección de 1519 y el pueblo descontento buscaba socorro, los lolardos saludaron los primeros escritos de Lutero, contra los que Enrique VIII escribió su tosca obra sobre los siete sacramentos. Dado que los miembros de las sectas eran tenidos por secuaces de la Reforma, que perturbaban el orden público, muchos de ellos fueron desterrados. Cuando el calvinismo penetró en Inglaterra, los anabautistas se le unieron gustosos, pues en sus doctrinas veían una consumación de la de ellos. Sin embargo, a medida que se pronunció el carácter burgués del calvinismo, las sectas volvieron a separarse de él, movidas en especial por el repudio a la doctrina de la predestinación. La razón de fondo de ese apartamiento fue la misma actitud antes adoptada por los taboritas, quienes a la larga sintieron que aun la idea de la predestinación de Wiclef, no obstante estar concebida de otra forma, era demasiado aristócrata, y la sustituyeron por la "doctrina cristiano-estoico-racionalista de la igualdad" (cf. Troeltsch). Pero antes de que el calvinismo excluyese aquellos sectores de sus fieles proclives al pensamiento de las sectas, éstos ya habían formado su ala auténticamente democrática. En Inglaterra, esta ala del calvinismo fue el origen de dos tendencias: los independientes, más moderados, y los *levellers*, caracterizados por su radicalismo. El profesor Arminio, de Leyden, que actuó entre 1602 y 1609 y que en su *Política* combatió la doctrina de la predestinación en parecidos términos a como al mismo tiempo lo hacían Althusius, también encontró fuerte apoyo en dicha ala del calvinismo. Pero el pueblo de los Países Bajos acabó por confundirse debido a que la problemática y la propaganda religiosa se mezclaron con la problemática y la propaganda de actualidad política; fue así como se escindió en campos opuestos. […]

La religión: la ciudad de Calvino
Rosa Regàs

La primera vez que llegué a Ginebra creía saber lo que era una ciudad calvinista. Tantas veces había oído decir "la ciudad de Calvino", "Ginebra calvinista", que lo tomé más por un tópico trasnochado que por una realidad. Creía que seguían vivas ciertas costumbres calvinistas, y que posiblemente quedaban unas cuantas familias o algunas pequeñas comunidades que reivindicaban una forma y un estilo de vida exageradamente ascético como reacción al despilfarro y a la descomposición moral de las costumbres. Los horarios tempranos, el cierre riguroso de los comercios a una hora determinada y el respeto por los días festivos, lo atribuía más a formas de vivir generalizadas en Europa central que a un pasado calvinista.

Sabía, esto sí, que Ginebra pertenece a una parte de la civilización cuyo proceder se opone, bastante, por el momento, al de los pueblos latinos y mediterráneos. Que era más internacional y tolerante que las demás ciudades helvéticas, aunque comparta casi todas las virtudes que conforman el modo de ser más característico de los suizos, la eficacia, el orden, la disciplina. Que era una ciudad rica, inmensamente rica, llena de contrastes y que, por ser desde siempre confluencia de caminos y pensamientos, exilio dorado de algunos famosos, cuna de banqueros y refugio de predicadores y revolucionarios perseguidos, mantenía vivos cenáculos políticos defensores de derechos universales, alojaba núcleos culturales en su ir y venir de una civilización a otra, de una vanguardia a otra, y financiaba utópicos proyectos y empresas aventuradas, con el altruismo moderado propio de las sociedades que han colmado sus necesidades y sus ansias de comodidad y de seguridad hasta un extremo rayando en la perfección.

He vivido en esa ciudad períodos breves y largos, veranos, primaveras, inviernos y otoños y, aunque mis estancias nunca han sido superiores a seis o siete semanas, y aunque a mí, como a todos los extranjeros, me es difícil formar parte de la comunidad, he conocido muchas personas de distintos credos, procedencias y profesiones, he visto funcionar las instituciones y los servicios y he aprendido a leer entre líneas. Pues bien, todo lo que he vivido en Ginebra no ha hecho sino convencerme de que el calvinismo es la raíz y el fundamento de esta sociedad. Y cuanto más conozco esta ciudad, que se acaba por amar pero a la que nunca se echa de menos, más patente se me hace la presencia del calvinismo en todas sus manifestaciones sociales, históricas y urbanas.

Ginebra es una ciudad calvinista, dicen los historiadores y repiten las guías turísticas. Ginebra es *la* ciudad calvinista. Y en este sentido no hay otra en el mundo que se le pueda comparar. Mi convencimiento es cada vez mayor, porque la evidencia emana de la misma esencia inamovible de la ciudad, una ciudad que ya no quiere ni puede cambiar, de la misma forma que en esencia no ha cambiado en absoluto desde aquel día de julio de 1536, en que el reformador Guillaume Farel, después de lograr que el Consejo de los Doscientos suspendiera la misa, confirmara la adopción de la reforma para que la ciudad entera viviera según la santa ley evangélica y nombrara una comisión de cuatro para comprobar el peso, la calidad y el precio del pan, retuvo en Ginebra a Jean Calvin, fugitivo de las persecuciones religiosas, que en esta ciudad se convertiría en el más puritano y pragmático de los reformadores.

Sea por voluntad del Altísimo, sea por mera casualidad, la palabra de Calvino cayó en terreno abonado, y su semilla no hubiera podido germinar mejor en ningún otro lugar de la tierra. Al propio Calvino, que predicó la reserva y la desconfianza, que en casi 40 años de estancia en Ginebra cambió la faz de la ciudad y la convirtió en la Roma protestante [un Estado disciplinado de costumbres ascéticas cuyo severo gobierno tenía como fundamento su propia interpretación de la Biblia] y que le dio una Constitución que ha durado casi hasta nuestros días, no le fue concedida la ciudadanía hasta cinco años antes de su muerte.

Quizás Ginebra fue calvinista antes que Calvino. Pero lo cierto es que lo sigue siendo. Tan homogénea y sólidamente calvinista, tan actual y poderosamente calvinista que se sucederán las gentes y las generaciones, y aunque cambie la ciudad una vez más de nacionalidad y pase a ser francesa y quién sabe si norteamericana o rusa o japonesa, y dejen o no los potentados de la tierra de salvaguardar sus fortunas en los bancos que se levantan sólidos, aunque no ostentosos, a la orilla del lago, y nombre el papa uno, dos o diez obispos auxiliares católicos con la presunta intención solapada de reinstaurar una diócesis que perdió en la Reforma, y lleguen ejércitos de tamiles, turcos, portugueses, africanos o brasileños que la ciudad admitirá en la medida en que el país necesite mano de obra, y aunque acaben los ginebrinos votando a favor del aborto o reconociendo algún día, también por votación, que la homosexualidad no es ninguna tara, Ginebra, católica, budista o musulmana, seguirá como hoy y como siempre, igual a sí misma, calvinista por encima y a pesar de todo, ella misma convertida en herencia viva e inamovible de su feroz reformador, herencia de organización y eficacia, ascetismo y orden, voluntad, rigidez, ahorro, diligencia, frugalidad y discreción; herencia que ha calado en las generaciones, los inmigrantes, las instituciones, las profesiones, las iglesias, las costumbres, las relaciones, las diversiones, los instintos, los sentimientos, la cotidianidad, el ocio, las calles, las comunas, los árboles, y hasta en el paisaje y el clima.

El calvinismo parte de la creencia en la predestinación. Dios ha elegido desde el principio de los siglos, y únicamente por su propia voluntad, a quienes se salvarán y a quienes se salvarán a quienes se condenarán. Dice Calvino: "Dios no concede a todos indiscriminadamente la esperanza de la salvación, sino que a conciencia da a unos lo que niega a los otros". El calvinista no se plantea la cuestión de la justicia o la injusticia y niega la intervención del hombre en los designios de Dios. Ni la conducta humana puede interferir en la voluntad divina ni la justicia de los hombres puede aplicarse a la voluntad de Dios. Dios no está a merced de nuestras buenas obras o de nuestros méritos. "Habéis sido salvados mediante la fe; la salvación no viene de vosotros, es un don de Dios, no es el resultado de vuestros esfuerzos y, por lo tanto, nadie puede vanagloriarse de ello", dice a los Efesios San Pablo, que sabía mucho de los designios insondables del Señor.

Lo primero que se nos ocurre es que, puesto que Dios ya ha decidido cuál va a ser el destino de todos los hombres, no hay más que vivir como uno quiera y dejar que se cumpla su Santa Voluntad. Pero el calvinista no reacciona así en absoluto; por el contrario, la incertidumbre le llena el alma de angustia: ¿seré yo uno de los elegidos? ¿Cómo saberlo? ¿A quién dirigirme? ¿Dónde encontraré un indicio de cuál haya sido la voluntad de Dios respecto de mi persona? ¿Quién me lo dirá?

Nadie. No hay nadie en el mundo que pueda saber cuál es la voluntad de Dios, ni los pastores de la Iglesia ni autoridad ninguna, porque entre Dios y el hombre no hay más intermediario que Cristo.

A partir de ahí el calvinista elabora toda una forma de comportarse que no es más que una investigación sobre su destino "individual". Porque la única forma de conocerlo es su propio convencimiento. Sólo mirándose a sí mismo sabrá el calvinista no si es merecedor de la vida eterna, sino si su forma de vivir glorifica a Dios. Éste es su único cometido en la tierra, y en el cielo si allí lo ha destinado la mente de Dios, y sólo la seguridad de una vida santa le dará el convencimiento de su propia salvación, y si tiene el convencimiento puede haber alguna probabilidad de que sea de verdad un elegido. Pero de nada le servirá una vida ejemplar si comete un solo pecado. El calvinista no tiene la confesión que perdona y borra, ni las indulgencias que rebajan el castigo. La vida del calvinista ha de ser "uniformemente santa", porque no podrá compensar con buenas obras los posibles pecados ni contará con los remordimientos o los propósitos de enmienda o los arrebatos de amor a Dios. Lo único que cuenta es una vida entera dedicada a la glorificación de Dios y medida en obras.

Para llevar a cabo su destino celestial en la tierra, el calvinista tiene que poner en práctica todos los recursos de que dispone para no pecar: ha de evitar las tentaciones, llevar una vida ordenada y diligente en la que no quepa la disipación ni el ocio, que conducen a la pereza, pues la pereza es la fuente de todos los vicios. Por lo tanto hace suya la voluntad de los reformadores de secularizar el ascetismo en todos los órdenes de la vida. Desoirá la voz de los instintos y de los sentidos, a los que hay que dominar y reprimir para evitar al precio que sea el sometimiento del individuo a las pasiones perniciosas que convierten a los seres animados y a los objetos inanimados en ídolos usurpadores de la gloria de Dios. Y desconfiará de los demás mortales porque, de no ser elegidos a Dios, ciertamente ponen en peligro el recto camino de vivir, y ¿cómo saberlo? ¿Cómo exponerse a compartir, quizás con un condenado, nuestra vida y nuestro trabajo?

La alta valoración que el calvinismo concede al "obrar", es decir, al trabajo ("el que no trabaja que no coma", dice San Pablo), es la base del comportamiento y la forma más excelsa con que el hombre puede glorificar a Dios. "El ejercicio de una profesión es un culto a Dios", repetirá un predicador calvinista del siglo XVII. La vida entera del hombre ha de estar dedicada al trabajo, con eficacia y con rigor. A Dios no le agrada el ocio [para el ocio ya existen los domingos], Dios quiere frutos tangibles. El trabajo con frugalidad, diligencia y ahorro produce sus frutos. La riqueza es, pues, el testimonio de una vida dedicada a la gloria de Dios y, por lo tanto, de acuerdo con su santa voluntad. Es más, quien no ha conseguido el bienestar es porque no ha puesto suficiente empeño en su vocación, entendida ésta como dedicación completa a un trabajo y no como llamada instintiva y dominante. La pobreza se siente como un pecado. Al pobre hay que devolverlo al camino recto del deber. Nada hay de malo en enriquecerse y en producir bienes, y el préstamo con alto interés nunca fue considerado usura por los primitivos calvinistas, porque el dinero es un talento que Dios concede y hay que hacerlo fructificar. El hombre que así actúa se convierte en administrador de los bienes de Dios porque ha puesto el fruto de su trabajo a su servicio y no al de la lujuria y el pecado.

El calvinista perfecto sería aquel hombre que dedica la vida entera al trabajo, con competencia y con eficacia, porque es consciente y responsable y practica las virtudes de la diligencia y la constancia. El producto de su trabajo lo invierte para que se multiplique. Es frugal en sus gastos y moderado en sus necesidades. Es ahorrador. Su vida es sencilla, ordenada y discreta. Detesta por igual la indolencia y la ostentación. No se permite excesos de ningún tipo ni ocios que no tengan una razón de ser: orar, llevar una vida higiénica y hacer ejercicio que conserva el cuerpo sano, porque sabe bien que no hay mente sana sin cuerpo sano. Mantiene poca relación con sus semejantes, ignora al prójimo, vive en paz con la familia que ha formado y se relaciona únicamente con los que tienen sus mismas costumbres y sus mismas creencias. Es reservado y enemigo de confidencias y expansiones sentimentales. El intercambio de ideas con los que le rodean le parece superfluo porque él sabe muy bien cuál es su deber y, si lo cumple o no, sólo puede saberlo por sí mismo. Se mantiene distante vigilando a los demás y no les presta atención más que en la medida en que puede amonestarles y ayudarles a volver al buen camino. En cuanto a las apetencias, no las tiene, porque ha logrado dominar sus instintos y su lujuria y, por lo mismo, carece de erotismo y de sensualidad, que los vive como un engaño de los sentidos. Le gusta la sobriedad en todas las cosas animadas e inanimadas del mundo que le rodea. No tiene más ocio que perpetuar la tradición ni más alegría que la satisfacción del deber cumplido, lo que le da el convencimiento de pertenecer al mundo de los elegidos, a la ciudad elegida. No se deja engañar por las glorias de este mundo. Sabe bien que todo es vanidad de vanidades y nada más que vanidad, y no acepta la fama o la exhibición ni para él ni para los demás. Tiene un fuerte sentido práctico, desconoce la utopía, y no utiliza la imaginación y por ende la fantasía. Y espera tranquilo la vejez que vivirá como la juventud, asegurada con el producto de su trabajo y de su ahorro; y la muerte no le inquieta porque sabe que su paso por el mundo no tiene más razón de ser que la glorificación de Dios.

Éste es el modelo de ser humano que Calvino pidió, mejor dicho, exigió a sus seguidores. Y lo impuso con una fuerza e intransigencia tales que, como todos los credos teñidos de fanatismo, desencadenó represión, torturas, exilio y muerte. Pero acabó definiendo para siempre la ciudad y sus habitantes. Porque, como dice Max Weber,[1] "...los contenidos de las ideas religiosas no son un simple reflejo de las condiciones económicas, sino que son precisamente ellas

---

1. Max Weber, *La ética protestante y el espíritu del capitalismo.*

[tanto si nos gusta como si no] los más poderosos factores configuradores del 'carácter social': tienen su propia autonomía y su propio poder coercitivo…".

Y en el caso de la doctrina calvinista, un poder coercitivo sólido, constante e impermeable a cualquier influencia exterior, y fundamentado de tal modo en un convencimiento profundo de cuál sea la razón de la vida humana que más que una conducta, al cabo de siglos de inamovible cumplimiento, se ha convertido en un instinto que domina igual a los jóvenes que a los ancianos, y se ha infiltrado en los rincones más escondidos, lo mismo del espíritu humano que de la ciudad, y dirige los actos sociales y morales, incluso los ajenos a la religión que los ha engendrado, e invade el alma de recién llegado, y con el tiempo lo convierte en un miembro más de la colectividad. Este comportamiento será, por otra parte, el único vínculo que durante generaciones unirá al extranjero con los ginebrinos, y le hará sentirse miembro de una comunidad que nunca le aceptará totalmente, o por lo menos no hasta que, con el paso de los siglos, su apellido y su origen se diluyan y confundan con el de aquellos que a su vez fueron extranjeros, "nativos" o inmigrantes hace ya cientos de años y que se yerguen ahora cumpliendo su papel nacionalista y exclusivista armados con la intransigencia y con el convencimiento de su propia superioridad.

Calvinismo y racismo
Roger Bastide

I

El punto de partida de este trabajo es una comprobación de hecho; los prejuicios raciales parecen más fuertes y malignos en los países protestantes —Estados Unidos o África del Sur— que en los países católicos. Esto nos lleva a averiguar si la religión no constituye acaso un factor en la creación o el fortalecimiento de esos prejuicios. Haremos nuestro propio examen del problema, pero antes de comenzar pasaremos rápida revista a algunas de las soluciones que se han propuesto sobre el particular. Para Cox,[1] como es sabido, el único factor explicativo es el económico; no existen diferencias esenciales entre las relaciones de los capitalistas europeos con las masas obreras por una parte y las de los blancos con la gente de color por la otra: en ambos casos encontramos idéntica decisión de explotar al proletariado para extraer el máximo de ganancia posible. El hecho de que las relaciones raciales hayan sido más benignas en países colonizados por pueblos latinos y católicos como Portugal y España se debe exclusivamente a que estos no conocieron un desarrollo económico industrial comparable con el que experimentó el norte de Europa; el espíritu capitalista —fuente de racismo— fue mantenido a raya, en ellos, por la tradición católica medieval. Esto revela, por cierto, el influjo de la religión, pero solo en cuanto causa indirecta y preliminar, y exclusivamente en la medida en que haya estimulado —o a la inversa, contenido— el desarrollo capitalista. Es, por consiguiente, una causa remota, en el sentido de que las relaciones entre el calvinismo y el racismo nos remiten a un problema previo: el de las relaciones entre el calvinismo y el capitalismo.

Este problema, precisamente, ha sido considerado por Max Weber. Cabría esperar, pues, que en él halláramos los elementos de una teoría del racismo, como secuencia lógica de su teoría sobre los orígenes del capitalismo. En realidad, Max Weber estimó efectivamente necesario dedicar algunas páginas de su obra a la categoría sociológica de la raza.[2] En su concepto, la

1. Cox, *Caste, class and race.* Nueva York, 1948.
2. M. Weber, *Wirtschaft und Gesellschaft.* 2ª ed. Tubinga, 1925

raza puede ser definida como una comunidad de individuos que poseen los mismos caracteres hereditarios y un origen genético común; pero el racismo no aparece sino cuando esta categoría se transforma de biológica en sociológica y al primitivo vínculo social entre los miembros de la comunidad racial se añade otro de distinta especie, de orden político o supersticioso, que engendra fenómenos de «rechazo» por parte de los integrantes de un grupo con respecto a los componentes de otro. Y es aquí donde, por un atajo, reaparece ante nuestros ojos la oposición entre sociedades industriales y sociedades preindustriales. Lo que caracteriza, en efecto, al feudalismo —es decir, al régimen dentro del cual las relaciones sociales están fundadas en la conquista— es la glorificación del rapto de la mujer efectuado por el héroe del estrato señorial. Y precisamente porque la sociedad feudal fue exportada por la península ibérica hacia la América luso-hispánica se hizo posible la mestización, primero con la india y después con la negra: traducía el carácter "exogámico" de la ética feudal.[3] Por lo contrario, la colonización de América del Norte fue obra de una clase de gente común, signada por el espíritu puritano y capitalista y, en consecuencia, replegada sobre sí misma, carente de sueños de dominación y solo atenta al mantenimiento de sus valores de grupo; fue obra, en fin, de una sociedad que se había vuelto fundamentalmente endógama. De este modo volvemos a encontrar, lo mismo que en Cox pero bajo una forma distinta, una imagen de influencia indirecta de la religión, en la medida en que el calvinismo determinó la desaparición de la sociedad feudal exógama, sustituyéndola por la sociedad burguesa endógama.

Algo más adelante, Max Weber hace una nueva observación que se relaciona con nuestro tema, cuando muestra que la creencia en un parentesco de origen idéntico, aun cuando no se encuentre objetivamente fundada, reviste una gran importancia política. Propone nuestro autor que se denomine «grupos étnicos» a aquellos grupos humanos que, fundándose en la semejanza de usos y costumbres o en el recuerdo de pasadas colonizaciones y migraciones, tengan la creencia subjetiva en una «procedencia común»; lo que fundamenta estas comunidades —agrega— es la participación de todos sus miembros en un mismo sentimiento, el del "honor étnico", del cual no

---

3. Para el caso importa poco que el poblamiento americano haya sido obra del bajo pueblo, ya que, precisamente, ese bajo pueblo veía en la conquista del Nuevo Mundo un medio de ascenso social y la posibilidad de representar el papel de los señores a través del rapto de las mujeres. Un fenómeno similar tuvo por protagonistas, tiempo más tarde, a los campesinos alemanes emigrados hacia el Brasil, quienes mediante el apropiamiento del caballo pretendían ascender al estrato de la antigua nobleza rural germánica.

participan los extranjeros. Como ejemplo de esto ofrece el de los "pobres blancos" del Sur de Estados Unidos, a quienes considera los auténticos inventores de la antipatía racial en razón de que su "honor social" dependía de la descalificación del negro. Pues bien: bastará recordar que el calvinismo ha colocado en el centro de su ética el sentimiento del «honor de Dios» para que podamos ya entrever la posibilidad de un traspaso de este honor de Dios al honor étnico del pueblo de Dios. Sin embargo, Max Weber no intentó describir el proceso de tal metamorfosis, puesto que en sus páginas sobre el racismo era evidente que lo preocupaba mucho más el factor político que el factor religioso.

Las doctrinas que acabamos de comentar son demasiado genéricas. Hay otras que descansan en un análisis más concreto de los hechos históricos. Daremos dos ejemplos de estas últimas.

Veamos, en primer lugar, el del encuentro, en el siglo XVII, de puritanos e indios en Estados Unidos. Los puritanos no llegaban, dice Ortega y Medina, con ánimo racista; en absoluto. Los animaba, por el contrario, una mentalidad democrática inspirada en el cristianismo. Ni remotamente albergaban la idea de una división entre razas superiores y razas inferiores; a la inversa, el inglés y el indio participaban por igual, según ellos, de la naturaleza corrupta del hombre. Sin duda esto significaba nivelar con el rasero más bajo, pero "el indio no tenía más que abandonar su libertad natural, anárquica y turbulenta, diabólica", consentir en convertirse también él en criatura de Dios mediante un acto libre y voluntario, para que de inmediato la nivelación se concretase asimismo en la cúspide de la escala. ¿Cómo es posible que de este igualitarismo se haya pasado al racismo? Es que la regeneración del indio estaba condicionada a tres requisitos: la predestinación (que no dependía de él sino de Dios), la elección (el individuo discierne su salvación de acuerdo con el criterio del éxito terrenal) y la ciudadanía democrática (es decir, el respeto por la noción de contrato, puesto que el contrato entre los hombres no era sino la prolongación del contrato entre un alma y su Dios —que le servía de modelo trascendente, dado que la sociedad humana debe, para subsistir, regularse de acuerdo con las leyes divinas—). Por lo que se refiere a este último aspecto, debe consignarse que los puritanos compraban según contrato sus tierras a los indios, mientras que los españoles sencillamente se las arrebataban; pero en el concepto del indio las tierras seguían perteneciéndole siempre, y no aceptaba una venta que, sin embargo, había decidido efectuar, en opinión de los blancos, con entera libertad. De modo que rechazaba el primer requisito de su regeneración, y por lo tanto se negaba así a formar parte de los hijos de Dios. Y también desestimaba las otras dos condiciones. El indio se negaba a abandonar sus costumbres y creencias ancestrales; seguía siendo un "salvaje". "Biblia en mano, los ingleses podían justificar sus apoderamientos y exacciones, en atención a la abundancia de tierras y al escaso provecho que sacaban de ellas los pieles rojas. Pero además se veía que los indios, a causa de un impenetrable designio divino, hacían muy pocos progresos en el camino de su salvación [...] lo cual constituía para los puritanos el indicio infalible de una predestinación negativa, es decir, de una condenación ineluctable. ¿Qué más podían entonces hacer ellos, santos y puritanos, sino ayudar a Dios en la tarea de limpiar a esas tierras de 'semejantes seres'?". Verdad es que el juicio de Dios con respecto a los indios resultaba misterioso, pero, puesto que el éxito terrenal era el signo manifiesto de la elección, allí estaban los hechos, verificados por los blancos: violación de contratos libremente consentidos, regreso a la vida diabólica, estado de subdesarrollo económico. De este modo, el factor religioso se revela preponderante; si el racismo blanco pudo constituirse, ello se ha debido a que la evangelización de los indígenas se llevó a efecto a través de los cuadros del calvinismo.[4]

El segundo ejemplo que vamos a considerar nos hará pasar del siglo XVII al siglo XIX, es decir, del calvinismo teológico al calvinismo secularizado, que conserva siempre la ética del trabajo y el criterio del éxito en el mundo como signo de elección pero que, a partir de la idea de racionalización de la actividad humana, tan acabadamente expuesta por Max Weber, adopta la idea de un universo permeable al análisis científico.[5] Este nuevo calvinismo es el que, en Sierra Leona, en nuestro segundo ejemplo, habrá de entrar en contacto con la mentalidad africana.

Michael Banton ha señalado insistentemente las tensiones producidas por el choque entre dos mundos de pensamiento. En un extremo se ubica el de los anglosajones, convencidos del valor moral del trabajo, seguros de la importancia del ahorro (contra el "materialismo" del gasto suntuario) y con una concepción racionalista del mundo; en el extremo opuesto se halla el de los africanos, que no tienen el sentido de la «vocación» según la interpretan los calvinistas, que en vez de convertir en capital las ganancias de su trabajo las emplean en adquirir mujeres o en hacer regalos capaces de

---

4. J.A. Ortega y Medina, "Ideas de la evangelización anglosajona entre los indígenas de los Estados Unidos de Norteamérica", en *América Indígena,* vol. 18, núm. 2, 1958.
5. W. Stark, "Capitalism, Calvinism and the rise of modern science", en *Sociological Review,* vol. 43, 1951.

acrecentar el prestigio social con que cuentan, y que, por último, conservan —a pesar de la instrucción recibida— una concepción mágica del universo. En particular, la personalización de las relaciones sociales, cuya naturaleza varía según el tipo mismo de las relaciones —de clientela, de parentesco, de vecindad...—, choca con la conducta de "peregrino" del calvinista, por la cual el cristiano no vacila en abandonar mujer e hijos si ello es necesario para alcanzar su propia salvación.[6] Vemos aquí elementos nuevos que en la conducta de los descendientes de los puritanos se mezclan con los antiguos para alimentar, si no su racismo (el libro de Banton no hace mención de este término), por lo menos su etnocentrismo. Es sabido que Sierra Leona fue el producto de pensamientos cristianos y humanitarios y que su fundación constituyó un momento de la lucha contra el régimen esclavista; pero también en este caso, como en el de los calvinistas norteamericanos, la decepción sustituyó a la "buena voluntad" que mostraban los blancos en favor de los negros. Los éxitos de los colonizadores, en oposición al estancamiento económico de las masas africanas, no fueron interpretados en términos de explotación o dominación sino en términos de "predestinación" positiva para unos (los favores de la gracia divina) y negativa para los otros (degradación moral y espiritual).

En los dos casos examinados, origen de los pertinentes análisis, llegamos, pues, a idéntica conclusión, y es la de que el racismo no deriva en forma directa del calvinismo; por el contrario, el calvinismo propiciaba una doctrina de igualdad racial. El racismo es tan solo un producto posterior, consecuencia del fracaso misional y fruto de la experiencia de pioneros o colonizadores. Pero tal experiencia fue vivida a través de la ética calvinista y de la teoría de la predestinación, lo cual hace que indirectamente el calvinismo sea el auténtico responsable de la diferencia de comportamientos que en materia de contactos interraciales mostraron los pueblos anglosajones, protestantes, y los pueblos latinos, católicos. Como quiera que sea, se observa que los elementos del "calvinismo" señalados como susceptibles de arrojar alguna luz sobre los orígenes del racismo son exactamente los mismos que Max Weber indicó en su examen sobre los orígenes del capitalismo. De aquí resulta que el choque entre las razas se reduce, en el fondo, al choque entre dos sistemas económicos —el preindustrial y el capitalista—, y que la mayor tolerancia de los católicos hacia los indígenas, así como su mayor

---

6. M. Banton, *West African City: A study of tribal life in Freetown*. International African Institute, 1957.

facilidad para mezclarse con ellos sexualmente, provenían de que en la época de los primeros encuentros se hallaban más cerca del régimen precapitalista y de la exogamia feudal que los protestantes. Estas son sugestiones de antropólogos y sociólogos, que ahora intentaremos confirmar mediante un doble análisis: el del pensamiento de Calvino y el de algunas situaciones históricas de contactos interraciales.

II

Es evidente que el calvinismo comienza por postular la igualdad de todos los hombres, y ello en dos planos distintos: el de la Razón, que es común al conjunto del género humano (entiéndase que nos referimos a la razón natural y no a la que ilumina el Espíritu Santo), y el de la corrupción, puesto que todos los hombres soportan el peso del mismo pecado original. "El conocimiento de Dios está arraigado por naturaleza en el espíritu de los hombres", y esto vale tanto para los que en su época eran denominados "paganos" como para los cristianos: "No se conoce nación ni pueblo tan brutal y salvaje" que no tenga siquiera alguna idea acerca de la divinidad. Pero este conocimiento de Dios puede ser sofocado: 1) por la ceguera intelectual; y aquí Calvino desarrolla algunas ideas, que prefiguran tanto las de Lévy-Bruhl como las de Leenhardt, respecto de los sentidos que siguen adheridos a las cosas en lugar de trascenderlas mediante un acto del espíritu, y explican cómo los paganos han ahogado el conocimiento natural de Dios porque no supieron elevarse de la naturaleza al Creador ni separar lo sagrado de lo no-sagrado (corrupción de la inteligencia); 2) por el vicio, es decir, la corrupción de los sentidos: "Es menester señalar que todos los que bastardean la religión, como sucederá a todos aquellos que se dejan llevar por sus fantasías, se apartan del Dios verdadero y se rebelan contra él. Protestarán mucho que no tenían esa intención; pero no es cuestión de juzgar según [...] lo que ellos crean [...], tanto más cuanto que en su oscuridad y tinieblas imaginan diablos en lugar de Dios" (IRC I, 5, 12). De este modo el igualitarismo de Calvino se convierte finalmente en condenación de los paganos, ya que estos han hecho mal uso de esa Razón que debía llevarlos, si no a la Fe (porque aquí la intervención del Espíritu Santo resulta imprescindible), por lo menos al monoteísmo.

Los hombres son asimismo iguales en el pecado, es decir, en una corrupción que ahora ya no es la de la Razón sino la de la Voluntad humana. El capítulo 14 de la tercera parte de la *Institución de la Religión Cristiana* constituye un ataque a los católicos, que creen en la justificación por las obras, pero se inicia con unas apreciaciones respecto de los paganos que merecen un momento de atención por nuestra parte. "El Señor [...] ha impreso en el corazón de cada uno esta distinción entre las obras honestas y las viles", lo cual determina que los paganos, al igual que los cristianos, tengan una "moral". Pero, declara Calvino, la finalidad de la virtud no es el acto virtuoso en sí mismo sino la gloria de Dios, "el honor divino". Y ocurre que los paganos no se han elevado hasta esta concepción: "Cuántas obras de ellos que en la apariencia externa se muestran buenas, son sin embargo, por su mala finalidad, sólo pecado [...] Todos aquellos que han sido estimados por los paganos pecaron siempre, aparentando sin embargo ser virtuosos, tanto más cuanto que, desprovistos de la luz de la fe, no dirigieron esas obras, consideradas virtuosas, hacia el fin que correspondía". Calvino se refiere a los sabios de la Antigüedad, pero su razonamiento es igualmente aplicable a los pueblos "primitivos"; condena por anticipado la teoría del "buen salvaje" —que sin embargo será desarrollada por calvinistas como Jean de Léry—, del salvaje virtuoso y moralmente superior al blanco que, con todo un séquito de vicios originados en la civilización, toma contacto con él. Los paganos, aunque provistos de cualidades morales, están condenados y destinados a la "muerte eterna".

Es posible que estos textos hayan generado entre quienes los leían y se suponían justificados cierta sensación de pertenecer a una aristocracia —que iba a destruir el igualitarismo básico del calvinismo— y asimismo la idea de que el pagano no es tan sólo un hombre cuya salvación debe lograrse (mediante el trabajo misional), irresponsable frente a su propia perdición (ya que no se lo instruyó en las Sagradas Escrituras), sino un hombre que merece su condenación en virtud de que Dios lo dotó de la misma razón y el mismo discernimiento entre el bien y el mal que a nosotros y sin embargo usó de su razón en forma equivocada (dejándola anegar por las supersticiones) y desvió la moral de su verdadera finalidad (que es el honor de Dios). Sólo que este orgullo —punto de partida de todo racismo— no puede ser comprendido sino en el caso de que los calvinistas, anglosajones u holandeses, se hubiesen considerado realmente un pueblo elegido, una comunidad de "justificados".

La teoría calvinista de la justificación es bien conocida. El hombre está corrompido desde la caída, y su salvación ya no depende de sí mismo sino de la gracia de Dios. Es el "puro arbitrio" de Dios, y no las obras, lo que salva. Verdad es que las promesas de Salvación son universales, pero esto no impide que exista sólo un pequeño número de Elegidos. En tal caso, ¿cómo puede alguien saber que está salvado? Max Weber ha mostrado cabalmente que el criterio de la Salvación era el éxito en la vida, lo cual hace que la doctrina de la Predestinación no desemboque en la angustia sino en la acción: "Dios Nuestro Señor, al multiplicar sus gracias entre sus servidores y concederles día a día otras nuevas, dado que la obra que ya ha comenzado en ellos le es grata, encuentra en ellos materia y ocasión para enriquecerlas y acrecentarlas de esta manera..." (*Ibíd.*, II, 3, 11).[7] Esto permite comprender la fundamentación de los análisis de Ortega y Medina y de Banton. El fracaso de la actividad misional (el "salvaje" continuaba voluntariamente apegado a sus "supersticiones") y de la actividad económica (mientras que el colono europeo progresaba y se enriquecía en las colonias, el "salvaje" parecía condenado a una perpetua condición de subdesarrollo) resultaba muy adecuado, en la medida en que el éxito terrenal fuese el criterio visible de la elección, para alimentar el orgullo y dar nacimiento al racismo. Pero sería posible llegar todavía más lejos, y encontrar en la Institución cristiana textos fácilmente utilizables para justificar la condenación de los paganos y la necesidad de una política segregacionista. Por ejemplo, en la teoría de las «tentaciones», Calvino cita las asechanzas de la vida entre los «salvajes» junto con varios otros de los peligros que pueden amenazarnos (*Ibíd.*, I, 17, 10); no es aventurado pensar que, en consecuencia, para evitar tales «asechanzas» y, de algún modo, la contagiosidad del pecado, los colonos sintiesen la inclinación de atrincherarse en sus «culturas» europeas, de modo que pudieran sentir sobre ellos —pequeño rebaño perdido en país remoto— la mano protectora de Dios. En otro texto Calvino nos dice que debemos recelar siempre de nosotros mismos y confiar sólo en Dios (*Ibíd.*, II, 10); y lo que caracterizaba a los "paganos" era, precisamente, la confianza que —contrariando aquella regla— depositaban en sí mismos. En efecto, lo que define al pensamiento mágico es que la acción del hombre, si se ejecuta de acuerdo con las reglas, llega siempre a un resultado, de modo que cuando la cólera de los dioses hace sentir sus rigores el pagano sabe que mediante ritos apropiados podrá restablecer el equilibrio —cósmico o social— perturbado.

Por último (pero ya hemos destacado este aspecto en un párrafo anterior), el blanco llevaba consigo el sentimiento de la dignidad del trabajo realizado para gloria de Dios y el del valor de la "vocación" en este mundo que le fue asignado por el Señor, en tanto que el pagano no trabaja si no lo urgen a ello las necesidades de la vida y, una vez estas satisfechas, se entrega

---

7. Cf. también III, 7, 9, y todo el cap. X del libro III de la *Institución*.

a la fiesta. La ética del puritanismo, enfrentada con la ética de la fiesta, daba a los colonos la sensación de formar parte del pequeño mundo de los Elegidos, a la par que la voluntad de los paganos se les aparecía definitivamente corrompida, puesto que se apartaba del verdadero fin, el honor divino, para sumergirse en el diabólico placer de los sentidos. Esta teoría de la "vocación" ha tenido por cierto influencia en el surgimiento de cierto racismo. En realidad, Calvino afirma que la desigualdad de aptitudes existe tanto entre los paganos como entre los cristianos y esto se debe a que tal desigualdad (que por lo demás determina, en su concepto, la complementariedad de los oficios) es lo que él llama "una gracia natural" (y no "sobrenatural" como la de la Predestinación); ello no obstante, esas aptitudes provienen de Dios, "que las otorga a quien mejor le place". Pues bien: los europeos, que en aquellos tiempos carecían por completo de conocimientos etnográficos, debían encontrar que aquellos a quienes precisamente llamaban "salvajes" y con los cuales acababan de tomar contacto eran "retardados" y —para decirlo con palabras de Calvino— "locos y estúpidos"; debía parecerles que Dios no les había concedido aptitudes especiales y superiores sino tan solo dotes (como la capacidad de trabajo físico) que los condenaban, dentro de la complementariedad jerarquizada de los status, a convertirse en servidores de los blancos.[8]

De igual manera sería fácil encontrar en la obra de Calvino toda una serie de textos que valorizan al pequeño grupo de los elegidos frente a la masa de los condenados y por eso mismo resultan aptos para suscitar los fenómenos de segregación y orgullo espiritual que más tarde volveremos a encontrar en el racismo. Por ejemplo, en el Comentario sobre Mateo 9.37-38 —"la mies es mucha, pero pocos los segadores"—, tras afirmar que todos los pueblos de la tierra están en condiciones de recibir el Evangelio, Calvino manifiesta que, no obstante ello, "Dios estima más la reducida compañía de los suyos que la del resto del mundo". Con el veneno, sin embargo, viene el contraveneno. Porque toda la ética calvinista es una ética del amor, amor fundado en la definición del prójimo como carne e imagen de Dios. Y ocurre que el "salvaje" (quien, como hemos dicho, participa de la condición humana tanto por la Razón como por el pecado) es, también él y por sobre cualquier otro aspecto, nuestro "prójimo": "...en el nombre de Prójimo están comprendidos hasta los más extraños, inclusive» (*Ibíd.*, II, 8, 55); "... pero digo sin embargo que debemos abrazar en amor de caridad a todos los

---

8. En particular, véase *Institución*, II, 2, y especialmente el párrafo 14.

hombres en general, sin exceptuar a uno solo, sin hacer diferencias entre el griego y el bárbaro, sin parar mientes en que sean dignos o indignos de ello" (*Ibíd.*, II, 8, 54). Y junto con la ley de la Caridad, contraria al pecado de soberbia, ¿no constituye acaso el fundamento mismo del pensamiento de Calvino, puesto que todo es obra de Dios y no nuestra, la humillación del hombre y no su glorificación? "«Somos tan ingratos que creemos acaecida la cosa [...] por nuestra industria [...]: siempre despojamos a Dios de su honor" (Sermón LXXIV sobre el Deuteronomio). O si no: "Seamos humildes y pequeños" (Sermón XLII sobre el Deuteronomio).

En un libro de reciente aparición, Jean Boisset mostró acabadamente el arraigo simultáneo de esa ley de caridad y esa ley de humildad en el calvinismo; solo por una distorsión de este pensamiento pudo llegarse a considerar el éxito terrenal como un criterio de la Elección:

> No debe olvidarse que la doctrina de Calvino, tan rígida, tan tremendamente dura en su expresión intelectual, está prácticamente subordinada a la ley de caridad. En lo concerniente a la discriminación humana entre réprobos y elegidos, Calvino mantuvo siempre una cauta reserva, negándose a indicar quiénes estaban perdidos y quiénes se habían salvado. El creyente puede saberse elegido, pero ignora si se ha perdido, así como ignora qué otro ha sido elegido además de él. Su comportamiento con respecto a sus semejantes, elegidos o rechazados, es un comportamiento de caridad. Prácticamente remite todo a la soberana voluntad de Dios.[9]

Pero hay otro aspecto en el pensamiento de Calvino que es necesario examinar para saber si pudo haber conducido a un comportamiento racista: nos referimos a su eclesiología. El dogma de la comunión de los santos llevaba, en el catolicismo, a identificar la Iglesia visible con la Iglesia invisible. Los reformadores, en oposición a Roma, siempre repudiaron tal identificación de una unidad puramente mística con una institución social. La Iglesia invisible es el conjunto de los Elegidos de Dios, muertos o vivos, que forman el cuerpo único de Jesucristo; pero junto a ella está la Iglesia visible, que se funda en la historia y tiene la misión de difundir la palabra de Dios en medio de grupos sociales determinados. Pues bien: al distinguir de tal modo entre ambas iglesias, ¿acaso no facilitaba Calvino la aparición de una teoría de la discriminación entre los grupos raciales? ¿No estaba, quizá, justificando por anticipado la creación de iglesias blancas separadas de las iglesias

9. J. Boisset, *Sagesse et sainteté dans la pensée de Jean Calvin*. París, 1959, p. 217.

negras? En todo caso, la crítica dirigida contra Roma y el supranacionalismo del papado hizo que Calvino escribiera frases como esta: "Extender al mundo universal lo que ha sido útil a una sola nación es no proceder de acuerdo con la razón; por el contrario, hay una gran diferencia entre el mundo todo y un determinado pueblo [...] Ahora que la religión se ha extendido por el mundo entero, ¿quién no advertirá que es completamente absurdo asignar a un solo hombre el gobierno de Oriente y de Occidente?" (IRC IV, 6). Opiniones como ésta, aunque dirigidas originariamente contra el papado en favor de las iglesias nacionales, debían tener como consecuencia, en una nación multirracial donde cada una de las razas constitutivas poseyese una "civilización" específica, la quiebra de la misma iglesia nacional en tantas iglesias particulares como culturas diferentes hubiese.

Ya veremos más adelante que ese aspecto al que podríamos denominar "teología del *apartheid*" en África del Sur no descansa sobre otras bases.

Quizá más que una consecuencia lógica de la teología calvinista, la eclesiología de Calvino es el reflejo de un momento histórico: el de la formación de las naciones sobre las ruinas de la cristiandad medieval. Pero ese es también el momento histórico que presencia —como bien lo expuso Durkheim en *La división del trabajo social*— el advenimiento del concepto de "contrato" en el pensamiento jurídico. Y también en esta materia las ideas de Calvino se adhieren a su época, hasta convertirse en la expresión lógica de ella. Bajo ciertos aspectos la Reforma protestante se corresponde, en su lucha contra el catolicismo, con la evolución del antiguo concepto de Institución —que signa todo el pensamiento católico tradicional— hacia el nuevo concepto de *contrato*. El cristianismo antiguo quiso, al crear la Iglesia, constituir eso que Tertuliano denominó un *genus tertium*, "un pueblo distinto" que superase la oposición entre el Amo y el Esclavo, el patriarca y el gineceo, el griego y el bárbaro; en la Iglesia, nacida del Pentecostés y que en consecuencia derriba la torre de Babel, se encuentran reunidas todas las razas en torno al pan de la comunión para formar un nuevo pueblo; la institución homogeneiza (si se me consiente el término) las diversidades naturales, y elabora con ellas una unidad sociológica. A esta concepción se opone la idea de contrato, es decir, de relación fundada en una doble libertad —la de ambas partes contratantes, que en este caso son el hombre y Dios—. Calvino tomaba del Antiguo Testamento esta idea de contrato, que convertía al pueblo hebreo en un pueblo elegido; solo que él ya no confería este nuevo status a una nación separada sino a un pequeño grupo de Elegidos, destinado a ser la sal de la tierra y no la organización de un cuerpo social particular. Puede afirmarse que cuanto queda de pensamiento judaico en el calvinismo —procedente del Antiguo Testamento y no del Nuevo— constituye la única posible fuente de racismo inscripta en una tradición calvinista.

De este primer análisis podemos ahora concluir:

1. El pensamiento de Calvino refleja la situación histórica que corresponde a la formación de las nacionalidades y, asimismo, al surgimiento del derecho contractual. Y, en cuanto reflejo, es la "ideología" de una época. O, mejor aún, integra en una reflexión teológica elementos "exteriores" a ella, adventicios con relación a su línea fundamental. Esto plantea un primer problema: el racismo de los calvinistas, ¿está ligado al pensamiento personal de Calvino o a esos elementos adventicios?[10]

2. El pensamiento de Calvino se nos muestra contradictorio cuando lo analizamos en función de las posibles fuentes de un comportamiento racista. Algunos elementos, como por ejemplo el análisis del pensamiento pagano, al igual que la concepción del mundo pagano como lugar de tentación y la contagiosidad del pecado, el valor del trabajo como "vocación", etcétera, nos parecen aptos para suscitar ese comportamiento. En cambio, hay otros, como el igualitarismo, la ley de caridad y la de humildad ante el prójimo —puesto que nadie conoce los designios del Señor—, que siguen la vía opuesta. El racismo, pues, se ve en la necesidad de elegir. Siendo así, se impone determinar qué ha movido a los calvinistas a optar por una variante y desechar la otra. De aquí surge un segundo interrogante: ¿el calvinismo ha sido realmente el creador de la actitud racista? ¿No será quizá que, simplemente, brindó cierto número de conceptos capaces de dar una justificación ideológica a posteriori para un racismo que tuvo otro origen —económico y no religioso—, apaciguando así la "mala conciencia" de cristianos poco leales?

Esto nos lleva del examen del calvinismo al de la modalidad —o modalidades— del calvinismo en los países protestantes racistas; en decir, de la teología o la ética religiosa a la historia y la sociología.

---

10. Cuando hablamos de elementos «exteriores» o «adventicios» en el pensamiento de Calvino no queremos decir con ello que no formen parte de la doctrina calvinista; Calvino era demasiado lógico para no presentar un sistema coherente. Lo único que pretendemos señalar es que la Reforma tiene dos fuentes: por un lado, es la consecuencia de una profundización de la vida espiritual a partir de las Escrituras, y por otro es un esfuerzo del cristianismo para adaptarse a las nuevas estructuras sociales. Puesto que no se debe poner el vino nuevo en odres viejos, es preciso, ante cada cambio de la sociedad, hallar nuevos odres donde volcar un mismo vino, siempre nuevo (se juzgaba que el catolicismo, en razón de sus vínculos con estructuras sociales superadas, estaba perimido).

III

Van den Berghe ha distinguido dos tipos —imágenes ideales en el sentido weberiano del término— de relaciones raciales: el paternalista y el competitivo. En ambos casos existe el prejuicio, pero

Tipo paternalista	Tipo competitivo
1. Mestización bajo la forma del concubinato pero únicamente entre hombres de la casta superior y mujeres de la casta inferior.	Mestización severamente reprobada, e inclusive prohibida por la ley.
2. Prejuicio desprovisto de contenido sexual.	Prejuicio cargado de frustraciones sexuales, agresividad, sadismo y temores de castración. Conflictos: el famoso «dilema americano» de Myrdal.
3. Prejuicio integrado en la ideología. No existen conflictos ideológicos entre los prejuicios y el resto de la ideología.	
4. Actitud protectora y paternalista por parte de la minoría dominante, y aceptación relativamente pasiva, entre la mayoría, de su status de inferioridad.	Antagonismos, odio racial.
5. Relativa estabilidad del sistema. El prejuicio desempeña un papel funcional en el mantenimiento del statu quo.	Inestabilidad del sistema. Violencias crónicas: linchamientos, tumultos... Prejuicio disfuncional.
6. Prejuicio de intensidad poco elevada.	Tendencia a la intensidad, en círculo vicioso. Emotividad en el prejuicio.

Van den Berghe relaciona estos dos tipos con dos formas de economía, preponderantemente agrícola y preindustrial una de ellas y fundamentalmente urbana e industrial la otra. Coincidimos en tal apreciación, y ya hemos visto cómo en el Brasil, donde imperaba el paternalismo, la industrialización se halla en vías de producir una modificación funcional de los prejuicios raciales; por otra parte, tanto el sur de Estados Unidos como Sudáfrica conocieron en tiempos pasados el tipo paternalista, Aun así, un hecho es evidente: el régimen paternalista tiende a imperar o a mantenerse en los países católicos, mientras que el régimen competitivo tiende a prevalecer en los países protestantes. De esto se desprende una conclusión que, dada la índole de nuestro tema, reviste enorme importancia. El racismo es un hecho universal, que se manifiesta en todas partes, cualquiera que sea la confesión

religiosa de los habitantes del lugar donde aflora; en consecuencia, si el calvinismo es culpable de algo no lo será del racismo propiamente dicho sino
de cierta forma o cierto aspecto del racismo.

Desgraciadamente, el caso de Estados Unidos es difícil de analizar según
este enfoque, porque la ideología norteamericana no deriva exclusivamente
del puritanismo de sus primeros colonos, de extracción calvinista (opuestos
a los grandes plantadores —anglicanos— del Sur); también es tributaria de
la filosofía de las Luces, la cual, según lo demostró cabalmente Ralph Barton
Perry, se oponía a la religión de los fundadores[11] y triunfa sobre ella a partir
del siglo XVIII; por último, se nutre asimismo, desde el siglo XIX y la marcha
hacia el Oeste, con el espíritu de frontera.[12] Esto hace que resulte muy difícil
aislar la variable "calvinista" en medio de ese conjunto de factores, constitutivos de la mentalidad norteamericana y, en consecuencia, de "su" racismo.
Pese a ello, es posible señalar algunos vínculos entre estos tres factores, ya
que la filosofía de las Luces hace suyas algunas tendencias del puritanismo
anterior —por ejemplo el sentimiento de la dignidad humana, la igualdad
de los hombres ante Dios y la condenación del lujo y la soberbia—, y la
"experiencia de la frontera [vino] a corroborar la idea que los elegidos puritanos y los fundadores de la democracia norteamericana se forjaban acerca
de su destino, al creerse objeto de un favor especial de la Providencia (...)
El puritano sentía la seguridad de hallarse entre los elegidos cuando lograba
sobrellevar la adversidad e imponerse sobre los obstáculos".[13] Ni la filosofía
de las Luces ni el espíritu de frontera pudieron, en consecuencia, borrar la
antigua senda que enlaza la mentalidad de los norteamericanos con el calvinismo de los fundadores.

11. R. Barton Perry, *Puritanisme et démocratie* (París): "El pasaje del puritanismo norteamericano a la democracia es una evolución y una revolución a la vez. En cuanto revolución,
ha representado el triunfo de las Luces sobre el Despertar puritano [...] Mientras que el
puritanismo enseñaba a los hombres a apoyarse en la fe, la revelación y la autoridad —en
especial la de la Biblia— [...] las Luces proclamaban que era posible lograr acceso a la verdad,
e incluso a las verdades fundamentales de la religión, merced a la facultad del razonamiento
[...] [El puritanismo] enseñaba a los hombres a desconfiar de sus inclinaciones tanto como
de sus facultades naturales, y a buscar su origen y su salvación en un orden sobrenatural.
Era una religión de misántropos [...] La filosofía de las Luces, por lo contrario, era humana,
optimista y eudemonista".
12. Acerca de este espíritu de frontera que transforma las relaciones entre blancos e indios,
y con referencia al papel que cumple en la formación del espíritu norteamericano, cf. F. J.
Turner, *Les frontires dans l'histoire de l'Amérique*, 1921.
13. R. Barton Perry, *op. cit.*, pp. 249-250.

¿Qué elementos de ese calvinismo inicial pueden haber contribuido al desarrollo del racismo? Quizá deba anotarse en primer término la importancia concedida a la justicia retributiva. El hombre solo no puede, sin la gracia de Dios, ganar su salvación, pero en cambio le es dado lograr su condena. Pues bien: la negativa del indio a convertirse en "blanco" y adoptar la mentalidad de los colonos europeos para conservar sus valores arcaicos, así como también la inmoralidad de los esclavos negros, de la cual los blancos no reconocían —o no querían reconocer— que fuese la consecuencia directa de la institución de la esclavitud y no un acto de libre determinación por parte de los negros, probaban para los blancos que todos ellos habían elegido la perdición. A partir de entonces se hace posible imaginar una actitud de distanciamiento, contraria a la caridad cristiana con que se había comenzado al establecer las primeras relaciones interraciales. En segundo término, y en medida fundamental, interviene la idea de una higiene espiritual. El pecado pasaba por ser una enfermedad contagiosa; en vano el individuo tomaba todas las precauciones necesarias, porque pese a ellas podía igualmente contraer el mal. Y el caso es que el negro y la negra se presentaban como monstruos de sexualidad, como tentaciones permanentes para los sentidos —o la sensualidad— de los blancos. Por lo demás ¿acaso el color de la piel que los revestía —opuesto a la blancura de los lirios y las palomas, sinónimos de pureza— no manifestaba que ellos (o ellas) eran retoños del Diablo, el rey negro del mundo de las tinieblas? Los sociólogos que estudiaron la situación racial en Estados Unidos repararon con asombro en el hecho de que los racistas justificasen la segregación y las discriminaciones raciales con el argumento de que son el único medio para evitar que el blanco caiga en la tentación; al parecer, si no se separa a las razas en las escuelas, los servicios religiosos, los paseos públicos y los transportes, se producirá inevitablemente la mestización.

El racismo estadunidense no se puede explicar por medio de la religión. Se explica en cambio por el régimen económico, que desata la lucha en el mercado del trabajo o la carrera por el status social, características del sistema capitalista. Pero el calvinismo parece agregar su matiz a este racismo de tipo competitivo, en la medida en que, al centrar su ideología en la higiene espiritual, convierte a la segregación y la discriminación en consecuencias lógicas del miedo a la mestización (puntos 1, 2 y 6 de la dicotomía de Van den Berghe). Es seguramente por eso que Arnold Rose, en su crítica a *La personalidad autoritaria*, obra en la cual Adorno opone el tipo "autoritario" al tipo "democrático" de acuerdo con criterios puramente psicológicos (como si quisiera eximir a Estados Unidos de todo cargo de racismo, haciendo que este constituya tan sólo la actitud de individuos particulares), hace notar que los caracteres por los cuales Adorno define su "tipo autoritario" —conformismo, rigidez, pobreza de imaginación, estereotipia, apego al grupo, falta de altruismo, inflexibilidad moral y, finalmente, prejuicio racial— son caracteres "culturales" y no "individuales": "Supongo que eso que el grupo de California, Adorno y sus colaboradores, llama personalidad autoritaria no es sino lo que historiadores y sociólogos llaman desde hace mucho 'puritanos' o 'fundamentalistas'".[14] Lo menos que puede decirse es que la personalidad de base de quienes hacen profesión de racismo en Estados Unidos lleva, en sus aspectos esenciales, la marca de una cierta "cultura" protestante.

E igualmente cabe afirmar que, así como Myrdal, situándose en el terreno de la ideología política, pudo referirse a un "dilema americano", así también podemos, ubicándonos en el terreno de la religión, referirnos a un dilema adicional. Porque, según lo hemos expuesto en párrafos precedentes, el calvinismo envuelve postulados opuestos, de los cuales algunos pueden suscitar actitudes racistas y otros estorbarlas. Algunos sondeos de opinión realizados en Estados Unidos mostraron, al menos por lo que se refiere a los colegios protestantes de Luisiana del Norte y católicos de Luisiana del Sur, que: *a)* los protestantes estaban mejor dispuestos hacia los negros que los católicos; *b)* los protestantes más estrechamente identificados con sus iglesias se hallaban mejor dispuestos que aquellos en quienes la identificación era menor.[15] Es decir, en primer lugar, que la situación se impone a la religión, ya que en los países donde predominan las actitudes racistas los católicos no están menos libres de culpa que los protestantes; en segundo lugar, que la religión no es solo una doctrina moral sino además el eje dinámico de un nucleamiento, con lo cual se inviste de funciones extra-espirituales y resulta susceptible de asociarse a todos los conflictos y prejuicios que dividen a ese nucleamiento, el racismo entre ellos;[16] por último, que es preciso distinguir con toda claridad entre dos tipos de vida religiosa: la que se vive en profundidad, en lo más íntimo del alma, y es contraria al racismo, y la otra,

---

14. A. Rose, Theory and method in the social sciences, Minneapolis, 1954.
15. E. Terry Protho, "Group differences in ethnic attitudes of Louisiana College Students", en *Sociology and Social Research,* vol. 34, marzo de 1950. La misma comprobación, relativa a los estudiantes universitarios en general, véase en G.W. Allport y Kramer, "Some roots of prejudice", en *Journal of Psychology,* vol. 20, 1946.
16. G.W. Allport, *Nature of prejudice,* 1954.

relativamente "convencional". Esta última es la única que puede unirse al racismo, e incluso conferirle una coloración especial.

IV

El caso del Brasil holandés resulta mucho más significativo para nosotros, ya que la ocupación del nordeste brasileño por parte de los holandeses transcurrió, en cifras redondas, entre 1630 y 1661. Tan breve lapso no alcanzó a permitir la transformación de las ideologías, como aconteció en Estados Unidos. Este caso nos permite hacer sobre todo una confrontación con el del Brasil portugués de la misma época, en el que podemos aislar con relativa facilidad la variable religiosa, dado que los regímenes económicos de uno y otro Brasil son similares: explotación colonial, capitalismo comercial, régimen de gran propiedad, y agricultura destinada a generar exportaciones —azúcar, sobre todo— hacia la metrópoli. Los holandeses, por cierto, gustaban más de la vida urbana en Recife que de la del campo; también es verdad que sentían inclinación por el artesanado —y más aún por el comercio— antes que por la agricultura, y es asimismo exacto que las grandes propiedades del interior, con sus molinos azucareros, siguieron en manos de los antiguos colonos portugueses (a quienes Mauricio de Nassau habría de proteger, aun a sabiendas de que se mantenían leales a la fe católica); de todos modos, el Brasil portugués y el Brasil holandés no presentan diferencias en cuanto al régimen de producción y de distribución de la riqueza producida. Lo único que varía es la religión.[17]

Los holandeses del Brasil, exactamente igual que los puritanos de Estados Unidos, llegan imbuidos de la concepción igualitarista que toman de su tradición calvinista. Por un lado, impulsan la organización de centros misionales entre los indios, a quienes enseñan a leer e inician en el conocimiento de la Biblia (aunque, en verdad, si la metrópoli estimula semejante celo misional es por razones que tienen poco que ver con el cuidado de la religión, ya que sus únicas miras consisten en extender al máximo la conquista del país); en otro sentido, se manifiestan contrarios a la esclavitud de los negros. Llegan a los trópicos con su ética religiosa, de la dignidad del trabajo y la santidad de la vocación, y hubiesen querido sustituir el trabajo

---

17. Nuestro análisis se basa en un libro del holandés Watjen (*O dominio colonial Hollandez no Brasil.* San Pablo, 1938) y en estudios realizados por el historiador brasileño G. de Mello Neto sobre constancias de los archivos holandeses ("A situado do negro sob o dominio Hollandez", en *Novos Estudos Afro-brasileiros*, Río de Janeiro, 1937, y *Tempo dos Flamengos*, Río de Janeiro, 1947).

servil por el trabajo libre: "Pensamos que los molinos deben ser atendidos por hombres blancos". Se los ve, así, convocar a los ciudadanos libres de su país, instándolos a incorporarse a la nueva colonia en reemplazo de los negros. Y, efectivamente, grupos de soldados reformados, pequeños artesanos, comerciantes o empleados de comercio, maestros de escuela o licenciados en medicina y aventureros, sobre todo, tomaron el camino de Pernambuco. Pero, como podrá advertirse por esta enumeración, se trataba de una población esencialmente urbana, poco dispuesta a realizar tareas agrícolas bajo un sol ardiente. Si se quería que la colonia rindiese, la esclavitud era necesaria. De este modo, la presión de los intereses económicos resultó más fuerte que la moral de Calvino: se autorizó la recaptura de los esclavos que, aprovechando la lucha entre portugueses y bátavos, se habían dado a la fuga; fue restringido el derecho de los amos a liberar a sus servidores; para concluir, los holandeses llegaron al extremo de conquistar Guinea y Angola, convirtiéndose de ese modo en dueños del tráfico negrero. Contamos con estadísticas de ese tráfico, que nos lo muestran en continuo aumento entre 1636 y 1645.

Ahí estaban los hechos, que desmentían el igualitarismo calvinista, poniéndolo entre paréntesis: "No es posible fabricar el azúcar sin ayuda del esclavo africano".

Si bien el sistema de trabajo entre los holandeses no difiere del imperante en el sector portugués, las relaciones raciales adoptan manifestaciones diferentes. Siempre insistieron los holandeses en que ellos trataban a sus esclavos mejor que los portugueses; el pastor Soler dice en una de sus cartas: "Nuestro pueblo tiene para con ellos una mayor bondad; en cambio, los portugueses los tratan con una ferocidad bestial". Pero una obra anónima escrita en francés —*État présent des Indes Hollandaises*— afirma lo contrario. Según hemos intentado demostrarlo en otro libro,[18] el régimen esclavista exige a los amos cierta dureza de procedimientos, e indudablemente en esta materia la diferencia entre ambos Brasiles no debió ser muy grande. Nadie duda de que los pastores denunciaron el trabajo forzado y la falta de educación religiosa: "Atento a que los doctores cristianos opinan que la principal finalidad de la adquisición de los negros consiste en conducirlos hacia el conocimiento de Dios y la salvación, se los deberá llevar a la iglesia e instruirlos en la religión cristiana". Los católicos del otro Brasil se expresaban en términos similares, pero sus exhortaciones eran letra muerta: los

18. R. Bastide, *Les religions africaines au Brésil*. París, 1960.

negros trabajaban la semana entera —y los domingos como cualquier otro día—, y Mauricio de Nassau, respondiendo a la Asamblea de los Pastores, hacía notar que los esclavos viejos hablaban portugués, eran sumisos y, en consecuencia, no se ganaba nada con imponerles por la fuerza la doctrina protestante en lengua holandesa.

¿Y qué decir de la mestización, una característica del Brasil católico en cuya virtud se unían sexualmente las razas separadas? Cabría pensar que, si nuestro precedente análisis del "puritanismo" es correcto, los holandeses debieron haberle puesto vallas. Sin embargo, una vez más, parece que también en este aspecto las mismas causas —falta de mujeres blancas en la colonia, sensualidad resultante del clima tropical y, por sobre todo, tajante división en dos clases, la de los amos y la de los esclavos— provocan los mismos efectos. Pierre Moreau, en su *Histoire des derniers troubles au Brésil: Entre les Hollandais et les Portugais,*[19] nos dice que en Recife estaban de moda todos los vicios. Los blancos "corrompían a las negras y las tenían como concubinas"; "judíos, cristianos, portugueses, holandeses, franceses, ingleses, alemanes, negros, brasileños, tupíes, mulatos, mamelucos y criollos vivían todos mezclados, y ni qué hablar de los incestos y pecados contra natura". Tampoco en este aspecto hay diferencias entre los dos Brasil. Sin embargo —y esto debe ser tenido en cuenta—, existen constancias de que se intentó llevar a cabo una política de segregación, y para el caso poco importa que no haya tenido éxito. Una ley de 1641 prohíbe el casamiento entre blancos y negros; en 1644 se ordena unir en matrimonio a negros y negras; los pocos holandeses —cuyos nombres han trascendido— que vivían casados o en concubinato con indias[20] fueron expulsados de la colonia; un pastor que vivía con una prostituta fue privado de su dignidad eclesiástica y destituido... y cuando los holandeses, derrotados por los lusitanos, perdieron su posesión americana, los pastores vieron en ello una prueba de la cólera divina: "El Consejo se inclina a considerar que, entre otras cosas, Dios se muestra irritado porque en estas tierras no supimos tomar las medidas necesarias para que la existencia de Dios y de su hijo Jesucristo llegase a conocimiento de los negros, dado que el alma de estas pobres criaturas cuyo cuerpo empleamos en nuestro servicio debió haber sido arrebatada a la esclavitud del diablo".

---

19. París, 1651.

20. La mestización no parece haber sido prohibida, al principio, siempre que tuviese efecto entre personas libres. Algunos holandeses contrajeron enlace, mediante el acto religioso correspondiente, con indias tupí.

Y en cambio el diablo se había valido de esos «cuerpos» para que los amos blancos perdieran asimismo su alma.

Una vez más, lo mismo en el Brasil que en Estados Unidos, la situación (y por "situación" entendemos el conjunto de los datos de hecho: régimen de producción, clima, relaciones de dominación de una raza sobre otra) es más fuerte que la religión. La ética calvinista flota, como una imagen desprovista de todo dinamismo creador, por encima de una realidad que la niega descaradamente. Fue inútil que el "puritano" de Holanda desembarcase en los trópicos con su igualitarismo, su decisión de convertir y "salvar" a los indios y los negros, su moral del "trabajo libre" y su angustia ante el pecado de la carne, que lo impulsaba a separar las razas: el medio resultó más fuerte que la "doctrina".

V

El último caso que habremos de analizar, y que demorará durante más tiempo nuestra atención por constituir el más rico en enseñanzas, es el de África del Sur.[21]

Debemos partir de un hecho, y es el de que la separación de los colores en África del Sur aún no tiene un siglo de existencia. De aquí surge un primer interrogante: ¿cómo fue impuesta y qué la precedió? La Compañía Holandesa de las Indias levantó en El Cabo, en 1652, un pequeño puerto para los buques en camino a las Indias, frecuentado tan sólo por marineros y aventureros. Sin embargo, en 1657 se dio autorización para que los blancos se estableciesen como granjeros en los alrededores de la fortaleza y llevasen con ese fin el ganado necesario. A partir de entonces y durante el resto del siglo XVII se vuelca en África del Sur una corriente de calvinistas holandeses y hugonotes franceses. De aquí resultan dos tipos de contacto

---

21. Las principales obras utilizadas para el análisis de la situación racial en África del Sur desde una perspectiva religiosa son las de K.L. Little, *Race et société*. París, UNESCO; I.D. MacCrone, *Race attitudes in South Africa*. Londres, 1937; B.J. Marais, *Colour, insolved problem of the West*. Ciudad del Cabo, s.f.; F.L. Schoell, *Les tensions raciales dans l'Union Sud-Africaine et leurs incidences internationals*. París, 1956; Dr. Malan, *Apartheid*, folleto informativo; B.W. Peacy, *When they separated the children of men; Report of the Dutch Reformed Churches in South Africa,* 1955; muy en especial, la colección de textos del SABRA (South African Bureau of Racial Affairs) y del South Africa Institute of Race Relations, así como diversos artículos publicados por el *Journal of Racial Affairs* (como por ejemplo el B. Peacy, "The Christian Citizen in South Africa's Multiracial Society", vol. 2, núm. 94, 1951), otros aparecidos en *Hoernlé Lecture* (J. H. Hofmeyer, "Christian principies and race problems", pp. 2-6) y en *The Student World* (vol. 4, 1951), y, por supuesto, diversas declaraciones de obispos y arzobispos referidas a la discriminación racial.

entre los blancos y los hotentotes pobladores del lugar o los esclavos negros:
1) el concubinato y la mestización en El Cabo mismo, lo cual corre por
cuenta de los soldados y los funcionarios civiles, todos ellos célibes y a menudo aventureros; 2) la segregación fuera del área urbana, en la zona de las
granjas, donde los criadores holandeses vivían con los suyos, conservaban el
culto familiar tan característico de los protestantes y leían la Biblia después
de la cena, antes de acostarse. Pero esta política de aislamiento y separación
no impedía que se estableciesen relaciones raciales de tipo paternalista entre
los amos blancos y sus servidores hotentotes, jardineros o cuidadores del ganado. Estos recibían de los blancos una educación religiosa muy avanzada,
y cuando se suponía que el esclavo había adelantado bastante en el camino
de su salvación se le daba el bautismo e inmediatamente se lo liberaba. Una
vez libre, no había impedimento legal para que se casase con una persona
blanca, si bien hay que reconocer que los matrimonios de este tipo fueron
muy escasos (se recuerda, por ejemplo, el de Eva con el explorador Van
Mierkoff). En todo caso, a la inversa de lo que ocurría en El Cabo, no se
conocía el concubinato. Las costumbres estaban sujetas al más cerrado puritanismo. En primer lugar, desde luego, imperaba una innegable separación
sexual, pero ello no era obstáculo para que, en el marco de la familia, se
estableciesen vínculos verdaderamente fraternales entre amos y servidores.

Dos hechos vienen a modificar este cuadro idílico inicial. Ante todo,
que la colonia holandesa caiga en 1806 en manos de los ingleses. Cierto es
que los ingleses suprimen la esclavitud, en 1828, e instituyen un gobierno
representativo en 1858, abriendo a las "gentes de color" ["Gentes de color"
o *coloured* es una expresión que integra la terminología oficial del *apartheid*
y designa a los mestizos de europeos y africanos o de europeos y asiáticos]
y los "negros" la posibilidad de elegir y ser elegidos, pero estas medidas, tan
liberales a primera vista, no persiguen otra finalidad que la de eliminar el
tipo "paternalista" en las relaciones raciales, para instaurar en su reemplazo
el tipo "competitivo". Además, los ingleses, en su movimiento expansio-
nista, habrían de salir del territorio hotentote para entrar en relaciones con
los bantúes, y en primer término con el grupo xhosa. Continuará la tarea
evangelizadora, es cierto, pero ya no tendrá, como con los boers, un carácter
familiar; "misiones" organizadas por la metrópoli la tomarán a su cargo, y
de este modo el amor cristiano se convertirá en materia de instituciones
especializadas, con lo cual, paralelamente, quedarán destruidas las fraternales relaciones afectivas entre los grupos, fundadas en las relaciones interpersonales. Por último, la creciente intervención administrativa, que en el

siglo XIX desató la gran migración de los descendientes de holandeses hacia el este y el norte, y luego la conquista de estos nuevos territorios por parte de los ingleses al concluir la guerra de los boers, determinarán una separación entre holandeses calvinistas e ingleses liberales que, aunque expresada fundamentalmente en el terreno político, no dejará de tener repercusiones en el ámbito religioso. Esto hace que podamos preguntarnos si las políticas opuestas que con respecto a los bantúes sostienen en África del Sur los descendientes de ingleses y los afrikaners no constituirán más la consecuencia de un conflicto político que de miras supuestamente antagónicas en sus respectivas éticas religiosas. O, más exactamente, cabría averiguar si esas divergencias en materia de ética religiosa no resultarán fortalecidas, endurecidas y exageradas por los antagonismos políticos.

El segundo hecho que influyó en la transformación del cuadro inicial fue el descubrimiento de canteras diamantíferas en 1870 y minas de oro en 1896, lo cual acarreó un cambio profundo en la antigua economía sudafricana, ya que a partir de entonces se multiplicaron los medios de transporte, surgieron nuevas ciudades, se diversificó la industria y, como resultado de todo ello, se hizo necesario emplear mano de obra africana en cantidades cada vez mayores. Y es el caso que la antigua economía agrícola facilitaba la separación entre las razas, sobre todo en las zonas ganaderas, donde no se necesita un gran número de trabajadores (fuera de las relaciones paternalistas servidores-patrones), mientras que la industrialización: 1) provocaba la afluencia de los bantúes a los grandes centros urbanos, y en consecuencia mezclaba las razas en lugares de reducida extensión territorial, y 2) generaba la formación de una clase de "blancos pobres", obligada a enfrentar en el mercado del trabajo la competencia de los bantúes, que aceptaban salarios inferiores. Más que un resultado lógico de las convicciones religiosas, el racismo blanco constituye, pues, una respuesta a esas nuevas condiciones económicas. En la oportunidad, el enfrentamiento entre afrikaners y anglosajones, es decir, entre obreros y empresarios, manifiesta bien pronto —a través de una serie de leyes, despidos en masa de obreros blancos y reacciones sindicales— su carácter económico y no religioso, ya que el liberalismo anglosajón representaba el interés de los patrones en disfrutar de una mano de obra mal pagada, y el racismo afrikaner traducía los intereses de los trabajadores blancos —privados de sus tierras como consecuencia de la guerra de los boers y obligados a refugiarse en las ciudades— de no permitir que la competencia negra viniera a "proletarizarlos" aún más: Federación Industrial de la Unión Sudafricana por un lado, Partido Laborista por el otro.

Pasaje, por lo tanto, de un tipo paternalista de relaciones raciales a un tipo competitivo. Integración de las diferencias de ética religiosa en conflictos —que les son exteriores— de naturaleza política o económica. Oposición, en cuanto a la estrategia de las relaciones raciales, entre dos actitudes: la de los boers, todavía campesina, de separación para preservar los antiguos valores europeos frente a las influencias de un ambiente nuevo; la urbana, comercial y capitalista de los ingleses, inclinada a ganar a los bantúes para la cultura occidental y asimilarlos. La victoria del doctor Malan señaló el triunfo de la estrategia de los boers sobre la de los ingleses. Con ella quedó asimismo consagrado el triunfo del *apartheid*.

El *apartheid* ya es demasiado conocido, y no pretendemos describirlo una vez más. Lo que nos importa es su "ideología" y el papel que en ella desempeña la religión. Los liberales anglosajones piensan que la asimilación de los negros a la cultura de los blancos, al atenuar las diferencias de comportamiento y actitudes entre blancos y no blancos y, sobre todo, al dar pie para una nueva estratificación racial que ya no se fundaría en el color sino en los ingresos, permitiría el surgimiento de una sociedad multirracial unida. Los partidarios de la "separación" responden que la idea de que los boers son anti-negros en tanto que los ingleses son los campeones de los africanos es falsa,[22] y no tiene otra finalidad que la de alzar a estos últimos contra el gobierno constituido. El *apartheid* no es una manifestación racista sino una política nacionalista, que no es lo mismo. En definitiva, lo único que el liberalismo concede a los negros es el falaz derecho de voto, que por lo demás solo podrán ejercer los negros ricos e instruidos, lo cual conseguiría dividir aún más a la comunidad de color y permitiría al capitalismo blanco practicar una más pronunciada explotación de las masas. Por el contrario, lo que se requiere es sustituir la política del *laissez faire* por una de "protección" y "educación". Última metamorfosis del tipo "paternalista" boer en una sociedad de competencia racial. Retroceso o, como dijimos, "respuesta campesina". Otro error del liberalismo consistiría en su intención de convertir al hombre de color en simple apéndice del hombre blanco, en un europeo más, que únicamente por el color de la piel diferiría de su modelo; ello, en resumidas cuentas, supondría destruir la cultura bantú en su originalidad y su "negritud", al tiempo que legalizar la mestización equivaldría a liquidar la cultura blanca, disolviéndola en una cultura sin-

---

22. Véase, en particular, E. Domingo, *Apartheid and the liberalism fallacy*. SABRA, enero de 1961.

crética.[23] Inclusive es muy probable que el triunfo de este liberalismo con-
dujese a una sociedad estratificada por clases en el estilo de las de América
Latina, en la que el poder estaría en manos de una minoría blanca, en tanto
que el proletariado estaría compuesto por los bantúes empobrecidos.[24] En
resumen, desde el punto de vista ideológico el apartheid no se presenta
como una doctrina racista y de dominación sino como una política por la
cual, al tiempo que se atiende a la autopreservación del grupo europeo y
su cultura, se brinda reconocimiento y protección a la comunidad bantú y
a su originalidad cultural: «La política del desarrollo separado es la condición del desarrollo de las mismas comunidades bantúes, a las que garantiza,
en particular, la posesión inalienable del territorio (...), la posibilidad de
administrar sus intereses en forma autónoma y el derecho a alcanzar el
desarrollo económico».

Pero la religión forma parte de la cultura: el calvinismo integra la cultura de los afrikaners y el Evangelio misionero se inserta en la cultura bantú. Debemos, por consiguiente, investigar qué sitio ocupa la religión en el
apartheid. Dijimos unas líneas atrás que los primeros colonos consideraban
como sus iguales a los negros bautizados, pero que estos eran únicamente
servidores domésticos o esclavos hotentotes. El contacto de los blancos con
los bantúes, en el siglo XVIII, transformó los datos del problema: la evangelización doméstica cedió su lugar a la actividad misional, e inclusive, si bien
al principio la existencia de cultos separados no obstaba a la unidad de la
Iglesia, vemos que entre 1829 y 1857 se va infiltrando poco a poco en esa
misma Iglesia la idea de segregación «por razones de higiene» —miedo a
la mestización— o temores de que el contacto social «perjudique la causa
de Cristo entre los cristianos». En síntesis, vemos delinearse lentamente la
tendencia —que concluirá por triunfar con el apartheid— hacia una Iglesia blanca y una Iglesia misional.[25] El famoso Informe Tomlinson presenta
a esa Iglesia misional como una muralla erigida para la protección de los
blancos: «La única defensa de la civilización europea en Sudáfrica consiste

23. C.N. Mentz, en *The Student World, op. cit.*
24. Para esta crítica del liberalismo y en favor del apartheid hemos seleccionado deliberadamente las opiniones de gente de color como Domingo y Mentz, en lugar de remitirnos al
criterio de los autores blancos.
25. Detalles de esta historia se podrán encontrar en B. J. Marais, *op. cit.* Véanse las opiniones
de los principales líderes eclesiásticos —y en especial de los calvinistas— respecto del problema
de si "la insistencia de Calvino en cuanto a la desigualdad de los individuos y los pueblos
(*Opera*, XXVI, 400, y libro I, 803) permite inferir que ha querido justificar una política de
segregación racial".

en intensificar el esfuerzo para la evangelización de los no cristianos», en especial como réplica al mesianismo de las iglesias de Sión, frecuentemente vinculado con el racismo negro y la guerra anti-blanca. Pero este informe también pide a los misioneros que no despojen a los negros de su idioma y su cultura, que sepan discriminar entre cristianismo y civilización occidental y que respeten las tradiciones bantúes en la medida en que estas no se contradigan con los dogmas cristianos. Por último, el Informe Tomlinson dice, con respecto a la interdicción de los casamientos mixtos, que la definición de las relaciones interraciales pertenece al ámbito de responsabilidades del político y no a la competencia de la Iglesia. Dad al César lo que es del César... Naturalmente, los ciudadanos deben observar en su vida privada las enseñanzas de la Biblia, lo cual significa que deben respetar y amar a sus hermanos de color; el *apartheid* no se opone a este principio, por cuanto solo atañe al ejercicio de una atribución del Estado, cual es la de organizar las relaciones interraciales en su faz política y económica.

Muchísimo más significativos son los libros en que el doctor Malan expone su pensamiento. El *apartheid* —dice— será lo que querramos hacer de él; contiene un peligro indudable, y es el de que la segregación se realice contra. Él, en cambio, aboga por la segregación con. No existen razas superiores y razas inferiores; hay solamente razas y civilizaciones distintas, respetables por igual. Las discriminaciones son injustas en el único caso de que persigan la explotación de una raza por otra, pero son justas cuando su finalidad es la libre expresión de cada cultura. Y a esto añade el obispo Peacy que el liberalismo anglosajón descansa, en definitiva, sobre la idea de que existe realmente un pueblo de amos; el *apartheid*, por lo contrario, se funda en la igualdad de las civilizaciones y en la encarnación del cristianismo en la cultura bantú, así como en otros tiempos se encarnó en la cultura grecorromana. Al fin y al cabo el liberalismo no hizo otra cosa que destribalizar a los bantúes —que de ese modo perdieron su antiguo orden social sin sustituirlo por uno nuevo— y corromper sus costumbres (destrucción de la familia, desaparición del respeto por los jefes, los ancianos y los padres...), mientras que el *apartheid* dará lugar a que los africanos actualicen y santifiquen las tradiciones arcaicas y preparará lo que podría designarse como el advenimiento de una "negritud" cristiana.[26] Verdad es que el Cristo restableció la unidad de la raza humana mediante la comunión de los santos, pero, dado que tal unidad había sido rota por la división natural en razas, pueblos y

26. B. Peacy, *op. cit.*

naciones, únicamente pudo restablecerla, a partir de la torre de Babel, santificando y no aboliendo las referidas diversidades. Contra la teoría católica del *genus tertium* de Tertuliano, el calvinismo afrikaner sostiene la tesis de la sublimación —en Dios— de las razas, pueblos o naciones. El «honor de Dios» de Calvino concluye en el «honor étnico», aunque con la expresa salvedad de que este honor étnico vale lo mismo para el bantú que para el europeo.

Vemos así que, pese a sus aparentes similitudes, las dos ideologías de "separación" que hemos debido considerar en relación con el calvinismo —en Estados Unidos y en África del Sur— no se ubican sobre idéntico plano. En Estados Unidos, donde los blancos están en mayoría y los negros han perdido, como consecuencia de la esclavitud, sus culturas nativas, la oposición al matrimonio mixto descansa en el estereotipo de la sexualidad desenfrenada del negro y, por lo tanto, en el temor al pecado. En África del Sur, donde se han conservado fielmente las tradiciones familiares holandesas cristianas pero donde, también, los blancos se sienten perdidos —según la expresión de Little— en medio de la «nieve negra», la condenación del matrimonio mixto descansa en el miedo a perder, con la amalgama, la herencia cultural europea, y muy especialmente la parte cristiana de esa herencia.[27] De igual manera, por lo que respecta a la separación de las iglesias, los norteamericanos creen que ella no impide que en un nivel más elevado —en el de la Iglesia invisible— se produzca la "comunión de los santos". Los sudafricanos, en cambio, por un razonamiento inverso, declaran que la unidad de la Iglesia invisible no impide que su concreta versión sociológica se adapte a las diversidades culturales.[28] El día de Pentecostés, cuando el Espíritu desciende, cada discípulo —alegan ellos— habla un idioma diferente, como si de este modo Dios hubiese querido justificar la sublimación de las etnias frente a la amenaza de su disolución en vaya a saberse qué *genus tertium*.

Importa que insistamos en estos puntos, tan decisivos para nuestro tema. El *apartheid* se nos ha mostrado como una respuesta política ante cierta situación social y racial, pero, dado que tal respuesta provenía de los sucesores —apegados a una profunda religiosidad— de los antiguos calvinistas, pensamos que allí, en la ideología del *apartheid*, había también cierto aspecto religioso, y hemos intentado subrayarlo. […]

---

27. B. J. Marais, *op. cit.*, pp. 64-70.
28. *Ibíd.*, pp. 115-145.

Ya hemos visto, entre los textos favorables al *apartheid*, la referencia al sexto mandamiento. Dejarse desbordar o penetrar por la masa negra sería un crimen, porque de tal manera se permitiría la destrucción de esa "identidad», es decir, de esa "individualidad" cultural. El apego del calvinismo a su fe y a sus prácticas no opera, pues, como estímulo de una solución racista sino como "parte" de una respuesta global ante la situación de frontera. Los blancos han hecho auténticos esfuerzos para evangelizar a los paganos, pero el cristianismo de los negros, cuando lo hay, difiere en naturaleza del de los blancos, ya que uno y otro se encarnan en tradiciones culturales diferentes. Esto da lugar, pues, a que los blancos defiendan, como elemento constitutivo de su personalidad de base, su propio cristianismo. Aquí, en este primer nivel, aparece el calvinismo, pero bien se ve que no como "explicación» sino como "elemento".

Por lo tanto, el calvinismo es en este nivel, en la medida en que no es «causante» sino «causa», el objeto de una distorsión. Nada más natural, a primera vista, que el apasionamiento con que los grupos minoritarios adhieren a sus valores; para las diversas colonias de los blancos, esto es un fenómeno corriente y universal (no podríamos decir lo mismo de los grupos negros, los cuales, por el contrario, suelen interiorizar los ideales de los blancos, poniéndose así de manifiesto que en los grupos blancos interviene como elemento adicional el orgullo racial o étnico). Pero la mencionada adhesión da origen a un fenómeno de aislamiento voluntario, conservación agresiva y esclerosis. Y aunque sin duda las religiones pueden ser "conservadoras", ello no quita que el cristianismo, primero, y el protestantismo, más tarde, se presentan como fenómenos revolucionarios, como manifestaciones colectivas de un propósito de agitación, de cambio del orden social, de transformación radical de los individuos. Pues bien: el espíritu de frontera elimina de la religión ese dinamismo creador, para cristalizarla como tradición muerta, como un tesoro que se ha heredado y es preciso no dilapidar. La fe queda guardada en la caja fuerte, y de ahí en más solo se muestra como erizada de instrumentos defensivos; ha dejado de ser lo que fue entre los apóstoles o los primeros protestantes. El calvinismo se distorsiona porque, de positivo que era,. ha cambiado de signo para volverse negativo.

En un segundo nivel, resulta posible que el calvinismo actúe como un estímulo de ciertas actitudes racistas; es en ese nivel donde se ubica la cita de Little que hicimos unas pocas líneas atrás. Los primeros holandeses, lo mismo que los puritanos de la Nueva Inglaterra en sus relaciones con los indios, pisaron tierra africana imbuidos de una concepción igualitaria; pero su actividad misional fracasó en buena medida, así como su inequívoca voluntad de ayudar al desarrollo económico y social de los indígenas. Con ello la teoría de la predestinación parecía revelar, en la medida en que el éxito terrenal era el criterio de la salvación, que la gracia de Dios estaba reservada a la comunidad holandesa, que constituía el "pueblo elegido" de Sudáfrica. No es casual que en los textos de las iglesias calvinistas sean tan numerosas las citas del Antiguo Testamento que se refieren a la elección de un pueblo en los designios de la Divina Providencia. Los no europeos no supieron aprovechar la tierra que el Señor les había dado ni extrajeron renta alguna del talento que menciona la Parábola. Los blancos procuraron perfeccionar la raza bovina de los criadores bantúes y sustituir el alto número de cabezas (que traía como consecuencia la erosión de las tierras) por una mayor calidad (permitiendo que la tierra descansara); pero tropezaron con la "resistencia" de una civilización que no veía en el buey una fuente potencial de beneficios sino un signo externo de riqueza y una moneda para la concertación del matrimonio. Para los holandeses calvinistas todo sucedía, pues, como si Dios hubiese querido "enceguecer" a los indígenas en tanto hacía que floreciese la economía de los blancos. Por lo demás, el desarrollo del mesianismo negro no se atribuyó a una reacción anticolonialista o a cierto contrarracismo sino a una incapacidad natural para comprender las verdades de la Biblia, a la "superstición" que recubre el cristianismo traído por los misioneros o lo reinterpreta en términos paganos, y en resumen, una vez más, al enceguecimiento, y por lo tanto, en definitiva, a la insondable voluntad de Dios, que elige a unos y condena a otros. Pero la teoría de la predestinación no tiene en Calvino el carácter sociológico que le dan los holandeses, ya que únicamente se refiere a elecciones individuales y nunca a pueblos "hechos a un lado". Por consiguiente, el calvinismo no ha podido operar como estímulo sino en la medida en que haya dejado de ser una dogmática para convertirse en una ideología; en síntesis, que haya sido incorporado al proceso inconsciente de las racionalizaciones y justificaciones *a posteriori*. [...]

La comparación entre los casos norteamericano, brasileño y sudafricano permitió sin duda que hiciésemos el hallazgo de elementos comunes a todos ellos, pero también —y quizás en mayor medida— de elementos divergentes. Y sin embargo hemos partido siempre de grupos «calvinistas» que emigraron hacia nuevas tierras con sus dogmas, su ética y sus iglesias. No faltan motivos para que los actuales afrikaners sigan una política similar a la de los portugueses, quienes, no obstante, son católicos. Unos y otros reconocen, en efecto, la existencia de "culturas" distintas, pero igualmente válidas. Unos y otros han vivido desde hace mucho tiempo en contacto con pueblos diferentes para no haber percibido que cada uno de ellos tiene su "civilización". Los anglosajones, en cambio, tienden a considerar que los no blancos carecen de civilización y que a ellos les incumbe ante todo la misión de "asimilarlos". Lo que ocurría en Estados Unidos, en realidad, era que el blanco entraba verdaderamente en relación con pueblos "sin cultura" a raíz de que la esclavitud había destruido las culturas negras, y en cambio los holandeses pudieron verificar por vía experimental que los bantúes no eran iguales a los hotentotes. Pero esto determina diferencias de sentido en una política segregacionista que a primera vista parece la misma en Estados Unidos que en África meridional. En África meridional, donde se enfrentan culturas vivientes, la política de segregación es una reacción defensiva de la civilización blanca amenazada por las civilizaciones de las masas negras. En Estados Unidos, donde frente a la civilización blanca no se alza sino la ausencia de otra civilización, el segregacionismo es una reacción del puritanismo moral contra las tentaciones de la carne, o, si se quiere, de la "cultura" contra la "naturaleza" (en la medida en que, por haber destruido la esclavitud las disciplinas culturales de los africanos, se suponía que estos retrogradaban hacia una vida instintiva, corporal y carnal). Los afrikaners sienten cierta "repugnancia" con respecto a los negros, y esto hace que entre ellos la separación no tenga el carácter dramático que asume en Estados Unidos: simplemente, el blanco se defiende contra el Alter. En Estados Unidos se defiende de sí mismo, contra el llamado de los abismos que contiene su propio ser; el rechazo del negro es la objetivación o exteriorización de la lucha del blanco contra sí mismo.

El calvinismo de los puritanos está señalado por aquellos elementos de la doctrina de Calvino que Max Weber discernió como elementos distintivos del espíritu del capitalismo industrial. El calvinismo de los boers, en cambio, es un calvinismo campesino. Por eso es que el apartheid constituye una reacción contra la industrialización y la urbanización, corrientes ambas que mezclan a las razas y tienden a instituir naciones "multirraciales", donde los colores se estratifican en clases. En Estados Unidos el racismo tiene un carácter completamente distinto, puesto que existe en una nación multirracial donde solo hace falta impedir que el negro franquee los límites de clase, para lo cual basta con forzarlo a "conservarse en su lugar". La creación de castas endógamas y cerradas no tiene otra función que la de mantener ese sistema de clases estratificadas y sujetas a la autoridad de la clase blanca. Aquí ya no se trata de una "cultura" que defiende su sistema de valores sino de un "estrato étnico" que defiende sus intereses económicos en medio de la competición interracial. Ya mostramos, al consignar el caso del Brasil holandés, que el calvinismo era dominado por la situación. Ahora podemos generalizar: el calvinismo opera siempre dentro de situaciones particulares, y en consecuencia opera "diferencialmente". No podemos, ni siquiera por hipótesis, considerarlo como una variable "independiente"; por lo contrario, nunca dejó de presentársenos como una variable "dependiente". Dependiente de los intereses culturales, sociales y económicos del grupo blanco.

Pero, en tal caso, ¿qué motivos teníamos para buscar en él posibles "estímulos" para el racismo? Si lo que explica en último análisis al racismo son los intereses —por lo demás tanto espirituales como materiales— del grupo blanco, ¿para qué hemos emprendido esos minuciosos exámenes tendientes a desentrañar sus raíces religiosas? Al referirnos a la dicotomía entre el tipo paternalista y el tipo competitivo ya respondimos a este interrogante: la razón está en que, si bien la religión no crea el racismo, puede en cambio otorgarle cierto tinte, determinar sus formas, su intensidad o su cualidad predominante. Ahora bien: se nos ha hecho evidente que los calvinistas blancos llevaron consigo, tanto a las tierras africanas como a las americanas, el calvinismo "total", es decir, el igualitarismo, el carácter individual de la elección divina —o predestinación—, el sentimiento de la vocación, la dignidad del trabajo, etcétera. Solo poco a poco algunos elementos se oscurecieron y otros, por el contrario, fueron valorizados; lentamente también, sobre la base de las experiencias habidas en materia de contactos raciales (por otra parte, mal interpretados) se fue practicando dentro del calvinismo una selección que condujo a retener, si se quiere, más los elementos judaizantes que los elementos cristianos, más los elementos de elección que los vinculados con la condena del pecador... En suma, que se pasó de la experiencia vivida a la ideología. O, si se prefiere, de una fenomenología de la fe a una sociología de los grupos eclesiales. Existen, pues, pese a la diferencia de situaciones, ciertos elementos comunes que nos permiten hablar, si bien no de un racismo cristiano, tanto de un racismo calvinista como de un racismo anglicano o un racismo católico. A propósito de ello queda por hacer toda una sociología de las "infidelidades", porque la "infidelidad", precisamente, no tiene un carácter ético sino sociológico.

OTROS CONTEXTOS

Calvino y la muerte de Dios
Gabriel Vahanian

De la relación que se establece entre la teología y la Iglesia dependen, ciertamente, a la vez la concepción que se tiene de esta y la integridad de aquélla. Aun más importante es, sin embargo, el hecho de que de esta misma relación depende igualmente la definición de una teología o de una Iglesia que no sean extrañas al mundo contemporáneo. De entrada se falsea el sentido de la teología cuando, por ejemplo, como se acostumbra a hacer, se le considera como una disciplina eclesiástica autónoma frente a otras disciplinas intelectuales. Porque la teología no es verdaderamente eclesial sino en la medida en que, abierta al mundo, asume la sabiduría de éste, en la medida en que afirma la mundanidad de un mundo del que Dios, a falta de la Iglesia, es siempre el contemporáneo. En Cristo, la misma eternidad lleva una fecha, al fechar la palabra que se hace carne. La misma Biblia, a menos de ser idólatricamente confundida con esta palabra, no la testimonia sino a condición de ser su *escrito*: es con los términos humanos que constituyen su única *escritura* como la palabra de Dios es proclamada, lo mismo que a pesar de *aquella* escritura. La Biblia, pues, garantiza la dependencia intelectual de la fe con respecto a la sabiduría del mundo a la vez que insiste sobre su independencia espiritual. Y, por consiguiente, cuanto más centrada esté la teología sobre la Biblia, más tomará en serio la doble exigencia de homogeneidad y de heterogeneidad en relación con una situación dada, en función de la cual debe pensarse.

La teología no es una ciencia sagrada. Solía ser el canal por medio del cual el mundo se entendía a sí mismo como Iglesia y por el que la Iglesia se afirmaba como realidad del mundo. Más exactamente, la teología representa la vocación de la fe a la crítica tanto como a la autocrítica, a la crítica de un mundo que se entiende como Iglesia y a la autocrítica de una iglesia que no se manifiesta si no la manifiesta la realidad del mundo. Porque lo que impide a la teología disolverse en una ideología inmanentista es precisamente lo que la tradición ha llamado, en el sentido exacto del término, teología.

En efecto, presumir que la teología es ante todo un asunto de eclesiásticos implica que la Iglesia pueda reducirse al rango de una simple institución entre otras, y que pueda, en consecuencia, dejar de estar "en" el mundo; esto implica que la Iglesia forma parte del mundo o, más bien, que es el vestigio de un mundo parecido. Para que Dios no sea un atavismo, ni la palabra de Dios una búsqueda arqueológica del lenguaje, es preciso que la teología hable el dialecto del hombre contemporáneo. Lo que constituye la grandeza de la teología muestra también su servidumbre: al desempeñar la tarea que consiste en dar testimonio de Dios y celebrar su contemporaneidad con el hombre, la teología se muestra vulnerable.

Hoy la teología no es ya sólo vulnerable: está en tela de juicio. El nacimiento de una era poscristiana parece quitarle toda plausibilidad; y, dentro del malestar general, todo vasallaje a la reflexión teológica de la tradición parece hasta tal punto sospechosa que la teología aparece demasiado estrecha, si no convencida del carácter fraudulento que se le atribuye.

La posibilidad misma de la teología, repitámoslo, es dudosa. ¿Qué sentido puede tener hoy la teología? Y, sobre todo, ¿qué es lo que podrá, llegando el caso, validar cualquier método teológico? Sin querer ignorar el aspecto desusado que presenta todo discurso teológico nacido de la tradición, consideremos la doble cuestión de saber si la teología nos ofrece una opción cualquiera a nivel intelectual, por una parte, y cuál puede ser su valor para una civilización poscristiana, por otra. Examinaremos esta cuestión a la vista del pensamiento de Calvino. Trataremos de evaluar la teología del reformador desde el punto de vista poscristiano que nos determina antes de indicar qué sentido pudo tener lo que Calvino tenía que decir a los que fueron sus contemporáneos. A la luz de esto podremos después tratar de definir qué posibilidad se ofrece a la existencia de la teología en la medida en que la muerte de Dios anula la problemática que ha condicionado hasta aquí la realidad eclesial de la fe.

I

En estas condiciones, nuestro propósito nos obliga absolutamente a reconocer el valor del ateísmo que los presupuestos que caracterizan la situación actual parecen requerir. Debemos, en efecto, comenzar por ahí si queremos discernir mejor la naturaleza de las exigencias que esta mentalidad poscristiana opone a la fe; debemos también comenzar por ahí si deseamos poder asegurarnos el concurso de un método que permita la reflexión teológica. Por lo demás, no tendremos más remedio que observar las reglas que nos impone este ateísmo metodológico.

No queremos abogar por una nueva reforma, más o menos calcada sobre la del siglo XVI. Lo único que estaba entonces moribundo era la cristiandad, no la fe; la idea misma de *Reforma* lo da a entender bastante. A pesar de algunas diferencias de mayor orden, la Reforma concordaba en cuanto al fondo con la tradición de la Iglesia medieval tanto como con la de la Iglesia primitiva o del Nuevo Testamento. Los reformadores tampoco tenían que hacer frente al problema actual de asegurar la relación entre la fe y el mundo. Viviendo en un mundo que no había roto todavía con el cristianismo, se trataba para ellos simplemente de centrar mejor la fe sobre los datos concretos de una situación histórica particular.

Al decir que lo que diferencia nuestra situación de la de los reformadores consiste en el clima poscristiano que cubre a nuestra época, queremos significar que lo que nos separa del cristianismo historizante son a la vez su tradición cultural y su tradición religiosa. He ahí por qué una nueva reforma no podría bastar por sí sola para asegurar el relevo de la teología ni la pertinencia de la fe cristiana en relación con nuestra situación en tanto una revolución cultural[1] no haya librado al cristianismo de sus propias tradiciones. En otros términos: nuestro dilema no es tanto de orden espiritual o pastoral como de orden secular. La espiritualidad representada por las instituciones del cristianismo y el aparato conceptual que lo caracteriza están desfasado en relación con el orden secular que rige nuestra vida cotidiana y que se ha emancipado a la vez de la civilización eclesiástica de la Edad Media y de la cultura teológica nacida de la Reforma. Por tanto, la cuestión que se nos plantea no es ya, como en la época de los reformadores, relativa a la interpretación de tal o cual doctrina primitiva. Esto implicaría, en efecto, un cierto acuerdo en cuanto al fondo entre las diversas formas de una problemática constante en su visión del mundo. Pero al afirmar, por el contrario, el carácter poscristiano del siglo actual, admitimos la emergencia de una realidad humana cuya comprensión es radicalmente diferente de la que toleraba la problemática cristiana; y ésta, progresivamente mentalizada, aparece por fin en toda su irrecuperabilidad. De modo que, para sobrevivir, la teología debería, al parecer, emanciparse al menos de la concepción bíblica del mundo retenida por el cristianismo.

Para Bultmann, el mismo pensamiento bíblico fuerza, por así decirlo, a la teología a seguir un camino determinado. Aun siendo acorde al mundo, la teología no está necesariamente obligada a capitular ante él. Por el contrario, respondería a la exigencia de una fe que estima fundamental la noción según

---

1. Cf. Vahanian, "Beyond the death of God: The Need of a Cultural Revolution", en *Dialog*, I (otoño de 1962), 18-21, y *Wait Without Idols*. (Nueva York, George Brasiller, 1964), pp. 31-46. (Trad. castellana: *Esperar sin ídolos*. Marova-Fontanella, 1970, pp. 35-48).

la cual el problema del hombre, *mutatis mutandis*, sigue siendo esencialmente el mismo de una a otra época, sea cual fuere la diferencia de los conceptos encargados de dilucidar la existencia humana. Lo que se opone a la fe no es, pues, el fenómeno humano que se expresa a través del orden empírico de sus datos; es, en este caso, el carácter ideológico de las flexiones que el hombre, por su propia contingencia, está evocado a sufrir inevitablemente. Así, durante la era cristiana, apoyándose sobre la misma noción de trascendencia que le parece esencial, la fe acaba por alterar su sentido mediante la aportación nociva de preocupaciones centradas sobre el más allá y que, a pesar de la extrema piedad que favorecen, desmienten la trascendencia del Dios que está presente en el mundo. Por el contrario, es con el secularismo con quien tiene que ver hoy la fe, y con la negación no de la trascendencia, sino de la inmanencia de Dios.

El inmanentismo radical que rige nuestra representación actual del mundo y la conciencia que tenemos de la realidad humana no tiene sin duda nada de común con el inmanentismo teísta de la metafísica clásica. Al eliminar la inmanencia de Dios en el mundo, el inmanentismo contemporáneo postula un principio completamente diferente, aún más intransigente: el de la suficiencia del hombre por sí mismo. Así, la cuestión de si Dios existe o no es considerada como extraña al proyecto de la existencia humana. Siendo, de esta suerte, negada la utilidad de toda referencia a una entidad trascendental, el inmanentismo radical necesita un mundo que se sitúe en las antípodas del mundo de la Biblia. Bastante más significativamente, aprovechando el creciente fracaso de la teología en su esfuerzo por resistir al pensamiento moderno o por dominarlo, este inmanentismo confirma la ineptitud del hombre contemporáneo para la fe cristiana.

En estas condiciones, ¿no sería vano pretender esperar cualquier cosa de la teología, sobre todo cuando se trata de la de Calvino? Cuando se lee que "un teólogo no debe aplicar su estudio a deleitar los oídos cuando habla, sino a confirmar las conciencias enseñando cosas verdaderas y útiles",[2] Calvino nos irrita, porque habla como si la teología no consistiera más que en la definición o el conocimiento de una serie de verdades inmutables. En efecto, escribe también que "la comprensión de la fe consiste más en certeza que en aprehensión".[3] E incluso define la fe como "un conocimiento firme y cierto de la buena voluntad de Dios hacia nosotros; la cual, fundada en la promesa

2. Calvino: *Institución de la religión cristiana*, I, xiv, 4.
3. *Institución*, III, ii, 14.

gratuita dada en Jesucristo, es revelada nuestro entendimiento y grabada en nuestro corazón por el Espíritu Santo".[4] Pero, con todo, ¿no está Calvino a punto ya de intelectualizar la fe o de historizar la escatología? ¿Será esta la razón por la que considera la teología como una ciencia de la vida práctica?

Calvino no se inquieta tampoco por el papel negativo que hace desempeñar a la razón, como si la fe no dependiera más que de la revelación y no tuviera ninguna relación con el conocimiento natural de Dios, al que consagra, sin embargo, numerosas páginas. Es cierto que, para él, este conocimiento natural no cumple toda su función, en definitiva, sino destruyéndose a sí mismo, a fin de dejar libre el camino a la verdad de la revelación. Peor aún, si este conocimiento debe destruirse, es simplemente porque Adán no ha "persistido en su integridad".[5] Y a modo de explicación, Calvino quisiera que con él constatáramos que "conocemos a Dios no cuando oímos lisa y llanamente que hay algún Dios, sino cuando comprendemos lo que nos corresponde comprender, lo que es útil para su gloria; es suma, lo que es oportuno. Porque, hablando rectamente, no podemos decir que Dios sea conocido allí donde no existe ninguna clase de religión ni de piedad".[6] En un mundo que se pretende no religioso, ¿estaremos en vías de confirmar el pronóstico que Wernle se permitía hacer al principio del siglo sobre la obra de Calvino, diciendo que la *Institución* "será seguramente menos leída aún en el siglo XX de lo que lo fue en el siglo XIX?".[7] ¿Y podría negársele la razón cuando se constata que la *Institución* no tiene más fin que promulgar una teología de la existencia y de la historia, cuyos documentos, proporcionados por la misma creación, serían corroborados por un *sensus divinitatis* innato a todo hombre? En efecto, incluso teniendo en cuenta diferencias más importantes, si se considera la filosofía cristiana de Calvino desde el punto de vista del secularismo contemporáneo, ¿puede decirse que presuma algo más que los datos de esta religiosidad gracias a la cual la tradición cristiana ha podido colonizar al mundo y conducir al hombre natural a comprometerse en las milicias celestes?

Por ejemplo, la doctrina de la predestinación, aunque no tenga ningún sentido fuera de Jesucristo, justifica la teoría calvinista del gobierno civil; pero cuando éste se seculariza, es aún la predestinación la que otorga justificación a esta teoría del gobierno. No es, pues, ninguna casualidad el que la

---

4. *Ibíd.*, III, ii , 7.
5. *Institución*, I, ii, 1.
6. *Ibíd.*
7. Citado por François Wendel, *Calvin: Sources et évolution de sa pensée religieuse.* París, P.U.F., 1950, p. V.

Institución acabe con una serie de consideraciones relativas al orden político. En efecto, la *civitas terrena* es ya, para Calvino, una especie de réplica de la *civitas Dei,* si bien, como consecuencia, la noción de escatología realizada que tal aproximación favorece va a dar origen al utopismo inmanentista de la historia: la politización del Reino de Dios es tan fatal a la fe cristiana como la historización de la escatología.

¿Será entonces que la teología de Calvino sea verdaderamente, como diría Barth, una teología que trata de probarse a sí misma y fracasa por el hecho mismo de conseguirlo? ¿O bien será, y esto no es imposible, que no se la haya oído suficientemente para comprenderla como hubiera sido debido?

Es un hecho, además, que nuestras lecturas habituales de Calvino no nos permite situarlo en relación con el carácter esencial de la crisis que atravesamos, y que es una crisis de civilización. Sin embargo, el mismo Calvino fue un fundador de civilización: ¿no es, en efecto, a él a quien debemos asignar la paternidad de una espiritualidad cristiana que está en el origen de la ética del trabajo de la que la civilización americana ha tomado el vuelo? Es cierto que esta misma ética da curso, bastante rápidamente, a un subproducto que constituye su negación: la teoría del *business is businnes.* Pero esto no podría disminuir la importancia del papel que ha desempeñado la teología de Calvino al definir la fe como secularidad, es decir, como compromiso en el mundo. Porque el mundo era para él un lugar de peregrinaje, el medio de la Iglesia, esta Iglesia que, para nosotros, sirve hoy día para mantener la nostalgia de la fe.

No hay que olvidar que, aunque Calvino tiende a objetar la fe y a historizar la escatología, se guarda, sin embargo, de someter totalmente la escatología a la historia. Y se guarda a causa de su concepción de la fe: en cuanto existencia escatológica, la fe, que no puede identificarse con la existencia empírica, debe, sin embargo, identificarse por medio de ella, *per vocationem.* Incluso, en cuanto conocimiento, la fe es "algo distinto del conocimiento".[8] Calvino insiste constantemente sobre el hecho de que el hombre, ya sea pecador o, *a fortiori,* no se reconozca como tal, depende de Dios en cuanto a su salvación: "...debemos estar seguros de que Dios no retirará su bondad para con nosotros: puesto que ha comenzado, no podemos dudar de que se mostrará como salvador hasta el final. Una vez que lo hemos conocido así, debemos proseguir en esta confianza, a fin de poder invocarlo durante toda nuestra vida: porque de otro modo seríamos salvados sólo para un día, y sería como si Dios no se nos hubiera manifestado nunca. Es preciso, por tanto,

---

8. Jaspers.

que nuestra esperanza se extienda al futuro",[9] si debemos desde ahora poder gozar de la herencia de Dios que es el mundo.

Siguiendo estas observaciones, vamos a tratar de esbozar a grandes rasgos la posición que Calvino defiende ante sus contemporáneos y de indicar después las principales características de su método.

II

Sin preocuparse por comenzar ni siquiera por la más breve introducción, Calvino declara que el conocimiento de uno mismo precede a todo otro conocimiento, aunque éste no tenga en sí mismo su propio fundamento. Desde el primer párrafo de la *Institución* escribe: "Casi el total de nuestra sabiduría, la cual, bien considerado, merecer ser reputada como verdadera y entera sabiduría, se sitúa en dos frentes: conociendo a Dios, cada uno de nosotros se conoce también a sí mismo. Por lo demás, dado que están unidos uno al otro por muchos lazos, no es siempre fácil discernir cuál está antes y da origen al otro".[10] Esta es la razón de que "el conocimiento de nosotros mismos no solamente nos mueve a conocer a Dios, sino que también nos debe llevar a cada uno como de la mano a encontrarlo".[11] Sólo Dios es capaz, como decía Zwinglio, de revelar al hombre a sí mismo: cada vez que se trata de Dios, es el hombre el que entra en cuestión; y cuando se trata del hombre, del único de quien se trata es de Dios.

¿De qué clase de Dios? No del Dios de los filósofos ni de los sabios, sino del Dios de Abraham, de Issac, de Jacob, del Dios que en Jesucristo se adapta a la condición humana y me hace asumir la mía, la del hombre concreto que soy yo. Ni el conocimiento de Dios ni el conocimiento de uno mismo tienen nada en común con las "especulaciones frívolas" de la razón en torno a la existencia de Dios y a su naturaleza ni en torno a la naturaleza humana.[12] En efecto, Calvino no centra su doctrina de Dios en la pregunta: *¿Quid sit Deus?* La diferencia es importante y no se trata de una mera cuestión de vocabulario. Esto explica por qué, por ejemplo, la forma en que Calvino define la "naturaleza" humana varía tan a menudo que casi nos obligaría a decir que su teología no reposa sobre ninguno de los diversos conceptos de naturaleza

9. Sermón sobre Dt 4.39-43, *Opera Calvini* XXVI, *Corpus Reformatorum* LIV (apud C. A. Schwetschke et filum, Brunsvigae, 1883), col. 224; cf. Jean Boisset: *Sagesse et sainteté dans la pensé de Calvin*. París, P.U.F., 1959, pág. 184.

10. *Institución*, I, i, 1.

11. *Ibíd*.

12. *Institución*, I, xiii, 1; cf. F Wendel: *Calvin: Sources et évolution de sa pensé religieuse*, p. 113.

humana. En realidad, tales conceptos no pueden serlo sino para los sociólogos, los economistas, los filósofos, en una palabra, para aquellos que no tienen ninguna necesidad de la teología y que por este mismo hecho, hacen justicia a la labor del teólogo; es preciso aún, ciertamente, que el teólogo quiera serlo antes que ser sociólogo, o economista, o filósofo; en una palabra, cualquiera de aquellos para quienes el autoconocimiento bastaría por sí mismo al pretender fundar su propia autenticidad. Por esto Calvino sostiene que el hombre no puede revelarse a sí mismo sino siendo él mismo revelador de Dios.

Dios viene al encuentro del hombre que se mantiene ante él. ¿Y quién puede mantenerse ante Dios sino el hombre que se reconoce a la vez pecador y justificado? La justificación por medio de la fe significa que el hombre que puede presentarse ante Dios no es el hombre sin pecado, sino el pecador. No es necesario que el hombre cambie de ser, como si el ser de la nueva criatura dependiera de una ley distinta a la del hombre inauténtico. No se trata, pues, para Calvino, de considerar la realidad humana desde el ángulo de una oposición entre dos principios que se excluyen mutuamente: la autonomía y la heteronomía. El hombre, es decir, el pecador que se convierte en lo que no es (a saber: justificado), es aquel para quien en su ser de lo que se trata es del *ser-ahí* de Dios. En otros términos, la cuestión de Dios sólo se plantea verdaderamente si no constituye una violación de la cuestión que recae sobre el ser mismo del hombre. Se plantea a condición de que permita al hombre asumir su propia contingencia, cualquiera que sea el precio: no es porque el hombre lo haya merecido por lo que Dios actúa en su favor, ni tampoco por sus obras por lo que es salvado, sino por la actuación de Dios.

Pero, ¿cómo sabemos que el juicio del hombre es una cuestión que recae sobre Dios? ¿Cómo sabemos que la "naturaleza" humana —o, más bien, lo que en Calvino equivale a ella— constituye la condición divina? Lo sabemos en Jesucristo. Por lo que Calvino no nos invita a buscar refugio en el misterio o el éxtasis místico, sino que quiere decir que la autenticidad de la realidad humana no desdeña la estructura empírica de la existencia. Por el contrario, el hombre nuevo, esta nueva criatura que nosotros llegamos a ser en Cristo, existe no por la contradicción, sino por la transfiguración y la afirmación de esta estructura. La noción de Cristo, como la de creación, indica, pues, para Calvino, no solamente cómo, sino también por qué la experiencia misma de la realidad humana es una contestación a todo lo que tiende a someter al hombre a los principios de un reduccionismo cualquiera. Ser en Cristo no implica una especie de salto de la fe, salvo que con esto se entienda lo que ocurre desde el momento en que el hombre asume la contingencia de su ser, a la manera de que una parábola cuyo sentido anagógico es dado en algún modo con el sentido literal, o el sentido divino con el sentido humano: ser una criatura, o bien ser en Cristo, significa, por tanto, que la realidad de Dios se da con la experiencia de la realidad humana, al igual que "creación" o "Cristo" significan la "mundanidad" de esta gloria de Dios cuyo "resplandor y efigie"[13] constituye la condición humana. Siendo él mismo obra de Dios, Jesucristo representa y hace presente esta secularidad de Dios en virtud de la cual el conocimiento de Dios pasa por el conocimiento de uno mismo. O, para hablar como Calvino, Cristo es como la "mano" que conduce el conocimiento de uno mismo al conocimiento de Dios.

Pero entonces se nos objetará: ¿cómo va a poder esta lectura cristocéntrica de la realidad humana o del conocimiento de uno mismo armonizarse con el presupuesto calvinista de lo innato de la idea de Dios? Calvino pone, en efecto, "fuera de duda que los hombres tienen un sentimiento de divinidad en ellos, e incluso de un movimiento natural", o que "Dios ha imprimido en todos un conocimiento de sí mismo".[14]

La respuesta a tal objeción nos es dada por el hecho de que el *divinitatis* no contradice el sentido que Calvino da a su concepción de la revelación general: tanto la naturaleza como la historia nos revela a Dios, y nosotros podríamos apreciarlo si el problema, no de Dios, sino del hombre, fuera naturalmente posible y no llevara a ninguna contradicción; dicho de otro modo, podríamos apreciarlo si el conocimiento de uno mismo fuera verdaderamente autónomo, o si, lo que viene a ser igual, corroborara la realidad humana como acto de fe. Esta es la razón de que el hombre sea infinitamente inexcusable, del mismo modo que lo es cuando, al hacer de Dios una convención, lo convierte en el objeto de su idolatría. Así, pues, con el fin de que "nadie pueda refugiarse en una pretendida ignorancia, Dios ha imprimido en todos un conocimiento de sí mismo, cuya memoria renueva constantemente, como si la destilara gota a gota, a fin de que cuando conozcamos desde el principio hasta el último que hay un Dios y que él nos ha formado, seamos condenados por nuestro propio testimonio…".[15]

En lugar de permitir al hombre ocultarse ante su propia incoherencia, la cual de innata de la idea de Dios le fuerza más bien a reconocer el absurdo que es el hombre en sí sin forzarlo, sin embargo, a consentirlo, del mismo

13. Heb 1.3; *Institución*, I, xiii, 2; I, xiii, 10.
14. *Institución*, I, iii, 1, según las ediciones de 1541 y 1560.
15. *Ibíd.*

modo que la fe asume la duda sin consentir en ella. Dios no es, en ningún modo, el engranaje de un sistema explicativo de la existencia, en el que la existencia humana sería su propio comentario. Contra aquellos que se imaginan a la deidad "repartida [extendida] por todo el mundo", Calvino nos recuerda que, sin embargo, "la infinitud de su esencia debiera hacernos tener el intento de medirla por nuestros propios sentidos", puesto que, precisamente en la medida en que Dios es "inabarcable, llena también la tierra".[16] A pesar de algunos aspectos que nos llevarían a pensar que el razonamiento se mantiene gracias a la última hipótesis de Dios, somos inducidos a afirmar exactamente lo contrario. Y esto nos lo prueba la misma insistencia de Calvino en distinguir entre Dios y el ídolo: ¿no es esta su forma de rechazar, en suma, la hipótesis divina?

Conforme al lenguaje tradicional de la teología, es a propósito de la doctrina de la Trinidad cuando Calvino nos coloca ante la importancia de la distinción que él hace entre iconoclasma (es decir, la contestación de la idolatría) y la idolatría (es decir, la absolutización de un Dios que se transforma en dios, en ídolo). Niesel tiene razón al resumir el pensamiento de Calvino sobre este tema, escribiendo que es la doctrina de la Trinidad la que mantiene la unidad de Dios, distinguiéndolo de los ídolos.[17] No es la unidad de Dios lo que esta doctrina ha puesto en peligro, tal como cantidad de críticas han pretendido siempre, sino que es la absolutización de Dios la que ha tratado de revocar. En efecto, la doctrina de la Trinidad ha tenido igualmente por fin proteger la fe contra toda tendencia a envolverla dentro de un sistema de conocimiento especulativo y esotérico: al restaurar al mundo su carácter revelador, Calvino lo concibe como *escritura* de la palabra que es Dios, y al concebir a Dios de otra forma diferente que según el modelo de su absolutización, restaura a la palabra de Dios su carácter empírico. En cuanto *reveladora* de la realidad de Dios, la misma creación es un signo sacramental cuya *res* es el suceso crístico. También, escribe Calvino, Moisés "dice expresamente que Dios, al crear cada parte del mundo, dijo hágase esto… a fin de que la insondable gloria de Dios nos brillara en su imagen".[18] Y en el cuarto evangelio, "lo que San Juan dice al respecto es aún más claro, y es que la Palabra

---

16. *Ibíd.*, I, xiii, 1.
17. Wilhelm Niesel: *Die Theologie Calvins*. Chr. Kaiser, Munich, 1957, 2a ed., p. 59; *Institución*, I, xiii, 2: "Pero aún encontraremos otra marca especial para distinguir a Dios de los ídolos. Porque se da así en un solo Dios, y es que se ofrece para ser contemplado de forma distinta en tres personas…".
18. *Institución*, I, xiii, 7.

que desde el comienzo estaba en Dios es la causa y origen de todas las cosas… Así, pues, si bien todas las revelaciones nacidas de Dios son correctamente designadas como su palabra, no obstante, es aún preciso situar en el más alto nivel esta Palabra esencial, que es la fuente de todas las revelaciones, y dar por suelto que no está sujeta a ninguna variedad y permanece siempre una e inmutable en Dios, e incluso que ella misma es Dios".[19] Finalmente, considerando así el mundo como "medio de gracia" y como área de la fe, y centrando la fe en Cristo, la doctrina de la Trinidad recoge uno de los temas del Nuevo Testamento según el cual, por una parte, lo que distingue a Dios del ídolo es el advenimiento de Cristo y, por otra parte, el Dios que es sensible al corazón lo es al corazón de carne, porque es la realidad humana en cuanto carne la que constituye el soporte de Dios y la que, "por decirlo así, palpa la presencia de Dios allí donde se siente vivificada, iluminada, salvada, justificada y santificada".[20]

Por tanto, no es extraño que al insistir sobre la soberanía, la majestad o el honor de Dios, Calvino se haya visto inducido a desarrollar su famosa teoría de la predestinación. Porque el hombre "natural" no es ni el hombre en estado adánico ni el hombre después de la caída. Es el hombre predestinado: la autonomía o la heteronomía de la que dependería la realidad humana no son para Calvino sino el efecto de una ilusión óptica. Al igual que Dios no tiene nada que ver con la absolutización que reduce Dios a dios y hace de él un ídolo o una hipótesis, la realidad humana se sitúa más allá del conflicto entre la autonomía y la heteronomía. Es esto lo que Calvino quiere dar a entender al introducir su doctrina de la predestinación.

Hemos visto ya que no es la pregunta *¿Quid sit Deus?*, sino *¿Qualis sit Deus?* la que rige la noción calvinista de Dios. De ello resulta que la soberanía de Dios está estrechamente ligada a su actividad redentora en Cristo. No es un atributo de Dios en sí, sino del Dios cuyo revelador es el hombre. Calvino se preocupa bastante poco del Dios en sí o del Dios-en-general. Lo que le interesa es el Dios cuya realidad se objetiva por la del hombre. La soberanía de Dios significa, por consiguiente, que el Dios que salva es un Dios que lo hace verdaderamente y que tiene verdaderamente el poder para hacerlo: es decir, que es el salvador del hombre por mucho que el hombre no lo merezca, como también lo sería en el caso de que el hombre lo mereciera. Dios, en otros términos, tiene el poder de predestinar.

19. *Idem.*
20. *Ibíd.*, I, xiii, 13.

No hay ninguna necesidad de entrar aquí en el detalle de esta doctrina ni de recordar sus orígenes patrísticos o bíblicos. En general, la posición de Calvino concuerda con la de San Agustín, para quien, nos dice Santo Tomás, la predestinación tiene como fin la misericordia divina y concierne al destino del hombre, que es lo que él llega a ser al convertirse en lo que no es.[21] El mismo Santo Tomás subraya que la predestinación no se refiere a una característica del predestinado, sino que se adapta a la persona que predestina.[22] Pero falta aún una dimensión a esta doctrina, la dimensión cristológica sobre la que Calvino va a insistir en particular. Citando a San Agustín, escribe que no existe espejo más glorioso donde se pueda contemplar la predestinación que el mismo Mediador, el cual alcanzó, conforme a su naturaleza humana, el honor de llegar a ser hijo único de Dios, sin ningún mérito por su parte.[23] Lo que es cierto de Cristo lo es también del hombre. La dignidad del hombre, declara Calvino, no podría ser ya determinada por sus buenas obras más de lo que la de Cristo podría derivar de otra fuente distinta de Dios;[24] la dignidad del hombre "yace en el amor gratuito de Dios",[25] en virtud del cual amor "el objetivo de nuestra elección es vivir santamente",[26] sobrevivir *hic et nuc*, muriendo y resucitando en Cristo. La predestinación no constituye solamente la puesta en duda de la salvación por las obras, es decir, de la mala fe; constituye también la puesta en duda de todo proyecto de la realidad humana por el cual esta dependiera bien el algún determinismo filosófico o bien de la noción más profana de "suerte".

En efecto, rechazando todo lo que pueda implicar la noción de suerte, Calvino la atribuye a los estoicos, que recurrieron a este término para explicar su doctrina de la necesidad, para tratar de separarla del laberinto de sus razonamientos contradictorios. Más concretamente, Calvino reprocha a los estoicos el avanzar una doctrina que no puede ser sino atea, mientras que él considera la predestinación como salvaguardia no sólo de la libertad de Dios, sino también de la del hombre.[27] Frente al determinismo, que tiende

---

21. Santo Tomás de Aquino: *Summa Theologica*, I, qu. 23, art. 1, 2.
22. *Ibíd.*, I, qu. 23, art. 2. Cf. Op. *Calvini*, VIII (ap. "Schwetschke et filium", Brunsvigae, 1870): "Congrégation sur l'élection éternelle", cols. 108-09, "De aeterna dei praedestinatione", col. 318.
23. *Institución*, II, xxiv, 5; III, xxii, 1.
24. *Ibíd.*, III, xxiii, 12.
25. *Ibíd.*, III, xxi, 5.
26. *Ibíd.*, III, xxii, 12; cf. G. Deluz: *Prédestination et Liberté* (Delachaux et Niestlé, Neuchâtel, 1942), p. 97.
27. Calvino. Cf. *The Secret Providence of God*, pp. 261-62.

a confundir a Dios y el hombre en provecho de un inmanentismo absoluto, Calvino sostiene, aunque la realidad de Dios y la del hombre coexistan, que la elección precede a la fe; con lo que quiere decir que no hay existencia auténtica sino en ruptura con la existencia inauténtica que la precede: a pesar de todo, la existencia auténtica permanece siempre accesible a aquel que dice "no" a su pasado.[28] La salvación no es un acto que se sitúa en el pasado, sino que depende de un acto constantemente renovado. El Dios que predestina es así el Dios que salva *constantemente*, y cuya decisión no podría estar afectada por el uso que el hombre después hace del don que Dios pone y vuelve a poner constantemente a su disposición. El hombre es salvado a pesar de su bondad lo mismo que a pesar de su pecado. Así el prefijo "pre" de "predestinación" no se refiere a cualquier anterioridad cronológica de Dios,[29] sino a su anterioridad escatológica, a la identidad del Dios que es, que era y que viene, a la identidad del Alfa y de la Omega, cuyo espejo es Cristo. Recíprocamente, el hombre elegido es aquel cuyo destino es idéntico a la existencia que él ha de poder improvisar e inventar, a la libertad.

No nos sorprendamos, por consiguiente, si Calvino veía en la predestinación un terrible decreto (porque anula todas nuestras pretensiones al mismo tiempo que una doctrina "sabrosa"[30] (porque nosotros no tenemos necesidad ya de pretender, sino de ser). La existencia no es ya rutina, sino reanudación con su origen: el hombre no hace sino comenzar a liberarse para siempre de lo que ha sido. En el lenguaje de Calvino, el hombre es objeto de una *vocación*, por la cual su compromiso hacia Dios se complementa, aún más radicalmente que en Santo Tomás o Lutero, con un compromiso en el mundo, escenario de la gloria de Dios. "Medio de gracia", el mundo es el campo de esta vocación a la libertad que constituye la predestinación. Es, pues, normal que el mundo sea revelador de Dios, y que el hombre que da la espalda al mundo, o que se conforma con él, no tenga excusa posible.

Podemos ahora resumir diciendo que la concepción trinitaria de Dios tiene por objeto denunciar las pretensiones falaces de todo absolutismo, ya sea teísta o no, y mostrar a la vez que Dios es lo que permite la estructuración del mundo en creación, la realidad humana es este aspecto de la realidad de Dios cuya experiencia realiza el hombre. Así, el *sensus divinitatis* corresponde a la concepción de Dios como creador; el concepto de vocación, que sirve

---

28. *Consensus Genevensis*, p. 273: "Si alguno desea oírla de una forma más rotunda: la elección es muy anterior a la fe, pero solo puede ser conocida por medio de la fe".
29. Permítaseme subrayar aquí mi deuda hacia Pierre Maury.
30. *Institución*, III, xxi, 1.

de bisagra entre la noción de la corrupción total del hombre y la santidad de vida a la que es llamado, corresponde a la concepción de Dios como redentor; y a la concepción del Dios que predestina corresponde la libertad de la que el hombre es responsable. El mundo es el escenario de la gloria de Dios, el hombre tiene por motivo ser la glorificación de Dios, es su gloria.

Nos queda ahora poner de relieve los aspectos principales del método de Calvino, a fin de sacer de él la lección correspondiente en cuanto a las normas y criterios de una teología que no paraliza el lenguaje de la fe.

III

La primera observación que conviene hacer a este respecto es de tal evidencia que resulta casi inútil señalarla. La *Institución de la religión cristiana*, obra maestra de Calvino, es mucho menos sistemática que la *Teología sistemática* de Paul Tillich. De hecho, desde un punto de vista filosófico, no lo es en absoluto. A pesar de la remanencia de un cierto platonismo, no depende de ninguna premisa ni de ningún método filosófico. E incluso aunque pueda afirmarse que tiene por tema el *cur deus homo,* este *deus* no constituye en ningún modo un principio filosófico, sino que se refiere al Dios de Abraham, de Isaac, de Jacob, que en Cristo sale al encuentro del hombre y reconcilia al mundo consigo mismo.

En segundo lugar, hay que advertir que incluso el carácter innato de Dios no debe concebirse a la manera en que Tillich va a hablar de Dios como objeto de la "preocupación última" (*ultimate concern*), que es la característica esencial de la realidad humana. Aunque Dios haya "enterrado esta semilla de religión… en el espíritu de los hombres",[31] no hay nada que pueda asegurar al hombre contra la idolatría; por el contrario, abunda. En otros términos, el carácter innato de Dios no desempeña el papel de un principio que permita afirmar, como hace Tillich, que la razón se realiza mediante la invocación de la revelación. De hecho, estaríamos más bien inclinados a pensar lo contrario y a decir que, para Calvino, es la revelación la que se realiza mediante la invocación de la razón. Es en este sentido como podría, en rigor, considerarse el método de Calvino como un método de correlación cuya estructuración conduce a la lectura cristológica de la realidad humana, y que no que aquella resulte de tal lectura.

Porque la cuestión que preocupa a Calvino no es la de saber si el alma es *naturaliter christiana,* sino la de mostrar a qué condición debe responder el hombre para ser *spiritualiter humanus.* Es por esta razón por lo que Calvino se dispensa tanto de apelar a la hipótesis de Dios como de recurrir ya sea al

31. *Ibíd.*, I, v, 1.

concepto de una naturaleza humana que serviría de fundamento a la realidad individual del hombre, ya sea a la idea de que la esencia precede a la existencia. Aunque en un contexto algo diferente, Calvino escribe: "Decimos que el hombre está naturalmente corrompido por la perversidad, pero que esta perversidad no es, en absoluto, innata en él. Negamos que sea innata, a fin de mostrar que es más bien una cualidad sobrevenida al hombre que una propiedad de su sustancia, que haya estado desde el comienzo enraizada en él".[32]

En tercer lugar, la teología de Calvino no se propone mostrar cómo la cuestión del hombre le conduce a plantearse la cuestión de Dios. Por el contrario, es la cuestión de Dios la que permite mostrar qué condición debe cumplir la cuestión del hombre a fin de no escamotear la realidad humana cuya cuestión es precisamente él. A este respecto, Calvino hace observar con justeza que "cada uno encontrará siempre en su fantasía alguna semilla de superstición: el cerebro del hombre [...] es como una tienda de idolatría: en el momento que no haya ningún maestro, entonces cada uno se forjará sus ídolos, cada uno pervertirá el servicio de Dios".[33]

Finalmente, para Calvino, la Iglesia no está dotada de una realidad que la pondría en competencia con el mundo, sino que es la transfiguración del mundo. Es la rehabilitación del mundo, la revelación de su originalidad, es decir, de su creación. El universo no es un cosmos movido por una teología que le sería inmanente, sino la escritura mediante la cual se cumple la palabra de Dios. Por tanto, la realidad de la Iglesia es, a la vez, secular y espiritual, vuelta hacia el mundo y honrando a este mundo cuya estructuración, *hit et nunc*, es ella. Centrífuga, por así decirlo, esta concepción de la Iglesia reemplaza, en Calvino, a la concepción centrípeta que había regido en la Iglesia medieval. *Ecclesia in mundo latet, mundus in ecclesia patet*: esta es la perspectiva en la que conviene situar incluso el ideal político proyectado por Calvino para Ginebra. La *communio sanctorum* es de orden político y social en la medida en que, precisamente, sea de orden escatológico.

Las observaciones precedentes nos han permitido ya entrever en qué va a consistir la respuesta de la teología al problema planteado por la muerte de Dios. De hecho, hemos indicado ya cómo el método calvinista evita enfrentarse al ateísmo metodológico que debe respetar toda empresa teológica que se niegue a ser paralizada por los presupuestos de la problemática anterior a la muerte de Dios. Precisamente porque este método no necesita la presunción de Dios

---

32. *Ibíd.*, II, i, 11; cf. III, ii, 25.
33. Sermón LXXVII sobre el Deuteronomio, *Op. Calv.*, XXVII, col. 110.

como hipótesis universal, la obra de Calvino nos ayuda a forjar un lenguaje teológico que sea comprensible en el seno de la nueva problemática poscristiana, así como a definir los elementos constitutivos de un método apropiado a la desacralización de la comprensión del mundo y de la realidad humana.

Dividida en cuatro libros, la *Institución Cristiana* se desarrolla según un plan que recoge, como hemos dicho, el esquema de los cuatro artículos del Símbolo de los Apóstoles. Puede hacerse observar que esta analogía es accidental, y que una concepción diferente del plan de la *Institución* permitiría respetar bastante más la lógica del discurso calvinista. Pero lo que nos interesa aquí son las cuatro características que la teología debe tener en cuenta para ser válida aún hoy día. Estas características van a mostrar en qué puede la teología permanecer fiel a la tradición cristiana y a la vez revelarse como lectura auténtica de una condición humana que no se inscribe en la lógica del teísmo ni de la religiosidad. He aquí estas cuatro características, expresadas más o menos en un lenguaje cuyos términos están recogidos del antiguo vocabulario para contestar mejor su definición habitual.

En primer lugar, todo conocimiento es *teonómico*. Dicho de otro modo, existe correlación entre la cuestión de Dios y la del hombre: la teología es esta ciencia de lo concreto que, por razones de orden empírico, prohíbe toda formulación de la cuestión del hombre de la que esté excluida, *ex hypothesi*, la cuestión de Dios. Si parece, en efecto, que para Calvino es esta la que hace posible aquella, esto significa que no hay ni que confundir una con la otra ni que anular una en ayuda de la obra. Resulta que si, hoy, una concepción inmanentista del mundo anula toda premisa teísta, prohíbe igualmente toda tensión a proyectar la fe como una prolongación de la naturaleza humana. En esto, una concepción así del mundo se conformaría con la concepción escática de la existencia que el Nuevo Testamento define no como supervivencia, sino como celebración de la vida. La verdadera cuestión no es cómo se puede creer hoy día, sino cómo se puede no creer. O, para citar a Faulkner: "Cómo sería posible que el hombre supiera nunca lo suficiente como para poder dudar".[34] O bien el mismo Calvino: "...cada uno siente siempre en

---

34. "Black Music". *Collected Stories of William Faulkner*. Nueva York, Random House, 1950, p. 809; cf. Franz Kafka: "Méditations", núm. 109, (*Oeuvres completes*, tomo VII, París, Cercle du Livre précieux, 1964), p. 31: "... Para él, solo el simple hecho de que nosotros vivamos está dotado de un valor de fe absolutamente inagotable...". Cf. igualmente la meditación núm. 50: "El hombre no puede vivir sin una confianza constante en algo de indestructible en él, lo que no impide que indestructible y confianza puedan resultarle constantemente ocultos. Una de las posibilidades de expresión de esta existencia oculta es la creencia en un dios personal" (*Ibíd.*, p. 21).

sí alguna incredulidad mezclada entre la fe".[35] El conocimiento empírico y natural de la realidad humana no puede anular el conocimiento de la fe sin al mismo tiempo anularse a sí mismo. El hombre, que está siempre a la búsqueda de un Dios desconocido, es el mismo en busca del cual está Dios.

En segundo lugar, la teología es esencialmente cristológica. Esto equivale a decir que no hay más Dios que el que Cristo nos hace accesible: Dios no es ni esto ni aquello. E incluso si debiéramos buscarlo en este Jesús que es Cristo, no podríamos sino encontrar un hombre. Quiero decir que Dios no puede buscarse a costa del hombre. No hay más realidad que aquella por la que el hombre accede a la suya. Y este acceso no puede tener lugar sino mediante la fe, aquí y ahora. El hombre moderno, es cierto, está desencantado del más allá y de sus vanas esperanzas. Justamente, es el suceso crístico lo que significa para Calvino que el futuro no ha de concebirse como una quimera, sino como la anticipación de un presente siempre nuevo como la primera mañana del mundo. El mundo no es lo que un cristiano debe soportar, sufrir, padecer: en Cristo, el mundo es aún y siempre lo que queda por mundificar, por crear. Rostro escático de la gloria de Dios, este mundo es el único en el que el hombre auténtico puede vivir por la fe.[36]

En tercer lugar, la teología es neumatológica o espiritual. Es decir, que no depende de ninguno de los presupuestos filosóficos de los que a veces tiene que servirse. Frente a la filosofía que, sea cual fuere su método, oculta siempre alguna teodicea, la teología es un discurso en el que el lenguaje por el que el hombre alcanza el conocimiento de su ser no es un sistema cerrado que prejuzgue ya sea la existencia de Dios o su no existencia. Decir que la teología es neumatológica significa, pues, que el análisis teológico del lenguaje es consecuente con la sintaxis misma del lenguaje. Todo lenguaje constituye una cierta visión del mundo; la teología también. Las visiones pasan, pero la palabra permanece.[37]

En cuarto lugar, la teología es eclesial. Esto significa que es de orden histórico, cultural, político y social: es mundana. No está determinada ni por tal o cual cuadro cultural, ni por tal o cual factor histórico, ni por tal o cual eje ideológico. Pero deja de ser una teología tan pronto como rechaza las estructuras.

---

35. *Institución*, III, ii, 4.
36. *Institución*, III, vii, 1.
37. La forma en que Calvino duda en apropiarse de la terminología trinitaria tradicional (*Inst.*, I, xiii, 3-6) muestra cómo las representaciones del mundo o los sistemas lingüísticos son secundarios en relación con la palabra que hay que proclamar con su apoyo, pero sin capitular ante ellos.

A fin de cuentas, la tarea de la teología consiste en articular la fe a pesar de las formulaciones dogmáticas o simbólicas que la han transmitido. Es a pesar de la Biblia como la Palabra de Dios nos interpela aquí y ahora. De suerte que la Biblia nos sería extraña si no hubiera sido por la palabra que permanece eternamente. El hecho de que el lenguaje de la Biblia sea un lenguaje religioso nos la hace aún más alienante.

Por el contrario, cuanto más se sitúe el teólogo desde un punto de vista poscristiano, más cuidado tendrá de honrar la tradición que alimenta la era cristiana: porque ninguna representación del mundo es en sí mejor que otra; tal representación puede ser más fácil de utilizar que tal otra. Pero esto no debería incitarnos a imaginar que nuestra comprensión de nosotros mismos es más auténtica que la que Pablo, Agustín, Tomás o Calvino tenían de sí mismos.

El verdadero problema no proviene del tipo de filosofía en la que nos apoyaremos (Heidegger, Marx, Sartre, Lévi-Strauss o Eliade). Tampoco proviene de cualquier ayuda que a causa de la muerte de Dios estuviéramos tentados a buscar en una inspiración extracristiana resultante de una apertura a otras tradiciones religiosas, tales como el budismo. Ya sea la religión de inspiración oriental u occidental, o por mucho que sea tradicionalista o de vanguardia, no es de la religión de donde viene la salvación. El único problema es el de saber si, a pesar de una tradición que le clava como a un paralítico a su cama, el teólogo va a poner en práctica la orden dada por Jesús: "Toma tu camilla y anda".

El manifiesto calvinista
Francis Fukuyama

En 2005 se celebró el centenario de la publicación del ensayo sociológico más famoso: *La ética protestante y el espíritu del capitalismo*, de Max Weber. Una obra que trastornó por completo las teorías de Karl Marx. Para Weber, la religión no era una ideología producida por intereses económicos ("el opio de las masas", como había dicho Marx). Más bien, ella había posibilitado la existencia del mundo capitalista moderno. En la década actual, en que creemos asistir a un choque de culturas y, a menudo, achacamos a la religión los fracasos de la modernización y la democracia en el Islam, *La ética protestante* merece una relectura.

Weber centró su tesis en el protestantismo ascético. Dijo que la doctrina calvinista de la predestinación inducía a quienes creían en ella a tratar de demostrar que se contaban entre los elegidos dedicándose al comercio y la acumulación de riquezas terrenales. El protestantismo creó así una ética del trabajo (lo valoró en sí mismo, más que por sus resultados) y destruyó la doctrina aristotélico-católica, según la cual el hombre sólo debía adquirir los bienes necesarios para llevar una vida holgada. Además, exhortó a sus fieles a observar los preceptos morales fuera del ámbito familiar. Fue un paso decisivo hacia la creación de un sistema de confianza social.

La tesis de Weber suscitó controversias desde el momento mismo de su publicación. Varios eruditos tildaron de error empírico la supuesta superioridad de los protestantes en cuanto al desempeño económico. Afirmaron que las sociedades católicas habían empezado a desarrollar el capitalismo moderno mucho antes de la Reforma y achacaron su retraso económico a la Contrarreforma, más que al catolicismo en sí. El economista alemán Werner Sombart dijo haber encontrado el equivalente funcional de la ética protestante en el judaísmo. Robert Bellah lo descubrió en el budismo japonés de los Tokugawa.

Podemos decir, sin temor a equivocarnos, que la mayoría de los economistas contemporáneos no toman en serio la hipótesis de Weber, ni ninguna otra teoría culturalista sobre el crecimiento económico. Muchos sostienen que la cultura es una categoría residual, donde buscan refugio los sociólogos perezosos cuando no logran desarrollar una teoría más rigurosa.

Por cierto, hay motivos para ser prudentes en el uso de la cultura como explicación de resultados económicos y políticos. Los escritos del propio Weber acerca de las otras grandes religiones mundiales y su impacto sobre la modernización nos sirven de advertencia.

Su libro *La religión de China. Confucianismo y taoísmo* (1916) es una visión muy sombría de las perspectivas de desa-rrollo económico en la China confuciana, cuya cultura —señala— constituye un obstáculo al surgimiento del capitalismo moderno apenas más leve que el de la cultura japonesa. Hoy comprendemos que el retraso de la China y el Japón tradicionales no se debió a sus culturas, sino a sus instituciones asfixiantes, la mala política y los programas desencaminados. Una vez corregidas estas fallas, las dos sociedades levantaron vuelo.

La cultura es sólo uno de los tantos factores que determinan el éxito de una sociedad. Debemos tener presente esto cuando oímos afirmar que la explicación del terrorismo, la falta de democracia u otros fenómenos de Medio Oriente están en la religión islámica.

Al mismo tiempo, nadie puede negar la importancia de la religión y la cultura como factores determinantes de por qué las instituciones funcionan mejor en algunos países que en otros. Las regiones católicas de Europa fueron más lentas que las protestantes en modernizar sus economías y aceptar la democracia. Por eso, gran parte de lo que Samuel Huntington llamó "la tercera ola de democratización" llegó a España, Portugal y muchos países latinoamericanos entre los años 70 y 90.

Todavía hoy, entre las sociedades sumamente laicas que constituyen la Unión Europea, se advierte claramente un declive en las actitudes frente a la corrupción política desde el norte protestante hacia el Mediterráneo. El ingreso de las naciones escandinavas, con su honestidad denunciadora, fue el factor decisivo que, en 1999, forzó la renuncia de la cúpula ejecutiva de la UE a raíz de un pequeño escándalo por corrupción en el que estuvo implicado un ex primer ministro francés.

Los interrogantes que plantea Weber sobre el papel de la religión en la vida moderna son mucho más profundos de lo que insinúa la mayoría de los debates. Sostiene que en el mundo moderno la ética del trabajo se ha desprendido del fervor religioso que le dio origen: ahora forma parte del capitalismo racional, basado en la ciencia.

Para Weber, los valores no surgen de un modo racional: nacen del mismo tipo de creatividad humana que inspiró las grandes religiones del mundo. Estaba convencido de que su fuente primitiva era la "autoridad carismática" (así la llamó) en el sentido original del vocablo griego: "tocada por Dios". En el mundo moderno, esta clase de autoridad dejó paso a una forma burocrática y racional que, si bien ha dado paz y prosperidad al mundo, amortece el espíritu humano y fabrica una "jaula de hierro".

Aunque todavía la persigue "el espectro de las creencias religiosas muertas", la modernidad ha sido vaciada, en gran medida, de su auténtica espiritualidad. Según Weber, esto ocurrió particularmente en Estados Unidos, donde "la búsqueda de la riqueza, despojada de su significado religioso y ético, tiende a asociarse con pasiones puramente mundanas".

La jaula de hierro

Vale la pena examinar con más detenimiento qué frutos ha dado esta visión del mundo moderno en el siglo transcurrido desde la publicación de *La ética protestante*. Por supuesto, en muchos sentidos ha resultado fatalmente exacta: el capitalismo racional, basado en la ciencia, se extendió por todo el planeta, trajo el progreso material a gran parte de él y lo unió —lo soldó— dentro de esa jaula de hierro que ahora llamamos "globalización".

Pero ni falta hace decir que la religión y el fervor religioso no han muerto. Y no sólo por la militancia islámica, sino también porque, desde el punto de vista puramente numérico, el súbito ascenso mundial del protestantismo y su rama evangélica rivaliza con el fundamentalismo islámico como fuente de religiosidad auténtica.

Frente al renacimiento del hinduismo entre los indios de clase media, la aparición del movimiento Falun Gong en China, el repunte de la ortodoxia oriental en Rusia y otros países del antiguo bloque comunista y la constante vitalidad religiosa de Estados Unidos, difícilmente podría decirse que la secularización y el racionalismo son los siervos inevitables de la modernización.

Hasta podríamos ampliar nuestro concepto de la religión y la autoridad carismática. El siglo XX se caracterizó por lo que el teórico alemán Carl Schmitt denominó "movimientos político-teológicos" (por ejemplo, el nazismo y el marxismo-leninismo), fundados en una entrega fanática a creencias en última instancia irracionales. El marxismo decía ser científico, pero sus adherentes de carne y hueso siguieron a líderes como Lenin, Stalin o Mao con esa confianza ciega en la autoridad psicológicamente indistinguible del fervor religioso. (En China, durante la Revolución Cultural, había que tener cuidado con los diarios viejos. Si alguno traía una foto de Mao, quien se sentara sobre la sagrada imagen o usara esa hoja para envolver pescado podía ser tildado de contrarrevolucionario.)

Resulta sorprendente que, hoy día, la visión weberiana de una modernidad caracterizada por "especialistas sin espíritu, sensualistas sin corazón" corresponda mucho más a Europa que a Estados Unidos. La Europa actual es un continente pacífico, próspero, administrado juiciosamente por la UE y absolutamente laico. Los europeos seguirán hablando de "derechos humanos", "dignidad del hombre" y otras expresiones enraizadas en los valores cristianos de su civilización, pero pocos podrían explicar en forma coherente por qué siguen creyendo en esas cosas. El espectro de las creencias religiosas muertas ronda mucho más Europa que Estados Unidos.

La ética protestante tuvo, pues, un éxito extraordinario como acicate a un análisis ponderado de la relación entre los valores culturales y la modernidad. Pero como explicación histórica del ascenso del capitalismo moderno, o como ejercicio de predicción social, resultó menos acertada. El violento siglo subsiguiente a su publicación no careció de autoridades carismáticas. Los próximos cien años amenazan traer más de lo mismo. Debemos preguntarnos si Weber no se equivocó en su nostalgia por la autenticidad espiritual —quizá podríamos decir su "nietzscheanismo"— y si vivir en la jaula de hierro del racionalismo moderno es, después de todo, tan terrible.

Versión: Zoraida J. Valcárcel

Nuevo prólogo a *La estirpe calvinista de nuestras instituciones políticas*
Alfonso López Michelsen

"No fue por pobreza, sino por la pésima distribución de la riqueza... que surgió la rebeldía en contra de la metrópoli", dice Alfonso López Michelsen en su ensayo La estirpe calvinista de nuestras instituciones políticas *(publicado originalmente en 1947), en este prólogo a su nueva reedición (Bogotá, Legis, 2006). López Michelsen (nacido el 30 de junio de 1913) fue presidente de Colombia entre 1974 y 1978. Durante su gobierno, declaró el estado de emergencia económica; realizó una radical reforma tributaria; redujo la inflación de 30% a 17% y, cuando concluyó su mandato (el 7 de agosto de 1978, fecha en que le sustituyó su correligionario Julio César Turbay Ayala), las reservas internacionales de Colombia alcanzaban la cifra de mil millones de dólares. En 1982 aspiró de nuevo a la presidencia por el Partido Liberal, pero fue derrotado en las urnas por Belisario Betancur. Falleció el 11 de julio de 2007.*

Al cumplirse el centenario de la obra de Max Weber, publicada en 1905, sobre las relaciones entre la religión y la economía, que lleva por título *La ética protestante y el espíritu del capitalismo*, el futurólogo Fukuyama tuvo un rasgo de humor negro equiparando tal obra con el *Manifiesto comunista* de Marx y Engels, ridiculizando con el nombre de "Manifiesto calvinista" la entonces interpretación de los orígenes de la apertura económica capitalista.

En su tiempo, el "Manifiesto calvinista" despertó una verdadera revolución cultural, estableciendo el contraste entre la ética del catolicismo y la del calvinismo frente al desarrollo económico de Europa, con la aparición del capitalismo y el ascenso de la clase burguesa como la élite que sustituyó el dominio feudal de la agricultura por el político-económico de la burguesía. Curiosamente, la prensa colombiana no le prestó ningún interés a dicho centenario que, con el tiempo, ha ido decayendo en importancia dentro del pensamiento occidental. Prueba inequívoca de esta situación fue el escrito de Fukuyama, que le dio sepultura definitiva precisamente a los cien años de la aparición de la obra de Weber y a su interpretación de la historia económica en función de la religión.

Yo mismo, a lo largo de la vida, me he preguntado de dónde surgió mi reputación como profesor de Derecho Constitucional, cuando, sin falsa modestia, siento que estoy lejos de ser una autoridad en la materia y que lo poco que pude hacer en las aulas universitarias, cuando me desempeñaba como catedrático de la materia en tres facultades, fue haber expuesto la teoría de Weber, que, posiblemente, nunca había sido materia de estudio, ya que el Derecho Público colombiano se nutría de autores franceses, con prescindencia de los antecedentes norteamericanos y, con mayor razón, de autores alemanes o europeos, distintos de las enseñanzas de La Sorbona. Grande fue la sorpresa de mis educandos cuando comencé mi primera lección trayendo, como origen de la democracia, la importancia del dogma de la salvación del alma, según las distintas vertientes del cristianismo. Jamás les había pasado por la mente tan estrecha relación entre la Teología, la Economía y el Derecho, como la que se deriva de la obra de Weber.

En efecto, la diferencia radical entre la doctrina católica y el calvinismo reside en la interpretación de los libros sagrados acerca de la salvación del alma. Nosotros, los católicos, profesamos la doctrina de la gracia divina, según la cual el género humano queda redimido, por el sacrificio divino de Dios hecho hombre, si cada cristiano, por su conducta ajustada a los Mandamientos de la Ley de Dios, gana el Paraíso. En el calvinismo, en cambio, los seres humanos están predestinados, desde la eternidad, los unos a salvarse, los otros a condenarse, sin que los actos humanos incidan sobre la vida eterna, frente a la cual ya estamos predestinados.

A primera vista, cualquiera podría imaginar que una resignación semejante ante la predestinación puede conducir al desenfreno, al tiempo que, en el catolicismo, la rigidez de sus principios impondría una conducta más arreglada. Sin embargo, según los protestantes, el hecho de que el católico lleve una especie de "cuenta corriente" con Dios y que, mediante el sacramento de la confesión, recupere, periódicamente, la gracia de Dios, le permite que, a la hora de la muerte, puede enmendar todos los errores y culpas. El calvinista, por el contrario, deposita su confianza en Dios, o sea, se salva por la fe, practicando las virtudes cristianas en la forma más estricta posible según los libros santos, a oscuras de cuál va a ser su vida eterna, pero rindiéndole tributo al Creador con su conducta, mediante, en términos terrenales, la diligencia en el trabajo y la austeridad en la vida diaria.

La religión católica había enseñado y puesto en práctica la doctrina, de raíces aristotélicas y tomistas, que hacía de la austeridad personal, en lo económico, una virtud acogida por las leyes canónicas. De que hubo capitalistas antes de la doctrina calvinista, no cabe duda. Famoso entre todos fue Jacques Coeur, el armador, a quien el papa Nicolás V le concedió el privilegio de soslayar la doctrina moral del "justo precio", o sea, el contenido ético de las transacciones en una época en que no existía el comercio propiamente dicho. Derivar una utilidad en los negocios con los judíos, así se sobrepasaran los límites fijados como "justos" por la propia ley canónica, la llamada usura, por la exoneración del Sumo Pontífice, dejó de ser pecado con los judíos, pero como ocurre frecuentemente, se extendió de tal manera la excepción, que acabó por convertirse en la regla y se aplicó, inclusive, a los tratos entre cristianos la flexibilidad en materia de "justo precio".

Quedaba, de esta suerte, abierta, la puerta para hacer el tránsito a la llamada economía de mercado, la cual, en materia de precios, abandonaba el criterio moral que inspiraba el "justo precio" y dejaba en manos de la oferta y la demanda, es decir, la libertad económica, la opción de fijar la cuantía de la utilidad, automáticamente, mediante los mecanismos propios del mercado.

De semejante análisis, Weber deducía que la prosperidad económica de los países anglosajones y escandinavos había obedecido a la práctica de la religión protestante, mientras los países católicos como Italia, España e Irlanda quedaban rezagados, lo cual, a la luz de las experiencias contemporáneas, ha perdido todo valor de demostración, puesto que los más atrasados de entonces se cuentan entre los más avanzados del presente, sin haber cambiado de religión.

Con todo, me cuento entre quienes, en mi generación, compartieron la totalidad del pensamiento de Weber sobre el carácter decisivo de las prácticas religiosas con el desarrollo económico. Y fue con este criterio como me comprometí en una serie de conferencias que llevan por título *La estirpe calvinista de nuestras instituciones políticas*, que ya va para la quinta o sexta edición. En esta obra, que vuelve a la luz pública en su original, gracias a la generosidad de Tito Livio Caldas, quien, con el mismo asombro que el suscrito, registra, desde su ángulo de editor, la magnitud de la demanda que ha tenido últimamente este ensayo entre la juventud.

Cierto es que, desde su publicación, tal vez en razón del título de mi trabajo, suscitó una polémica en su contra, a cuya cabeza se pusieron los fervientes católicos de las facultades de Derecho colombianas, poniendo particular énfasis en la contraposición entre el dogma católico y el dogma protestante, no ya en cuanto a la salvación del alma en función de la gracia divina, o la predestinación, sino en cuanto a la paternidad intelectual de las ideas de Weber, como si las instituciones políticas de origen calvinista estuvieran ya contenidas en las obras de Santo Tomás y San Agustín y, más recientemente, del propio Aristóteles, aproximación a la cual es completamente ajena mi pluma, porque no pretendo demostrar que el capitalismo nació con Calvino, sin ningún antecedente ideológico, sino que el capitalismo fue concomitante con la reforma del protestantismo, desechando la relación de causa-efecto que tan enfáticamente defendió en su momento Max Weber, con los ejemplos de desarrollo económico ya citados.

Por el contrario, mi propensión por el derecho internacional humanitario me lleva a reafirmar periódicamente, desde hace ya varios lustros, que el verdadero origen del derecho de gentes, inspirador del derecho internacional humanitario, fueron los teólogos españoles de la Contrarreforma y, muy principalmente, el padre Victoria, Fray Pedro de Gante y, en general, los pensadores dominicos que inspiraron documentos tan importantes como el testamento de la reina Isabel "La Católica" y los comentarios sobre las Leyes de Indias del presidente Niceto Alcalá Zamora. Una cosa son las instituciones, palabra tan cara a Calvino, y otra cosa es la filosofía o, más propiamente, la Teología.

Observo con relativa frecuencia, al leer a mis contradictores, que ellos confunden los dos temas, al extremo de dejar la impresión de que la independencia de la América española, a comienzos del siglo XIX, fue fruto de la lectura de los Padres de la Iglesia, desde México hasta la Argentina, en una tan afortunada coincidencia, que muchas veces el acta de independencia de un país a otro es cuestión de meses fruto de la pasión por la lectura de la patrística, cuando la coincidencia cronológica y funcional de nuestra separación de España fue de inspiración norteamericana y las instituciones tales como la soberanía popular, el sufragio universal, el federalismo, la separación de los poderes y, en general, el régimen presidencialista, tuvieron por cuna la Convención de Filadelfia, vale decir, la Constitución norteamericana de 1787, cuyos efectos repercutieron en Europa, casi simultáneamente, con la aparición de Napoleón I, que divulgó los derechos del hombre y del ciudadano, propios de los orientadores de la independencia de los Estados del norte o Nueva Inglaterra, que hoy son el núcleo de donde surgen los Estados Unidos de Norteamérica.

Los tratadistas traen a cuento el papel de los puritanos exiliados que se refugiaron en América, huyendo del fanatismo religioso de los monarcas ingleses. Dos son los ejemplos que se citan con mayor frecuencia: el contrato celebrado entre ellos al llegar a nuestro continente y el documento conocido como la "Carta del Mayflower". Son dos documentos que demuestran el carácter contractualista del derecho público norteamericano, que sentó sus reales en la América del Sur con la permanente cantinela de la relación voluntaria e irrevocable de los gobernantes y los gobernados. De ahí en adelante, la estructura del estado laico se nutre de las instituciones calvinistas en cuanto a las jerarquías que constituyen la autoridad. Desaparece, como por encanto, la competencia de los pontífices romanos, para definir cuestiones terrenales como los límites geográficos a que aluden las bulas que demarcaron las fronteras entre España y Portugal, en la llamada bula *Inter caetere*. Y para desvincular el Estado de la religión, Bodino concibe la soberanía como el poder propio de las naciones para escoger su rumbo, a lo cual se agrega el calificativo de popular, cuando se inspiran en el querer colectivo de los pueblos.

Pueril sería ignorar que entre los factores que dieron en tierra con las teorías de Weber ocupa un lugar prominente el marxismo, dueño de una interpretación acerca del desarrollo económico bastante más verosímil que la del "Manifiesto Calvinista". Es, ni más ni menos, que la interpretación materialista de la historia que comenzó a imperar en Europa, hasta consolidarse en forma definitiva en la revolución soviética. Las huellas de esta concepción sociológica se encuentran por doquier, sin que sea necesario afiliarse a una determinada causa política, sino más bien con el carácter de un estudio académico. Se profesa subconscientemente la creencia de que los levantamientos populares, que se conocen con el nombre genérico de revoluciones, tienen su origen en la pobreza, que alimenta la inconformidad.

Fácilmente, se supone, por ejemplo, que la llamada independencia nuestra hunde sus raíces en una crisis económica, o en una definitiva discriminación en contra de los criollos, cuando, si bien se mira, la independencia original no contemplaba la segregación de España, sino una protesta de las presiones americanas en contra de la invasión napoleónica de la Península Ibérica. Otro tanto ocurre en cuanto al factor de crisis económica que, según historiadores contemporáneos, fue más bien el fruto de una prosperidad inesperada, que hoy llamaríamos una apertura económica, cuando el imperio español pasó de manos de la dinastía de los Habsburgo a la de los Borbones, de inspiración francesa.

Medido el crecimiento continental en cifras de comercio y, en especial, por el número de bajeles entre España y las posesiones americanas, resulta una tal multiplicación de las transacciones no sólo con los puertos europeos, sino con las propias Filipinas, que inevitablemente se llega a la conclusión de que no fue por pobreza o miseria, sino por la pésima distribución de la riqueza, que aún subsiste, que surgió la rebeldía en contra de la metrópoli. Autoridades como el profesor Haring calculan que, en los últimos diez años de apertura, la economía de los países coloniales creció 700 veces y se cita como ejemplo el caso de la navegación entre La Habana y la Península Ibérica que, en 1760, requería, anualmente, seis barcos y pasó, en 1778, a emplear

200. Otro tanto ocurrió con Buenos Aires, que subió de 150 mil cueros a 800 mil al año, con lo que se confirma que el comercio entre el continente y la América española creció anualmente 700 veces. Algo semejante a cuanto ocurrió en los últimos lustros del siglo XX, cuando no fue la pobreza sino la riqueza la generadora del cambio de régimen. Así como la revolución socialista hubiera podido tener por cuna a Haití, o a los países centroamericanos más pobres, fueron la isla de Cuba y México los dos países más prósperos, en donde germinó la semilla de la revolución, en momentos en que estos dos lideraban el desarrollo económico de la América Latina y del Caribe.

La lectura de este libro, aun cuando carece de la actualidad que tuvo en su tiempo, puede ser todavía provechosa, para entender los conflictos del siglo XXI entre cristianos y musulmanes, que ya algunos futurólogos señalan como rasgo característico de este siglo: un enfrentamiento político, con tinte religioso, entre Oriente y Occidente.

Antecedentes de una teología de liberación en la herencia calvinista
Allan Farris

Juan Calvino es víctima de muchas caricaturas. Ambos, amigos y enemigos, han contribuido a esta distorsión. Usualmente ha sido retratado como el malhumorado y dogmático tirano de Ginebra que cuando no enseñaba una doctrina de la predestinación rígida y sin amor, se ocupaba de privar a su rebaño de todos los placeres de la vida. Los textos históricos no han sido amables con Calvino y sólo en años recientes la estatura real del hombre comenzó a surgir y se aclaró el amplio espectro y la naturaleza radical de su pensamiento. La radicalidad de su pensamiento es más visible en los aspectos sociales y políticos, lo cual se deriva lógica y claramente de su comprensión teológica. En 1959, un joven pastor ginebrino, André Biéler, escribió una tesis doctoral bajo el título *La pensée economique et sociale de Calvin* (El pensamiento social y político de Calvino). Irónicamente, la tesis fue escrita bajo la supervisión de un profesor católico de economía en la Universidad de Ginebra. Posteriormente apareció una breve versión en inglés con el título *El humanismo social de Calvino*. El trabajo de Biéler fue un parteaguas en los estudios calvinistas y ayudó a leerlo desde una nueva y más verdadera luz. En Estados Unidos, el profesor W. Fred Graham ha contribuido con un excitante estudio en el mismo campo: *The constructive revolutionary: John Calvin and his socio-economic impact* (El revolucionario constructivo: Juan Calvino y su impacto socio-económico). Estoy en deuda con estos dos autores.

La base bíblica de una teología de liberación

El ser humano, según Calvino, fue creado por Dios para la fraternidad consigo mismo; para responder agradecido, gozoso y con amor a Aquel en quien reside todo su bien. Fue creado a imagen y semejanza de Dios y por ello recibió la capacidad de entrar en una relación personal con su Padre bienhechor. Como consecuencia de portar la imagen divina, también podría relacionarse personalmente con su prójimo, quien también es portador de la imagen de Dios.

Esta relación triangular desafortunadamente se distorsionó, rompió y estuvo cerca de destruirse a causa de la caída. El amor, elemento esencial de la imagen de Dios, en vez de dirigirse hacia Dios y el prójimo, se desvió de manera egoísta. La esencia del pecado es el amor a sí mismo, lo cual hace que Dios y el prójimo sean despojados del honor establecido por la creación.

La imagen de Dios es restaurada, reinstalada, o mejor, vuelta nuevamente operativa mediante el Espíritu de regeneración. Quienes conocen a Cristo y, en consecuencia, han entrado en una relación de amor con él se hallan, por el mismo conocimiento, en una nueva relación con sus prójimos. Nuestro prójimo (él o ella), debido a que también es portador de la imagen de Dios, no debe ser rechazado. Ni siquiera la vileza moral nos releva de esta responsabilidad.

> Por tanto, no podemos negarnos a prestar ayuda a cualquier hombre que se nos presentare necesitado de la misma. Responderéis que es un extraño. El Señor mismo ha impreso en él una marca que nos es familiar […] Diréis que es un hombre despreciable y de ningún valor. El Señor demuestra que lo ha honrado con su misma imagen. Si alegáis que no tenéis obligación alguna respecto a él, Dios ha puesto a este hombre en su lugar, a fin de que reconozcamos, favoreciéndole, los grandes beneficios que su Dios nos ha otorgado. Replicaréis que este hombre no merece que nos tomemos el menor trabajo por él; pero la imagen de Dios, que en él debemos contemplar, y por consideración a la cual hemos de cuidarnos de él, sí merece que arriesguemos cuanto tenemos y a nosotros mismos. (*Institución*, III, vii, 6).

Aquí está el origen de la ética social radical de Calvino. Nuestro prójimo es portador de la imagen de Dios; utilizarlo, abusar de él o maltratarlo es violentar a la persona de Dios cuya imagen está presente en cada alma humana, a pesar de la caída. Somos responsables, argumenta Calvino, de cada uno porque su común humanidad se basa en la imagen de Dios, y particularmente por los débiles e indigentes que han sufrido de muchas formas las vicisitudes de la vida. La Iglesia, para Calvino, era una especie de "proyecto piloto" de una comunidad restaurada y renovada. Esa es la razón por la cual resulta tan importante para la Iglesia cristiana comprometerse con el servicio social y estar a la vanguardia en la realización de la justicia social. "Debemos reconocer que Dios ha deseado hacernos como miembros de un cuerpo. Cuando consideramos a los demás de esta manera, se podrá concluir: veo a mi prójimo que me necesita y si estuviera en tal necesidad, desearía que me ayuden: Debo, por tanto, hacer sólo eso" (Sermón sobre I Timoteo 6.17-19).

Ni siquiera las demandas de una piedad expresada en ejercicios religiosos puede disminuir esta responsabilidad de honrar a Dios cuya imagen está en todos los seres humanos; incluso, comprometerse en ejercicios de este tipo sin cumplir las responsabilidades hacia el prójimo es la peor forma de hipocresía. ¡Escuchemos!:

> Reconozco que la piedad hacia Dios viene antes que el amor a nuestros hermanos; además, cumplir el primer mandamiento es más precioso delante de Dios que guardar el segundo. Pero dado que Dios es invisible, nuestra piedad no puede ser vista por nuestros hermanos. Es verdad que las ceremonias religiosas se establecieron para dar evidencia de piedad; pero su observancia humana no es prueba de bondad; porque sucede con frecuencia que nadie es más diligente y celoso en el aspecto ceremonial que los hipócritas. Dios, por tanto, deseó probar nuestro amor hacia Él mediante nuestro amor hacia los demás como hermanos. Por eso, el amor es visto como la perfección de la ley (no sólo aquí sino también en Rom 13.8), no porque sea mejor que el culto a Dios, sino más bien debido a que es la evidencia convincente de él. *He dicho que no podemos ver a Dios; Él entonces se nos presenta a sí mismo en nuestros hermanos y en ellos nos demanda nuestro deber hacia Él.* De modo que el amor del hermano no crece desde otra cosa que el temor y el amor a Dios; no es, por ello, sorprendente que nuestro amor por el hermano, siendo el signo del amor de Dios, aun cuando es parte de la ley, abarca la totalidad de ella e incluye el culto a Dios. Resulta erróneo, ciertamente, separar el amor de Dios del amor a los seres humanos. (Comentario a Gálatas 5.13-14).

Queda claro con esto que el ser humano "religioso", interesado solamente en la salvación de su alma es una persona egoísta y no ha sido redimida. Para Calvino, la prueba de la verdadera religión está determinada menos por la piedad individual y más por la ética social. Reclamar el amor de Dios y odiar al prójimo es una contradicción teológica.

Implicaciones para la predicación de la doctrina de la *imago Dei*

Esta poderosa enseñanza tuvo implicaciones radicales para la predicación. A pesar de de su gran concepción de una humanidad restaurada y transformada, Calvino fue, sin embargo, un realista. Supo que los credos y las acciones estaban con frecuencia en discrepancia, y que la práctica y los principios se separan en la comunidad cristiana. Su predicación estuvo enfocada a acercarlos. Sentados en su congregación ginebrina estaban los cristianos profesionales que no estaban encima explotando a su prójimo; viviendo en Ginebra oficialmente entregados al Evangelio estaban personas cuya búsqueda del bienestar se llevaba a cabo sin compasión, cuyo deseo por ganar hizo que ellos avanzarán sin dificultades pasando encima de los derechos individuales, y cuya codicia los hizo insensibles a los derechos de los pobres e indefensos. Calvino no los perdonó ni dejó de referirse a su horrible codicia.

El bienestar, a los ojos de Calvino, ofrecía peculiares peligros e implicaba serias responsabilidades. "Dejemos que tengan riquezas... y consideremos que su abundancia no buscaba ser puesta en intemperancia o exceso, sino en aliviar las necesidades de los hermanos" (Comentario a II Corintios 8.15). Fustigó a quienes buscaron el control monopólico de artículos, por ejemplo, los que acumulaban trigo anticipando la carestía, mismos a quienes no les permitiría subir los precios. "Estas personas", tronaba, "sepultan la gracia de Dios, como si ellos guerrearan contra su misericordia y su amor paternal, el cual Él despliega para todos" (Sermón 96 sobre Deuteronomio 15.16-23).[1] En otra ocasión, los calificó de acaparadores de trigo, asesinos, bestias salvajes, que mordían y devoraban a los pobres, chupando su sangre" (Comentario a Mateo 3.9-16). Otro aspecto sobre el que Calvino se expresó fue el cobro de intereses. El préstamo para arriesgar capital estaba permitido con un cargo no mayor a 5% de interés, pero uno no debía cargar interés cuando prestaba a los pobres, dado que sería mejor para enfrentar los apuros de los pobres darles el dinero necesario inmediatamente. Más aún, uno no debe rechazar las responsabilidades de la caridad con el fin de tener dinero para prestar a quien emprende un negocio. Asimismo, lo que la sociedad permitía legalmente en los rangos de préstamo, si resultaba injusto, estaba prohibido para el cristiano.

La ética social radical de Calvino en la vida exterior de la iglesia

La visibilización de la comprensión calviniana de la responsabilidad hacia el prójimo desembocó en un excitante programa de bienestar social en Ginebra. En las *Ordenanzas eclesiásticas* de 1541, Calvino estableció cuatro órdenes para el ministerio: pastores, doctores, ancianos y diáconos. El oficio de diácono estaba dedicado a atender las solicitudes de los pobres y atender sus necesidades. En la práctica esto requería una división del oficio del diaconado en dos

---

1. Los sermones sobre Deuteronomio son particularmente útiles para descubrir el pensamiento social de Calvino.
2. IRC, IV, iii, 9.

partes, los "procuradores" y los "hospitalarios".[2] Los primeros administraban los fondos y los repartían, y generalmente supervisaban la operación de las instituciones designadas para el cuidado de los necesitados. Los hospitalarios cuidaban a los enfermos y afligidos. Ambos eran elegidos para el oficio de manera similar a la los ancianos.

La principal institución para el cuidado de los necesitados era el Hospital General. Allí había algunos departamentos que correspondían a las necesidades sociales de la comunidad. Había áreas para los enfermos, ancianos, minusválidos, viudas, huérfanos e hijos ilegítimos, y un departamento especial en un edificio separado para los aquejados por alguna plaga. Además, tenían un departamento para pacientes ambulantes y una unidad para atenderlos. Asimismo, el hospital ofrecía los servicios de un médico y un cirujano que no sólo atendían a quienes se presentaban allí sino también a aquellos que eran llevados por los procuradores y hospitalarios.

Este programa de búsqueda de las personas necesitadas era financiado, en primera instancia, por la venta de tierras de la iglesia y otras propiedades no utilizadas ya por el nuevo régimen eclesial. Además, se colocaban cajas de recaudación en las puertas de las iglesias, se hacían colectas anuales y se estimulaba a los ciudadanos a aportar. Calvino mismo era un contribuyente regular para el fondo, aunque Jerome Bolsec, su biógrafo desfavorable e indeseado, ¡sugiere que se robaba los fondos! Como los recursos eran voluntarios, cuando no alcanzaban, el consejo de la ciudad apoyaba directamente.

Bajo la administración del diaconado estaba también *La bolsa francesa* y *La bolsa italiana*. Ambas instituciones surgieron para ayudar en la rehabilitación de los refugiados que escapaban de las persecuciones en Francia y Piamonte, respectivamente. La reputación de Ginebra como una ciudad de refugio aumentó precisamente por esta situación forzada por la presencia de Calvino, el reconocido líder de la Reforma, y también por el deseo de los ciudadanos de organizar, administrar y financiar este significativo ministerio de ayuda. La magnitud de la tarea puede advertirse cuando se imagina uno el viaje desde Ginebra, en esa época una ciudad de escasos 13 500 y, literalmente, cientos de refugiados. Cuando no se usaban estos recursos, los fondos iban para el Hospital General.

Aunque los ministros estaban tremendamente interesados en estos proyectos de ayuda, y se requería una inspección cuatrimestral en compañía del procurador jefe para asegurarse de que todo estaba en orden y de que las metas se estaban alcanzando, se trató básicamente de un movimiento laico de la Iglesia, administrado por laicos y funcionando en términos de los imperativos del Evangelio que exigen a los cristianos ser siervos obedientes para emular la compasión de Cristo y amar al prójimo como a sí mismos. En su estudio *Les diacres de la ville de Genève* (Los diáconos de la ciudad de Ginebra), Heyer y Johannot observan que "en el siglo XVI la pequeña nación ginebrina se organizó como una gran familia cuyas cabezas no abandonaron a ninguno de sus miembros, grandes o pequeños, enfermos o sanos, jóvenes o viejos. Todos eran objeto del cuidado atento".[3]

La ética del trabajo y la *imago Dei*

La fe cristiana, según Calvino, implica invadir cada área de la vida. El dinero, la propiedad y el trabajo humanos, nada de eso debe ser usado para privar al prójimo sino para servirlo. El trabajo, por ejemplo, para Calvino alcanzó una nueva dignidad. Ya no era más una maldición ocasionada por el pecado: era más bien un medio para servir a Dios y al prójimo. El trabajo humano se derivaba del trabajo de Dios y de su voluntad. Implicaba un sentido de participación en la creatividad divina. El arte humano, la arquitectura, la ciencia y la agricultura, todo era posible por la operación de los poderes creativos de Dios.

Más aún, el trabajo era una de las formas que Dios en su providencia ofreció para las necesidades de la existencia humana. La sociedad que no permitiera trabajar a una persona lo estaría privando de un derecho humano básico. Mediante el trabajo humano, Dios proveyó para las necesidades de una persona y su familia. Privar a alguien de la oportunidad de trabajar, entonces, afirmó Calvino, dramáticamente, equivalía a "resquebrajar su cuello" (Comentario a Génesis 2.3).

Además, el trabajo era un medio significativo de cumplir las responsabilidades de uno hacia el prójimo. Calvino, como ya vimos, estaba impresionado con la solidaridad de la vida humana. Los seres humanos no son una colección de individuos; son una comunidad de personas mutuamente dependientes. Para Calvino, la ética personal debe ser una ética social, y la ética social tiene que ver con el prójimo. El fin hacia el cual dedica una persona su trabajo era de cardinal importancia. El trabajo podía ser una expresión del espíritu egoísta y adquisitivo, o un medio para expresar la nueva vida en Cristo, lo cual requiere no sólo honrar a Dios sino también amar al prójimo en quien, no obstante que está distorsionada, se refleja la imagen de Dios. Por medio del trabajo, la persona es capaz, de la manera más concreta, de mostrar su

---

3. Heyer y Johannot, *Les diacres de la ville de Genève*, p. 15.

amor al prójimo. Así, es obvio que Calvino vincule inseparablemente las demandas de la vida económica y las de la vida religiosa y ética.

Ya he mencionado que toda persona recibe remuneración por su trabajo. El salario, para Calvino, tiene un significado espiritual. Lo que alguien recibe como remuneración debería ser visto como una señal de la gracia de Dios. El salario, dice Calvino, es una expresión tangible de la gratuidad y el ingreso inmerecido con que Dios honra nuestro trabajo. Es una indicación concreta de que Dios está trabajando para cubrir las necesidades de sus hijos e hijas.

Ahora esta clase de ideas tiene profundas implicaciones para las escalas salariales. Cuando un patrón le paga a un empleado, está transmitiendo actualmente lo que Dios le otorga al ser humano por su trabajo para enfrentar sus necesidades y la de sus prójimos. Evadir alguna parte de ese pago es no rendir honor a Dios y hacerle fraude al prójimo, en este caso, el empleado. Ambos, patrón y empleado, deben llevar a cabo la parte de Dios en este asunto. El patrón debe aceptar que el fruto de su industria, negocio o venta es un don de Dios de modo que su empleado debe asumir que su salario (pagado por el patrón) es también un don de Dios. Teniendo esto en mente, el patrón y el empleado deberían ser capaces de desarrollar una adecuada escala salarial sobre la base del común acuerdo (Comentario a Génesis 30.29).

Todo esto, por supuesto, Calvino lo consideraba un consejo de perfección. Los seres humanos no están todavía completamente redimidos y el amor a sí mismos invade la estructura de la vida para alterarla. ¿Cómo puede uno hacer que corresponda nuestro salario con las bendiciones de Dios? Los salarios podrían ser determinados por las fluctuaciones del mercado o un decreto gubernamental. Sin embargo, los meros criterios humanos no son nunca completamente confiables. Por ejemplo, el mercado de trabajo podría estar saturado. Los patrones sin escrúpulos, temía Calvino, podrían usar la ocasión para disminuir los salarios por debajo del monto requerido para el sostén familiar. "He aquí lo que el rico hace con frecuencia, busca las ocasiones y oportunidades para poner los sueldos de la gente que necesita el trabajo por debajo de la mitad".[4] Calvino consideraba semejante acción como cruel y fraudulenta.

En la práctica actual, Calvino pone considerable confianza en las autoridades civiles en materia de establecimiento de salarios justos. Favorece obviamente los controles de precios y sueldos. De nuevo podemos ver cómo la ciencia política podría ser un medio para servir al interés del prójimo al

---

4. Sermón sobre Deuteronomio 24.14-18. Cf. Génesis 30.29.

protegerlo de la explotación sin escrúpulos, así como diseñar la manera más adecuada de proveer bienes y servicios.

Si el trabajo humano es encontrar su significado verdadero, asimismo, en su sentido original, entonces, el ser humano debe relacionar consciente y personalmente su trabajo con Dios. En suma, debe orientar el control de su trabajo hacia Dios. A fin de lograr esto debe disponerse a sí mismo para encontrar la obra de Dios y estar consciente de sus patrones y metas. Para conseguirlo, debe comprometerse con el culto dominical y por este medio permitir a Dios que renueve su vida, moldee e informe su ética, y redefina sus metas en la vida. "El Señor", escribe Calvino, "no ha simplemente ordenado a los seres humanos apartar cada domingo aunque no encuentre placer en el ocio. Lo que demanda Dios es el hecho de que sea liberado de otros negocios y aplique su mente para reconocer y agradecer al Creador del mundo".[5] Escribe, de nuevo: "Los fieles deben cesar en *su* trabajo para dejar a Dios obrar en ellos" (IRC, II, viii, 28).

La acción gubernamental como medio de liberación

El gobierno civil, creía Calvino, era una expresión más de la beneficencia divina y un instrumento para el servicio al prójimo. La acción política fue destinada por Dios para limitar las actividades de quienes explotarían a los pobres y tomarían ventaja de los fáciles de engañar y beneficio de los más infortunados. "Un gobierno justo y bien regulado se distinguirá por mantener los derechos de los pobres y afligidos... Es raro que los ricos recurran a los magistrados para ayudar, excepto cuando ellos mismos son los caídos" (Comentario al Salmo 82.3).

Los gobiernos, en segundo lugar, estaban para regular los negocios y la industria y para lograr una distribución equitativa de los bienes terrenales. El gobierno de Ginebra, frecuentemente bajo el aguijón de Calvino y a veces con su asistencia, estableció nuevas industrias para ayudar a absorber el enorme incremento de la fuerza de trabajo ocasionado por la llegada de refugiados. Los oficiales del gobierno tenían el derecho de poner impuestos al pueblo para la "necesidad pública", pero no podían despilfarrar tales ingresos o cobrar salarios muy altos para ellos mismos.

En tercer lugar, el gobierno civil tenía la responsabilidad de ayudar a promover el bien de la Iglesia y proveerle con la libertad para llevar a cabo su tarea bajo el mandato de la palabra de Dios. "Los buenos reyes que Dios

---

5. Comentario a Génesis 2.3.

ha escogido de entre los demás, son expresamente alabados en la Escritura por esta virtud de haber puesto en pie y haber restituido a su integridad el culto divino cuando estaba corrompido o perdido, o por haberse preocupado grandemente de que la verdadera religión floreciese y permaneciese en su perfección" (IRC, IV, xx, 9). A las iglesias se les invitaba a orar por el Estado y, a través de una ciudadanía informada por el Evangelio, participar en los asuntos del Estado y apoyar cada decreto que estuviera en conformidad con la voluntad de Dios.

¿Pero qué debe hacer un cristiano frente a un Estado injusto, represivo o tiránico? Calvino aconsejaba oración y paciencia. Dios estaba indudablemente castigando a su pueblo y ellos deberían disponerse a sí mismos para aprender las lecciones de la providencia. Asimismo, según Calvino, la tiranía sería preferible a la anarquía debido a que en la tiranía existe al menos un mínimo de orden. Aunque el consejo de Calvino tenía la apariencia de desmedido apaciguamiento dejaba la puerta abierta a la rebelión más activa.[6] En cada Estado había una segunda línea de autoridad, normalmente sujeta a la primera línea. Si esta primera línea se convertía en tiránica y demandaba una forma de obediencia hostil a la voluntad de Dios, entonces podría actuar adecuadamente, echando abajo al tirano y convirtiéndose en el legítimo poder del Estado. John Knox, Teodoro de Beza, Christopher Goodman y los hugonotes llegaron a las conclusiones lógicas de la enseñanza calviniana y fueron responsables del pensamiento político revolucionario y actuaron en Escocia, Francia, Inglaterra y otros pueblos asociados con aquellas naciones.[7]

Sin embargo, el calmado Calvino podría haber estado conforme con el derecho a la revolución y aceptaría la corrección de W. Fred Graham cuando escribe: "El calvinismo enseñó previamente a los seres humanos pasivos los estilos y métodos de la actividad política y los capacitó exitosamente para reclamar el derecho de participación en ese sistema de acción política en marcha que es el Estado moderno".[8]

Versión: L. Cervantes-O.

---

6. IRC, IV, xx, 31. Cf. Hans Baron, "Calvinist republicanism and its historical character"; en Church History, vol. VIII, p. 41.

7. Cf. T. Beza, *Concerning the rights of rulers over their subjects and the duty of subjects toward their rulers*. J. Knox, ed., David Laing, *The works of John Knox*. Vol. II, p. 28. C. Goodman, *How superior powers ought to be obeyed*, 1558. P. du Plessis-Mornay, *Vindiciae contra tyrannos*, 1579.

8. W.F. Graham, *The constructive revolutionary*, p. 172.

Calvino o el calvinismo: reclamando la tradición reformada para América Latina[1]

Rubén Rosario Rodríguez

Introducción

Como teólogo formado en la tradición calvinista-reformada y en la teología latinoamericana de la liberación, intento acercar estas dos perspectivas con el fin de recuperar los valiosos recursos, algunas veces negados, de la tradición reformada para articular una ética socialmente transformadora. Mientras que el calvinismo es identificado frecuentemente con la clase media acomodada y el *statu quo* sociopolítico, la teología de Juan Calvino (1509-1564) puede proveer un modelo útil para desarrollar una teología política contemporánea. Aun cuando Calvino representa una cosmovisión distante diacrónicamente, en la cual el trabajo del gobierno civil es visto como parte del plan de Dios para la salvación, su teología puede hacerse inteligible para la iglesia del siglo XXI en su lucha por la relevancia cultural y en medio de una sociedad cada vez más secularizada y plural.

La tradición reformada, un cuerpo diverso que surgió de la unión, en el siglo XVI, de zwinglianos y calvinistas, ha reconocida ampliamente que la responsabilidad social de la Iglesia es un aspecto integral de su misión espiritual.[2] Por otro lado, la teología de la liberación —un movimiento que comenzó en América Latina a fines de los años 60 y principios de los 70, paralelo a los movimientos afroamericanos de liberación en Estados Unidos— enseña que los cristianos son llamados a hacer una opción preferencial por los pobres debido a que en las Escrituras Dios actúa a favor de los débiles y

---

1. Agradezco a los doctores Elsie Anne McKee y Peter J. Paris, del Seminario Teológico de Princeton, sus comentarios críticos a las primeras versiones de este trabajo.

2. Para una historia general de la tradición calvinista-reformada, desde sus orígenes en el siglo XVI hasta la ortodoxia escolástica, véanse John T. McNeill, *The History and Character of Calvinism*. Nueva York, Oxford University Press, 1954, y Philip Benedict, *Christ's Churches Purely Reformed: A Social History of Calvinism*. New Haven, Universidad de Yale, 2002. Para un examen de la ética social calvinista, véanse John H. Leith, *John Calvin's Doctrine of the Christian Life*. Louisville, Westminster John Knox Press, 1989, y W. Fred Graham, *The Constructive Revolutionary: John Calvin and His Socio-Economic Impact*. Richmond, John Knox Press, 1971.

marginados de la historia humana. Esta lectura de la Biblia lleva a la Iglesia a hacer compromisos políticos en solidaridad con los oprimidos, buscando la transformación histórica de las situaciones de opresión y de los órdenes sociales.[3] Mientras que algunos teólogos reformados estadounidenses como Richard Shaull y Robert MacAfee Brown han esbozado comparaciones entre la teología latinoamericana de la liberación y la Reforma del siglo XVI,[4] muchos críticos de la tradición reformada argumentan que esta tradición frecuentemente ha abrazado "las prácticas culturales de las clases media y alta, y a pesar de todos nuestros esfuerzos, los presbiterianos estadounidenses tienden a excluir de su espacio la presencia real de quienes viven en los más bajos niveles de vida económica y cultural".[5]

Reconociendo la legitimidad de quienes critican el énfasis de Calvino sobre el sufrimiento redentor como "mundanamente represivo" (*world-repressive*),[6] no obstante argumentaré que puede construirse un modelo viable de praxis liberadora a partir de la teología y de la práctica pastoral de Calvino. Este estudio demostrará cómo Calvino contribuye a la resistencia política cristiana mediante: *a)* el análisis de sus comentarios sobre el gobierno civil; *b)* la exploración de su comprensión del papel profético de la predicación; y *c)* el estudio de su trabajo pastoral con las víctimas de pobreza y persecución política.

---

3. Véase Arthur F. McGovern, *Liberation Theology and Its Critics: Toward an Assessment.* Maryknoll, Orbis Books, 1989, para una introducción y evaluación crítica de este movimiento y de sus críticos. Las más importantes fuentes primarias de la teología latinoamericana de la liberación han sido recopiladas en Alfred T. Hennelly, *Liberation Theology: A Documentary History. Maryknoll,* Orbis, 1990. Para una presentación sistemática de estos temas, véase Jon Sobrino e Ignacio Ellacuría, comp. y ed., *Mysterium Liberationis: Fundamental Concepts of Liberation Theology.* Maryknoll, Orbis Books, 1993. Sobrino completó el proyecto después de que su colega Ellacuría fue asesinado por su trabajo como pastor y educador en El Salvador, en 1989.

4. Véase Richard Shaull, *La Reforma y la teología de la liberación* [1991]. San José, DEI, 1993, y Robert MacAfee Brown, *Theology in a New Key: Responding to Liberation Themes.* Philadelphia, The Westminster Press, 1978.

5. Mark K. Taylor, "Immanental and Prophetic: Shaping Reformed Theology for Late Twentieth-Century Struggle", in *Christian Ethics in Ecumenical Context: Theology, Culture, and Politics in Dialogue.* Grand Rapids, Eerdmans, 1999, p. 156.

6. *Ibíd,* p. 154. En este artículo, Taylor utiliza las *Ordenanzas eclesiásticas* (1541) de Calvino con el fin de ampliar la tesis de Nicholas Wolterstorff acerca de que la tradición reformada adolece de dos errores: una comprensión de un orden social justo que escasamente tolera puntos de vista opuestos, y un triunfalismo recurrente que impone su cosmovisión sobre los demás. Véase N. Wolterstorff, *Until Justice and Peace Embrace.* Grand Rapids, Eerdmans, 1983.

478

La tradición reformada en América Latina: ¿Calvino o el calvinismo?

Después de que el propio Calvino y otros líderes eclesiásticos de Ginebra apuntaron sus esfuerzos evangélicos de manera doméstica —organizando iglesias en los suburbios rurales de Ginebra, apoyando a las iglesias protestantes perseguidas en Francia y, en menor grado, al resto de Europa— en la década de 1550 Calvino apoyó el establecimiento de una colonia de hugonotes franceses en el Nuevo Mundo. En un periodo de cinco años, aproximadamente, en una región dominada por conquistadores españoles, se administraron regularmente la Palabra y los sacramentos en Brasil (cerca de lo que ahora es Río de Janeiro), de acuerdo con el rito ginebrino. Eventualmente esta colonia fracasó y todos los recuentos de protestantes no excedieron el 1% de la población latinoamericana hasta 1940 y 1950. Sin embargo, el protestantismo ha sido una fuerza de cambio cultural en América Latina, aun cuando es una minoría marginal, debido al periodo tan temprano de conquista y colonización.[7]

En el siglo XVII la presencia calvinista-reformada en América Latina se limitó a la colonia holandesa de Pernambuco en el noreste de Brasil, una comunidad que se distinguió por su tolerancia con el judaísmo y el catolicismo, en marcado contraste con la intolerancia hispano-portuguesa que etiquetaba al protestantismo como herético y reforzaba la homogeneidad ideológica y política por medio de la Inquisición.[8] No fue sino hasta los siglos XIX y XX que los esfuerzos misioneros estadounidenses y europeos establecieron una presencia reformada permanente, primero en el Caribe anglófono, y también en Brasil, México, Guatemala y otros países. Aunque, como señala Bastian: "Cuando los misioneros pertenecientes a sociedades protestantes estadounidenses comenzaron sus actividades proselitistas, no encontraron un terreno infértil y desértico".[9] Tomando en cuenta la tesis de que las misiones protestantes fueron menos importantes que la legitimación religiosa de la actividad colonial estadounidense, el protestantismo había sido una presencia estable durante más de dos décadas. Además, la razón de ser de las sociedades protestantes en América Latina durante estas décadas tenía menos que ver

---

7. Véase Jean-Pierre Bastian, "Protestantism in Latin America", en *The Church in Latin America: 1492-1992*. Ed. de Enrique Dussel. Maryknoll, Orbis Books, 1992, pp. 313-350, y Jean-Pierre Bastian, *Historia del protestantismo en América Latina*. México, CUPSA, 1990. También, John H. Leith, *Introduction to the Reformed Tradition. A Way of Being the Christian Community*. Ed. revisada. Atlanta, John Knox Press, 1981, pp. 5-53.
8. J.P. Bastian, "Protestantism in Latin America", pp. 314-315.
9. *Ibíd.*, p. 325.

con el "imperialismo norteamericano" que con las luchas políticas y sociales internas al continente que resumía en la confrontación entre una cultura política autoritaria y estas minorías que buscaban fundar una modernidad burguesa basada en el individuo redimido de su origen de casta y por lo tanto igualado en una democracia participativa y representativa.[10]

José Míguez Bonino, aunque acepta la hipótesis de Bastian acerca de que el surgimiento del protestantismo como una fuerza política y cultural en América Latina se debió primariamente a factores internos (es decir, el anhelo popular de una liberalización política), advierte que este matrimonio de conveniencia entre los misioneros estadounidenses (con su espiritualidad pietista y conservadora) y los intelectuales latinoamericanos (con una orientación más secularizada) se llevó a cabo en medio de diferencias irreconciliables: "No me parece exagerado sospechar que tuvimos aquí una convergencia de intereses más que una similitud de ideas".[11]

Asimismo, si el protestantismo latinoamericano, abrazó una vez el liberalismo político, entonces su historia más reciente se ha caracterizado por un rígido fundamentalismo que es por lo menos apolítico y, en el peor de los casos, se ha aliado con regímenes políticos autoritarios y represivos. Este análisis lo articuló el teólogo de la liberación Rubem Alves, hablando primordialmente de la tradición calvinista-reformada en Brasil, quien argumenta que el rasgo característico de esta rama del protestantismo es un acuerdo total y completo con una serie de afirmaciones doctrinales como precondición necesaria para una plena participación en la vida de la Iglesia.[12]

Más problemático para Alves es el hecho de que, al mismo tiempo que muchos protestantes en Brasil llegaron a participar en movimientos a favor de la justicia social y alcanzaron una mentalidad parecida a la de los católicos, la Iglesia Presbiteriana de Brasil denunció tales esfuerzos como contrarios al Evangelio y expulsó de su seno a pastores y laicos que participaron en las luchas liberadoras. De hecho, cuando el régimen militar consolidó su poder mediante actos de represión política a mediados de los 60, las iglesias protestantes guardaron silencio (algunas abiertamente apoyaron al régimen). Este análisis de lo que Alves denomina el fracaso del "proyecto utópico" del protestantismo liberal de la mano de "protestantismo de la sana doctrina" ha

---

10. J.P. Bastian, *Historia del protestantismo en América Latina*, p. 187.
11. José Míguez Bonino, *Rostros del protestantismo latinoamericano*. Buenos Aires-Grand Rapids, Nueva Creación-Eerdmans, 1995, p. 4.
12. Véase: Rubem Alves, *Protestantism and Repression: A Brazilian Case Study*. Trad. de John Drury y Jaime Wright. Maryknoll, Orbis Books, 1985. Edición original en portugués: Sao Paulo, Ática, 1979.

sido aplicado, *mutatis mutandi*, a todo el protestantismo latinoamericano. Sin embargo, estudios recientes han mostrado que el evangelicalismo y el activismo sociopolítico no son tan incompatibles como sugiere Alves.

Por ejemplo, a fines de los 60, el sociólogo Christian Lalive D'Epinay, analizando la rápida expansión del protestantismo en América Latina, afirmaba que las iglesias —específicamente la rama pentecostal— animaban a sus miembros a evitar el compromiso directo en las luchas sociopolíticas.[13] Según Lalive D'Epinay, la iglesia se convirtió en un "refugio" ante los problemas causados por el cambio cultural, desde una sociedad agrícola tradicional a un ambiente más urbano, industrial y democrático. Recientemente, este análisis ha sido cuestionado por Richard Shaull y Waldo César, quienes proponen la tesis de que los pentecostales brasileños participan cada vez más en las luchas por la transformación social.[14] Tomando en cuenta el argumento de Míguez Bobino de que el protestantismo latinoamericano —ya sea liberal, evangélico o pentecostal— contiene aspectos de los "tres rostros",[15] sugiero que el anhelo por el cambio sociopolítico está presente en todas las ramas del protestantismo latinoamericano. Sólo por la ignorancia de aquellas facetas de la tradición calvinista-reformada que apoyan la resistencia política se podría definir al presbiterianismo brasileño —y, por extensión, a todo el "rostro" evangélico del protestantismo latinoamericano— como irredimiblemente represivo.

Como había notado Shaull en su introducción a *Protestantism and repression*, Rubem Alves hizo una descripción aguda e iluminadora de cómo la Iglesia Presbiteriana de Brasil fue transformada por un pequeño número de líderes reaccionarios, dejando de ser un faro de esperanza utópica para convertirse en un facilitador de la represión política. Tanto así, que "la palabra 'presbiteriano' ahora trae a la mente la destructividad del fanatismo y la represión religiosa".[16] Además, Shaull observa que "Alves está más interesado en comprender cómo funcionó el protestantismo en el pasado que en mostrar lo que puede llegar a ser en el futuro".[17] En ningún momento Alves explica por qué el movimiento de liberación dentro del presbiterianismo brasileño no sobrevivió en alguna forma institucional:

---

13. Véase: Christian Lalive D'Epinay, *El refugio de las masas*. Santiago, Pacífico, 1968.

14. Véase: Richard Shaull y Waldo César, *Pentecostalism and the Future of the Christian Churches*. Grand Rapids, Eerdmans, 2000.

15. J. Míguez Bonino, *Rostros del protestantismo latinoamericano*, capítulos 1-3.

16. R. Alves, *Protestantism and repression*, p. xi.

17. *Ibíd.*, p. xvii.

¿Por qué no? La supresión fue completa y despiadada. Además, el liderazgo de la Iglesia Presbiteriana de Brasil no pudo hacer más que expulsar a quienes representaban este espíritu en la iglesia; no pudieron destruir el movimiento. En el pasado, muchos grupos "heréticos" han sobrevivido y crecido bajo severa persecución. Una razón por la que este movimiento fue destruido consistió en que sus miembros no esperaban ni estaban preparados para las decisiones tan drásticas que se tomaron en su contra. No tenían una estrategia desarrollada para la sobrevivencia de sus comunidades...[18]

Esta investigación intenta explorar la posibilidad del desarrollo de tal estrategia para el contexto latinoamericano mediante la indagación de los ricos recursos teológicos de la tradición reformada —específicamente la teología y la práctica pastoral de Juan Calvino— a fin de apoyar a las comunidades de resistencia en sus luchas dentro de la iglesia y en la sociedad civil.

Existe, sin duda, una presencia calvinista en América Latina. Qué tan influyente ha sido Calvino mismo en la formación del protestantismo latinoamericano es todavía un interrogante abierto. Junto a una lectura rápida de la literatura latinoamericana que sugiere que pocas obras de Calvino, excepto la *Institución de la Religión Cristiana*, han sido traducidas al español,[19] recientemente, una historia del protestantismo fundamentalista latinoamericano plantea que la teología de Calvino es básica para comprender la mayor parte de las formas contemporáneas del protestantismo:

> Por calvinismo se entiende no sólo el sistema teológico elaborado por el propio Juan Calvino (1509-1564), sino también los impulsos nacidos de su teología, los cuales constituyen hasta hoy la base doctrinal de las Iglesia Reformada, pero también, con ligeras variaciones, la base de otras tradiciones e iglesias como la

18. *Ibíd.*

19. Cipriano de Valera, mejor conocido por la edición revisada de la Biblia traducida por Casiodoro de Reina (1602), tradujo la edición de 1559 de la *Institución* de Calvino en 1597. No obstante, la mayor parte de la literatura disponible actual cita ya sea de la traducción inglesa de los comentarios de Calvino o de los textos originales latinos, lo cual sugiere que los laicos o no especialistas latinoamericanos han tenido un acceso muy limitado a la teología de Calvino. (Mientras se amplía el espectro de la investigación actual, estoy indagando la diseminación y recepción de la teología de Calvino en América Latina, con el fin de concluir este punto con mayor certeza.) Aristómeno Porras confirma la mínima influencia de la teología de Calvino en el continente al afirmar que Calvino y el calvinismo fueron relevantes en el desarrollo del moderno Estado democrático en América Latina, citando algunos textos importantes e influyentes de ciencia política que muestran el papel generador de la Institución de Calvino. Véase A. Porras, "Calvino y la cultura occidental", en *Calvino vivo*. Libro conmemorativo del 450 aniversario de la Reforma en Ginebra. México, El Faro, 1987, pp. 149-157.

anglicana, las metodistas y las bautistas. Así, pues, el calvinismo no se identifica con ninguna denominación o confesión, sino que es un sistema de pensamiento que sirve de base a todo el protestantismo y ha sido elemento esencial en la estructuración cultural y social de los países protestantes.[20]

Consecuentemente, se puede concluir que el Juan Calvino conocido en América Latina es un Calvino mediatizado —más calvinista que Calvino— y filtrado mediante la ortodoxia doctrinal encapsulada por el Sínodo de Dort (1618) e importada vía los esfuerzos misioneros angloamericanos. Irónicamente, una cosa que ambos extremos ideológicos dentro del protestantismo latinoamericano (el fundamentalismo y la teología de la liberación) tienen en común es que ninguno ha llevado a cabo un análisis crítico directo y concienzudo de la teología de Calvino, especialmente en sus escritos relativos al papel transformador de la iglesia en la sociedad civil. Retomando la potencial contribución de esta teología a la situación latinoamericana actual, propongo que el "rostro" evangélico del protestantismo latinoamericano puede aprender mucho de Calvino acerca de la integración de la pureza doctrinal con la praxis emancipadora.

Salatiel Palomino López, teólogo reformado y líder de la Iglesia Nacional Presbiteriana de México, nos recuerda que un aspecto muy importante del *ethos* calvinista-reformado es la capacidad de la iglesia para reajustarse continuamente ante los contextos históricos y culturales específicos:

> Queda bien claro que no podemos caer en el error de vivir solazándonos en las glorias del pasado. No se trata, por otro lado, de repeticiones estériles o imitaciones grotescas de experiencias ya superadas. No. Se trata de revalorar lo que somos, de un re-encuentro con el espíritu dinámico de nuestra identidad histórica para realizar los necesarios movimientos y reajustes pertinentes a nuestra situación y a nuestro contexto… O sea que estamos ante la demanda de dar cumplimiento a esta esencial cuestión del espíritu del calvinismo: la reforma permanente de la iglesia por medio de la obediencia a la Palabra de Dios y al Espíritu Santo. Lo cual, en nuestro caso, exige muchas reivindicaciones, muchas correcciones en la orientación de nuestra vida eclesiástica, muchos arrepentimientos, muchas conversiones, mucha reflexión sobre el sentido de nuestra vida denominacional y de los necesarios cambios de actitud y de actividad.[21]

20. Florencio Galindo, *El protestantismo fundamentalista: una experiencia ambigua para América Latina*. Estella, Verbo Divino, 1992, p. 107.

21. S. Palomino López, "Herencia reformada y búsqueda de raíces", en *Calvino vivo*, pp. 102-103.

Palomino apela al lema de la Reforma del siglo XVI, *ecclesia reformata semper reformanda*, con el propósito de desafiar al tipo de "protestantismo de la sana doctrina", estrecho y excluyente, que tan agudamente describió y denunció Alves, y sugiere que el camino para el presbiterianismo latinoamericano podría ubicarse en su pasado calvinista, específicamente en la teología cristocéntrica de Calvino mismo.

Calvino acerca del gobierno civil

Muchas víctimas de la opresión política no han podido encontrar una voz liberadora en la teología calvinista, no sólo en Brasil como se discutió arriba, sino también en Sudáfrica, donde la iglesia reformada, hasta muy recientemente, apoyó la política del apartheid. Debido a que la teología de Calvino fue concebida en el exilio y dirigida a muchos de los problemas sociales que enfrentó la Ginebra del siglo XVI, como las revueltas populares y la pobreza urbana, una recuperación de la teología de Calvino revelará su carácter de teología pública dirigida a la transformación social a favor de los pobres y oprimidos.

En tanto que las opiniones de Calvino tuvieron un efecto revolucionario sobre la Iglesia y la sociedad, él no fue un revolucionario en sentido moderno. Por el contrario, al insistir repetidamente en que los cristianos tenían el deber de obedecer a los magistrados, Calvino da la impresión de ser un conservador en temas sociales. Según él, la voluntad de Dios se lleva a cabo en la historia para superar los abusos de los gobiernos intolerables: "La razón por la cual hemos de estar sujetos a los magistrados es porque ellos están instituidos por la ordenación de Dios. Dado que le plugo a Dios gobernar así el mundo, quien intenta invertir el orden divino, y así resistir a Dios mismo, menosprecia su poder; y despreciar la providencia de aquél que es el fundador del poder civil, es entrar en guerra con él".[22]

Calvino incluso demanda sumisión hacia el más tiránico de los gobiernos humanos, advirtiendo a las víctimas de persecución política que "aunque la corrección y el castigo del mando desordenado sea venganza que Dios se toma, no por eso se sigue que nos la permita y la ponga en manos de aquellos a quienes no ha ordenado sino obedecer y sufrir".[23] Puesto que como

---

22. J. Calvino, *Calvin's Commentaries. Vol. XIX*, reimp. de la Edinburgh Edition, varios eds. y trads. Grand Rapids, Baker Book House, reimp. 2003, pp. 478-479. (Romanos 13.1) Nota: se conserva el lenguaje original.

23. J. Calvino, *Institución de la Religión Cristiana*. Trad. de Cipriano de Valera. Rijswijk, Feliré, 1981, IV, xx, 31.

sujetos no es el deber del pueblo derribar tiranos, "sólo esto queda, implorar la ayuda del Señor, en cuya mano están los corazones de los reyes y el cambio de reinos".[24] El consejo de Calvino a las víctimas de la opresión política —paciencia y oración— se suma a la aceptación pasiva de una situación injusta, algo que rechazan los liberacionistas que prefieren una resistencia más activa a la represión.

Sin embargo, antes de descartar a Calvino como un recurso teológico para los movimientos de liberación, es importante tener una mejor comprensión del contexto en el cual hizo esta advertencia. Las palabras de la *Institución* citadas arriba reflejan las condiciones en Francia al momento de ser escritas (1535), cuando los protestantes fueron "cruelmente torturados por un príncipe salvaje", "vorazmente despojados por un avaricioso" y "vejados por causa de la piedad a manos de alguien que es impío y sacrílego".[25] Deben considerarse estas circunstancias sociopolíticas cuando se analiza la advertencia de Calvino. Tales palabras, que les piden a ellos perseverar y orar por la intervención divina en contra de la crueldad humana no deben ser entendidas como una justificación de la pasividad moral, dado que la advertencia hecha a "sujetos" con escaso poder político es mejor percibida como una cuestión pastoral en relación con ellos. En un país adonde los sujetos vivían bajo la autoridad de un monarca absolutista que era defensor de la ortodoxia católica —a pesar de sus alianzas políticas con príncipes protestantes alemanes—, las iglesias reformadas en Francia fueron perseguidas como heréticas. Mientras que en 1525 menos de una docena de ciudades habían abrazado los experimentos heréticos, para 1540 cada región de Francia las había considerado, con un número de intentos que aumentó constantemente durante cada década hasta 1560. La intensificación de la visible persecución de protestantes a lo largo de la segunda mitad de la década de 1540 propició la primera de varias oleadas de refugiados hacia Ginebra, y los escritos de Calvino aparecieron insistentemente en el *Index* francés de libros prohibidos.[26] Consecuentemente, la advertencia de Calvino a los súbditos protestantes de Francisco I procedía de su interés pastoral por el bienestar de ellos en medio de la persecución. Dada su situación, una revuelta popular podía ser aplastada rápida y violentamente.

24. *Ibíd.*, IV, xx, 29.
25. *Ibíd.*
26. Para una historia concisa de las iglesias reformadas clandestinas en Francia, véase la discusión de Philip Benedict acerca de la construcción y defensa de una iglesia minoritaria en *Christ's Churches Purely Reformed*, pp. 127-148.

El 18 de octubre de 1534, algunos miembros de la minoría protestante colocan copias de un panfleto que contenía duros ataques contra la masa católica (el caso de los pasquines).[27] Esto movió al angustiado Francisco I —¡pues una copia de estos artículos llegó hasta la puerta de su recámara!— a proclamar que cualquiera que fuera hallado escindiendo a la persona o personas responsables de colocar tales panfletos sería quemado. Muchos fueron apresados y ejecutados como consecuencia de este incidente y la actitud del rey hacia sus súbditos protestantes se hizo decididamente hostil. La epístola dirigida a Francisco I de Francia que preside la primera edición de la *Institución* fue escrita como una apología a favor de la minoría francesa protestante perseguida y acusada de herejía y sedición. Temeroso de que la causa protestante fuera desacreditada, especialmente después del brutal destino de la revolución anabaptista de 1535 en Münster,[28] Calvino le solicita comprensión al rey: "A fin de que ninguno piense que nosotros nos quejamos sin razón, vuestra Majestad misma puede ser testigo con cuántas falsas calumnias ella sea cada día infamada delante de vos".[29] Argumentando que las "falsedades, sutilezas y calumnias" habían sido difundidas por los enemigos de los evangélicos franceses, Calvino demanda tolerancia y protección oficial para los agentes de la reforma eclesiástica. No se sabe si Francisco I leyó siquiera la carta de Calvino (sus políticas hacia los protestantes no cambiaron significativamente) pero ella sirve como afirmación de la perspectiva calvinista-reformada acerca de la relación entre la Iglesia y el Estado.

Mucho de lo que Calvino escribió sobre el gobierno civil surgió en la polémica, por un lado, con los reformadores radicales anabautistas, quienes abogaban por una disolución completa del mundo no regenerado, y por otro, con el *establishment* católico romano bajo el cual el monarca estaba sujeto a la autoridad eclesiástica. También subyace a esta discusión es la aceptación de Calvino de la opinión común protestante sobre "el sacerdocio universal de los creyentes" (I Pedro 2.9), el cual le daba el mayor estatus al monarca, algo tradicional en la teología reformada, pero al mismo tiempo nivelaba todos los demás rangos de la sociedad civil. Con todo, en la carta

---

27. Para un breve resumen del caso de los pasquines, véase Bernard Cottret, *Calvin: A Biography*. Trad. de M. Wallace McDonald. Grand Rapids, Eerdmans, 2000, pp. 82-88.

28. Véase: Benedict, *Christ's Churches Purely Reformed*, pp. 66-67; Williston Walker, Richard Norris, David W. Lotz y Robert Handy, *A History of the Christian Church*. 4a. ed. Nueva York, Charles Scribner's Sons, 1985, pp. 455-465; también Jaroslav Pelikan, *The Christian Tradition: Reformation of the Church and Dogma* (1300-1700). Chicago, University of Chicago Press, 1984, pp. 313-322.

29. Calvino, "Epístola al rey Francisco I", en *Institución*, p. 10.

al rey (escrita en 1536), Calvino ve el ala más radical de la Reforma como algo que estaba minando al movimiento protestante francés lado a lado con las autoridades.

La posición general de los reformadores anabautistas y radicales acerca de la Iglesia y el Estado está resumida en la Confesión de Schleitheim, cuyo cuarto artículo afirma lo siguiente: "Hemos estado unidos acerca de la separación que tomará lugar entre el mal y la maldición que el demonio ha implantado en el mundo... que no tenemos hermandad con ellos en la confusión de sus abominaciones".[30] El artículo sexto, sobre el uso estatal del poder coercitivo, rechaza cualquier participación en el gobierno civil porque "no conviene a un cristiano ser magistrado: el papel del gobierno es según la carne, mientras que el del cristiano es según el Espíritu".[31] Así, Calvino está presto a distanciar a los evangélicos franceses de los reformadores más radicales que abogaban por una separación completa del Estado, aun cuando se le desobedeciera:

> ...nosotros somos injustamente acusados de tales empresas, de las cuales jamás dimos ni aun la menor ocasión del mundo de sospecha. Si por cierto, nosotros emprendemos la disipación de los Reinos: de los cuales jamás se ha oído una palabra que huela, o vaya a sedición, y cuya vida ha sido conocida por quieta y apacible todo el tiempo que vivimos en vuestro reino: y los que aun ahora siendo ahuyentados de nuestras propias casas no dejamos de orar a Dios por toda prosperidad y buen suceso de vuestra Majestad y de vuestro reino.[32]

Además de esta epístola (que aparece en todas las ediciones de la *Institución*), se encuentran discusiones sobre el gobierno civil en los capítulos 3.19 y 4.20 de la edición de 1559.[33] El primero, sobre la libertad cristiana, se ocupa de la conciencia del creyente individual, y el segundo, sobre el gobierno civil, de los deberes de los ciudadanos y magistrados. En la edición mencionada, estos dos pasajes no parecen relacionarse, pero en la de 1536 sólo están separados por una sección dedicada al poder eclesiástico.

---

30. Michael Sattler, "Brotherly Union of a Number of Children of God Concerning Seven Articles", en *The Legacy of Michael Sattler*. Trad. y ed. John H. Yoder. Scottdale, Herald Press, 1973, pp. 37-38.

31. *Ibíd.*, p. 40.

32. J. Calvino, "Epístola al rey Francisco I", p. 30.

33. Otra discusión relevante se encuentra en la *Institución*, IV, xi, 1-5, en la cual Calvino, discutiendo el poder de las llaves (Mateo 16.17-19), demarca las jurisdicciones eclesiástica y civil en marcado contraste con la iglesia católica.

Dado que la edición definitiva de la *Institución* es cinco veces más grande, es importante recordar la relación original entre estos dos capítulos y no caer en la tentación de leer la discusión de Calvino sobre el gobierno civil en el último capítulo de la edición definitiva como un agregado posterior. Por lo demás, la ciudadanía responsable es parte inherente de la noción calviniana de la vida cristiana.

Según Calvino, en contraste con los anabautistas, la teología cristiana debe ocuparse del gobierno civil debido a que Dios es quien funda el Estado y define su jurisdicción y propósito:

> ...pero el fin del gobierno temporal es mantener y conservar el culto divino externo, la doctrina y religión en su pureza, el estado de la Iglesia en su integridad, hacernos vivir con toda justicia, según lo exige la convivencia de los hombres durante todo el tiempo que hemos de vivir entre ellos, instruirnos en una justicia social, ponernos de acuerdo los unos con los otros, mantener y conservar la paz y tranquilidad comunes. Todas estas cosas admito que son superfluas, si el reino de Dios, cual es actualmente entre nosotros, destruye esta vida presente. Mas si la voluntad de Dios es que caminemos sobre la tierra mientras suspiramos por nuestra verdadera patria; y si, además, tales ayudas nos son necesarias para nuestro camino, aquellos que quieren privar a los hombres de ellas, les quieren impedir que sean hombres. Porque respecto a lo que alegan, que debe haber en la Iglesia de Dios tal perfección que haga las veces de cuantas leyes existen, tal imaginación es una insensatez, pues jamás podrá existir tal perfección en ninguna sociedad humana.[34]

Debido al pecado y la caída, Dios ha ordenado el gobierno civil para servir a dos propósitos: "que resplandezca una forma pública de religión entre los cristianos, y que exista la humanidad entre los hombres".[35] Para este fin, los gobiernos temporales hacen uso de la fuerza de la espada, esto es, la autoridad para utilizar la coerción para poner en vigor sus leyes. En efecto, Dios ha instaurado el orden secular (el Estado) para mantener la paz y la justicia en el mundo, mediante la fuerza si es necesario, en el entendido de que el gobierno espiritual (la Iglesia) "comienza ya aquí en la tierra en nosotros un cierto gusto del reino celestial, y en esta vida mortal y transitoria nos da un cierto gusto de la bienaventuranza inmortal e incorruptible".[36]

34. J. Calvino, *Institución*, IV, xx, 2.
35. *Ibíd.*, IV, xx, 3.
36. *Ibíd.*, IV, xx, 2.

Para Calvino, es Cristo mismo quien declara "que no hay desacuerdo entre su reino y el gobierno u orden político".[37] Asimismo, mientras que en la discusión de Calvino sobre el gobierno civil se mantiene una distinción entre los reinos espiritual y temporal, éstos son dos aspectos de un mismo "gobierno doble". Mientras el reino espiritual "reside en el alma o el hombre interior y se refiere a la vida eterna" y el temporal se ocupa "de ordenar la justicia civil y reformar las costumbres y conducta exteriores",[38] no existe un conflicto inherente entre ambos. Así, a diferencia de la moderna separación entre la Iglesia y el Estado, en la teología calviniana estos dos reinos se interpenetran mutuamente como manifestaciones que son de la voluntad divina. Comenzando alrededor de 1560 y siguiendo por un periodo de 30 años, la Reforma Protestante en Francia ocasionó las llamadas "guerras de religión". Cuando los protestantes afrontaban la mano dura del gobierno católico, Calvino no apoyó las actividades revolucionarias; sus escritos teológicos reflejan su enorme cuidado y esfuerzo para prevenir los desórdenes sociales. De acuerdo con éste, cada aspecto en el gobierno doble de Calvino tiene sus jurisdicciones claramente marcadas: el gobierno temporal hace leyes para mantener el orden social y el espiritual pone hincapié en la disciplina de los miembros de la Iglesia. La posición de Calvino no es sólo un contraste con el separatismo anabautista, sino que también se opone a la idea católica de que la iglesia (visible) es la autoridad máxima. Al reconocer la distinción entre ambos reinos, Calvino reconoce también ambas jurisdicciones como vocaciones religiosas. De hecho, la vocación de "magistrado" es para Calvino una vocación santa, "no solamente santa y legítima delante de Dios, sino también muy sacrosanta y honrosa entre todas las vocaciones".[39] En consecuencia, el tema para la teología calvinista-reformada no es si la Iglesia tiene el derecho de participar en la arena pública o de ejercer influencia política, la pregunta es: ¿cómo, y con qué fin?

Gobernar es un alto llamado con gran responsabilidad, y Calvino repetidamente insiste en las responsabilidades de los gobernantes hacia sus súbditos, al mismo tiempo que permanece inmutable acerca de la obediencia de los segundos, "pase lo que pase".[40] A la inversa, los magistrados —incluso los monarcas absolutos— están sujetos a la enseñanza y disciplina de la Iglesia

---

37. J. Calvino, *Calvin's Commentaries*, vol. XVIII, p. 209 (Juan 18.36).
38. J. Calvino, *Institución*, IV, xx, 1.
39. *Ibíd.*, IV, xx, 4.
40. *Ibíd.*, IV, xx, 29.

como miembros de un solo cuerpo.[41] Además, Calvino exhorta a los magistrados a permanecer fieles a los mandamientos de Dios:

> Porque, ¿cuánta es la integridad, prudencia, clemencia, moderación e inocencia que deben poseer quienes se reconocen ministros de la justicia divina? ¿Con qué confianza darán entrada en su sede de justicia a cualquier iniquidad, sabiendo que es el trono del Dios vivo? ¿Con qué atrevimiento pronunciarán sentencia injusta con su boca sabiendo que está dedicada para ser instrumento de la verdad de Dios? En suma, si tienen presente que son vicarios de Dios, deberán emplear toda su diligencia y poner todo su afán en ofrecer a los hombres, en cuanto hicieren, una cierta imagen de la providencia divina, de la protección, bondad, dulzura y justicia de Dios.[42]

En esta advertencia está implícita la creencia en que el segundo propósito del gobierno civil es el uso de su poder (otorgado por Dios) "para constreñir las tendencias pecaminosas de los fuertes para tomar ventaja de los débiles, y asegurar una cierta medida de justicia social en las transacciones humanas",[43] un punto acorde con la opción preferencial por los pobres en la teología de la liberación. Sin embargo, debido a su énfasis en el sufrimiento paciente, la teología de la liberación tiene razón al cuestionar si la instrucción de Calvino simpatiza o no con la tarea de promover la transformación histórica de un orden social opresivo.

Considerando los turbulentos tiempos en que vivió y las atrocidades cometidas contra la minoría protestante francesa (Calvino mismo dejó Francia en 1536 y jamás regresó), el siguiente pasaje de la edición de 1536 de la *Institución* acentúa la importancia que le otorgaba a la obediencia de los súbditos:

> Por tanto, si somos cruelmente tratados por un príncipe inhumano; si somos saqueados por un príncipe avariento y pródigo; o menospreciados y desam-

41. Véase David Willis-Watkins, "Calvin's Prophetic Reinterpretation of Kingship", en Elsie Anne McKee y Brian G. Armstrong, eds. *Probing the Reformed Tradition: Historical Studies in Honor of Edward A. Dowey*, Jr. Louisville, Westminster-John Knox Press, 1989, pp. 116-134, para una investigación de la comprensión madura de Calvino acerca del oficio real, partiendo de los sermones sobre II Samuel. Willis-Watkins señala que Calvino predicó sobre David como rey con el fin de presentar una reinterpretación profética de la realeza en la cual ningún rey terrenal puede ser visto como legítimo si obstaculiza la predicación de la Palabra; semejante rey debería ser derribado por Dios y reemplazado por otro que "escuche y obedezca la Palabra profética" (p. 125).

42. *Ibíd.*, IV, xx, 6.

43. Guenther H. Haas, *The Concept of Equity in Calvin's Ethics*. Ontario, Wilfrid Laurier University Press, 1997, p. 108.

parados por uno negligente; si somos afligidos por la confesión del nombre del Señor por uno sacrílego e infiel; traigamos primeramente a la memoria las ofensas que contra Dios hemos cometido, las cuales sin duda con tales azotes son corregidas. De aquí sacaremos humildad para tener a raya nuestra impaciencia. Y en segundo lugar, pensemos que no está en nuestra mano remediar estos males, y que no nos queda otra cosa sino implorar la ayuda del Señor, en cuyas manos está el corazón de los reyes y los cambios de los reinos [Proverbios 21.1].[44]

Al mismo tiempo que anima repetidamente a que los cristianos cumplan con el deber de obedecer a los magistrados como "vice-regentes" de Dios —aun cuando demanda obediencia hacia los gobernantes tiranos—, Calvino abre la posibilidad para una resistencia cristiana legítima contra los Estados injustos:

Mas en la obediencia que hemos enseñado se debe a los hombres, hay que hacer siempre una excepción; o por mejor decir, una regla que ante todo se debe guardar; y es, *que tal obediencia no nos aparte de la obediencia de Aquel bajo cuya voluntad es razonable que se contengan todas las disposiciones de los reyes,* y que todos sus mandatos y constituciones cedan ante las órdenes de Dios, y que toda su alteza se humille y abata ante Su majestad. Pues en verdad, ¿qué perversidad no sería, a fin de contentar a los hombres, incurrir en la indignación de Aquel por cuyo amor debemos obedecer a los hombres?[45]

Hay una aparente inconsistencia en la comprensión calviniana de las relaciones Iglesia-Estado. Por un lado, no es el papel de los súbditos trastornar el lugar de un gobierno tiránico porque Dios se encargará de ello, pero por otra parte, parece que Calvino impulsa [alguna] resistencia hacia el Estado cuando contradice la voluntad de Dios, pues "debemos obedecer a Dios antes que a los hombres" (Hechos 5.29).

¿Cómo pueden resistir los cristianos fieles los designios de los déspotas impíos? Calvino sugiere diferentes opciones para los cristianos, dependiendo del lugar que ocupen en el orden social. En el pasaje citado arriba, Calvino se dirige "a quienes han sido puestos bajo el poder de otros", aunque en la sección inmediatamente posterior reconoce que Dios algunas veces "levanta a algunos de sus siervos, y los arma con su mandamiento para castigar la tiranía del que injustamente domina, y librar de la calamidad al pueblo inicuamente

---

44. Calvin, *Institución*, IV, xx, 29.
45. *Ibíd.*, IV, xx, 32 (énfasis agregado).

oprimido".[46] Calvino aparece conflictuado en este asunto —deseando un orden social estable (aun a costa del sufrimiento inocente)—, al afirmar que Dios actúa en la historia para derribar la tiranía. Una clave hermenéutica crucial para comprender las afirmaciones de Calvino sobre la resistencia política consiste en reconocer el tipo de audiencia al que se dirigió. Él estaba hablando a individuos particulares cuando advierte que "aunque la corrección y el castigo del mando desordenado sea venganza que Dios se toma, no por eso se sigue que nos la permita y la ponga en manos de aquellos a quienes no ha ordenado sino obedecer y sufrir".[47] No obstante, cuando se dirige a los magistrados del pueblo legítimamente nombrados, Calvino les adjudica el deber de restringir los abusos de reyes y tiranos:

> Tan lejos estoy de prohibir a tales estados oponerse y resistir, conforme al oficio que tienen, a la excesiva licencia de los reyes, que si ellos disimulasen con aquellos reyes que desordenadamente oprimen al pueblo infeliz, yo afirmaría que tal disimulo ha de tenerse por una grave traición. Porque maliciosamente como traidores a su país echan a perder la libertad de su pueblo, para cuya defensa y amparo deben saber que han sido colocados por ordenación divina como tutores y defensores.[48]

Calvino urge a los magistrados constitucionales a proteger las libertades del pueblo por medios políticos. Este pasaje controvertido, junto con la explícita advertencia al final del parágrafo de la *Institución* donde dice que la obediencia a gobernantes terrenales no debe provocar la desobediencia a Dios, provee a la tradición reformada con los instrumentos básicos para la resistencia política. Calvino nunca condonó la revolución política, pero en sus obras encontramos las bases teológicas para resistir la injusticia y la opresión.

La vocación profética del pastor en la sociedad civil

La mayoría de los creyentes llamados a ser sujetos obedientes y a hacer de la paciencia y la oración su único recurso de resistencia política. Un pequeño grupo, el de los magistrados, es responsable de la administración justa de la sociedad humana y para ello ha recibido el poder correspondiente. Sin embargo, no debemos olvidar que un grupo aún más pequeño ha sido llamado a ejercer el poder que está sobre todos: la Palabra de Dios. Juan

---

46. *Ibíd.*, IV, xx, 30.
47. *Ibíd.*, IV, xx, 31.
48. *Ibíd.*

Calvino le atribuye a la predicación un lugar supremo en el ministerio de la Iglesia y, desde el púlpito, los pastores pueden ejercer gran influencia en la construcción de la vida en la iglesia y en la sociedad. La *Institución de la Religión Cristiana* comienza con una declaración filosófica: "Casi toda la suma de nuestra sabiduría, que de veras se deba tener por verdadera y sólida sabiduría, consiste en dos puntos: a saber, en el conocimiento que el hombre debe tener de Dios, y en el conocimiento que debe tener de sí mismo".[49] Al explorar este punto, Calvino concluye: "Es cosa evidente que el hombre nunca jamás llega al conocimiento de sí mismo, si primero no contempla el rostro de Dios y, después de haberlo contemplado, desciende a considerarse a sí mismo".[50] Cualquier conocimiento de Dios que obtengamos de la naturaleza es distorsionado por el pecado humano; el verdadero conocimiento de Dios puede encontrarse sólo en las Escrituras. Este conocimiento siempre estará mediado por Cristo: "Por eso para suprimir toda diferencia y reconciliarnos enteramente con Él, poniendo delante la expiación que Jesucristo logró con su muerte, borra y destruye cuanta maldad hay en nosotros, para que aparezcamos justos y santos en su acatamiento en vez de manchados e impuros como antes".[51] En la Escritura encontramos el rostro divino, y a través de la acción interna del Espíritu Santo, recibimos el conocimiento salvífico de Dios:

> Porque como los viejos o los lacrimosos o los que tienen cualquier otra enfermedad de los ojos, si les ponen delante un hermoso libro de bonita letra, aunque vean que hay algo escrito no pueden leer dos palabras, mas poniéndose anteojos comienza, a leer claramente, de la misma manera la Escritura, recogiendo en nuestro entendimiento el conocimiento de Dios, que de otra manera sería confuso, y deshaciendo la oscuridad, nos muestra muy a las claras al verdadero Dios. Por tanto, es singular don de Dios que, para enseñar a la Iglesia, no solamente se sirva Él de maestros mudos, como son sus obras, de las que hemos hablado, sino que también tenga a bien abrir su sagrada boca".[52]

Si como las Escrituras afirman, la Palabra de Dios es revelada por medio de la predicación, debemos entonces aceptar como la voluntad de Dios que hoy la Palabra se escuche de la misma manera, es decir "por medio de la

49. *Ibíd.*, I, i,1.
50. *Ibíd.*, I, i. 2.
51. *Ibíd.*, II, xvi, 3.
52. *Ibíd.*, I, vi, 1.

palabra de un hombre, un predicador de la Palabra, llamado y designado por Dios para esta tarea".[53] Aunque la teología de Calvino fue influida por factores sociales, políticos y culturales, su perspectiva es generalmente descrita como una teología bíblica en tanto que busca hacer una exégesis rigurosa del mensaje de la Escritura: "Es bien sabido que Calvino compartía la convicción protestante del siglo XVI de ser un fiel maestro de la Escritura y evitar cualquier invención humana".[54] Así pues, cuando la teología práctica de Calvino trata un asunto de justicia social y equidad económica, puede asumirse que este tema es esencial al mensaje bíblico. En su extenso comentario al Salmo 82.3, la visión de Calvino en torno a la pobreza coincide con la demanda de la teología de la liberación de hacer de la Iglesia un abogado a favor de los pobres e indefensos:

> Aquí se nos enseña brevemente que un gobierno justo y bien regulado se distinguirá por su capacidad de mantener los derechos de los pobres y afligidos. Por medio de una sinécdoque, una parte de la administración es puesta por toda ella; pues no puede dudarse que los gobernantes deben observar justicia hacia todos los hombres sin distinción alguna. Por ello el profeta, con gran propiedad, se refiere a ellos como defensores de los miserables y oprimidos... El fin, pues, para el cual los jueces tienen la espada es para reprimir a los pecadores y así evitar la violencia que permanece entre los hombres que siempre están dispuestos al desorden y la extravagancia... Por todo esto queda muy claro por qué la causa de los pobres y necesitados es encomendada a los gobernantes; pues aquellos que son presas fáciles de la crueldad y maldad de los ricos no tienen menos necesidad de la ayuda y protección de los magistrados que aquella ayuda que un enfermo recibe del médico. Si la verdad estuviera profundamente arraigada en las mentes de los reyes y los jueces, que han sido puestos como guardianes de los pobres, y que una importante parte de esta responsabilidad consiste en reprimir los hechos perversos que se dirigen en contra de ellos, y en la represión de cualquier violencia injusta, la justicia perfecta sería victoriosa en todo el mundo.[55]

Si bien hay diferencias cruciales entre la "opción preferencial por los pobres" de la teología de la liberación y la visión bíblica de Calvino en torno a la

53. Ronald S. Wallace, *Calvin's Doctrine of the Word and Sacrament.* (Eugene, Wipf and Stock Publishers, 1982, reimpreso en 1997), p. 83.

54. Elsie Anne McKee, "Exegesis, Theology, and Development in Calvin's *Institutio*: A Methodological Suggestion". en Elsie Anne Mckee and Brian G. Armstrong ed., *Probing the Reformed Tradition: Historical Studies in Honor of Edward A. Dowey, Jr.* Louisville, Westminster/ John Knox Press, 1989, p. 155.

55. Calvino, *Calvin's Commentaries*, vol. V, 332 (Salmo 82.3).

"justicia perfecta" —tal vez porque el siglo XVI y el siglo XXI han trabajado con nociones sustancialmente distintas de lo que significa una sociedad humana "justa"— también es cierto que ambas comparten "lugares comunes" pues su perspectiva de justicia se origina en los mundos del Antiguo y el Nuevo Testamento. Mientras que la teología de la liberación lucha por alcanzar un verdadero orden social igualitario, Calvino acepta una rígida jerarquía social en la que la mayoría son llamados a ser sujetos obedientes y un pequeño grupo de elegidos a ser gobernantes benévolos. Y mientras que algunas teologías de la liberación han llegado al punto de defender la violencia revolucionaria como un medio para superar la opresión, Calvino ofrece poco consejo práctico qué hacer cuando los que no tienen el poder sufren a causa de la infidelidad de los gobernantes a las tareas establecidas por Dios. Tal vez por ello Mark Taylor está en lo correcto cuando sugiere que hay "un error profundo en la base del sistema calvinista de piedad social" que equipara la justicia social con el "buen orden" y, por lo tanto, excluye a aquellos que están fuera del "orden dominante de las cosas".[56] Sin embargo, no se puede negar que en la Ginebra del siglo XVI los pobres estuvieron al frente de las preocupaciones de Calvino al ordenar la vida política y eclesial. Si bien resulta tentador identificar algunos intentos sistemáticos por construir y perpetuar algunas estructuras sociales con sospecha posmoderna, la teología reformada contemporánea debe recordar que a pesar de una mente enfocada al orden (*will-to-order*), Juan Calvino no evade la demanda de la Escritura de buscar la justicia aunque esto implique para nosotros un alto costo. Un análisis de cómo la Palabra de Dios —principalmente por medio de la predicación profética— exhorta, juzga y continuamente reforma la vida pública a favor de los pobres e indefensos, constituye un antídoto a las manifestaciones más "represivas" de la tradición reformada.

La comprensión de Juan Calvino en torno a la predicación comienza con un exhaustivo trabajo exegético del Antiguo Testamento, subrayando particularmente a los profetas que hablan con la voz y autoridad de Dios: "La palabra que sale de la boca de Dios sale de igual forma de la boca de los hombres; pues Dios no habla abiertamente desde el cielo, pero se sirve de los hombres como sus instrumentos para que por medio de ellos su voluntad sea conocida".[57] La predicación es tan vital para la Iglesia que "nosotros debemos ser afectados por ella, siempre que él (Dios) hable por medio de sus siervos,

---

56. Taylor, "Immanental and Prophetic," pp. 155-156.
57. Calvino, *Calvin's Commentaries*, vol. VIII, p. 172 (Isaías 55.11).

como si estuviera cerca de nosotros, cara a cara".[58] La predicación tiene un propósito doble, por un lado, revelar la voluntad de Dios y, por el otro, proveer una oportunidad para que los creyentes demuestren su obediencia:

> Y del mismo modo que no envió ángeles al pueblo antiguo, sino que les suscitó doctores que hiciesen de verdad entre ellos el oficio de ángeles, así también ahora Él nos quiere enseñar por medio de otros hombres. Y como entonces no se contentó con sola la Ley, sino que puso a los sacerdotes e intérpretes de la misma, por cuya boca el pueblo conocía el verdadero sentido de la Ley; así ahora no sólo quiere que cada uno la lea atentamente en particular, sino que también nos da maestros y expositores que nos ayuden a entenderla. Todo esto nos reporta un doble provecho, pues por una parte es un buen modo de probar la docilidad de nuestra fe, al escuchar a sus ministros como si fuese Él mismo quien hablase; y por otra, tiene en cuenta nuestra flaqueza al hablar con nosotros por medio de intérpretes que son hombres como nosotros, y así atraernos, en lugar de tronar en su majestad y hacernos huir de Él.[59]

Un punto central de la eclesiología de Calvino es que hemos sido llamados a vivir en comunidad como un cuerpo, nutridos por la Iglesia madre a través de la predicación de la Palabra y en obediencia fiel a aquellos que han sido llamados a dirigir a la Iglesia. Si bien afirma el sacerdocio de los creyentes, Calvino reconoce que hay distintas vocaciones en el cuerpo y enfatiza, por lo tanto, la importancia de la predicación. Sin embargo, es pronto en recordar a los pastores —tal vez para mantenerlos humildes— que sólo por la intervención del Espíritu la palabra del predicador se convierte en Palabra de Dios (lo mismo se dice en relación con la receptividad del oyente), pues "cuando Dios se separa de sus ministros, nada permanece en ellos".[60] Así pues, Cristo es quien habla por medio de la predicación, y la predicación, el medio por el cual Cristo gobierna a la Iglesia. En las palabras del apóstol Pablo, "¿Cómo, pues, invocarán a aquel en el cual no han creído? ¿Y cómo creerán en aquel de quien no han oído? ¿Y cómo oirán si haber quien les predique? ¿Y cómo predicarán si no fueren enviados? Como está escrito: ¡Cuán hermosos son los pies de los que anuncian la paz, de los que anuncian buenas nuevas!" (Romanos 10.14-15). En su comentario a la frase del profeta Isaías, "y puso mi boca como espada aguda" (Isaías 49.2), Calvino afirma que Cristo ha "sido puesto por el Padre,

---

58. Calvino, *Calvin's Commentaries*, vol. XV, p. 343 (Hageo 1.12).
59. Calvino, *Institución*, IV, i, 5.
60. Calvino, *Calvin's Commentaries*, vol. XV, p. 630 (Malaquías 4.6).

no para gobernar al estilo de los príncipes... pero toda su autoridad consiste en la doctrina, en la predicación de aquello que él desea que sea cosechado y reconocido; pues en ninguna otra parte él será hallado".[61] Jesucristo, por medio de sus ministros en la tierra, ejerce el poder y la autoridad sobre la Iglesia y el mundo. Y, sin embargo, "para la Iglesia la espada puesta en nuestras manos es de otro tipo, es la de la Palabra y el Espíritu".[62] Al recordar la discusión de Calvino en torno al gobierno civil, específicamente a su afirmación de que el poder de la espada es otorgado (por Dios) a los gobiernos temporales a causa del pecado humano llegaremos a la conclusión de que "la Iglesia no tiene el poder de ejercer coerción, y no debería buscarla (estoy hablando de coerción civil), pues es la responsabilidad de los reyes y príncipes piadosos sostener la religión por medio de leyes, edictos y juicios".[63]

La espada de Cristo es la Palabra predicada, su cetro es el Evangelio. Por ello no debe sorprendernos que la predicación estaba en el centro de las actividades de Calvino en Ginebra. Su ardua y prolongada relación con el Consejo y el Consistorio de Ginebra sirve de modelo para visualizar cómo la Iglesia porta la espada espiritual. Del sucesor de Calvino en Ginebra, Teodoro Beza, percibimos el tenor de Calvino como pastor y maestro:

> Además de predicar todos los días de semana a semana, usualmente y tan frecuentemente como le era posible, predicaba dos veces los domingos; daba clases de teología tres veces a la semana, compartía reflexiones en el consistorio y dictaba una conferencia entera en la Escritura. Este programa lo siguió sin interrupción todos los días hasta su muerte inclusive en su periodo de extrema enfermedad.[64]

Juan Calvino sirvió a una parroquia mucho más grande que la mayoría de iglesia modernas y con un horario de predicaciones mucho más demandante. Además de sus responsabilidades en la predicación, Calvino también instituyó "congregaciones" semanales para los demás ministros de Ginebra, esto con el propósito de proveer instrucción en la exégesis de la Escritura y en la doctrina: "...será necesario que todos los ministros, a fin de conservar la pureza y la unidad en torno a la doctrina entre ellos mismos, se reúnan un día de la semana para la discusión de las Escrituras; nadie debe eximirse de

61. Calvino, *Calvin's Commentaries*, vol. VIII, p. 9 (Isaías 49.2).
62. Calvino, *Calvin's Commentaries*, vol. VI, p. 316 (Salmo 149.9).
63. Calvino, *Institución*, IV, xi, 16.
64. T. Beza, *L'historie de la vie et mort de Calvin* (1565), *OC* 21, col. 33, cit. por Cottret, *Calvin: A Biography*, pp. 288-289.

esto sin una excusa legítima... En relación con aquellos que predican en las villas, a lo largo del territorio, serán exhortados a venir tan frecuentemente como les sea posible".[65]

Los frutos de su trabajo permanecen en la forma de la *Institución* en sus varias ediciones, comentarios en casi todos los libros de la Biblia, numerosos tratados teológicos, correspondencia pastoral y 44 volúmenes de sermones. Más de 2000 sermones fueron escritos a manos, principalmente por Denis Raguenier, un escriba profesional contratado en 1549. Sin embargo, los estudiosos en la materia firman que Juan Calvino predicó más de 4000 sermones en su vida. Indudablemente, durante su largo caminar, la predicación de Calvino constituyó un desafío a los políticos ginebrinos. De hecho, Calvino (junto con sus asociados Farel y Coualt) fue expulsado de Ginebra por combinar la política y la religión. En marzo de 1538 Calvino fue amonestado por referirse al Consejo de la ciudad como "un consejo del demonio", y él y Farel recibieron la orden de no "inmiscuirse en las funciones públicas".[66] A lo largo de la carrera de Calvino en Ginebra sus luchas con el Consejo se centraron en el asunto de la independencia de la Iglesia del gobierno temporal, específicamente en lo relacionado con la prohibición y readmisión a la Cena del Señor. Durante sus primeros años, antes del exilio de 1538, Calvino era inflexible en requerir que todos los ciudadanos de Ginebra juraran una confesión de fe escrita por Farel. El registro del Consejo contiene evidencia de la negativa de los ciudadanos y numerosas menciones de los esfuerzos que se hicieron para persuadir a la gente a aceptar la confesión. Pero fue en 1538 cuando Calvino y sus colegas pastorales llevaron el asunto al clímax cuando decidieron negar la Cena del Señor a todos aquellos que no suscribieran la confesión. El Consejo se mantuvo firme en contra del derecho unilateral de los pastores de emitir prohibiciones y, en consecuencia, decidió imponer reformas litúrgicas sin informar a Calvino, Farel y Corault, solicitando que éstos celebraran el sacramento en la mañana del domingo de Resurrección de acuerdo con el nuevo orden. Si los pastores se hubieran negado se les hubiera prohibido que predicaran en la mañana de Resurrección. Calvino y

---

65. Juan Calvino, "Draft Ecclesiastical Ordinances (1541)," en *John Calvin: Selections from His Writings*. Ed. John Dillenberger. Missoula, MT, Scholars Press, 1975, p. 231. Esta práctica se incluyó por primera vez en 1541 y se mantuvo en las ordenanzas de 1561.
66. Amédée Roget, *Historie du people de Geneve*, 7 vols. Ginebra, J. Jullien, 1870-1883, vol. I, pp. 86-94. Cit. por W. Fred Graham, *The Constructive Revolutionary: John Calvin and His Socio-Economic Impact*. Richmond, John Knox Press, 1971, p. 60, descripción precisa de las circunstancias que originaron el exilio de Farel y Calvino tomada directamente de los registros del Consejo.

sus colegas se negaron y procedieron a explicar en sus predicaciones por qué administrar el sacramento bajo estas condiciones lo hubiera profanado. Por esto el Consejo despidió a los tres predicadores y les ordenó que abandonaran la ciudad en un lapso de tres días.

Tiempo después, tras los cambios en el clima político, Calvino fue llamado a Ginebra como predicador. En 1541, regresó a Ginebra para continuar con sus luchas por la reforma eclesiástica y política, firme en su convicción de que sólo la Iglesia tiene el derecho de la excomunión. Sus nuevas *Ordenanzas eclesiásticas* (1541) instituyeron la elección de un consistorio integrado por pastores y laicos, y cuyas funciones incluían mantener la pureza de la iglesia:

> Los ancianos, como ya se dijo, deben reunirse una vez a la semana con los ministros, es decir en la mañana del jueves, para ver que no haya desorden en la Iglesia y para discutir los remedios necesarios. En virtud de que no tienen autoridad o jurisdicción, esperamos que los magistrados se sirvan instruir a alguno de sus oficiales para llamar a cuentas a aquel que quieran amonestar. Si alguien se rehúsa a comparecer, entonces deberán informar a los magistrados para el oportuno remedio.[67]

Sin embargo, las *Ordenanzas* no clarifican quién en realidad tiene el poder de excomulgar y readmitir —el Consistorio o el Consejo. Eventualmente Calvino obtuvo la aprobación de su orden eclesial, pero antes de ello se hicieron importantes cambios al texto de Calvino. Uno de estos cambios fue el artículo adicional insertado en torno al derecho del Consistorio de ejercer la prohibición:

> Todo esto deberá ser de tal forma en que los ministros no tengan jurisdicción civil y que tampoco utilicen nada sino la espada espiritual de la Palabra de Dios, tal y como Pablo les encomienda; el Consistorio tampoco debe derogar nada de la autoridad de los Señores o de la justicia ordinaria. El poder civil deberá permanecer inalterado. Aun cuando halla necesidad de imponer algún castigo u obligación, los ministros con el Consistorio, después de haber escuchado a las partes y haber empleado las exhortaciones y amonestaciones que convinieren, deben reportar el caso completo al Consejo para que éste emita la sentencia y el juicio de acuerdo con las necesidades del caso.[68]

La lucha sobre el poder de readmitir a los miembros a la Cena del Señor continuó por muchos años. El Consistorio prohibía a alguien la Cena y lo

---

67. Calvino, "Draft Ecclesiastical Ordinances (1541)", p. 241.
68. *Ibíd.*, p. 242 (nota 21, énfasis añadido).

mandaba al Consejo para recibir su sentencia civil. El Consejo, a su vez, escuchaba el reporte del Consistorio, declaraba la sentencia y la multa y asumía que automáticamente la persona sería admitida a la comunión con la iglesia. Calvino y los demás pastores disintieron argumentado que los excomulgados deberían presentarse otra vez ante el Consistorio para percatarse del genuino arrepentimiento. Entonces, y sólo entonces, serían readmitidos a la Cena, sin importar en esto la decisión de la corte civil. Juan Calvino enfrentó gran oposición sobre el derecho a emitir prohibiciones, y en esto y otros asuntos el Consejo cuestionó el contenido de su predicación en numerosas ocasiones porque "con gran cólera [él] predicó que el magisterio permite muchas insolencias. Calvino recibió la orden de presentarse ante el Consejo para explicar sus predicaciones y para remitir las presuntas insolencias a la autoridad a fin de proceder a hacer justicia".[69] La lucha de Calvino por establecer la independencia de la Iglesia del Consejo es un ejemplo de cómo empleó la predicación como un medio para promover la reforma social. En su vocación como pastor y maestro, Calvino aceptó que la Iglesia tiene algunas obligaciones hacia el Estado. Primero, los cristianos deben orar por el gobierno civil y someterse a su legítima autoridad. Nunca, a lo largo de sus muchos desacuerdos con las autoridades civiles de Ginebra, Calvino aprobó la rebelión. (Aunque, como se ha demostrado, Calvino permite la posibilidad remota de una rebelión legítima en contra de gobiernos represivos, pero sólo cuando tal resistencia es encabezada por los magistrados menores cuya función es proteger las libertades del pueblo.) En segundo lugar, la Iglesia tiene el deber de animar al Estado a defender a los pobres e indefensos de los ricos y poderosos. La iglesia de Ginebra luchó en contra de la usura, el desempleo, la enfermedad y toda forma de injusticia económica, en gran parte porque Juan Calvino predicó el Evangelio sin diluir su mensaje. En virtud de que los magistrados, como cualquier otro miembro del cuerpo de Cristo, están sujetos a la enseñanza y disciplina de la Iglesia, hay una clara expectativa de que sus políticas públicas sean criticadas desde el púlpito: "La opresión emite un grito suficientemente fuerte; y si el juez, sentado en la torre, se hace el que no oye, es amonestado de que tal complicidad no escapará impunemente".[70] Finalmente, la Iglesia debe amonestar al Estado cuando actúa injustamente. Del profeta Amós (un favorito de los teólogos de la liberación), que dice, "Oíd esto, los que explotáis

---

69. *Ibíd.*, cita los Registres du Conseil, 21 de mayo de 1548.
70. Calvino, *Calvin's Commentaries*, vol. V, 332 (Salmo 82.3).

a los menesterosos, y arruináis a los pobres de la tierra, no me olvidaré jamás de todas sus obras" (Amós 8.4, 7), Calvino comenta:

> Pero como la mayor culpa la tienen los líderes, esta es la razón por la que los profetas los trataron con dureza y severidad: mucha de la gente común se desvía por torpezas o ignorancias o porque son llevados por otros, pero los que gobiernan pervierten lo que es justo y derecho, y luego se convierten en los que originan todo tipo de libertinaje. No debe sorprendernos que el Señor por medio de sus profetas se dirija tan duramente en contra de ellos.[71]

El ministro, como la "boca de Dios", debe hablar en contra de toda injusticia y exhortar a los magistrados a desarrollar con equidad y misericordia las tareas dadas por Dios. Calvino demuestra así que quería una Iglesia libre del control del Estado, no porque él fuera un megalomaniático queriéndose establecer como "obispo de Ginebra" (tal y como algunos críticos modernos han sugerido), sino por el simple hecho de que —para mantener la pureza de la doctrina— la Iglesia necesita la libertad para predicar la Palabra de Dios en criticismo profético hacia el Estado. Calvino portó la espada espiritual con gran finura y logró así persuadir a sus políticos opositores por la verdad y rectitud de la Palabra predicada, siempre bajo la convicción de que ambos, la Iglesia y el Estado, existen bajo el señorío de Cristo.

La praxis pastoral de Calvino

Todo asunto teológico tiene también una dimensión ética. La pregunta teológica (¿quién es Dios?) es inseparable de la pregunta ¿qué hacer?, un punto bien definido por Gustavo Gutiérrez en su libro *Teología de la liberación. Perspectivas,* considerado el más importante de América Latina en el campo de la teología de la liberación. En esta obra Gutiérrez afirma que la teología (hablar de Dios) constituye un "segundo momento", es decir, hay un "primer momento" que antecede a cualquier formulación teológica y que tiene que ver con el lenguaje silencioso de la espiritualidad cristiana, la oración, la liturgia y la acción moral. Metodológicamente, la teología de liberación de América Latina parece estar muy lejana al intento inocente de Calvino de escudriñar el texto y "huir de las añadiduras humanas". Gutiérrez comienza por reconocer el compromiso cultural, político y eclesial del teólogo; además se sirve de las ciencias sociales —interpretaciones de la realidad— para

---

71. Calvino, *Calvin's Commentaries,* vol. XIV, 363-4 (Amós 8.4).

proveer a la teología parte de su material básico. Sin embargo, el hecho de que la teología se sirva de elementos extra-bíblicos de análisis no hace que estos métodos sean la fuente de la teología; la teología de la liberación no es lo mismo que el marxismo, aunque en ocasiones haya empleado el sistema marxista de análisis social.[72] De la misma manera, el hecho de que Calvino hubiera sido influído por el humanismo y hubiera empleado sus métodos de interpretación de la Biblia, no reduce su teología bíblico y cristocéntrica a un mero humanismo. El aspecto más importante de la teología de la liberación es que al formularse adopta la perspectiva de los pobres y débiles como punto de partida. Los teólogos de la liberación no se acercan al texto con cierta noción abstracta de una opción preferencial por los pobres que luego identifican con el texto; al contrario, se acercan al texto como los pobres (o como los pastores y teólogos que sirven a los pobres) y encuentran en el texto mismo las buenas nuevas para los pobres (Lucas 4.18). La teología de la liberación hace una opción preferencial a favor de los pobres y débiles porque en las Escrituras Dios instituye esta opción preferencial.

Gutiérrez identifica tres niveles interrelacionados o dimensiones de la liberación: 1) liberación de las estructuras socioeconómicas opresoras, 2) liberación como transformación personal, y 3) liberación del pecado. Finalmente, sin embargo, reconoce que "sólo la liberación del pecado llega a la fuente de la injusticia social y otras formas de opresión y nos reconcilia así con Dios y con nuestro prójimo".[73] Si bien Calvino no habla expresamente de liberación en el mismo sentido que Gutiérrez, su ética social enfatiza el imperativo de la equidad en todas las relaciones humanas. Además, ambos acercamientos buscan traer la transformación social por medio del cuidado pastoral y la instrucción. Tanto para Juan Calvino como para Gustavo Gutiérrez la congregación local es el nexo de la moralidad y la educación; desde las raíces la Iglesia se encuentra con el contexto cultural para buscar el cambio social mediante un modelo alternativo de vida en comunidad. Gutiérrez insistió en que la iglesia tiene gran poder e influencia en la sociedad y no debe temer usar este poder en beneficio de los pobres y oprimidos.[74] Juan Calvino, el pastor, estaría de acuerdo. En un sermón sobre II de Samuel 8.9-18, Calvino exhorta a todos los creyentes, no sólo a los magistrados cristianos, "a mantenernos tan firmemente opuestos al mal como podamos. Este mandamiento es dado a todos y

---

72. Véase: Gustavo Gutiérrez, *A Theology of Liberation: History, Politics, and Salvation.* Trad. y ed. Sister Caridad Inda y John Eagleson. Maryknoll, Orbis Books, 1988 rev., pp. 3-12.
73. *Ibíd.*, xxxviii.
74. *Ibíd.*, p. 76.

no sólo a los príncipes, magistrados y oficiales de la justicia, sino a todos los particulares también".[75] La Escritura deja claro que como cristianos hemos sido llamados a sufrir persecución por la causa de la justicia. Para Calvino dicho sufrimiento es incluso una fuente de gozo, pues "somos muy ingratos si no enfrentamos voluntaria y gozosamente todo lo que la mano del Señor dispone".[76] La perseverancia —especialmente en defensa del inocente— es una virtud importante de la vida cristiana. En la Ginebra de Calvino hubo oportunidades innumerables de sufrir por causa de la justicia.

Ginebra era una ciudad pequeña, con una población estimada de 10 000 habitantes en 1537 y de hasta 21 400 en 1560. La primera ola de inmigración en 1542 (más o menos 5 000 refugiados franceses que huyeron de la persecución política) generaron crecimiento en la pobreza, el crimen, el desempleo y la xenofobia. Los líderes eclesiásticos y civiles de Ginebra tuvieron que enfrentar las consecuencias de la ruptura con la Iglesia romana. Además, el deterioro del orden social medieval generó nuevas realidades culturales, políticas y económicas que ni la iglesia ni el estado estaban preparados para enfrentar.[77] En virtud de que la teología de Calvino nació en un contexto de persecución política, pobreza extrema y sufrimiento de los inocentes —una situación social análoga a los esfuerzos liberadores en América Latina— es tentador juzgar la praxis de Calvino de acuerdo con los estándares actuales de cuidado pastoral. Y aunque las responsabilidades pastorales de Calvino eran altamente demandantes, sus actividades consistían fundamentalmente en la predicación y la enseñanza. Calvino no fue un trabajador social, un activista político o un consejero, trabajos que el pastor contemporáneo tiene que hacer con frecuencia, y, sin embargo, Calvino estuvo íntimamente involucrado en la reorganización del orden eclesial y la liturgia, en la reorganización del orden social de la ciudad para satisfacer las necesidades de los pobres e indefensos, en la defensa de la autonomía de la Iglesia de cualquier abuso del gobierno temporal y en mantener la educación religiosa y la pureza doctrinal de los creyentes.

---

75. Juan Calvino, *Sermons on 2 Samuel: Chapters 1-13*. Trad. Douglas Kelly. Carlisle, The Banner of Truth Trust, 1992, p. 419.

76. Calvino, *Institución*, III, viii, 8.

77. Para un recuento más completo sobre la situación social de Ginebra en el siglo XVI véase W.F. Graham, *The Constructive Revolutionary*, pp. 97-115; B. Cottret, *Calvino*, pp. 157-181; P. Benedict, *Christ's Churches Purely Reformed*, pp. 93-109; y Elsie Ann McKee, *Diakonia in the Classical Reformed Tradition and Today*. Grand Rapids, William B. Eerdmans Publishing Company, 1989, pp. 47-60.

De acuerdo con Calvino, además de la predicación y la enseñanza, el cuidado pastoral es definido en primer lugar como el cuidado de los pobres y los enfermos. Por ello, la iglesia de Ginebra estableció varias instituciones y prácticas encargadas de velar por el bienestar de los enfermos y discapacitados. De estas instituciones la más notables es la del diaconado, establecida por Calvino como un ministerio permanente de la Iglesia. Los diáconos constituyen el ministerio de la Iglesia al mundo sufriente, son responsables de recaudar y administrar los recursos para este propósito y para el cuidado de los necesitados. En las *Ordenanzas eclesiásticas* Calvino explica la división del trabajo en el diaconado: "Siempre hubo dos tipos [de diáconos] en la iglesia antigua, los encargados de recibir los bienes para los pobres, no sólo las limosnas diarias, sino también las posesiones, las rentas y pensiones y los encargados de atender y cuidar a los enfermos y administrar las partidas para los pobres".[78] El orden en la iglesia de Calvino buscaba además que los hospitales públicos adoptaran una organización similar a la de la iglesia mediante la inclusión de procuradores y capellanes; se pedía además que los pastores supervisaran los programas ciudadanos de bienestar social. Si encontraban que a alguien le faltaba algo debían informar al Consejo para que se tomaran las medidas pertinentes a fin de remediar la situación.

No sólo se proveía para los necesitados de Ginebra. Para hacer frente a las necesidades de los refugiados protestantes que abandonaban los dominios católico-romanos, fue necesario crear un fondo de ayuda para los extranjeros conocido con el nombre de *Bourse francaise.*[79] Aunque las instituciones de beneficencia de Ginebra estaban organizadas para ayudar a aquellos que estaban en un estado de enfermedad o incapacidad y que no tenían forma de ser autosuficientes, la mayoría de la ayuda era temporal y buscaba la independencia de los beneficiados:

> Parece ser que la meta de los diáconos era que los refugiados se recuperaran tanto pronto como fuera posible. Para ello se les proveía de habitación temporal,

---

78. Calvino, "Draft Ecclesiastical Ordinances (1541)", pp. 235-236.
79. Véase Jeannine E. Olson, *Calvin and Social Welfare: Deacons and the Bourse francaise.* Cranbury, Associated University Presses, Inc., 1989, para un estudio exhaustivo de esta institución en relación con los demás elementos del sistema de beneficencia en la Ginebra de Calvino. El autor nota que la Bourse francaise no se menciona en las Ordenanzas Eclesiásticas de 1541 dado que el influjo mayor de refugiados comenzó poco tiempo después; los registros indican que en algún tiempo a mediados de la década de los años 1540 la necesidad de un fondo alternativo de beneficencia fue evidente y para el 30 de septiembre de 1550 el fondo fue establecido oficialmente.

ayuda por un breve lapso y entrenamiento laboral cuando era necesario. Los diáconos pagaban las herramientas y algunas materias primas para que los artesanos pudieran trabajar... Tales inversiones relativamente modestas podían hacer que la gente fuera independiente con un desembolso menor, y como además se preferían los préstamos y no los donativos, los diáconos podían recuperar parte de los desembolsos.[80]

Además de estas acciones benefactoras inmediatas, Juan Calvino decretó la obligatoriedad de la educación primaria para los niños y niñas de Ginebra, promovió la educación secundaria para niños y niñas y fundó lo que llegó a ser la Universidad de Ginebra. Sin embargo, los liberacionistas contemporáneos encuentran algunas fallas en las reformas sociales de Calvino. La sección de las *Ordenanzas eclesiásticas* que se ocupa del ministerio de la iglesia hacia los pobres, termina con una advertencia en contra de la mendicidad pues "es contraria al buen orden".[81] Este énfasis en el "buen orden" ha generado la crítica de que "las denominaciones clasemedieras añaden, desarrollan organizaciones sobre organizaciones para satisfacer las necesidades de los desordenados y desheredados, y lo que en realidad se consigue es reforzar la distancia entre la iglesia clasemediera y las iglesias de los desheredados".[82] Es cierto, la piedad social basada en la teología de Calvino subraya la importancia del buen orden, pero no con un afán oculto de excluir o marginar a los "desheredados" como Taylor y Wolterstorff sugieren. Más bien, el rígido acercamiento sistemático a la beneficencia social demostrado en el orden eclesial de Calvino es la consecuencia lógica de la implementación voluminosa de reformas sociales en respuesta a la agitación social y el abundante sufrimiento humano. Un análisis más cuidadoso de la correspondencia de Calvino desenmascara el lado humano de un ingeniero social anti-mundano (*world-repressive*) que luchó, frecuentemente sorteando grandes dificultades, por crear condiciones de estabilidad y paz para Ginebra. La correspondencia de Calvino revela a un pastor que tomó el tiempo para escribirle a prisioneros políticos y refugiados para ofrecerles consuelo, ayuda material, consejo y su voluntad de interceder por ellos ante las autoridades. En 1545, cuando las víctimas francesas de la persecución real buscaron refugio en Ginebra, Juan Calvino desempeñó un papel crucial en convencer a las autoridades civiles de Ginebra para que éstas no sólo les

---

80. *Ibíd.*, p. 39.
81. Calvino, "Draft Ecclesiastical Ordinances (1541)", p. 237.
82. M. Taylor, "Immanental and Prophetic," p. 156.

dieran protección sino les proveyeran medios para la subsistencia.[83] La carta a Farel del 4 de mayo de 1545 es otro ejemplo de cómo Calvino asumió la defensa política. En esta carta Calvino pide consejo sobre cómo ayudar a los protestantes perseguidos de Provenza:

> ...uno de ellos ha regresado con la triste noticia de que varios pueblos han sido consumidos por el fuego, la mayor parte de los ancianos murieron en el fuego, algunos fueron asesinados a espada, otros fueron abandonados a su suerte, y que tal ha sido la crueldad salvaje de estos perseguidores, que ni siquiera las jovencitas, ni las mujeres embarazadas, ni los bebés fueron perdonados... Al escuchar esta tragedia de muerte, y considerando lo que debe hacerse, pareció bien a los hermanos [ministros de Ginebra] en primer lugar enviar a usted un mensajero con una carta para encomendar la causa de todas las iglesias a los ministros y, en segundo lugar, que solicitemos las recomendaciones del Consejo [de la ciudad de Ginebra] porque nosotros mismos no sabemos con claridad qué medidas tomar. La opinión del Consejo fue que yo personalmente debiera ir a las iglesias suizas [como embajador de la gente de Provenza]. Por lo tanto, mañana mismo emprenderé el viaje... Tan pronto como pueda, pediré al Senado que me conceda audiencia ante el Consejo.[84]

Los esfuerzos de Calvino por liberar a los presos políticos no siempre tuvieron éxito, éste es el caso por ejemplo de los cinco estudiantes de teología presos en Lyons muertos en la hoguera en 1553. Sin embargo, sus cartas pastorales no sólo buscaban proveer consuelo a los prisioneros, sino también alabar el testimonio de los mártires protestantes. Esto se evidencia en una carta de apoyo dirigida a Liner, un comerciante protestante que hacía esfuerzos por liberar a los cinco prisioneros de Lyons:

> Piensa, además, cuántos nobles hermanos glorifican a Dios por lo que estás haciendo; ellos se escandalizarían si alteraras tu camino. Y en cuanto a los peligros que enfrentas, confío en que pronto pasarán. Los hermanos por los que tanto has hecho se sienten de tal manera endeudados contigo, que si estuvieran libres, lejos de traicionarte cobardemente, ellos se expondrían a la muerte misma por

---

83. Para un panorama de la defensa de Calvino a favor de los refugiados franceses véase W.F. Graham, *The Constructive Revolutionary*, pp. 97-115; y Olson, *Calvin and Social Welfare*, pp. 29-36. Para traducciones de la correspondencia pastoral de Calvino y la defensa a favor de la justicia para las víctimas de la persecución política, véase John Calvin. *Writings of Pastoral Piety*. Ed. y trad. Elsie Anne McKee. Nueva York, Paulist Press, 2001, pp. 315-332.
84. J. Calvino, *Writings on Pastoral Piety*, pp. 317-318.

tu causa... Mantén el buen ánimo en tu santa tarea, pues en ellas no sólo sirves a Dios y a sus mártires sino también a toda la Iglesia.[85]

Después de leer estas cartas queda claro que para Juan Calvino la vida cristiana no está libre de las luchas y la aflicción. Al contrario, la gracia de Cristo llega a nosotros en medio de las pruebas de la vida, y de esta manera nos permiten perseverar en la fe a pesar de las adversidades y percibir la providencia de Dios en medio de nuestra enfermedad, encarcelamiento e inclusive la muerte. De acuerdo con Calvino, la vocación de todos los cristianos es asumir "la protección de los buenos e inocentes en contra de los males de los perversos," aunque esto nos exponga a "las ofensas y el odio del mundo que pudieran poner en peligro la vida, nuestros bienes y nuestro honor".[86]

Conclusión

Los teólogos de la liberación han reconocido desde hace mucho tiempo que toda teología es contextual e inevitablemente entrelazada con los intereses y deseos de una cultura o clase social en particular. La crítica del presbiterianismo brasileño desarrollada por Rubem Alves en *Protestantism and Repression* describe cómo los líderes de la iglesia negocian la misión de la iglesia a cambio de intereses políticos. Sin embargo, su análisis ofrece pocos lineamientos prácticos para aquellos protestantes, que dentro del contexto de América Latina, buscan un cristianismo que participe social y políticamente. De acuerdo con Alves, la única manera de combatir al "protestantismo de doctrina-derechista" es abrazando la duda y limitando las afirmaciones teológicas que dicen poseer la verdad: "Aquellos que ya poseen la verdad están predestinados a ser inquisidores. Aquellos que tienen dudas están predestinados a la tolerancia y tal vez a ser quemados en la hoguera. Es por ello que sólo veo una salida. Debemos rechazar consciente y deliberadamente a la verdad y a la certeza antes de que ellos se posesionen de nosotros".[87] Pero hay otra salida... una alternativa a la versión del protestantismo reformado-calvinista dominante de Brasil; para ello es necesario regresar a las fuentes mismas de la tradición. Se ha demostrado cómo la teología y la práctica pastoral de Calvino buscaron crear una sociedad justa y equitativa fundada en su entendimiento del Evangelio de Jesucristo. Dado que los métodos de Calvino reflejan una rígida

---

85. *Ibíd.*, p. 323.
86. Calvin, *Institución*, III, viii, 7.
87. Alves, *Protestantism and Repression*, p. 206.

sociedad jerárquica enclavada en el último periodo de la Europa medieval y los primeros años de la Europa moderna, sus esfuerzos a favor de los pobres y oprimidos pueden parecer paternalistas.

Afortunadamente no todo aspecto del orden instituido por Calvino para la vida de la Iglesia y la sociedad es esencial a la teología reformada. Lo que sí es esencial es la fidelidad a la Palabra de Dios cuando se trata de definir la eclesiología y la misionología. Elsie Anne McKee subraya que la virtud más grande de Calvino fue su determinación de ser fiel a la autoridad única de la Escritura, dejándose instruir por toda ella sin evitar textos inconvenientes. El mensaje que Juan Calvino encuentra en la Escritura es congruente con la afirmación fundamental de la teología de la liberación —que Dios se manifiesta en el mundo a fin de liberar a los pobres y oprimidos, haciendo así que la liberación histórica sea una dimensión necesaria de la salvación— al grado que Calvino entiende la vida cristiana como un llamado a sufrir por la causa de la justicia (*Institución* III, viii, 7).

En la Ginebra del siglo XVI, el llamado de Cristo a ministrar al pobre, al enfermo, al huérfano, a la viuda, al refugiado y al prisionero esta integrado significativamente a la vida de la Iglesia y legislado por la ley civil. En la América Latina del siglo XXI, la teología de la liberación puede transformar el carácter del protestantismo si ayuda a los pastores y a los laicos a redescubrir el compromiso reformado-calvinista de la praxis social transformadora. Así que, aunque siempre habrá que estar conscientes de que la tradición reformada en ocasiones ha empleado su teología para legitimar la opresión, la Iglesia debe, sin embargo, abrir brecha valientemente hacia la arena pública, confiados en que Calvino ya anduvo ese camino; pero lo que es más importante, con el conocimiento seguro de que Cristo mismo fue el primero en marcar el camino.

Versión: Rubén J. Arjona Mejía y L. Cervantes-O.

EPÍLOGO

El evangelio según San Borges
Omar Pérez Santiago

El 14 de junio de 2006, con motivo del vigésimo aniversario de la muerte de Jorge Luis Borges, el escritor chileno Omar Pérez Santiago pronunció esta conferencia en la Biblioteca Nacional de su país.

Me levanto muy temprano y voy al encuentro con Jorge Luis Borges. Participo de una reunión de trabajo de la OMS en Ginebra. Pero esta mañana de invierno salgo del Hotel Cornavin decidido a encontrarme con Jorge Luis Borges, el maestro.

La nieve le otorga una azulina claridad a esta ciudad, a esta hermosa ciudad. Cruzo el río Ródano y me introduzco en la ciudad vieja por Rue de la Sinagoga. Ingreso al Cimetière des Rois, el panteón de Ginebra. El cementerio es austero, a estos muertos les ofende el lujo y la apariencia. En la entrada hay una capilla y en la muralla, un mapa. Camino a la zona D y llego a la tumba 735. La piedra recubierta de hielo dice: Jorge Luis Borges. Debajo de un relieve de unos guerreros vikingos la frase "...and ne forhtedon nà", "...no tener miedo"—, y, más abajo: (1899-1986).

No sé qué hacer.

Doy una vuelta alrededor de la piedra. Allí se lee la frase de la *Völsunga Saga*: "Hann tekur sverðið Gram og leggur í meðal þeirra bert", "Él tomó su espada, Gram, y colocó el metal desnudo entre los dos". Hay un grabado de una nave vikinga, y bajo ésta una tercera inscripción: "De Ulrica a Javier Otálora".

De pronto, siento un aliento.

En este mismo cementerio, unos pasos más allá, están los restos de Juan Calvino. Me surge una intuición. Borges fue un calvinista. Su estética es calvinista. ¿Y su fe, cuál era la fe de Borges?

Borges llegó por primera vez a Ginebra el 24 de abril de 1914 y la ciudad tenía 130 mil habitantes. Hasta el 6 de junio de 1918 vivió aquí con sus padres, su hermana y su abuela materna —en la Vieille cité, en la actual Ferdinand Doler número 9, cerca de la iglesia ortodoxa rusa.

Entonces Borges tenía 15 años, la edad única de formación intelectual y de una fe. Borges no era feliz. "Yo era entonces un joven desdichado".

Su padre lo envió a ver una puta en la calle Dufour. No pudo realizar el acto. Era joven y no era feliz. Su hermana Norah ha recordado que Borges estaba muy triste y volvía por las noches llorando a casa. Esta desdicha la convertiría Borges con el tiempo en una pose literaria:

> He cometido el peor de los pecados
> que un hombre puede cometer. No he sido
> feliz. ("El remordimiento")

El joven desdichado hace el bachillerato en el Collège Calvin, un liceo inaugurado en 1559 por Juan Calvino. Borges entra a la clase del profesor H. de Ziegler, el segundo año lo hace con de Patois y el tercer año con Juvet. Son 40 alumnos, más de la mitad eran extranjeros. Varios de sus compañeros y amigos eran judíos.

¿Qué se podría haber estudiado allí en el Collège Calvin? Conjeturo: una fe.

Borges, el bilingüe, se hace multilingüe. Lee allí lo que muchos jóvenes aún hoy leen como primeras lecturas: los simbolistas franceses (Verlaine, Rimbaud, Mallarmé), la poesía de Walt Whitman (en una traducción alemana en un anuario expresionista) y la filosofía de Schopenhauer. Borges no puede sustraerse a la influencia de la revolución rusa del 17 y escribe sus poemas *Los salmos rojos* ("La trinchera que avanza / es en la estepa / un barco al abordaje / con gallardetes de hurras").

Borges leyó la Biblia en la traducción de Lutero, que "contribuye a la belleza" y aprendió de Calvino su gusto por la sencillez. Obviamente, qué duda cabe, Borges aprendió en el liceo a parafrasear como su actual vecino, Calvino: corto, irónico, cortés, elusivo. El decoro de los calvinistas. Puntillistas. Calvino se dirigía a la gente culta. Su estilo de escritura es clásico. Razona sobre los sistemas, utiliza la lógica. Calvino amaba el retraimiento. Era breve.

Qué duda cabe, ¿verdad? Borges se educa en el recato de los calvinistas. Austeros. Les ofende el lujo y la apariencia. Calvino había roto con los santos, las devociones y las supersticiones. Calzaba bien con Borges, con su pudor, su sentido del ridículo y su dignidad.

Juan Calvino buscó encontrarse a sí mismo: "Casi toda la suma de nuestra sabiduría, que de veras se debe tener por verdadera y sólida sabiduría, consiste en dos puntos: a saber, en el conocimiento que el hombre debe tener de Dios, y en el conocimiento que debe tener de sí mismo" (*Institución de la Religión Cristiana*, libro primero).

Borges creyó lo mismo: "Le doy vueltas a una idea: la idea de que, a pesar de que la vida de un hombre se componga de miles y miles de momentos y días, esos muchos instantes y esos muchos días pueden ser reducidos a uno: el momento en que un hombre averigua quién es, cuando se ve cara a cara consigo mismo" ("Credo de poeta", en *Arte poética*).

Extraer de sí mismo a sí mismo. Un nacimiento interior. Una proyección de Dios. O del Espíritu. O del destino (que tal vez es lo mismo, diría el mismo Borges). La palabra —ha dicho el poeta— viene dada. Uno descubre su voz natural, su ritmo. Uno, finalmente, transmite un sueño. Sus historias deberían ser leídas como se leen las historias bíblicas, "como las fábulas de Teseo o Ahuasero", al fin, como un evangelio no canónico.

Esta es la conclusión, que recibo esta mañana fría frente a su tumba: Borges era gnóstico, creía en el proceso intuitivo de conocerse a sí mismo. Los gnósticos —se había olvidado esto— son cristianos eruditos y carismáticos. En la época paleocristiana —entre los siglos I al IV— había tres corrientes del cristianismo, la cetrino-paulina, la judeocristiana y la gnóstica.

Los "evangelios gnósticos" —el Evangelio de Tomás, el Evangelio de Felipe, el Apocrifón de Juan, el Evangelio de la Verdad, el Evangelio de los Egipcios, el Evangelio de Judas, el libro secreto de Jaime, el Apocalipsis de Pablo, la Carta de Pedro a Felipe y el Apocalipsis de Pedro— habían permanecido ignorados.

Existen muchos antecedentes en la obra de Borges de su relación con el gnosticismo. Y quizás una parte de esa influencia haya estado en Ginebra, donde había una fuerte corriente gnóstica y que, quizás por la influencia anarquista de su padre, haya tenido acceso.

En 1944 se publicó *Ficciones* de Borges. El libro incluía ocho cuentos ya reunidos antes en *El jardín de senderos que se bifurcan* (1941) y agregaba otros seis nuevos, bajo el encabezamiento *Artificios*.

En el cuento "La forma de la espada", el protagonista narra la historia de una traición como si él fuera la víctima y no el traidor. En "El tema del traidor y la muerte", el primero se convierte en el segundo, en una trueque de roles. En el cuento "Tres versiones de Judas", el sueco Nils Runeberg, interpreta la naturaleza del sacrificio de Cristo. Su tercera conclusión es que Dios no se encarnó en Jesús cuando asumió la condición humana, sino que Dios totalmente se hizo hombre en Judas.

Años después, en 1975, Borges publica *El libro de arena*. Y su cuento "La secta de los Treinta" puede leerse como un adjunto de "Tres versiones de

Judas". Aquí habla sobre la voluntariedad del sacrificio de Jesús y de Judas. En la tragedia de la Cruz sólo hubo dos voluntarios: el Redentor y Judas.

Por otro lado y del mismo modo a Borges le preocupa la belleza. Calvino admiraba a los celtas por razones políticas, religiosas y estéticas. Borges aprendió de Calvino que las traducciones literales tenían exotismo, y por eso, belleza. Borges afirma que las bellas traducciones literales surgen con las traducciones de la Biblia. Principalmente, cita Borges la Biblia inglesa, la Biblia de su abuela protestante, donde él aprendió a leer.

Calvino admiraba a la literatura gaélica por la calidad estética de la traducción de la Biblia.

La literatura gaélica era un orden de los celtas. Viene del alfabeto ogham y tiene base rúnica.

La literatura gaélica está asociada a la religión culta y a la lectura de la Biblia.

Así Borges llegó a la idea germana: unos hombres sometidos a la lealtad, al valor y a una varonil sumisión al destino. Por esa vía, Borges se topó con la literatura escandinava, las runas y las sagas islandesas. Una runa era una manifestación divina. 46 años después, Borges, junto a la bella María Esther Vázquez, completaría su viaje cuando publica *Literaturas germánicas medievales*, y escribiría su popular sentencia: "De las literaturas germánicas medievales la más compleja y rica es incomparablemente la escandinava".

Cuando su mujer, María Kodama, en sus últimos días aquí en Ginebra, le preguntó si le llamaba a un sacerdote, Borges contestó que le trajera dos: un católico y un protestante.

Antes de morir el poeta rezó el Padre Nuestro.

En Ginebra, el día 14 de junio de 1986, oficiaron los ritos funerarios de un gnóstico, un sacerdote católico, Pierre Jacquet y un pastor protestante, Edouard de Montmollin, que aclaró la importancia de la fe metodista de la abuela de Borges. El pastor leyó el primer capítulo del evangelio según San Juan. Leyó, como si fueran textos sagrados, como si fueran textos del Evangelio según Borges, la parábola "El palacio" y el poema "Los conjurados", un homenaje a Ginebra, un homenaje a la tolerancia:

Se trata de hombres de diversas estirpes, que profesan
diversas religiones y que hablan en diversos idiomas.
Han tomado la extraña resolución de ser razonables.
Han resuelto olvidar sus diferencias y acentuar sus afinidades.

En el funeral de Borges, María Kodama estaba vestida de blanco, y las rosas, también blancas, sobre el féretro. Ese día de junio, en la Catedral de Saint

Pierre, una iglesia gótica donde Calvino proclamó su fe cismática, fue velado el poeta. Desde la catedral por una sola callejuela en bajada se llega, por la rue de la Sinagoga, al Cimetière des Rois.

Este es el Panteón de Ginebra.

Aquí está Calvino.

Aquí está Borges.

Y aquí estoy yo, humildemente, en esta ciudad fría, fría y bella y de luz azulina, para rendir respeto al maestro.

PROCEDENCIA DE LOS TEXTOS

Eberhard Busch, "Who was and who is Calvin? Interpretations in recent times", en *Reformed World,* vol. 57, núm. 4, diciembre de 2007, pp. 237-250.

Salatiel Palomino López, "Herencia reformada y búsqueda de raíces", en Varios autores, *Calvino vivo.* México, El Faro, 1987, pp. 91-103.

Mariano Ávila A., "La vigencia de la cosmovisión calvinista para la Iglesia y el mundo de hoy", en *Calvino vivo,* pp. 135-146.

Alexandre Ganoczy, "Calvino y la opinión de los católicos de hoy", en *Concilium,* núm. 14, abril de 1966, pp. 511-512.

Denis Crouzet, "Ausencias", en *Calvino.* Barcelona, Ariel, 2001.

Alexandre Ganoczy, "Calvin", en P. Chaunu, ed., *The Reformation.* Gloucester, Alan Sutton, 1985.

Lucien Febvre, "Una puntualización. Esbozo de un retrato de Juan Calvino", en *Erasmo, la Contrarreforma y el espíritu moderno.* Barcelona, Orbis, 1989.

Émile Leonard, "Calvino, fundador de una civilización", en *Historia general del protestantismo.* Vol. 1. Barcelona, Península, 1967, pp. 263-314.

William J. Petersen, "A love that was meant to be: The odd romance of John and Idelette Calvin", en *Glimpses of Christian History,* núm. 170.

Irena Backus, "Mujeres alrededor de Calvino: Idelette de Bure y Marie Dentière", ponencia presentada en el ciclo de conferencias "Calvino y su influencia: La fe modela a la sociedad", Facultad de Teología de la Universidad de Basilea, Suiza, 16 de abril de 2009.

Wilhelm Dilthey, "Juan Calvino y la Institución de la Religión Cristiana", en *Hombre y mundo de los siglos XVI y XVII.* Trad. y pról. de E. Imaz. México, Fondo de Cultura Económica, 1978.

John H. Leith, "Faith and Tradition", en *Introduction to the Reformed Tradition. A way of being the Christian community.* Louisville, Westminster John Knox Press, 1981.

José Luis L. Aranguren, "Calvino y el calvinismo contemporáneo", en *Catolicismo y protestantismo como formas de existencia.* Madrid, Alianza Editorial, 1980.

Uta Ranke-Heinemann, "El deseo de Calvino", en *El protestantismo. Naturaleza y evolución.* Madrid, Studium, 1971.

Bernard Cottret, "Was Calvin a Calvinist?", Conferencia presentada en el Calvin College, Grand Rapids, Michigan, octubre de 2000.

B. Foster Stockwell, "Historia literaria de la *Institución*", en Juan Calvino, *Institución de la Religión Cristiana.* Trad. de C. de Valera. Ed. facsimilar. Buenos Aires, La Aurora, 1952.

Uta Ranke-Heinemann, "La doble predestinación de Calvino", en *El protestantismo. Naturaleza y evolución.*

Alberto F. Roldán, "El libre albedrío en la interpretación de Juan Calvino", en *Boletín del Centro Basilea de Investigación y Apoyo,* núm. 28, octubre-diciembre de 2007, pp. 14-20, *https://issuu.com/centrobasilea/docs/bol28-oct-dic2007.*

Alfredo Tepox Varela, "Calvino, el exegeta de la Reforma", en *Calvino vivo,* pp. 33-53.

Jürgen Moltmann, "La ética del calvinismo", en *El experimento esperanza.* Salamanca, Sígueme, 1977, pp. 90-108.

André Biéler, "El dinero y la propiedad", en *El humanismo social de Calvino.* Buenos Aires, Escaton, 1973.

Karl Barth, "The government and politics", en *The theology of John Calvin.* Grand Rapids, Eerdmans, 1995.

Michael Walzer, "El calvinismo", en *La revolución de los santos. Estudio sobre los orígenes de la política radical.* Buenos Aires, Katz Editores, 2008, pp. 37-49.

Marta García Alonso, "La teología política de Calvino", en *Pensamiento. Revista de Investigación e Información Filosófica,* Universidad Pontificia Comillas, vol. 62, núm. 232, 2006, núm. 232, pp. 5-20.

Esperanza Plata García, "Calvino y el caso Servet", en *Calvino vivo,* pp. 107-116.

Ángel Alcalá, "Introducción" a Miguel Servet, *Treinta cartas a Calvino. Sesenta signos del Anticristo. Apología a Melanchton.* Madrid, Castalia, 1981.

George Williams, "Calvino y la Reforma radical", en *La Reforma radical.* México, Fondo de Cultura Económica, 1983.

Aristómeno Porras, "Calvino y la cultura occidental", en *Calvino vivo,* pp. 149-157.

J.C. Coetzee, "Calvino y el estudio", en Jacob T. Hoogstra, comp., *Calvino, profeta contemporáneo.* Grand Rapids, TSELF, 1973, pp. 199-229.

Leo Kofler, "La función social del calvinismo", en *Contribución a la historia de la sociedad burguesa.* Buenos Aires, Amorrortu Editores, 1974, pp. 238-249.

Rosa Regàs, "La religión: la ciudad de Calvino", en *Ginebra.* Barcelona, Seix Barral, 2002.

Roger Bastide, "Calvinismo y racismo", en *El prójimo y el extraño.* Buenos Aires, Amorrortu Editores, 1970, pp. 92-128.

Gabriel Vahanian, "Calvino y la muerte de Dios", en *Ningún otro Dios.* Madrid-Barcelona, Marova-Fontanella, 1972.

Francis Fukuyama, "Manifiesto calvinista", en *La Nación,* Buenos Aires, 6 de abril de 2005.

Alfonso López Michelsen, "Nuevo prólogo a La estirpe calvinista de nuestras instituciones políticas", en *El Tiempo,* Bogotá, 5 de febrero de 2007.

Allan L. Farris, "The antecedents of a theology of liberation in the Calvinist heritage", en *Reformed World,* vol. 33, núm. 3, septiembre de 1974, pp. 107-116.

Rubén Rosario Rodríguez, "Calvin or Calvinism: Reclaiming Reformed Theology for the Latin American Context", en *Apuntes. Reflexiones teológicas desde el margen hispano,* Asociación para la Educación Teológica Hispana, invierno de 2004.

Omar Pérez Santiago, "El Evangelio según san Borges", en *Letralia,* año X, núm. 144, Caguas, Venezuela, *www.letralia.com/144/articulo03.htm.*